Jakob Wöhrle
Der Abschluss des Zwölfprophetenbuches

Beihefte zur Zeitschrift für die alttestamentliche Wissenschaft

Herausgegeben von
John Barton · Reinhard G. Kratz
Choon-Leong Seow · Markus Witte

Band 389

W
DE
G

Walter de Gruyter · Berlin · New York

Jakob Wöhrle

Der Abschluss des Zwölfprophetenbuches

Buchübergreifende Redaktionsprozesse
in den späten Sammlungen

W
DE
G

Walter de Gruyter · Berlin · New York

G

∞ Gedruckt auf säurefreiem Papier,
das die US-ANSI-Norm über Haltbarkeit erfüllt.

ISBN 978-3-11-020674-6
ISSN 0934-2575

Bibliografische Information der Deutschen Nationalbibliothek

Die Deutsche Nationalbibliothek verzeichnet diese Publikation in der Deutschen
Nationalbibliografie; detaillierte bibliografische Daten sind im Internet
über http://dnb.d-nb.de abrufbar.

Printed in Germany
Einbandgestaltung: Christopher Schneider, Berlin

Meiner Frau
Stefanie Wöhrle

Vorwort

Die vorliegende Arbeit wurde im Sommersemester 2008 von der Evangelisch-Theologischen Fakultät der Westfälischen Wilhelms-Universität Münster als Habilitationsschrift angenommen.

Mein erster und ganz besonderer Dank gilt meinem verehrten Lehrer, Prof. Dr. Rainer Albertz, der seinem Assistenten nicht nur alle Freiheit zur eigenständigen Arbeit gelassen hat, sondern auch stets mit Rat und Tat zur Seite stand und so ganz wesentlich zum Gelingen dieser Arbeit beigetragen hat. Ein ganz herzlicher Dank gilt auch Frau Dr. Heike Albertz für all ihre Unterstützung in den vergangenen Jahren. Prof. Dr. Reinhard Achenbach danke ich sehr für die Übernahme des Zweigutachtens.

Bei den Herausgebern der BZAW, Prof. Dr. Reinhard G. Kratz und Prof. Dr. Markus Witte, bedanke ich mich sehr herzlich für die Aufnahme der Arbeit in diese Reihe und bei Sabina Dabrowski, Dr. Sabine Krämer und Dr. Albrecht Döhnert vom Verlag Walter de Gruyter für die kompetente verlegerische Betreuung.

Bedanken möchte ich mich auch bei den Freunden und Kollegen, die mir stets helfend zur Seite standen. Insbesondere seien hier David Bienert, Ruth Ebach, Kerstin Kiehl und PD Dr. Rüdiger Schmitt genannt. Den Angehörigen des alttestamentlichen Oberseminars in Münster sei für all die weiterführenden Gespräche gedankt. Katharina Stichling danke ich sehr herzlich für ihre wertvolle Hilfe bei den Korrekturarbeiten.

Ein ganz besonderer Dank gilt auch meinen Eltern, Rosl und Jakob Wöhrle, für ihre stets wohlwollende Begleitung und Förderung. Und vor allem möchte ich mich bei meiner Frau, Dr. Stefanie Wöhrle, bedanken. Ihr Beistand und ihr Rat waren für die Entstehung dieser Arbeit unverzichtbar. So sei ihr dies Buch in Dankbarkeit gewidmet.

Münster, im Juli 2008   Jakob Wöhrle

Inhaltsverzeichnis

I. EINLEITUNG 1
   1. Zur Fragestellung 1
   2. Forschungsüberblick 2
   3. Rückblick auf die bisherigen Ergebnisse 14
      3.1 Die frühen Sammlungen des Zwölfprophetenbuches 14
      3.2 Erste Erkenntnisse zu den späten Redaktionsprozessen
          im Zwölfprophetenbuch 19
   4. Zum methodischen Vorgehen 20

II. DAS FREMDVÖLKER-KORPUS I
    (JOEL; AM; MI; NAH; ZEF; HAG; SACH; DTSACH) 23
   1. Ausgangspunkt 23
   2. Zur Redaktionsgeschichte der Einzelbücher 24
      2.1 Das Nahumbuch 24
         2.1.1 Die Gerichtsworte in Nahum 1,9-3,19 24
            2.1.1.1 Gericht und Heil in Nahum 1,9-2,3 24
            2.1.1.2 Der Angriff gegen die Stadt in Nahum 2,4-14 39
            2.1.1.3 Das Gericht an der Stadt in Nahum 3,1-19 44
         2.1.2 Die Einleitung des Nahumbuches in Nahum 1,1-8 53
            2.1.2.1 Die Überschrift Nahum 1,1 53
            2.1.2.2 Der Psalm Nah 1,2-8 54
         2.1.3 Zusammenfassung der Redaktionsgeschichte
               des Nahumbuches 60
      2.2 Das Deuterosacharjabuch 67
         2.2.1 Die erste Wortsammlung Sacharja 9,2-11,17 69
            2.2.1.1 Die Worte gegen fremde Völker
                    in Sacharja 9,2-10,12 69
            2.2.1.2 Die Hirtenworte in Sacharja 11,1-17 83

2.2.2 Die zweite Wortsammlung Sacharja 12,2-14,21 95
  2.2.2.1 Die Gerichtsworte in Sacharja 12,2-13,1 95
  2.2.2.2 Die Hirtenworte in Sacharja 13,2-9 106
  2.2.2.3 Das heilvolle Ende in Sacharja 14,1-21 112
2.2.3 Die Überschriften Sach 9,1; 12,1 124
2.2.4 Zusammenfassung der Redaktionsgeschichte
  des Deuterosacharjabuches 128
3. Der buchübergreifende Zusammenhang der
  Fremdvölkerschicht I 139
  3.1 Der literarische Zusammenhang der Bearbeitungen
    der Fremdvölkerschicht I 139
  3.2 Die Komposition des Fremdvölker-Korpus I 151
  3.3 Der historische Ort des Fremdvölker-Korpus I 161
  3.4 Die Intention des Fremdvölker-Korpus I 164
  3.5 Fazit 170

III. DIE DAVIDSVERHEISSUNGEN 173
1. Ausgangspunkt 173
2. Der buchübergreifende Zusammenhang der
  Davidsverheißungen 174
  2.1 Der literarische Zusammenhang der Davidsverheißungen . 174
  2.2 Der historische Ort der Davidsverheißungen 182
  2.3 Die Intention der Davidsverheißungen 185
  2.4 Fazit 189

IV. DAS FREMDVÖLKER-KORPUS II
  (JOEL; AM; OBD; MI; NAH; ZEF; HAG; SACH; DTSACH; MAL) . 191
1. Ausgangspunkt 191
2. Zur Redaktionsgeschichte der Einzelbücher 192
  2.1 Das Obadjabuch 192
    2.1.1 Die Gerichtsworte gegen Edom in Obadja 1-15 192
    2.1.2 Das Völkergericht Obadja 16-21 203
    2.1.3 Zusammenfassung der Redaktionsgeschichte
      des Obadjabuches 209
  2.2 Das Maleachibuch 219
    2.2.1 Die sechs Diskussionsworte Maleachi 1,2-3,21 219
      2.2.1.1 Das erste Diskussionswort Maleachi 1,2-5 219
      2.2.1.2 Das zweite Diskussionswort Maleachi 1,6-2,9 . . . 222
      2.2.1.3 Das dritte Diskussionswort Maleachi 2,10-16 . . . 233

2.2.1.4 Das vierte Diskussionswort Maleachi 2,17-3,5 .. 240
2.2.1.5 Das fünfte Diskussionswort Maleachi 3,6-12 ... 244
2.2.1.6 Das sechste Diskussionswort Maleachi 3,13-21 . 247
2.2.2 Das Buchende Maleachi 3,22-24 251
2.2.3 Die Überschrift Maleachi 1,1 253
2.2.4 Zusammenfassung der Redaktionsgeschichte
des Maleachibuches 255

3. Der buchübergreifende Zusammenhang der
Fremdvölkerschicht II 264

3.1 Der literarische Zusammenhang der Bearbeitungen
der Fremdvölkerschicht II 264
3.2 Die Komposition des Fremdvölker-Korpus II 276
3.3 Der historische Ort des Fremdvölker-Korpus II 279
3.4 Die Intention des Fremdvölker-Korpus II 281
3.5 Fazit 286

V. ZUR INTEGRATION DES HABAKUKBUCHES 289

1. Ausgangspunkt 289

2. Zur Redaktionsgeschichte der Einzelbücher 291

2.1 Das Habakukbuch 291

2.1.1 Die Frevler und das Kommen der Babylonier
in Habakuk 1,1-2,5 291
2.1.2 Die Weherufe in Habakuk 2,6-20 304
2.1.3 Der Psalm Habakuk 3,1-19 311
2.1.4 Zusammenfassung der Redaktionsgeschichte
des Habakukbuches 317

3. Das Problem der Integration des Habakukbuches 324

3.1 Zur Annahme eines Nahum-Habakuk-Korpus 324
3.2 Weitere Überlegungen zur Integration des Habakukbuches 328
3.3 Fazit 333

VI. DAS HEIL-FÜR-DIE-VÖLKER-KORPUS
(JOEL; AM; OBD; MI; NAH; HAB; ZEF;
HAG; SACH; DTSACH; MAL) 335

1. Ausgangspunkt 335

2. Der buchübergreifende Zusammenhang der
Heil-für-die-Völker-Bearbeitungen 337

2.1 Der literarische Zusammenhang der
Heil-für-die-Völker-Bearbeitungen 337
2.2 Der historische Ort des Heil-für-die-Völker-Korpus 351

2.3 Die Intention des Heil-für-die-Völker-Korpus 354
2.4 Weitere völkerfreundliche Nachträge 358
2.5 Fazit 361

VII. Das Gnaden-Korpus
(Joel; Am; Obd; Jona; Mi; Nah; Hab; Zef;
Hag; Sach; DtSach; Mal) 363
1. Ausgangspunkt 363
2. Zur Redaktionsgeschichte der Einzelbücher 365
2.1 Das Jonabuch 365
2.1.1 Die Flucht des Jona in Jona 1 365
2.1.2 Der Prophet im Fisch in Jona 2 372
2.1.3 Die Umkehr Ninives in Jona 3 376
2.1.4 Die Auseinandersetzung zwischen Jona und Jhwh
in Jona 4 381
2.1.5 Zusammenfassung der Redaktionsgeschichte
des Jonabuches 393
3. Der buchübergreifende Zusammenhang der Gnadenschicht ... 400
3.1 Der literarische Zusammenhang der Bearbeitungen
der Gnadenschicht 400
3.2 Die Komposition des Gnaden-Korpus 407
3.3 Der historische Ort des Gnaden-Korpus 411
3.4 Die Intention des Gnaden-Korpus 412
3.5 Fazit 418

VIII. Die kanonübergreifende Einbindung des
Zwölfprophetenbuches in Mal 3,22.23-24 421

IX. Die erneute Integration des Hoseabuches 429

X. Fazit: Ein neues Modell zur Entstehung
des Zwölfprophetenbuches 439

Anhang 447
Abkürzungsverzeichnis 447
Literaturverzeichnis 447
Register der Bibelstellen 469

I. Einleitung

1. Zur Fragestellung

Dass das Zwölfprophetenbuch nicht nur eine Sammlung von zwölf je für sich zu lesenden Prophetenbüchern ist, sondern das Produkt einer bewussten buchübergreifenden Gestaltung, wurde in der alttestamentlichen Forschung schon häufig gesehen. Denn zahlreiche wiederkehrende Themen, die mit vergleichbaren Formulierungen vorgebracht werden, lassen die im Zwölfprophetenbuch überlieferten Bücher als zusammengehöriges Ganzes verstehen. So sind die einzelnen Bücher etwa durch die Kritik an bestimmten sozialen und kultischen Vergehen, durch die Ankündigung der erneuten Aufrichtung der davidischen Herrschaft, durch die Erwartung eines Gerichts an der gesamten Völkerwelt oder durch die Verheißung einer Heilsmöglichkeit für die Völker durch dieses Gericht hindurch verbunden.

Wie der folgende Überblick zeigen wird, konnte in der bisherigen Forschung zur buchübergreifenden Entstehung des Zwölfprophetenbuches allerdings nur für die frühen Sammlungen ein gewisser Konsens erreicht werden. So wurde schon häufig angenommen, dass die Bücher Hosea, Amos, Micha und Zefanja sowie die Bücher Haggai und Sacharja jeweils zu einer gemeinsamen Sammlung zusammengebunden waren oder zumindest auf derselben redaktionellen Ebene in das werdende Zwölfprophetenbuch eingebracht wurden. Völlig offen ist dagegen, wie aus diesen frühen Sammlungen das vorliegende Zwölfprophetenbuch entstanden ist. In welcher Abfolge die übrigen Bücher in die Sammlung aufgenommen wurden, welche buchübergreifenden Bearbeitungen in diesen Büchern vorgenommen wurden und mit welcher Intention dies jeweils geschah – all dies ist noch weitgehend ungeklärt.

Auf Grundlage des an anderer Stelle vorgestellten Entwurfs zu den frühen Sammlungen des Zwölfprophetenbuches,[1] bei dem sich einige Ergebnisse und Trends der vorangehenden Forschung zu diesen frühen Sammlungen bestätigen und präzisieren ließen, bei dem sich aber auch schon einige neue Perspektiven für die weitere Entstehung des Zwölfprophetenbuches aufzeigen ließen, soll hier also nochmals von Neuem nach

---

1   Vgl. Wöhrle, Sammlungen.

den späten Redaktionsprozessen im Zwölfprophetenbuch gefragt werden, und es soll so ein Gesamtmodell zur Entstehung des Zwölfprophetenbuches entwickelt werden. Dabei wird über die bisherige Forschung hinaus das für die frühen Sammlungen bereits bewährte und im folgenden noch näher erläuterte Verfahren, nach dem die Entstehung des Zwölfprophetenbuches aus der Entstehung der einzelnen Bücher heraus zu erarbeiten ist, weiter verfolgt, um auf diesem Wege zu gesicherten und methodisch transparenten Ergebnissen zu gelangen.[2]

2. Forschungsüberblick

Die Geschichte der redaktionsgeschichtlichen Erforschung des Zwölfprophetenbuches ist angesichts der Komplexität des zu untersuchenden Gegenstands seit ihren Anfängen eine Geschichte tastender Versuche und stetiger Neuansätze. Wie bereits erwähnt, zeichnete sich dabei schon bald ein gewisser Konsens ab, dass zum einen die Bücher Hosea, Amos, Micha und Zefanja und dass zum anderen die Bücher Haggai und Sacharja auf derselben Entstehungsstufe anzusetzen sind. Mit Blick auf die späten Redaktionsprozesse ist dagegen bis heute noch vieles ungeklärt.[3]

Die Anfänge der Frage nach der buchübergreifenden Entstehung des Zwölfprophetenbuches reichen bis in die zweite Hälfte des 19. Jahrhunderts zurück. So legte *Heinrich Ewald* bereits 1867 ein Modell vor, nach dem das Zwölfprophetenbuch in drei Schritten gewachsen ist.[4] Nach Ewald wurden im 7.Jh. die mit vergleichbaren Überschriften versehenen Bücher Joel, Amos, Hosea, Micha, Nahum und Zefanja in dieser Abfolge zu einem gemeinsamen Sechsprophetenbuch zusammengefasst. Zur Exilszeit wurden die genannten Bücher umgruppiert und die Bücher Obadja, Jona, Haggai und (Proto-)Sacharja ergänzt, bevor schließlich im 5.Jh. die Textbereiche Sach 9-11; 12-14 sowie das Maleachibuch hinzugefügt wurden.

Schon bei diesem ersten Modell zur buchübergreifenden Entstehung des Zwölfprophetenbuches wurden also die Bücher Hosea, Amos, Micha und

---

2   Zum methodischen Vorgehen siehe im einzelnen unten 20-22.
3   Angesichts der Zuspitzung der vorliegenden Arbeit auf die späten Redaktionsprozesse im Zwölfprophetenbuch werden bei dem folgenden Überblick nur die in der bisherigen Forschung vorgelegten Gesamtentwürfe dargestellt. Ein vollständiger Überblick über die Erforschung der buchübergreifenden Zusammenhänge im Zwölfprophetenbuch, bei dem auch am Endtext orientierte Entwürfe, Arbeiten zu einzelnen buchübergreifenden Themen und Teilsammlungen sowie kritische Anfragen an die Zwölfprophetenbuchforschung referiert werden, wurde bereits im Rahmen der Arbeit zu den frühen Sammlungen des Zwölfprophetenbuches vorgelegt; vgl. hierzu Wöhrle, Sammlungen, 3-24.
4   Vgl. Ewald, Propheten, 74-82.

Zefanja wie auch die Bücher Haggai und Sacharja, die aufgrund der vergleichbaren Buchüberschrift bzw. aufgrund der vergleichbaren narrativen Einleitung als zusammengehörig erscheinen, auf derselben Entstehungsstufe angesiedelt, was so im Laufe der weiteren Forschungsgeschichte immer wieder vorgeschlagen wurde. Beachtenswert ist jedoch, dass Ewald bei der Zuordnung der weiteren Schriften zu dem von ihm vertretenen dreistufigen Modell keine konkreten Argumente nennen kann. So bleibt etwa völlig unklar, warum er auch das Nahumbuch der ersten Entstehungsstufe zuordnet oder warum er die Bücher Obadja und Jona auf derselben Stufe ansiedelt wie die Bücher Haggai und Sacharja. Es zeigt sich also bereits bei Ewald, dass bei der Frage nach der buchübergreifenden Entstehung des Zwölfprophetenbuches eine erste Zuordnung der Bücher Hosea, Amos, Micha und Zefanja sowie der Bücher Haggai und Sacharja aufgrund formaler Überlegungen naheliegt, dass sich aber für die Zuordnung der weiteren Bücher und somit für die Frage nach den späten Redaktionsprozessen in diesem Korpus nur schwer klare Kriterien aufzeigen lassen.

Dies zeigt sich auch bei den 1912 von *Carl Steuernagel* vorgestellten Überlegungen.[5] Auch Steuernagel geht von den Gemeinsamkeiten in den Überschriften und Einleitungen der einzelnen Prophetenbücher aus. Dabei kommt Steuernagel allerdings anders als Ewald zu einem insgesamt siebenstufigen Modell. Nach Steuernagel wurden die Bücher Hosea, Micha und Zefanja im 7.Jh. zu einem Dreiprophetenbuch zusammengestellt und in der Exilszeit um das Amosbuch ergänzt. In der frühnachexilischen Zeit wurden die Bücher Haggai und Sacharja in das werdende Zwölfprophetenbuch aufgenommen. In frühhellenistischer Zeit wurde zunächst der Textbereich Nah 2-3 und sodann Nah 1 zusammen mit dem Habakukbuch hinzugefügt. Schließlich wurden die Textbereiche Sach 9-11; 12-14 sowie das Maleachibuch und auf einer siebten und letzten redaktionellen Ebene die Bücher Joel, Obadja und Jona ergänzt.

Interessant ist also, dass auch Steuernagel davon ausgeht, dass die Bücher Hosea, Amos, Micha und Zefanja schon früh zu einer gemeinsamen Sammlung zusammengefasst wurden – wenngleich Steuernagel annimmt, dass diese Sammlung bereits das Produkt eines zweistufigen Wachstumsprozesses ist –, und dass die Bücher Haggai und Sacharja auch hier auf derselben Ebene angesiedelt werden. Ansonsten kommt Steuernagel aber gegenüber Ewald zu einem völlig unterschiedlichen Modell. Dabei wird allerdings auch das von Steuernagel vorgestellte Modell nicht im einzelnen begründet. So ist hier nicht weiter nachvollziehbar, warum etwa die Bücher Joel, Obadja und Jona auf derselben Ebene angesetzt werden oder warum die Integration dieser Bücher erst am Ende der Entstehung des Zwölf-

---

5   Vgl. Steuernagel, Lehrbuch, 669-672.

prophetenbuches geschehen sein soll. Es zeigt sich somit bei den von Ewald und Steuernagel vorgestellten Darlegungen deutlich, dass sich auf Grundlage einer Betrachtung der Überschriften und der Einleitungen der einzelnen Bücher allenfalls für die frühen, nicht aber für die späten Sammlungen zu gesicherten Ergebnissen kommen lässt und dass es somit weiterer Kriterien bedarf, um ein plausibles Modell zur buchübergreifenden Entstehung des Zwölfprophetenbuches zu entwickeln.

Ein umfassender Entwurf zur Entstehung des Zwölfprophetenbuches, bei dem nun über Ewald und Steuernagel hinaus auch erstmals buchübergreifende Redaktionsprozesse in den einzelnen Büchern herausgearbeitet werden, hat 1933 *Roland Emerson Wolfe* vorgelegt.[6] Dabei geht Wolfe davon aus, dass die einzelnen Bücher des Zwölfprophetenbuches in vier Stufen zu der vorliegenden Sammlung zusammengefasst wurden.[7] So wurden im 7.Jh. die Bücher Hosea und Amos zu einem Zweiprophetenbuch zusammengestellt, in der ausgehenden Exilszeit kamen die Bücher Micha, Nahum, Habakuk und Zefanja hinzu. Um 300 wurden die Bücher Joel, Jona und Obadja ergänzt und am Ende des 3.Jh. die Bücher Haggai, Sacharja und Maleachi.

Zudem zeigt Wolfe insgesamt 13 Bearbeitungen auf, durch die das Zwölfprophetenbuch seine vorliegende Gestalt erhalten hat.[8] Nach einer noch auf das Hoseabuch begrenzten, um 650 anzusetzenden Redaktion des „Judaistic Editor of Hosea" wurden von dem „Anti-High Place Editor" zwischen 621 und 586 in dem nun die Bücher Hosea und Amos umfassenden Zweiprophetenbuch kultkritische Worte ergänzt. Der „Late Exilic Editor" brachte zwischen 540 und 500 in das um die Bücher Micha, Nahum, Habakuk und Zefanja angewachsene Korpus mehrere Heilsworte ein. An der Wende vom 6. zum 5.Jh. wurden von dem „Anti-Neighbour Editor" einige Fremdvölker-Worte und von dem „Messianist" Herrschaftsverheißungen nachgetragen. Im 4.Jh. wirkten die „Nationalistic School of Editors", die zahlreiche völkerfeindliche Worte ergänzte, der „Day of the Lord Editor", der an einigen Stellen Worte über den Tag Jhwhs einbrachte, die „Eschatologists", durch die weitere Heilsworte ergänzt wurden, und schließlich der „Doxologist", durch den die hymnischen Passagen des Amosbuches nachgetragen wurden. Im 3.Jh. wurde das werdende Zwölfprophetenbuch durch den „Anti-Idol Polemist" um Worte gegen Götzenverehrung ergänzt. Zudem wurden durch den „Psalm Editor", der nun auch die Bücher Haggai,

---

6   Vgl. Wolfe, Editing. Dabei gehen die folgenden Ausführungen auf die leider nie publizierte Dissertation von Wolfe zurück. Eine Zusammenfassung der von Wolfe vorgestellten Thesen wurde 1935 unter demselben Titel in der ZAW veröffentlicht.
7   Vgl. Wolfe, Editing, 281f.
8   Vgl. Wolfe, Editing, 1-281, sowie die Übersicht über die den einzelnen Bearbeitungsstufen in den jeweiligen Büchern zugewiesenen Passagen a.a.O., xx-xxviii.

Sacharja und Maleachi in die Sammlung integrierte, weitere psalmistische Passagen nachgetragen, durch die „Early Scribes", die die Bücher Haggai, Sacharja und Maleachi aufnahmen, wurden Querverweise auf den Pentateuch eingebracht, und schließlich wurden durch „Later Scribal Schools" etwa einige erklärende Glossen ergänzt.

Auch Wolfe geht also mit Blick auf die Bücher Hosea und Amos davon aus, dass diese beiden Bücher bereits am Beginn der Entstehung des Zwölfprophetenbuches zu einem gemeinsamen Mehrprophetenbuch verbunden wurden, und die Zufügung der Bücher Micha und Zefanja wird hier zumindest in zeitlicher Nähe zu dieser ersten Sammlung angesetzt. Zudem setzt auch Wolfe die Integration der Bücher Haggai und Sacharja auf derselben Ebene an. Ansonsten unterscheiden sich die von Wolfe vorgetragenen Ergebnisse aber wiederum recht deutlich von der vorangehenden Forschung. So wird etwa die Integration des Joelbuches, die bei Ewald auf der ersten redaktionellen Ebene und bei Steuernagel am Ende der Entstehung des Zwölfprophetenbuches angesetzt wird, bei Wolfe auf der dritten Ebene seines vierstufigen Modells angesetzt. Zudem wird die Integration der Bücher Haggai und Sacharja hier anders als bei Ewald und Steuernagel erst auf der letzten redaktionellen Ebene angesetzt.

Dabei geht das von Wolfe vorgestellte Modell zur Entstehung des Zwölfprophetenbuches insofern über die vorangehenden Entwürfe hinaus, als er dieses Modell nicht nur von den Buchüberschriften her, sondern aus der Entstehung der einzelnen Bücher heraus entwickelt. Allerdings wird die von Wolfe angenommene Entstehung dieser Bücher nicht im einzelnen begründet. Zudem bleibt er den Nachweis schuldig, ob die von ihm aufgrund der vergleichbaren inhaltlichen Ausrichtung herausgestellten buchübergreifenden Bearbeitungen – also etwa die in den einzelnen Büchern belegten Erwähnungen des Tages Jhwhs – auch tatsächlich auf dieselbe Hand zurückgehen oder ob es sich bei den hier erkennbaren buchübergreifenden Gemeinsamkeiten nicht viel eher um die Folge einer einseitigen Abhängigkeit oder gar um die Folge einer unabhängig voneinander erfolgten Orientierung an demselben Sachverhalt handelt. Auch bei dem von Wolfe vorgestellten Entwurf zeigt sich also, dass sich gerade mit Blick auf die späten Sammlungen des Zwölfprophetenbuches ohne ein transparentes methodisches Vorgehen nicht zu überzeugenden Ergebnissen kommen lässt.

Ein weiterer Entwurf zur Entstehung des Zwölfprophetenbuches wurde 1979 von *Dale Allen Schneider* vorgelegt.[9] Nach Schneider ist das Zwölfprophetenbuch in vier Stufen gewachsen, wobei jeweils drei – seiner Meinung nach in sich einheitliche – Bücher in die werdende Sammlung aufge-

---

9   Vgl. Schneider, Unity.

nommen wurden.[10] So wurden nach Schneider bereits an der Wende vom 8.
zum 7.Jh. die Bücher Hosea, Amos und Micha zu einem gemeinsamen
Mehrprophetenbuch verbunden, das dann gegen Ende der vorexilischen
Zeit um die Bücher Nahum, Habakuk und Zefanja, in der Exilszeit um die
Bücher Joel, Obadja und Jona und schließlich im 5.Jh. um die Bücher Hag-
gai, Sacharja und Maleachi erweitert wurde.

Das von Schneider vorgelegte Modell bestätigt also zumindest für die
Bücher Hosea, Amos und Micha wie auch für die Bücher Haggai und Sacharja die seit den Anfängen der Zwölfprophetenbuchforschung stets
angenommene enge Zusammengehörigkeit dieser Bücher. Angesichts der
Tatsache, dass sich auch bei Schneider keine umfassenderen Begründungen
seines Modells finden, stehen alle weiteren Überlegungen zu den von ihm
auf den einzelnen Ebenen zusammengeordneten Büchern und zur Abfolge
der einzelnen Entstehungsphasen aber erneut auf einem allzu dünnen
Fundament.

Nach diesen ersten Versuchen, die buchübergreifende Entstehung des
Zwölfprophetenbuches aufzuhellen, wurden in den 90er Jahren des vergangenen Jahrhunderts gleich drei große Gesamtentwürfe vorgelegt, die allesamt weit über die vorangehende Forschung hinausgehen. Denn diese von
James Nogalski, Erich Bosshard-Nepustil und Aaron Schart vorgestellten
Entwürfe zeichnen sich nun allesamt dadurch aus, dass sie auf einem transparenten methodischen Fundament aufgebaut sind.

Dies zeigt sich schon bei dem 1993 von *James Nogalski* vorgestellten
Modell.[11] Grundlage dieses Modells ist eine umfassende redaktionsgeschichtliche Analyse der Rahmenkapitel der einzelnen Bücher, bei der er
aufzeigt, dass die mitunter schon häufig erkannten Stichwortverbindungen
zwischen den Rahmenkapiteln der aneinander angrenzenden Bücher stets
bei zumindest einem der beiden Bücher erst sekundär eingetragen wurden.
Von hier aus gelangt Nogalski zu einem dreistufigen Modell. Demnach
wurden zunächst zwei unabhängig voneinander überlieferte Teilsammlungen
geschaffen. So wurden die Bücher Hosea, Amos, Micha und Zefanja zu
einem gemeinsamen Vierprophetenbuch verbunden, wofür Nogalski neben
den Gemeinsamkeiten in den Buchüberschriften auf die in diesen Büchern
erkennbaren dtr. Bearbeitungen verweist (Hos 2*; Mi 1,2-7; 6* u.a.), die er
allesamt derselben Hand zuschreibt.[12] Zum anderen wurden die Bücher
Haggai und Sacharja zu einem Zweiprophetenbuch verbunden.[13]

10   Vgl. hierzu Schneider, Unity, 235-240.
11   Vgl. Nogalski, Precursors; ders., Processes.
12   Vgl. Nogalski, Precursors, 176-178.278-280.
13   Vgl. Nogalski, Precursors, 278.

Diese beiden Teilsammlungen wurden nach Nogalski in einem zweiten Schritt zusammen mit den Büchern Joel, Obadja, Nahum, Habakuk und Maleachi zu einem Elfprophetenbuch zusammengefasst.[14] Denn bei all diesen Büchern finden sich seiner Meinung nach Stichwortverbindungen zwischen den Rahmenkapiteln der benachbarten Bücher. Da die in diesem Zusammenhang eingebrachten redaktionellen Passagen stets auch eine gewisse Nähe zum Joelbuch erkennen lassen, bezeichnet Nogalski diese redaktionelle Ebene als „Joel-related layer". Das Jonabuch sowie der Textbereich Sach 9-14 wurden dann nach Nogalski erst in einem dritten Schritt zugefügt, da sich zwar zwischen dem Obadjabuch und dem Michabuch und zwischen Sach 8 und Mal 1 Stichwortverbindungen nachweisen lassen, an den Rändern des Jonabuches und an den Rändern von Sach 9-14 aber keine Verbindungen zu den benachbarten Büchern zu erkennen sind.[15]

Mit dem von Nogalski vorgelegten Modell wird die in der vergangenen Forschung – mit Unterschieden im Detail – immer wieder vermutete Zusammengehörigkeit der Bücher Hosea, Amos, Micha und Zefanja wie auch der Bücher Haggai und Sacharja also erstmals in einem methodisch fundierten Entwurf im einzelnen nachgewiesen. Und auch bei den von ihm vorgestellten Überlegungen zu den späten Redaktionsprozessen im Zwölfprophetenbuch kommt Nogalski angesichts der Tatsache, dass er sein Modell nun erstmals auf der Grundlage von detailliert ausgeführten redaktionsgeschichtlichen Analysen in den Einzelbüchern aufbaut, zu begründeten und nachvollziehbaren Ergebnissen.

Allerdings zeigt sich gerade mit Blick auf die von Nogalski angenommenen späten Redaktionsprozesse auch ein methodisches Problem. Da der Entwurf von Nogalski eben vor allem auf einer redaktionsgeschichtlichen Analyse der Buchränder basiert, erkennt er auch nur die redaktionellen Entwicklungen, die sich in den Verkettungen der einzelnen Buchränder niedergeschlagen haben. Eben deshalb geht Nogalski auch ohne weitere Differenzierung davon aus, dass das von ihm herausgearbeitete Vierprophetenbuch auf einer zweiten redaktionellen Ebene sogleich zu einem Elfprophetenbuch erweitert wurde, was den verschiedenen buchübergreifenden Themen in diesem Korpus doch kaum gerecht werden dürfte. Hinzu kommt, dass die von Nogalski aufgewiesenen Gemeinsamkeiten nicht in jedem Falle gleich aussagekräftig sind. So handelt es sich etwa bei der häufig gesehenen Verbindung zwischen dem von Nogalski als redaktionell eingestuften Vers Am 9,12*, in dem die Einnahme Edoms angesagt wird, und dem folgenden, ebenfalls gegen Edom gerichteten Obadjabuch wohl tat-

---

14 Vgl. Nogalski, Processes, 275-278.
15 Vgl. Nogalski, Precursors, 13f; ders., Processes, 278f.

sächlich um einen bewussten buchübergreifenden Bezug.[16] Dass aber die in Nah 3,14 belegte, an Ninive gerichtete Aufforderung, die Festungen zu verstärken, und die in Hab 1,10 belegte Aussage, dass die Babylonier über jede Festung lachen, als bewusste buchübergreifende Verbindung zu verstehen sein soll, ist demgegenüber weit weniger überzeugend.[17] Jedenfalls reicht diese Beobachtung kaum aus, um die Annahme zu begründen, dass die Bücher Nahum und Habakuk tatsächlich auf derselben redaktionellen Ebene in das werdende Zwölfprophetenbuch eingebracht wurden. Angesichts der Tatsache, dass Nogalski nur von den Rändern der einzelnen Bücher des Zwölfprophetenbuches ausgeht und dass die hier aufgewiesenen buchübergreifenden Gemeinsamkeiten nicht in jedem Falle gleich überzeugend sind, bleibt bei diesem Entwurf – trotz der zahlreichen wegweisenden und die weitere Forschung zurecht prägenden Erkenntnisse – also gerade mit Blick auf die späten Redaktionsprozesse im Zwölfprophetenbuch noch vieles offen.

Ein weiterer großer Gesamtentwurf zur Entstehung des Zwölfprophetenbuches wurde 1997 von *Erich Bosshard-Nepustil* vorgestellt.[18] Auf Grundlage der bereits von Odil Hannes Steck dargelegten Annahme, dass das Jesajabuch und das Zwölfprophetenbuch vergleichbare redaktionsgeschichtliche Prozesse durchlaufen haben,[19] geht Bosshard-Nepustil zunächst auf die Entstehung des Jesajabuches ein und arbeitet von den dort erkannten Bearbeitungen herkommend ein insgesamt siebenstufiges Modell für die Entstehung des Zwölfprophetenbuches aus.[20] So wurden nach Bosshard-Nepustil bereits an der Wende vom 8. zum 7.Jh. die Bücher Hosea, Amos und Micha zu einem Dreiprophetenbuch zusammengestellt. Zur Josia-Zeit wurde das Nahumbuch hinzugefügt. Im Rahmen der von Bosshard-Nepustil als Assur/Babel-Redaktion[XII] bezeichneten Bearbeitung kamen zur Exilszeit die Bücher Joel, Habakuk und Zefanja hinzu. In frühnachexilischer Zeit wurde von der Babel-Redaktion[XII], neben zahlreichen Nachträgen zu den bereits in die Sammlung aufgenommenen Büchern, das Sacharjabuch – und wohl auch das Haggaibuch –[21] ergänzt. Die als Völker-

---

16   Vgl. Nogalski, Precursors, 120; siehe hierzu auch unten 264-279.

17   Vgl. Nogalski, Processes, 147f; siehe hierzu auch unten 330 mit Anm. 23.

18   Vgl. Bosshard-Nepustil, Rezeptionen, sowie die bereits im Jahr 1987 erschienene Vorab-Veröffentlichung Bosshard, Beobachtungen, 30-62.

19   Vgl. Steck, Abschluß, bes. 25-126.

20   Vgl. hierzu v.a. Bosshard-Nepustil, Rezeptionen, 434-444, sowie die Übersicht a.a.O., 474f.

21   Die Intergration des Haggaibuches in das werdende Zwölfprophetenbuch wird bei Bosshard-Nepustil bedauerlicherweise nicht weiter thematisiert; vgl. nur die wenigen Einträge zum Haggaibuch im Register seiner Arbeit (Rezeptionen, 519). So schreibt er bei seinen Darlegungen zur Babel-Redaktion[XII] nur das Sacharjabuch dieser buchübergreifenden Redaktion zu. Die a.a.O., 474-476, vorgelegten Übersichten zur Entstehung des Zwölfprophetenbuches erwecken dagegen den Anschein, dass Bosshard-Nepustil davon ausgeht, dass das Haggai-

Ergänzungen[XII] bezeichnete Bearbeitung brachte in der Mitte des 5.Jh. das Obadjabuch ein und fügte die beiden völkerfreundlichen Heilsworte in Mi 4,1-4 und Sach 8,20-22 hinzu. In der späten persischen Zeit wurden sodann noch die Bücher Jona und Maleachi in das werdende Zwölfprophetenbuch integriert, bevor zur Zeit Alexanders – in mehreren Schritten – der Textbereich Sach 9-14 ergänzt wurde.[22]

Beachtenswerterweise geht also auch Bosshard-Nepustil davon aus, dass zumindest die Bücher Hosea, Amos und Micha einst zu einem gemeinsamen Mehrprophetenbuch verbunden waren. So bestätigt seine Arbeit also einmal mehr die stets vermutete Zusammengehörigkeit dieser Bücher im Entstehungsprozess des Zwölfprophetenbuches. Ansonsten unterscheiden sich seine Ergebnisse aber – abgesehen von der Annahme einer späten Einfügung des Textbereichs Sach 9-14 – grundlegend von dem von Nogalski vorgelegten Modell. Während Nogalski davon ausgeht, dass die beiden frühen Sammlungen – das die Bücher Hosea, Amos, Micha und Zefanja umfassende Vierprophetenbuch und das die Bücher Haggai und Sacharja umfassende Zweiprophetenbuch – in einem zweiten Schritt bereits zu einem Elfprophetenbuch ausgebaut wurden, nimmt Bosshard-Nepustil eine wesentlich umfangreichere Entstehungsgeschichte des Zwölfprophetenbuches mit zahlreichen buchübergreifenden Bearbeitungen an.

Dabei steht das von Bosshard-Nepustil vorgestellte Modell angesichts der Tatsache, dass er hierfür große Textbereiche des Zwölfprophetenbuches einer redaktionsgeschichtlichen Analyse unterzieht, gegenüber dem von Nogalski vorgestellten Modell auf einer deutlich breiteren Textgrundlage. Dennoch stellen sich auch bei dem von Bosshard-Nepustil vorgelegten Entwurf einige methodische Fragen. So ist vor allem zu beachten, dass die Grundlagen dieses Modells auf einem Rückschluss aus den zuvor gewonnenen Einsichten zur Entstehung des Jesajabuches und nicht auf der redaktionsgeschichtlichen Bearbeitung des Zwölfprophetenbuches selbst basieren. So beruht etwa die These, dass die Bücher Joel, Habakuk und Zefanja auf derselben redaktionellen Ebene, der Assur/Babel-Redaktion[XII], eingebracht wurden, vor allem darauf, dass Bosshard-Nepustil in Jes 13*; 21*; 22* eine als Assur/Babel-Redaktion[Jes] bezeichnete Bearbeitung abhebt und dass er in den Textbereichen Joel 1,1-2,11; Hab 1,1-2,4; Zef 1,1-3,8 Parallelen zu dieser Bearbeitung des Jesajabuches erkennt.[23] Für sich genommen zeigen sich zwischen diesen Textbereichen der Bücher Joel, Habakuk und Zefanja aber doch nur auf sehr allgemeiner Ebene buchübergreifende Gemeinsam-

---

buch ebenfalls auf dieser redaktionellen Ebene oder zumindest in zeitlicher Nähe hierzu in das werdende Zwölfprophetenbuch integriert wurde.

22 Siehe hierzu auch Bosshard / Kratz, Maleachi, 27-46.

23 Vgl. Bosshard, Rezeptionen, 269-359.

keiten.[24] Doch nicht nur bei den Bearbeitungsschichten des Zwölfprophetenbuches, die Bosshard-Nepustil aufgrund der von ihm angenommenen
Entstehungsgeschichte des Jesajabuches herausarbeitet, sondern auch an
anderer Stelle lässt sich fragen, ob die von Bosshard-Nepustil aufgezeigten
buchübergreifenden Bearbeitungen wirklich als in sich kohärente Schichten
bestimmt sind. Es ist etwa nicht wirklich einsichtig, warum Bosshard-Nepustil die Integration des gegen Edom gerichteten Obadjabuches in das
werdende Zwölfprophetenbuch gerade auf derselben Ebene verortet wie die
Einfügung der universalen Heilsworte in Mi 4,1-4 und Sach 8,20-22.[25] Auch
der von Bosshard-Nepustil vorgelegte Entwurf ist somit ohne Zweifel ein
bedeutender Beitrag zur Erforschung der buchübergreifenden Zusammenhänge im Zwölfprophetenbuch. Doch gerade mit Blick auf die späten
Redaktionsprozesse sind auch bei diesem Entwurf noch grundlegende
Bedenken angebracht, wobei eben vor allem der methodisch unzureichende
Rückschluss von den am Jesajabuch aufgewiesenen Erkenntnissen zu bemängeln ist.

Den bislang letzten großen Gesamtentwurf zur Entstehung des Zwölfprophetenbuches hat 1998 *Aaron Schart* vorgestellt.[26] Schart baut sein
Modell auf einem doppelten Fundament auf. Er betrachtet zum einen die
Überschriften und Einleitungen der einzelnen Bücher und kommt so zu
einer ersten Gruppierung dieser Bücher. Sodann legt Schart eine redaktionsgeschichtliche Analyse des Amosbuches vor und ordnet den einzelnen
Entstehungsphasen dieses Buches die anhand der Buchüberschriften grup-
pierten weiteren Bücher des Zwölfprophetenbuches zu. Auf dieser Grundlage kommt Schart zu einem insgesamt sechsstufigen Modell.[27] So wurden
zunächst auf der Ebene der als Tradentenschicht bezeichneten Redaktion
des Amosbuches die Bücher Hosea und Amos zu einem Zweiprophetenbuch verbunden. Auf der Ebene der D-Schicht des Amosbuches, der Schart
die gemeinhin als dtr. bezeichneten Passagen des Buches zuweist, wurden
sodann – eventuell in zwei nochmals voneinander zu unterscheidenden
Schritten – die Bücher Micha und Zefanja hinzugefügt. Zusammen mit der
Einfügung der Doxologien des Amosbuches wurden die Bücher Nahum
und Habakuk in die Sammlung aufgenommen. Auf der nächsten Stufe
wurden mit dem Heilswort in Am 9,11-15* die Bücher Haggai und Sacharja

---

24   Siehe hierzu auch Wöhrle, Sammlungen, 16.
25   Siehe hierzu auch unten 336f mit Anm. 5.
26   Vgl. Schart, Entstehung. Übernommen wurde das von Schart ausgearbeitete Modell in der
     erst kürzlich von Schwesig vorgelegten Arbeit zu den Tag Jhwh-Texten im Zwölfpropheten-
     buch. Dabei wird dieses Modell von Schwesig aber nicht nochmals im einzelnen überprüft;
     vgl. hierzu Schwesig, Rolle, 3f; zu dem von Schwesig vorgelegten Ansatz siehe zudem auch
     ders., Stimmen.
27   Vgl. hierzu Schart, Entstehung, 304-306, sowie die Übersicht a.a.O., 316f.

eingebracht, und zusammen mit dem Nachtrag in Am 9,12-13* kamen die Bücher Joel und Obadja hinzu. Am Ende der redaktionsgeschichtlichen Entwicklung des Zwölfprophetenbuches wurden schließlich noch die Bücher Jona und Maleachi hinzugefügt.

Der von Schart vorgelegte Entwurf zur Entstehung des Zwölfprophetenbuches bestätigt also einmal mehr – und nun sogar auf Grundlage einer umfangreichen redaktionsgeschichtlichen Analyse des Amosbuches wie auch auf Grundlage einer noch darüber hinausgehenden Analyse der dtr. Passagen in den Büchern Hosea, Micha und Zefanja – die Existenz eines die Bücher Hosea, Amos, Micha und Zefanja umfassenden Vierprophetenbuches. Zudem wird auch hier, wie schon so oft, die Integration der Bücher Haggai und Sacharja auf derselben redaktionsgeschichtlichen Ebene angesetzt. Mit Blick auf die späten Sammlungen kommt Schart aber wiederum zu gänzlich anderen Ergebnissen als in der vorangehenden Forschung. So meint Schart wie Bosshard-Nepustil – aber im Gegensatz zu dem recht einfachen dreistufigen Modell von Nogalski –, dass das vorliegende Zwölfprophetenbuch das Produkt eines vielschichtigen Wachstumsprozesses ist. Aber die konkrete Ausführung des von Schart vorgelegten Modells unterscheidet sich doch ganz deutlich – etwa hinsichtlich der von Schart auf jeder Stufe angenommenen Hinzufügung von je zwei weiteren Büchern, hinsichtlich der von ihm vertretenen späten Einfügung des Joelbuches oder hinsichtlich der von ihm vorgenommenen Zusammenordnung der Bücher Nahum und Habakuk – von den von Bosshard-Nepustil vorgestellten Ergebnissen.

Dabei übertrifft Schart die vorangehenden beiden Entwürfe aufgrund der doppelten Grundlegung seines Modells in den Buchüberschriften und in der redaktionsgeschichtlichen Analyse des Amosbuches an methodischer Transparenz. Zudem basieren seine Darlegungen zu dem als D-Korpus bezeichneten, die Bücher Hosea, Amos, Micha und Zefanja umfassenden Vierprophetenbuch noch über die redaktionsgeschichtliche Analyse des Amosbuches hinaus auf einer redaktionsgeschichtlichen Analyse der dtr. Bearbeitungen in den Büchern Hosea, Micha und Zefanja, so dass die immer wieder vermutete Existenz eines solchen Vierprophetenbuches bei Schart nun erstmals breit begründet wird. Dennoch ergeben sich auch bei dem von Schart gewählten Vorgehen noch methodische Probleme.[28] Da sein Modell nämlich vor allem auf einer redaktionsgeschichtlichen Analyse des Amosbuches basiert, kann Schart zum einen eventuelle buchübergreifende Bearbeitungen, die sich nicht im Amosbuch niedergeschlagen haben, nicht nachweisen. Zum anderen stehen seine Darlegungen zu den späten Sammlungen, die nur mit recht kurzen oder gar mit überhaupt keinen Bearbeitun-

---

28 Vgl. hierzu auch Wöhrle, Sammlungen, 17f.

gen im Amosbuch in Verbindung gebracht werden können, gegenüber den Darlegungen zum D-Korpus doch auf einem wesentlich dünneren Fundament. Auch die Arbeit von Schart ist also vor allem für die frühen Sammlungen des Zwölfprophetenbuches von großem Gewinn. Für die späten Redaktionsprozesse in diesem Korpus bleibt dagegen auch bei Schart noch einiges ungeklärt, wobei auch hier vor allem zu bemängeln ist, dass dieses Modell auf einer zu schmalen Textgrundlage basiert und so die an einer Stelle – in diesem Falle am Amosbuch – erworbenen Erkenntnisse auf andere Textbereiche übertragen werden.

Die von Nogalski, Bosshard-Nepustil und Schart vorgelegten Entwürfe haben die Forschung zur buchübergreifenden Entstehung des Zwölfprophetenbuches also erheblich vorangetrieben. Beachtenswert ist aber, dass sich bei diesen Ansätzen nur für die frühen Sammlungen des Zwölfprophetenbuches ein schmaler Konsens herausbildet, während die Forschung bei der Frage nach der weiteren Entstehung des Zwölfprophetenbuches noch immer am Anfang steht.

Nach diesen großen Gesamtentwürfen wurde 2000 ein weiteres Modell zur Entstehung des Zwölfprophetenbuches von *Kyu-Sang Yu* vorgestellt.[29] Wie einst bei Ewald und Steuernagel basiert dieses Modell im wesentlichen auf einer Betrachtung der Überschriften und Einleitungen der einzelnen Bücher. Von hier aus meint Yu, dass zunächst die in ihren Überschriften und Einleitungen mit einer Datierung versehenen Bücher Hosea, Amos, Micha, Zefanja, Haggai und Sacharja zusammengestellt wurden. Daraufhin wurden zunächst die Bücher Joel, Jona und Nahum ergänzt, in deren Überschrift sich Angaben zur Person des Propheten finden, bevor schließlich die Bücher Obadja, Habakuk und Maleachi hinzugefügt wurden, in deren Überschrift sich weder eine Datierung noch nähere Angaben zur Person des Propheten finden.

Das von Yu vorgestellte Modell bestätigt zwar einmal mehr die enge Zusammengehörigkeit der Bücher Hosea, Amos, Micha und Zefanja wie auch der Bücher Haggai und Sacharja. Doch angesichts der Tatsache, dass dieses Modell eben nur auf einer Betrachtung der Überschriften und Einleitungen basiert, und angesichts der Tatsache, dass die dabei vorgeschlagene Gruppierung recht beliebig erscheint, führt dieser Ansatz nicht über die vorangehende Forschung hinaus, sondern fällt im Gegenteil sogar weit hinter das von Nogalski, Bosshard-Nepustil und Schart vorgelegte Niveau der gegenwärtigen Forschung zurück.

Ein weiteres Modell zur Entstehung des Zwölfprophetenbuches wurde 2006 von *Martin Beck* im Zusammenhang seiner Arbeit zu den Tag Jhwh-

---

29 Vgl. Yu, Entstehungsgeschichte, 136-300.

Texten des Zwölfprophetenbuches vorgelegt.[30] Entgegen der bisherigen
Forschung lehnt Beck die Existenz eines die Bücher Hosea, Amos, Micha
und eventuell auch Zefanja umfassenden Mehrprophetenbuches ab. Stattdessen meint Beck, dass schon auf der ersten Sammlungsstufe die Bücher
Hosea, Joel, Amos, Obadja, Micha, Nahum, Habakuk, Zefanja, Haggai und
Sacharja zu einem Zehnprophetenbuch zusammengefasst wurden. Lediglich
die Bücher Jona und Maleachi wurden dann erst später in die Sammlung
eingebracht.

Die Arbeit von Beck ist mit ihrer Infragestellung des bislang erreichten
Minimalkonsens auf der Ebene der frühen Sammlungen des Zwölfprophetenbuches sicherlich ein wichtiger Beitrag, der dazu ermahnt, die Annahme
buchübergreifender Bearbeitungen noch mehr als bislang geschehen auf
einem breiten und methodisch gesicherten Fundament aufzubauen. Da Beck
allerdings sowohl seine Kritik an der bisherigen Forschung als auch sein
eigenes Modell eben nur von der Betrachtung der Tag Jhwh-Texte her
begründet, steht dieser Entwurf doch auf einer allzu schmalen Textbasis und
fällt somit ebenfalls deutlich hinter die in den 90er Jahren vorgestellten
Entwürfe zurück.

Insgesamt hat die Forschung zur buchübergreifenden Entstehung des
Zwölfprophetenbuches also schon einige Fortschritte erzielt.[31] Dabei bildet
sich unter den vorgestellten Gesamtentwürfen insbesondere ein gewisser
Konsens heraus, dass die Bücher Hosea, Amos, Micha und eventuell auch
das Zefanjabuch einst zu einem gemeinsamen Mehrprophetenbuch verbunden waren und dass die Bücher Haggai und Sacharja ein gemeinsames
Zweiprophetenbuch bildeten oder zumindest auf derselben Entstehungsstufe in das werdende Zwölfprophetenbuch integriert wurden.[32] Mit Blick
auf die späten Redaktionsprozesse im Zwölfprophetenbuch ist bislang

---

30 Vgl. Beck, Tag, bes. 318-322.
31 Neben den hier vorgestellten Gesamtentwürfen sind in den vergangenen Jahren auch
    zahlreiche Arbeiten zu einzelnen buchübergreifenden Themen und Teilsammlungen er-
    schienen, in denen wichtige Beobachtungen und Erkenntnisse vorgestellt wurden. Ein
    Überblick über diese Ansätze findet sich bei Wöhrle, Sammlungen, 8-24. Zudem werden die
    Arbeiten, deren Ergebnisse für das hier vorgelegte Modell von Bedeutung sind, jeweils im
    einleitenden Kapitel zu den einzelnen Entstehungsstufen nochmals vorgestellt.
32 Die Existenz eines die Bücher Hosea, Amos, Micha und Zefanja umfassenden Vierprophe-
    tenbuches sowie eines die Bücher Haggai und Sacharja umfassenden Zweiprophetenbuches
    wurde zudem auch schon in mehreren Einzeldarstellungen und Überblickswerken vertreten.
    Vgl. dabei zu dem Vierprophetenbuch Albertz, Exilszeit, 164-185; ders., Exile, 232-251;
    Macchi, Prophètes, 381; Schmitt, Arbeitsbuch, 366; Zenger, Einleitung, 520; Schmid, Prophe-
    ten, 364. Zur Existenz eines Haggai-Sacharja-Korpus vgl. etwa Klostermann, Geschichte,
    213; Ackroyd, Book, 152; Elliger, ATD 25, 99; Beuken, Haggai-Sacharja, 331-336; Coggins,
    Haggai, 26f; Meyers / Meyers, AncB 25B, XLVII; Kaiser, Grundriß 2, 152; Nogalski,
    Precursors, 256; Tollington, Tradition, 47; Redditt, Haggai, 12.42f; Albertz, Religions-
    geschichte 2, 484; Lux, Zweiprophetenbuch, 191-213; Pola, Priestertum, 40f; Schmid, ebd.

allerdings noch keinerlei Konsens erreicht. Dies dürfte zum einen daran
liegen, dass die bisherigen Entwürfe auf einer zu schmalen Textgrundlage
entwickelt wurden und dass deshalb die an einer Stelle erworbenen Erkenntnisse – seien es nun die Buchränder, das Jesajabuch, das Amosbuch oder die
Tag-Jhwh-Texte – häufig unüberprüft auf andere Textbereiche übertragen
werden. Zum anderen und damit zusammenhängend stehen diese Entwürfe
noch nicht im ausreichenden Maße auf einem differenzierten methodischen
Fundament.

3. Rückblick auf die bisherigen Ergebnisse

3.1 Die frühen Sammlungen des Zwölfprophetenbuches

Die hier vorgestellten Darlegungen zu den späten Redaktionsprozessen im
Zwölfprophetenbuch basieren auf den an anderer Stelle ausgeführten Erkenntnissen zu den frühen Sammlungen dieses Korpus.[33] Über die bisherige
Forschung hinaus wurde dort erstmals ein Modell für die frühen Sammlungen vorgelegt, das – mit Ausnahme des Hoseabuches –[34] auf einer redaktionsgeschichtlichen Analyse sämtlicher in diese frühen Sammlungen aufgenommenen Einzelbücher und somit im Vergleich zu den vorangehenden
Ansätzen auf einer wesentlich breiteren Textgrundlage aufgebaut ist. Zudem
wurden die redaktionsgeschichtlichen Erkenntnisse noch kompositionsgeschichtlich abgesichert. So konnte gezeigt werden, dass die Bearbeitungen,
die in den einzelnen Büchern abgehoben und dann derselben Hand zugewiesen wurden, nicht nur durch thematische und terminologische Gemeinsamkeiten verbunden sind, sondern auch eine buchübergreifende
Komposition bilden.[35]

Von hier aus bestätigte sich zum einen die in der vorangehenden Forschung schon häufiger vermutete Existenz eines die Bücher Hosea, Amos,
Micha und Zefanja umfassenden Vierprophetenbuches sowie eines die
Bücher Haggai und Sacharja umfassenden Zweiprophetenbuches. Dabei
konnte aufgrund der redaktionsgeschichtlichen Erkenntnisse zu den Einzelbüchern die Komposition und die Intention dieser beiden Werke noch
präziser als bei den bislang vorgelegten Ansätzen bestimmt werden. Zum
anderen konnte – als erstes Ergebnis für die weitere Entstehung des Zwölfprophetenbuches – gezeigt werden, dass bei dem die Bücher Hosea, Amos,
Micha und Zefanja umfassenden Vierprophetenbuch im Rahmen einer

---

33   Vgl. Wöhrle, Sammlungen.
34   Vgl. hierzu Wöhrle, Sammlungen, 26.54-58.450-453.
35   Zu diesem methodischen Ansatz vgl. Wöhrle, Sammlungen, 25f, sowie unten 20-22.

ersten redaktionellen Neubearbeitung das Hoseabuch durch die Grundschicht des Joelbuches als Einleitung dieser Sammlung ersetzt wurde und so ein neues, als Joel-Korpus bezeichnetes Vierprophetenbuch entstand.

Mit dem die Bücher Hosea, Amos, Micha und Zefanja umfassenden Vierprophetenbuch wurde am Ende der Exilszeit erstmals eine Sammlung prophetischer Schriften zusammengestellt und durch zahlreiche Fortschreibungen in den einzelnen Büchern mit einer neuen buchübergreifenden Gesamtaussage versehen.[36] Aufgrund der in den Überschriften der einzelnen Bücher eingebrachten Datierungen liest sich dieses Vierprophetenbuch als Geschichte der Prophetie, bei der das Ergehen des prophetischen Wortes von der Zeit Jerobeams II. bis zur Zeit Josias dargestellt wird. Es handelt sich bei diesem Werk geradezu um einen prophetischen Kommentar zu diesen Epochen der vorexilischen Geschichte des Volkes.

Dabei wurde das exilische Vierprophetenbuch in bewusst abgrenzender Aufnahme des DtrG gestaltet.[37] Die in den einzelnen Büchern eingebrachten Nachträge lassen nämlich allesamt Bezüge zur Darstellung der entsprechenden Epoche im DtrG erkennen. Es wird aber nicht einfach die inhaltliche Ausrichtung des DtrG übernommen, sondern es wird vielmehr ein bewusster Gegenentwurf zum DtrG vorgelegt. Anders als im DtrG wird die Geschichte von Jerobeam II. bis Josia hier als Geschichte beschrieben, die ausnahmslos von kultischen und sozialen Verfehlungen geprägt ist und so direkt auf den Untergang des Nord- wie auch des Südreiches zuführt.

So wird bei den in die Regierungszeit Jerobeams II. datierten Büchern Hosea und Amos, anders als in 2 Kön 14,25-27, mit keinem Wort die positive Mitwirkung Jhwhs bei der Rückeroberung der verlorenen Gebiete erwähnt. Stattdessen wird durch die von den Redaktoren des exilischen Vierprophetenbuches in diesen Büchern eingebrachten Nachträge (Hos 3,1-4.5*; 4,1*.10.15; 8,1b.4b-6.14; 13,2-3; 14,1; Am 2,4-5.9-12; 3,1b.7; 4,13*; 5,11.25-26; 7,10-17; 8,5.6b.11-12; 9,7-10) festgehalten, dass sich die Bewohner des Nordreichs mit kultischen wie auch mit sozialen Verfehlungen verschuldet haben, dass sie nicht auf die Propheten gehört haben und dass deshalb, so das letzte Wort des Amosbuches in Am 9,7-10, das Nordreich dem Untergang verfallen war.

Im daran anschließenden Michabuch wird sodann gezeigt, wie das göttliche Gericht geradezu vom Nordreich auf das Südreich zukommt (1,5b-7.9.12b). Dabei wird in diesem in die Zeit Hiskias datierten Buch zwar auf die im Rahmen der hiskianischen Reform geschehene Kultreinigung angespielt (5,9-13). Dies wird aber im Gegensatz zum DtrG nicht als Verdienst dieses Königs, sondern als göttliches Reinigungsgericht dargestellt. Und da

---

36 Vgl. Wöhrle, Sammlungen, 241-284, sowie ders., Future.
37 Vgl. hierzu auch die Übersichten Wöhrle, Sammlungen, 269f.

nach dem folgenden, von den Redaktoren des exilischen Vierprophetenbuches eingebrachten Wort 6,2-4a.9*.10-15* die Verfehlungen des Volkes,
und dabei vor allem die Verfehlungen der reichen Oberschicht, auch nach
diesen Ereignissen kein Ende fanden, hielt das Gericht an.

Im Zefanjabuch, das in die Zeit Josias datiert ist, wird schließlich
– vergleichbar mit den in das Michabuch eingebrachten Nachträgen – zwar
die unter Josia geschehene Kultreinigung erwähnt (Zef 1,4-6). Doch im
Gegensatz zum DtrG wird auch dies als göttliches Reinigungsgericht dargestellt. Und da nach den weiteren von den Redaktoren des exilischen
Vierprophetenbuches eingebrachten Nachträgen auch diese Ereignisse nicht
bewirkten, dass die Oberschicht, die die Armen des Landes ausbeutete, von
ihrem Tun abließ und zu Jhwh umkehrte, und da zudem auch die Geschehnisse unter den Nachbarvölkern nicht als Warnung verstanden wurden,
führte schließlich auch die Geschichte des Südreichs auf den Untergang zu
(2,1-9*; 3,1-4.6-8a.11-13). Aus diesem Gericht wird nach dem das exilische
Vierprophetenbuch abschließenden Wort Zef 3,11-13 nur die arme Bevölkerung als Rest übrigbleiben, während die deportierte Oberschicht keine
Zukunft mehr in der Volksgemeinschaft hat. Anders als im DtrG wird hier
keine Restauration der vorexilischen Verhältnisse erwartet. Stattdessen ist
mit der Exilierung ein status quo erreicht, hinter den es kein zurück mehr
gibt.

Im exilischen Vierprophetenbuch ist somit die Position der im Lande
verbliebenen Bevölkerung in der spätexilischen Diskussion um die Zukunft
des Volkes zu erkennen, als mit der Schwächung des neubabylonischen
Reiches eine Rückkehr der Exulanten möglich erschien. Es wird hier aus der
Geschichte heraus begründet, dass nur die eigene Gruppe der legitime Rest
des Volkes ist und dass daher die Rückkehr der Exulanten und die Restauration der vorexilischen Verhältnisse ausgeschlossen ist.

Die Bücher Haggai und Sacharja wurden in der ersten Hälfte des 5.
Jahrhunderts zu einem gemeinsamen Zweiprophetenbuch zusammengestellt.[38] Dabei wurden in diesem Zusammenhang – anders als zumeist
angenommen – nicht beide Bücher, sondern nur das Sacharjabuch einer
Bearbeitung unterzogen. So wurde das Sacharjabuch in Sach 1,1.7; 7,1 im
Anschluss an die im Haggaibuch bereits vorgegebenen Datierungen mit
einem chronologischen Rahmen versehen. Zudem wurden von den Redaktoren dieses Zweiprophetenbuches in Sach 1,2-6.14-17*; 2,10-14; 4,9b; 6,15;
7,7.9-14; 8,1-5.7-8.14-17.19b einige weitere Nachträge angebracht.

Am Beginn des Sacharjabuches steht nun in Sach 1,1-6 eine Umkehrpredigt, die nach der Datierung in Sach 1,1 noch vor der in Hag 2,10-19*
erwähnten Tempelgründung und vor den in Sach 1,7ff belegten Nacht-

---

38   Vgl. Wöhrle, Sammlungen, 367-385, sowie ders., Formation.

gesichten des Sacharjabuches erging. Nach Sach 1,1-6 wurden also die Tempelgründung wie auch die ursprünglich unbedingten Heilsankündigungen der Nachtgesichte erst durch die – ethisch verstandene – Umkehr des Volkes ermöglicht.

Durch die in Sach 7-8* eingebrachten Nachträge, die nach Sach 7,1 in die Zeit der bereits begonnenen Arbeiten am Tempel gehören, wird sodann festgehalten, dass nicht nur der Tempelbau, sondern auch alle weitere Zuwendung Jhwhs von der anhaltenden Umkehr des Volkes abhängig ist. So wird hier die weitere Erfüllung der zur Zeit Haggais und Sacharjas ergangenen Verheißungen – vor allem die Abwendung der Gefährdungen durch die Völker und die Mehrung des eigenen Volkes (Sach 8,4-8) – unter die Voraussetzung gestellt, dass das Volk bleibend zu fairen Gerichtsverfahren, zur Abkehr von der Übervorteilung des Nächsten und zur Hinwendung zu den sozial niedrig Gestellten bereit ist (7,7-14*).

Das Haggai-Sacharja-Korpus kann somit als Reaktion auf die desillusionierenden Erfahrungen der frühnachexilischen Zeit verstanden werden, als sich die prophetischen Verheißungen aus der Zeit des Tempelbaus nicht im vollen Umfang bewahrheitet hatten. Vor diesem Hintergrund wird hier klargestellt, dass schon der Tempelbau erst auf die Umkehr des Volkes hin möglich wurde und dass somit auch die Realisierung der bislang noch nicht erfüllten Verheißungen von der anhaltenden Umkehr des Volkes abhängt. Im Haggai-Sacharja-Korpus werden also die prophetischen Verheißungen aus der Zeit des Tempelbaus unter einen ethischen Imperativ gestellt, um das teilweise Ausbleiben dieser Verheißungen zu erklären und gleichzeitig an der Hoffnung auf die doch noch mögliche Erfüllung dieser Verheißungen festhalten zu können.

Ebenfalls in der ersten Hälfte des 5.Jh. wurde schließlich das exilische Vierprophetenbuch einer ersten redaktionellen Neubearbeitung unterzogen.[39] Dabei wurde das Hoseabuch von dieser Sammlung abgetrennt und durch die eigens für diesen Zusammenhang geschaffene Grundschicht des Joelbuches, die den Textbereich Joel 1,1-3.5.8-20; 2,1.2*.3.6.10.11b.15-17.21-24.26a umfasst, ersetzt. Zudem wurden am Ende der folgenden Bücher in Am 9,13aα.14-15; Mi 7,8-10a; Zef 3,14-17 drei kurze Heilsworte ergänzt.

Am Beginn dieses als Joel-Korpus bezeichneten Mehrprophetenbuches wird in der Grundschicht des Joelbuches zunächst eine Dürrenot geschildert (1,1-20*) und als Vorzeichen des Tages Jhwhs gedeutet (2,1-11*). Die gegenwärtige Not wird hier also mit dem in den folgenden Büchern aufgrund der Verschuldungen des Volkes angesagten Gerichtstag in Verbindung gebracht (Am 5,18-20; Zef 1). Angesichts dieser Notlage und angesichts der damit bestehenden Gefahr, dass Völker über das eigene Volk herrschen (Joel 2,17)

---

39 Vgl. Wöhrle, Sammlungen, 436-460.

– was vermutlich vor dem Hintergrund der persischen Steuerpolitik zu
verstehen ist, als eine schwere Missernte die Souveränität des gesamten
Volkes gefährden konnte – wird das Volk dazu aufgerufen, zu klagen und
Jhwh um Mitleid anzuflehen (Joel 2,15-17). Auf diese Klage hin wird am
Ende der Joel-Grundschicht die erneute Zuwendung Jhwhs mitgeteilt, der
neuen Regen geschenkt und so die Not des Volkes abgewendet hat, und es
wird zum Jubel über diese Heilswende aufgerufen (2,21-24.26a).

Dieser in der Joel-Grundschicht beschriebene Weg vom Gericht zum
Heil wird in den folgenden Büchern Amos, Micha und Zefanja aufgrund der
am Ende dieser Bücher in Am 9,13aα.14-15; Mi 7,8-10a; Zef 3,14-17 nachgetragenen Heilsworte immer wieder durchlaufen.[40] Zudem wird in diesen
drei Heilsworten der thematische Aufbau der Joel-Grundschicht noch
einmal nachvollzogen – von der Ankündigung der Überwindung einer
agrarischen Notlage (Am 9,13aα.14-15 // Joel 1,1-20*) über die Zusage des
Beistands Jhwhs angesichts der Schmähungen einer außenpolitischen Größe
(Mi 7,8-10a // Joel 2,1-17*) hin zur Aufforderung zum Jubel aufgrund der
Abwendung der Not (Zef 3,14-17 // Joel 2,21-26*).

Das Joel-Korpus entstammt somit ebenfalls der theologischen Auseinandersetzung mit der desolaten Lage des Volkes im 5.Jh. Es wird hier
dargestellt, dass die gegenwärtige Situation als das in den überlieferten
Prophetenschriften aufgrund der Verfehlungen des Volkes angesagte Gericht Jhwhs zu verstehen ist. Es wird aber in der Umkehr des Volkes zu
Jhwh auch ein Weg aus dieser Notlage heraus aufgezeigt.

Bei dem soeben skizzierten Modell zu den frühen Sammlungen des
Zwölfprophetenbuches konnte also mit dem Aufweis eines die Bücher Joel,
Amos, Micha und Zefanja umfassenden Joel-Korpus ein erster Ausblick auf
die weitere Entstehung des Zwölfprophetenbuches, nach dem in der vorangehenden Forschung schon häufiger angenommenen exilischen Vierprophetenbuch, gegeben werden. In der vorliegenden Arbeit wird nun zu
zeigen sein, dass sich diese Annahme mit Blick auf die späten Redaktionsprozesse im Zwölfprophetenbuch bewährt und dass sich so ein Gesamtmodell zur Entstehung dieses Korpus entwickeln lässt, das dann über die
bisherige Forschung hinaus auf einer breiten Textgrundlage und auf einem
differenzierten methodischen Fundament aufgebaut ist.

40　Zur Komposition des Joel-Korpus vgl. im einzelnen Wöhrle, Sammlungen, 447-449.

3.2 Erste Erkenntnisse zu den späten Redaktionsprozessen im Zwölfprophetenbuch

Im Rahmen der Darlegungen zu den frühen Sammlungen des Zwölfprophetenbuches ergaben sich aufgrund der dort vorgestellten redaktionsgeschichtlichen Analyse der Bücher Joel, Amos, Micha, Zefanja, Haggai und Sacharja auch schon erste Hinweise auf die weitere Entstehung des Zwölfprophetenbuches.[41]

So wurde das werdende Zwölfprophetenbuch nach der Ebene des Joel-Korpus einer Bearbeitung unterzogen, die bereits vorläufig als Fremdvölkerschicht I bezeichnet wurde und der die Textbereiche Joel 1,4.6-7; 2,2*.4-5.7-9.11a.18-20.25.26b.27; 4,1-3.9-17; Mi 1,2; 4,6-7.10*.12-13; 5,7-8. 14; 6,1; 7,10b-13.16-17aα; Zef 2,7.9b-10.13-15; 3,8b.18-19; Hag 2,6-8.21b.22 zugewiesen werden konnten. Diese Textbereiche sind allesamt von der Erwartung bestimmt, dass einst die gesamte Völkerwelt dem Gericht Jhwhs anheimfallen wird.

In einem weiteren Schritt wurden die Davidsverheißungen in Am 9,11.12b; Mi 4,8; 5,1.3*.4a nachgetragen. Bei diesen Worten wird die erneute Aufrichtung der davidischen Herrschaft angesagt, die sich an den Anfängen des davidischen Königtums orientieren wird.

Auf die Davidsverheißungen folgte die als Fremdvölkerschicht II bezeichnete Bearbeitung, der bislang die Textbereiche Joel 4,4-8.18-21; Am 1,9-12; 9,12a.13aβb zugeschrieben wurden. Anders als bei der Fremdvölkerschicht I wird hier nicht der gesamten Völkerwelt, sondern konkreten Einzelvölkern, vor allem den Philistern, den Phöniziern und den Edomitern, das Gericht angesagt.

Im Rahmen der als Heil-für-die-Völker-Schicht bezeichneten Bearbeitung wurden sodann die Worte Joel 3,1-4.5*; Mi 4,1-4; 5,6; 7,17aβb; Zef 3,9.10*; Sach 2,15-16; 8,20-23 nachgetragen. Bei diesen Worten wird nun über das Gericht an den Völkern hinausgeblickt und eine Heilsmöglichkeit für die Völker erwartet.

Schließlich wurde das werdende Zwölfprophetenbuch noch einer als Gnadenschicht bezeichneten Bearbeitung unterzogen, der die beiden Worte Joel 2,12-14; Mi 7,18-20 zugewiesen wurden. Diese Worte sind an der Vergebungsbereitschaft Jhwhs orientiert und lassen dabei Anklänge an die gerne als Gnadenformel bezeichnete Beschreibung des göttlichen Wesens in Ex 34,6-7 erkennen.

So zeichnet sich in ersten Umrissen schon von der Bearbeitung der in die frühen Sammlungen des Zwölfprophetenbuches aufgenommenen Bücher her der Weg ab, auf dem auch die weitere Entstehung dieses Korpus

---

41 Vgl. zum folgenden auch Wöhrle, Sammlungen, 465-467.

verlaufen sein könnte. Dies wird sich nun auf Grundlage der redaktionsgeschichtlichen Bearbeitung der bislang noch nicht berücksichtigten Bücher
Obadja, Jona, Nahum, Habakuk, Deuterosacharja und Maleachi zu bewäh-
ren haben.

4. Zum methodischen Vorgehen

Die im Forschungsüberblick aufgezeigten, die bisherige Forschung prägenden Unsicherheiten hinsichtlich der späten Redaktionsprozesse im Zwölfprophetenbuch haben vor allem darin ihre Ursache, dass die bislang vorgestellten Modelle noch nicht auf einer ausreichend breiten Textgrundlage
basieren und dass diese Modelle noch nicht im ausreichenden Maße auf
einem differenzierten methodischen Fundament aufgebaut sind. Insbesondere erwies sich der bei den bislang vorgestellten Modellen bestimmende
Rückschluss von an einer Stelle erworbenen Erkenntnissen auf andere
Textbereiche als unzureichend.

Um nun über die bisherige Forschung hinauszukommen, ist der bei dem
soeben skizzierten Modell für die frühen Sammlungen des Zwölfprophetenbuches eingeschlagene Weg, nach dem die Entstehung des Zwölfprophetenbuches aus der Entstehung der einzelnen Bücher heraus zu erarbeiten ist
und somit letztlich jedes einzelne Buch für sich einer redaktionsgeschichtlichen Analyse zu unterziehen ist, weiter zu verfolgen.[42] Wenn sich nämlich
nachweisen lässt, dass die einzelnen Bücher ab einem gewissen Stadium
ihrer redaktionsgeschichtlichen Entwicklung in derselben Abfolge vergleichbare Bearbeitungen erfahren haben, so ist dies ein erster wichtiger Hinweis,
dass diese Bearbeitungen nicht nur für das einzelne Buch, sondern für den
buchübergreifenden Zusammenhang des Zwölfprophetenbuches geschaffen
wurden. Nachdem für die frühen Sammlungen des Zwölfprophetenbuches
bereits eine redaktionsgeschichtliche Analyse der Bücher Joel, Amos, Micha,
Zefanja, Haggai und Sacharja vorgelegt wurde, sind nun also für die Rekonstruktion der späten Sammlungen noch die Bücher Obadja, Jona, Nahum,
Habakuk, Deuterosacharja und Maleachi redaktionsgeschichtlich zu bearbeiten.[43]

---

42 Vgl. hierzu Wöhrle, Sammlungen, 24f.
43 Auf eine redaktionsgeschichtliche Analyse des Hoseabuches, die angesichts der Komplexität
    dieses Buches ohnehin nur in einer eigenen Monographie umfassend dargestellt werden
    könnte, kann – wie schon bei den frühen Sammlungen – auch für die späten Redaktions-
    prozesse verzichtet werden. Denn wie sich zeigen wird, wurde das Hoseabuch, das zwar Teil
    des exilischen Vierprophetenbuches war, dann aber im Rahmen des Joel-Korpus von dieser
    Sammlung abgetrennt wurde, erst am Ende der redaktionsgeschichtlichen Entwicklung
    wieder in das werdende Zwölfprophetenbuch aufgenommen, so dass dieses Buch weitgehend

Dabei ist aber zu beachten, dass auch dann, wenn sich in den einzelnen Büchern vergleichbare Bearbeitungen aufzeigen lassen, noch nicht sicher davon ausgegangen werden kann, dass diese Bearbeitungen auch tatsächlich für den Kontext des Zwölfprophetenbuches eingebracht wurden. Denkbar wäre ja auch, dass in den einzelnen Büchern unabhängig voneinander vergleichbare Bearbeitungen eingebracht wurden, da etwa zu gewissen Zeiten für verschiedene Redaktoren dieselben Themen bestimmend waren.

Wie schon bei den frühen Sammlungen des Zwölfprophetenbuches sind daher auch für die späten Sammlungen die redaktionsgeschichtlichen Erkenntnisse kompositionsgeschichtlich abzusichern.[44] Denn erst dann, wenn sich zeigen lässt, dass die in den einzelnen Büchern aufgewiesenen Bearbeitungen nicht nur durch inhaltliche und stilistische Parallelen als zusammengehörig erscheinen, sondern dass diese Bearbeitungen auch eine gemeinsame buchübergreifende Komposition bilden, kann mit großer Wahrscheinlichkeit davon ausgegangen werden, dass diese Bearbeitungen auf dieselbe Hand zurückgehen und für den buchübergreifenden Zusammenhang des Zwölfprophetenbuches geschaffen wurden.

Es ist nun aber gerade in der Spätphase der Entstehung des Zwölfprophetenbuches – nach der Formierung der ersten Sammlungen – auch damit zu rechnen, dass im Rahmen einer buchübergreifenden Redaktion Nachträge in den einzelnen Büchern eingebracht wurden, die keine gemeinsame Komposition bilden, sondern mit denen lediglich die bereits bestehende Sammlung unter einem bestimmten Gesichtspunkt fortgeschrieben wurde. In diesen Fällen wird dann darauf zu achten sein, dass wirklich markante inhaltliche und stilistische Gemeinsamkeiten vorliegen, dass diese Nachträge in der buchinternen Chronologie der in den einzelnen Büchern erkennbaren Bearbeitungen auf derselben Ebene anzusetzen sind und dass sich eventuell noch auf weitere Argumente verweisen lässt, die dafür sprechen, dass diese Nachträge tatsächlich für den Kontext des Zwölfprophetenbuches geschaffen wurden. Der Aufweis solcher buchübergreifender Bearbeitungen ist zwar gegenüber den Bearbeitungen, bei denen sich eine buchübergreifende Komposition aufzeigen lässt, mit größeren Unsicherheiten verbunden. Wenn sich diese Bearbeitungen aber schlüssig in ein Gesamtmodell zur Entstehung des Zwölfprophetenbuches integrieren lassen, dürfte sich auch in diesen Fällen mit zumindest ausreichender Gewissheit behaupten lassen, dass es sich hierbei um das Produkt einer buchübergreifenden Redaktion handelt.

---

unabhängig von den sonstigen Büchern des Zwölfprophetenbuches entstanden ist; vgl. hierzu Wöhrle, Sammlungen, 26.450-453, sowie unten 429-437.

44   Vgl. Wöhrle, Sammlungen, 25f.

Denn anders als bei dem an anderer Stelle vorgelegten Entwurf zu den
frühen Sammlungen des Zwölfprophetenbuches, der noch unter dem
Vorbehalt einer weiteren Bestätigung durch die Bearbeitung der dort nicht
berücksichtigten Bücher dieses Korpus stand, lässt sich bei den hier vorgelegten Erkenntnissen zu den späten Sammlungen noch auf ein weiteres
Kriterium zur Absicherung dieser Erkenntnisse verweisen. Die hier vorgestellten Darlegungen zu den späten Sammlungen führen ja zu einem
Gesamtmodell zur Entstehung des Zwölfprophetenbuches, das auf einer
redaktionsgeschichtlichen Analyse sämtlicher Einzelbücher basiert und bei
dem somit über die redaktionsgeschichtliche Einordnung eines jeden einzelnen Verses in diesen Büchern Rechenschaft abgelegt wird. So kann als
weitere Bestätigung dieses Modells darauf verwiesen werden, dass das
Modell aufgeht und schließlich der gesamte Textbestand des Zwölfprophetenbuches aus der Entstehung der Einzelbücher heraus erklärt werden kann.
Und von hier aus kommt dann auch dem Aufweis solcher Bearbeitungen
des Zwölfprophetenbuches, die zwar keine buchübergreifende Komposition
bilden, die sich aber in das Gesamtmodell einfügen, am Ende eine doch
ausreichend große Wahrscheinlichkeit zu.

Die späten Redaktionsprozesse im Zwölfprophetenbuch werden im
folgenden – in Fortführung der an anderer Stelle ausgeführten Erkenntnisse
zu den frühen Sammlungen und der dort vorgelegten redaktionsgeschichtlichen Analyse der Bücher Joel, Amos, Micha, Zefanja, Haggai und Sacharja
– also erneut auf der Grundlage der redaktionsgeschichtlichen Analyse der
Einzelbücher erarbeitet. Dabei werden die bislang noch nicht bearbeiteten
Bücher Obadja, Jona, Nahum, Habakuk, Deuterosacharja und Maleachi
jeweils auf der redaktionellen Ebene besprochen, auf der diese in das werdende Zwölfprophetenbuch eingebracht wurden.[45] Und von hier aus werden
dann die buchübergreifenden Verbindungen, die Komposition, der historische Ort und die Intention der in den einzelnen Büchern aufgewiesenen
Bearbeitungen dargestellt.

---

45   Zum Hoseabuch s.o. 20f Anm. 43.

II. Das Fremdvölker-Korpus I
(Joel; Am; Mi; Nah; Zef; Hag; Sach; DtSach)

1. Ausgangspunkt

Wie an anderer Stelle begründet, wurden in der ersten Hälfte des 5. Jahrhunderts unter Aufnahme vorgegebener Prophetenbücher bzw. einer vorgegebenen Prophetenbuchsammlung das Joel-Korpus mit den Büchern Joel, Amos, Micha und Zefanja sowie das Haggai-Sacharja-Korpus geschaffen.[1] Mit Blick auf die weitere Entstehung des Zwölfprophetenbuches ist nun interessant, dass sich sowohl beim Joel-Korpus als auch beim Haggai-Sacharja-Korpus im unmittelbaren Anschluss an die für das jeweilige Korpus verantwortliche Redaktion eine weitere Bearbeitung erkennen lässt, die bereits vorläufig als Fremdvölkerschicht I bezeichnet wurde.[2] Diese Bearbeitung zeichnet sich in den einzelnen Büchern vor allem dadurch aus, dass sie die Erwartung eines umfassenden, die gesamte Völkerwelt treffenden Gerichtshandelns Jhwhs einbringt.[3]

Es könnte also gut sein, dass die der Fremdvölkerschicht I in den einzelnen Büchern zugewiesenen Passagen auf dieselbe Hand zurückgehen und dass im Zuge dieser Redaktion das Joel-Korpus und das Haggai-Sacharja-Korpus zu einem gemeinsamen Mehrprophetenbuch mit einer neuen buchübergreifenden Gesamtaussage zusammengefasst und weiter bearbeitet wurden. Doch bevor diese Arbeitshypothese weiter verfolgt werden kann, ist zunächst zu fragen, ob sich nicht auch in weiteren Büchern des Zwölfprophetenbuches vergleichbare Bearbeitungen niedergeschlagen haben und somit auch diese Bücher in dieses neue Mehrprophetenbuch aufgenommen wurden. So wird im folgenden zunächst eine redaktionsgeschichtliche Analyse der Bücher Nahum und Deuterosacharja vorgestellt. Im Anschluss daran wird auf Grundlage der redaktionsgeschichtlichen Erkenntnisse zu den Einzelbüchern den buchübergreifenden Zusammenhängen zwischen den der Fremdvölkerschicht I zugewiesenen Bearbeitungen nachgegangen.

---

1   Siehe hierzu im einzelnen Wöhrle, Sammlungen, 285-460.
2   Vgl. Wöhrle, Sammlungen, 193-195.226f.321.431-433. Zu den dieser Schicht zugewiesenen Textbereichen siehe auch unten 140.
3   Zu den buchübergreifenden Gemeinsamkeiten siehe unten 139-151.

2. Zur Redaktionsgeschichte der Einzelbücher

Die folgenden Ausführungen setzen die bereits an anderer Stelle dargelegte redaktionsgeschichtliche Bearbeitung der Bücher Joel, Amos, Micha, Zefanja, Haggai und Sacharja voraus.[1] Für das Fremdvölker-Korpus I ist nun noch die Entstehung des Nahumbuches und des Deuterosacharjabuches zu behandeln.

2.1 Das Nahumbuch

Das Nahumbuch lässt sich zunächst in die Einleitung mit Überschrift und Psalm in 1,1-8 und die folgenden Gerichtsworte in Nahum 1,9-3,19 unterteilen. Dabei bietet es sich an, zunächst die Gerichtsworte zu bearbeiten und erst in einem zweiten Schritt nach der redaktionsgeschichtlichen Einordnung des Psalms zu fragen.

2.1.1 Die Gerichtsworte in Nahum 1,9-3,19

2.1.1.1 Gericht und Heil in Nahum 1,9-2,3

Nah 1,9-2,3 ist sicherlich der am schwersten zu verstehende Abschnitt des gesamten Nahumbuches. So belastet neben den zahlreichen textlichen Problemen vor allem das hier belegte Neben- und Ineinander von Gerichts- und Heilsaussagen und die damit verbundene Frage, wer jeweils angeredet ist, das Verständnis dieses Textbereichs.[2] Zur besseren Übersicht wird zunächst eine Übersetzung geboten:

---

1   Siehe hierzu Wöhrle, Sammlungen, 59-228.288-366.387-435.
2   So bezeichnete schon Wellhausen, Propheten, 160, den Zustand des vorliegenden Texts als „unerträglich". Nach Duhm, Anmerkungen, 100, liegt hier „alles wie Kraut und Rüben durcheinander". Elliger, ATD 25, 7, meinte, der Text gehöre „zu den am schlimmsten zerstörten Abschnitten des Alten Testaments". Nach Fabry, Nahum, 147, herrscht in diesem Textbereich eine „literarisch unüberschaubare Situation". Und Seybold, Randnotizen, 72, spricht gar von einer „textlichen Schutthalde". Vgl. hierzu auch Deissler, NEB.AT 8, 208; Spronk, Nahum, 54.

1,9 Was zweifelt ihr an Jhwh?[3] Er ist es, der ein Ende bereitet.
Die Not wird kein zweites Mal aufkommen.

10 ...[4] Sie werden verzehrt wie dürres Stroh.

11 Von dir ist ausgezogen, der Böses gegen Jhwh plant,
der Ruchloses vorhat.

12 So spricht Jhwh:
Obgleich sie unversehrt sind und so zahlreich,
so bleiben sie doch nicht ungeschoren[5] und 'vergehen.
Habe ich dich auch bedrückt,'[6]
so werde ich dich nicht mehr bedrücken.

---

3 Im Gegensatz zu חשב על (Gen 50,20; 2 Sam 14,13; Jer 18,11.18; 48,2; 49,30; Mi 2,3; Nah 1,11 u.ö.) dürfte die hier belegte Wendung חשב אל nicht als „planen gegen", sondern eher als „denken, ersinnen über" aufzufassen sein; vgl. Arnold, Composition, 244; Marti, KHC 13, 311; Roberts, Nahum, 42; Fabry, Nahum, 144. Dies wird im vorliegenden Kontext seit Maier, Nahum, 186-188, und Rudolph, KAT 13,3, 151f, gerne und wohl zurecht als „zweifeln an" interpretiert; vgl. etwa Deissler, NEB.AT 8, 208; Westermann, Heilsworte, 93; Hieke, Anfang I, 14 Anm. 11; Perlitt, ATD 25,1, 12f. Dafür sprechen auch die Belege von חשב אל in Jer 49,20; 50,45. An diesen beiden parallel formulierten Stellen ist die Wendung חשב אל jeweils zusammen mit dem recht allgemeinen Begriff מחשבות „Sinnen, Gedanken" belegt, so dass dort trotz des Kontexts, der jeweils gegen ein Fremdvolk gerichtet ist, von „denken über" und nicht von „planen gegen" auszugehen ist; vgl. Fischer, Jeremia 26-52, 531.566. Auch an der weiteren Belegstelle Hos 7,15 ist die Wendung חשב אל nicht per se negativ konnotiert, sondern erst durch den Zusammenhang mit dem Objekt רע. Es spricht also nichts dafür, חשב אל in Nah 1,9 mit Graham, Interpretation, 44; Elliger, ATD 25, 4; Floyd, Acrostic, 428; Spronk, Nahum, 51; Wendland, News, 168, u.a. negativ im Sinne von „planen gegen" zu verstehen.

4 Der Text von Nah 1,10a ist trotz zahlreicher Bemühungen bis heute nicht befriedigend rekonstruiert worden. Wirklich lesbar ist eigentlich nur die Wendung סירים סבכים, was als „verflochtene Dornen" wiedergegeben werden kann. So wird vielleicht bereits in Nah 1,10a das in 1,10b ausgeführte Bild, dass die Feinde wie Stroh verbrannt werden, vorbereitet. Übersetzungen wie die von Rudolph, KAT 13,3, 151 – „Denn mögen sich die Feinde dornengleich zusammenballen oder sich gleichsam mit Stachelranken umwinden, sie werden wie völlig dürre Stoppeln verzehrt!" – sind nur mit einigen Eingriffen in den Text möglich und führen ehrlicherweise auch nicht zu einem wirklich sinnvollen Ergebnis.
Noch weniger überzeugt die These von Seybold, Randnotizen, 79-81, der davon ausgeht, dass es sich bei Nah 1,10 (wie nebenbei auch bei 1,12) nicht um einen ursprünglichen Bestandteil des eigentlichen Nahumbuches handelt, sondern um eine Randglosse. So nimmt Seybold angesichts der Tatsache, dass alle Worte in 1,10a mit ס beginnen, an, dass mit dieser Glosse festgehalten wurde, dass das Akrostichon in 1,2ff bis zur ס-Zeile komplett erhalten ist. Diese Annahme ist aber doch mit zu vielen Voraussetzungen verbunden, als dass ihr gefolgt werden könnte.
Insgesamt ist es also nur konsequent, Nah 1,10a mit Wellhausen, Propheten, 31.160; Perlitt, ATD 25,1, 12f, als nicht rekonstruierbar stehen zu lassen.

5 Wörtlich: „Sie werden geschoren". Übersetzung nach Perlitt, ATD 25,1, 12.

6 In Nah 1,12 ist statt ועבר ועָנִתֵך in Angleichung an das vor ועבר stehende pluralische Verb נגזו wohl ועברו עניתך zu lesen; vgl. hierzu etwa Wellhausen, Propheten, 161; Marti, KHC 13, 314; Schulz, Nahum, 15 Anm. 45; Rudolph, KAT 13,3, 159; van der Woude, Nahum, 109 Anm. 7.

13 Jetzt zerbreche ich sein Joch[7] von dir,
und deine Fesseln zerreiße ich.

14 Jhwh hat über dich geboten:[8]
Keine Nachkommenschaft wird mehr ausgehen von deinem Namen.
Aus deinem Gotteshaus[9] vernichte ich Schnitz- und Gussbild.
Ich bereite dein Grab. Denn du bist nichts wert.

2,1 Siehe:
Auf den Bergen die Füße des Boten, der Frieden verkündet.
Feiere deine Feste, Juda, erfülle deine Gelübde.
Denn der Nichtige wird nicht mehr durch dich hindurchziehen.
Er wird vollständig vernichtet.

2 Hinaufgestiegen ist gegen dich, der zerstreut.
Bewache die Festung, erspähe den Weg,
gürte die Lenden, sei sehr stark.[10]

3 Ja, Jhwh hat die Hoheit Jakobs umgekehrt wie die Hoheit Israels.[11]
Ja, Verwüster haben sie verwüstet und ihre Reben abgeschlagen.

In Nah 1,9-2,3 sind also mehrfach Gerichts- und Heilsaussagen ineinander verwoben. So wird einerseits das Ende der Not und der Bedrückung (1,9.12b) sowie das Zerbrechen des Jochs (1,13) angekündigt, und es wird zum Feiern der Feste aufgerufen (2,1). Andererseits ist von der Vernichtung einer nicht näher bezeichneten Gruppe (1,10b.12a) oder einer als „Nichtiger" bezeichneten Größe (2,1) die Rede, und es wird das Herankommen eines Feindes angekündigt (2,2).

Es ist nun eine viel diskutierte Frage, wer bei den einzelnen Worten jeweils angesprochen ist und wie sich daher die Gerichts- und Heilsaussagen zueinander verhalten. Meist wird angenommen, dass die Heilsworte auf Juda, die Gerichtsworte hingegen auf Ninive zu beziehen sind.[12] Demnach

---

7 Es ist unklar, ob מֹטֵהוּ nach der Vokalisierung des Stammes von מוֹט „Joch" oder nach dem Suffix und der LXX-Lesart (ῥάβδου) von מַטֶּה „Stab" abzuleiten ist. Im Zusammenhang der Rede vom Zerreißen der Fesseln in 1,13b dürfte aber wohl die erstere Deutung den Vorzug erhalten; so etwa auch Rudolph, KAT 13,3, 159; Roberts, Nahum, 47; Perlitt, ATD 25,1, 12; Fabry, Nahum, 143.145, gegen Spronk, Nahum, 73.

8 Zur vorzeitigen Deutung von וצוה siehe im einzelnen unten 31 mit Anm. 28.

9 Siehe unten 28 Anm. 17.

10 In Nah 2,2 ist die häufig vorgeschlagene Änderung des מֵפִיץ zu מַפֵּץ „der Zerstörer" (*פצ״ץ) ebenso unnötig und ohne Anhalt an den Versionen wie die Änderung von נצור מְצֻרָה „bewache die Festung" zu נצור מַצֵּרָה „halte Wache"; vgl. hierzu Spronk, Nahum, 83f.

11 Siehe hierzu im einzelnen unten 29 mit Anm. 24 sowie 33 mit Anm. 37.

12 Vgl. etwa, mit Unterschieden im Detail, Wellhausen, Propheten, 160; Marti, KHC 13, 314; Sellin, KAT 12, 315-319; Graham, Interpretation, 45; Horst, HAT 14, 159; de Vries, Acrostic, 480; Schulz, Nahum, 12-30; Rudolph, KAT 13,3, 157-170; Deissler, NEB.AT 8, 208; Smith, WBC 32, 76-84; Seybold, Profane Prophetie, 67-73; ders., ZBK.AT 24,2, 23-29; Roberts, Nahum, 52-65; Sweeney, Nahum, 371-373; Hieke, Anfang I, 14-16; Nogalski, Processes, 111-115; ders., Shaping, 197f; Becking, Wrath, 279f; ders., Passion, 9f; Lescow, Nahum, 71f; Spronk, Nahum, 68; Floyd, FOTL 22, 25-58; Köckert, Art. Nahum, 28f; Fabry, Nahum, 147.

wäre in diesem Textbereich von zwei Adressaten auszugehen, die abwechselnd angesprochen werden. Eine gewisse Stütze erhält diese These dabei durch das wechselnde Genus der Formen der 2. Person. Während in Nah 1,9 und 1,14 eine maskuline Größe angeredet wird, finden sich in 1,11.12.13; 2,1.2 feminine Formen. Von hier aus wird dann zumeist vorgeschlagen, dass die femininen Formen auf das in 2,1 ja auch direkt mit femininen Imperativen angesprochene Juda, die maskulinen Formen hingegen auf Ninive zu beziehen sind.[13]

Doch diese These ist mit Problemen behaftet. Denn das Nebeneinander von Heils- und Gerichtsaussagen lässt sich keineswegs so einfach mit dem Nebeneinander von femininen und maskulinen Adressaten in Verbindung bringen. Es finden sich in den Passagen, die von femininen Formen bestimmt sind, nämlich nicht nur Heilsworte, sondern auch Anklagen und Gerichtsworte. So wird schon in Nah 1,11 einer mit 2.f.sg. angesprochenen Größe vorgehalten, dass aus ihr einer gekommen ist, der Böses gegen Jhwh plant. Noch deutlicher ist sodann Nah 2,2 unter die Gerichtsworte zu zählen, wo nach dem vorliegenden Text einer femininen Größe mitgeteilt wird, dass ein Feind bereits vor sie hinaufgezogen ist.[14] Nicht umsonst werden diese beiden Verse im Rahmen der gängigen Ansätze entweder – mit großem interpretatorischem Aufwand – doch als an Juda gerichtete Heilsworte verstanden, oder sie werden eben trotz der femininen Formen zu den an Ninive gerichteten Worten hinzugenommen.[15]

---

13   So insbesondere Graham, Interpretation, 45; de Vries, Acrostic, 480; Becking, Wrath, 279f; ders., Passion, 9f; Floyd, FOTL 22, 25-58. Bei den übrigen 26 Anm. 12 aufgeführten Ansätzen wird die Aufteilung auf Juda und Ninive angesichts der im folgenden dargestellten Schwierigkeiten demgegenüber etwas differenzierter vorgenommen; siehe hierzu auch unten Anm. 15.

14   Siehe hierzu aber auch unten 32f.

15   So wird, um 1,11 nicht als Anklage an Juda verstehen zu müssen, etwa von Rudolph, KAT 13,3, 158f; Becking, Boek, 112f; Renaud, Composition, 203; Roberts, Nahum, 53; Floyd, FOTL 22, 29f; Fabry, Nahum, 149f, das Verb יצא im Sinne von „abziehen" (Rudolph) verstanden. Demnach ginge es hier darum, dass der, der Böses gegen Jhwh plant, von dir, also von Juda, abgezogen ist. Dies wird dann auf den assyrischen König bezogen, wobei etwa Rudolph, a.a.O., 161; Renaud, ebd.; Floyd, a.a.O., 30, und Fabry, Nahum, 150, meinen, dass der Hintergrund dieses Wortes die in 2 Kön 18-19 geschilderte erfolglose assyrische Belagerung Jerusalems sei. Das Problem an dieser Deutung ist aber, dass sich in Nah 1,11 keinerlei Hinweis auf eine äußere Größe findet, so dass dieser Vers doch eher so zu verstehen sein wird, dass der, der Böses plant, nicht nur geographisch von Juda her kommt, sondern auch aus den Reihen des eigenen Volkes stammt.
      Ebenso unwahrscheinlich sind die Versuche, Nah 2,2 als an Juda gerichtetes Heilswort zu verstehen. So deutet van der Woude, Nahum, 118f, die Wendung עלה מפיץ על־פניך nicht wie üblich als „hinaufgezogen ist gegen dich, der zerstreut", sondern „hinaufgezogen sind die Zerstreuten vor dich hin"; vgl. hierzu auch Becking, Boek, 115-117; ders., Passion, 11f.19. Nach van der Woude wären hier demnach die Exilierten des Nordreichs im Blick, die nach Juda kommen, worauf sich das Volk nach dem folgenden Vers 2,2b vorbereiten soll. Doch

Doch nicht nur bei den von femininen Formen bestimmten Passagen, auch bei den Stellen mit maskulinem Adressaten ergeben sich Probleme mit Blick auf die gängige Aufteilung von Nah 1,9-2,3 in an Juda gerichtete Heils- und an Ninive gerichtete Unheilsworte. So ist das in Nah 1,14 belegte Gerichtswort, wie bereits Jeremias überzeugend zeigen konnte, kaum auf Ninive zu beziehen.[16] In diesem Vers verwundert schon die Rede von „deinem Gotteshaus".[17] Diese Formulierung weist auf ein ganz bestimmtes Heiligtum, das für die angesprochene Gruppe von besonderer, ja exklusiver Bedeutung ist. Dies lässt sich eher vor dem Hintergrund des Jerusalemer Zentralheiligtums erklären als mit Blick auf einen Tempel in Ninive.[18] Vor allem spricht aber die Tatsache, dass dieses Gotteshaus nicht einfach nur zerstört werden soll, sondern dass es von Götzenbildern gereinigt werden

---

kann מֵפִיץ als Partizip hi. von פּוּץ sicherlich nur kausativ auf den, der zerstreut, und nicht passiv auf den, der zerstreut ist, bezogen werden; vgl. hierzu KBL³, 868f. Die von Becking, Boek, 115, als Beleg für seine These genannten Stellen, an denen פּוּץ hi. intransitiv im Sinne von „sich zerstreuen" gebraucht wird (Ex 5,12; 1 Sam 13,8; Hi 38,24), führen nicht weiter, da das Partizip hi. in Nah 2,2 von diesen Stellen her als „die sich Zerstreuenden" und wiederum nicht passivisch als „die Zerstreuten, die Exilierten" verstanden werden müsste. Außerdem ist die Wendung עַל־פָּנֶיךָ wohl adversativ, also im Sinne von „gegen dich", zu verstehen. Die von van der Woude vorgeschlagene Deutung „vor dich hin" würde etwa die präpositionale Wendung לְפָנֶיךָ voraussetzen. Auch Nah 2,2 kann demnach nicht als an Juda gerichtetes Heilswort verstanden werden.
Meist werden Nah 1,11 und 2,2 daher trotz der femininen Formen auf Ninive bezogen; vgl. etwa zu Nah 1,11 Marti, KHC 13, 315; Horst, HAT 14, 159; Schulz, Nahum, 15; Smith, WBC 32, 77; Hieke, Anfang I, 14, und zu Nah 2,2 Wellhausen, Propheten, 160; Marti, a.a.O., 316; Horst, a.a.O., 161; Schulz, a.a.O., 15; Rudolph, a.a.O., 170; Smith, a.a.O., 82; Seybold, ZBK.AT 24,2, 27; Roberts, a.a.O., 63f; Sweeney, Nahum, 373; Hieke, Anfang I, 15; Spronk, Nahum, 85; Floyd, a.a.O., 29. Dabei wird teilweise eine Umvokalisierung der Suffixe der 2.f.sg. zur 2.m.sg. vorgenommen, teilweise werden diese Verse aber auch einfach so als an Ninive adressiert verstanden.

16   Vgl. zum folgenden Jeremias, Kultprophetie, 20-25, sowie Dietrich, Art. Nahum, 738; ders., Gott, 470.

17   Dass die Wendung בֵּית אֱלֹהֶיךָ nicht als „Haus deines Gottes", sondern als „dein Gotteshaus" zu verstehen ist, da ein Suffix am nomen rectum auf die gesamte constructus-Verbindung zu beziehen ist, wurde von Jeremias, Kultprophetie, 22, überzeugend dargestellt; vgl. hierzu auch Ges-K, §135n; J-M, §140b.

18   Eben deshalb wird an dieser Stelle bisweilen in den Text eingegriffen und der Plural בֵּתִי אֱלֹהֶיךָ gelesen; vgl. etwa Nowack, HK 3,4, 248; Sellin, KAT 12, 316; Rudolph, KAT 13,3, 158f; Spronk, Nahum, 75f. Eine solche Korrektur hat allerdings keinen Anhalt an den Versionen und ist sichtlich von dem Bemühen getragen, Nah 1,14 mit gutem Sinn auf Ninive beziehen zu können.
Es ist nebenbei nicht erforderlich, angesichts der Rede von „deinem Gotteshaus" im Anschluss an Jeremias, Kultprophetie, 24; Dietrich, Gott, 470f, davon auszugehen, dass hier der judäische König angeredet ist. Wie die Rede von „eurem Gotteshaus" in Joel 1,13; 2 Chr 24,5 oder von „ihrem Gotteshaus" in Ri 9,27; Am 2,8; 1 Chr 10,10 zeigt, ist bei diesen Formulierungen nicht zwingend ein direktes Besitzverhältnis vorauszusetzen.

soll,[19] eher für den Jerusalemer Tempel, ist doch kaum zu erklären, welchen Sinn ein solcher Reinigungsakt bei einem per se illegitimen assyrischen Heiligtum haben soll.

Ein weiteres Problem, auf das ebenfalls schon von Jeremias hingewiesen wurde, ergibt sich sodann bei Nah 2,3.[20] Die Wendung כִּי שָׁב יהוה אֶת־גְּאֹון יַעֲקֹב כִּגְאֹון יִשְׂרָאֵל wird meist als Heilswort verstanden, wonach Jhwh den Stolz Jakobs wie (auch) den Stolz Israels wieder herstellen wird.[21] Das Problem an dieser Deutung ist allerdings, dass damit der Präposition כ die Funktion einer Kopula – also im Sinne des deutschen „sowie" oder „wie auch" – zukäme, wofür sich keine Parallelen finden lassen.[22] Wird כִּגְאֹון יִשְׂרָאֵל aber der gängigen Bedeutung der Präposition כ entsprechend als Vergleich aufgefasst, so bleibt doch nur eine Deutung, nach der Jakob, also im Gegenüber zu Israel wohl das Südreich, dasselbe Schicksal erleidet wie das Nordreich. Dann ist dieser Vers aber nur als Gerichtswort zu verstehen. Das doppeldeutige Wort גָּאֹון hat somit hier nicht die Bedeutung „Stolz", sondern die in der Prophetie ja auch übliche Bedeutung „Hochmut".[23] Es geht in Nah 2,3 also darum, dass Jhwh den Hochmut Jakobs abwendet, zunichte macht, wie dies auch bei Israel passiert ist.[24] So ist auch Nah 2,3 als Gerichtswort gegen das eigene Volk zu verstehen, was nun endgültig der gängigen These widerspricht, dass der Textbereich Nah 1,9-2,3 als Verbin-

---

19 כרת hi. ist auch sonst terminus technicus für eine Kultreinigung (Lev 26,30; Mi 5,9-12; Sach 9,10; 13,2). Es geht hier also nicht nur um einen Zerstörungsakt. Es geht vielmehr um die Beseitigung von illegitimen Kultgegenständen, um so die Legitimität des Kultbetriebs wiederherzustellen; siehe hierzu Jeremias, Kultprophetie, 23.

20 Vgl. Jeremias, Kultprophetie, 25-28, sowie Dietrich, Art. Nahum, 738; Fabry, Nahum, 168f.

21 Vgl. nur Marti, KHC 13, 315; Elliger, ATD 25, 9; Roberts, Nahum, 55; Seybold, ZBK.AT 24,2, 24; Lescow, Nahum, 70; Spronk, Nahum, 86; Perlitt, ATD 25,1, 17.

22 Vgl. Jeremias, Kultprophetie, 27, sowie Ges-K, §118s-x; J-M, §133g. Beachtenswert ist in diesem Zusammenhang auch, dass sich Jenni, Präpositionen 2, 111, in seiner großen Studie zur Präposition כ der Deutung von Jeremias anschließt.

23 Vgl. Jes 13,11; 14,11; 16,6; 23,9; Jer 13,9; 48,29; Ez 7,20.24; 16,49.56; 24,21; 32,12; 33,28; Hos 5,5; 7,10; Am 6,8; Zef 2,10; Sach 9,6; 10,11; siehe hierzu KBL³, 161f.

24 Problematisch ist an dieser wie aber auch an der gängigen Deutung von Nah 2,3 allerdings, dass dabei eine sonst kaum belegte transitive Verwendung des Verbs שׁוב vorausgesetzt wird. Doch zeigen die bekannte Formulierung שָׁב שְׁבוּת (Jer 29,14; Ez 16,53; Hos 6,11; Joel 4,1; Am 9,14; Zef 2,7; 3,20; Klgl 2,14 u.ö.) und die Formulierung שׁוֹבֵנִי in Ps 85,5, dass ein solcher transitiver Gebrauch immerhin möglich ist; vgl. Wellhausen, Propheten, 161; Marti, KHC 12, 315; Roberts, Nahum, 64; Spronk, Nahum, 86; Fabry, Nahum, 168, sowie zurückhaltend Perlitt, ATD 25,1, 19. Denkbar wäre ansonsten allenfalls, dass bei שׁב in Nah 2,3 mit Maier, Nahum, 233, von einer sonst neben Hos 8,6 (שְׁבָבִים) erst mittelhebräisch belegten Wurzel שׁבב „abhauen" auszugehen ist; vgl. auch Jeremias, Kultprophetie, 27; Jenni, Präpositionen 2, 111, sowie KBL³, 1286. Die früher etwa von Graham, Interpretation, 48; Horst, HAT 14, 158, angedachte Korrektur des שׁב zu einer hif˓il-Form oder die von Nowack, HK 3,4, 249; Sellin, KAT 12, 317, vorgeschlagene Streichung des יהוה את sind demgegenüber zu große Eingriffe in den vorgegebenen Text. Insgesamt wird die Annahme, dass שׁוב an der vorliegenden Stelle transitiv zu verstehen ist, also doch die wahrscheinlichste Lösung sein.

dung von Heilsworten für Juda und Gerichtsworten gegen Ninive zu erklären ist.[25]

Da nun aber weder die Aufteilung von Heils- und Gerichtsaussagen noch die Aufteilung von femininen und maskulinen Formen auf Juda und Ninive wirklich aufgeht, ist die Frage, wer in Nah 1,9-2,3 jeweils angesprochen ist, nochmals ganz neu zu stellen. Bedeutend ist nämlich, dass die angenommenen Adressatenwechsel neben der Anrede in 3.m.pl. in 1,9 und der Anrede an Juda in 2.f.sg. in 2,1 nur an der Vokalisation der Suffixe der 2.sg. erkennbar sind. Angesichts der beschriebenen Schwierigkeiten empfiehlt es sich dann doch aber, zumindest probehalber einmal von der masoretischen Vokalisation abzusehen.[26]

Auszugehen ist dabei von der obigen Erkenntnis, dass in Nah 1,14 sicherlich das eigene Volk angesprochen ist. Da in Nah 2,1 Juda auch direkt als Adressat genannt ist, spricht dann zunächst – außer eben der vorliegenden Vokalisation der Suffixe – nichts dagegen, zumindest den Textbereich Nah 1,9-2,1 auf Juda zu beziehen und die Suffixe der 2.sg. entsprechend der Imperative in Nah 2,1 allesamt feminin zu vokalisieren. Schwierig ist an dieser These einzig die maskuline Anrede in Nah 1,9, wobei sich aber für die dort belegte 2.m.pl. ohnehin im gesamten Nahumbuch keine Parallele findet. Der Übergang von der pluralischen Anrede in 1,9 zu der das folgende Buch bestimmenden singularischen Anrede ist also auch bei den Ansätzen nicht

---

25   Jeremias, Kultprophetie, 28, meint allerdings trotz seiner an sich treffenden Überlegungen zu Nah 2,3, dass dieser Vers doppeldeutig sei. So lässt er für die Ebene des vorliegenden Buches im Gegensatz zum mündlichen Einzelwort, das seiner Meinung nach hinter Nah 2,3 steht, auch die Deutung „Jhwh stellt den Stolz Jakobs wieder her" zu. Angesichts der von Jeremias zurecht betonten Schwierigkeiten dieser Deutung ist dies doch aber eher unwahrscheinlich, so dass im folgenden auch auf der Ebene des vorliegenden Buches das Umwenden des Hochmuts als einzig mögliches Verständnis dieses Verses anzunehmen ist.

26   Dass auf die masoretische Vokalisation der Suffixe nicht allzu viel Vertrauen gesetzt werden sollte, zeigt sich ja etwa auch bei Mi 7,8-12. Auch dort wurden aus der Vokalisation der Suffixe schon häufig weitreichende Thesen über Sprecher- und Adressatenwechsel in diesem Textbereich vorgetragen. So wurde insbesondere angenommen, dass aufgrund des in MT feminin vokalisierten Suffix bei אלהיך in dem in Mi 7,10 belegten Zitat die Feindin Zion als Sprecher der Verse 7,8-10 anzunehmen ist und dass die folgenden, nach MT an einen femininen Adressaten gerichteten Verse 7,11-12 dann eben an Zion gerichtet sind und dort Jhwh als Sprecher vorzustellen ist. Das Problem ist aber auch dort, dass ein solcher Adressaten- und Sprecherwechsel im Text eben nur durch die Vokalisation der Suffixe gekennzeichnet ist, wobei sich auch dort beim vorliegenden masoretischen Text schon erste Probleme dadurch auftun, dass in 7,12 ein maskulin vokalisiertes Suffix zu finden ist. Beachtenswert ist jedoch, dass eine von de Moor, Micah 7:1-13, 167, vorgestellte Kollation von 100 Handschriften ergeben hat, dass bei 34 dieser Handschriften das Suffix bei אלהיך in 7,10 maskulin vokalisiert ist. Deshalb ist es denkbar und dem Verständnis von Mi 7,8-12 dienlich, bei diesen Versen durchgängig von demselben Sprecher und demselben Adressaten auszugehen; vgl. hierzu Wöhrle, Sammlungen, 181f mit Anm. 160. Mit Blick auf Nah 1,9-2,3 zeigt dies dann aber sehr deutlich, dass die Annahme eventueller Sprecher- oder Adressatenwechsel nicht allein an der masoretischen Vokalisierung festgemacht werden sollte.

zu erklären, die entsprechend der masoretischen Vokalisation ein ständiges Hin und Her zwischen einem maskulinen und einem femininen Adressaten annehmen. Einfacher ist es daher, bei Nah 1,9-2,1 davon auszugehen, dass zunächst in 1,9 das Volk direkt in 2.m.pl. angeredet wird und daraufhin zur Anrede an Juda in 2.f.sg. übergegangen wird.

Wenn aber für Nah 1,9-2,1 durchgängig Juda als Adressat anzunehmen ist, so ist bei diesem Textbereich das Nebeneinander von Gerichts- und Heilsworten, was bislang noch nicht beachtet wurde, durch die Zeitstruktur dieser Verse zu erklären. Während nämlich die Gerichtsaussagen in 1,9-2,1 durch perfektische Formulierungen geprägt sind, blicken die Heilsaussagen eher in die Zukunft. So ist nach 1,11 der, der Böses plant, bereits in der Vergangenheit aus Juda hervorgegangen (יצא), nach 1,12 hat Jhwh das Volk bedrückt ('ענתך'),[27] und auch die Formulierung וצוה in 1,14 wird dann wohl am ehesten als Rückblick auf eine in der Vergangenheit angesagte Drohung Jhwhs, dass er die Nachkommenschaft der Angeredeten ausrotten und die Götzenbilder in deren Gotteshaus vernichten wird, zu verstehen sein.[28]

Demgegenüber steht die Abwendung der Not des Volkes noch aus. Nach 1,9 wird die Not kein zweites Mal aufkommen (תקום), Jhwh wird das Volk nach 1,12 nicht mehr bedrücken (לא אענך עוד), und auch in der Ankündigung des Freudenboten in 2,1 heißt es, dass der Nichtige nicht mehr hindurchziehen wird (לא יוסיף עוד לעבר). Von hier aus sind dann auch die im Perfekt formulierten Passiva in 1,10; 1,12 und 2,1, wonach die Feinde des Volkes verzehrt (אכלו), geschoren (נגזו) und vernichtet werden (נכרת), angesichts der im Kontext belegten imperfektischen Formulierungen sicherlich futurisch zu verstehen.[29]

---

27 Siehe hierzu oben 25 Anm. 6.

28 An sich deutet das Perfekt consecutiv וצוה zu Beginn von Nah 1,14, im Anschluss an den futurischen Kontext am Ende von 1,13, auf ein erst in der Zukunft zu erteilendes Gebot. Dass dies allerdings kaum einen Sinn ergibt, wurde schon lange erkannt. So wurde mehrfach vorgeschlagen, das ו an dieser Stelle zu streichen; vgl. etwa Wellhausen, Propheten, 161; Graham, Interpretation, 47; Jeremias, Kultprophetie, 21 Anm. 1. Häufig wird וצוה auch schlicht ohne weitere Begründung vorzeitig übersetzt; vgl. Elliger, ATD 25, 8; Smith, WBC 32, 78; Roberts, Nahum, 43; Perlitt, ATD 25,1, 12; Fabry, Nahum, 143, u.a. Es kann aber auch sein, dass das Perfekt consecutiv in 1,14 darauf zurückgeht, dass dieser Vers, wie sich noch zeigen wird (s.u. 35), einst direkt auf 1,11 folgte. In diesem Zusammenhang ist וצוה sicherlich nicht futurisch zu verstehen, sondern als logische Folge des in 1,11 für die Vergangenheit geschilderten Hervorgehens dessen, der Böses gegen Jhwh plant; vgl. hierzu etwa die Übersetzungen von Marti, KHC 13, 315; Seybold, ZBK.AT 24,2, 23, die ebenfalls 1,11 und 1,14 zusammenordnen und וצוה dann genau in dem hier beschriebenen Sinne wiedergeben.

29 Ohne weitere Erklärung werden in den meisten Übersetzungen die genannten passiven Perfekt-Formen in Nah 1,10.12 sowie bisweilen auch das Perfekt in Nah 2,1 futurisch wiedergegeben; vgl. nur Rudolph, KAT 13,3, 151.158; Roberts, Nahum, 42; Spronk, Nahum, 19.59; Perlitt, ATD 25,1, 13; Fabry, Nahum, 143. Grammatisch wäre dabei entweder denkbar, dass es sich hier jeweils um ein futurum exactum handelt, das dann im Sinne eines Futur

In Nah 1,9-2,1 geht es also darum, dass Juda aufgrund eigenen Verschuldens, das in 1,11 und 1,14 erkennbar ist, das Gericht erfahren hat und noch erfährt, was gleichermaßen als göttliche Bedrängnis wie auch als Bedrohung durch eine externe Größe dargestellt wird. Diese Not wird aber ein Ende finden, Jhwh wird das Volk nicht mehr bedrängen und den äußeren Feind vernichten. Es wird in Nah 1,9-2,1 somit Heil durch das Gericht hindurch angesagt.

Schwierig ist in diesem Zusammenhang nun der folgende Vers Nah 2,2. Anders als bei den vorangehenden Gerichtsschilderungen in 1,9-14 ist hier nicht eine in der Vergangenheit aufgekommene Notlage im Blick. Vielmehr geht es darum, dass ein äußerer Feind herangezogen ist und die Angegriffenen auf dessen Vorstoß reagieren sollen. Es geht hier also um eine Not, die gerade erst aufbricht. Sollte auch hier Juda angesprochen sein, so wäre dies doch recht verwunderlich nach den vorangehenden Heilsankündigungen, die in dem Ruf des Boten in 2,1 einen Höhepunkt gefunden haben.

Beachtenswert sind in diesem Vers allerdings die Aufrufe zur Reaktion auf den Angriff. Im Anschluss an den ersten Aufruf נָצוֹר, der in der vorliegenden Form als Inf. abs. vokalisiert ist, werden auch die folgenden Formen צַפֵּה, חַזֵּק und אַמֵּץ meist als Inf. abs. mit imperativischer Bedeutung gedeutet, und im Anschluss an das Suffix der 2.f.sg. in Nah 2,2a werden diese Infinitive dann als an eine weibliche Größe gerichtet verstanden.[30] Das ist jedoch höchst unwahrscheinlich. Zwar sind Infinitive mit imperativischer Bedeutung durchaus belegt.[31] Allerdings wäre eine Reihung solcher Formen ein Unikum im Alten Testament, so dass es sich bei צַפֵּה, חַזֵּק und אַמֵּץ wohl eher um maskuline Imperative handelt.[32] Ja, es ist sogar schon recht unwahrscheinlich, dass נצור selbst als Inf. abs. zu lesen ist, werden doch Infinitive mit imperativischer Bedeutung an den anderen Belegstellen nicht mit Imperativen oder gar weiteren Infinitiven fortgeführt, sondern mit Perfekt consecutiv.[33] So dürfte es sich hier eher um einen – häufig belegten

---

II zu übersetzen wäre, also „wird verzehrt / geschoren / vernichtet sein" (vgl. Ges-K, §106o), oder – so Spronk, a.a.O., 81, mit Blick auf Nah 2,1 – es wäre jeweils von prophetischem Perfekt auszugehen (vgl. Ges-K, §106n).
30   Vgl. etwa Marti, KHC 13, 316; Nowack, HK 3,4, 249; Rudolph, KAT 13,3, 160; Spronk, Nahum, 85; zurückhaltend Perlitt, ATD 25,1, 18 Anm. 17.
31   Vgl. Num 4,2; 25,17; Jos 1,13; 2 Sam 24,12; 2 Kön 3,16; 5,10; 19,29; Jes 38,5; Jer 2,2; 3,12; 13,1; 17,19; 19,1; 28,13; 32,14; 34,2; 35,13; 39,16; Sach 6,10; siehe hierzu Ges-K, §113bb; J-M, §123u.
32   Vgl. J-M, §123u, wo Nah 2,2 so verstanden wird, dass hier der Inf. abs. נצור von Imperativen fortgeführt wird; so auch Hieke, Anfang I, 15 Anm. 18; Roberts, Nahum, 56f.
33   Vgl. Num 25,17; 2 Sam 24,12; 2 Kön 5,10; Jes 38,5; Jer 2,2; 3,12; 13,1; 17,19; 19,1; 28,13; 34,2; 35,13; 39,16; Sach 6,10.

– plene geschriebenen maskulinen Imperativ handeln,[34] der dementsprechend נָצוֹר zu vokalisieren wäre.[35]

Aber ganz gleich, ob נצור nun als Inf. abs. oder als Imperativ zu verstehen ist: Da es sich bei den folgenden Formen wohl auf jeden Fall um
Imperative handelt, ist der Vers Nah 2,2 eindeutig mit maskulinen Formen
gestaltet. Das Suffix der 2.sg. in 2,2a ist dementsprechend zur maskulinen
Form umzuvokalisieren. Anders als in 1,9-2,1 findet sich also zwischen dem
mit femininen Imperativen an Juda gerichteten Vers 2,1 und dem an eine
maskuline Größe gerichteten Vers 2,2 ein auch deutlich aus dem Konsonan-
tentext heraus erkennbarer Adressatenwechsel von der 2.f.sg. zur 2.m.sg. In
Nah 2,2, und erst hier, ist im vorliegenden Textzusammenhang demnach
eine von Juda zu unterscheidende Größe – also Ninive – angesprochen.[36]

Zu der Annahme eines Adressatenwechsels zwischen Nah 2,1 und 2,2
passt nun auch, dass im folgenden Vers 2,3 vom eigenen Volk in der 3.
Person die Rede ist. Dieser Vers ist dann im vorliegenden Zusammenhang
als neuerlicher Rückblick auf das Gericht am eigenen Volk zu verstehen.
Entsprechend der perfektischen Formulierungen in 2,3b, wonach Verwüster
sie verwüstet und ihre Reben vernichtet haben, ist dabei auch שׁב in 2,3a als
Perfekt und nicht, wie zumeist angenommen, als Partizip aufzufassen.[37]
Jhwh hat den Hochmut Jakobs also bereits zunichte gemacht wie einst den
Hochmut Israels.

Insgesamt ist Nah 1,9-2,3 dann so zu verstehen, dass in 1,9-2,1 zunächst
Juda Heil durch das bereits eingetroffene und die Gegenwart bestimmende

---

34 Vgl. Ri 9,8; 1 Sam 28,22; 1 Kön 19,5; Jes 32,11; Ez 3,1; 37,16; Ps 26,2; 45,4; 132,1; 144,6; Spr
   4,15; 17,14; Koh 8,2; 12,13; Est 4,16.

35 Schon Wellhausen, Propheten, 161, meinte, dass נצור in Nah 2,2 als Imperativ zu verstehen
   ist. Allerdings findet sich bei ihm noch keine Begründung dieser Annahme, die in der
   Folgezeit auch nicht weiter aufgenommen wurde.

36 Angesichts der inhaltlichen Ausrichtung als Gerichtswort wird Nah 2,2 ohnehin häufig auf
   Ninive bezogen; siehe hierzu oben 28 Anm. 15. Doch hat dies bislang einzig Roberts,
   Nahum, 56f.63f, damit begründet, dass es sich bei צָפָה, חַזֵּק und אַמֵּץ um maskuline Imperative handelt und dass somit das Suffix der 2.f.sg. in 2,2a zur maskulinen Form umzuvokalisieren ist, was dann einen klaren Adressatenwechsel von Nah 2,1 zu 2,2 ergibt.

37 Dass שׁב in Nah 2,3a trotz der Perfekt-Formen in 2,3b meist als Partizip verstanden wird,
   hängt mit der oben 29 dargestellten gängigen Deutung dieses Halbverses als Heilswort
   zusammen; vgl. etwa Marti, KHC 13, 315; Roberts, Nahum, 55; Spronk, Nahum, 86; Perlitt,
   ATD 25,1, 17. Wenn es sich aber bei Nah 2,3a um eine an Juda orientierte Gerichtsaussage
   handelt, so ist diese im Zusammenhang der sonstigen an Juda gewandten Gerichtsworte in
   Nah 1,9-2,3 wohl sicher ebenfalls auf ein bereits eingetretenes Gericht zu beziehen, und
   somit ist שׁב als Perfekt zu deuten. Dass Jeremias, Kultprophetie, 26, שׁב in Nah 2,3a trotz
   seiner Deutung als an Juda adressiertes Gerichtswort als Partizip und nicht als Perfekt
   versteht – obgleich er diese Möglichkeit erwähnt –, dürfte damit zusammenhängen, dass er
   das oben 30-32 beschriebene Nebeneinander von bereits eingetretenem Gericht an Juda,
   zukünftigem Heil für Juda und zukünftigem Gericht für Ninive in Nah 1,9-2,3 noch nicht
   voll erkannt hat.

Gericht hindurch angesagt wird und dass diese Heilsbotschaft in 2,2 in eine Gerichtsankündigung an Ninive übergeht, womit in 2,3 ein erneuter Rückblick auf das Gericht, das das eigene Volk getroffen hat, verbunden ist. Auch diese Deutung ist zwar nicht völlig frei von Schwierigkeiten. Es muss etwa immer noch in 2,2 ein Adressatenwechsel angenommen werden, der nur durch einen Genus-Wechsel, nicht aber durch Nennung des angesprochenen Subjekts markiert ist. So bleibt also nicht ganz ausgeschlossen, dass bei Nah 1,9-2,3 mit Textverderbnissen zu rechnen ist, die womöglich nie ganz aufgelöst werden können.[38] Doch immerhin muss dieser Textbereich bei der hier vorgelegten Deutung nicht als „Schutthaufen" verstanden werden,[39] bei dem wahllos und unerklärbar Heilsworte für das eigene Volk und Gerichtsankündigungen für Ninive durcheinandergewürfelt worden sind.

Es bleibt nun aber die Frage, ob der vorliegende Text, gerade angesichts seiner so schwierigen Gestalt, als literarische Einheit verstanden werden kann oder ob Unheils- und Heilsansagen nicht vielmehr doch auf zwei verschiedenen literarischen Ebenen anzusetzen sind.[40]

---

38 So meinte schon Elliger, ATD 25, 7, dass das Rätsel dieses Textes nie ganz aufzulösen sein wird.

39 Vgl. zu dieser Einschätzung von Seybold, Randnotizen, 72, und zu anderen Urteilen zum Überlieferungszustand von Nah 1,9-2,3 oben 24 Anm. 2.

40 Dass die Unheils- und Heilsworte in Nah 1,9-2,3 nicht auf dieselbe Hand zurückgehen, wurde schon häufig angenommen. So werden, mit Unterschieden im Detail, meist die als Heilsworte für Juda gedeuteten Verse Nah 1,12-13; 2,1.3 im vorliegenden Kontext als sekundär verstanden, während der verbleibende Textbestand als ursprünglich zusammenhängende Gerichtsrede gegen Ninive gelesen wird; siehe hierzu etwa Wellhausen, Propheten, 160; Marti, KHC 13, 314; Sellin, KAT 12, 308; Schulz, Nahum, 15-21; Seybold, Profane Prophetie, 20; ders., ZBK.AT 24,2, 24f; Hieke, Anfang II, 15-18; Nogalski, Processes, 111-115; ders., Shaping, 198; Bosshard-Nepustil, Rezeptionen, 369f; Perlitt, ATD 25,1, 13.19. Dies hat aber zur Folge, dass das Ineinander von an Juda gerichteten Heils- und Ninive gerichteten Unheilsworten im jetzigen Zusammenhang von Nah 1,9-2,3, bei dem die wechselnden Adressaten ja nur durch die alternierende Anrede an eine maskuline und eine feminine Größe zu erkennen sind, kaum als Produkt einer bewussten redaktionellen Überarbeitung verstanden werden kann. Stattdessen wird zumeist angenommen, dass der Text eher irrtümlich in Unordnung geraten ist, wobei unter den genannten Ansätzen umstritten ist, ob sowohl die Heils- als auch Unheilsworte auf eine Hand zurückgehen und nur sekundär vermischt wurden oder ob die Heilsworte überhaupt erst sekundär in das Buch gelangt sind. Gegenüber solchen redaktionsgeschichtlich orientierten Ansätzen gehen etwa Graham, Interpretation, 44-46; de Vries, Acrostic, 480f; Becking, Boek, 111-117; ders., Passion, 8-12; Spronk, Nahum, 19-88; Floyd, FOTL 22, 25-58, von der Einheitlichkeit des vorliegenden Textbereichs aus und deuten das Nebeneinander von Heils- und Unheilsworten, die ihrer Meinung nach klar auf Juda und Ninive aufzuteilen sind, als bewusste Gestaltung ein und desselben Autors. Ziel dieser Gestaltung war etwa nach Spronk, a.a.O., 68, „to emphasize the contrast between Assyria and Judah". Dabei ergibt sich aber das oben 26-30 behandelte

Auffällig ist dabei schon Nah 1,11-14. Es ist kaum verständlich, warum nach der Anklage in Nah 1,11, dass einer aus dem Volk hervorgegangen ist, der Böses gegen Jhwh plant, in Nah 1,12, mit Botenformel eingeleitet, zunächst die Abwendung von Feinden und das Ende der Bedrückung angesagt wird. Der Rückblick auf eine Gerichtsankündigung in 1,14, der nach 1,12 auch nochmals eigens eingeleitet ist, würde jedoch recht gut an 1,11 anschließen. Das spricht aber dafür, dass die Heilsankündigung in 1,12-13 erst sekundär in den vorliegenden Kontext eingetragen wurde.[41] Da 1,11 aber kaum als Einleitung der Gerichtsworte an das eigene Volk gedient haben wird, dürfte auch 1,9a mit der Frage nach den Zweifeln der Zuhörer an Jhwh und der folgenden Aussage, dass Jhwh ein Ende bereitet, dieser Grundschicht angehören, während die Verse 1,9b.10, die wie 1,12-13 das Ende der Bedrückung und die Vernichtung des Feindes ansagen, der Überarbeitungsschicht zuzuschreiben sind.[42]

Problem, dass sich Heils- und Unheilsworte eben nicht so einfach auf Juda und Ninive verteilen lassen.

Jeremias, Kultprophetie, 20-28, der dies bislang als einziger klar erkannt hat, arbeitete denn auch eine Grundschicht heraus, die Nah 1,11; 1,14; 2,2-3 umfasst, wobei diese Verse seiner Meinung nach als einzelne, ursprünglich mündlich überlieferte Gerichtsworte gegen das eigene Volk und dessen König zu verstehen sind. Allerdings ist es auch Jeremias nicht gelungen, den vorliegenden Text schlüssig zu deuten, da auch er – wie üblich – davon ausgeht, dass der jetzige Textzusammenhang als Nebeneinander von an Juda gerichteten Heilsworten und an Ninive gerichteten Unheilsworten zu deuten ist; siehe hierzu Jeremias, a.a.O., 25.28.48-51; vgl. dabei zu der in diesem Zusammenhang von Jeremias angenommenen Doppeldeutigkeit von Nah 2,3a oben 30 Anm. 25.

So ist es bislang also noch nie wirklich gelungen, die vorliegende Gestalt von Nah 1,9-2,3 aus der Entstehung dieses Textbereichs heraus zu erklären.

41 So meinten schon Marti, KHC 13, 314; Jeremias, Kultprophetie, 20-25; Schulz, Nahum, 17f; Seybold, Profane Prophetie, 20; ders., ZBK.AT 24,2, 24f; Dietrich, Art. Nahum, 737; Bosshard-Nepustil, Rezeptionen, 370, u.a., dass Nah 1,12-13 erst sekundär zwischen Nah 1,11.14 gestellt wurde. Perlitt, ATD 25,1, 14f, lehnt dies angesichts der Tatsache, dass der Adressat in 1,11 mit 2.f.sg., in 1,14 jedoch mit 2.m.sg. angesprochen wird, ab. Da nach den obigen Überlegungen allerdings die masoretische Vokalisation der Suffixe in diesem Textbereich kaum zuverlässig sein dürfte, erübrigen sich Perlitts Bedenken gegen die Annahme, dass 1,14 einst auf 1,11 folgte.

42 Meist werden Nah 1,9-10 insgesamt auf dieselbe Hand zurückgeführt, auf die auch Nah 1,12-13 zurückgeht, und diese beiden Verse werden dann insgesamt als Gerichtswort an Ninive gelesen; vgl. etwa Jeremias, Kultprophetie, 17f; Hieke, Anfang II, 15; Nogalski, Processes, 111-115; ders., Shaping, 198; Dietrich, Art. Nahum, 737. Doch wird dabei zum einen übersehen, dass bei Nah 1,9a nach den oben 25 Anm. 3 ausgeführten Überlegungen die Wendung חשׁב אל־יהוה als „zweifeln an Jhwh" zu verstehen ist und somit eher nicht an Ninive gerichtet sein wird und dass zum anderen ohne 1,9a eine Einleitung zu 1,11.14 fehlt. Dabei hätte Nah 1,9a im Rahmen der am Gericht an Juda orientierten Grundschicht die Zweifel des Volkes, dass Jhwh ihr Tun überhaupt heimsuchen wird, im Blick, während im jetzigen Kontext eher die Zweifel des Volkes, dass Jhwh gerade angesichts ihrer Not nochmals eingreifen wird, gemeint sind.

Vergleichbares gilt dann auch für Nah 2,1-3. Dort ist zum einen der anzunehmende Adressatenwechsel in 2,2, wie beschrieben, nur aus dem Wechsel von femininer zu maskuliner Anrede zu erschließen, ohne dass aber der neue Adressat genannt würde. Zum anderen fällt der erneute Rückblick auf das Gericht am eigenen Volk in 2,3 seltsam hinter die Heilsaussagen in 2,1 und die im vorliegenden Zusammenhang an Ninive adressierte Gerichtsankündigung in 2,2 zurück. Das heißt aber, dass die Heilsankündigung des Boten in Nah 2,1 wohl erst sekundär vor die folgenden Gerichtsworte in 2,2-3 gestellt wurde.[43]

So erklärt sich dann auch der schwierige Adressatenwechsel zwischen Nah 2,1 und 2,2. Ohne Nah 2,1 lässt sich das Gerichtswort in Nah 2,2 nämlich zu den an Juda orientierten Gerichtsworten in 1,11.14 rechnen; es war also vor der Redaktion, die die Heilsworte in Nah 1,9b.10.12-13; 2,1 einbrachte, an das eigene Volk gerichtet. Denn ohne diese Heilsworte ist das Gerichtswort Nah 2,2, nach dem ein Feind vor die Stadt heraufgezogen ist, so dass diesem Vers zufolge nicht nur die Gegenwart, sondern auch die Zukunft von Gericht bestimmt ist, problemlos auf das eigene Volk zu beziehen.[44] Erst im Rahmen der Überarbeitung wurde Nah 2,2 dann durch das zuvor eingefügte Heilswort 2,1 mit seinen femininen Imperativen angesichts der in 2,2 belegten maskulinen Imperative auf eine von Juda zu unterscheidende Größe, und somit im Kontext des Nahumbuches auf Ninive, umgelenkt. Das bedeutet aber insgesamt, dass in Nah 1,9-2,3 eine Grundschicht erkennbar ist, die ausnahmslos an einem in der Vergangenheit angebrochenen und noch weiter anhaltenden Gericht am eigenen Volk orientiert ist, und dass diese Grundschicht erst durch eine Überarbeitung in den Zusammenhang eines zukünftig Ninive treffenden Gerichts gestellt wurde.[45]

---

43   So meinen auch Wellhausen, Propheten, 160; Marti, KHC 13, 314; Sellin, KAT 12, 308; Jeremias, Kultprophetie, 13-15; Schulz, Nahum, 15-18; Seybold, Profane Prophetie, 20; ders., ZBK.AT 24,2, 24f; Hieke, Anfang II, 16; Dietrich, Art. Nahum, 737; Bosshard-Nepustil, Rezeptionen, 370; Perlitt, ATD 25,1, 13, dass Nah 2,1 erst sekundär in den vorliegenden Kontext gelangt ist. Die bei den genannten Ansätzen zumeist vertretene Annahme, dass zusammen mit 2,1 auch Nah 2,3 sekundär ist, erübrigt sich, wenn erkannt ist, dass es sich dabei wie bei 1,11.14; 2,2 um ein an Juda gerichtetes Unheilswort und nicht wie bei 2,1 um ein Heilswort handelt.

44   Dies würde dann bedeuten, dass die Suffixe der 2.sg. im Rahmen des Grundbestands Nah 1,9a.11.14; 2,2-3 im Anschluss an die maskulinen Imperative in Nah 2,2 insgesamt als maskuline Suffixe zu verstehen wären. Dies ist gut möglich, da sich ohne Nah 2,1 keinerlei feminine Formen in diesem Textbereich finden. Erst nach der Einfügung von Nah 2,1 sind die Suffixe in 1,11-14 als feminine Formen, das Suffix in 2,2 jedoch als maskuline Form zu verstehen.

45   Dies wurde bislang erst von Jeremias, Kultprophetie, 20-28.48-51, vertreten, wobei Jeremias allerdings nicht davon ausgeht, dass es sich bei den auf Juda zu beziehenden Worten 1,11; 1,14; 2,2-3 um die Grundschicht des vorliegenden Textbereichs handelt. Jeremias meint

Bei Nah 2,2 stellt sich aber noch das Problem, dass dieses Wort über einen Feind, der vor die Stadt gezogen ist, nur schlecht an den Rückblick auf ein in der Vergangenheit gesprochenes Drohwort in Nah 1,14 anschließt. Es ist jedoch zu beachten, dass Nah 2,1 bis auf seine Einleitung mit הנה wörtlich mit Jes 52,7 übereinstimmt:

Nah 2,1	Jes 52,7
הנה על־ההרים רגלי מבשׂר משׁמיע שׁלום	מה־נאוו על־ההרים רגלי מבשׂר משׁמיע שׁלום

Dabei ist bedeutend, dass sich schon in den Heilspassagen in Nah 1,12-13 Anklänge an DtJes finden.[46] Die Redaktion, die die Heilsworte in Nah 1,9-2,3 einbrachte, scheint also insgesamt von DtJes beeinflusst zu sein. Das heißt, dass Nah 2,1 wohl direkt von Jes 52,7 abhängig ist.[47] Dann ist es aber erstaunlich, dass bei einem ansonsten so wörtlichen Zitat wie in Nah 2,1 aus Jes 52,7 die ersten beiden Worte nicht übernommen wurden. Dies könnte darauf hindeuten, dass das anfängliche הנה von der Redaktion bereits als Einleitung des Verses 2,2 vorgefunden und zur Einführung des Zitats aus Jes 52,7 verwandt wurde. Nah 2,2 wäre also ursprünglich nach dem Rückblick auf ein göttliches Drohwort in 1,14 durch eben dieses הנה eingeleitet und so von diesem abgegrenzt worden. Dabei wird sich die Annahme, dass das הנה aus Nah 2,1 zur Grundschicht des Buches gehört und ursprünglich

---

vielmehr, dass die Worte Nah 1,11.14; 2,2-3 auf mündlich überliefertes Gut zurückgehen, das zusammen mit den gegen Assur gerichteten Worten von einer assurfeindlichen Redaktion zum vorliegenden Buch verarbeitet wurde. Deshalb schließt sich Jeremias für Nah 1,9-2,3 in seiner jetzigen Gestalt auch der gängigen These an, dass in diesem Textbereich die Heilsworte auf Juda und die Unheilsworte auf Ninive zu beziehen sind. Dies hat sich allerdings nach den obigen Ausführungen nicht bewährt. Siehe zur These von Jeremias auch oben 35 Anm. 40.

46 Vgl. Nogalski, Shaping, 198 mit Anm. 1; Dietrich, Art. Nahum, 737. So erinnert insbesondere das Zerreißen der Fesseln in Nah 1,13 (מוסרה) an Jes 52,2 (מוסר); bei Nah 1,12 findet sich in dem Nebeneinander von ענה und גזז eine Parallele zu Jes 53,7, wobei in diesem Vers auch die betonte Aussage, dass Jhwh das Volk nicht mehr demütigen wird (עוד ... לא), eine gewisse Nähe zu Jes 51,22; 52,1 erkennen lässt.

47 Vgl. Jeremias, Kultprophetie, 13f; Seybold, ZBK.AT 24,2; Nogalski, Processes, 97f; ders., Shaping, 198 Anm. 1; Dietrich, Art. Nahum, 737, sowie zurückhaltend Perlitt, ATD 25,1, 15. Die etwa von Keller, Bewältigung, 404-406; Rudolph, KAT 13,3, 163; Spronk, Approaches, 184; Fabry, Nahum, 151f, vertretene Annahme, dass entweder Jes 52,7 von Nah 2,1 abhängig ist oder dass bei beiden Texten unabhängig voneinander auf eine gemeinsame vorgegebene Überlieferung zurückgegriffen wurde, dürfte demgegenüber auf den Willen zurückgehen, Nah 2,1 noch vor DtJes zu datieren, um diesen Vers so dem meist in vorexilischer Zeit angesetzten Grundbestand des Nahumbuches zuweisen zu können.

direkt vor Nah 2,2 stand durch die Betrachtung der Komposition dieser Grundschicht noch weiter bestätigen.[48]

In Nah 1,9-2,3 sind somit die folgenden beiden Textbereiche gegeneinander abzugrenzen:[49]

1,9a Was zweifelt ihr an Jhwh? Er ist es, der ein Ende bereitet.

> 9b Die Not wird kein zweites Mal aufkommen.
> 10 ... Sie werden verzehrt wie dürres Stroh.

11 Von dir ist ausgezogen, der Böses gegen Jhwh plant, der Ruchloses vorhat.

> 12 So spricht Jhwh:
> Obgleich sie unversehrt sind und so zahlreich,
> so bleiben sie doch nicht ungeschoren und ʿvergehen.
> Habe ich dich auch bedrückt,ʾ
> so werde ich dich nicht mehr bedrücken.
> 13 Jetzt zerbreche ich sein Joch von dir,
> und deine Fesseln zerreiße ich.

14 Jhwh hat über dich geboten:
Keine Nachkommenschaft wird mehr ausgehen von deinem Namen.
Aus deinem Gotteshaus vernichte ich Schnitz- und Gussbild.
Ich bereite dein Grab. Denn du bist nichts wert.
2,1 Siehe:

> > Auf den Bergen die Füße des Boten, der Frieden verkündet.
> > Feiere deine Feste, Juda, erfülle deine Gelübde.
> > Denn der Nichtige wird nicht mehr durch dich hindurchziehen.
> > Er wird vollständig vernichtet.

2 Hinaufgestiegen ist gegen dich, der zerstreut.
Bewache die Festung, erspähe den Weg,
gürte die Lenden, sei sehr stark.
3 Ja, Jhwh hat die Hoheit Jakobs umgekehrt wie die Hoheit Israels.
Ja, Verwüster haben sie verwüstet und ihre Reben abgeschlagen.

Die Grundschicht von Nah 1,9-2,3 lässt sich demnach als in sich zusammenhängender, am gegenwärtigen Gericht an Juda orientierter Text erklären, der dann im Rahmen einer Redaktion um die Perspektiven des

---

48 S.u. 61f.
49 Vgl. dabei die im Rahmen der oben 25f vorgelegten Übersetzung bereits gegebenen Anmerkungen.

zukünftigen Heils für das eigene Volk und des zukünftigen Gerichts für Ninive ergänzt wurde. Der Vorteil des hier vorgestellten redaktionsgeschichtlichen Modells gegenüber den gängigen Ansätzen ist also, dass dieser Textbereich als Produkt eines bewussten Bearbeitungsprozesses verstanden werden kann und sich somit die bis in die neuere Zeit verbreitete Annahme, dass hier ursprünglich nicht zusammengehörige Worte eher zufällig durcheinandergeraten sind,[50] erübrigt.

In Nah 1,9-2,3 ergibt sich damit eine Grundschicht, die die Verse 1,9a.11.14; 2,1*(הנה).2-3 umfasst. Dieser Textbereich ist ausnahmslos an das eigene Volk gerichtet. Es wird diesem vorgehalten, dass einer, der Böses plante, aus ihm hervorgekommen ist, es wird auf ein Gerichtswort zurückgeblickt, das das Ende von Nachkommen und die Zerstörung der Götzenbilder im Gotteshaus ansagt, und es wird schließlich ein gegenwärtig anhebender Feindangriff beschrieben.

Durch die Überarbeitung in 1,9b.10.12-13; 2,1*(ohne הנה) wurde dieses Gerichtswort um die Ankündigung des Endes der gegenwärtigen Not und der Abwendung der Feinde ergänzt. Dabei ergab sich durch die Einfügung von 2,1 ein Adressatenwechsel hin zu 2,2, so dass der dort angekündigte Feindangriff nun einer von Juda zu unterscheidenden Größe gilt – nach dem folgenden Buchverlauf also Ninive.

Die Frage bei der weiteren Betrachtung des Nahumbuches wird nun sein, ob sich die an 1,9-2,3 aufgewiesene Annahme bestätigen lässt, dass die Grundschicht des Nahumbuches nur am eigenen Volk orientiert war und erst durch eine Überarbeitung auf Ninive hin umgelenkt wurde.

2.1.1.2 Der Angriff gegen die Stadt in Nahum 2,4-14

In Nah 2,4-14 wird zunächst in 2,4-11 geschildert, wie das Heer der Helden Jhwhs[51] die Stadt Ninive angreift, die dabei in 2,9 nach der Überschrift 1,1 erstmals wieder beim Namen genannt wird. Es werden die Streitwagen und

---

50 Siehe hierzu oben 24 Anm. 2.
51 Es ist umstritten, ob das Suffix bei גבריהו in Nah 2,4 auf den in 2,2 genannten Zerstreuer (מפיץ) oder aber auf die Erwähnung Jhwhs in 2,3 zu beziehen ist. Dabei wird häufig, etwa von Wellhausen, Propheten, 161; Marti, KHC 13, 316; Schulz, Nahum, 27; Roberts, Nahum, 65; Spronk, Nahum, 89; Perlitt, ATD 25,1, 20, die zuerst genannte Möglichkeit favorisiert. Dies hängt aber damit zusammen, dass der zumeist als Heilswort verstandene Vers 2,3 im vorliegenden Kontext als störend empfunden und daher als sekundär ausgeschieden wird. Da sich oben 29 allerdings ergeben hat, dass Nah 2,3 als Gerichtswort gegen das eigene Volk zu verstehen ist und zusammen mit Nah 2,2 zur Grundschicht des Buches gehört, wird für das Suffix bei גבריהו der direktere Bezug auf Jhwh in Nah 2,3 sicherlich vorzuziehen sein; vgl. hierzu Rudolph, KAT 13,3, 170 Anm. 2. Auf Jhwh ist dann nebenbei auch die Aussage יזכר אדיריו in Nah 2,6aα zu beziehen. Es ist nämlich kaum vorstellbar, dass sich das Suffix

Soldaten beschrieben, es wird deren Vordringen zur Stadtmauer und die
Einnahme der Stadt geschildert, bevor schließlich zum Plündern der Kostbarkeiten Ninives aufgerufen wird. In 2,12-13 folgt ein Spottlied über die
verwüstete Wohnstätte der Löwen, die zuvor noch so eifrig mit Rauben
beschäftigt waren. Und in 2,14 findet sich schließlich ein Gerichtswort, in
dem Jhwh das Verbrennen der Streitwagen, das Töten der Löwinnen, das
Vernichten des Raubs und ein Ende der Boten ankündigt.

Es ist zunächst unumstritten und angesichts der Angabe in Nah 2,9
auch unumstößlich, dass in Nah 2,4-11 Ninive im Blick ist. Sollten die
obigen Ausführungen richtig sein, dass in Nah 1,9-2,3 zwischen einer ursprünglich gegen das eigene Volk gerichteten Grundschicht und zwischen
einer Überarbeitungsschicht, die Gerichtsworte gegen Ninive und Heilsworte für das eigene Volk eingebracht hat, zu unterscheiden ist, dann wären
diese Verse also eben dieser Überarbeitung zuzuweisen.

Dafür spricht nun auch, dass in Nah 2,4 die zuvor bestimmende direkte
Anrede verlassen wird. Bei den gängigen Ansätzen zum Nahumbuch wird
ja meist davon ausgegangen, dass Nah 2,4 ursprünglich direkt auf die Gerichtsankündigung in Nah 2,2 folgte, wobei dann angenommen werden
muss, dass der gemeinhin als Heilswort für Juda verstandene Vers Nah 2,3
eher zufällig zwischen Nah 2,2 und 2,4 geraten ist.[52] Neben den Problemen,
die Nah 2,3 aufgibt,[53] bleibt bei diesen Ansätzen aber letztlich unerklärt,
warum nach 2,2, wo davon die Rede ist, dass ein Feind „gegen dich" heraufgezogen ist, in der darauf folgenden Beschreibung dieses Feindangriffs 2,4ff
die direkte Anrede nicht fortgeführt wird.

Wahrscheinlicher dürfte also das hier vorgestellte Modell sein, nach dem
es sich bei Nah 2,2 und 2,3 um ursprünglich an Juda adressierte Gerichtsworte handelt und nach dem das Gerichtswort in Nah 2,2 erst durch die
Einfügung des Heilswortes 2,1 und den damit entstandenen Adressatenwechsel von 2,1 zu 2,2 auf Ninive umgelenkt wurde, wobei Nah 2,3 nun in

---

in Nah 2,6 auf ein anderes Subjekt bezieht als in 2,4; vgl. hierzu Roberts, a.a.O., 65; Perlitt,
a.a.O., 20, die אדיריו ihrer Deutung von גבריהו in Nah 2,4 entsprechend auf den in 2,2
genannten מפיץ beziehen. So ist die von Marti, a.a.O., 317; Rudolph, a.a.O., 171; Seybold,
ZBK.AT 24,2, 30; Spronk, a.a.O., 30, vorgetragene Deutung auf eine assyrische Größe, etwa
den König, doch eher unwahrscheinlich. Für diese Deutung kann dabei auch nicht auf die
folgende Aussage in 2,6aβ verwiesen werden, wonach die Heeresleute auf ihrem Weg strau-
cheln. Dies muss nicht auf die Abwehrmaßnahmen der Assyrer bezogen werden, sondern
kann durchaus auch das eilige Vordringen der Angreifer beschreiben, zumal auch die folgenden Aussagen in 2,6b, wonach die Kriegsmänner zur Mauer eilen und das Sturmdach (סכך)
aufgerichtet wird, deutlich die Angreifer im Blick haben, die sich mit einem Dach vor den auf
der Mauer stehenden Verteidigern schützen; vgl. nur Perlitt, a.a.O., 20.

52 Vgl. nur Marti, KHC 13, 316; Elliger, ATD 25, 7; Rudolph, KAT 13,3, 170; Smith, WBC 32,
    79-83; Roberts, Nahum, 63-65; Seybold, ZBK.AT 24,2, 24-27; Perlitt, ATD 25,1, 19f.

53 S.o. 29.

diesem Zusammenhang als Rückblick auf das Gericht am eigenen Volk zu verstehen ist.[54] Dass im vorliegenden Buch in Nah 2,4 nach 2,2 die direkte Anrede an Ninive verlassen wird, erklärt sich dann nämlich so, dass ab Nah 2,4 die Redaktion nicht mehr wie in 2,2-3 auf vorgegebene, ursprünglich an Juda adressierte Gerichtsworte zurückgegriffen hat, sondern dass der nun folgende Textbereich von der Redaktion selbst formuliert wurde.

Die Frage ist aber, ob der gesamte Textbereich Nah 2,4-14 auf die Redaktion zurückgeht.[55] Das abschließende, wieder in direkter Anrede formulierte Gerichtswort Nah 2,14 scheint nämlich den Angriff auf Ninive, wie er in Nah 2,4-11 geschildert wird, nicht vorauszusetzen. So ist schon häufig aufgefallen, dass gleich die erste Gerichtsansage in 2,14, wonach die Streitwagen (רכב)[56] der Angesprochenen zerstört werden, nur schlecht in den vorliegenden Zusammenhang passt. In Nah 2,4-11 werden nämlich nur Streitwagen der Angreifer (2,4.5), nicht aber Streitwagen der Angegriffenen erwähnt. Zudem liest sich Nah 2,14 für sich genommen wie eine prophetische Rüstungskritik. Dies ist aber erstaunlich, nachdem in Nah 2,4.5 die herankommenden Streitwagen ganz neutral beschrieben worden sind.[57]

---

54 S.o. 36.

55 Bislang wurde Nah 2,4-14 überwiegend für einheitlich gehalten und der Grundschicht des Buches zugeordnet. Allenfalls wurde auf vereinzelte kleinere Nachträge in diesem Textbereich hingewiesen. So meinte etwa Marti, KHC 13, 317, dass Nah 2,6a sekundär sei, da hier seiner Meinung nach plötzlich der König von Ninive als Subjekt des Satzes erscheint. Doch hat sich oben 39f Anm. 51 ergeben, dass in Nah 2,6a vielmehr Jhwh als Subjekt des Satzes anzunehmen ist. Ebenso ist die von Schulz, Nahum, 31f, vorgetragene These, dass es sich bei Nah 2,13 um einen Nachtrag handelt, da hier das Bild von Ninive als Löwenhöhle verlassen wird, nicht nachzuvollziehen und deshalb ebenso abzulehnen wie die von ihm, a.a.O., 24-30, vorgenommenen Textumstellungen in Nah 2,4-11. Zu der Annahme von Seybold, Profane Prophetie, 29f.65f, dass Nah 2,14 sekundär sei, s.u. 42 Anm. 58.

56 Dabei ist רכבה in Angleichung an die folgenden Suffixe bei כפיריך und טרפך zu רכבך zu ändern; vgl. Smith, WBC 32, 84. In diesem Zusammenhang ist dann nebenbei auch מלאכבה am Ende von Nah 2,14 zu מלאכיך zu konjizieren; vgl. Marti, KHC 13, 319; Rudolph, KAT 13,3, 169; van der Woude, Nahum, 110 Anm. 10; Smith, ebd. Zu den häufig vorgeschlagenen weitergehenden textkritischen Eingriffen bei רכבה s.u. Anm. 57.

57 Nicht umsonst wird רכבה in Nah 2,14 meist nicht einfach nur, wie oben Anm. 56 vorgeschlagen, zu רכבך geändert, sondern es wird davon ausgegangen, dass an dieser Stelle ursprünglich gar nicht von Streitwagen die Rede war. So korrigieren etwa Rudolph, KAT 13,3, 169; Roberts, Nahum, 63.67; Perlitt, ATD 25,1, 18, im Anschluss an LXX (πλῆθός σου) zu רבך „deine Menge", was dann als „deine Größe" und von hier aus auf den Wohlstand Ninives gedeutet wird. Doch ist es schon fraglich, ob die Deutung von רבך auf den Wohlstand Ninives wirklich möglich ist. Zudem ergäbe sich dabei eine seltsame Dublette zu der in 2,14b angesagten Zerstörung des Raubs. Eben deshalb wurden auch schon zahlreiche andere Konjekturen vorgetragen, so etwa רבצך „deine Wohnstatt" (Marti, KHC 13, 319); סבכך „dein Gestrüpp" (Elliger, ATD 25, 12); רכלתך „deine Handelsgüter" (Schulz, Nahum, 32). Doch sind diese Vorschläge ohne Anhalt an der Textüberlieferung und sichtbar von dem Bemühen getragen, Nah 2,14 mit Nah 2,4-11 zu harmonisieren. Angesichts der erkennbaren Hilflosigkeit bei der Rekonstruktion eines ursprünglichen Texts in Nah 2,14 wird die Diskrepanz zu Nah 2,4 also wohl eher redaktionsgeschichtlich als textkritisch zu erklären sein.

Hinzu kommt, dass auch die in Nah 2,14 dargestellte Art der Vernichtung der Streitwagen nicht so recht zu der in 2,4-11 geschilderten Einnahme Ninives passt. Nach 2,14 sollen die Streitwagen verbrannt werden. In Nah 2,4-11 ist Feuer aber an keiner Stelle von Bedeutung. Nirgends ist davon die Rede, dass irgendetwas in Ninive in Brand gesetzt werden soll.[58]

Bei Nah 2,14 ist zudem nicht nur die Zerstörung der Streitwagen in 2,14a, sondern auch die Ankündigung in 2,14b, dass das Geraubte vernichtet werden soll, verwunderlich. Diese Ankündigung hat doch die gewaltsame Verwüstung der Güter der angeredeten Stadt vor Augen. Nach Nah 2,10 sollen die Angreifer aber Gold, Silber und weitere Kostbarkeiten aus der Stadt mitnehmen. Dort ist also nicht die Vernichtung, sondern das Plündern der Güter der Stadt im Blick.[59]

Beachtenswert ist jedoch, dass gerade in dem der Grundschicht des Buches zugewiesenen Gerichtswort an Juda Nah 2,3 Verwüstung und Vernichtung beschrieben wird. Anders als Nah 2,10 passt dies doch aber genau zu dem Gerichtswort in Nah 2,14. Hier wie dort ist von Zerstörung und eben nicht von Plünderung die Rede. Dann ist Nah 2,14 aber gut mit der in 1,9-2,3 erkennbaren Grundschicht zu verbinden. Das heißt, auch dieser Vers war ursprünglich gegen Juda gerichtet und wurde erst durch die Überarbeitung auf Ninive hin umgelenkt.[60]

Von hier aus sind dann auch die Verse Nah 2,12-13 der ursprünglich gegen Juda gerichteten Grundschicht des Buches zuzurechnen. Das Spottlied auf die Löwen, die einst so machtvoll für ihre Löwinnen und ihre Jungen raubten, nun aber keinen Ort mehr haben, wird in Nah 2,14a, wonach die Löwinnen das Schwert treffen wird, aber auch in Nah 2,14b, wonach Jhwh den Raub der Angeredeten vernichten wird, vorausgesetzt.[61] Nah 2,12-13 kann also keinesfalls später angesetzt werden als Nah 2,14.

---

58 Nicht zuletzt aus diesem Grund hält ja auch Seybold, Profane Prophetie, 29f.65f, Nah 2,14 für sekundär. Allerdings wird sich gegen Seybold zeigen, dass nicht Nah 2,14 sekundär gegenüber 2,4-11, sondern gerade umgekehrt 2,4-11 sekundär gegenüber 2,14 ist.

59 Wohl eben deshalb wird הכרתי in Nah 2,14 etwa von Perlitt, ATD 25,1, 18, im Sinne von „entfernen" oder von Rudolph, KAT 13,3, 167, gar im Sinne von „verschwinden lassen" verstanden; vgl. hierzu auch a.a.O., 169. Doch ist dies wiederum ein nicht zu rechtfertigender Harmonisierungsversuch, zielt das Verb כרת hi. doch auf die Zerstörung eines Objekts; vgl. Hasel, Art. כרת, 359-362.

60 Dies wurde bislang noch nicht in Erwägung gezogen. Auch Jeremias, der in Nah 1,9-2,3 wie auch in Nah 3 ursprünglich an Juda adressierte Gerichtsworte herausgearbeitet hat, zählt Nah 2,14 zu den an Ninive gerichteten Worten; vgl. Jeremias, Kultprophetie, 42f. Dies mag damit zusammenhängen, dass er den seines Erachtens zusammengehörigen Textbereich 2,12-14 als Wort gegen das Streben der Assyrer nach der Weltherrschaft versteht. Im folgenden wird sich aber zeigen, dass Nah 2,14 zwar tatsächlich mit 2,12-13 verbunden ist, dass sich diese Verse aber keinesfalls nur auf die Assyrer deuten lassen.

61 So auch Jeremias, Kultprophetie, 43; Schulz, Nahum, 32; Roberts, Nahum, 67; Spronk, Nahum, 107; Perlitt, ATD 25,1, 24, u.a.

Gegen eine Zuweisung von Nah 2,12-13 zu der an Juda gerichteten Grundschicht des Buches könnte nun aber eingewandt werden, dass das Spottlied von den raubenden Löwen bislang stets als ausgesprochen passend für das imperiale Auftreten der Assyrer verstanden wurde.[62] Zudem werden die Assyrer noch an anderen Stellen des AT mit Löwen verglichen.[63] Und schließlich spielte das Löwenbild auch bei der Selbstdarstellung der assyrischen Herrscher eine bedeutende Rolle.[64]

Das Bild des raubenden Löwen ist im AT allerdings keineswegs auf die Assyrer beschränkt. Im Gegenteil: An zahlreichen Stellen wird gerade das eigene Volk mit einem Löwen verglichen.[65] Beachtenswert ist etwa die Gleichnisrede in Ez 19,2-9, in der judäische Könige als Löwen dargestellt werden.[66] Wie in Nah 2,12-14 wird das Bild des Löwen dort gerade im Zusammenhang einer Gerichtsrede gegen Juda verwandt.

Man könnte, bei aller gebotenen Vorsicht, sogar noch einen Schritt weiter gehen. Es ist nämlich auffällig, dass neben Nah 2,12-13 und Ez 19,2 nur noch in Gen 49,9, dem an Juda gerichteten Stammesspruch, dieselben Begriffe für Löwe, Löwin und Löwenjunges (גור לביא; אריה) in einem Vers nebeneinander genannt sind. Dort wird im Bilde des Löwen die Stärke Judas gepriesen. Von hier aus könnte es doch sein, dass derartige Selbstbeschreibungen der judäischen Macht und Stärke fester Bestandteil der judäischen Herrschaftsideologie waren, auf die Ez 19,2-9 und Nah 2,12-13 dann gleichermaßen anspielen.[67]

---

62 Vgl. nur Maier, Nahum, 277; Jeremias, Kultprophetie, 42; Rudolph, KAT 13,3, 173; Deissler, NEB.AT 8, 211; Roberts, Nahum, 67; Seybold, ZBK.AT 24,2, 32; Spronk, Nahum, 104-107; Perlitt, ATD 25,1, 23f; Berlejung, Erinnerungen, 333-335; Fabry, Nahum, 178f.
63 Vgl. Jes 5,29; Jer 2,14-15; 50,17.
64 Siehe hierzu CAD 9, 25; CAD 11,2, 195, sowie Botterweck, Art. ארי, 410; Perlitt, ATD 25,1, 23f.
65 Vgl. etwa Gen 49,9; Num 23,24; 24,8-9; Dtn 33,20.22; Jer 12,8; Ez 19,2-9; 22,25; Mi 5,7; Zef 3,3.
66 Vgl. hierzu etwa Pohlmann, ATD 22,1, 278-283.
67 Dass es sich bei den Stammessprüchen in Gen 49 um eine Zusammenstellung vorgegebener Einzelsprüche handelt, wird angesichts der unterschiedlichen formalen wie inhaltlichen Gestalt dieser Sprüche nahezu allgemein angenommen; vgl. nur Kittel, Stammessprüche, 105; Seybold, Judaspruch, 27; Gunneweg, Sitz im Leben, 24; Westermann, BK 1,3, 250-252. Zudem dürften bei dem Judaspruch Gen 49,8-12 nochmals die drei wohl ursprünglich unabhängig voneinander überlieferten Sprüche Gen 49,8.9.10-12 zu unterscheiden sein, vgl. Kittel, a.a.O., 14-22; Seybold, a.a.O., 28f; Westermann, a.a.O., 250f, wenngleich diese Sprüche in ihrer vorliegenden Gestalt für den jetzigen Kontext formuliert worden sind, wie etwa Schmitt, Stammesgeschichte, 192-194, überzeugend dargestellt hat.
    Es wäre also gut denkbar, dass Sprüche wie der in Gen 49,9 aufgenommene ursprünglich der Selbstbeschreibung des judäischen Staates dienten und somit eben, wie bei den Parallelen aus Assur und anderen Gebieten, Teil der Herrschaftsideologie waren. So wurde ja auch früher immer wieder angenommen, dass die Sammlung der Stammessprüche in Gen 49 auf bei Stammesversammlungen zusammengestellte Einzelsprüche zurückgeht, die je für sich in den

Nah 2,12-13 wäre demnach ursprünglich ein Spottlied auf die einstige Stärke Judas, die nun vergangen ist. Dies passt gut zu der in der Grundschicht des Nahumbuches belegten Gerichtsaussage Nah 2,3, dass Jhwh den Hochmut Jakobs umgekehrt hat.[68] Nach der erst von der Redaktion eingebrachten Darstellung der Einnahme Ninives in Nah 2,4-11 wäre 2,12-13 demnach ohne weiteres als ursprüngliche Fortsetzung von Nah 2,3 denkbar.

In Nah 2,4-14 ergibt sich somit ein Grundbestand, der die Verse 2,12-14 umfasst und als Fortsetzung der in Nah 1,9-2,3 herausgearbeiteten Grundschicht 1,9a.11.14; 2,1*.2.3 verstanden werden kann. Auch diese Verse sind in ihrem ursprünglichen Zusammenhang als Gerichtsworte gegen das eigene Volk zu verstehen. Es wird hier das Ende des hochmütigen Löwen Juda und das Gerichtshandeln Jhwhs an den Menschen und Gütern des Volkes dargestellt.

Demgegenüber ist Nah 2,4-11 der Überarbeitungsschicht zuzuweisen. Durch die Einfügung der hier beschriebenen Einnahme Ninives werden, wie schon bei Nah 2,2, die Gerichtsworte in 2,12-14 gegen Ninive umgelenkt. So bestätigt sich also bei Nah 2,4-14 der Befund aus 1,9-2,3: Im Nahumbuch ist eine ursprünglich nur gegen das eigene Volk gerichtete Grundschicht von einer Überarbeitungsschicht, die Worte gegen Ninive eingebracht hat, zu unterscheiden.

2.1.1.3 Das Gericht an der Stadt in Nahum 3,1-19

Nah 3,1-19 ist eine Sammlung von mehreren Gerichtsworten gegen eine Stadt, die nur in 3,7 eindeutig als Ninive bezeichnet wird. In der ersten Einheit 3,1-7 findet sich zunächst in 3,1 ein Weheruf gegen die „Stadt der

---

einzelnen Stämmen entstanden sind; vgl. etwa Gunneweg, a.a.O., 33f; Seybold, a.a.O., 27; Westermann, a.a.O., 251f. Zwar wird die Zusammenstellung der Stammessprüche heute zurecht eher auf literarischer Ebene erklärt, wobei dann angenommen wird, dass der Text in seiner vorliegenden Form die Vormachtstellung Judas betonen will; vgl. etwa Blum, Komposition, 228f.260-263; de Hoop, Genesis 49, 314f; Schmitt, a.a.O., 195-199. Doch bleibt an der alten These richtig, dass für diese Sammlung, zumindest auch, auf vorgegebene Selbstbeschreibungen aus den verschiedenen Gebieten zurückgegriffen wurde. Und auf eine solche Selbstbeschreibung Judas wie Gen 49,9 scheinen nun Ez 19,2-9 oder eben Nah 2,12-13 anzuspielen, um damit den Niedergang des einst in seinen Selbstäußerungen so mächtigen Juda zu beschreiben.

Dabei wird angesichts der neben dem Löwenbild unterschiedlichen Gestaltung nicht von direkter literarischer Abhängigkeit dieser Texte von Gen 49,9 auszugehen sein; gegen de Hoop, a.a.O., 526f, der meint, dass Ez 19,2-9 von Gen 49,9 abhängig ist. Dass bei diesen drei Texten, und nur bei diesen, dieselben Begriffe (אריה ,לביא und גור für Löwen belegt sind, könnte aber zumindest darauf hindeuten, dass mit Gen 49,9 verwandte Traditionen bei Ez 19,2-9 und Nah 2,12-13 als Vorlage dienten.

68   Siehe hierzu oben 29.33.

Blutschuld", die voll von Lüge und Raub ist. In 3,2-3 folgt sodann eine erneute Beschreibung kriegerischer Handlungen. Dies wird in 3,4-6 mit dem Verhalten der nun als Hure und Zauberin bezeichneten Stadt begründet, die Völker mit ihren Machenschaften umgarnt,[69] weshalb sie entblößt und mit Dreck beworfen wird. Nach 3,7 wird jeder, der dies sieht, angesichts der Zerstörung fliehen. In 3,8-12 folgt sodann ein Gerichtswort, das von der Frage ausgeht, ob die angeredete Stadt besser als No-Amon ist, das trotz seiner sicheren Lage und trotz seiner Verbündeten überwältigt und exiliert wurde. Am Ende des Nahumbuches in 3,13-19 wird zunächst in 3,13-15aβ erneut die Einnahme der Stadt angesagt und zur Vorbereitung hierzu aufgerufen. Und schließlich findet sich in 3,15aγ-19 ein Wort über die Händler und Amtsträger Assurs, das in eine weitere Ankündigung des Untergangs der Stadt übergeht.[70]

Bei Nah 3,1-7 ist zunächst schon häufig aufgefallen, dass die Schilderung kriegerischer Handlungen in 3,2-3 nur schlecht zwischen den Weheruf an die Stadt in 3,1 und die in 3,4 folgende Begründung über die Hurerei der Stadt passt.[71] Denn die Darstellung von Peitschen, Schwertern, von Rossen, Reitern und Streitwagen sowie die Darstellung der vielen Leichen in 3,2-3 ist überhaupt nicht mit dem Weheruf verbunden. Zudem schließt der

---

69 Es ist nahezu allgemein anerkannt, dass in Nah 3,4 המכרת גוים „die Völker verkauft" keinen Sinn ergibt und daher trotz der vergleichbaren Lesarten in den Versionen in den Text einzugreifen ist. Häufig und wohl zurecht wird dabei eine Konjektur zu הכמרת „die umgarnte" vorgenommen; vgl. etwa Sellin, KAT 12, 323; Elliger, ATD 25, 16; Seybold, ZBK.AT 24,2, 33; Perlitt, ATD 25,1, 25. Zwar ist כמר im AT sonst nur in den Nominalformen מכמר und מכמרת „Netz" belegt (Jes 19,8; 51,20; Hab 1,15.16; Ps 141,10). Doch angesichts der Tatsache, dass bei dieser Konjektur lediglich von einer Vertauschung zweier Buchstaben auszugehen ist, und angesichts der Tatsache, dass sich so auch ein guter Sinn ergibt, überzeugt mich weder die etwa die von Marti, KHC 13, 320; Roberts, Nahum, 69f, vorgeschlagene Änderung zu המשכרת „die trunken macht" oder die von Cathcart, Nahum, 129f, vorgenommene Umvokalisierung zu הַמֻּכֶּרֶת als Partizip f. ho. von נכר „die bekannt ist".
70 Im vorliegenden Zusammenhang ist die abschließende Gerichtsankündigung an den König von Assur gerichtet. Es wurde allerdings schon häufig vermutet, dass מלך אשור in Nah 3,18 erst sekundär eingetragen wurde, da bei den in diesem Vers genannten Hirten ja eigentlich von Hirten des Volkes die Rede sein müsse statt von Hirten des Königs von Assur; vgl. etwa Marti, KHC 13, 324; Sellin, KAT 12, 327; Elliger, ATD 25, 22; Horst, HAT 14, 166; Seybold, ZBK.AT 24,2, 40; Perlitt, ATD 25, 39. Dagegen hat zwar etwa Spronk, Nahum, 142, zutreffend auf die Bezeichnung des Kyros als Hirte Jhwhs in Jes 44,28 hingewiesen. Da sich aber die Gerichtsankündigung in Nah 3,18 viel eher auf eine Stadt als auf den König beziehen lässt und da der König im gesamten vorangehenden Nahumbuch noch nicht genannt war, dürfte מלך אשור in diesem Vers wohl doch sekundär sein.
71 So meinen etwa Haupt, Nahum, 23f; Schulz, Nahum, 23-29; Renaud, Composition, 205f; Seybold, Profane Prophetie, 21; ders., ZBK.AT 24,2, 26-29; Dietrich, Art. Nahum, 737; Perlitt, ATD 25,1, 26, dass Nah 3,2-3 zwischen Nah 3,1 und 3,4 sekundär ist, wobei allerdings meist davon ausgegangen wird, dass die beiden Verse von einem anderen Ort im Nahumbuch eher versehentlich in den vorliegenden Kontext eingetragen wurden; siehe hierzu auch unten 46 Anm. 74.

Vorwurf der Hurerei in Nah 3,4 wesentlich besser an Nah 3,1 an, da dieser
Vers zum einen gut als Begründung des Weherufs verstanden werden kann
und da zum anderen das hier verwandte Hurenbild die feminine Anrede an
die Stadt in 3,1 fortsetzt, die in 3,2-3 gerade kein Gegenstück hat. So wird
Nah 3,2-3 sekundär sein.

Hierfür spricht noch eine weitere Beobachtung: Es ist ebenfalls schon
häufig aufgefallen, dass Nah 3,2-3 nach Form und Inhalt deutlich mit Nah
2,4-11 verwandt ist.[72] Hier wie dort werden blitzlichtartig Bilder militärischer
Handlungen dargestellt, wobei beide Male die Beschreibung des Kriegs-
geräts, insbesondere der Waffen und Wagen, eine bedeutende Rolle spielt.[73]
Nicht umsonst wurde sogar schon mehrfach überlegt, ob Nah 3,2-3 nicht
sogar seinen ursprünglichen Ort im Nahumbuch vor oder hinter Nah 2,4-11
hatte und nur eher zufällig an die vorliegende Stelle geraten ist.[74] Solche
Textumstellungen sind zwar sicherlich zu spekulativ, um wirklich überzeugen zu können. Da Nah 2,4-11 nach den obigen Erkenntnissen einer Überarbeitung des Nahumbuches zugewiesen werden konnte, weist die inhaltliche Nähe von Nah 3,2-3 zu 2,4-11 aber darauf hin, dass auch diese Verse
eben dieser Überarbeitung zuzuweisen sind.[75]

Die Verse Nah 3,1.4 sind demgegenüber zur Grundschicht des Buches
zu rechnen. Dafür spricht zunächst, dass in dem Weheruf gegen die Stadt in
3,1 das Bild vom Raub (טרף) aus dem Spottlied über die Löwen in 2,12-13
und dem daran anschließenden Gerichtswort in 2,14 aufgenommen wird.[76]

---

72 Vgl. nur Sellin, KAT 12, 323; Rudolph, KAT 13,3, 177; Roberts, Nahum, 72f; Spronk,
    Nahum, 118-121; Perlitt, ATD 25,1, 26; Scherer, Lyrik, 314f.

73 Vgl. hierzu insbesondere Nah 2,4-5. Beachtenswert sind auch die Stichwortverbindungen
    zwischen Nah 2,4-11 und 3,2-3: קול (3,2 // 2,8); רכב/מרכבה (3,2 // 2,4.5); ברק (3,3 //
    2,5) sowie die sonst nur noch Jes 2,7 belegte Formulierung אין קצה ל (3,3 // 2,10).

74 So meint Seybold, Profane Prophetie, 21; ders., ZBK.AT 24,2, 26-29, dass Nah 3,2-3 ur-
    sprünglich vor 2,4-11 stand. Nach Renaud, Composition, 205f; Dietrich, Art. Nahum, 737;
    Scherer, Lyrik, 314f, bildeten die beiden Verse ursprünglich den Abschluss von 2,4-11.
    Schulz, Nahum, 23-29, nimmt sogar an, dass Nah 3,2-3 seinen ursprünglichen Ort zwischen
    2,5a und 2,6 hatte.

75 Jeremias, Kultprophetie, 33, meint jedoch, dass Nah 3,2-3 nicht auf einer Ebene mit 2,4-11
    angesetzt werden kann, da dort die Einnahme einer Stadt, hier aber ein offener Feldkampf
    beschrieben sei. Doch überzeugt eine solche Unterscheidung kaum. In Nah 3,2 werden doch
    ganz analog zu Nah 2,4-5 Waffen und Streitwagen beschrieben und die folgende Rede von
    den vielen Leichen in 3,3 ist ebenfalls auch im Rahmen der Beschreibung der Einnahme einer
    Stadt verständlich. So lässt sich Nah 3,2-3 angesichts der so ähnlichen formalen und inhaltli-
    chen Gestaltung sehr wohl auch auf einer Ebene mit Nah 2,4-11 ansetzen.

76 Jeremias, Kultprophetie, 30-33, meint allerdings, dass Nah 3,1 gerade nicht auf einer Ebene
    mit Nah 2,12-14 angesetzt werden kann, da das Bild vom Rauben (טרף) dort eher auf
    außenpolitische Vorgänge, in Nah 3,1, im Zusammenhang der Rede von der Blutschuld
    (דמים), dagegen eher auf innenpolitische Vorgänge zielt. Allerdings lässt sich angesichts der
    doch sehr allgemeinen Formulierungen in Nah 2,12-14 und Nah 3,1 wohl kaum so strikt
    zwischen dem Gebrauch von טרף an den beiden Stellen unterscheiden.

Dafür spricht aber auch, dass das Hurenbild in Nah 3,4, wie schon Jeremias herausgestellt hat, doch eher auf das eigene Volk als auf Ninive bezogen werden kann, was zu den bisherigen Erkenntnissen, nach denen die Grundschicht des Nahumbuches gegen das eigene Volk gerichtet war, passt.[77]

Der Vergleich mit einer Hure wird ansonsten in der Prophetie nämlich stets so aufgenommen, dass damit das untreue Verhalten des Volkes gegenüber Jhwh beschrieben wird.[78] Mit Hurerei ist dort somit das Verlassen des eigenen Mannes – also Jhwh – zugunsten eines anderen, also eines fremden Gottes, eines fremden Volkes oder zumindest eines mit Jhwh nicht vereinbaren Verhaltens, gemeint. Der Hurerei-Vergleich ist demnach meist eher im Sinne von „Ehebruch, Untreue" als im Sinne von „Prostitution" zu verstehen.[79] Wäre Nah 3,4 aber an Ninive gerichtet, so ließe sich das Bild der „Hurerei" wohl kaum auf „Ehebruch" und somit auf das Verwerfen der Beziehung zu Jhwh beziehen. Das Bild wäre dann vielmehr im Sinne von „Prostitution" zu verstehen.[80]

Nun ist es nicht ausgeschlossen, dass das Huren-Bild, trotz der sonstigen Belege in der Prophetie, an der vorliegenden Stelle auch anders, also im Sinne von „Prostitution", verwandt wird. Zumindest im Kontext des vorliegenden Buches lässt sich das Bild ja schlicht nur so deuten.[81] Dass dies der ursprüngliche Sinn von Nah 3,4 war, ist allerdings kaum anzunehmen. Auch der Vorwurf der „Prostitution" passt nämlich nicht wirklich zu Ninive. Denn ein solcher Vorwurf, gerade in der Formulierung von Nah 3,4, impliziert doch das anbiedernde Eingehen einer Beziehung zum eigenen Vorteil. Die Großmacht Assur hat sich aber nicht angebiedert, sie hat unterworfen.[82]

---

77   Vgl. hierzu Jeremias, Kultprophetie, 33-36.

78   Vgl. Jes 1,21; Jer 2,20; 3,1-10; 13,20-22.27; Ez 6,9; 16; 20,30; 23; Hos 1,2; 2,4-7; 4,12-18; 5,3-4; 6,10; 9,1; Mi 1,7. Siehe hierzu Erlandsson, Art. זנה, 615-618; Kühlewein, Art. זנה, 519f.

79   Die einzige Ausnahme in der Prophetie findet sich in Jes 23,17, wo die Handelstätigkeit von Tyros als Hurerei bezeichnet wird. An dieser Stelle ist das Huren-Motiv wohl tatsächlich im Sinne von „Prostitution" zu verstehen.

80   So wurde auch immer wieder darauf hingewiesen, dass das Hurenbild hier in untypischer Verwendung vorliegt; vgl. etwa Horst, HAT 14, 164; Rudolph, KAT 13,3, 177; Roberts, Nahum, 73; Perlitt, ATD 25,1, 28.

81   Vgl. hierzu etwa die Deutungen von Sellin, KAT 12, 323; Elliger, ATD 25, 18; Horst, HAT 14, 164; Rudolph, KAT 13,3, 177; Seybold, ZBK.AT 24,2, 34; Perlitt, ATD 25,1, 28. So wäre Nah 3,4 im vorliegenden Kontext in etwa auf einer Linie mit der Anm. 79 erwähnten Stelle Jes 23,17 zu verstehen.

82   Vgl. hierzu etwa Donner, Geschichte 2, 324-333, bes. 328, sowie Jeremias, Kultprophetie, 35f. Es sind also eher Verlegenheitsauskünfte, wenn etwa Keller, Bewältigung, 413f; Rudolph, KAT 13,3, 177f; Deissler, NEB.AT 8, 213; Seybold, ZBK.AT 24,2, 34; Perlitt, ATD 25,1, 28, Nah 3,4 auf die geschickte Diplomatie der Assyrer, mit der sie Völker an sich banden, oder aber auf die Faszination, die von diesem Großreich ausging, beziehen.

Ursprünglich dürfte in Nah 3,4 demnach das eigene Volk angesprochen
sein und der Vergleich zielt dann – wie auch sonst in der Prophetie – auf das
ehebrecherische Verhalten des Volkes, das sich fremden Völkern zu- und so
von Jhwh abgewandt hat.[83] Dazu passt, dass in Nah 3,5-6 als Strafe das
öffentliche Entblößen der Scham und das Bewerfen mit Dreck angekündigt
wird. Denn das Entblößen der Schamgegend ist vermutlich als Strafe bei
Ehebruch zu verstehen.[84] So ist nicht nur in Nah 3,4, sondern auch in 3,5-6
der Vorwurf der Hurerei im Sinne von Ehebruch vorausgesetzt. Und dies
spricht dafür, dass Nah 3,4, wie dann auch 3,5-6, ursprünglich gegen das
eigene Volk gerichtet war und somit eben der Grundschicht des Buches
zugehört.

Der folgende Vers 3,7 dürfte demgegenüber wieder der Überarbeitung
zuzuweisen sein.[85] Denn hier ist nicht nur eindeutig Ninive angesprochen.
Dieser Vers fällt vor allem dadurch auf, dass er, obgleich noch Teil der
vorausgehenden Strafankündigung, das Huren-Bild nicht mehr weiter
aufnimmt. Nachdem aber sowohl die Anklage in 3,4 als auch die Strafankündigung in 3,5-6 ganz dem Bild der hurerischen Frau verhaftet sind, ist es
schon erstaunlich, dass diese Bildebene in der folgenden Beschreibung der
öffentlichen Reaktion auf das Gericht verlassen wird. Denn in 3,7 ist ganz
sachlich davon die Rede, dass jeder, der das zerstörte Ninive sieht, fliehen

---

83 Mit einem solchen Verständnis von Nah 3,4 lässt sich nebenbei auch der hier belegte Vor-
    wurf der „Zauberei" (כשף) verbinden. Das mit כשף bezeichnete Tun kann in den alttesta-
    mentlichen Texten kaum mehr auf bestimmte Tätigkeiten eingegrenzt werden, sondern
    bezeichnet ganz allgemein als illegitim gebrandmarkte Handlungen; siehe hierzu Schmitt,
    Magie, 107-109. Von hier aus kann כשף dann auch als Kennzeichnung fremdreligiöser
    Praktiken jeglicher Art verwandt werden. Interessant ist etwa 2 Kön 9,22, wo Isebel „Zaube-
    reien" (כשפים) vorgeworfen werden, was wohl auf die durch sie eingebrachten fremdreligiö-
    sen Einflüsse insgesamt zu beziehen ist. So wird in Nah 3,4 also die Bündnispolitik Judas
    angeprangert, in deren Zusammenhang es auch immer wieder zu Anpassungen an den Kult
    der Bündnispartner kam.
84 Darauf deuten zum einen Jer 13,26; Ez 16,37-40; 23,29; Hos 2,12, wo ebenfalls im Zu-
    sammenhang des Hurenbildes, das dort eindeutig im Sinne von „Ehebruch" verwandt ist, das
    Entblößen der Schamgegend als Strafe genannt wird; so auch Marti, KHC 13, 320; Sellin,
    KAT 12, 324; Roberts, Nahum, 73; Perlitt, ATD 25,1, 29. Zudem sprechen dafür die schon
    von Gordon, Hos 2, 279f, und Kuhl, Dokumente, 104-107, zum Verständnis von Hos 2
    herangezogenen Texte, ein babylonischer Ehevertrag und zwei testamentarische Bestimmun-
    gen aus Nuzi; vgl. hierzu auch Jeremias, Kultprophetie, 36f Anm. 5. Nach diesen Texten wird
    der Frau im Falle der Scheidung bzw. im Falle der erneuten Heirat nach dem Tode ihres
    Mannes als Strafe angedroht, dass sie nackt ausgezogen und weggeschickt wird.
85 So auch Jeremias, Kultprophetie, 28f. Auch Deissler, NEB.AT 8, 213, und Seybold, Profane
    Prophetie, 66, meinen, dass es sich bei Nah 3,7 um einen Nachtrag handelt, allerdings ohne
    sich daran zu stören, dass damit einer der wenigen Belege im Nahumbuch, an denen Ninive
    beim Namen genannt ist, wegfällt.

wird, und es findet sich hier die auch sonst in Stadtuntergangsklagen belegte Äußerung, dass sich keine Tröster für Ninive werden finden lassen.[86]

Bei Nah 3,1-7 bestätigt sich also einmal mehr, dass im Nahumbuch eine Grundschicht, die gegen das eigene Volk gerichtet war, erst im Rahmen einer Überarbeitung gegen Ninive umgelenkt wurde. Dabei sind hier die Verse 3,1.4-6 der Grundschicht zuzuweisen, die Verse 3,2-3.7 der Überarbeitung.

Das folgende Wort 3,8-12, das in 3,8-10 von einem Vergleich mit No-Amon ausgeht und in 3,11-12 in eine Gerichtsankündigung mündet, gehört sodann ebenfalls zu der an das eigene Volk gerichteten Grundschicht des Buches. Denn der anfängliche Vergleich lässt sich, wie bereits von Jeremias gezeigt, wiederum viel besser auf das eigene Volk als auf Ninive beziehen.[87] Zu beachten ist nämlich, dass die Frage „Bist du besser als No-Amon?" bei Ninive nicht so recht zieht, waren es doch gerade die Assyrer, die die ägyptische Stadt 664 eingenommen haben. Die Assyrer waren also „besser als No-Amon".[88]

Es spricht aber auch noch eine zweite Überlegung dafür, dass der Vergleich mit No-Amon in Nah 3,8-12 ursprünglich gegen Juda gerichtet war. So ist schon häufig aufgefallen, dass die Aussage in 3,8, dass No-Amon von Wasser umgeben ist (מים סביב לה) nicht nur der tatsächlichen Lage dieser Stadt widerspricht, sondern auch über die sonstigen Aussagen in diesem Vers hinausgeht, wonach die Stadt an den Nilläufen[89] liegt und ihr das Wasser[90] als Mauer dient. Eben deshalb wird מים סביב לה meist als Nachtrag zu Nah 3,8 verstanden.[91] Es konnte allerdings noch nie erklärt werden, wie es zu diesem Nachtrag kam. Zu beachten ist aber, dass in dem der Überarbeitungsschicht des Buches zugewiesenen Textbereich 2,4-11 gleich zwei Mal die Wasser um Ninive erwähnt werden. So heißt es in Nah 2,7, dass die Flusstore der Stadt geöffnet sind, und in 2,9 wird Ninive als Wasserteich bezeichnet, was beides vermutlich auf die Kanalanlagen rund um

---

86 Vgl. Klgl 1,2.9.16.17.21; siehe hierzu Olyan, Mourning, 46-49.
87 Vgl. Jeremias, Kultprophetie, 38-42.
88 So meinte schon Wellhausen, Propheten, 164: „Darauf würde Ninive mit Fug und Recht antworten: natürlich, denn mir ist ja eben No-Amon erlegen." Wellhausen nimmt daher an, dass es noch eine weitere Belagerung No-Amons gegeben hat, auf die in Nah 3,8-12 angespielt wird. Doch ist dies sicherlich eine Verlegenheitsauskunft; vgl. hierzu Steuernagel, Einleitung, 630f; Jeremias, Kultprophetie, 39f Anm. 3.
89 Vgl. hierzu Schneider, Nahum, 64f; Görg, Art. Theben, 827f.
90 Mit LXX ist hier statt מִיָם sicherlich מַיִם zu lesen; vgl. nur Wellhausen, Propheten, 164; Marti, KHC 13, 321; Jeremias, Kultprophetie, 38; Roberts, Nahum, 71.
91 Vgl. nur Marti, KHC 13, 321; Jeremias, Kultprophetie, 38; Rudolph, KAT 13,3, 181; Schneider, Nahum, 63; Perlitt, ATD 25,1, 30.

Ninive anspielt.[92] Es könnte also gut sein, dass מים סביב לה in Nah 3,8 nachgetragen wurde, um so den Vergleich mit No-Amon deutlicher auf Ninive zu beziehen. Wie Ninive war auch No-Amon von Wasser umgeben, was der Stadt aber nichts geholfen hat. Wenn der Bezug auf Ninive in Nah 3,8 aber erst sekundär eingefügt wurde, so weist dies doch darauf hin, dass der Grundbestand dieses Wortes eben zusammen mit der sonstigen Grundschicht des Nahumbuches ursprünglich gegen Juda gerichtet war. Der Zusatz מים סביב לה in Nah 3,8 ist dann wie Nah 2,4-11 der gegen Ninive gerichteten Überarbeitungsschicht zuzuweisen.

Neben Nah 3,8 fallen sodann auch die folgenden Ausführungen über das Schicksal von No-Amon auf. So wurde bislang noch nie wirklich gesehen, dass die Aussagen in 3,10, dass auch No-Amon in die Gefangenschaft musste, dass auch über seine Würdenträger das Los geworfen wurde und dass auch seine Großen gefesselt wurden, die Erwartung einer Exilierung der Angesprochenen voraussetzen. Dies hat in den eindeutig an Ninive gerichteten Passagen des Nahumbuches aber keine Parallele. In den Kriegsbildern Nah 2,4-11; 3,2-3 ist von der Einnahme Ninives, der Plünderung der Stadt und von vielen Leichen die Rede. Entsprechend wird auch in 1,9b.10.12-13; 2,1 die Vernichtung der Feinde des Volkes angesagt. Bei den Überlebenden wird allenfalls in 2,9; 3,7 deren Flucht geschildert. Doch nirgends findet sich die Drohung, dass die Bewohner Ninives exiliert werden. Im Nahumbuch kann lediglich die Gerichtsaussage in Nah 2,2, nach der einer, der zerstreut (מפיץ), heraufgezogen ist, so verstanden werden, dass ein Feind aktiv die Wegführung der Angesprochenen betreibt. Doch gerade dieser Vers konnte ja der ursprünglich an das eigene Volk gerichteten Grundschicht des Buches zugewiesen werden.[93] So dürften also auch die impliziten Exilierungsansagen in 3,10 ursprünglich dem eigenen Volk gegolten haben, was eben noch zusätzlich zu den Beobachtungen bei Nah 3,8 dafür spricht, dass Nah 3,8*.9-12 der Grundschicht des Buches zuzuschreiben ist.

Bei der letzten Einheit des Nahumbuches in Nah 3,13-19 ist schließlich schon häufiger aufgefallen, dass in 3,15 ein „thematischer Riss" durch diese Verse geht.[94] In 3,13-15aβ wird erneut die Einnahme des Landes und der Stadt geschildert und zur Reaktion auf diese Geschehnisse aufgerufen. In 3,15aγ geht dies aber in eine Polemik gegen die vielen Händler, gegen die Beamten und schließlich gegen die Führer des Volkes über.[95] Dabei finden

---

92 Siehe hierzu etwa Roberts, Nahum, 65f; Seybold, ZBK.AT 24,2, 31; Spronk, Nahum, 95.99f, sowie Reade, Art. Ninive, 404-407.

93 S.o. 36.

94 So Perlitt, ATD 25,1, 36; vgl. auch Wellhausen, Propheten, 164; Sellin, KAT 12, 325; Horst, HAT 14, 165f; Schulz, Nahum, 41; Seybold, ZBK.AT 24,2, 40; Lescow, Nahum, 66f.

95 Zum sekundären Charakter von מלך אשור in Nah 3,18 s.o. 45 Anm. 70.

sich in 3,16-17 im Zusammenhang der Aussagen über die Händler und Beamten mehrfach Heuschreckenvergleiche. Diese Heuschreckenvergleiche werden im Anschluss an die Aussage in 3,15aαβ, dass die Angehörigen der Stadt vom Feuer gefressen und mit dem Schwert vernichtet werden, in 3,15aγb aber doch etwas seltsam eingeführt mit der Aussage „es frisst dich wie die Heuschrecke, bist du auch zahlreich wie die Heuschrecke, zahlreich wie der Grashüpfer".[96] Schon dies spricht dafür, dass 3,15aγ-19 erst sekundär an das Gerichtswort 3,13-15aβ angeschlossen wurde.[97]

Hinzu kommt, dass Nah 3,13-15aβ mit den bislang der Grundschicht des Buches zugewiesenen Textbereichen, Nah 3,15aγ-19 hingegen mit der Überarbeitungsschicht verbunden ist. So schließt 3,13-15aβ mit der Rede von einem Feind (איב; 3,13 // 3,11) und von „deinen Festungen" (מבצריך; 3,14 // 3,12) direkt an die vorangehende Einheit 3,8-12 an, und die Imperative in 3,14, die zur Vorbereitung auf eine Belagerung aufrufen, erinnern doch deutlich an den der Grundschicht zugewiesenen Vers 2,2. Zudem spricht nichts dagegen, die Verse 3,13-15aβ – wie die bislang der Grundschicht des Buches zugewiesenen Textbereiche – auf Juda zu beziehen.[98]

Den Textbereich Nah 3,15aγ-19 verbindet demgegenüber mit der Überarbeitungsschicht des Buches nicht nur die Tatsache, dass diese Verse wohl deutlich an Ninive gerichtet sind, da die Beamten in 3,17 mit den assyrischen Lehnwörtern מנזר (manzaru) und טפסר (tupšarru) bezeichnet

---

96 Bei Nah 3,15b ist umstritten, wie die beiden Verbformen התכבד und התכבדי zu verstehen sind. Vermutlich handelt es sich um feminine Imperative, so dass auch die erste Form zu התכבדי zu ändern ist. Allerdings sind die beiden Imperative dann gegen Sellin, KAT 12, 325; Elliger, ATD 25, 20; Horst, HAT 14, 164; Seybold, ZBK.AT 24,2, 37; Perlitt, ATD 25,1, 37; Fabry, Nahum, 201, nicht als tatsächliche Aufforderungen zu lesen, wäre so doch kaum verständlich, weshalb in diesem Vers dazu aufgerufen wird, zahlreich zu werden, da es mit Blick auf die Händler und die Beamten in den folgenden Versen 3,16-17 gerade darum geht, dass diese zahlreich sind, also nicht erst werden. So werden die Imperative hier in konzessiver Bedeutung zu verstehen sein; vgl. Ges-K, §110a, sowie, mit Unterschieden im Detail, Marti, KHC 13, 323; Rudolph, KAT 13,3, 182; Spronk, Nahum, 137.

97 Von Schulz, Nahum, 41, abgesehen, der zumindest 3,15aγ-17.19 als Nachtrag versteht, wurde bislang allenfalls angenommen, dass die Überleitung 3,15aγ, evtl. zusammen mit noch weiteren von der Heuschrecken-Metapher geprägten Teilen der Verse 3,16-17, sekundär ist; vgl. Marti, KHC 13, 323; Sellin, KAT 12, 326; Elliger, ATD 25, 20; Horst, HAT 14, 164; Deissler, NEB.AT 8, 215; Nogalski, Processes, 124-126; Perlitt, ATD 25,1, 35-38. Doch sprechen die folgenden Überlegungen dafür, dass eben nicht nur die Überleitung in 3,15aγ, sondern der gesamte Textbereich 3,15aγ-20 dem Nahumbuch erst im Rahmen einer Überarbeitung zugefügt wurde.

98 Seybold, Profane Prophetie, 40, meint allerdings, dass die Aufforderung in 3,14, Ziegel zu fertigen, für Jerusalem unsinnig wäre, da die Mauern dort aus Steinen hergestellt wurden. Nah 3,14 sei demnach eindeutig auf das steinarme Zweistromland zu beziehen. Doch sind die nicht näher belegten Ausführungen von Seybold zum Mauerbau in Jerusalem wohl falsch. Auch dort wurden Lehmziegel zum Mauerbau verwandt. Lediglich das Fundament der Mauern war aus Stein gefertigt; vgl. hierzu Fritz, Stadt, 113.

werden.[99] Zudem erinnert hier auch die Ankündigung in 3,19, dass „jeder, der die Kunde von dir hört" (כל שמעי שמעך), in die Hände klatscht, an Nah 3,7, wonach „jeder, der dich sieht" (כל ראיך), fliehen wird. Und schließlich ist der Textbereich 3,15aγ-19 von der Vorstellung geprägt, dass das Volk angesichts der Bedrohung flieht. So ist in 3,17 im Bild der Heuschrecken von der Flucht der Beamten die Rede und auch Nah 3,18, wonach das Volk auf den Bergen verstreut sein wird, kann wohl als Folge der Flucht des Volkes verstanden werden. Dies verbindet diese Verse aber gerade mit der Überarbeitungsschicht in Nah 2,9; 3,7 und hebt sie von den in der Grundschicht belegten Exilierungsankündigungen in 2,2; 3,10 ab.[100]

So bestätigt sich auch bei Nah 3, dass die Grundschicht des Nahumbuches ursprünglich gegen das eigene Volk gerichtet war und die das vorliegende Buch bestimmende Ausrichtung gegen Ninive erst Folge einer Überarbeitung ist. Dabei konnten in diesem Kapitel die Verse 3,1.4-6.8*(ohne מים סביב לה).9-15aβ der Grundschicht zugewiesen werden. Es handelt sich hier um drei Gerichtsworte gegen die Stadt, also wohl ursprünglich Jerusalem, der angesichts ihrer Hurerei der Untergang angesagt wird (3,1.4-6), der in einem Vergleich mit No-Amon ihre Schwäche vorgehalten wird (3,8-12*) und der schließlich erneut die Einnahme angekündigt wird (3,13-15aβ).

Durch die Überarbeitung in 3,2-3.7.8*(מים סביב לה).15aγ-19 wird in 3,2-3 die Kriegsszenerie aus 2,4-11 aufgenommen und das Gericht an der Stadt in 3,7 direkt an Ninive adressiert. In 3,8*(מים סביב לה) wird auch der Vergleich mit No-Amon auf Ninive hin angepasst. Und in 3,15aγ-19 wird das Ende des Buches schließlich um eine Polemik gegen die assyrischen Händler, Beamten und Führer des Volkes ergänzt, in deren Rahmen auch nochmals das endgültige Ende Ninives angekündigt wird.

Über die bisherige Forschung hinaus können somit erstmals die gesamten Gerichtsworte des Nahumbuches in 1,9-3,19 als Folge eines bewussten zweistufigen Wachstumsprozesses erklärt werden, bei dem Worte gegen Juda auf Ninive hin umgelenkt wurden.[101] Es bleibt aber noch zu klären, wie sich die Einleitung des Buches in 1,1-8 in dieses Modell integrieren lässt.

---

99   Vgl. KBL³, 362.568, sowie Rudolph, KAT 13,3, 182; Roberts, Nahum, 71f; Spronk, Nahum, 140; Perlitt, ATD 25,1, 38.

100 Siehe hierzu oben 50. Dabei ist in Nah 3,17 und in Nah 3,7 sogar gleichermaßen das nur eher selten belegte Verb נדד verwandt.

101 Schon Jeremias, Kultprophetie, 11-55, hat zwar angenommen, dass im Nahumbuch einige Worte (1,11.14; 2,2-3; 3,1-5.8-11) ursprünglich gegen das eigene Volk gerichtet waren und erst sekundär auf Ninive umgedeutet wurden. Doch zum einen meint Jeremias, den gängigen Ansätzen entsprechend, dass die Gerichtsworte des Nahumbuches im vorliegenden Kontext allesamt auf Ninive umgedeutet wurden, was sich so bei Nah 1,9-2,3 allerdings nicht bestätigt hat, sind dort die Gerichtsworte in 1,9-14; 2,3 doch auch im vorliegenden Buchzusammenhang noch als gegen das eigene Volk gerichtet zu verstehen; siehe hierzu oben 30-34. Zum anderen meint Jeremias, dass ein Großteil der gegen Ninive gerichteten Worte

2.1.2 Die Einleitung des Nahumbuches in Nahum 1,1-8

2.1.2.1 Die Überschrift Nahum 1,1

Nah 1,1 bietet eine Überschrift nach dem Maśśa-Muster,[102] die zweigliedrig aufgebaut ist. Auf die Wendung מַשָּׂא נִינְוֵה in Nah 1,1a folgt in 1,1b die weitere Gattungsbezeichnung סֵפֶר חֲזוֹן, mit der der Name des Propheten und dessen Herkunft verbunden ist.

Es wurde nun schon häufig vermutet, dass die beiden Teile von Nah 1,1 erst sekundär miteinander verbunden wurden. So wurde etwa angenommen, dass es sich bei סֵפֶר חֲזוֹן נַחוּם הָאֶלְקֹשִׁי um die ursprüngliche Überschrift handelt, da der Name des Propheten fest hiermit verbunden ist. מַשָּׂא נִינְוֵה wurde demgegenüber als ein Nachtrag verstanden, der die folgenden Worte deutlich als gegen Ninive gerichtet kennzeichnen sollte, wird doch Ninive erst wieder in Nah 2,9 beim Namen genannt.[103] Es wurde aber auch gerade umgekehrt vermutet, dass Nah 1,1a die ursprüngliche Überschrift des Buches ist, eben weil ohne מַשָּׂא נִינְוֵה erst in Nah 2,9 Ninive als Adressat der Gerichtsworte genannt ist.[104] Und schließlich wurde auch angenommen, dass מַשָּׂא נִינְוֵה ursprünglich an anderer Stelle im Buch zur Einleitung eines Buchteils diente oder aber über einer in das Buch aufgenommenen Teilsammlung stand. Erst in einem zweiten Schritt wäre מַשָּׂא נִינְוֵה dann vor die schon vorhandene Überschrift des Gesamtbuches Nah 1,1b gestellt worden.[105]

---

ebenso auf den historischen Propheten Nahum zurückgeht wie die gegen Juda gerichteten Worte. Jeremias nimmt dabei an, dass all diese Worte zunächst als mündliche Einzelworte umliefen, bevor aus diesen Worten zunächst eine Sammlung der Assurworte und sodann zusammen mit den ursprünglich gegen das eigene Volk gerichteten Worten das Nahumbuch in seiner vorliegenden, eben als Gerichtswortsammlung gegen Ninive gestalteten Form zusammengestellt wurde. Demgegenüber konnte aber gezeigt werden, dass sich die Entstehung des Nahumbuches viel eher so erklären lässt, dass hier eine zusammenhängende, gegen Juda gerichtete Grundschicht von einer ebenso zusammenhängenden, an Ninive orientierten Überarbeitungsschicht zu unterscheiden ist. Dies wird sich bei der Betrachtung der Komposition der Grundschicht des Nahumbuches noch weiter bestätigen; s.u. 61f.

102 Siehe zur Gruppierung der verschiedenen Überschriften-Typen Wöhrle, Sammlungen, 32-46.
103 Vgl. etwa Marti, KHC 13, 307; Horst, HAT 14, 156; Elliger, ATD 25, 3; Dietrich, Art. Nahum, 738; Perlitt, ATD 25,1, 5.
104 Vgl. Nogalski, Processes, 99f; Kessler, Nahum-Habakuk, 154.
105 So geht Rudolph, KAT 13,3, 165, davon aus, dass Nah 1,1a ursprünglich vor Nah 2,2 stand und das dort folgende Gericht an der Stadt Ninive einleitete. Nach Sellin, KAT 12, 312; Seybold, Profane Prophetie, 19; ders., ZBK.AT 24,2, 17; Hieke, Anfang II, 15-18, leitete Nah 1,1a zunächst nur eine Teilsammlung gegen Ninive gerichteter Worte ein, die nach Sellin und Hieke mit 1,11, nach Seybold mit 2,2 begann. Im weiteren Verlauf der redaktionsgeschichtlichen Entwicklung des Buches wurde diese Teilsammlung mit den sonstigen Worten des Nahumbuches verbunden, wobei die Überschrift der Teilsammlung schließlich vor die ursprüngliche Überschrift des werdenden Gesamtbuches Nah 1,1b gesetzt wurde.

Aufgrund des hier vorgestellten redaktionsgeschichtlichen Modells bestätigt sich nun die gängige Annahme, dass Nah 1,1a gegenüber 1,1b sekundär ist. Da nämlich gezeigt werden konnte, dass die Grundschicht des Nahumbuches nur gegen das eigene Volk gerichtet war und das Buch erst im Rahmen einer Überarbeitung zu einer an Ninive orientierten Gerichtswortsammlung umgestaltet wurde, lässt sich Nah 1,1a gut als Folge eben dieser Überarbeitung verstehen. Denn erst nach dieser Überarbeitung handelte es sich beim Nahumbuch ja überhaupt um ein gegen Ninive gerichtetes Buch. Erst in diesem Zusammenhang ergibt also die Überschrift מַשָּׂא נִינְוֵה in Nah 1,1a Sinn. Die Überschrift 1,1b סֵפֶר חֲזוֹן נַחוּם הָאֶלְקֹשִׁי dürfte demgegenüber der Grundschicht des Nahumbuches zuzuweisen sein.

Die zweigliedrige Gestalt der Überschrift in Nah 1,1 fügt sich demnach gut in die bisherigen Beobachtungen ein. Ja, angesichts der oben beschriebenen Unsicherheiten der bisherigen Forschung erklärt sich das deutlich sekundäre Nebeneinander zweier Überschriften in Nah 1,1a und 1,1b eigentlich überhaupt erst schlüssig vor dem Hintergrund des hier vorgestellten Modells. Denn bislang musste stets entweder der Name des Propheten oder aber der Adressat des folgenden Buches als sekundär bezeichnet werden, ohne dass hierfür jeweils ein überzeugender Grund benannt werden konnte. Wenn aber die Grundschicht des Nahumbuches gar nicht gegen Ninive gerichtet war, so ist es problemlos möglich, Nah 1,1a als Nachtrag zu verstehen.

Somit ist bei der Überschrift des Nahumbuches Nah 1,1b der gegen das eigene Volk gerichteten Grundschicht des Buches zuzuweisen. Nah 1,1a wurde dagegen im Rahmen der Überarbeitung zugefügt, die das Buch zu einer Gerichtswortsammlung gegen Ninive umgestaltet hat.

2.1.2.2 Der Psalm Nah 1,2-8

Auf die Überschrift Nah 1,1 folgt in 1,2-8 ein Psalm. Dabei wird zunächst in 1,2-3a Jhwh als eifernder, rächender und zürnender, aber auch langmütiger Gott beschrieben. In 1,3b-6 finden sich Theophanieschilderungen, bevor schließlich in 1,7-8 dargestellt wird, dass Jhwh gegenüber denen, die sich bei ihm bergen, gut ist, während er seinen Widersachern[106] und Feinden ein Ende bereitet.[107]

---

106 Lies in 1,8 מְקוּמָה „Widerstand"; vgl. etwa Driver; Studies, 300f; Haldar, Nahum, 27; Cathcart, Nahum, 57f; Rudolph, KAT 13,3, 152; Roberts, Nahum, 45; Perlitt, ATD 25,1, 7; Fabry, Nahum, 127f.

107 Vgl. zu dieser Gliederung des Psalms Elliger, ATD 25, 4f; de Vries, Acrostic, 478; Becking, Wrath, 284; Kessler, Nahum-Habakuk, 153; Perlitt, ATD 25,1, 7f; Baumann, Gewalt, 49-51.

Es ist nun in der Forschung nahezu unumstritten, dass es sich bei Nah 1,2-8 um ein Akrostichon handelt.[108] Allerdings ist schon immer aufgefallen, dass dies nur mit einigen Einschränkungen gilt. So ist vor allem bemerkenswert, dass sich in Nah 1,2-8 nur die Zeilen א bis כ finden, während ansonsten im AT ausnahmslos Akrosticha belegt sind, die das gesamte Alphabet, also von א bis ת, umfassen.[109] Da sämtliche Versuche, über Nah 1,2-8 hinaus noch weitere Zeilen zu rekonstruieren, jeglicher Grundlage entbehren und in neuerer Zeit zurecht nur noch selten verfolgt werden, liegt in Nah 1,2-8 also, wenn überhaupt, dann nur ein halbes Akrostichon vor.[110]

Hinzu kommt, dass auch die Zeilen א bis כ in Nah 1,2-8 nicht ganz der sonst üblichen Gestalt eines Akrostichon entsprechen. Üblicherweise kommen bei einem Akrostichon nämlich jedem Buchstaben in etwa gleich lange Zeilen oder eine identische Zahl von Zeilen zu.[111] Bei Nah 1,2-8 umfasst die א-Zeile in 1,2.3a aber drei Doppelstichen, während die folgenden Zeilen ב bis כ nur jeweils einen Doppelstichos lang sind.

Die Auffälligkeiten in Nah 1,2-8 sind aber noch grundlegender. Denn gleich an drei Stellen wird die alphabetische Folge der Zeilenanfänge durchbrochen. So beginnt die ד-Zeile (1,4b) mit dem Wort אמלל, die ז-Zeile (1,6a) mit לפני und die י-Zeile (1,7b) mit וידע.

---

108 Diese Erkenntnis geht auf den württembergischen Pfarrer Frohnmeyer zurück und wurde erstmals bei Delitzsch, Psalmen, 124, veröffentlicht. Daran haben sich in der Folgezeit nahezu sämtliche weiteren Arbeiten zum Nahumbuch angeschlossen; vgl. nur Wellhausen, Propheten, 159; Marti, KHC 13, 308; Elliger, ATD 25, 4; de Vries, Acrostic, 477f; Christensen, Acrostic Reconsidered, 17-20; Rudolph, KAT 13,3, 153; Roberts, Nahum, 48; Seybold, ZBK.AT 24,2, 19; Perlitt, ATD 25,1, 8; Roth, Israel, 238-241; Berlejung, Erinnerungen, 327; Scherer, Lyrik, 304. Zu der in neuerer Zeit geäußerten Kritik an der These, dass es sich bei Nah 1,2-8 um ein Akrostichon handelt, s.u. 56 mit Anm. 112.

109 Vgl. Ps 9-10; 25; 34; 37; 111; 112; 119; 145; Prov 31,10-31; Klgl 1; 2; 3; 4; siehe hierzu die Übersicht bei Eshel / Strugnell, Acrostics, 443f.

110 Durch Umstellung von Nah 1,2b.3a und durch massive Texteingriffe in Nah 1,9ff wurde vor allem früher häufig versucht, ein Akrostichon zu rekonstruieren, das mehr als nur die Zeilen א bis כ umfasst. So meinten, mit Unterschieden in der konkreten Durchführung, Bickell, Metrik, 559f; Gunkel, Nahum 1, 223-244; Arnold, Composition, 225-265, und in neuerer Zeit wieder Krieg, Todesbilder, 518f Anm. 31, in Nah 1,2ff sogar ein vollständiges Akrostichon von א bis ת zu finden. Neben diesen beiden Maximalversuchen rekonstruierten etwa Nowack, HK 3,4, 244-247, und Sellin, KAT 12, 313-315, bis ע, Marti, KHC 13, 308-312; Haupt, Festliturgie, 278f, und neuerdings noch Seybold, Randnotizen, 76, bis ס, oder Fohrer, Einleitung, 493; Spronk, Approaches, 182-184, bis מ. Da all diese Versuche aber eben auf kaum zu rechtfertigenden Umstellungen und Konjekturen beruhen, muss der Versuch, in Nah 1 ein Akrostichon freizulegen, das über die כ-Zeile hinausgeht, als beliebig und somit als verfehlt bezeichnet werden; vgl. hierzu etwa Wellhausen, Propheten, 159; Humbert, Essai, 267; Horst, HAT 14, 157; Rudolph, KAT 13,3, 153; Roberts, Nahum, 48; Perlitt, ATD 25,1, 8.

111 Unter den Anm. 109 genannten Akrosticha weisen nur Ps 9-10 und Ps 25 kleinere Unebenmäßigkeiten auf.

Dies alles sollte nun aber nicht zu der Annahme führen, dass es sich in Nah 1,2-8 überhaupt nicht um ein Akrostichon handelt.[112] Denn immerhin acht von elf Zeilen fügen sich ja in die alphabetische Folge ein, was schwerlich als Zufall bezeichnet werden kann.[113] Es gilt also vielmehr, eine Erklärung für die beschriebenen Abweichungen von der gängigen Form eines Akrostichon zu finden.

So dürfte an den Stellen, an denen sich die Versanfänge nicht in den alphabetischen Aufbau fügen, wohl von Textverderbnissen auszugehen sein. Bei der ד-Zeile in 1,4b ist etwa schon auffällig, dass hier am Ende dieser Zeile erneut das Wort אמלל belegt ist, wobei eine solche Wiederaufnahme in ein und derselben Zeile bei Nah 1,2-8 sonst nicht zu finden ist. Da zudem LXX zu Beginn von 1,4bα ὠλιγώθη liest, bei 1,4bβ jedoch ἐξέλιπεν, also das doppelte אמלל in 1,4b hier nicht nachvollzogen wird, ist es gut möglich, dass am Beginn der Zeile ursprünglich ein anderes Wort stand.[114] Dabei bietet sich die schon häufiger vorgeschlagene Änderung zu דלל im Sinne von „verkümmern" an.[115] Bei der ז-Zeile in 1,6a ist sodann auffällig, dass hier als zweites Wort der Zeile זעמו steht. Es ist also wahrscheinlich, dass die präpositionale Wendung לפני erst sekundär vorangestellt wurde.[116] Und

---

112 So schon Driver, Professor, 119 mit Anm. 4; Maier, Nahum, 52-60, und neuerdings Floyd, Acrostic, 421-437; Baumann, Gewalt, 52-59; Fabry, Nahum, 132.

113 Vgl. Eshel / Strugnell, Acrostics, 442.

114 Vgl. hierzu Renaud, Composition, 201 Anm. 9; Seybold, Randnotizen, 74. Dabei hat allerdings schon Rudolph, KAT 13,3, 151, darauf hingewiesen, dass ὀλιγόω in LXX auch bei Joel 1,10.12 zur Übersetzung von אמל verwandt wird, was dafür sprechen könnte, dass schon bei der LXX-Vorlage אמלל zu Beginn von Nah 1,4bα stand. Es ist aber zu beachten, dass ὀλιγόω auch zur Übersetzung von anderen Verben verwandt wird, so für מעט (2 Kön 4,3; Ps 107,39; Koh 12,3; Neh 9,32); פסס (Ps 12,2); צער (Hab 3,12); קצר (Ri 10,16; Spr 10,27). Es ist also durchaus möglich, dass ὀλιγόω in Nah 1,4aα eben nicht als Übersetzung von אמלל zu verstehen ist, sondern in der LXX-Vorlage an dieser Stelle ein anderes Verb stand, zumal ja, wie erwähnt, bei LXX im Gegensatz zu MT in Nah 1,4bα und 1,4bβ zwei verschiedene Verben belegt sind.

115 So auch Gray, Poem, 254-258; Duhm, Anmerkungen, 101; Sellin, KAT 12, 314; Horst, HAT 14, 156; Seybold, Randnotizen, 74; Roberts, Nahum, 44, sowie KBL³, 214. Dabei würde דלל von der Grundbedeutung „klein, gering sein / werden" gut zu den anderen Verben passen, die LXX an den Anm. 114 genannten Stellen mit ὀλιγόω übersetzt, also v.a. מעט „klein, wenig sein" und קצר „kurz sein". Außerdem findet sich in Jes 19,6 ein mit Nah 1,4 vergleichbarer Zusammenhang, in dem das Verb דלל belegt ist. Die etwa von Gunkel, Nahum 1, 227; Wellhausen, Propheten, 159; Marti, KHC 13, 309; Christensen, Acrostic Reconsidered, 21; Rudolph, KAT 13,3, 151, vertretene Konjektur zu דאב „verschmachten" ist demgegenüber aus graphischen Gründen weniger wahrscheinlich.

116 Vgl. etwa Wellhausen, Propheten, 159; Marti, KHC 13, 310; Sellin, KAT 12, 314; Horst, HAT 14, 156; Christensen, Acrostic Reconsidered, 22; Rudolph, KAT 13,3, 152; Seybold, Randnotizen, 74; Roberts, Nahum, 44. Dabei wird meist angenommen, dass לפני zu לפניו zu ändern und vom Beginn der Zeile nach יעמוד zu versetzen ist. Das ist zwar denkbar, aber es bliebe dann zu erklären, weshalb לפני an den Beginn des Verses gestellt wurde. Wenn לפני jedoch schlicht als sekundär verstanden wird, so ergibt sich mit זעמו מי יעמוד immer

schließlich wird in der י-Zeile 1,7b schlicht die Kopula bei וידע zu streichen sein.[117]

Die Überlänge der א-Zeile ist sodann literarkritisch zu erklären. Denn an dieser Stelle ist zudem noch auffällig, dass in 1,2b die Formulierung נקם יהוה aus 1,2a aufgenommen wird und davon ausgehend die Objekte der schon in 1,2a beschriebenen göttlichen Rache genannt werden. Eine solche Stichwortverbindung zwischen zwei aneinander angrenzenden Doppelstichen findet sich im folgenden Textverlauf nicht wieder. Bemerkenswert ist zudem, dass in 1,2b.3a eigentlich die Aussage aus 1,7-8 vorausgenommen wird, wo ebenfalls davon die Rede ist, dass Jhwh gegen seine Feinde vorgeht. Dies könnte zwar eine bewusste Rahmenbildung um den vorliegenden Psalm sein. Beachtenswert ist aber, dass das göttliche Handeln in 1,7-8 anders als in 1,2b.3a nach zwei Seiten hin bedacht wird: gegenüber den Feinden, aber auch gegenüber denen, die sich bei Jhwh bergen. So ist doch eher davon auszugehen, dass die einseitige Betonung des göttlichen Handelns gegenüber den Feinden Jhwhs in 1,2b.3a erst sekundär eingefügt wurde.[118]

Es ist also durchaus wahrscheinlich, dass Nah 1,2b.3a nachträglich in den vorliegenden Zusammenhang eingetragen wurde. Ohne diese beiden Halbverse und nach den obigen Konjekturen ergibt sich dann aber in 1,2a.3b-8 ein ebenmäßiges Akrostichon, das die Zeilen א bis כ umfasst.

---

noch ein durchaus verständlicher und syntaktisch möglicher Zusammenhang, wobei sich in Ps 19,13 sogar eine sachliche Parallele hierzu finden würde. לפני wäre dann nachgetragen worden, um diese Formulierung etwas zu glätten. Dabei wurde aber die akrostische Gestaltung von Nah 1,2-8 übersehen.

117 Vgl. Wellhausen, Propheten, 159; Marti, KHC 13, 310; Sellin, KAT 12, 314; Horst, HAT 14, 156; Christensen, Acrostic Reconsidered, 22; Roberts, Nahum, 45.

118 Dass Nah 1,2b.3a angesichts der Länge der א-Zeile im vorliegenden Kontext sekundär ist, wurde schon häufig gesehen. Gerade bei den älteren Ansätzen zum Nahumbuch wurde allerdings meist angenommen, dass die Verse an einen anderen Ort in Nah 1 zu versetzen sind, um so etwa aus 1,2b die ב-Zeile des Akrostichon zu erhalten (siehe hierzu oben 55 Anm. 110). Demgegenüber haben sich aber Wellhausen, Propheten, 159; Elliger, ATD 25, 3f; Jeremias, Kultprophetie, 17; Schulz, Nahum, 9; Hieke, Anfang II, 15; Nogalski, Processes, 105-107; Schart, Entstehung, 243; Perlitt, ATD 25,1, 8; Roth, Israel, 241; Berlejung, Erinnerungen, 328; Fabry, Nahum, 129, u.a. zurecht dafür ausgesprochen, dass Nah 1,2b.3a überhaupt erst sekundär in den vorliegenden Zusammenhang eingetragen wurde.
Spronk, Acrostics, 214-222, meint allerdings im Anschluss an Überlegungen von van der Woude, Nahum, 123, und Christensen, Nahum, 53-55, dass sich die Verse 1,2b.3a doch in den akrostischen Aufbau von Nah 1,2-8 fügen. So liest er aus den Anfangsbuchstaben der drei Zeilen 1,2a.2b.3a und den letzten Buchstaben der Zeilen 1,1.2.2b.3 das „sentence acrostic" אני יהוה. Nach Spronk ist dann erst ab ארך in 1,3a – und nicht wie zumeist angenommen ab אל in 1,2a – ein „alphabetic acrostic" zu erkennen. Doch sind diese Überlegungen viel zu spekulativ, als dass sie wirklich für die ursprüngliche Zugehörigkeit von Nah 1,2b.3a sprechen könnten. So hat auch Floyd, Acrostic, 430, darauf hingewiesen, dass sich mit dem von Spronk vorgeführten Verfahren aus den Zeilenanfängen eines Gedichts von W.H. Auden die Worte c-o-l-a und t-e-a herausbuchstabieren ließen.

Es bleibt aber schließlich noch die Frage zu klären, warum in Nah 1,2-8* eben nur die Zeilen א bis כ, also nur ein halbes Akrostichon, belegt ist. Unwahrscheinlich ist zunächst die früher bisweilen vorgetragene Annahme, dass oben auf dem ersten Blatt der Gerichtswortsammlung Nah 1,9ff ein vorgegebener Psalm nachgetragen wurde und nach der כ-Zeile der Platz ausging.[119] Ebenso unwahrscheinlich ist es, dass der Rest des Psalms durch Textverderbnis ausgefallen ist.[120] Es dürfte eher anzunehmen sein, dass das Akrostichon aus inhaltlichen Gründen nur bis zur כ-Zeile reicht.

Dabei ist zunächst davon auszugehen, dass der Psalm Nah 1,2-8* aus vorgegebenem Gut aufgenommen wurde.[121] Da ansonsten im AT kein halbes Akrostichon belegt ist,[122] ist die vorliegende Gestalt des Psalms viel eher so zu erklären, dass hier aus einem vorgegebenem Psalm zitiert wird, als dass zur Einleitung des Nahumbuches eben nur ein halbes Akrostichon formuliert wurde. Dafür spricht auch, dass der Psalm Nah 1,2-8* kaum inhaltliche Verbindungen zum folgenden Nahumbuch aufweist.[123]

Zu beachten ist sodann, dass der Beginn der Gerichtswortsammlung in Nah 1,9 mit der Formulierung כלה הוא עשה direkt an כלה יעשה in 1,8 anschließt.[124] Das heißt doch aber, dass mit Nah 1,8 die Aussage des vorgegebenen Psalms erreicht war, wegen der dieser Psalm im vorgegebenen Nahumbuch zitiert wird.[125] So, und wohl nur so, ist gut zu erklären, warum in Nah 1,2-8* nur die erste Hälfte eines Akrostichon belegt ist.

Von dieser Beobachtung herkommend ist nun aber auch die viel diskutierte Frage zu klären, ob der Psalm Nah 1,2-8* im Nahumbuch bereits im

---

119 Vgl. Duhm, Anmerkungen, 100; Sellin, KAT 12, 313.

120 Vgl. Marti, KHC 13, 308; Seybold, Profane Prophetie, 81.

121 So auch Marti, KHC 13, 308; Elliger, ATD 25, 4f; Fohrer, Einleitung, 493; Jeremias, Kultprophetie, 16-18; Seybold, Profane Prophetie, 81; Roberts, Nahum, 48; Berlejung, Erinnerungen, 328; Scherer, Lyrik, 316f.

122 Auch Ps 9 kann nicht als halbes Akrostichon verstanden werden, findet sich hier doch in Ps 10 eine direkte Fortsetzung.

123 Stichwortbezüge zwischen Nahum 1,2-8 und der folgenden Gerichtswortsammlung 1,9-3,19 finden sich nur über recht allgemeine Begriffe wie איב (1,2.8 // 3,11.13); דרך (1,3 // 2,2); רגל (1,3 // 2,1); ים (1,4 // 3,8), נהר (1,4 // 2,7); הר (1,5 // 2,1; 3,18); אש (1,6 // 2,4; 3,13.15); מעוז (1,7 // 3,11), wobei die genannten Begriffe meist sogar in einem deutlich anderen Zusammenhang vorkommen. Zur Verbindung von 1,8 und 1,9 s.u.

124 Dies ist schon häufig aufgefallen; vgl. nur Elliger, ATD 25, 5; Jeremias, Kultprophetie, 17; Rudolph, KAT 13,3, 156; Sweeney, Nahum, 370; Nogalski, Processes, 111; Floyd, Acrostic, 432; Perlitt, ATD 25,1, 13.

125 So meinte schon Fohrer, Einleitung, 493, dass in den nicht aufgenommenen Passagen des vorgegebenen Psalms wohl die Vollstreckung des Gerichts geschildert worden wäre, was nun in der Gerichtswortsammlung 1,9ff ausgeführt wird; siehe hierzu auch Löhr, Lieder, 174. Auch wenn die Überlegungen von Fohrer zum Inhalt der ursprünglichen Fortsetzung des Psalms spekulativ sind, so dürfte an seiner These doch richtig sein, dass für diejenigen, die den Psalm in das Nahumbuch aufnahmen, der Inhalt des Psalms eben nur bis zum jetzigen Vers Nah 1,8 von Interesse war.

Rahmen der Erstverschriftung oder aber erst später aufgenommen wurde. Da Nah 1,9a nach den obigen Erkenntnissen der Grundschicht des Buches zugewiesen werden konnte,[126] dürfte dies sicherlich auch für den Psalm 1,2-8* gelten.[127] Es ist nämlich viel eher denkbar, dass bei der Erstverschriftung auf einen vorgegebenen Psalm zurückgegriffen wurde, der auf eine Aussage zuläuft, die dann in 1,9a zur Einleitung der folgenden Gerichtswortsammlung aufgenommen wurde, als dass diese Aussage in 1,9a erst sekundär durch den Psalm in 1,2-8* vorbereitet wurde.

Für die Zuweisung des Psalms zur Grundschicht des Buches spricht aber auch noch eine zweite Überlegung: So werden in Nah 1,7-8 diejenigen, die sich bei Jhwh bergen, den Feinden Jhwhs gegenübergestellt. Es geht hier also nicht wie im vorliegenden Nahumbuch um das Volk Jhwhs im Gegenüber zu den Assyrern. Vielmehr ist hier eine Scheidung innerhalb des eigenen Volkes – zwischen denen, die sich auf die Seite Jhwhs stellen, und denen, die dies eben nicht tun – im Blick.[128] Dies passt doch aber viel eher zu der Grundschicht des Nahumbuches, die nach den obigen Erkenntnissen am eigenen Volk orientiert ist, als zu der Überarbeitung, die das vorgegebene Buch zu einer an Ninive orientierten Gerichtswortsammlung umgearbeitet hat.

So ist also der Grundbestand des Psalms in Nah 1,2a.3b-8 der Grundschicht des Nahumbuches zuzuweisen, die dafür auf vorgegebenes Gut zurückgegriffen hat. Vor der folgenden Gerichtswortsammlung Nah 1,9ff wird hier das strafende Einschreiten Jhwhs gegen seine Feinde und Widersacher dargestellt, gewissermaßen als theologische Basis für die folgenden Gerichtsworte.

In Nah 1,2b.3a wurde der Psalm einer Bearbeitung unterzogen. Anders als bei der in Nah 1,7-8 belegten differenzierten Beschreibung des göttlichen Handelns gegenüber denen, die sich bei Jhwh bergen, und denen, die Jhwh feindlich gesinnt sind, wird hier nun mit Formulierungen aus der sogenannten Gnadenformel (Ex 34,6-7) einseitig der Zorn Jhwhs gegenüber seinen Feinden betont. Da sich keine Verbindung zwischen diesen beiden Teilversen und der Überarbeitung des Nahumbuches, die die folgenden Ge-

---

126 S.o. 35.
127 Gegen Wellhausen, Propheten, 159; Marti, KHC 13, 308; Seybold, Profane Prophetie, 81; Dietrich, Art. Nahum, 738; Perlitt, ATD 25,1, 3f, u.a. meinten auch schon Horst, HAT 14, 158f; Keller, Bewältigung, 418f; Rudolph, KAT 13,3, 144; Christensen, Acrostic Once Again, 415; Roberts, Nahum, 48; Koenen, Heil, 167-169; Becking, Wrath, 293; Scherer, Lyrik, 316f, dass Nah 1,2-8* zum ursprünglichen Bestand des Buches zu rechnen ist.
128 So auch schon Jeremias, Kultprophetie, 16, und neuerdings Koenen, Heil, 166.

richtsworte Nah 1,9ff gegen Ninive umgelenkt hat, erkennen lassen, dürfte es sich hier um eine von dieser Überarbeitung nochmals zu unterscheidende Redaktion handeln.

2.1.3 Zusammenfassung der Redaktionsgeschichte des Nahumbuches

2.1.3.1 Die Grundschicht

Die redaktionsgeschichtliche Bearbeitung des Nahumbuches ergab eine Grundschicht, die die Textbereiche 1,1b.2a.3b.4-8.9a.11.14; 2,1*(הנה).2-3.12-14; 3,1.4-6.8*(ohne לה סביב מים).9-15aβ umfasst. Dabei ist diese Grundschicht im Gegensatz zur vorliegenden Gestalt des Nahumbuches durchweg an das eigene Volk gerichtet. Es handelt sich um eine Sammlung von Gerichtsworten, in der angesichts von Verfehlungen im Volk die Belagerung und Einnahme der Stadt sowie die Wegführung des Volkes angekündigt wird.

Zu Beginn der Grundschicht steht in Nah 1,2-8* zunächst ein Psalm, in dem das Kommen Jhwhs zum Gericht beschrieben wird. Gewissermaßen auf einer theologischen Metaebene wird hier in den Theophanieschilderungen 1,3b-6 und in den darum liegenden Rahmenversen über das Zorneshandeln Jhwhs 1,2a.7-8 dargestellt, dass Jhwh ein Gott ist, der gegen seine Widersacher und Feinde einschreitet und ihnen ein Ende bereitet.[129]

Nach der Überleitung in 1,9-14* wird sodann in den Gerichtsworten 2,1-3,15* immer wieder aufs Neue ausgeführt, dass das Gericht am Volk bereits im Anbruch ist und die Einnahme der Stadt und die Exilierung des Volkes unmittelbar bevorsteht. So ist einer, der das Volk zerstreuen wird, bereits heraufgezogen (2,2), Jhwh hat den Hochmut des Volkes bereits gebrochen (2,3)[130] und wird die räuberische Stadt vernichten (2,12-14), die hurerische Stadt entblößen und demütigen (3,1-6*). Ja, es wird den Einwohnern der Stadt nicht besser als der großen Stadt No-Amon gehen, die ebenso belagert, eingenommen und exiliert wurde (3,8-12*). Denn die Tore des Landes sind bereits offen, die Stadt ist belagert, die Vernichtung steht bevor (3,13-15*).

Als Grund für dieses umfassende Gerichtsszenario, das in der Grundschicht des Nahumbuches ausgeführt wird, wird zunächst in 1,11 genannt,

---

129 Vergleichbar ist hiermit die Einleitung des Michabuches in Mi 1,3-4, die ebenfalls bereits im Rahmen der Grundschicht des Buches der folgenden Gerichtswortsammlung vorangestellt war; vgl. hierzu Wöhrle, Sammlungen, 188-190. Auch dort wird zunächst mit einer kleinen Theophanieschilderung das Kommen Jhwhs zum Gericht beschrieben, bevor die eigentlichen Gerichtsworte folgen.

130 Siehe hierzu oben 29.33.

dass einer, der Böses gegen Jhwh plante, aus dem Volk hervorgegangen ist. In 1,14 werden sodann Götzenbilder im Tempel angeprangert. 2,14 richtet sich gegen die Streitwagen und gegen das Rauben. Und in dem Wort gegen die hurerische Stadt 3,1-6* wird schließlich das Anbiedern an fremde Völker, also die judäische Bündnispolitik, verurteilt. Es finden sich in der Grundschicht des Nahumbuches demnach nur sehr wenige und kaum konkrete Anklagen. Es ist nicht der Aufweis vergangener Schuld, der dieses Werk bestimmt, sondern die Gewissheit des drohenden Gerichts.

Die beschriebene Grundschicht des Nahumbuches kann nun als durchdacht gestaltete Komposition beschrieben werden. So lässt sich diese Schicht zunächst in die Einleitung mit Psalm und folgender Begründung des dort beschriebenen Einschreitens Jhwhs 1,2-14* und die Gerichtsworte 2,1-3,15* gliedern. Dabei lassen die Gerichtsworte in 2,1-3,15* deutlich einen chiastischen Aufbau erkennen: Es stehen sich zunächst in einem äußeren Ring in 2,1-3* und 3,13-15* zwei Worte gegenüber, die beide einen bereits begonnenen Angriff auf die Stadt beschreiben und zur Reaktion auf diese Geschehnisse aufrufen und die beide mit הנה eingeleitet sind.[131] Einen ersten inneren Ring bilden die Worte in 2,12-13 und 3,8-12*, die beide auf einem Vergleich beruhen – bei 2,12-13 mit dem Bild des Löwen, bei 3,8-12* mit der Gegenüberstellung zu No-Amon – und die beide mit einer Frage beginnen. Einen zweiten inneren Ring bilden sodann die Gerichtsworte in 2,14 und 3,5-6, die Gewaltaktionen gegen die Stadt ansagen und gleichermaßen mit der Herausforderungsformel הנני אליך eingeleitet werden. Im Zentrum steht schließlich der Weheruf gegen die Stadt in 3,1.4.

Es zeigt sich aber noch von einer anderen Seite her ein kompositorischer Zusammenhang der einzelnen Worte der Nahum-Grundschicht. So sind sowohl bei der Einleitung Nah 1,2-14* als auch bei den folgenden Gerichtsworten Nah 2,1-3,15* die jeweils aneinander angrenzenden Worte durch markante Stichwortverbindungen miteinander verknüpft. Lediglich zwischen 2,1-3* und 2,12-13 findet sich keine direkte Verbindung, wobei hier allerdings מעון in 2,12 als wortspielartige Aufnahme von גאון in 2,3 verstanden werden könnte.[132]

---

131 Zur Zugehörigkeit des הנה in 2,1* zur Grundschicht des Nahumbuches siehe im einzelnen oben 37f.

132 Dass sich zwischen Nah 2,1-3 und 2,12-14 keine Stichwortverbindung finden lässt, spricht dabei nicht gegen die vorgelegte redaktionsgeschichtliche Analyse, bei der die dazwischen liegende Einheit 2,4-11 als sekundär beurteilt wurde. Denn zu Nah 2,4-11 lässt sich in 2,12-14 überhaupt kein Stichwortbezug, also noch nicht einmal eine wortspielartige Verbindung, aufzeigen.

A 1,2-14*	Einleitung	
a 1,2-8*	Kommen Jhwhs zum Gericht	כלה (1,8 / 1,9)
b 1,9-14*	Begründung	
B 2,1-3,15*	**Gerichtsworte**	
a 2,1-3*	Angriff (הנה)	
b 2,12-13	Bildwort (Frage איה)	מעון / גאון (2,3 / 2,12)
c 2,14	Herausforderung (הנני אליך)	כפיר; טרף (2,12.13 / 2,14)
d 3,1.4	Weheruf (הוי)	טרף (2,14 / 3,1)
c' 3,5-6	Herausforderung (הנני אליך)	גוים (3,4 / 3,5)
b' 3,8-12*	Vergleich (Frage התיטבי)	גולה / גלה (3,5 / 3,10)
a' 3,13-15*	Angriff (הנה)	איב (3,11 / 3,13)

Die beschriebene Komposition spricht also für die Zuverlässigkeit der vorgestellten redaktionsgeschichtlichen Analyse. Zudem weist dies darauf hin, dass schon der Grundbestand des Buches schriftlich überliefert wurde. Somit kann über die bisherige Forschung hinaus erstmals ein auf literarischer Ebene zusammenhängender Grundbestand des Nahumbuches aufgezeigt werden, der insgesamt an das eigene Volk gerichtet ist. Es sind im vorliegenden Nahumbuch also nicht nur, wie bisweilen vermutet, einzelne, zuvor lediglich mündlich überlieferte Worte gegen das eigene Volk aufgenommen worden.[133] Vielmehr war das Nahumbuch in seinem Grundbestand eine in sich geschlossene gerichtsprophetische Schrift gegen das eigene Volk.

Damit erledigen sich auch die früher häufig vorgebrachten Vermutungen, dass hinter dem Buch ein Prophet steht, der angesichts seiner gegen Assur gerichteten Worte zu den nationalistischen Heilspropheten gehörte und somit zu den etwa von Jeremia kritisierten falschen Propheten zu rechnen ist.[134] Im Gegenteil: Angesichts der den Grundbestand des Nahumbuches bestimmenden Kritik an Götzendienst und an der judäischen Bündnispolitik sowie angesichts der Ansage des drohenden Untergangs des Volkes ist der hinter der Grundschicht des Nahumbuches erkennbare

---

133 So Jeremias, Kultprophetie, 20-42; Dietrich, Art. Nahum, 738; ders., Gott, 468-471.
134 Vgl. etwa Marti, KHC 13, 305f; Staerk, Weltreich, 179f; Sellin, KAT 12, 306; Elliger, ATD 25, 20; Fohrer, Einleitung, 495f.

Prophet deutlich in der Nähe von Propheten wie Jesaja, Jeremia, Ezechiel oder Hosea anzusetzen.

Als Datierung der Nahum-Grundschicht bietet sich die Zeit kurz vor dem Exil an. Diese Schicht ist durch und durch geprägt von einem bereits die Gegenwart bestimmenden Gericht. Es wird mehrfach die Belagerung und Einnahme der Stadt als unmittelbar bevorstehendes Ereignis beschrieben (2,2.14; 3,1-6*.13-15*), und es wird die baldige Exilierung des Volkes erwartet (2,2; 3,8-12*). Eine so konkrete Darstellung des Gerichts ist doch am ehesten in der Zeit vor der ersten oder zweiten Exilierung, also kurz vor 597 oder 587/6, denkbar. Und gerade in diese Zeit weist ja auch die in Nah 3,4-6 vorgetragene Kritik an der judäischen Bündnispolitik.[135]

---

135 Vgl. nur Jer 27; Ez 17; 19. Dabei ist das Nahumbuch mit den Büchern Jeremia und Ezechiel nicht nur über die Kritik an der Bündnispolitik an sich verwandt. Über das in diesem Zusammenhang etwa in Nah 3,4-6 und Jer 2,20; 3,1-10; 13,20-22.27; Ez 6,9; 16; 20,30; 23 belegte Hurenmotiv oder den sowohl in Nah 2,12-14 als auch Ez 19,2-9 belegten Löwenvergleich zeigen sich zudem Parallelen in der konkreten Gestalt der Botschaft dieser Bücher.

In der bisherigen Forschung wurde mit Blick auf die Datierung des Nahumbuches – aufgrund der üblichen Deutung des Buches als einer schon in seinem Grundbestand gegen Ninive gerichteten Schrift – zumeist diskutiert, ob angesichts der in Nah 3,8-12 vorausgesetzten Einnahme No-Amons im Jahre 664 eher eine zeitnah an dieses Ereignis angesetzte Datierung oder aber eher eine spätere Datierung in die Zeit, als sich der Niedergang des neuassyrischen Reiches bereits abzeichnete, vorzuziehen sei. So datierten etwa Rudolph, KAT 13,3, 143; Deissler, NEB.AT 8, 203; Schneider, Nahum, 72; Roberts, Nahum, 38f; Seybold, ZBK.AT 24,2, 11; Lescow, Nahum, 65, das Buch, bzw. die Grundschicht des Buches, in die Mitte des 7.Jh. Marti, KHC 13, 304f; Sellin, KAT 12, 305; Horst, HAT 14, 153; Becking, Wrath, 294-296; Baumann, Gott, 55, u.a. sprachen sich dagegen für eine Datierung in die fortgeschrittene zweite Hälfte des 7.Jh. aus. Dabei dürfte an den späten Datierungen richtig sein, dass die Einnahme No-Amons sicherlich auch noch Jahre nach diesem Ereignis in Erinnerung geblieben war. Da nach der hier vorgelegten redaktionsgeschichtlichen Analyse die Grundschicht des Nahumbuches gegen das eigene Volk und eben noch nicht gegen Ninive gerichtet war, ist aber auch der Niedergang des neuassyrischen Reiches kein geeigneter Anhaltspunkt mehr für die Datierung des Buches.

Nun haben Jeremias, Kultprophetie, 53-55, und Dietrich, Gott, 468-471, die zumindest einige Worte des Nahumbuches als ursprünglich gegen das eigene Volk gerichtet verstehen, für diese Worte eine Datierung in die Zeit Manasses vorgeschlagen. Nach Jeremias und Dietrich weisen darauf die Rede von einem, der aus dem Volk hervorgekommen ist und Böses gegen Jhwh plant, in Nah 1,11 sowie die Ankündigung der Zerstörung der Bilder im Tempel in 1,14; zu Nah 1,14 siehe dabei auch oben 28f mit Anm. 17.

Das Problem an dieser Datierung ist aber, dass sich für die Zeit Manasses keine so unmittelbare Bedrohung des Volkes durch Einnahme und Exilierung erkennen lässt, wie sie der Grundbestand des Buches voraussetzt. Zudem ist die Rede von einem, der Böses gegen Jhwh plant, ja auch nur sehr unkonkret und könnte letztlich auch auf Jojakim oder Zedekia passen, wobei dann das Böse von Nah 3,4-6 her eher auf deren Bündnispolitik zielte. Auch die in 1,14 genannten Götzenbilder im Tempel sprechen nicht gegen eine Datierung in die letzten Jahre der staatlichen Existenz Judas; vgl. nur Ez 8. Im Gegenteil: Gerade in dieser Zeit erklärt sich vor dem Hintergrund der genannten Parallelen in Ez 8 und Jer 27; Ez 17; 19 das Nebeneinander von Kritik an Götzenbildern in Nah 1,14 und der Kritik an der Bündnispolitik Judas in Nah 3,4-6 doch recht gut.

2.1.3.2 Die Fremdvölkerschicht I

Seine vorliegende Gestalt erhielt das Nahumbuch im Rahmen einer schon jetzt als Fremdvölkerschicht I zu bezeichnenden Redaktion,[136] der die Verse 1,1a.9b.10.12-13; 2,1*(ohne הנה).4-11; 3,2-3.7.8*(מים סביב לה).15aγ-19 zuzuweisen sind. Durch diese Redaktion wurde die ursprünglich nur gegen das eigene Volk gerichtete Grundschicht des Buches zu einer gegen Ninive gerichteten Schrift umgearbeitet.

Allerdings ist die Einleitung des Buches 1,2-14* – nach der Überschrift in 1,1, bei der in 1,1a mit מַשָּׂא נינוה bereits ein Hinweis auf das Gericht an Ninive als Thema des folgenden Buches angebracht wurde – zunächst noch an das eigene Volk gerichtet. So wurden in dem Psalm Nah 1,2-8* keine Nachträge eingefügt, die das dort beschriebene zornige Eingreifen Jhwhs gegen seine Widersacher speziell auf Ninive beziehen würden. Vielmehr ist der Psalm auch im Zusammenhang der Fremdvölkerschicht I angesichts seiner sehr allgemeinen Formulierungen als prinzipielle Reflexion über das Einschreiten Jhwhs gegen ihm feindlich gesonnene Kräfte zu verstehen.

Der folgende Textbereich 1,9-14 wurde daraufhin so umgearbeitet, dass diese Verse zwar noch immer an Juda adressiert sind, wie der darauf folgende Freudenaufruf an Juda in 2,1 deutlich zeigt.[137] Das hier beschriebene Gericht am eigenen Volk ist jetzt aber durch die Einschübe in 1,9b.10.12-13 so zu verstehen, dass dies zwar die Gegenwart bestimmt, in der bevorstehenden Zukunft aber ein Ende finden wird.[138] Es wird also in Übereinstimmung mit der Grundschicht des Nahumbuches daran festgehalten, dass das Volk zurecht Gegenstand des göttlichen Gerichts geworden ist. Doch wird nun über dieses Gericht hinausgeblickt auf eine Zeit, da die Feinde des Volkes ihrerseits gerichtet werden.

Erst die folgende Gerichtswortsammlung 2,1-3,19 ist dann, nach dem an das eigene Volk gerichteten Freudenaufruf in 2,1, tatsächlich an Ninive adressiert.[139] Durch mehrere Nachträge wurden die Gerichtsworte von der Redaktion so umgearbeitet, dass hier nun die Belagerung und Einnahme der Stadt Ninive (2,2-14) sowie der Untergang dieser Stadt (3,1-19) angesagt wird. Dafür wurden in 2,4-11 und 3,2-3 Nachträge angebracht, die die Kriegshandlungen um die Stadt beschreiben, woraufhin in 3,7 sogar bereits die Reaktion auf den Untergang der Stadt vorweggenommen wird. Mit der Wendung מים סביב לה in Nah 3,8 wurde sodann auch der Vergleich mit No-Amon in 3,8-12 auf Ninive bezogen, und schließlich wurde am Ende

---

136 Siehe hierzu im einzelnen unten 139-171.
137 S.o. 30.
138 Zur Zeitstruktur von Nah 1,9-14 s.o. 31f.
139 Zu dem zwischen Nah 2,1 und 2,2 anzunehmenden Adressatenwechsel s.o. 32f.

des Buches in 3,15aγ-19 eine polemische Rede gegen die Händler, die Beamten und die Führer der assyrischen Stadt zugefügt, in deren Zusammenhang auch nochmals der Untergang der Stadt angesagt wird.

Die Komposition der Fremdvölkerschicht I ist demnach so zu beschreiben, dass hier in der Einleitung 1,2-14* zunächst das Kommen Jhwhs zum Gericht geschildert wird (1,2-8*) und daraufhin das gegenwärtige Gerichtshandeln Jhwhs am eigenen Volk beschrieben und ein Ende dieses Gerichts in Aussicht gestellt wird (1,9-14). In der folgenden Gerichtswortsammlung 2,1-3,19 wird sodann die Belagerung und Einnahme Ninives (2,1-14) sowie der Untergang der assyrischen Metropole (3,1-19) angesagt:

A 1,2-14*	Einleitung
a 1,2-8*	Kommen Jhwhs zum Gericht
b 1,9-14	Gegenwärtiges Gericht und künftiges Heil für das eigene Volk
B 2,1-3,19	Gericht an Ninive
a 2,1-14	Belagerung und Einnahme Ninives
b 3,1-19	Untergang Ninives

So handelt es sich bei der vorliegenden Gestalt des Nahumbuches um eine Schrift, bei der ausgehend von dem gegenwärtigen Gericht am eigenen Volk das Gericht an der Stadt Ninive beschrieben wird. Das Ende des Gerichts an Juda geht hier Hand in Hand mit dem Einschreiten Jhwhs gegen die Feinde des Volkes. Es handelt sich beim Nahumbuch auf der Ebene der Fremdvölkerschicht I demnach um Heilsprophetie, die das Gericht am eigenen Volk nicht außer Acht lässt, die sich also nicht einfach gegen die Feinde des Volkes überhebt, sondern die – vor dem Hintergrund der ganz allgemeinen theologischen Bestimmung des zornigen Einschreitens Jhwhs gegen seine Widersacher in dem aus der Grundschicht übernommenen Psalm 1,2-8* – das Handeln Jhwhs am eigenen Volk und das Handeln Jhwhs an fremden Völkern zueinander in Beziehung setzt.

Bei der Datierung der Fremdvölkerschicht I ist zunächst zu beachten, dass sich im Nahumbuch außer einigen Angaben zur geographischen Lage Ninives kaum konkrete Aussagen finden lassen, die nicht auch zu jeder anderen Hauptstadt eines Großreichs passen würden.[140] Es scheint den

---

140 Vgl. schon Keller, Bewältigung, 410: „Wenn nicht die Stadt ausdrücklich zweimal mit Namen genannt wäre (ii 9; iii 7), dann wäre es völlig ausgeschlossen, mit Hilfe der Schilderungen Nahums die gemeinte Stadt zu identifizieren. Es könnte sich um irgendeine Stadt handeln."

Redaktoren also nicht um die genauen Umstände des Untergangs des neuassyrischen Reiches zu gehen. Vielmehr scheint das im Nahumbuch angesagte Gericht an Ninive Beispielcharakter für das Gerichtshandeln Jhwhs an
einer dem Volk feindlich gesinnten Großmacht zu haben.[141] Eine frühestens
exilische Datierung, die sich angesichts der Datierung der Grundschicht des
Buches in die letzten Jahre vor dem Exil nahelegt, ist also durchaus möglich,
auch wenn Ninive zu dieser Zeit bereits untergegangen war. Es wäre dann
denkbar, dass es sich bei dieser Redaktion um eine exilische Bearbeitung
handelt, die dann eigentlich gegen die Babylonier gerichtet war. Wahrscheinlicher ist aber, dass diese Bearbeitung erst in nachexilischer Zeit anzusetzen
ist, wofür ja auch die Aufnahmen aus DtJes in Nah 1,9-2,1* sprechen.[142] Die
Fremdvölkerschicht I wäre dann vor dem Hintergrund der Umwälzungen in
der Völkerwelt in der fortgeschrittenen persischen Zeit zu verstehen.[143]

2.1.3.3 Die Gnadenschicht

In Nah 1,2b.3a zeigte sich schließlich noch ein weiterer Nachtrag. Unter
Aufnahme von Formulierungen aus der sogenannten Gnadenformel Ex
34,6-7 wird hier im Anschluss an Nah 1,2a das zornige Einschreiten Jhwhs
gegen seine Feinde weiter ausgeführt. Es handelt sich bei dieser Bearbeitung,
die unter Vorwegnahme weiterer Erkenntnisse zur Entstehung des Zwölfprophetenbuches bereits als Gnadenschicht bezeichnet werden soll, also um
eine theologische Reflexion über die Eigenschaften Jhwhs. Zu datieren ist
dieser Nachtrag wohl bereits in die hellenistische Zeit.[144]

2.1.3.4 Überblick über die Redaktionsgeschichte des Nahumbuches

Grundschicht	1,1b.2a.3b.4-8.9a.11.14 2,1*(הנה).2-3.12-14 3,1.4-6.8*(ohne מים סביב לה).9-15aβ
Fremdvölkerschicht I	1,1a.9b.10.12-13 2,1*(ohne הנה).4-11 3,2-3.7.8*(מים סביב לה).15aγ-19
Gnadenschicht	1,2b.3a

---

141 Siehe hierzu auch unten 142.168.
142 S.o. 37 mit Anm. 46.
143 Siehe hierzu im einzelnen unten 161-164.
144 S.u. 411f.

2.2 Das Deuterosacharjabuch

Dass es sich bei den gemeinhin als Deuterosacharja (DtSach) bezeichneten Kapiteln Sach 9-14 um einen gegenüber Sach 1-8 eigenständigen Textbereich handelt, gehört seit langem zu den grundlegenden Erkenntnissen der alttestamentlichen Forschung.[1] Dafür sprechen gleich mehrere Gründe:[2] So finden sich in Sach 9-14 anders als in den durch einleitende Sätze mit Datierungen strukturierten Kapiteln 1-8 (vgl. 1,1.7; 7,1) zwei Überschriften mit der Gattungsbezeichnung משא דבר־יהוה in 9,1 und 12,1.[3] Zudem ist es nach der großen Komposition der Nachtgesichte in Sach 1-6 auffällig, dass in Sach 9-14 keinerlei Visionsberichte mehr belegt sind. Desweiteren hat Sach 1-8 die Zeit des Tempelbaus als Hintergrund, während in Sach 11,13; 14,20-21 vorausgesetzt wird, dass der Tempel bereits wieder aufgebaut ist. Aufgrund der frühnachexilischen Ansetzung von Sach 1-8 befremdet sodann auch die Erwähnung der Griechen (יון) in Sach 9,13. Und schließlich unterscheidet sich die an nur einer königlichen Gestalt orientierte Herrscherverheißung in Sach 9,9-10 von der auf das Nebeneinander von zwei Herrschern – einem königlichen und einem priesterlichen – ausgerichteten Vorstellung in Sach 4.[4]

Doch neben der weitgehenden Einigkeit, dass Sach 9-14 als ein von Sach 1-8 zu unterscheidender Textbereich abzugrenzen ist, bleiben auch offene Fragen: So ist etwa nicht klar, ob angesichts der erneuten Überschrift in Sach 12,1 die Kapitel Sach 12-14 nochmals von 9-11 als eigenständiger, dann als Tritosacharja zu bezeichnender, Textbereich abzugrenzen sind.[5]

---

1   Zur Forschungsgeschichte, die bis in das 17.Jh. zurückreicht, vgl. insbesondere Eißfeldt, Einleitung, 587-590; Lutz, Jahwe, 1-7; Nogalski, Processes, 212-217. Eine der wenigen begründeten Gegenstimmen gegen diese opinio communis der alttestamentlichen Forschung wurde von Radday / Wickmann, Unity, 30-55, vorgetragen, die auf Grundlage wortstatistischer Untersuchungen zu dem Ergebnis kommen, dass zumindest Sach 9-11 auf derselben Ebene wie Sach 1-8 angesetzt werden könnte. Doch angesichts der im folgenden aufgeführten formalen und inhaltlichen Unterschiede zwischen Sach 1-8 und 9-14, reichen die eben allein auf statistischen Überlegungen basierenden Darlegungen von Radday und Wickmann wohl kaum aus, um den an dieser Stelle seit langem etablierten Forschungskonsens ins Wanken zu bringen. Zur Kritik an Radday / Wickmann siehe auch Portnoy / Petersen, Texts, 11-21.
2   Vgl. hierzu etwa Sellin, KAT 12, 487f; Rudolph, KAT 13,4, 159-161; Deissler, NEB.AT 21, 267f; Reventlow, ATD 25,2, 86; Beck, Tag, 206.
3   Siehe hierzu im einzelnen unten 124-128.
4   Zu Sach 4 vgl. Wöhrle, Sammlungen, 337-340.
5   So gehen etwa Reuss, Geschichte, 351-353; Driver, Einleitung, 371; Steuernagel, Lehrbuch, 648; Elliger, ATD 25, 143f; Eißfeldt, Einleitung, 594; Plöger, Theokratie, 97-99; Horst, HAT 14, 212f; Otzen, Studien, 212; Fohrer, Einleitung, 311; Gese, Anfang, 41; Deissler, NEB.AT 21, 268; Petersen, Zechariah 9-14, 25; Zenger, Einleitung, 581, davon aus, dass Sach 9-11 und 12-14 nochmals gegeneinander abzugrenzen sind, während Stade, Deuterozacharja, 307; Marti, KHC 13, 396f; Nowack, HK 3,4, 364-367; Sellin, KAT 12, 486f; Willi-Plein, Prophetie,

Zudem herrscht in neuerer Zeit keine Einigkeit, ob es sich bei DtSach, wie zumeist angenommen, um eine zunächst für sich überlieferte Schrift handelt, die erst später im Anschluss an Sach 1-8 ergänzt wurde, oder ob dieser Kapitelbereich von vornherein für eben diesen Kontext, oder sogar bereits für den Kontext des werdenden Zwölfprophetenbuches, geschaffen wurde.[6]

Im Gegensatz zur Frage nach der prinzipiellen Eigenständigkeit von Sach 9-14 lassen sich diese Fragen allerdings nicht vorab, sondern erst auf Grundlage einer redaktionsgeschichtlichen Analyse dieser Kapitel klären. Nur so lässt sich zeigen, ob es sich bei Sach 9-11 und 12-14 tatsächlich um zwei voneinander unabhängige Textbereiche handelt, die sukzessive an Sach 1-8 angeschlossen wurden, oder ob diese beiden Textbereiche nicht doch eine gemeinsame Entstehungsgeschichte durchlaufen haben.[7] Und auch die Frage, ob DtSach schon immer für einen umfassenderen, auch Sach 1-8 oder gar das gesamte Zwölfprophetenbuch mit einschließenden Kontext verfasst wurde, lässt sich erst auf Grundlage der weiteren redaktionsgeschichtlichen Erkenntnisse zu diesem Textbereich wie auch zu den übrigen Büchern des Zwölfprophetenbuches entscheiden.[8]

Im folgenden ist Sach 9-14 also zunächst als in sich eigenständiger Textbereich redaktionsgeschichtlich zu bearbeiten. Dabei werden nacheinander die beiden Wortsammlungen Sach 9,2-11,17 und 12,2-14,21 behandelt. Die viel diskutierte Frage, in welchem redaktionsgeschichtlichen Verhältnis die beiden Überschriften in Sach 9,1 und 12,1 zueinander und zur Entstehung von DtSach insgesamt stehen, wird dann erst am Ende, auf Grundlage der sonstigen redaktionsgeschichtlichen Erkenntnisse zu Sach 9-14, aufgenommen.

103f; Rudolph, KAT 13,4, 161f; Redditt, Israel's Shepherds, 636; Reventlow, ATD 25,2, 86f, u.a. von einer solchen Abgrenzung absehen und die Kapitel 9-14 insgesamt als – entweder einheitliche oder in sich gewachsene – eigenständige Größe verstehen.

6   So meint etwa Reventlow, ATD 25,2, 86, angesichts inhaltlicher Gemeinsamkeiten zwischen Sach 1-8 und 9-14, man werde „im zweiten Teil des Buches das Produkt einer Sacharja-Schule sehen können, die, in einer veränderten Situation, die Botschaft des Propheten fortführte".
      Darüber hinaus hat Steck, Abschluß, 30-60, im Anschluss an Überlegungen zur Redaktionsgeschichte des Maleachibuches von Bosshard / Kratz, Maleachi, 27-46, ein Modell zur Entstehung der Bücher Sacharja und Maleachi vorgestellt, demzufolge zunächst die Grundschicht des Maleachibuches nach Sach 1-8 ergänzt wurde und zwischen diesen beiden Textbereichen dann in mehreren Stufen die Kapitel Sach 9-14 eingetragen wurden. So geht Steck davon aus, dass in und für diesen Kontext sukzessive die Textbereiche Sach 9,1-10,2; 10,3-11,3; 11,4-13,9; 14 nachgetragen wurden. Dieses Modell wurde übernommen von Nogalski, Processes, 245f; Willi-Plein, Art. Sacharja, 540; Schmid, Propheten, 400.
7   S.u. 111.
8   S.u. 130f.

2.2.1 Die erste Wortsammlung Sacharja 9,2-11,17

2.2.1.1 Die Worte gegen fremde Völker in Sacharja 9,2-10,12

Nach der Überschrift in Sach 9,1 folgt in 9,2-10,12 eine erste Sammlung von Worten, die überwiegend gegen fremde Völker gerichtet sind. So wird zunächst in 9,2-8 Tyros und Sidon sowie den Philisterstädten Aschkalon, Gaza, Ekron und Aschdod angesagt, dass Jhwh gegen sie vorgehen wird und sich gegen weitere Bedrängnisse schützend vor seinem eigenen Volk lagern wird. Auf die Ankündigung eines neuen Herrschers, der die Waffen im eigenen Volk zerstören und Frieden unter den Völkern bringen wird, in Sach 9,9-10 folgt sodann in 9,11-17 ein erneutes Gerichtswort gegen fremde Völker, wobei an dieser Stelle die Griechen explizit als Ziel des Gerichts genannt werden. Zudem wird in diesen Versen die Rückkehr von Angehörigen des Volkes aus der Gefangenschaft verheißen. In Sach 10,1-2 findet sich ein Wort gegen das falsche Vertrauen auf Orakelinstrumente und Wahrsagerei, aufgrund dessen das Volk, das hier als Herde ohne Hirten bezeichnet wird, verelendet. Und in 10,3-12 werden schließlich nochmals Gerichtsankündigungen gegen die Völker vorgebracht, in deren Zusammenhang die erneute Zuwendung Jhwhs für das eigene Volk verheißen und deren Rückkehr aus der Verbannung angesagt wird.

Dass Sach 9-10 – wie überhaupt das Deuterosacharjabuch – eine Sammlung disparater Worte darstellt, bei der etwa gleichermaßen Worte gegen das eigene Volk, Worte gegen fremde Völker oder die Verheißung eines neuen Herrschers vereint sind, ist stets gesehen worden. Die entscheidende Frage ist aber, ob das Nebeneinander dieser Worte am ehesten als Folge eines bewussten literarischen Wachstumsprozesses zu verstehen ist oder ob es sich auf literarischer Ebene um eine in sich einheitliche Sammlung handelt, bei der verschiedene vorgegebene Überlieferungen aufgenommen wurden.[9]

Mit Blick auf Sach 9-10 ist dabei zunächst beachtenswert, dass hier, wie schon häufig gesehen wurde,[10] Worte, die aus der Perspektive Jhwhs, also als Gottesrede, formuliert sind, und Worte, die als Prophetenrede gestaltet sind,

9 So gehen etwa Elliger, ATD 25, 143; Horst, HAT 14, 213; Sæbø, Sacharja 9-14, 310-314; Willi-Plein, Prophetie, 46-50; Mason, Haggai, 83-102; Hanson, Dawn, 292-334; Redditt, Israel's Shepherds, 636; Reventlow, ATD 25,2, 89-105; Kunz, Ablehnung, 45-60, davon aus, dass es sich bei Sach 9-10 um das Produkt eines – im einzelnen recht unterschiedlich bestimmten – literarischen Wachstumsprozesses handelt. Demgegenüber nehmen Stade, Deuterozacharja, 14-24; Marti, KHC 13, 396f; Sellin, KAT 12, 484-487; Eißfeldt, Einleitung, 595; Otzen, Studien, 212; Deissler, NEB.AT 21, 294-301; Meyers / Meyers, AncB 25C, 32-35, u.a. an, dass dieser Textbereich im wesentlichen literarisch einheitlich ist.
10 Vgl. nur Sæbø, Sacharja 9-14, 136.195.214; Mason, Haggai, 83-102; Deissler, NEB.AT 21, 294-301; Reventlow, ATD 25,2, 92.98f.102.

nebeneinanderstehen. So sind die Verse Sach 9,1-13; 10,3a.6-10.12 als Gottesrede,[11] die Verse Sach 9,14-17; 10,1-2.3b-5.11 hingegen als Prophetenrede formuliert.

Auffällig ist dabei insbesondere der Übergang zwischen Sach 9,13 und 9,14. So unterscheiden sich die Textbereiche 9,11-13 und 9,14-17 nicht nur dadurch, dass ersterer als Gottesrede, letzterer als Prophetenrede gestaltet ist. Es ist auch bemerkenswert, dass in 9,14-17 das zuvor beschriebene Gericht an einem bestimmten Volk, nämlich den Griechen, keine Rolle mehr spielt.[12] Vor allem ist aber zu beachten, dass in 9,14 eine Theophanieschilderung beginnt.[13] Die Vorstellung einer Theophanie Jhwhs ist in den vorangehenden Versen 9,11-13 aber nicht von Bedeutung. Ja, genau genommen ist die vorliegende Abfolge der Verse 9,11-13 und 9,14 schon insofern auffällig, dass hier erst nach der Beschreibung des Gerichts an den Griechen das Kommen Gottes zum Gericht geschildert wird, was doch eigentlich an den Beginn einer Gerichtsdarstellung gehört.[14] Zudem hat das Suffix der 3.m.pl. bei עליהם in 9,14 in den vorangehenden Versen 9,11-13 keinen Anschluss, wird dort doch mit 2.f.sg. Zion angesprochen. Dies alles spricht dann aber dafür, dass Sach 9,11-13 und 9,14-17 nicht auf derselben literarischen Ebene angesetzt werden können.[15]

---

11 Zum Problem des als Prophetenrede gestalteten Verses Sach 9,4 s.u. 72 mit Anm. 22, und zu der in Sach 10,7 belegten Erwähnung Jhwhs s.u. 79 Anm. 51.

12 Allerdings wurde bei Sach 9,13 schon häufig angenommen, dass die Wendung על־בניך יון sekundär ist und dass dieser Vers somit ursprünglich gar nicht gegen die Griechen gerichtet war; vgl. etwa van Hoonacker, Prophètes, 667; Sellin, KAT 12, 502; Elliger, ATD 25, 151; Horst, HAT 14, 246; Hanson, Dawn, 298; Reventlow, ATD 25,2, 98. Doch ist diese Annahme zum einen erkennbar von dem Interesse getragen, der v.a. aus 9,13 abgeleiteten Datierung des Deuterosacharjabuches in die hellenistische Zeit nicht folgen zu müssen. Zum anderen hätte eine Streichung von על־בניך יון zur Folge, dass Sach 9,13aβ anders als 9,13aα und 9,13b nicht mehr als kriegerische Handlung zu verstehen ist. Denn für sich genommen ist das hier verwandte Verb עור pol. „wecken; in Bewegung bringen; schwingen" noch kein militärischer Terminus; vgl. Jes 14,9; 15,5; Ps 80,3; Hi 3,8; Spr 10,12; Hoh 2,7; 3,5; 8,4.5. Erst im Zusammenhang mit einer Waffe oder, wie in Sach 9,13, im Zusammenhang mit einem Objekt, auf das sich das Verb עור pol. bezieht, ist damit klar eine feindliche Handlung bezeichnet; vgl. 2 Sam 23,18; Jes 10,26; 1 Chr 11,11.20. Ohne die Wendung על־בניך יון wäre Sach 9,13aβ demnach eher wie Jes 14,9; Ps 80,3; Hoh 2,7; 3,5; 8,4.5 im Sinne von „ich erwecke deine Söhne, Zion" zu verstehen, was eher nicht in den Kontext des Verses Sach 9,13 passen würde. Auch wenn dies meist nicht weiter begründet wird, lehnen es Sæbø, Sacharja 9-14, 200f; Willi-Plein, Prophetie, 11; Rudolph, KAT 13,4, 184; Meyers / Meyers, AncB 25C, 147f; Petersen, Zechariah 9-14, 54f.62f, u.a. also zurecht ab, bei על־בניך יון in Sach 9,13 von einem Nachtrag auszugehen.

13 Vgl. zu den traditionsgeschichtlichen Parallelen zu Sach 9,14 etwa Jeremias, Theophanie, 56.60.160; Reventlow, ATD 25,2, 99.

14 Vgl. nur Texte wie Ri 5; Am 1,2ff; Mi 1,3ff; Nah 1,2-8; Hab 3, wo stets am Beginn des Eingreifens Gottes die Theophanieschilderungen stehen.

15 Vgl. hierzu Sæbø, Sacharja 9-14, 193-201; Willi-Plein, Prophetie, 48; Mason, Haggai, 94; Nogalski, Processes, 226f; Reventlow, ATD 25,2, 99. Dagegen setzt Hanson, Zechariah 9,

Nogalski, der bereits erkannt hat, dass 9,14 nur schlecht an 9,13 anschließt, meint daher, dass Sach 9,14 ursprünglich auf 9,8 folgte.[16] Doch ist
dies kaum wahrscheinlich. Denn nach der Aussage von 9,8, dass Jhwh die
Bedrängnis seines Volkes mit eigenen Augen gesehen hat, wäre Sach 9,14,
wo gerade umgekehrt davon die Rede ist, dass Jhwh über seinem Volk
gesehen wird, eine eher unpassende Fortsetzung. Dagegen schließt Sach
9,14, was bislang so noch nicht gesehen wurde, sehr gut an Sach 9,1 an.[17]
Denn nach der in 9,1 belegten Darstellung, dass die Augen der Menschheit
und aller Stämme Israels auf Jhwh gerichtet sind,[18] ist die Aussage von Sach
9,14, dass Jhwh über ihnen gesehen wird, doch sehr gut als direkte Fortsetzung denkbar. Zudem ist in Sach 9,1 wie in 9,14-17, aber gerade im Gegensatz zu 9,2-13, von Jhwh in 3. Person die Rede.

So ergibt sich schon aus diesen ersten Überlegungen, dass nicht nur
9,11-13 und 9,14-17 auf verschiedenen literarischen Ebenen anzusetzen
sind, sondern dass der gesamte Textbereich 9,2-13 gegenüber 9,1.14-17
sekundär ist. Das anfangs beschriebene Nebeneinander der verschiedenen
Worte in Sach 9-10 ist also eher durch die Annahme eines literarischen
Wachstumsprozesses zu erklären als durch die Annahme, dass hier verschiedene zuvor unabhängig voneinander überlieferte Einheiten zusammengestellt wurden. Dies wird sich bei den folgenden Ausführungen weiter
bestätigen.

Denn auch der Textbereich 9,2-13 ist in sich nicht einheitlich. Dabei
wurde schon häufiger mit Blick auf die erste Einheit 9,2-8 vermutet, dass
hier etwa die Verse 9,2-6a, 9,6b.7 und 9,8 auf verschiedenen Ebenen an-

---

37-59; ders., Dawn, 321f, Sach 9,14-17 auf derselben Ebene wie die vorangehenden Verse
9,1-13 an, da das vorliegende Kapitel seiner Meinung nach der von ihm aufgrund einiger
außerbiblischer Parallelen herausgearbeiteten Gattung eines „divine warrior hymn" entspre-
che; vgl. hierzu Dawn, 292-324, sowie Portnoy / Petersen, Texts, 19; Petersen, Zechariah 9-
14, 41, die der These von Hanson folgen. Demnach sei Sach 9,14-17 bewusst als Ende von
Sach 9 gestaltet, wobei hier, wie in den Parallelen, in 9,14 nochmals die Macht der Gottheit
unterstrichen werden soll, bevor schließlich in 9,15-17 ein „bloody sacrifice-banquet" (Dawn,
322) abgehalten wird, bei dem über das Blut der feindlichen Kämpfer die Fruchtbarkeit der
Erde wiederhergestellt werden soll. Doch können diese formgeschichtlichen Überlegungen
nicht darüber hinwegtäuschen, dass die formalen und inhaltlichen Differenzen zwischen den
einzelnen Einheiten in Sach 9,1-17 doch viel eher gegen die literarische Einheitlichkeit dieses
Kapitels sprechen.

16 Vgl. Nogalski, Processes, 226f. Auch Reventlow, ATD 25,2, 98f, meint, dass es sich bei Sach
9,14ff um ein gegenüber dem Kontext älteres Traditionsstück handelt, wobei er allerdings
davon ausgeht, dass hier vorgegebenes Gut aufgenommen wurde. Demgegenüber gehen
Willi-Plein, Prophetie, 48; Mason, Haggai, 94, davon aus, dass Sach 9,14-17 doch als Fortsetzung von 9,11-13 gestaltet wurde, was nach den obigen Überlegungen allerdings kaum
wahrscheinlich ist.

17 Zu Sach 9,1 siehe im einzelnen unten 124-128.

18 Siehe hierzu unten 127 Anm. 192.

zusetzen sind.[19] Dies wird vor allem damit begründet, dass 9,2-6a angesichts der Erwähnung Gottes in 3. Person in 9,4 als Prophetenrede zu verstehen ist, während die folgenden Verse 9,6b.7-8 als Gottesrede gestaltet sind. Zudem ist Sach 9,8 im Gegensatz zu 9,7 am eigenen Volk orientiert und enthält eine zuvor nicht belegte Verheißung göttlichen Beistands.

Eine solche Abgrenzung überzeugt jedoch zumindest mit Blick auf die Verse 9,2-6.8 kaum.[20] Denn Sach 9,6b ist nur schlecht von der vorangehenden Gerichtsrede in 9,2-6a abzutrennen, da ohne diesen Teilvers das angesagte Schicksal der Philisterstädte nicht – wie bei Tyros und Sidon in 9,4 – als göttliches Gericht gekennzeichnet wäre. Auch der abschließende Vers 9,8 wird wohl schon immer zu der Gerichtsrede gehört haben, wird doch erst durch den in diesem Vers verheißenen Schutz Jhwhs vor weiterer Bedrängnis das zuvor angesagte Gericht an den Nachbarvölkern mit dem eigenen Volk in Verbindung gebracht. Trotz der formalen Differenz zwischen dem als Prophetenrede gestalteten Vers Sach 9,4 und den als Gottesrede gestalteten Versen 9,6b.8 ist demnach der Textbereich 9,2-6.8 als einheitlich zu betrachten.[21] Dabei kann dahingestellt bleiben, ob die Rede von Gott in 3. Person in Sach 9,4 darauf zurückgeht, dass Jhwh hier, wie etwa in 10,7.12, von sich selbst in 3. Person spricht oder ob bei diesem Vers gar von einem in den Versionen nicht mehr erkennbaren Textverderbnis auszugehen ist und somit auch Sach 9,4 wie 9,6b.8 ursprünglich als Gottesrede gestaltet war.[22]

Anders sieht es hingegen mit Sach 9,7 aus. Dieser Vers kann wohl nur so verstanden werden, dass hier über das zuvor dargestellte Gericht an den Philisterstädten hinausgeblickt und eine von Gott geschaffene Heilsmöglich-

---

19 Vgl. hierzu, mit Unterschieden im Detail, Horst, HAT 14, 245; Sæbø, Sacharja 9-14, 136-175; Mason, Haggai, 83; van der Woude, Zacharia, 163; Reventlow, ATD 25,2, 92; Redditt, Haggai, 110.

20 Zu Sach 9,7 s.u.

21 So etwa auch Marti, KHC 13, 427; Willi-Plein, Prophetie, 46f; Rudolph, KAT 13,4, 169f; Hanson, Dawn, 319f; Petersen, Zechariah 9-14, 41 mit Anm. 3.

22 Dabei könnte für ein textkritisches Verderbnis sprechen, dass an der vorliegenden Stelle nicht der Gottesname יהוה belegt ist, sondern אדני. Ein für sich stehendes אדני als Gottesbezeichnung kommt im gesamten sonstigen Sacharjabuch aber nicht mehr vor. Zudem ist die in 9,4 belegte Wendung הנה אדני überhaupt nur noch zwei Mal im Alten Testament zu finden (Jes 8,7; Am 7,7). Dies könnte, bei aller gebotenen Vorsicht, dafür sprechen, dass in Sach 9,4 ursprünglich die graphisch ähnliche Wendung הנה אנכי stand, die allein in DtSach an gleich drei weiteren Stellen belegt ist (Sach 11,6.16; 12,2). Dabei wäre dann das in 9,4 folgende Verb יורשנה als Partizip zu vokalisieren und es müsste lediglich bei והכה nochmals in den Text eingegriffen und wohl ebenfalls eine Partizipialform (ומכה) angenommen werden. Diese Überlegungen sind zwar hochgradig spekulativ, aber so könnte immerhin erklärt werden, weshalb sich im vorliegenden Text von Sach 9,2-6.8 ein Wechsel von Prophetenrede zu Gottesrede findet, der sich kaum literarkritisch auflösen lässt.

keit durch dieses Gericht hindurch dargestellt wird.[23] Jhwh wird nach Sach
9,7 einst Blut und Greuel aus dem Mund der Philister nehmen – was zumeist und wohl zurecht auf deren Opferpraxis und Speisegebräuche bezogen wird –,[24] und so werden auch die Philisterstädte wie Juda und wie
Jerusalem zu Jhwh gehören. Ein solcher Ausblick, der in der vorangehenden
Gerichtsrede gegen die Philisterstädte nicht angelegt scheint und hinter den
die folgende Aussage, dass sich Jhwh schützend vor seinem Volk lagern
wird, auch wieder zurückfällt, dürfte doch wohl erst nachträglich in den
vorliegenden Kontext eingebracht worden sein.[25] Dafür spricht auch, dass
hier bei dem Suffix von אלהינו eine Form der 1.c.pl. belegt ist, was in 9,2-
6.8, wie überhaupt im gesamten Deuterosacharjabuch, kein Gegenstück hat.
Da sich für die in diesem Vers belegte Heilsaussicht für ein einzelnes Volk
im sonstigen Deuterosacharjabuch keine Parallele findet, ist Sach 9,7 dabei
als vereinzelter Nachtrag zu bezeichnen.

Die folgende Ankündigung eines künftigen Friedensherrschers in Sach
9,9-10 ist sodann sicherlich auf einer anderen literarischen Ebene als Sach
9,2-8* anzusetzen.[26] Denn Sach 9,9-10 blickt ganz auf das Tun dieser Herr-

---

23 Vgl. Wellhausen, Propheten, 188; Marti, KHC 13, 428; Sellin, KAT 12, 498; Elliger, ATD 25,
    146; Horst, HAT 14, 247; Sæbø, Sacharja 9-14, 156-158; Willi-Plein, Prophetie, 47; Rudolph,
    KAT 13,4, 174f; Mason, Haggai, 86; Deissler, NEB.AT 21, 295; Reventlow, ATD 25,2, 92f;
    Petersen, Zechariah 9-14, 51f.

24 Vgl. nur Wellhausen, Propheten, 188; Marti, KHC 13, 428; Horst, HAT 14, 247; Rudolph,
    KAT 13,4, 174f; Deissler, NEB.AT 21, 295; Reventlow, ATD 25,2, 92f.

25 Bislang wurde Sach 9,7, wenn überhaupt, dann stets zusammen mit 9,6b als Nachtrag
    angesehen; vgl. hierzu die oben 72 Anm. 19 genannten Ansätze. Die Wendung והכרתי גאון
    פלשתים in 9,6b wird dann so verstanden, dass den Philistern ihr Hochmut genommen wird,
    um sie dann nach 9,7 in das Volk Jhwhs integrieren zu können. Doch dürfte 9,6b bei diesen
    Ansätzen wohl nur deshalb zu 9,7 hinzugenommen worden sein, da so versucht wurde, auch
    den oben erwähnten angeblichen Wechsel von Prophetenrede in 9,2-6a zur Gottesrede in
    9,6b-7 zu erklären. Eine ursprüngliche Verbindung zwischen 9,6b und 9,7 liegt aber schon
    deshalb nicht nahe, da in 9,7 mit singularischem Suffixen auf das Vorangegangene zurück-
    gegriffen wird, in 9,6b aber von Philistern im Plural die Rede ist. Für sich genommen kann
    9,6b dann auch als wirkliches Gerichtswort gegen die Philister verstanden werden, das die
    zuvor ausgeführte Beschreibung der Zerstörungen in den Philisterstädten abschließt. Und im
    ursprünglichen Zusammenhang 9,2-6.8 beruht die in 9,6b angesagte Beseitigung des Hoch-
    muts der Philister auf eben diesem Geschehen.

26 So auch, mit Unterschieden im Detail, Nowack, HK 3,4, 374; Sellin, KAT 12, 496; Elliger,
    ATD 25, 149; Rudolph, KAT 13,4, 178; Mason, Haggai, 88; Nogalski, Processes, 219-229;
    Reventlow, ATD 25,2, 95.
    Demgegenüber meint aber Hanson, Dawn, 320-321, dass Sach 9,9-10 doch als ursprüngliche
    Fortsetzung von 9,2-8 verstanden werden kann. Vor dem Hintergrund seines Verständnisses
    von Sach 9 als „divine warrior hymn" (s.o. 70f Anm. 15) liest er 9,9-10 als Rückkehr des
    „divine warrior", also Jhwh selbst, in seinen Tempel. Doch scheitert dieses Verständnis
    schon daran, dass Sach 9,9-10 angesichts der Tatsache, dass der künftige Herrscher hier als
    ein armer und als einer, der auf einem Esel reitet, dargestellt wird, kaum auf Jhwh, sondern
    nur auf einen menschlichen Herrscher bezogen werden kann. Zudem sprechen die inhaltli-

schergestalt,[27] die in den vorangehenden Versen keine Rolle spielt. So ist es nach Sach 9,2-6 einzig und allein Jhwh selbst, der gegen die Völker vorgeht, und nach Sach 9,8 ist es ebenso Jhwh selbst, der sein Volk künftig vor weiteren Übergriffen vonseiten der Völker schützen wird. Zudem ist in Sach 9,2-6.8 das Gericht Jhwhs an ganz bestimmten Völkern im Blick, während 9,9-10 eine Vormachtstellung gegenüber der gesamten Völkerwelt, ja geradezu weltweite Herrschaft verheißt. Und schließlich ist eine Entwaffnung des eigenen Volkes, die bei dem in 9,10 angekündigten Tun des künftigen Herrschers sogar an erster Stelle steht, in 9,2-6.8 nicht vorausgesetzt.

Gerade aus dem letzteren Grund können dann auch die folgenden Verse 9,11-13 nicht als ursprüngliche Fortsetzung von Sach 9,9-10 verstanden werden.[28] Denn die in 9,10 vorausgesetzte Entwaffnung des eigenen Volkes ist in diesen Versen, bei denen das eigene Volk geradezu als Gerichtswerkzeug Jhwhs gegen die Griechen vorgestellt wird, ohne Bedeutung. Zudem wird in 9,11-13 – wie schon in 9,2-6.8, aber im Gegensatz zu 9,9-10 – das Gericht an einem ganz bestimmten Volk, eben den Griechen, angesagt.[29] Das heißt dann aber, dass Sach 9,9-10 weder mit 9,2-6.8 noch mit 9,11-13 auf einer literarischen Ebene angesetzt werden kann.

Die beiden Textbereiche 9,2-6.8 und 9,11-13 selbst können dagegen gut auf dieselbe Redaktion zurückgehen.[30] So ist hier wie dort das Gericht an ganz bestimmten Völkern, einmal an den Phöniziern und den Philistern, einmal an den Griechen, im Blick. Und bei beiden Textbereichen wird Jhwh als der eigentliche Akteur dieses Gerichtshandelns vorgestellt. Zudem geht es hier wie dort um die Abwendung einer gegenwärtigen Bedrängnis, in 9,2-6.8 um die Anfeindungen der genannten Nachbarvölker und in 9,11-13 um das Ende der Gefangenschaft unter den Völkern. Es ist also bei Sach 9,2-

chen und formalen Unterschiede zwischen 9,9-10 und den vorangehenden Versen dagegen, dass es sich hierbei um die ursprüngliche Fortsetzung von Sach 9,2-8* handelt.

27 Bei der vorliegenden Gestalt von Sach 9,9-10 fällt allerdings in 9,10 die Form der 1.c.sg. והכרתי auf, nach der die Entwaffnung des eigenen Volkes dann auf Jhwh zu beziehen wäre. Da im Kontext aber stets auf das Handeln des Friedensfürsten geblickt wird und aufgrund der LXX-Lesart ἐξολεθρεύσει wurde an dieser Stelle jedoch wohl zurecht schon häufig zur 3.m.sg. והכרית korrigiert; vgl. nur Wellhausen, Propheten, 189; Marti, KHC 13, 430; Sellin, KAT 12, 495f; Elliger, ATD 25, 149; Horst, HAT 14, 249; Willi-Plein, Prophetie, 9; Mason, Haggai, 88.

28 So auch Sæbø, Sacharja 9-14, 188-193; Willi-Plein, Prophetie, 47f; Rudolph, KAT 13,4, 185f; Redditt, Israel's Shepherds, 633.636; Reventlow, ATD 25,2, 98; Kunz, Ablehnung, 60.

29 Zur Ablehnung der immer wieder vorgetragenen Annahme, dass es sich bei על־בניך יון in Sach 9,13 um einen Nachtrag handelt, s.o. 70 Anm. 12.

30 Schon Nowack, HK 3,4, 374, und Sellin, KAT 12, 496, erkannten Sach 9,2-8* und 9,11ff als zusammengehörige Textbereiche, von denen sich die Verheißung in 9,9-10 abhebt. Allerdings meinten sie, dass 9,9-10 im vorliegenden Kontext sekundär ist und deshalb 9,11ff ursprünglich direkt an die Gerichtsworte in 9,2-8* anschloss. Dies wird sich im folgenden nicht bestätigen.

6.8.11-13 ein schlüssiger Gedankenfortschritt erkennbar – von der direkten
Bedrohung im Land hin zur Situation der unter der Völkerwelt Verstreuten.
Und schließlich ist auf formaler Ebene sowohl Sach 9,2-6.8 als auch 9,11-13
als Gottesrede formuliert.[31]

Dabei ist aber Sach 9,2-6.8.11-13 sicherlich später als Sach 9,9-10 anzusetzen.[32] Denn Sach 9,11-13 schließt direkt an die vorangehende Verheißung eines künftigen Herrschers an, ist doch der Textbereich 9,11-13 wie
9,9-10, aber im Gegensatz zu 9,2-6.8, an eine feminine Größe gerichtet, die
schon eingangs in 9,11 mit נַם־אַתְּ angesprochen und dann in 9,13 eindeutig
als Zion bezeichnet wird. Somit wird die als Freudenaufruf an die Tochter
Zion gestaltete Herrscher-Verheißung 9,9-10 in 9,11-13 vorausgesetzt. Die
Erwartung des Gerichts an bestimmten fremden Völkern in 9,2-6.8 und
9,11-13 wurde also erst sekundär um die Ankündigung des Friedensherrschers in 9,9-10 herum gelegt, und damit wurde die dort vorgebrachte
Erwartung künftigen Friedens in der Völkerwelt auf eine ganz bestimmte
Problemkonstellation hin konkretisiert.[33]

Bei der abschließenden Einheit 9,14-17, die oben bereits als älteste,
ursprünglich direkt an 9,1 angeschlossene Schicht in Sach 9,2-17 herausgestellt werden konnte,[34] ist nun noch 9,17 als Nachtrag anzusehen.[35] Die
Frage nach der Güte und Schönheit des Landes, die so beantwortet wird,
dass Weizen die jungen Männer und Wein die jungen Frauen gedeihen lässt,
ist überhaupt nicht mit der Theophanieschilderung in 9,14-16 verbunden.
Es handelt sich hier also wohl um einen punktuellen, vereinzelten Nachtrag,
der eher assoziativ an den Vergleich des durch das Gericht geretteten Volkes
mit funkelnden Diademsteinen in 9,16 anknüpft und nochmals von einer
anderen Seite her die besondere Güte des Volkes beleuchtet.

So sind in Sach 9,2-17 im wesentlichen drei Schichten zu unterscheiden:
Der Theophanieschilderung in 9,14-16 wurde zunächst die Ankündigung

---

31 Zu Sach 9,4 s.o. 72 mit Anm. 22.
32 Dies wurde so noch nicht gesehen, wurde doch bislang unter den redaktionsgeschichtlich
    orientierten Ansätzen, die 9,9-10 nicht auf derselben Ebene ansetzen wie 9,2-8* und 9,11ff
    entweder, etwa von Nowack, HK 3,4, 374; Sellin, KAT, 496, davon ausgegangen, dass Sach
    9,9-10 sekundär zwischen 9,2-8* und 9,11ff gestellt wurde, oder es wurde, etwa von Rudolph,
    KAT 13,4, 178.185f; Reventlow, ATD 25,2, 95.98, angenommen, dass die Einheiten 9,2-8;
    9,9-10 und 9,11-13 nacheinander in eben dieser Reihenfolge ergänzt wurden.
33 Siehe hierzu im einzelnen unten 279-286.
34 S.o. 70f.
35 So auch schon Marti, KHC 13, 433; Nowack, HK 3,4, 378; Sæbø, Sacharja 9-14, 206f;
    Nogalski, Processes, 227f. Dabei wird allerdings meist auch Sach 9,16b mit zu dem Nachtrag
    9,17 gerechnet. Doch ist der Vergleich des Volkes mit Diademsteinen in 9,16b von einem
    anderen Vorstellungshintergrund bestimmt als der von landwirtschaftlicher Motivik geprägte
    Vers 9,17, so dass es eher unwahrscheinlich sein dürfte, dass 9,16b.17 als zusammenhängen-
    der Nachtrag zu verstehen ist.

eines Friedensherrschers in 9,9-10 vorangestellt, die dann in 9,2-6.8.11-13 nochmals um Gerichtsworte gegen einzelne Völker ergänzt wurde. In 9,7 und 9,17 finden sich zudem zwei kleinere, vereinzelte Nachträge, die wohl nur für ihren unmittelbaren Kontext geschaffen wurden. Die vorliegende Gestalt von Sach 9,2-17 lässt sich also tatsächlich als Folge eines mehrstufigen literarischen Wachstumsprozesses erklären.

Dies gilt nun auch für Sach 10: Bei diesem Kapitel scheint es in der bisherigen Forschung, sofern nicht von der literarischen Einheitlichkeit des gesamten Textbereichs Sach 9-10 ausgegangen wird,[36] zunächst unumstritten zu sein, dass das Wort gegen die Orakelpraktiken in 10,1-2 nicht in den vorliegenden Zusammenhang passt und daher erst sekundär eingefügt wurde.[37] Das Problem ist aber, dass bislang nie wirklich erklärt werden konnte, wie dieses Wort in seinen jetzigen Kontext geraten ist.

Zumeist wird angenommen, dass Sach 10,1-2 aus vorgegebenem Gut übernommen und aufgrund bereits vorhandener Stichwortbezüge an der vorliegenden Stelle eingefügt wurde. Denn das Volk wird wie in 10,2 auch schon in 9,16 mit einer Herde (צאן) verglichen, schon in 9,17 spielen landwirtschaftliche Motive eine Rolle, und in 10,3 ist wie in 10,2 von Hirten (רעה) die Rede, und hier wird das Volk erneut mit einer Herde, nun allerdings mit dem Begriff עדר, verglichen.[38] Diese Überlegungen kranken allerdings daran, dass es sich dabei um reine Stichwortübereinstimmungen ohne wirkliche inhaltliche Korrespondenz handelt. Denn in 9,16 ist etwa davon die Rede, dass Jhwh sein Volk wie eine Herde rettet, während es in 10,2 heißt, dass das Volk, das wie eine Herde ohne Hirte ist, angesichts seiner Verfehlungen bei der Gottesbefragung verelendet. Sodann wird der Herden-Begriff in 10,3b, wie schon in 9,16, aber im Gegensatz zu 10,2, positiv verwandt. Und neben diesen inhaltlichen Divergenzen zwischen dem Gebrauch der einzelnen Begriffe in 10,1-2 und im daran angrenzenden Kontext ist zudem noch zu beachten, dass 10,1-2 – zumindest für sich genommen –,[39] im Gegensatz zur thematischen Anlage der sonstigen Texte in Sach 9-10 als Gerichtswort gegen das eigene Volk zu verstehen ist.[40] Es ist dann doch aber erklärungsbedürftig, warum ein vereinzeltes Wort gegen

---

36 S.o. 69 Anm. 9.
37 Vgl. nur Wellhausen, Propheten, 191; Marti, KHC 13, 433; Elliger, ATD 25, 154; Horst, HAT 14, 249; Sæbø, Sacharja 9-14, 208-214; Rudolph, KAT 13,4, 191; Mason, Haggai, 96; Reventlow, ATD 25,2, 100f; Redditt, Haggai, 118. Einzig Willi-Plein, Prophetie, 48, meinte, dass Sach 10,1-2 von der vorangehenden Einheit 9,14-17 bereits vorausgesetzt wird. Doch hat sie dies kaum begründet, und so wurde dieser Vorschlag nie weiter aufgenommen.
38 Auf diese Weise argumentieren sämtliche der Anm. 37 genannten Ansätze.
39 Zur Deutung von Sach 10,1-2 im vorliegenden Kontext s.u. 133.
40 Dies ist unter den Anm. 37 genannten Ansätzen unumstritten. Es wurde dabei aber nie wirklich gefragt, wieso inmitten der von völkerfeindlichen Worten geprägten Kapitel Sach 9-10 ein solches Wort gegen das eigene Volk nachgetragen wurde.

das eigene Volk sekundär in einen insgesamt völkerfeindlichen Kontext gestellt worden sein sollte.

Eine differenziertere Erklärung zur Einfügung von Sach 10,1-2 hat in neuerer Zeit Kunz vorgebracht.[41] Seiner Meinung nach wurde 10,1-2 nicht wegen der Stichwortverbindungen in Sach 9,16 und 10,3 an der vorliegenden Stelle eingearbeitet. Vielmehr seien gerade die Wendungen כצאן עמו in 9,16 und את־עדרו in 10,3 sekundär, und über diese sei dann 10,1-2 – oder nach Kunz genauer 10,1-3a –[42] in den vorliegenden Kontext eingebaut worden. Doch auch diese Überlegungen helfen kaum weiter: Zwar kann Kunz auf diesem Wege erklären, wie es zu den Verbindungen zwischen 9,16; 10,3 und 10,1-2 kommt. Allerdings lässt sich so überhaupt nicht mehr begründen, warum Sach 10,1-2 im vorliegenden Zusammenhang nachgetragen wurde, da Kunz den einzigen Anhaltspunkt der vorangehenden Forschung, nämlich die Verbindungen zu 9,16; 10,3, eben auch für sekundär erklärt. Nicht umsonst lässt er die Verse 10,1-2 bei seinen Studien zu Sach 9-10 dann auch weitestgehend außer Acht.[43]

Bei der erneuten Frage nach der redaktionsgeschichtlichen Stellung von Sach 10,1-2 ist nun zunächst von der schon häufiger vorgebrachten Erkenntnis auszugehen, dass der folgende Teilvers 10,3a noch zu 10,1-2 zu rechnen ist.[44] Zwar ist 10,1-2 als Prophetenrede, 10,3a als Gottesrede gestaltet, und anders als in 10,2 ist in 10,3a von Hirten im Plural die Rede. Doch schließt die Aussage von 10,3a, dass der Zorn Jhwhs gegen die Hirten entbrannt ist, thematisch noch direkt an 10,2 an. Erst der folgende Teilvers 10,3b, der auch wieder als Prophetenrede gestaltet ist, fällt aufgrund seiner Aussage, dass Jhwh für sein Volk eifert, aus dem Kontext des gegen das Volk und gegen dessen Hirten gerichteten Textbereichs 10,1-3a heraus.

Beachtenswert ist zudem, dass, wie sich im folgenden noch zeigen wird, das oben bereits erwähnte Nebeneinander von Gottesrede und Prophetenrede im folgenden Textbereich 10,3b-12 auf zwei unterschiedliche literarische Schichten zurückgeht.[45] Allerdings kann der an den Hirten und Anführern orientierte Teilvers 10,3a trotz seiner Gestaltung als Gottesrede kaum auf derselben literarischen Ebene eingeordnet werden wie die folgenden als Gottesrede formulierten Verse 10,6-10.12.[46] Denn dort ist von einer

---

41 Vgl. Kunz, Ablehnung, 47-50.
42 Vgl. zur Zugehörigkeit von 10,3a zu 10,1-2 auch die folgenden Ausführungen.
43 Vgl. nur die bei Kunz, Ablehnung, 371, dargestellte Skizze zur Entstehung von Sach 9-10, bei der die Verse Sach 10,1-2 erst gar nicht eingezeichnet sind.
44 Vgl. Mason, Haggai, 96; Redditt, Haggai, 118f; Kunz, Ablehnung, 47-50.
45 S.u. 79f.
46 Unter den Ansätzen, die Sach 10,3-12 anhand der mehrfachen Abfolge von Gottesrede und Prophetenrede auf zwei Schichten verteilen, wird Sach 10,3a von Sæbø, Sacharja 9-14, 215-218, und Reventlow, ATD 25,2, 102, zusammen mit den als Gottesrede gestalteten Versen

Kritik an Hirten oder Machthabern überhaupt keine Rede, und 10,3a passt
seinerseits auch nur schlecht zu den die weitere Gottesrede bestimmenden
Themen Rückführung aus der Gefangenschaft und Restauration des Volkes.

Da also Sach 10,3a weder mit der in 10,3b beginnenden Prophetenrede
noch mit der Gottesrede in 10,6-10.12 auf einer literarischen Ebene angesetzt werden kann, ist die wahrscheinlichste Lösung doch die, dass dieser
Teilvers eben noch zu 10,1-2 gehört.[47] Sach 10,3a wäre dann im Anschluss
an den 10,1-2 abschließenden Hinweis auf die fehlende Führung des Volkes
als generelles Gerichtswort gegen die Führer zu verstehen. Dabei wird sich
im folgenden zeigen, dass Sach 10,3a im weiteren Verlauf des Sacharjabuches noch eine Fortsetzung erhält, in der das Motiv des Hirten wie in
10,1-3a erneut eine bedeutende Rolle spielt. Von dort her wird sich dann
auch erklären, warum 10,3a im Gegensatz zu 10,1-2 als Gottesrede formuliert ist und warum hier von Hirten im Plural die Rede ist.[48]

Wenn aber Sach 10,3a noch zu Sach 10,1-2 hinzuzunehmen ist, dann
lässt sich zeigen, dass 10,1-3a nicht die späteste Zufügung zu den Kapiteln
Sach 9-10 ist. Denn der die folgende Prophetenrede einleitende Vers 10,3b
setzt deutlich den Teilvers 10,3a voraus. Die dort mit כי angeschlossene
Aussage, dass Jhwh für seine Herde eifert (כי פקד יהוה צבאות את־עדרו),
schließt doch direkt an die in 10,3a belegte Aussage an, dass der Zorn Jhwhs
gegen die Hirten entbrannt ist und er die Anführer heimsucht (ועל־העתודים
אפקוד). Dabei ist die Motivik von Hirt und Herde in der auf 10,3b folgenden, an einem Völkergericht orientierten Prophetenrede in 10,4-5.11 nicht
mehr von Bedeutung. Es handelt sich also um eine sekundäre Anknüpfung
an Sach 10,3a. Zudem ist zu beachten, dass durch die völkerfeindliche
Ausrichtung der Prophetenrede in 10,3b.4-5.11 mit der einleitenden Aussage
in 10,3b, dass Jhwh für seine Herde eifert, auch das zuvor in 10,3a erwähnte
Eifern gegen Hirten und Anführer in den Kontext des Völkergerichts
gestellt wird, so dass 10,3a – wenn nicht gar der gesamte Textbereich Sach
10,1-3a – nun am ehesten als gegen fremde Führer gerichtet zu verstehen

---

10,6-10.12 auf einer Ebene angesiedelt. Horst, HAT 14, 249f, und Mason, Haggai, 95-102,
haben dagegen die Unterschiede zwischen 10,3a und der Gottesrede in 10,6ff erkannt, wobei
Horst 10,3a für einen sekundären Überleitungsvers zwischen 10,1-2 und dem folgenden
Textbereich hält, während Mason diesen Teilvers als ursprünglichen Abschluss von 10,1-2
deutet.

47 Denkbar wäre allenfalls noch, dass Sach 10,3a sekundär zur Überleitung zwischen 10,1-2 und
10,3bff eingeschoben wurde; so Elliger, ATD 25, 158; Horst, HAT 14, 249. Dagegen ist aber
zu sagen, dass 10,3a nicht wirklich zur folgenden Einheit überleitet, da dieser Teilvers ja noch
ganz auf der Linie von 10,1-2 an der Kritik an den Führern des Volkes orientiert ist und hier
das den gesamten Textbereich 10,3bff bestimmende Gerichtshandeln an den Völkern noch
keine Rolle spielt.

48 S.u. 85f.

ist.[49] Das heißt doch aber, dass 10,3b als sekundäre Umdeutung von 10,3a zu verstehen und somit später als 10,1-3a anzusetzen ist. All dies spricht dann dafür, dass 10,1-3a eben nicht der späteste Nachtrag im vorliegenden Textbereich ist. Sach 10,1-3a wurde also nicht deshalb an den vorliegenden Ort gestellt, weil in 10,3b das Motiv der Herde bereits belegt war, sondern die Erwähnung der Herde in 10,3b nimmt gerade umgekehrt sekundär das zuvor in 10,1-3a bereits belegte Wort auf und ist somit, nebenbei gesagt, entgegen der Ausführungen von Kunz auch nicht erst sekundär in 10,3b eingetragen worden.[50]

Bei den Versen 10,3b-12 fällt nun, wie bereits erwähnt, erneut der Wechsel zwischen Prophetenrede in 10,3b-5.11 und Gottesrede in 10,6-10.12 auf.[51] Dabei unterscheiden sich, wie schon bei Sach 9, die beiden Textbereiche auch auf inhaltlicher Ebene voneinander. So sind die Verse 10,3b-5 ganz allgemein an einem Gericht an den Feinden, zu dem Gott sein Volk zurüsten wird, orientiert. Jhwh lässt nach 10,3b-5 Kriegsmittel und Kriegsleute erstehen, er bereitet sein Volk zu wie ein zum Krieg geschmücktes Pferd, und so wird das Volk seine Feinde vernichten. Der als Gottesrede gestaltete Textbereich 10,6-10 ist demgegenüber von der in den vorangehenden Versen nicht belegten Erwartung der Rückkehr des Volkes und der Restauration des Volkes geprägt. Der Kampf gegen Feinde spielt hier keine Rolle mehr.

Beachtenswert ist sodann auch der Übergang von 10,10 zu dem wieder als Prophetenrede formulierten Vers 10,11. Während in 10,10 Ägypten und Assur ganz auf der Linie der an der Rückkehr des Volkes orientierten Verse 10,6-10 als Orte genannt werden, aus denen Jhwh sein Volk sammeln wird, sind die beiden Länder in 10,11 – dann auch in umgekehrter Reihenfolge – passend zu 10,3b-5 Gegenstand des göttlichen Gerichts. Nach 10,11 wird Jhwh der Pracht Assurs und dem Zepter Ägyptens ein Ende bereiten. Von einer Rückkehr des Volkes ist in diesem Vers gerade nicht mehr die Rede.[52]

---

49 Dass Sach 10,3a im vorliegenden Kontext als gegen fremde Machthaber gerichtet zu verstehen ist, wurde schon häufiger gesehen; vgl. etwa Sellin, KAT 12, 507; Rudolph, KAT 13,4, 195; Deissler, NEB.AT 21, 299; Reventlow, ATD 25,2, 103. Siehe hierzu auch unten 133.
50 Zu Sach 9,16 s.u. 81 Anm. 56.
51 Vgl. hierzu, mit Unterschieden im Detail, Horst, HAT 14, 249f; Sæbø, Sacharja 9-14, 214-229; Mason, Haggai, 99-102; Reventlow, ATD 25,2, 102.
    Dabei ist der Vers 10,7 trotz der Tatsache, dass Jhwh hier in 3. Person genannt wird, der Gottesrede zuzuweisen, da dieser Vers aufgrund der hier belegten Erwähnung Ephraims und der Aussage, dass Ephraim wie ein Held (גבור) sein soll, direkt an die in 10,6 belegte Erwähnung Josefs und die dort belegte Ankündigung, dass Jhwh das Haus Juda stark machen wird (גבר), anschließt. So ist dieser Vers wohl am ehesten so zu verstehen, dass Jhwh hier – vergleichbar mit 10,6.12 – von sich selbst in 3. Person spricht.
52 Die Deutung von Sach 10,11 ist allerdings umstritten. So wird bis in die neuere Zeit häufig angenommen, dass auch dieser Vers auf die Rückkehr der Gefangenen zu beziehen ist, die

Der abschließende Vers 10,12 ist dagegen wieder als Gottesrede gestaltet und angesichts der Formulierung וגברתים direkt mit dem Beginn der Gottesrede in 10,6 (וגברתי) verbunden. So sind die Verse 10,3b-5.11 und 10,6-10.12 auf unterschiedlichen literarischen Ebenen anzusetzen.

Dabei zeigen sich zwischen diesen beiden voneinander zu unterscheidenden Textbereichen erstaunliche Übereinstimmungen zu den bereits in Sach 9 erkannten Schichten 9,14-16 und 9,2-6.8.11-13, die ja nicht zuletzt auch wegen der Gestaltung als Prophetenrede und als Gottesrede gegeneinander abgegrenzt werden konnten.[53] So ist die Prophetenrede in Sach 10,3b-5.11 wie schon die Prophetenrede in 9,14-16 durch ein allgemeines Gericht an den Feinden des Volkes bestimmt. Die Erwähnung von Assur und Ägypten in 10,11 kann dabei wohl als pars pro toto für die gesamte Völkerwelt verstanden werden.[54] Desweiteren erinnert die Darstellung in 10,11, dass das Meer von Jhwh geschlagen wird und der Nil vertrocknet, an Theophanieschilderungen, was diesen Vers mit Sach 9,14 verbindet.[55] Und zuletzt wird in Sach 9,16 über den Vergleich des Volkes mit einer Herde (צאן) das Wort 10,1-3a vorbereitet, was der Anknüpfung an 10,1-3a über

---

hier in den Farben eines neuen Exodus beschrieben würde; vgl. nur Marti, KHC 13, 436; Elliger, ATD 25, 157; Horst, HAT 14, 250; Rudolph, KAT 13,4, 198; Deissler, NEB.AT 21, 300; Redditt, Haggai, 121. Dabei wurde gerade bei den älteren der genannten Ansätze gerne noch in den Text eingegriffen und zum einen das Verb ועבר zu Beginn des Verses nach LXX (διελεύσονται) zur Plural-Form ועברו geändert. Zum anderen wurde ohne Anhalt in den Versionen im Anschluss an Wellhausen, Propheten, 192, das folgende בים צרה meist zu בים מצרים geändert; vgl. zu diesen textkritischen Eingriffen etwa Marti, ebd.; Elliger, a.a.O., 155; Horst, ebd.; Rudolph, a.a.O., 194. Doch ist bei ועבר MT sicherlich die schwierigere und somit die ursprüngliche Lesart, und die zweite Konjektur auf das ägyptische Meer ist angesichts fehlender Belege in den Versionen noch weniger zu rechtfertigen und dient erkennbar dem Zweck, diesen Vers eben dem Kontext entsprechend auf die Rückkehr der Gefangenen zu deuten; vgl. zur Ablehnung derartiger Eingriffe auch Petersen, Zechariah 9-14, 70. Wird MT beibehalten – oder allenfalls mit Reventlow, ATD 25,2, 102 Anm. 202, eine Umvokalisierung des ersten בים zu בְּיָם vorgenommen, um so die Wendung als constructus-Konstruktion auffassen zu können – so geht es in Sach 10,11 nicht um die als neuer Exodus geschilderte Rückkehr des Volkes. Es wird hier vielmehr, wie neuerdings von Meyers / Meyers, AncB 25C, 224-227; Reventlow, a.a.O., 105; Kunz, Ablehnung, 339-341, zurecht betont, göttliches Gericht an Ägypten und Assur beschrieben, wobei das Durchschreiten des Meeres, das Schlagen der Wellen und auch das Austrocknen des Nils dann als Aufnahmen von Theophanie- und Chaoskampfmotiven zu verstehen sind; vgl. dabei zum Motiv des Vorgehens Jhwhs gegen das Meer in Theophanieschilderungen etwa Nah 1,4; Hab 3,8; Ps 18,16; 104,6-7; 114,3.5; siehe hierzu auch Jeremias, Theophanie, 90f; Meyers / Meyers, ebd.; Reventlow, ebd.

53   Ein Zusammenhang der Schichten in Sach 9 und Sach 10 wurde bislang erst von Reventlow, ATD 25,2, 102, vermutet.

54   Vergleichbar wäre hierbei die Aussage in Mi 7,12; siehe hierzu Wöhrle, Sammlungen, 183f, sowie unten 141f.

55   Siehe hierzu oben 70 mit Anm. 13f.

den Herdenbegriff עדר in 10,3b entspricht. Hier wie dort wird also das Wort 10,1-3a aufgenommen.[56]

Die Gottesrede Sach 10,6-10.12 ist dagegen über die Verheißung der Rückkehr des Volkes direkt mit der ebenfalls als Gottesrede gestalteten Einheit Sach 9,11-13 verbunden. Dabei wird hier wie dort betont, dass Jhwh die vom Volk erlittenen Minderungen wieder rückgängig machen wird (9,12; 10,6.8). Desweiteren ist sowohl Sach 9,13 über die Erwähnung Ephraims als auch 10,6 über die Erwähnung Josefs und 10,7 über die erneute Erwähnung Ephraims von einer das Nordreich mit einschließenden gesamtisraelitischen Perspektive geprägt.

Zudem lässt sich auch bei Sach 10,3b-12, wie schon bei Sach 9,2-16*, zeigen, dass die als Gottesrede gestalteten Verse später anzusetzen sind als die als Prophetenrede formulierten Verse.[57] Denn zum einen lässt sich die Prophetenrede Sach 10,3b-5.11 als in sich geschlossener Zusammenhang verstehen, bei dem die Ankündigung des Gerichts an Ägypten und Assur in 10,11 als direkte Fortsetzung der in 10,5 beschriebenen Zurüstung des Volkes gelesen werden kann. Zum anderen ist für die Gottesrede in 10,6-10.12 aufgrund des einleitenden וגברתי viel eher ein ursprünglicher Anschluss an den zur Prophetenrede gehörigen Vers 10,5, in dem die Angehörigen des Volkes als Helden (גברים) bezeichnet werden, anzunehmen als ein Anschluss an das Wort gegen die Hirten in 10,3a, zu dem sich keine direkten Verbindungen finden lassen.

Aus den vorgelegten Ausführungen zur Entstehung von Sach 10 folgt dann aber insgesamt, dass Sach 10,1-3a nicht, wie zumeist angenommen,[58] die jüngste Schicht in Sach 9-10 darstellt, sondern über die bisherige Forschung hinaus gerade die älteste Schicht. Die an einem Völkergericht orientierte Schicht in 9,14-16; 10,3b-5, die Verheißung eines Friedensherrschers in 9,9-10 sowie die an konkreten Feinden und der Rückkehr des Volkes aus der Gefangenschaft ausgerichtete Schicht 9,2-6.8.11-13; 10,6-10.12 sind demgegenüber allesamt später anzusetzen und Produkt sukzessiver Redaktionsprozesse in diesen beiden Kapiteln:

---

56 Dies spricht dann aber – wie schon bei את־עדרו in 10,3b (s.o. 79) – gegen die von Kunz, Ablehnung, 48, vorgetragene These, dass die Wendung כצאן עמו in 9,16 erst sekundär zur Vorbereitung von 10,1-2 eingefügt wurde.
57 So auch Reventlow, ATD 25,2, 102.
58 S.o. 76 mit Anm. 37.

← | 9,2-6.8: Gericht an Phönikiern und Philistern

← | 9,9-10: Der Friedensherrscher

← | 9,11-13: Gericht an Griechen / Rückführung

← | 9,14-16: Völkergericht

10,1-3a: Hirtenwort

← | 10,3b-5: Völkergericht

← | 10,6-10: Rückführung

← | 10,11: Völkergericht

← | 10,12: Rückführung

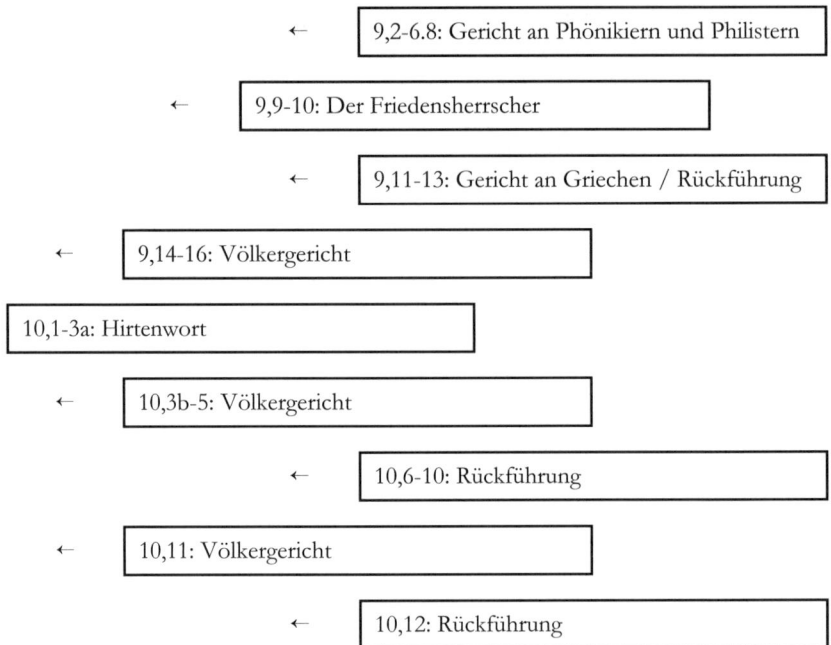

Insgesamt ergibt also die redaktionsgeschichtliche Bearbeitung von Sach 9,2-10,12, dass das Wort gegen das falsche Vertrauen auf Orakelpraktiken und Wahrsagerei in 10,1-3a, nach dem das Volk, das ohne Hirten ist, verelendet, als Grundbestand dieser beiden Kapitel anzusetzen ist.

In einer ersten Bearbeitung wurden um dieses Wort die völkerfeindlichen Verse 9,14-16; 10,3b-5.11 gelegt, bei denen geschildert wird, wie Jhwh zum Gericht gegen die Feinde des Volkes erscheint und sein Volk zum Kampf gegen diese Feinde zurüstet. Dabei wird durch diesen Nachtrag zumindest auch der Teilvers 10,3a, in dem der Zorn Jhwhs gegen die Hirten und Anführer mitgeteilt wird, in den Kontext des Völkergerichts gestellt, so dass Sach 10,3a nun auf die Machthaber fremder Völker zu beziehen ist.

Vor diese Bearbeitung wurde sodann in 9,9-10, gewissermaßen als neue Einleitung des Deuterosacharjabuches, die Verheißung eines Friedensherrschers gestellt, der das eigene Volk entwaffnen und den Auseinandersetzungen in der Völkerwelt ein Ende bereiten wird.

Schließlich wurde durch mehrere Einfügungen in 9,2-6.8.11-13; 10,6-10.12 die zuvor noch recht allgemein gehaltene Vorstellung eines Völkergerichts auf das Einschreiten Jhwhs gegen bestimmte Völker – Phönikier, Philister und Griechen – hin konkretisiert. Zudem wurde im Rahmen dieser Bearbeitung die zuvor noch nicht belegte Erwartung der Rückführung von Angehörigen des Volkes aus der Gefangenschaft nachgetragen.

Die beiden Verse Sach 9,7.17 sind sodann als vereinzelte Nachträge, ohne weitere Bedeutung für die Entstehung des gesamten Deuterosacharja-buches, einzustufen.

2.2.1.2 Die Hirtenworte in Sacharja 11,1-17

Sach 11,1-17 umfasst zwei Worte, die auf ganz unterschiedliche Weise das Geschick von Hirten zum Thema haben. So findet sich zunächst in 11,1-3 ein kurzes Bildwort, nach dem der Libanon seine Pforten öffnen soll, so dass seine Zedern vom Feuer verzehrt werden. Dabei sollen die Zypressen und die Eichen Baschans dies Geschehen beheulen, und es wird das Geheul der Hirten und das Brüllen der jungen Löwen zu hören sein. Die folgende Einheit 11,4-17 ist sodann als Selbstbericht gestaltet.[59] Hier wird aus der Perspektive einer nicht näher bestimmten Person berichtet, wie sie von Jhwh dazu aufgefordert wird, eine Herde von Schlachtschafen zu weiden, die von ihren Käufern und Verkäufern zum Töten bestimmt waren. Doch wird dieser Hirte seiner Herde überdrüssig und zerbricht den ersten der beiden Stäbe, die er sich beim Weiden der Schafe genommen hatte: Den Stab „Huld", bei dessen Zerbrechen der Bund Jhwhs mit den Völkern

---

[59] Es ist umstritten, wie Sach 11,4-17 formgeschichtlich einzuordnen ist. Häufig wird diese Einheit als Hirtenallegorie bezeichnet; vgl. etwa Rehm, Hirtenallegorie, 186; Gese, Nachtrag, 231; Meyer, Allegory, 226-228; van der Woude, Hirtenallegorie, 140. Daneben wird aber auch häufig von einer Zeichen- bzw. Symbolhandlung gesprochen; so Elliger, ATD 25, 160; Willi-Plein, Prophetie, 55; Hanson, Dawn, 343; Deissler, NEB.AT 21, 301; Reventlow, ATD 25,2, 109; Petersen, Zechariah, 9-14, 89; Boda, Reading, 280f, u.a.; zu weiteren Versuchen der Gattungsbestimmung von Sach 11,4-17 vgl. auch den Überblick bei Petersen, ebd. Dabei ist der Begriff Hirtenallegorie zwar nicht falsch, aber doch zu sehr mit den früher üblichen allegorischen Deutungen verbunden, bei denen jedes einzelne Element von Sach 11,4-17 auf eine konkrete historische Gegebenheit bezogen wurde; siehe hierzu unten 88. Der Begriff Symbolhandlung ist ebenfalls nicht wirklich falsch, bietet aber das Problem, dass hier anders als etwa bei den in den Büchern Jeremia oder Ezechiel belegten Symbolhandlungen nicht ein Tun des Propheten geschildert und anschließend gedeutet wird (vgl. etwa Jer 13,1-11; 27,1-3; 43,8-13; Ez 4-5; 12,1-11.17-20; 21,23-29; 37,15-28), sondern dass hier Handlung und Deu-tung miteinander verbunden sind; siehe zum Aufbau der erwähnten Symbolhandlungen bei Jer und Ez Fohrer, Handlungen, 17-19.33-70. Zudem läuft Sach 11,4-17 nicht wie sonst bei Symbolhandlungen üblich auf eine Kernaussage zu, sondern ist, wie im folgenden noch weiter ausgeführt wird, gerade durch ein komplexes Nebeneinander verschiedener Aussagen gekennzeichnet. Eben deshalb fasst auch Fohrer, a.a.O., 73, Sach 11,4-14 nicht unter die symbolischen Handlungen im engeren Sinne. Schließlich ist noch zu beachten, dass bei der zweiten Beauftragung in 11,15-17 von einer eigentlichen Handlung gar nicht mehr die Rede sein kann. Um aus der Gattungsbestimmung nicht allzu voreilig weitergehende Schlüsse zu ziehen, bietet es sich daher an, angesichts der durchgängigen narrativen Gestaltung aus der Perspektive der 1. Person zunächst nur sehr allgemein von einem Selbstbericht zu sprechen; vgl. hierzu auch Redditt, Haggai, 122f.

aufgelöst wird. Anschließend fordert er von den Händlern[60] seinen Hirtenlohn, wird aber von Jhwh dazu aufgefordert, den Lohn dem Schmelzer vorzuwerfen. Er zerbricht sodann auch den zweiten Stab, den Stab „Eintracht", bei dessen Zerbrechen die Bruderschaft zwischen Juda und Israel aufgelöst wird. Schließlich wird ihm von Jhwh geboten, das Gerät eines bösen Hirten zu nehmen, der sich nicht um seine Herde kümmert. Die Einheit endet mit einem Weheruf gegen den nichtigen Hirten.

Obgleich Sach 11,1-3 und Sach 11,4-17 durch die Erwähnung von Hirten verbunden sind, werden diese Worte meist auf unterschiedlichen literarischen Ebenen angesetzt oder zumindest als thematisch voneinander zu trennende Worte angesehen. Dies hängt im wesentlichen damit zusammen, dass Sach 11,1-3 im Anschluss an die völkerfeindlichen Worte in Sach 10,3bff und aufgrund der Erwähnung von Libanon und Baschan in 11,1-2 nahezu unwidersprochen als ein gegen äußere Feinde gerichtetes Wort verstanden wird, während Sach 11,4-17 ja eindeutig Missstände innerhalb des eigenen Volkes thematisiert.[61]

Doch ist Sach 11,1-3 keineswegs so eindeutig gegen eine externe Größe gerichtet, wie gerne behauptet wird.[62] Es ist nämlich im Gegenteil gerade so, dass das Bild der Zedern des Libanon im AT gerne für die Führer des eigenen Volkes, insbesondere für die Könige Judas, verwandt wird. Besonders bedeutend ist dabei natürlich die Gleichnisrede Ez 17,3-24, bei der anfangs in 17,3 dargestellt wird, wie ein Adler einen Zedernwipfel auf dem Libanon abbricht, was nach dem weiteren Verlauf des Wortes auf den judäischen König Jojachin zu deuten ist.[63] Aber auch an anderen Stellen

60 Dass in Sach 11,7.11 עני כן als כנעני zu lesen ist, wird von LXX (Χαναανῖτιν bzw. Χαναναῖοι) gedeckt und ist allgemein anerkannt; vgl. nur Wellhausen, Propheten, 193; Marti, KHC 13, 438-440; Elliger, ATD 25, 159; Rudolph, KAT 13,4, 202; Finley, Sheep, 51-65; Reventlow, ATD 25,2, 108; Petersen, Zechariah 9-14, 87.
61 Vgl. nur Wellhausen, Propheten, 192; Marti, KHC 13, 436f; Sellin, KAT 12, 508; Elliger, ATD 25, 158f; Horst, HAT 14, 250f; Sæbø, Sacharja 9-14, 231; Willi-Plein, Prophetie, 75f.112; Rudolph, KAT 13,4, 199f; Deissler, NEB.AT 21, 301; Reventlow, ATD 25,2, 106f; Petersen, Zechariah 9-14, 80f.
62 So wurde Sach 11,1-3 auch schon einige Male auf das eigene Volk bezogen; vgl. schon Stade, Deuterozacharja, 24f, und sodann Brouwer, Wachter, 125-134; Otzen, Studien, 162-165; Hanson, Dawn, 335-337; Redditt, Haggai, 123.
63 Vgl. hierzu besonders Pohlmann, ATD 22,1, 240, der zur Erwähnung der Zeder des Libanon meint, der Leser von Ez 17,3 „versteht das Bild der Libanonzeder als Anspielung auf das Königtum oder auf Jerusalem als Sitz des Königtums", und dabei in Anm. 240 auch auf Sach 11,1-3 verweist. Vgl. zudem Greenberg, Ezechiel 1-20, 362, der zu Ez 17,3 sogar schreibt: „Da Jerusalem auf einem Berg gebaut war und einer der Palastbauten das ,Libanonwaldhaus' (1 Kön 7,2; benannt nach dem beim Bau verwendeten Zedern) genannt wurde, war es möglich, die Davididendynastie als ,Zeder' zu bezeichnen (Jer 22,6.23), wie dies auch hier geschieht." Dabei kann dahingestellt bleiben, ob die zuletzt zitierten Überlegungen von Greenberg nicht doch etwas spekulativ sind. Klar ist aber, dass das in Sach 11,1 verwandte

werden die Machthaber des eigenen Volkes mit Zedern verglichen (2 Kön 14,9; Jer 22,6-7.20-23).[64]

Zudem fällt bei Sach 11,1-3 auf, dass diese Verse in der Aussage münden, dass die Pracht des Jordan zuschanden ist. Geographisch läuft das Wort also gewissermaßen auf das judäische Gebiet zu.[65] Die hier belegten Orte sprechen daher keineswegs so eindeutig für eine Deutung auf einen äußeren Feind, wie zumeist angenommen.[66] Vielmehr weist die Gestaltung dieser Einheit sogar viel eher darauf, dass das eigene Volk im Blick ist.

Dies bestätigt sich noch durch eine andere Überlegung: So finden sich im Deuterosacharjabuch gleich mehrere Worte, in denen von Hirten die Rede ist (10,1-3a; 11,1-3; 11,4-17; 13,7-9). Dabei sind neben 11,1-3 all diese Worte sicherlich auf das eigene Volk zu beziehen. Das spricht doch aber deutlich dafür, dass mit den in 11,3 genannten Hirten ebenfalls die Führer des eigenen Volkes im Blick sind.[67]

Dabei ist bedeutend, dass nach den obigen Ausführungen Sach 10,3a sicherlich noch zur Einheit 10,1-2 zu rechnen ist und nicht, wie gerne angenommen wird, schon zum folgenden völkerfeindlichen Komplex Sach 10,3bff gehört.[68] Es konnte jedoch noch nicht weiter erklärt werden, warum Sach 10,3a als Gottesrede gestaltet ist, während das vorangehende Wort 10,1-2 als Prophetenrede formuliert ist, und warum in 10,3a, anders als in 10,2, Hirten im Plural genannt werden.

Es ist aber zu beachten, dass das Wort Sach 11,1-3 zwar nicht wie 10,3a eindeutig als Gottesrede gestaltet ist, dass Jhwh in diesem Bildwort aber auch nicht in 3. Person erwähnt wird. Zudem ist in Sach 11,3 wie in 10,3a

---

Bild der Zedern des Libanon von Ez 17,3 her keinesfalls so eindeutig auf fremde Herrscher zu beziehen ist, wie dies häufig getan wird.

64 Dabei ist mit Blick auf die an Jojakim gerichtete Rede Jer 22,20-23 zu beachten, dass hier nicht nur in Jer 22,23 wie in Sach 11,1 die Zeder des Libanon (ארז; לבנון) erwähnt wird, sondern dass auch in Jer 22,20 wie in Sach 11,2 das Gebirge Baschan (בשן) genannt ist und in Jer 22,22 wie in Sach 11,3 von Hirten (רעה) die Rede ist. Sach 11,1-3 scheint also auf ein festes Set an Motiven zurückzugreifen, die – wie eben Jer 22,20-23 zeigt – durchaus auf die Führer des eigenen Volkes zu beziehen sind.

65 Für Hanson, Dawn, 336, ist die Erwähnung des Jordan in 11,3 sogar das wichtigste Argument, dass Sach 11,1-3 auf die Führer des eigenen Volkes zu beziehen ist.

66 Insbesondere in älteren Ansätzen wurde gerade über die geographischen Angaben in Sach 11,1-3 argumentiert, dass dieses Wort gegen eine äußere Größe gerichtet ist; vgl. etwa Wellhausen, Propheten, 192; Marti, KHC 13, 437; Elliger, ATD 25, 158f; Horst, HAT 14, 250f, in neuerer Zeit etwa noch Deissler, NEB.AT 21, 301; Petersen, Zechariah 9-14, 80f.

67 Dies spricht dann auch gegen das – neben den geographischen Angaben – häufig vorgetragene Argument, dass Sach 11,1-3 aufgrund der vorangehenden völkerfeindlichen Passage 10,3b-12 gegen einen externen Feind gerichtet ist; vgl. etwa Wellhausen, Propheten, 192; Sellin, KAT 12, 508; Rudolph, KAT 13,4, 200; Reventlow, ATD 25,2, 106. Aufgrund der Erwähnung der Hirten steht Sach 11,1-3 der folgenden Einheit 11,4-17 doch viel näher als den völkerfeindlichen Worten in 10,3b-12.

68 Siehe hierzu oben 77f.

von Hirten im Plural die Rede. Bedenkt man nun, dass Sach 10,1-3a nach den obigen Überlegungen, über die bisherige Forschung hinaus, als Grundschicht von Sach 9,2-10,12 verstanden werden konnte,[69] so wäre doch gut vorstellbar, dass ursprünglich Sach 11,1-3 direkt auf 10,3a folgte und dass dabei Sach 10,3a als Einleitung von 11,1-3 diente. Auf das am falschen Vertrauen auf Teraphim und Wahrsager orientierte Wort 10,1-2, das mit der Aussage, dass das Volk ohne Hirte ist, endet, folgte dann in 10,3a; 11,1-3 ein weiteres an den Führern des Volkes orientiertes Wort, die nach 10,3a zunächst in 11,1-2 im Bild der Zeder und der Zypresse genannt, in 11,3 aber wieder als Hirten bezeichnet werden.

Wenn aber Sach 11,1-3 auf das eigene Volk zu beziehen ist und als ursprüngliche Fortsetzung von 10,1-3a verstanden werden kann, dann spricht zunächst nichts dagegen, auch das folgende Hirtenwort in 11,4-17 auf eben derselben literarischen Ebene anzusetzen. Das hieße dann insgesamt, dass die Grundschicht des Deuterosacharjabuches aus einer Sammlung von Worten bestand, die auf ganz unterschiedliche Weise mit dem Thema Hirten, also mit den Führern des Volkes, befasst waren.[70] Angesichts ihrer unterschiedlichen Gestaltung, die sich allein schon daran zeigt, dass 10,1-2 als Prophetenrede, 10,3a und Teile von 11,4-17 hingegen als Gottesrede formuliert sind, dürfte es sich dabei um eine Sammlung ursprünglich selbständiger Worte handeln, die gerade angesichts ihrer thematischen Nähe zusammengestellt wurden. Mit dieser Annahme lässt sich erstmals schlüssig erklären, wieso sich in dem ansonsten eher völkerfeindlich ausgerichteten Textkomplex Sach 9-14 auch gegen das eigene Volk gerichtete Worte finden. Es handelt sich bei diesen eben nicht, wie zumeist ohne weitere Erklärung angenommen wird,[71] um sehr späte Zusätze, sondern ganz im Gegenteil um die Grundschicht des Deuterosacharjabuches.

---

69 S.o. 76-82.
70 Der Zusammenhang der Hirtenworte in DtSach wurde bislang vor allem von Redditt erkannt; vgl. hierzu Redditt, Israel's Shepherds, 634-636; ders., Haggai, 102f. Auch Redditt meint, dass die Worte 10,1-3a; 11,1-3; 11,4-17; 13,7-9 ursprünglich als zusammengehörige Sammlung überliefert wurden. Allerdings folgt er hinsichtlich der Entstehung des Deuterosacharjabuches der gängigen These, dass diese Worte erst spät nachgetragen wurden. Denn nach Redditt handelt es sich bei den Hirtenworten nicht um die Grundschicht des Deuterosacharjabuches, sondern um eine vorgegebene Sammlung, die in das bereits bestehende Buch gegen Ende der redaktionsgeschichtlichen Entwicklung eingearbeitet wurde. Nach den oben 76-82 bereits vorgetragenen Beobachtungen, wonach die Einheit 10,1-3a als Grundbestand von 9,2-10,12 anzusehen ist, da sie von der völkerfeindlichen Schicht in 9,14-16; 10,3b-5.11 bereits vorausgesetzt wird, ist es aber doch wahrscheinlicher, dass die Hirtenworte tatsächlich die Grundschicht des Deuterosacharjabuches bildeten. Dies wird sich im folgenden noch weiter bestätigen.
71 Siehe hierzu oben 76 mit Anm. 37.

Dabei ist allerdings noch genauer auf den so schwierigen Textbereich Sach 11,4-17 einzugehen: Die Deutung dieser Einheit steht insbesondere vor dem Problem, wie das Nebeneinander der verschiedenen hier genannten Personen bzw. Personengruppen zu verstehen ist und wie sich dazu die einzelnen Geschehnisse, von denen berichtet wird, verhalten. So ist etwa nicht ganz klar, in welchem Verhältnis der von Gott beauftragte Hirte zu den Händlern der Schafe und zu der Schafherde selbst steht, ob mit diesem Hirten etwa ein politischer Führer, der Prophet bei der Ausführung seines prophetischen Amtes oder aber letztlich sogar auf indirekte Weise Jhwh selbst gemeint ist.[72] Es ist dabei auch nicht deutlich, in welcher Beziehung der Hirte zu den in 11,8a genannten drei Hirten steht und welche Bedeutung dem in 11,15-17 genannten schlechten Hirten zukommt.[73] Zudem ist unklar,

---

[72] So erkennen etwa Wellhausen, Propheten, 193; Marti, KHC 13, 441; Horst, HAT 14, 251-253; Hanson, Dawn, 348f; Cook, Metamorphosis, 457; Boda, Reading, 281-284, in dem von Jhwh beauftragten Hirten einen politischen Führer, wobei bisweilen an einen bestimmten weltlichen Regenten oder einen Hohepriester gedacht wurde. Nach Stade, Deuterzacharja, 26f; Sæbø, Sacharja 9-14, 252; Mason, Haggai, 105-109; Wallis, Pastor, 128-133; Reventlow, ATD 25,2, 109-112, ist das Tun des Hirten auf das Amt des Propheten zu deuten. Demgegenüber gehen etwa Driver, Einleitung, 372; Sellin, KAT 13,4, 511; Rehm, Hirtenallegorie, 190; Otzen, Studien, 156; van der Woude, Hirtenallegorie, 144, davon aus, dass mit dem Hirten Jhwh selbst gemeint ist. Eine Mittellösung zwischen den genannten Deutungen wurde von Rudolph, KAT 13,4, 205, vorgeschlagen, der den Hirten auf den Messias bezieht; vgl. auch Deissler, NEB.AT 21, 303.

[73] Gerade in den älteren Ansätzen zu Sach 11,4ff wurde viel spekuliert, für wen die drei in Sach 11,8a genannten Hirten stehen. Dabei wurden im Laufe der Forschungsgeschichte über 40 verschiedene Deutungen vorgetragen, von Saul, David und Salomo (Otzen, Studien, 156-159) bis hin zu Lysimachos, Jason und Menelaos (Rubinkam, Second Part, 52-55; Marti, KHC 13, 439, u.a.); vgl. hierzu auch die Forschungsüberblicke bei Mitchell, Haggai, 306f, und Redditt, Two Shepherds, 677f. Mittlerweile wird aber eher davon ausgegangen, dass sich wohl kaum mehr rekonstruieren lässt, was mit den drei Hirten gemeint ist; vgl. etwa Elliger, ATD 25, 162; Horst, HAT 14, 253; Rudolph, KAT 13,4, 207; Mason, Haggai, 107; Deissler, NEB.AT 21, 302; Redditt, a.a.O., 682; Reventlow, ATD 25,2, 110.
Bei dem in Sach 11,15-17 genannten schlechten Hirten wird je nachdem, wie der in 11,4-14 erwähnte Hirte verstanden wird, entweder davon ausgegangen, dass es sich hierbei um einen Führer des Volkes handelt, so Wellhausen, Propheten, 195; Mason, a.a.O., 109; Gese, Nachtrag, 237; Hanson, Dawn, 248-251; Deissler, a.a.O., 303; Cook, Metamorphosis, 457; Reventlow, a.a.O., 112f; Boda, Reading, 284, wobei bisweilen sogar an konkrete Herrscher gedacht wird, etwa den Hohepriester Alkimus; so Marti, a.a.O., 437. Andere, etwa Elliger, a.a.O., 165; Rudolph, a.a.O., 211; van der Woude, Hirtenallegorie, 148, verstehen den schlechten Hirten als Gegenspieler Gottes, den Antimessias. Dagegen erkennt Wallis, Pastor, 130-133, auch in dem schlechten Hirten einen Propheten.
Über die sonstigen Ansätze hinaus meint schließlich Redditt, a.a.O., 679-685, dass der in Sach 11,4-14 erwähnte Hirte nicht, wie üblich, als „guter Hirte" verstanden und so von dem in 11,15-17 genannten „schlechten Hirten" unterschieden werden dürfe. Schon der erste Hirte kümmert sich ja letztlich nicht um seine Herde und so ist nach Redditt auch dieser Hirte als schlechter Hirte zu verstehen. Seiner Meinung nach ist deshalb die gesamte Einheit Sach 11,4-17 gegen die Führer des Volkes gerichtet, die sich nicht um ihr Volk kümmern.

ob es sich hier um eine Ankündigung zukünftiger Ereignisse oder um eine Schilderung gegenwärtiger oder vergangener Vorfälle handelt.[74]

Erledigt haben sich wohl die früher üblichen allegorischen Deutungen von Sach 11,4-17, bei denen versucht wurde, die hier belegten Vorgänge auf bestimmte historische Gegebenheiten zu beziehen.[75] Es lässt sich nämlich kaum wirklich eine konkrete Situation finden, vor deren Hintergrund sich die in dieser Einheit dargelegten Ereignisse schlüssig verstehen lassen. So ist es auch nicht verwunderlich, dass bei den allegorischen Deutungen schon so ziemlich jede Epoche der Geschichte Israels, von der frühen Königszeit bis zur Makkabäerzeit, mit Sach 11,4-17 in Verbindung gebracht wurde.[76] Derartige Interpretationen werden daher in neuerer Zeit zurecht nicht mehr verfolgt.

Die Komplexität von Sach 11,4-17 wird dann aber darauf zurückgehen, dass dieser Text in mehreren Stufen gewachsen ist und sich so verschiedene Deutungsebenen nebeneinander angelagert haben, die das Verständnis dieser Einheit so schwer machen. So wurde etwa schon häufig erkannt, dass Sach 11,6 und 11,8a erst sekundär in den vorliegenden Kontext eingetragen wurden.[77] Denn der Vers Sach 11,6, nach dem Jhwh kein Mitleid mehr mit den Bewohnern der Erde empfindet (לֹא אֶחְמוֹל) und er deshalb einen jeden in die Hand des anderen und in die Hand seines Königs gibt, nimmt die Aussage aus 11,5, dass die Hirten kein Mitleid mehr mit ihren Schafen empfinden (לֹא יַחְמוֹל) auf, bezieht dies aber auf Jhwh und bringt eine zuvor nicht vorhandene weltweite Perspektive ein. Der Teilvers 11,8a fällt

---

74 Dass es sich bei Sach 11,4-17, oder zumindest bei 11,4-14, um Ausführungen über vergangene Geschehnisse handelt, wird von Wellhausen, Propheten, 192; Marti, KHC 13, 437; Nowack, HK 3,4, 383; Elliger, ATD 25, 163f; Rehm, Hirtenallegorie, 200; Horst, HAT 14, 253; Willi-Plein, Prophetie, 56; Gese, Nachtrag, 231.233, angenommen. Demgegenüber fassen Rudolph, KAT 13,4, 210; Mason, Haggai, 105-110; van der Woude, Hirtenallegorie, 140; Redditt, Two Shepherds, 685; Reventlow, ATD 25,2, 109, den gesamten Textbereich als Ankündigung zukünftiger Ereignisse auf.

75 Dies ist unter den neueren Ansätzen nahezu unumstritten; vgl. nur Hanson, Dawn, 340f; Willi-Plein, Prophetie, 52; Reventlow, ATD 25,2, 109; Petersen, Zechariah 9-14, 100f. Eine Ausnahme stellen etwa noch die Ausführungen von Deissler, NEB.AT 21, 301-304, dar, der – wenngleich in abgeschwächter Form – an der früher häufig vertretenen Deutung auf Geschehnisse in der Seleukidenzeit festhält.

76 Diese Interpretationen nahmen ihren Ausgangspunkt meist bei den in Sach 11,8a genannten drei Hirten; siehe hierzu oben 87 Anm. 73 und zur allegorischen Deutung von Sach 11,4-17 insgesamt auch die dort genannten Forschungsüberblicke von Mitchell und Redditt.

77 So wird Sach 11,6 von Marti, KHC 13, 438; Sellin, KAT 12, 513; Elliger, ATD 25, 164; Horst, HAT 14, 253; Rudolph, KAT 13,4, 205; Gese, Nachtrag, 232; van der Woude, Hirtenallegorie, 141f; Deissler, NEB.AT 21, 301; Reventlow, ATD 25,2, 109, für sekundär gehalten. Nach Wellhausen, Propheten, 193f; Nowack, HK 3,4, 385; Sellin, a.a.O., 514; Elliger, a.a.O., 162; Sæbø, Sacharja 9-14, 247f; Rudolph, a.a.O., 107; Mason, Haggai, 107; van der Woude, a.a.O., 142; Deissler, ebd.; Reventlow, ebd., u.a. handelt es sich bei Sach 11,8a um einen Nachtrag.

sodann dadurch auf, dass die hier erwähnten drei Hirten, die sogar betont mit Artikel genannt sind, im vorangehenden Kontext nicht belegt sind und dass die Aussage in 11,8b, nach der der von Jhwh beauftragte Hirte mit ihnen ungeduldig wurde (וַתִּקְצַר נַפְשִׁי בָּהֶם), doch sicherlich nicht auf die zuvor genannten drei Hirten, die ja nach 11,8a umgebracht wurden, sondern auf die in 11,7 erwähnte Herde zu beziehen ist. Dabei dürfte es sich bei 11,6 wohl um einen vereinzelten Nachtrag handeln, der die Einheit mit dem das Deuterosacharjabuch sonst bestimmenden weltweiten Gerichtshandeln Jhwhs in Verbindung bringt. Bei Sach 11,8a handelt es sich ebenfalls um einen vereinzelten Nachtrag, der vermutlich auf aktuelle Geschehnisse in der judäischen Führungsschicht reagiert, die kaum mehr zu rekonstruieren sein dürften.[78]

Neben Sach 11,6.8a ist aber auch 11,15-17 nicht zum ursprünglichen Bestand dieses Wortes zu rechnen.[79] Die Beauftragung Jhwhs, die Gerätschaft eines schlechten Hirten zu nehmen, die folgende Beschreibung des Tuns dieses schlechten Hirten und der abschließende Weheruf unterscheiden sich schon dadurch von 11,4-14, dass hier keinerlei Handlung dieses Hirten beschrieben wird. Es steht vielmehr das Gotteswort über und gegen den schlechten Hirten im Zentrum dieser Verse. Außerdem scheint Sach 11,4-14 nach der Zerstörung des zweiten Stabes in 11,14 seinen Zielpunkt erreicht zu haben.

Es ist aber noch auf einen weiteren Nachtrag hinzuweisen, der bislang erst von Mason erkannt wurde.[80] So dürfte auch Sach 11,11-13 sekundär sein. Anders als zuvor stehen sich in diesem Textbereich der von Jhwh beauftragte Hirte und die Händler der Schafe gegenüber, die hier aufgefordert werden, den Lohn des Hirten zu zahlen, der dann auf Geheiß Jhwhs dem Schmelzer im Tempel vorgeworfen werden soll. Dies ist nun insofern auffällig, als in 11,8b-10 der erste Stab „Huld" noch deshalb zerbrochen wurde, weil der Hirte mit seiner Herde ungeduldig wurde und die Herde ihn verachtete. Das in 11,14 geschilderte Zerschlagen des zweiten Stabes „Eintracht" ist dann aber nach 11,11-13 als Konsequenz des Tuns der Händler und nicht mehr als Folge der Verfehlungen der Herde zu verstehen. Lässt man diese Verse aber beiseite, so schließen die beiden Stab-Aktionen naht-

---

78 Siehe hierzu auch oben 87 Anm. 73.
79 So auch schon, mit Unterschieden im Detail, Elliger, ATD 25, 164-166; Willi-Plein, Prophetie, 55; van der Woude, Hirtenallegorie, 142; Reventlow, ATD 25,2, 112f.
80 Vgl. Mason, Haggai, 108. Erwähnenswert ist in diesem Zusammenhang noch der Vorschlag von Sæbø, Sacharja 9-14, 251, der sogar meint, dass der ursprüngliche Selbstbericht in Sach 11,4-14 vielleicht nur die Namen der beiden Stäbe und das Zerbrechen dieser Stäbe umfasst haben könnte. Allerdings werden diese doch sehr weitgehenden Überlegungen von Sæbø nicht genauer am Text begründet. Auf literarkritischem Wege sind sie wohl auch nicht wirklich nachzuweisen.

los aneinander an und sind gleichermaßen auf das Verhalten der Herde zu beziehen.

Zudem fällt Sach 11,11-13 noch dadurch auf, dass mit dem Lohn des Hirten ein Element in den Verlauf der Darstellung hineinkommt, das doch sichtlich den vorliegenden Zusammenhang sprengt. So spielt der Lohn des Hirten in den vorangehenden Versen 11,4-10* keine Rolle und der folgende Vers 11,14 schließt auch recht unvermittelt mit dem Zerschlagen des zweiten Stabes an das Überbringen des Hirtenlohnes an den Schmelzer im Tempel an.

Schließlich spricht dafür, dass es sich bei 11,11-13 um einen Nachtrag handelt, dass hier, anders als zuvor, der beauftragte Hirte und Jhwh in eins gesehen werden. Schon in der Grundschicht 11,4-10*.14 wird das Handeln des Propheten transparent für das Handeln Jhwhs. In 11,10 wird das Zerbrechen des Stabes „Huld" so gedeutet, dass dies geschieht, „um meinen Bund zu zerbrechen, den ich mit allen Völkern geschlossen habe". Doch kann dies noch ohne weiteres als Gottesrede im Munde des Propheten verstanden werden.[81] In 11,13 wird dagegen der Lohn, den die Händler dem Hirten geben, von Jhwh als köstlicher Preis, „den ich ihnen wert bin" (אשׁר יקרתי), bezeichnet. Der Lohn ist also letztlich für Jhwh selbst bestimmt. Dies wird nun aber kaum mehr im Sinne des Wortamtes des Propheten zu verstehen sein, sondern zeigt, dass das in 11,4-14 beschriebene Handeln des Hirten von 11,13 her de facto das Handeln Jhwhs an seinem Volk im Blick hat.[82] Dies spricht dann aber endgültig dafür, dass Sach 11,11-13 sekundär ist.

Wenn aber neben den kleineren Nachträgen in 11,6.8a sowohl 11,15-17 als auch 11,11-13 nicht zum ursprünglichen Bestand dieser Einheit gehörten, so lässt sich recht gut nachvollziehen, wie sich die Aussage der vorliegenden Einheit auf den verschiedenen Ebenen jeweils verändert hat und wie es zu dem oben beschriebenen schwer zu verstehenden Nebeneinander der verschiedenen inhaltlichen Elemente in diesem Textbereich kam.

So ist die Grundschicht von Sach 11,4-17 in 11,4-5.7.8b.9-10.14 als Kritik an der Ablehnung eines Propheten zu verstehen.[83] Die eingangs in

---

81 Vgl. hierzu etwa Elliger, ATD 25, 162; Wallis, Pastor, 129f; Meyers / Meyes, AncB 25C, 269f; Reventlow, ATD 25,2, 111. Nicht überzeugend sind demgegenüber die von Mason, Haggai, 104; Hanson, Dawn, 340; Petersen, Zechariah 9-14, 87, u.a. vorgeschlagenen textkritischen Eingriffe, wonach in Sach 11,10 ברית יהוה אשׁר כרת zu lesen sei. Bei einer solchen Änderung handelt es sich um eine kaum zulässige Vereinfachung des Textes, der in seiner vorliegenden Gestalt – eben als Gottesrede im Munde des Propheten – ja durchaus verständlich ist.

82 Vgl. hierzu insbesondere Rehm, Hirtenallegorie, 195.

83 Zu den verschiedenen Deutungen des Hirten in der bisherigen Forschung s.o. 87 Anm. 72.

11,4-5 dargestellte Beauftragung zum Weiden der Herde dürfte angesichts der Einleitung mit Botenformel als prophetische Berufung zu verstehen sein. Da die führenden Schichten, die Käufer und Verkäufer sowie die eigentlichen Hirten der Schafe, schlecht mit der Herde umgehen, soll sich der Prophet der Herde annehmen und sie so vor dem Untergang bewahren. Doch wird der Prophet nach 11,8b.9 des Volkes schon bald überdrüssig, und auch das Volk verachtet ihn.[84] Eben deshalb kommt es zur Zerschlagung der beiden Stäbe. Dabei ist der mit dem ersten Stab aufgekündigte Bund mit den Völkern wohl als Preisgabe des Volkes unter der Völkerwelt zu deuten.[85] Die mit dem zweiten Stab zerbrochene Bruderschaft zwischen Juda und Israel zielt dann im Anschluss an die Ausführungen zum ersten Stab nicht, wie häufig vermutet wird, auf das samaritanische Schisma, sondern auf der Linie des Vorangehenden ganz allgemein auf die Feindschaft zwischen den beiden verwandten Gebieten.[86]

---

84 Dass der Hirte des Volkes nach Sach 11,8b überdrüssig wird, spricht dabei keineswegs für die von Redditt, Two Shepherds, 679-685, vorgetragene Deutung, dass es sich auch bei 11,4-14, wie bei 11,15-17, um einen schlechten Hirten handelt und somit 11,4-14 wie 11,15-17 gegen die Führer des Volkes gerichtet ist; siehe zu dieser These von Redditt oben 87 Anm. 73. Dagegen spricht schon die unterschiedliche Beauftragung des Hirten in 11,4 und 11,15, bei der nur in 11,15 – und dort wohl betont in Opposition zu 11,4 – davon die Rede ist, dass die Gerätschaft eines schlechten Hirten genommen werden soll. Dagegen spricht aber auch, dass das Tun des Hirten in 11,4-14 schon auf der Ebene der Grundschicht und von hier aus dann auch auf allen weiteren literarischen Ebenen transparent ist für das Tun Jhwhs. So kann dieser Hirte doch kaum wie der in 11,15-17 genannte Hirte, gegen den sich in 11,17 ja auch ein aus der Perspektive Jhwhs formulierter Weheruf findet, als „schlechter Hirte" verstanden werden.

85 Dass das Zerbrechen des Stabes „Huld" in Sach 11,10 als Auflösung des Bundes mit den Völkern gedeutet wird, ist wohl nur so zu verstehen, dass Jhwh sein Volk nicht mehr vor dem Zugriff der Völker verschonen wird; vgl. hierzu etwa Marti, KHC 13, 439; Sellin, KAT 12, 515; Elliger, ATD 25, 162; Rudolph, KAT 13,4, 208; Deissler, NEB.AT 21, 303; Reventlow, ATD 25,2, 111. Zu vergleichen wäre hier Sach 11,10 dagegen, wie schon häufig angemerkt wurde, etwa mit Hos 2,20, wo im Zusammenhang des dort verheißenen Bundes mit den Tieren sicheres Wohnen im Land angesagt wird. Ansonsten könnte Sach 11,10 allenfalls noch als ein der gesamten Völkerwelt geltendes Gerichtswort gedeutet werden; vgl. Gese, Nachtrag, 233; Petersen, Zechariah 9-14, 95f. Doch ist dies im Kontext der sonst ausnahmslos am eigenen Volk orientierten Einheit 11,4-14* eher unwahrscheinlich. Noch unwahrscheinlicher ist nebenbei die Annahme, mit עמים seien hier die einzelnen Stämme Israels oder verschiedene Gruppen in Israel gemeint; so, mit Unterschieden im Detail, van Hoonacker, Prophètes, 672.675; Otzen, Studien, 154; van der Woude, Hirtenallegorie, 145; Meyers / Meyers, AncB 25C, 271; Redditt, Haggai, 124.

86 Über die Deutung des in Sach 11,14 erwähnten Zerbrechens der Bruderschaft zwischen Israel und Juda ist viel gerätselt worden. So wurde dies gerade in älteren Ansätzen meist auf das samaritanische Schisma gedeutet; vgl. etwa Eißfeldt, Einleitung, 593; Elliger, ATD 25, 163; Gese, Nachtrag, 233; van der Woude, Hirtenallegorie, 144; Deissler, NEB.AT 21, 303. Daneben wurde aber zurecht auch immer häufiger bemerkt, dass die Rede vom Zerbrechen des Bruderbundes doch zu unkonkret ist, um sie sicher auf das samaritanische Schisma zu beziehen, und dass daher wohl eher das Verhältnis der beiden Reiche im allgemeinen im

Dabei ist noch zu beachten, dass es sich bei Sach 11,4-14* nicht, wie zumeist angenommen, um eine Ankündigung zukünftiger Ereignisse handelt.[87] Dagegen spricht vor allem die Gestaltung dieser Einheit mit Narrativen. Die Geschehnisse um den zum Hirten des Volkes bestellten Propheten werden so deutlich der Vergangenheit zugeschrieben. Das heißt also, dass die Grundschicht von Sach 11,4-17 als Reflexion über die bereits geschehene Preisgabe des Volkes in der Völkerwelt und über die bereits geschehene Entfremdung zwischen Juda und Israel zu verstehen ist, die hier als Folge der Ablehnung der Prophetie verstanden wird. Dabei lässt sich nur spekulieren, welche konkreten Ereignisse damit zu verbinden sind, ob es sich ganz allgemein um die vorexilische Geschichte Israels handelt, ob an den Untergang von Nord- und Südreich oder ob an eine bestimmte nachexilische Situation zu denken ist. Von 11,4-14* her ist keine dieser Deutungen ausgeschlossen, und wahrscheinlich ist dieser Text sogar bewusst sehr offen für die Deutung auf mehrere historische Situationen gestaltet.[88]

Vermutlich wurde die Einheit dann in einem ersten Schritt um die Verse 11,11-13 erweitert.[89] Damit verschiebt sich die Pointe in zweifacher Hinsicht. Zum einen wird nun besonderes Augenmerk auf die Führer des Volkes gelegt, denen im Bild des zu geringen Hirtenlohns dezidiert eine Schuld an der Preisgabe des Volkes zugeschrieben wird. Zum anderen wird

---

Blick ist; vgl. hierzu Rehm, Hirtenallegorie, 198f; Rudolph, KAT 13,4, 209; Reventlow, ATD 25,2, 111f; Petersen, Zechariah 9-14, 97f. Denn letztlich ist das Verhältnis der beiden Teilreiche ja insgesamt von einer wechselvollen Geschichte geprägt. Von der frühen Königszeit über die Zeit des syrisch-ephraimitischen Krieges, der josianischen Reform und den Anfeindungen der Nehemiazeit bis hin zum samaritanischen Schisma sind zahlreiche Auseinandersetzungen zwischen Süd- und Nordreich belegt. Wie der in 11,10 erwähnte Bruch des Bundes mit den Völkern wird also das in 11,14 genannte Ende der Bruderschaft zwischen Süd- und Nordreich bewusst offen formuliert sein und ist somit eher nicht mit einer konkreten historischen Begebenheit in Verbindung zu bringen.

87   Siehe hierzu oben 88 Anm. 74.

88   Im Gegensatz zu den oben 88 erwähnten allegorischen Interpretationen sollte nicht der Fehler begangen werden, Sach 11,4-14* allzu konkret auf eine bestimmte historische Situation zu beziehen. Wegweisend dürften hier etwa die Überlegungen von Rehm, Hirtenallegorie, 206, sein: „Die gemachten Ausführungen zeigen, daß jede einzelne Aussage der Allegorie sich wiederholt in der Geschichte Israels erfüllt hat. Diese Feststellung berechtigt zur Annahme, daß in Zach 11,4-14 nicht auf Ereignisse hingewiesen wird, die sich in der Zeit des Verfassers zugetragen haben, sondern daß die Gesichtspunkte hervorgehoben werden, die den Gesamtverlauf der Geschichte Israels kennzeichnen." Dabei wäre über Rehm hinaus nach den hier vorgestellten Überlegungen noch zu betonen, dass es sich bei Sach 11,4-14* um eine Art Geschichtsreflexion handelt, bei der besonders die Ablehnung der Prophetie angeprangert wird. Es wird hier begründet, dass die Situation in der Völkerwelt und die zerbrochene Verbindung zum Nordreich eben auf die Weigerung, den Propheten zu folgen, zurückzuführen ist.

89   Zur damit vorausgesetzten relativen Chronologie der Überarbeitungen in Sach 11,11-13 und 11,15-17 s.u. 93 Anm. 92.

das Tun des Hirten direkt mit Jhwh in Verbindung gebracht.[90] Der Lohn des
Hirten wird als Lohn dargestellt, der Jhwh zukommt. Es ist also nun nicht
mehr so sehr die Ablehnung der Prophetie, sondern die Ablehnung Jhwhs,
insbesondere durch die Angehörigen der Führungsschicht des Volkes, im
Blick. Das Schicksal des Volkes hat seine Ursache in deren mangelnder
Wertschätzung Jhwhs.

In einem zweiten Schritt wurde sodann der Nachtrag 11,15-17 angeschlossen. Wieder verschiebt sich die Aussage der vorliegenden Einheit.
Denn der Auftrag zum Nehmen der Geräte kann weder als Beauftragung
zum prophetischen Amt verstanden noch auf Jhwh bezogen werden. Die
folgende Beschreibung des schlechten Hirten als einer, der sich nicht um
seine Herde kümmert und der seine Herde sogar ausbeutet, sowie der
abschließende Weheruf gegen den nichtigen Hirten sprechen doch deutlich
dafür, dass es hier um einen politischen Führer des Volkes geht.[91] Zusammen mit 11,15-17 liest sich dann aber auch schon 11,4-14* so, dass der
zuerst beauftragte Hirte als politischer Führer zu verstehen ist. Die Pointe
der gesamten Einheit liegt dann darin, dass der schlechte Hirte deshalb
aufkam, weil der gute verworfen wurde. Die schlechte Führung ist also die
Schuld des Volkes. Dennoch wird diesen Hirten, so der Weheruf in 11,17,
das Gericht Jhwhs treffen. Aus Sach 11,4-14* wurde durch die Anfügung
von 11,15-17 demnach ein Wort gegen einen nicht näher bestimmten Führer des Volkes.[92]

Die Schwierigkeiten von Sach 11,4-17 erklären sich also auf Grundlage
der hier beschriebenen Entstehung dieses Textbereichs recht gut. Es wird so
verständlich, warum die Person des zum Hirten Beauftragten nur schwer zu
fassen ist, da sich hier gleichermaßen Hinweise für eine Deutung auf einen
Propheten, auf Jhwh selbst und auf einen politischen Führer finden lassen.[93]
Dies hängt eben mit der unterschiedlichen Aussage dieser Einheit in den
verschiedenen Überlieferungsstadien zusammen, bei denen der zum Hirten
beauftragten Person jeweils eine andere Funktion zukommt. Zudem erklärt
sich so das etwas unklare Nebeneinander zwischen dem Hirten und den
Händlern der Schafe. Dies war nur so lange verständlich, wie der Hirte nicht

---

90 Siehe hierzu oben 90.

91 So ist es auch nicht verwunderlich, dass der in V.15-17 genannte Hirte, trotz der vielfältigen
    Deutungen des zuvor in 11,4-14 erwähnten Hirten, nahezu einhellig als politischer Führer
    verstanden wird; siehe zur Deutung des Hirten in 11,15-17 oben 87 Anm. 72.

92 Eben deshalb dürfte auch der Nachtrag in 11,11-13 früher anzusetzen sein als 11,15-17. Es
    ist nämlich kaum wahrscheinlich, dass nach der Zufügung der Verse 11,15-17, durch die die
    in 11,4-17 genannten Hirten insgesamt als politische Führer erscheinen, nochmals ein
    Nachtrag erfolgt ist, der den ersten Hirten mit Jhwh selbst in Verbindung bringt. Es ist aber
    gut erklärlich, dass die Einheit 11,4-14* inklusive des Nachtrags in 11,11-13 durch 11,15-17
    zu einem gegen politische Führer gerichteten Wort umgearbeitet wurde.

93 Siehe hierzu oben 87 mit Anm. 72.

selbst als politischer Führer dargestellt wurde, also nur bis zur Anfügung der Verse 11,15-17. Im vorliegenden Bestand des Textes handelt es sich dagegen eher um ein Blindmotiv. Und schließlich lassen sich so auch die Unsicherheiten hinsichtlich der Frage, ob die Einheit auf vergangene, gegenwärtige oder auf künftige Ereignisse zu beziehen ist, erklären.[94] So ist die Grundschicht von 11,4-14* wie auch die erste Überarbeitung in 11,11-13 als Reflexion über vergangene Ereignisse zu verstehen, während mit 11,15-17 aktuelle Missstände und die Ansage der künftigen Beseitigung dieser Missstände nachgetragen wurden.[95]

Es ist nun aber kaum wahrscheinlich, dass Sach 11,4-17 diese Entstehungsgeschichte erst im Kontext des Deuterosacharjabuches durchlaufen hat. Nach den obigen Überlegungen konnte ja wahrscheinlich gemacht werden, dass das Deuterosacharjabuch auf eine Grundschicht zurückgeht, in der verschiedene Worte zusammengefasst waren, die gegen Hirten, also gegen die Führer des Volkes, gerichtet sind.[96] Das ist bei Sach 11,4-17 aber erst auf der letzten der beschriebenen Überlieferungsstufen, also erst nach der Zufügung des Textbereichs 11,15-17, der Fall. Die beschriebene Entstehung von Sach 11,4-17 gehört demnach in den Bereich der Vorgeschichte des Deuterosacharjabuches.

Das heißt dann aber insgesamt , dass bei Sach 11 sowohl das Wort 11,1-3 als auch der folgende Bericht über die Beauftragung zum Hirtendienst mindestens im Umfang 11,4-5.7.8b.9-17 der Grundschicht des Buches zuzuweisen sind. Dabei schließt Sach 11,1-3 direkt an das Wort 10,1-3a an. Bei dieser Grundschicht handelt es sich um eine kleine Sammlung von ursprünglich wohl selbständig überlieferten Worten, die allesamt an den Führern des Volkes, die hier als Hirten bezeichnet werden, orientiert sind.

Auf der Ebene des Deuterosacharjabuches sind dagegen in Sach 11 allenfalls die beiden vereinzelten Nachträge in Sach 11,6 und Sach 11,8a sekundär, wobei 11,6 das Sach 9-14 auch sonst bestimmende Thema des weltweiten Gerichtshandelns Jhwhs einbringt, während die 11,8a angesagte Vernichtung der drei Hirten in einem Monat auf eine wohl nicht mehr rekonstruierbare aktuelle Situation reagiert, auf die das Hirtenwort 11,4-17 bezogen wurde.

---

94 Siehe hierzu oben 88 Anm. 74.
95 So meinte schon Willi-Plein, Prophetie, 56, „daß der historische Punkt des Überganges von Vergangenheitsschilderung zu Gegenwartssituation in v. 15 zu suchen ist".
96 S.o. 76-82.84-86.

2.2.2 Die zweite Wortsammlung Sacharja 12,2-14,21

2.2.2.1 Die Gerichtsworte in Sacharja 12,2-13,1

In Sach 12,2-13,1 finden sich mehrere Einheiten, die auf ganz unterschiedliche Weise ein Gerichtsszenario beschreiben, in das sowohl Jerusalem und Juda als auch fremde Völker involviert sind. So sind die Verse 12,2-6 von der Ankündigung eines Kampfes zwischen dem Volk und den Völkern bestimmt. Die Völker werden gegen Jerusalem versammelt, es wird zu einer Belagerung kommen, an der auch Juda beteiligt ist,[97] und die Völker werden schließlich geschlagen. In 12,7-8 ist sodann davon die Rede, dass Jhwh Juda noch vor Jerusalem retten wird, damit die Pracht der Bewohner Jerusalems gegenüber Juda nicht zu groß wird. Zudem wird Jhwh künftig die Bewohner Jerusalems beschützen. Nach der nochmaligen Ankündigung, dass Jhwh die Völker, die gegen Jerusalem ziehen, vernichten wird, in 12,9, wird schließlich in 12,10-13,1 beschrieben, dass Jhwh den Geist der Gnade und des Flehens über dem Volk ausgießen wird, das Volk auf einen nicht näher bestimmten „Durchbohrten" blicken wird und nach Sippen getrennt über diese Geschehnisse die Klage anstimmen wird. An jenem Tag, so der abschließende Vers 13,1, wird dann eine Quelle gegen Sünde und Befleckung geöffnet sein.

Bei Sach 12,2-6 ist nun zunächst unklar, wie sich die gegen die Völker und die gegen das eigene Volk gerichteten Aussagen in diesem Textbereich zueinander verhalten und welche Rolle das neben Jerusalem gesondert erwähnte Juda in den hier geschilderten Geschehnissen spielt.[98] Beachtenswert ist dabei vor allem der vorliegende Verlauf der Verse 12,3-4. So heißt es zu Beginn von 12,3, dass Jhwh Jerusalem für alle Völker zu einem אבן מעמסה, einem wegzutragenden Stein,[99] macht, und jeder, der ihn wegträgt, sich daran verletzt. Es wird also ein Völkerangriff gegen die Stadt angekündigt, der erfolglos verlaufen wird. Erstaunlich ist dann aber, dass in 12,3b

---

97 Siehe hierzu im einzelnen unten 99f.

98 Vgl. zu den Schwierigkeiten dieses Textbereichs insbesondere Sæbø, Sacharja 9-14, 254-260.

99 Die Wendung אבן מעמסה wird meist mit „Stemmstein" wiedergegeben, wobei dann häufig im Anschluss an Ausführungen des Hieronymus, Commentarii, 861f, die auf dessen Erlebnisse in Israel zurückgehen, an in sportlichen Wettkämpfen verwandte Steine gedacht wird; vgl. hierzu KBL³, 581, sowie Wellhausen, Propheten, 197; Marti, KHC 13, 444; Nowack, HK 3,4, 390; Horst, HAT 14, 255; Rüthy, Art. Laststein, 1052; Reicke, Art. Spiel, 1834; Mason, Use, 146; Rudolph, KAT 13,4, 221; Hübner, Spiele, 129f. Ein solches Verständnis von אבן מעמסה, das auf sportlichen Bräuchen aus dem 4.Jh. n.Chr. beruht, überzeugt jedoch kaum; so auch Driver, Problems, 180; Meyers / Meyers, AncB 25C, 317; Reventlow, ATD 25,2, 116. Für sich genommen ist diese Wendung nämlich von der Grundbedeutung von עמס „aufladen, wegtragen" herkommend wohl schlicht als „abzutransportierender, wegzutragender Stein" zu deuten. Die alternative Deutung von Driver, ebd., als „Wegsperre" ist dagegen ohne jeden Anhalt.

nochmals erwähnt wird, dass alle Völker gegen Jerusalem versammelt werden, was doch deutlich hinter die Erwähnung der Erfolglosigkeit des Angriffs der Völker in 12,3aβ zurückfällt.[100] In 12,4 wird dann zunächst in 12,4a angekündigt, dass an jenem Tag die Pferde mit Entsetzen und deren Reiter mit Verrücktheit geschlagen werden. Im Anschluss an 12,3, wo in 12,3a eben die Erfolglosigkeit des Angriffs der Völker festgehalten ist, sollte man dabei zunächst meinen, dass in 12,4a die Pferde der Völker im Blick sind.[101] Erstaunlich ist dann aber, dass in 12,4bβ nochmals eigens erwähnt wird, dass die Pferde der Völker mit Blindheit geschlagen werden. Zudem ist beachtenswert, dass zwischen den beiden Aussagen über die Pferde 12,4a und 12,4bβ in 12,4bα angesagt wird, dass Jhwh seine Augen gerade über Juda auftun wird. Denn in 12,3 war von einem Angriff gegen Jerusalem und nicht gegen Juda die Rede.

Das beschriebene Nebeneinander von gegen die Völker und gegen das eigene Volk gerichteten Aussagen in 12,3-4 lässt sich nun über die bisherige Forschung hinaus wohl am besten durch die Annahme erklären, dass die beiden Verse nicht schon immer gegen die Völker gerichtet waren. So wird in 12,3 die Bemerkung 12,3aβ, dass sich jeder verletzt, der den Stein wegträgt (כל-עמסיה שׂרוט ישׂרטו), sekundär sein.[102] Nur ohne diese Bemerkung macht die abschließende Aussage in 12,3b, dass die Völker gegen Jerusalem versammelt werden, Sinn. Denn im Anschluss an den Teilvers 12,3aα, nach dem Jerusalem für alle Völker zu einem wegzutragenden Stein gemacht wird, ist 12,3b gut verständlich. Es geht dann in 12,3aαb darum, dass Jhwh das

---

100 Vgl. etwa Wellhausen, Propheten, 197; Marti, KHC 13, 444; Nowack, HK 3,4, 390; Sellin, KAT 12, 521; Elliger, ATD 25, 168; Lutz, Jahwe, 14; Rudolph, KAT 13,4, 219; Reventlow, ATD 25,2, 116.

101 So beziehen auch Marti, KHC 13, 445; Elliger, ATD 25, 169; Rudolph, KAT 13,4, 221; Mason, Haggai, 116; Meyers / Meyers, AncB 25C, 320; Reventlow, ATD 25,2, 116, u.a. die in Sach 12,4a genannten Reiter und Pferde auf die Völkerwelt.

102 Vgl. schon Wellhausen, Propheten, 197; Marti, KHC 13, 444; Sellin, KAT 12, 521. Demgegenüber gehen Elliger, ATD 25, 168; Horst, HAT 14, 254; Lutz, Jahwe, 14; Rudolph, KAT 13,4, 219; Reventlow, ATD 25,2, 115, u.a. davon aus, dass die Ankündigung des Völkerangriffs in 12,3b sekundär ist. Die zuletzt genannten Ansätze würden dann aber bedeuten, dass im ursprünglichen Bestand von Sach 12,3 bereits die Erfolglosigkeit des Völkergerichts betont wurde und in dem Nachtrag 12,3b erneut die Erwartung eines Völkerangriffs eingetragen wurde. Dies ist jedoch kaum nachzuvollziehen. Denn der vorliegende Text 12,2-9 läuft doch immer wieder, v.a. in 12,4b.6.9, auf die Erwartung eines Gerichts an den Völkern zu. Es ist deshalb nicht zu erklären, warum in 12,3b eine Redaktion die Ankündigung eines Völkerangriffs nachgetragen haben sollte. Wie die folgenden Ausführungen noch im einzelnen zeigen werden, ist es dagegen gerade umgekehrt sehr wohl erklärbar, dass in Sach 12,2-9 ein ursprünglich an einem Völkerangriff gegen Jerusalem orientierter Text durch eine Redaktion zu einem gegen die Völker gerichteten Text umgearbeitet wurde. Und eben deshalb ist es bei Sach 12,3 doch wahrscheinlicher, dass der Teilvers 12,3aβ und nicht der Teilvers 12,3b sekundär ist.

Volk für den Angriff der Völker zurichtet, die er gegen Jerusalem versammeln wird.

In 12,4 dürfte sodann die abschließende Bemerkung in 12,4bβ sekundär sein, nach der die Pferde der Völker mit Blindheit geschlagen werden.[103] Denn zum einen kommt dies nach der Aussage in 12,4bα, dass Jhwh seine Augen über Juda öffnen wird, zu spät. Das in 12,4a erwähnte Thema der Pferde war in 12,4bα ja eigentlich schon wieder verlassen. Zum anderen bringt auch 12,4bβ eine völkerfeindliche Ausrichtung in den vorliegenden Kontext ein, die nach den Überlegungen zu 12,3 sicherlich nicht ursprünglich sein dürfte.

Wenn nun aber Sach 12,3aβ.4bβ sekundär ist, dann erklärt sich auch die Aussage in 12,4bα, dass Jhwh seine Augen über Juda auftun wird. Da Sach 12,3-4* ohne diese beiden Teilverse als Gerichtswort gegen Jerusalem zu verstehen ist, ist Sach 12,4bα im ursprünglichen Kontext so zu deuten, dass Jhwh Juda gerade im Gegensatz zu Jerusalem bei dem drohenden Völkerangriff beschützen wird.[104] Erst durch die Einfügung der völkerfeindlichen Nachträge in 12,3aβ.4bβ wurde die Erwähnung Judas in den an sich von Jerusalem handelnden Versen 12,3-4 unverständlich.

Mit Blick auf Sach 12,3-4 ergibt sich also, dass diese beiden Verse ursprünglich von einem Völkerangriff gegen Jerusalem handeln, bei dem Jhwh die Stadt zu einem von den Völkern wegzutragenden Stein macht, dann die Völker versammelt und die Pferde und Reiter der Stadt mit Entsetzen und Verrücktheit schlägt, wohingegen er Juda bei diesen Geschehnissen beschützen wird. Durch die Einfügung von 12,3aβ.4bβ wurde dieses Jerusalem geltende Gerichtswort gegen die Völker umgelenkt, indem nun in 12,3aβ die Erfolglosigkeit des Völkerangriffs festgehalten und in 12,4bβ das Vorgehen Jhwhs gegen die Pferde der Völker beschrieben wird.

---

103 So wird Sach 12,4bβ auch von Marti, KHC 13, 445; Nowack, HK 3,4, 391; Otzen, Studien, 186; Sæbø, Sacharja 9-14, 271; Rudolph, KAT 13,4, 220; Hanson, Dawn, 357; Mason, Haggai, 113; Reventlow, ATD 25,2, 116; Stiglmair, Durchbohrte, 452, u.a. für sekundär gehalten.

104 Angesichts der Tatsache, dass zumeist angenommen wird, dass Sach 12,2-9 schon in seinem Grundbestand gegen die Völker gerichtet war, wird die Aussage in 12,4bα meist nicht so verstanden, dass Juda im Gegensatz zu Jerusalem besonderen Schutz von Jhwh erfährt. So meinen etwa Marti, KHC 13, 445; Nowack, HK 3,4, 391; Petersen, Zechariah 9-14, 113f, dass Jerusalem in der Erwähnung von Juda inbegriffen wäre, was doch aber kaum erklären kann, warum hier nur Juda genannt wird, während zuvor in 12,3 Jerusalem als Ziel des Angriffs der Völker bezeichnet wurde. Häufig wird Sach 12,4bα aber auch kurzerhand als Nachtrag verstanden, vgl. Elliger, ATD 25, 168; Sæbø, Sacharja 9-14, 270; Mason, Haggai, 113; Reventlow, ATD 25,2, 116; Redditt, Haggai, 130, wobei dann aber immer noch zu erklären wäre, warum eine solche Aussage denn später eingefügt worden sein sollte. So geht denn auch Otzen, Studien, 186, wohl zurecht davon aus, dass in Sach 14,4bα, das auch Otzen zum Grundbestand von Sach 12,2ff rechnet, betont wird, dass Juda eben im Gegensatz zu Jerusalem Gegenstand des besonderen Schutzes Jhwhs ist.

Diese Überlegungen bestätigen sich nun auch an Sach 12,2. Hier ist zunächst umstritten, wie die Wendung סַף־רַעַל in 12,2a zu verstehen ist. Meist wird dabei im Anschluss an Jes 51,17.22; Jer 25,15.17.28; Ez 23,31-33; Hab 2,16; Klgl 4,21 angenommen, dass dies als Taumelbecher zu deuten ist, so dass also nach Sach 12,2a die Völker bei ihrem Angriff gegen Jerusalem ins Schwanken geraten.[105] Demnach ginge es in diesem Vers darum, dass das Vorhaben der Völker erfolglos sein wird.

Dagegen spricht aber, dass סַף־רַעַל kaum so sicher auf einen Taumelbecher zu deuten ist, wie gerne angenommen wird. Zwar ist סַף I im Sinne von Schale belegt. Zudem wird unter den genannten Belegen des Taumelbechers das Taumeln in Hab 2,16 mit dem Verb רעל beschrieben, und in Jes 51,17.22 wird das auf der Wurzel רעל basierende Nomen תַּרְעֵלָה zur Bezeichnung des Taumelbechers verwandt. Allerdings ist weder dort noch an einer anderen Stelle סַף I für einen Taumelbecher belegt. Vielmehr wird hierfür an all den genannten Stellen das Wort כּוֹס verwandt. Außerdem ist beachtenswert, dass das Bild des Taumelbechers im Kontext von Sach 12,2 überhaupt nicht weiter aufgenommen wird. Anders als an den sonstigen Belegstellen eines Taumelbechers ist in Sach 12,2 noch nicht einmal vom Trinken aus diesem Becher die Rede.[106]

Zu beachten ist nun, dass neben סַף I auch die Wurzel סַף II „Schwelle" belegt ist.[107] Von dieser Wurzel herkommend und von der Grundbedeutung von רעל als „schwingen, schütteln, beben"[108] ausgehend wäre סַף־רַעַל in Sach 12,2 somit als „bebende Schwelle" zu verstehen.[109] Vergleichbar mit Jes 6,4; Am 9,1 wäre Sach 12,2 dann so zu deuten, dass Jerusalem zu einem bis in die Fundamente erschütterten Haus zugerichtet wird.[110] Dies passt dann

---

105 Vgl. nur Wellhausen, Propheten, 197; Marti, KHC 13, 444; Sellin, KAT 12, 521; Elliger, ATD 25, 169; Willi-Plein, Prophetie, 86; Hanson, Dawn, 355; Mason, Haggai, 115; Meyers / Meyers, AncB 25C, 312; Reventlow, ATD 25,2, 115.

106 So ist in Jes 51,17.22; Jer 25,15.17.28; Ez 23,31-33; Hab 2,16 stets שָׁתָה „trinken" bzw. שָׁקָה „zu trinken geben" belegt, in Klgl 4,21 ist im Zusammenhang der Rede vom Taumelbecher immerhin davon die Rede, dass die, zu denen der Becher kommt, betrunken werden sollen (שָׁכַר). Das Bild des Taumelbechers wird also an all diesen Stellen noch weiter aufgenommen.

107 Vgl. KBL³, 720. Zu סַף II siehe auch Meyers, Art. סַף, 898-901.

108 Vgl. Nah 2,4 sowie KBL³, 1180f.

109 So auch schon Driver, Problems, 179; Mason, Haggai, 115; Rudolph, KAT 13,4, 216; Stiglmair, Durchbohrte, 451; Petersen, Zechariah, 107.111.

110 Die Anm. 109 genannten Ansätze, die סַף־רַעַל von סַף II ableiten, gehen demgegenüber allesamt davon aus, dass das Beben der Schwelle gegen die angreifenden Völker gerichtet zu verstehen ist. So meinen Driver, Mason, Rudolph und Stiglmair, dass סַף־רַעַל als rutschige oder stolprige Schwelle zu verstehen ist, die die Völker an ihrem Angriff gegen Jerusalem hindern wird, und Petersen meint, dass das Beben der Schwelle die vor der Stadt befindliche Belagerung der Feinde erschüttert. Doch sind all diese Überlegungen erkennbar von dem Anliegen geprägt, Sach 12,2 als gegen die Völker gerichtet interpretieren zu können. Denn angesichts der Parallelen in Jes 6,4; Am 9,1 wird doch viel eher davon auszugehen sein, dass

doch aber recht gut zu den obigen Überlegungen zur ursprünglichen Aussage von Sach 12,3*. Denn schon ganz allgemein liegen sich die Begriffe Schwelle und Stein wesentlich näher als Taumelbecher und Stein. Zudem ließe sich der Zusammenhang von Sach 12,2a und 12,3aα dann so verstehen, dass Jhwh die Stadt zunächst zu einer bebenden Schwelle, also zu einem bis in die Fundamente erschütterten Gebäude, macht und dann wie einen Stein, der abzutransportieren ist, zurichtet, was vielleicht auf die nach der Erschütterung des Gebäudes verbleibenden Schuttsteine zu deuten wäre. Das heißt aber, dass Sach 12,2a wie auch der ursprüngliche Bestand der folgenden beiden Verse in 12,3aαb.4abα gegen das eigene Volk, genauer gegen Jerusalem, gerichtet ist.

Sach 12,2b kann sodann ebenfalls auf der Linie von 12,2a.3aαb.4abα verstanden werden. Es wurde hier viel gerätselt, ob bei der schwierigen Formulierung וגם על־יהודה יהיה במצור על־ירושלם Juda als von der Belagerung betroffen oder als an der Belagerung Jerusalems beteiligt vorzustellen ist,[111] wobei die erstgenannte Deutung überhaupt nur mit großer Mühe aus der schwierigen Textgestalt herauszulesen ist, während bei der zuletzt genannten Deutung die Präposition על vor יהודה zu streichen wäre. Im Anschluss an die obigen Ausführungen, nach denen Sach 12,4bα so zu verstehen ist, dass Jhwh über Juda gerade im Gegensatz zu Jerusalem seine Augen auftut, dass also Juda nicht von dem Angriff gegen Jerusalem betroffen ist, wird nun 12,2b sicherlich im Sinne der zuletzt genannten Alternative zu verstehen sein. Es geht hier somit darum, dass sich auch Juda im Belagerungszustand gegen Jerusalem befindet, also zu den die Stadt angreifenden Völkern gehört.[112] Dafür spricht auch, dass die häufig vertretene Deutung

---

auch das in Sach 12,2 erwähnte Beben gegen den gerichtet ist, dessen Schwelle von eben diesem Beben ergriffen wird. Vgl. dabei zur Deutung der bebenden Schwelle in Jes 6,4; Am 9,1 als Bild für das Erschüttern eines Gebäudes bis in die Fundamente hinein etwa Mays, Amos, 153f; Rudolph, KAT 13,2, 245; Kaiser, ATD 17, 129; Paul, Amos, 275.

111 So gehen Marti, KHC 13, 444; Sellin, KAT 12, 521; Otzen, Studien, 185; Rudolph, KAT 13,4, 216f; Mason, Haggai, 15f; Meyers / Meyers, AncB 25C, 315f; Reventlow, ATD 25,2, 113, u.a. davon aus, dass nach Sach 12,2b gleichermaßen Juda und Jerusalem belagert werden, während im Anschluss an Geiger, Urschrift, 58, etwa Wellhausen, Propheten, 197; Sæbø, Sacharja 9-14, 90f; Hanson, Dawn, 361f, annehmen, dass Juda an der Belagerung Jerusalems beteiligt ist. In neuerer Zeit meint schließlich noch Petersen, Zechariah 9-14, 112, dass eine Entscheidung in dieser Frage nicht möglich ist.

112 Gegen die hier vorgeschlagene Deutung wurde aber schon häufiger vorgebracht, dass die Wendung היה במצור auch in Ez 4,3 belegt ist und dort nicht aktiv als „belagern", sondern passiv als „belagert sein" zu verstehen ist; vgl. nur Marti, KHC 13, 444; Sellin, KAT 12, 521; Otzen, Studien, 261. Doch zeigt sich bei Ez 4,3 ein bislang noch nicht wahrgenommenes Problem. Die genaue Formulierung וְהָיְתָה בַמָּצוֹר, bei der das Verb in der vorliegenden Gestalt eindeutig als 3.f.sg. vokalisiert ist, unterbricht eine an den maskulinen Imperativ קח angeschlossene Kette von ebenfalls maskulinen Perfekt-consecutiv-Formen. So steht hier in einer Reihe mit den verschiedenen Aufforderungen an den Propheten die Aussage, dass sie,

von Sach 12,2b, nach der auch Juda wie Jerusalem belagert wird, ohnehin keinen Sinn ergibt, ist doch מצור sonst naheliegenderweise nur mit Bezug auf Städte und gerade nicht mit Bezug auf Länder belegt, da Länder ja nicht belagert werden können.[113] Und für diese Deutung spricht zudem noch, dass in Sach 14,14 ebenfalls davon die Rede ist, dass auch Juda gegen Jerusalem kämpfen wird, wobei dies dort wie in 12,2b mit וגם eingeleitet wird.[114] Auch in Sach 14,14 ist also vorausgesetzt, dass Juda zusammen mit den Völkern gegen die Stadt Jerusalem vorgehen wird. Dann spricht aber alles dafür, dass auch Sach 12,2b so zu verstehen ist, dass Jerusalem von Juda belagert wird. Somit ist die Präposition על vor יהודה wohl tatsächlich erst sekundär eingetragen worden, als Sach 12,2ff bereits zu einem den Völkern geltenden Gerichtswort umgearbeitet war.

Sach 12,2.3aαb.4abα kann also insgesamt als ein in sich schlüssiger Textbereich verstanden werden, nach dem Jhwh die Stadt Jerusalem dem Angriff der Völker preisgibt, woran auch Juda beteiligt ist. Der folgende Vers Sach 12,5, nach dem die Fürsten Judas sagen werden, dass die Stärke der Bewohner Jerusalems in Jhwh liegt, dürfte demgegenüber sekundär

---

also die Stadt, in Belagerung sein soll. Erstaunlich ist daran, dass nach J-M, §119m, ein Imperativ nur recht selten von einer Perfekt-consecutiv-Form der 1. oder der 3. Person fortgeführt wird . Und an den bei J-M aufgeführten Belegstellen stehen diese Formen nie wie in Ez 4,3 inmitten einer Perfekt-consecutiv-Kette, sondern stets direkt im Anschluss an den Imperativ (Ex 9,8; 34,1; Num 4,19; 22,8; 1 Kön 22,12.15; Ez 37,17) oder am Ende einer Perfekt-consecutiv-Kette (Ex 8,12; 1 Sam 15,30; 2 Sam 24,2). Dabei sind diese Formen der 1. oder 3. Person dann in Folge der vorangehenden Imperative final aufzufassen. Angesichts der Tatsache, dass demnach die in Ez 4,3 belegte Perfekt-consecutiv-Form der 3.f.sg. inmitten einer Kette von an einen Imperativ angeschlossenen Perfekt-consecutiv-Formen der 2.m.sg. ein Unikum im AT wäre, könnte es doch gut sein, dass es sich hier bei והיתה ur-sprünglich gar nicht um eine feminine Form handelt, sondern entsprechend zu den übrigen Verben in diesem Vers um eine 2.m.sg. Dabei müsste nicht unbedingt eine ursprüngliche Lesart וְהָיִיתָ angenommen werden. Es könnte auch sein, dass es sich bei והיתה in Ez 4,3 um die seltene Form der 2.m.sg. וְהָיְתָה handelt, wie dies in 2 Sam 10,11 oder von dem Verb היה in Jer 38,17 belegt ist. So müsste an dieser Stelle also nur eine andere Vokalisierung an-genommen werden. Sollten diese Überlegungen richtig sein, dann wäre die Wendung והיתה במצור in Ez 4,3 aber wie die anderen an den Imperativ angeschlossenen Perfekt-consecutiv-Formen auf den Propheten zu beziehen und somit aktiv im Sinne von „belagern" zu ver-stehen. Und dies würde das hier vorausgesetzte Verständnis von היה במצור in Sach 12,2 gerade stützen.
Die Ausführungen zu Ez 4,3 mögen dabei spekulativ sein. Aufgrund der Tatsache, dass Ez 4,3 die einzige Parallele zur Wendung היה במצור in Sach 12,2 ist, zeigen die vorgestellten Schwierigkeiten bei Ez 4,3 aber zumindest, dass der Verweis auf diese Stelle nicht ausreicht, um die hier vorgeschlagene Deutung, dass Juda nach Sach 12,2 aktiv an der Belagerung von Jerusalem beteiligt ist, auszuschließen.

113 Vgl. hierzu Dtn 20,19.20; 28,53.55.57; 2 Kön 24,10; 25,2; Jer 10,17; 19,9; 52,5; Ez 4,2.3.7.8; 5,2; Mi 4,14; Nah 3,14; 2 Chr 32,10. Angesichts der hier aufgeführten Belege ist das von Rudolph, KAT 13,4, 216f, oder Thiel, Art. צור, 970, für Sach 12,2 vorgeschlagene Ver-ständnis von מצור als „Bedrängnis" wohl eher eine Verlegenheitsauskunft.
114 Zu Sach 14,14 s.u. 119f.

sein.[115] Es handelt sich hierbei um einen ausgleichenden Nachtrag, der Juda wieder an die Seite Jerusalems stellt. Dieser Nachtrag kann wohl weder auf die Stufe der einen Völkerangriff gegen Jerusalem ankündigenden Schicht 12,2.3aαb.4abα noch auf der Stufe der völkerfeindlichen Überarbeitung in 12,3aβ.4bβ angesetzt werden.

Demgegenüber schließt Sach 12,6 direkt an 12,4abα an. Die dortige Aussage, dass Jhwh über Juda seine Augen auftun wird, war ja in ihren Konsequenzen überhaupt noch nicht weiter ausgeführt worden. Die Ankündigung in 12,6aα, dass Jhwh die Fürsten Judas zu einem Feuerbecken im Holz und zu einer Fackel im Stroh macht, kann daher als direkte Fortsetzung von 12,4abα verstanden werden. Im Anschluss an 12,2.3aαb.4abα wird hier also, wie schon in 12,2, erneut die aktive Beteiligung Judas am Angriff gegen Jerusalem geschildert. Das heißt dann aber, dass der folgende Teilvers Sach 12,6aβb, nach dem sie, also die Fürsten Judas, zur Rechten und zur Linken alle Völker fressen werden und Jerusalem wieder an seiner Stelle wohnen wird, erneut der Überarbeitung zuzurechnen ist, die schon in 12,3aβ.4bβ die ursprünglich an Jerusalem orientierten Verse 12,2-4* gegen die Völker umgelenkt hat.[116]

Die folgenden Verse Sach 12,7-8 fallen nun schon dadurch auf, dass hier anders als in der Grundschicht 12,2.3aαb.4abα.6aα und anders als in der Überarbeitung 12,3aβ.4bβ.6aβb von Jhwh in 3. Person die Rede ist. Zudem wird hier in 12,7 anders als dort vorausgesetzt, dass Juda zusammen mit Jerusalem der Rettung bedarf, wobei sich an dieser Stelle sogar die Vorstellung findet, dass Juda noch vor Jerusalem gerettet werden soll, damit die Pracht Jerusalems, die auch als Pracht des Hauses Davids bezeichnet wird, nicht zu groß wird gegenüber der Pracht Judas. So dürfte Sach 12,7-8 gegenüber 12,2-6 sekundär sein.[117] Dabei handelt es sich bei diesen Versen wie

115 Vgl. etwa Marti, KHC 13, 445; Nowack, HK 3,4, 391; Sellin, KAT 12, 521; Lutz, Jahwe, 14; Sæbø, Sacharja 9-14, 271; Reventlow, ATD 25,2, 116.

116 Schon Elliger, ATD 25, 168, und Lutz, Jahwe, 14, war aufgefallen, dass der in der vorliegenden Gestalt von Sach 12,6 angesagte Kampf Judas gegen die Völker nicht zur vorangehenden Darstellung passt, nach der Jhwh selbst gegen die Völker vorgeht. Allerdings gehen Elliger und Lutz, aufgrund der üblichen Deutung von Sach 12,2ff als einem schon in seinem Grundbestand gegen die Völker gerichteten Wort, davon aus, dass der gesamte Teilvers Sach 12,6a erst sekundär eingebracht wurde. Da sich im Rahmen der hier vorgestellten Überlegungen allerdings ergeben hat, dass die Grundschicht von Sach 12,2ff noch gegen Jerusalem gerichtet war und dass dabei schon in Sach 12,2b Juda als an den Angriffen gegen Jerusalem beteiligt vorgestellt wird, ist es dann aber doch wahrscheinlicher, dass nicht der gesamte Teilvers 12,6a sondern nur die völkerfeindliche Wendung in 12,6aβ, zusammen mit dem Heilswort für Jerusalem in 12,6b, sekundär ist.

117 So auch, mit Unterschieden im Detail, Marti, KHC 13, 445; Elliger, ATD 25, 168; Lutz, Jahwe, 13; Reventlow, ATD 25,2, 116. Zumindest Sach 12,7 wird zudem von Wellhausen, Propheten, 198; Nowack, HK 3,4, 391; Sellin, KAT 12, 522; Horst, HAT 14, 254; Mason, Haggai, 113, für sekundär gehalten.

schon bei 12,5 um eine Korrektur des im Grundbestand von 12,2-6* vorausgesetzten negativen Verhältnisses zwischen Juda und Jerusalem. Es lässt sich allerdings nicht sicher sagen, ob 12,5 und 12,7-8 auf dieselbe Hand zurückgehen, da in 12,5 noch nicht wie in 12,7-8 davon die Rede war, dass Juda rettungsbedürftig ist und gegenüber Jerusalem sogar zuerst gerettet werden soll. Angesichts der Tatsache, dass in beiden Textbereichen das Verhältnis zwischen Juda und Jerusalem aber überhaupt positiv bestimmt wird, und angesichts der Tatsache, dass in beiden Textbereichen im Gegensatz zu 12,2-4.6 statt von Jerusalem an sich von den Bewohnern Jerusalems (יֹשֵׁב יְרוּשָׁלַם) die Rede ist, erscheint dies jedoch zumindest möglich.[118]

Der folgende Vers 12,9, nach dem Jhwh an jenem Tag alle Völker, die nach Jerusalem kommen, vernichten wird, ist sodann aufgrund seiner Gestaltung als Gottesrede und aufgrund seiner völkerfeindlichen Ausrichtung wohl wieder derselben Überarbeitung zuzuweisen, die schon in 12,3aβ.4bβ.6aβb die vorgegebene Ankündigung eines Völkerangriffs auf Jerusalem 12,2-6* gegen die Völker umgelenkt hat.[119] Die vorliegendende Gestalt des so schwierigen Textbereichs Sach 12,2-9 mit seinem Nebeneinander von gegen das eigene Volk und gegen die Völker gerichteten Aussagen kann dann insgesamt, über die bisherige Forschung hinaus, so verstanden werden, dass der Grundbestand in den Versen Sach 12,2.3aαb.4abα.6aα, die einen Völkerangriff gegen die Stadt Jerusalem ankündigen, durch eine Redaktion in 12,3aβ.4bβ.6aβb.9 mehrfach auf die Ankündigung eines aus diesem – dann erfolglosen – Völkerangriff resultierenden Völkergerichts hin umgestaltet wurde:

---

118 Schon Marti, KHC 13, 446, hielt es zumindest für möglich, dass Sach 12,5 und 12,7-8 auf derselben redaktionellen Ebene anzusetzen sind.

119 Auch Stiglmair, Durchbohrte, 453, betrachtet Sach 12,9 als Nachtrag. Er ordnet diesen Vers allerdings auf derselben Ebene wie den von ihm als sekundär verstandenen Teilvers Sach 12,3b ein, ohne sich daran zu stören, dass in Sach 12,3b ein Angriff der Völker, in 12,9 dagegen Gericht an den Völkern beschrieben wird. Zu Sach 12,3b siehe auch oben 96 mit Anm. 102.

| 12,2.3aα: | Völkerangriff |

| | ← | 12,3aβ: | Völkergericht |

| 12,3b.4abα: | Völkerangriff |

| | ← | 12,4bβ: | Völkergericht |

| 12,6aα: | Völkerangriff |

| | ← | 12,6aβb.9: | Völkergericht |

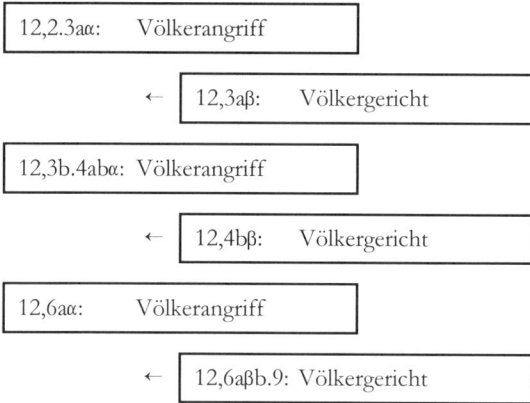

Bei dem die Großeinheit 12,2-13,1 abschließenden Wort 12,10-13,1 handelt es sich schließlich um einen Text, der kaum lösbare Probleme aufgibt. Eine Auslegung der hier belegten Schilderung, dass Jhwh den Geist der Gnade und des Flehens über dem Haus David und über den Bewohnern Jerusalems ausgießt und diese sodann auf einen blicken, den sie durchbohrt haben,[120] was zu einer umfassenden, nach Sippen geordneten Klage führt, steht dabei vor allem vor der Schwierigkeit, dass sich keinerlei Hinweise finden lassen, wer mit dem in 12,10 genannten Durchbohrten gemeint ist.[121] Angesichts der Darstellung, dass sie, also das Volk, diesen durchbohrt haben, scheint dieser Text auf eine konkrete historische Situation anzuspielen, bei der wohl eine bedeutende Person auf Betreiben oder zumindest auf Verschulden des Volkes hin umgebracht wurde. Was es aber genau damit auf sich hat, wird sich wohl nie wirklich klären lassen.[122]

---

120 MT liest an dieser Stelle אֵלַי אֵת אֲשֶׁר־דָּקָרוּ. Allerdings ist im weiteren Verlauf nur in 3. Person von dem Durchbohrten die Rede, so dass das Suffix der 1. Person bei אֵלַי entweder zu streichen oder – angesichts der folgenden nota accusativi wohl wahrscheinlicher – zu einem Suffix der 3.m.sg. zu ändern ist. Vgl. hierzu etwa Wellhausen, Propheten, 199; Marti, KHC 13, 447; Elliger, ATD 25, 166; Horst, HAT 14, 254; Sæbø, Sacharja 9-14, 100; Willi-Plein, Prophetie, 24f; Petersen, Zechariah 9-14, 108, gegen Rudolph, KAT 13,4, 218; Meyers / Meyers, AncB 25C, 336f; Reventlow, ATD 25,2, 117; Stiglmair, Durchbohrte, 453.

121 So wurden zu der Erwähnung des Durchbohrten in Sach 12,10 schon die verschiedensten Spekulationen vorgetragen. Gerade in älteren Ansätzen wurde der Durchbohrte gerne mit einer konkreten Person identifiziert, so Rubinkam, Second Part, 63f; Marti, KHC 13, 447, mit Onias III. oder Duhm, Anmerkungen, 197f mit dem Makkabäer Simon. Dagegen denken etwa Elliger, ATD 25, 171; Rudolph, KAT 13,4, 223f; Deissler, NEB.AT 21, 307, an eine messianische Gestalt, Stiglmair, Durchbohrte, 453-456, an Jhwh selbst, Mason, Haggai, 118f, an den Propheten sowie Hanson, Dawn, 365f; Meyers / Meyers, AncB 25C, 337-340, an den Kreis der Propheten insgesamt. Schließlich meint Petersen, Zechariah 9-14, 121, sogar, dass das Durchbohren der nicht näher bestimmten Person auf Kinderopfer zu beziehen sei.

122 Eben deshalb halten sich Horst, HAT 14, 256; Willi-Plein, Prophetie, 118; Reventlow, ATD 25,2, 117, mit genaueren Spekulationen über die Person des Durchbohrten bewusst zurück.

Doch nicht nur die Deutung des Durchbohrten, auch die folgende
Aufzählung der verschiedenen Sippen, der Häuser David, Natan, Levi und
Schimi, ist unklar. Zwar spricht einiges für die häufig vorgetragene Überlegung, dass hier mit David und Natan auf königliche, mit Levi und Schimi
auf priesterliche Geschlechter angespielt wird.[123] Es ist aber aus dem vorliegenden Textverlauf heraus nicht ersichtlich, wie das Nebeneinander dieser
Sippen bei der hier geschilderten Volksklage zu verstehen sein soll. Es ist
auch nicht deutlich, warum nur hier im AT gerade das Haus Natan und das
Haus Schimi erwähnt werden. Und es ist schließlich vor allem unklar, in
welchem Verhältnis diese Geschlechter zu dem in 12,10 genannten Durchbohrten stehen.[124]

So lässt sich über Sach 12,10-13,1 wohl nur so viel sagen: Dieser Text
spielt auf eine bestimmte historische Situation an und reagiert auf die Schuld
des Volkes – und dabei vor allem der führenden Schichten – an dem Tod
einer nicht weiter benannten Person. Diesem Verschulden wird hier zunächst mit der in 12,10 benannten Verheißung begegnet, dass Jhwh den
Geist der Gnade und des Flehens ausgießen wird, was nach 12,11-14 dazu
führt, dass das Volk seine Schuld erkennt und in einer nach Sippen geordneten Volksklage hierauf reagiert. Die abschließende Aussage in 13,1,
dass eine Quelle gegen Sünde und Befleckung geöffnet sein wird, hält
schließlich die Vergebungsbereitschaft Jhwhs fest.[125] Es geht in 12,10-13,1
also um die theologische Bewältigung einer nicht mehr im einzelnen rekonstruierbaren Situation der Verschuldung des Volkes.

Angesichts der nur in den beschriebenen Umrissen erkennbaren Aus-
sageintention von Sach 12,10-13,1 und angesichts der Tatsache, dass sich
weder zur Erwähnung des Durchbohrten in 12,10 noch zur folgenden
Volksklage in 12,11-14 weitere Parallelen in Sach 9-14 finden, ist nun auch
die Frage der Einordnung dieses Textes in die Redaktionsgeschichte des
Deuterosacharjabuches nur unter großen Vorbehalten möglich.[126] So lässt

---

123 So ist in 2 Sam 5,14; 1 Chr 3,5 ein Natan als Nachfahre Davids, in Num 3,18; 1 Chr 6,27-28
ein Schimi als Nachfahre Levis belegt; vgl. nur Reventlow, ATD 25,2, 117.

124 Es wird daher allenfalls angemerkt, dass mit der Aufzählung der verschiedenen Geschlechter
die Universalität der Klage betont werden soll; vgl. etwa Sellin, KAT 12, 525; Elliger, ATD
25, 171; Rudolph, KAT 13,4, 225; Mason, Haggai, 120; Petersen, Zechariah, 123, u.a. Alle
weitergehenden Überlegungen dürften wohl auch allzu spekulativ sein.

125 Vgl. zur Bedeutung von Sach 13,1 als Abschluss der vorangehenden Klagebeschreibung etwa
Elliger, ATD 25, 171f; Reventlow, ATD 25,2, 118; Petersen, Zechariah 9-14, 123f.

126 Die redaktionsgeschichtliche Einordnung von Sach 12,10-13,1 wird, sofern hierauf überhaupt
eingegangen wird, unterschiedlich vorgenommen. So rechnen Elliger, ATD 25, 169; Reventlow, ATD 25,2, 115, diese Verse zur Grundschicht des Textbereichs 12,2ff, nach Redditt,
Haggai, 132, handelt es sich dabei um einen Nachtrag. Wirkliche Begründungen werden
allerdings bei genauerem Hinsehen weder für die eine noch für die andere Lösung vorgebracht.

sich nur ein kleiner Hinweis auf den literarischen Zusammenhang dieses Textbereichs vorbringen: Es ist nämlich beachtenswert, dass hier zum einen in 12,10.12; 13,1 wie schon in 12,7.8 das Haus Davids (בית דויד) erwähnt wird und dass hier zum anderen in 12,10; 13,1 wie in 12,5.7.8 von den Bewohnern Jerusalems (ישב ירושלם) die Rede ist. Denn sowohl בית דויד als auch ישב ירושלם ist nur an eben diesen Stellen im Deuterosacharjabuch belegt. So könnten – bei aller gebotenen Vorsicht – die Verse 12,5.7-8 auf dieselbe Hand zurückgehen wie 12,10-13,1.[127] Auch wenn die genauen Hintergründe jeweils nicht mehr im einzelnen zu rekonstruieren sind, können dabei sowohl die Verhältnisbestimmung zwischen Juda und Jerusalem in 12,5.7-8 als auch die Ausführungen über den Durchbohrten in 12,10-13,1 als Reaktion auf aktuelle Geschehnisse verstanden werden. Es handelt sich also hier wie dort um aktualisierende Fortschreibungen, die angesichts der beschriebenen terminologischen Übereinstimmungen zumindest vielleicht auf dieselbe Überarbeitung zurückgehen.

Da nun aber auch nach den hier vorgestellten Überlegungen zu Sach 12,5.7-8.10-14; 13,1 die genaue Intention dieser Passagen offenbleiben muss, da sich zudem nicht genau sagen lässt, ob diese Verse vor oder nach der völkerfeindlichen Überarbeitung in den vorliegenden Kontext eingetragen wurden und da sich schließlich in Sach 9-14 keine weiteren Textbereiche finden lassen, die derselben Hand zuzuweisen wären, wird diese Überarbeitung unter die vereinzelten Nachträge eingeordnet. Auch wenn eigentlich nur kleine, punktuelle Fortschreibungen als vereinzelte Nachträge bezeichnet werden sollten, ist angesichts der beschriebenen Schwierigkeiten doch auch der Textbereich Sach 12,5.7-8.10-14; 13,1 unter diese Rubrik zu fassen. Gerechtfertigt ist dies neben den interpretatorischen Schwierigkeiten auch dadurch, dass Sach 12,5.7-8.10-14; 13,1 über den engeren Kontext dieser Verse hinaus wohl weder für die Entstehung des Deuterosacharjabuches noch für die buchübergreifende Entstehung des Zwölfprophetenbuches von größerer Bedeutung ist.

Insgesamt ergibt also die redaktionsgeschichtliche Analyse von Sach 12,2-13,1, dass der Grundbestand dieses Textbereichs die Verse 12,2.3aαb.4abα.6aα umfasst. Es wird hier ein Völkerangriff gegen Jerusalem

---

127 Genauere Überlegungen zum literarischen Zusammenhang von Sach 12,10-13,1 wurden bislang erst von Redditt, Israel's Shepherds, 636; ders., Haggai, 132, vorgetragen. Er fasst Sach 12,10ff mit 12,4b.6-7 zusammen. Allerdings lassen sich zwischen 12,10-13,1 und 12,4b.6-7, mit Ausnahme von 12,7, kaum bedeutendere Gemeinsamkeiten erkennen, ist doch Sach 12,4b.6 im Gegensatz zu 12,10-13,1 eher völkerfeindlich ausgerichtet. So dürfte, wenn die für Sach 12,10-13,1 verantwortlichen Redaktoren überhaupt noch weitere Texte in DtSach eingebracht haben, doch mehr für die hier vorgeschlagene Zuordnung zu 12,5.7-8 sprechen, wofür sich zumindest auf die terminologischen Verbindungen über בית דויד und ישב ירושלם verweisen lässt.

angekündigt, an dem auch Juda beteiligt ist. Dabei lassen sich keine Verbindungen zwischen Sach 12,2.3aαb.4abα.6aα und den bislang in DtSach herausgearbeiteten Schichten erkennen.

Diese Ankündigung eines Völkerangriffs wurde sodann durch die Nachträge in 12,3aβ.4bβ.6aββ.9 zu einem gerade gegen die Völker gerichteten Wort umgearbeitet. Es wird hier die Erfolglosigkeit des Angriffs auf Jerusalem festgehalten und die Vernichtung der angreifenden Völker durch Jhwh verheißen. Diese Überarbeitung kann nun auf einer Ebene mit der bereits in 9,14-16; 10,3b-5.11 erkannten völkerfeindlichen Redaktion angesetzt werden. Denn auch dort sind die Völker insgesamt Gegenstand des göttlichen Gerichts und auch dort werden Formulierungen aus dem Kontext aufgenommen, um so – wie etwa schon bei 10,3a durch die Überarbeitung in 10,3b –[128] ursprünglich gegen das eigene Volk gerichtete Worte auf die Völker hin umzulenken.

Die nur schwer verständlichen Fortschreibungen in Sach 12,5.7-8.10-14; 13,1, die zunächst in 12,5.7-8 positiv das Verhältnis zwischen Juda und Jerusalem beschreiben und in 12,10-13,1 die Ausgießung des Geistes der Gnade und des Flehens verheißen und die hierauf folgende Reaktion des Volkes auf die Geschehnisse um einen nicht näher bestimmten „Durchbohrten" schildern, sind sodann aus den oben ausgeführten Gründen unter die vereinzelten Nachträge zu fassen.

2.2.2.2 Die Hirtenworte in Sacharja 13,2-9

In Sach 13,2-9 finden sich zwei Worte, die beide Missstände im eigenen Volk vor Augen haben. Dabei wird im ersten Wort 13,2-6 die Ausrottung von Götzen und von Propheten angesagt. So sollen die Propheten, wenn sie auch weiterhin ihrer Tätigkeit nachgehen, von ihren eigenen Eltern umgebracht werden, da sie Lüge reden. Um dem Gericht zu entgehen, werden sie daher künftig leugnen, Prophet zu sein, und sich als Ackerleute ausgeben.[129] In 13,7-9 folgt sodann ein Wort, bei dem Jhwh einem nicht näher bestimmten Führer des Volkes, den er als „meinen Hirten" bezeichnet, das Gericht ansagt. Das Schwert soll über ihn kommen, woraufhin sich die Herde zerstreuen und Jhwh gegen sie vorgehen wird. Sodann wird das Volk einem zweifachen Reinigungsgericht unterzogen, bei dem zunächst nur ein Drittel des Volkes übrigbleibt und dieses Drittel dann nochmals wie Silber und

---

128 S.o. 78f.
129 Dabei ist in Sach 13,5, wie seit Wellhausen, Propheten, 201, vielfach angenommen, statt אדם הקנני wohl אדמה קניני zu lesen; vgl. nur Marti, KHC 13, 449; Sellin, KAT 12, 520; Elliger, ATD 25, 167; Willi-Plein, Prophetie, 26; Hanson, Dawn, 356f.

Gold geläutert wird. Der aus diesem Reinigungsgericht verbleibende Rest wird sich schließlich zu Jhwh bekennen und Jhwh zu ihm.

Es ist nun schon immer aufgefallen, dass das Wort gegen den Hirten Jhwhs in 13,7-9 deutlich an das Wort gegen den schlechten Hirten in 11,15-17 erinnert. Schon dort hieß es nämlich, dass Jhwh gegen eine als Hirte (רעה; 11,15.16.17 // 13,7), ja sogar als „mein Hirte" (11,17 // 13,7), bezeichnete Person vorgehen wird, auch dort war von der Herde (צאן; 11,17 // 13,7) des Hirten die Rede, und auch dort wurde angekündigt, dass das Schwert (חרב; 11,17 // 13,7) diesen Hirten treffen wird. Da das Hirtenwort in 13,7-9, jedenfalls auf den ersten Blick, im vorliegenden Kontext zwischen dem Wort gegen die Propheten in 13,2-6 und den Heilsworten in 14,1-21 zudem noch recht isoliert zu stehen scheint, wurde daher bis in die neuere Zeit hinein häufig angenommen, dass Sach 13,7-9 ursprünglich direkt hinter 11,17 stand.[130]

Es konnte dabei allerdings noch nie wirklich erklärt werden, wie das Wort Sach 13,7-9 dann an seine vorliegende Stelle geraten ist.[131] Da bislang ausnahmslos davon ausgegangen wurde, dass der Textbereich Sach 12,2ff zumindest auf derselben Ebene wie die Hirtenworte in 11,15-17 und 13,7-9, wenn nicht sogar noch früher, anzusetzen ist, musste nämlich von einer sekundären Umstellung dieses Wortes ausgegangen werden.[132] Dies ist allerdings eine doch sehr spekulative und kaum zu begründende Annahme.[133]

---

130   So im Anschluss an Ewald, Propheten 1, 308, etwa Wellhausen, Propheten, 193; Marti, KHC 13, 437f; Nowack, HK 3,4, 383.388; Sellin, KAT 12, 511; Horst, HAT 14, 253f; Rudolph, KAT 13,4, 213; Mason, Haggai, 110; Hanson, Dawn, 338; Deissler, NEB.AT 21, 309; Cook, Metamorphosis, 454-456.

131   So sprechen sich Elliger, ATD 25, 175; Jones, Interpretation, 251; Otzen, Studien, 192-194; Sæbø, Sacharja 9-14, 281f; Willi-Plein, Prophetie, 59; Meyers / Meyers, AncB 25C, 384; Reventlow, ATD 25,2, 121; Petersen, Zechariah 9-14, 88; Nogalski, Zechariah 13.7-9, 301-304, u.a. auch betont gegen die Annahme aus, dass Sach 13,7-9 seinen ursprünglichen Ort hinter Sach 11,17 hatte.

132   Ein alternativer Vorschlag, der einen direkten Anschluss von Sach 13,7-9 an 11,17 ohne die Annahme einer sekundären Umstellung von 13,7-9 zu erklären vermag, wurde bislang lediglich von Redditt vorgebracht; vgl. Israel's Shepherds, 634-636; ders., Haggai, 102f. Nach Redditt handelt es sich bei Sach 10,1-3a; 11,1-3; 11,4-17; 13,7-9 um eine vorgegebene Sammlung von Hirtenworten, die erst sekundär in das werdende Buch eingearbeitet wurde. So kann er gleichermaßen die Zusammengehörigkeit dieser Texte als auch deren verstreute Position im vorliegenden Deuterosacharjabuch erklären. Allerdings bleibt auch bei dem Ansatz von Redditt noch offen, warum die einzelnen Hirtenworte nicht en bloc in das Sacharjabuch aufgenommen wurden, sondern an genau diesen Stellen eingearbeitet wurden. Zudem zeigte sich bei Sach 10,1-3a, dass es sich bei diesem Hirtenwort eben nicht, wie Redditt meint, um einen sehr späten Nachtrag, sondern gerade im Gegenteil um die Grundschicht der Kapitel 9-10 handelt. Siehe hierzu oben 76-82.

133   So gab Nowack, HK 3,4, 388, zu, dass die sekundäre Umstellung dieser Einheit vom Ende des Kapitels Sach 11 an die vorliegende Stelle unklar ist. Demgegenüber gehen, mit Unter-

Auf Grundlage der hier vorgestellten redaktionsgeschichtlichen Analyse lässt sich der Zusammenhang zwischen 11,15-17 und 13,7-9 aber ganz neu erklären. Es konnte ja, über die bisherige Forschung hinaus, gezeigt werden, dass es sich bei den Hirtenworten in 10,1-3a; 11,1-17* um die Grundschicht des Buches handelt.[134] Dann ist es doch aber höchst wahrscheinlich, dass auch das Hirtenwort in 13,7-9 eben dieser Grundschicht des Buches zuzuweisen ist. Der zwischen Sach 11,17 und 13,7-9 stehende Textbereich Sach 12,2-13,1,[135] der nach den obigen Ausführungen auf drei literarische Ebenen zu verteilen ist, ist somit insgesamt später als die Hirtenworte in 10,1-3a; 11,1-17* anzusetzen, was sich für die völkerfeindliche Schicht Sach 9,14-16; 10,3b-5.11; 12,3aβ.4bβ.6aβb.9 bei der Bearbeitung von Sach 9-10 ja ohnehin schon ergeben hat.[136]

Allerdings ist mit Blick auf Sach 13,7-9 auch schon häufig aufgefallen, dass sich zwischen diesem Wort und 11,15-17 doch auch inhaltliche Unterschiede zeigen.[137] So wird der in 11,15-17 erwähnte Hirte, obgleich er zunächst von Jhwh in sein Amt gesetzt und in 11,17 als „mein Hirte" bezeichnet wird, in 11,15.17 eindeutig als „böser / nichtsnutziger Hirte" (רעה אולי / רעי האליל) gekennzeichnet. In 13,7 wird der Hirte hingegen neben „mein Hirte" auch als „Mann meiner Volksgenossenschaft" (גבר עמיתי) bezeichnet, nicht aber explizit als „schlechter Hirte". Wenngleich der Hirte nach beiden Stellen dem Gericht Jhwhs verfallen ist, wird das grundsätzliche Verhältnis zwischen Jhwh und dem Hirten in 13,7-9 also doch etwas positiver beschrieben als in 11,15-17.[138] Desweiteren ist auch das Geschick des

schieden im Detail, Hanson, Dawn, 338, und Cook, Metamorphosis, 460f, davon aus, dass Sach 13,7-9 bewusst vor Sach 14 zur Vorbereitung der dortigen Gerichtsschilderungen gestellt wurde. Rudolph, KAT 13,4, 215, meint, dass dieses Wort als Abschluss einer nur bis Sach 13 reichenden Vorstufe von DtSach versetzt wurde. Und schließlich vermutet Deissler, NEB.AT 14, 310, sogar, dass Sach 13,7-9 an seinen jetzigen Ort gestellt wurde, um den hier erwähnten Hirten mit dem in 12,10 erwähnten Durchbohrten zu identifizieren und so als messianischen Heilsbringer verstehen zu lassen. All diese Überlegungen lassen sich allerdings kaum am vorliegenden Text verifizieren, so dass die These einer sekundären Umstellung der Einheit Sach 13,7-9 doch letztlich kaum überzeugt.

134 S.o. 76-82.84-86.
135 Zu Sach 13,2-6 s.u. 109-111.
136 S.o. 76-82.
137 Dies wurde schon häufiger, etwa von Nowack, HK 3,4, 388; Sellin, KAT 12, 517f; Horst, HAT 14, 254; Elliger, ATD 25, 175; Rudolph, KAT 13,4, 213; Meyers / Meyers, AncB 25C, 386; Reventlow, ATD 25,2, 121, gegen eine schlichte Identifikation des in 13,7 genannten Hirten mit dem in 11,15-17 erwähnten „schlechten Hirten" vorgebracht, wie sie etwa von Wellhausen, Propheten, 195; Marti, KHC 13, 442; Mason, Haggai, 111, vorausgesetzt wurde.
138 Nicht umsonst wurde bisweilen vermutet, dass in Sach 13,7-9 nicht der in 11,15-17 genannte „schlechte Hirte", sondern der „gute Hirte" aus 11,4-14 im Blick ist; vgl. etwa Nowack, HK 3,4, 365; Sellin, KAT 12, 517f; Rudolph, KAT 13,4, 213. Angesichts des konkreten Verlaufs von Sach 11,4-17, nach dem der in 11,4-14 genannte Hirte ja in 11,15 von dem schlechten Hirten abgelöst wird, und angesichts der Tatsache, dass sich in 13,7 keine konkreten Rück-

Hirten in 13,7-9 etwas anders dargestellt: Während nämlich in 11,15-17 das
Schwert über dessen rechten Arm und über dessen rechtes Auge kommen
soll, wird das Schwert in 13,7-9, das hier nun auch – geradezu als personifi-
zierte Größe – direkt angesprochen wird, ganz allgemein dazu aufgerufen,
den Hirten zu schlagen. Dabei ist schließlich noch zu beachten, dass nur in
13,7-9, nicht aber schon in 11,15-17 angesagt wird, dass das Gericht an dem
Hirten auch Konsequenzen für die Herde, also das Volk, haben wird.

Diese Unterschiede sprechen jedoch nicht gegen die Zuordnung von
Sach 13,7-9 zur Grundschicht des Buches. Denn schon bei den Hirtenworten in 10,1-3a; 11,1-17* waren ja einige inhaltliche und formale Unterschiede aufgefallen, was zu der Annahme führte, dass es sich bei dieser
Grundschicht von DtSach um eine Sammlung ursprünglich selbständiger
Einzelworte handelt.[139] Es ist deshalb durchaus möglich und sogar wahrscheinlich, dass auch Sach 13,7-9 dieser Schicht zuzuweisen ist, wobei die
Unterschiede zu 11,15-17 dann wiederum so zu erklären sind, dass hier eben
ursprünglich selbständige Worte aufgenommen wurden. Sach 13,7-9 ist
dann also nicht, wie häufig angenommen, die ursprüngliche direkte Fortsetzung von 11,15-17, sondern ein weiteres in sich selbständiges Wort, das
aufgrund seiner thematischen Ausrichtung in dieselbe, an den Führern des
Volkes orientierte Sammlung, die sich als Grundschicht des Deuterosacharjabuches erwiesen hat, aufgenommen wurde.

Doch nicht nur Sach 13,7-9, schon das Wort gegen die Propheten in
13,2-6 ist vermutlich der Grundschicht des Buches zuzuweisen. Zwar ist in
diesem Textbereich nicht von Hirten die Rede. Bemerkenswert ist aber, dass
die Sammlung der Hirtenworte in Sach 10,1-2 mit einem Wort beginnt, das
nicht wie 10,3a; 11,1-17*; 13,7-9 an politischen Führern, sondern an illegitimen Orakelpraktiken orientiert ist. Es geht also schon dort wie dann auch
in 13,2-6 im weitesten Sinne um den Bereich der Prophetie.[140] So ist auch
die abschließende Aussage in 10,2, dass das Volk keinen Hirten hat, am
ehesten so zu verstehen, dass es keinen wahren Propheten im Sinne eines
Jhwh-Propheten gibt, der das Volk im rechten Sinne leiten würde.[141] Dabei

verweise auf 11,4-14 finden, ist dies aber höchst unwahrscheinlich; vgl. nur Elliger, ATD 25,
175; Horst, HAT 14, 254; Reventlow, ATD 25,2, 121.

139 S.o. 86.

140 Dass Sach 10,1-2 (falsche) Propheten im Blick hat, meinten etwa auch schon Wellhausen,
Propheten, 191; Sellin, KAT 12, 505; Mason, Haggai, 97; Meyers / Meyers, AncB 25C, 189.

141 Die Frage, worauf רעה in Sach 10,2 zu beziehen ist, wird häufig stillschweigend übergangen.
Marti, KHC 13, 434, und Reventlow, ATD 25,2, 101, bringen dies mit Jhwh in Verbindung.
Das hieße aber, dass das Volk verelendet, weil ihnen Jhwh nicht als Hirte bereitsteht. Nach
der anfänglichen Aufforderung in 10,1, sich an Jhwh zu wenden, ist dies doch aber höchst
unwahrscheinlich. Trotz fehlender Parallelen wird angesichts der zuvor genannten falschen
Orakelpraktiken bei dem Hirten in 10,2 doch viel eher mit Meyers / Meyers, AncB 25C, 194,

sind Sach 10,1-2 und 13,2-6 über diese prinzipielle Gemeinsamkeit hinaus auch dadurch verbunden, dass den Angeredeten hier wie dort vorgeworfen wird, Trügerisches (שֶׁקֶר; 10,2; 13,3) vorzubringen, und dass zudem hier wie dort von Schauungen (חֹזֶה; 10,2 // חִזָּיוֹן; 13,4) die Rede ist. Es finden sich zwischen Sach 10,1-2 und 13,2-6 also nicht nur allgemein thematische, sondern auch terminologische Gemeinsamkeiten.

Für die Zuordnung von Sach 13,2-6 ist aber noch etwas genauer auf die konkrete Aussage dieser Einheit einzugehen. Es wird nämlich häufig angenommen, dass dieses Wort ganz allgemein das Ende der Prophetie vor Augen hat.[142] Demnach ginge es hier nicht um das Gericht an bestimmten Propheten, sondern ganz allgemein um die künftige Verurteilung jeglicher Prophetie. Dagegen spricht allerdings die hier belegte Verbindung von Prophetie und Götzendienst. Die Ansage des Ausrottens der Götzen (עֲצַבִּים) und der Propheten (נְבִיאִים) in 13,2 kann nämlich kaum als unzusammenhängende Aufzählung verschiedener Objekte des göttlichen Gerichts verstanden werden.[143] Dagegen spricht, dass im Anschluss an die Erwähnung der Propheten und wohl als Erläuterung hierzu vom „Geist der Unreinheit" (רוּחַ הַטֻּמְאָה) die Rede ist. Nicht selten wird aber im AT gerade Götzendienst mit Unreinheit gleichgesetzt.[144] So geht es hier wohl eher nicht um Prophetie im allgemeinen und somit auch nicht um das Ende der Prophetie, sondern um Prophetie, die zum Abfall an fremde Götter verführt, also um eine Form von falscher Prophetie.[145]

Von hier aus lassen sich dann aber noch deutlicher die Gemeinsamkeiten zwischen Sach 10,1-2 und 13,2-6 herausstellen. Dort wurde ja die Befragung von Teraphim und Wahrsagern sowie das Vertrauen auf Träume und falsche Schauungen kritisiert. Wenn diesen Praktiken dabei in 10,1 entgegengehalten wird, dass sich das Volk stattdessen – konkret bei der Bitte um Regen – an Jhwh halten soll, so geht es doch auch dort um illegitime

---

an einen Propheten, also an einen, der wirkliche Offenbarung vermitteln und das Volk so führen kann, zu denken sein.

142 Vgl. etwa Nowack, HK 3,4, 395; Sellin, KAT 12, 526; Elliger, ATD 25, 173; Willi-Plein, Prophetie, 109; dies., ZBK.AT 24,4, 205; Mason, Haggai, 121; Petersen, Zechariah 9-14, 127f; Rhea, Attack, 291; Jeremias, Gelehrte Prophetie, 109f.

143 So auch schon Otzen, Studien, 194-198; Sæbø, Sacharja 9-14, 274; Deissler, NEB.AT 21, 308; Reventlow, ATD 25,2, 119, gegen Wellhausen, Propheten, 200; Sellin, KAT 12, 526; Elliger, ATD 25, 172; Horst, HAT 14, 257; Mason, Haggai, 121; Jeremias, Gelehrte Prophetie, 109.

144 Vgl. etwa Lev 20,3; Jer 2,7; Ez 14,11; 20,7.18.31; 22,3.4; 23,7.30; 36,18; 37,23; Hos 5,3; 6,10; Esr 6,21; 9,11; siehe hierzu auch André, Art. טמא, 360-364.

145 So wenden sich auch Otzen, Studien, 194-198; Sæbø, Sacharja 9-14, 274; Rudolph, KAT 13,4, 228; Hanson, Dawn, 367; Reventlow, ATD 25,2, 119, u.a. gegen die These vom Ende der Prophetie und verstehen Sach 13,2-6 als Wort gegen falsche Prophetie.

und wahrscheinlich sogar um fremdreligiöse Bräuche.[146] Somit sind Sach 10,1-2 und 13,2-6 dadurch verbunden, dass an beiden Stellen im weiteren Sinne falsche Prophetie im Sinne von nicht auf der Beziehung zu Jhwh basierender Offenbarung kritisiert wird. Und deshalb ist es doch ohne weiteres denkbar, dass auch Sach 13,2-6 der Grundschicht des Buches zuzuweisen ist.

Dafür spricht schließlich auch noch eine letzte Überlegung: Wenn nämlich Sach 13,2-6 tatsächlich zur Grundschicht des Deuterosacharja-buches gehört, so ergibt sich für diese Grundschicht ein klarer und ge-schlossener Aufbau.[147] Unter dem Oberthema der Führung des Volkes werden dann nämlich abwechselnd Worte gegen Propheten (10,1-2; 13,2-6) und Worte gegen politische Führer (10,3a; 11,1-17*; 13,7-9) vorgebracht. Der Begriff der Hirten wird hier also im umfassenden Sinne für die Führung des Volkes gebraucht, und die Verfehlungen dieser Führer werden nach zwei Seiten hin, mit Blick auf die prophetischen und die politischen Führer, dargestellt.[148]

Dass die Hirtenworte in Sach 10,1-3a; 11,1-17*; 13,2-9 die Grundschicht des Deuterosacharjabuches bilden und als in sich geschlossene Komposition zu verstehen sind, klärt nun aber auch die viel diskutierte Frage, ob es sich bei Sach 9-11 und 12-14 um zwei unabhängig voneinander entstandene, dann als Deutero- und Tritosacharja zu bezeichnende Textbereiche handelt.[149] Dies ist vor dem Hintergrund der hier vorgestellten Erkenntnisse zu den Hirtenworten eben nicht der Fall. Vielmehr ist Sach 9-14 insgesamt aus nur einem, von vornherein über die Kapitel 9-11 hinausgehenden Kern entstanden, der eben diese Hirtenworte umfasst.

Der gesamte Textbereich Sach 13,2-9 ist also der Grundschicht des Deuterosacharjabuches zuzuweisen. Wenngleich in Sach 13,2-6, anders als bei den übrigen Worten dieser Grundschicht, nicht von Hirten die Rede ist, zeigt sich in Sach 10,1-3a; 11,1-17; 13,2-9 doch insgesamt ein schlüssiger Zusammenhang, bei dem abwechselnd prophetische und politische Führer des Volkes dafür angeklagt werden, dass sie ihrem Auftrag nicht nach-kommen.

---

146 Dass es bei Sach 10,1-2 um eine Kritik an fremdreligiösen Bräuchen geht, ist denn auch allgemein anerkannt; vgl. nur Wellhausen, Propheten, 191; Sellin, KAT 12, 505; Elliger, ATD 25, 154f; Rudolph, KAT 13,4, 191; Mason, Haggai, 97; Deissler, NEB.AT 21, 299; Meyers / Meyers, AncB 25C, 184-192; Reventlow, ATD 25,2, 101.

147 Zur Komposition der Grundschicht des Deuterosacharjabuches siehe im einzelnen unten 129f.

148 Zur damit vorausgesetzten Deutung von רעה in Sach 10,2 auf einen Propheten s.o. 109 mit Anm. 141.

149 Siehe hierzu oben 67 mit Anm. 5.

2.2.2.3 Das heilvolle Ende in Sacharja 14,1-21

Die das Deuterosacharjabuch abschließende Großeinheit Sach 14,1-21 ist insgesamt von eher heilvollen Worten geprägt. Zunächst wird in Sach 14,1-2 jedoch erneut ein Angriff der Völker gegen Jerusalem geschildert, bei der die Stadt eingenommen und die Hälfte des Volkes exiliert wird. In 14,3 ist dann aber davon die Rede, dass Jhwh eingreifen und gegen die Völker kämpfen wird. In 14,4-11 wird daraufhin eine umfassende Umwandlung Jerusalems und von hier ausgehend der gesamten Erde geschildert. So wird sich nach 14,4-5 der Ölberg, auf dem Jhwh steht, spalten, was zunächst zur Flucht des Volkes führt. Nach 14,6-8 wird es keine Kälte mehr geben,[150] der Wechsel

---

150 Die im vorliegenden Text von Sach 14,6 belegte Aussage, dass kein Licht sein wird (לֹא
יִהְיֶה אוֹר), ist seltsam angesichts der Tatsache, dass es in Sach 14,7 ja gerade heißt, dass die
Abfolge von Tag und Nacht einst aufhören wird und es auch zur Abendzeit hell sein wird.
So dürfte es sich bei אוֹר wohl um die Folge eines Schreibfehlers handeln, wobei am ehesten
der von Elliger, ATD 25, 177, vorgeschlagenen Konjektur des אוֹר zu קוֹר (Kälte) zu folgen
ist. Bei den folgenden beiden Worten יקרות und יקפאון ist nämlich sicherlich jeweils das י
zu ו zu ändern und damit וקרות (Kälte) und וקפאון (Frost) zu lesen; vgl. nur Wellhausen,
Propheten, 202; Marti, KHC 13, 452; Elliger, ebd.; Otzen, Studien, 269; Willi-Plein, Prophe-
tie, 30; Rudolph, KAT 13,4, 232; Smith, WBC 32, 287; Reventlow, ATD 25,2, 122; Beck,
Tag, 214; Gärtner, Jesaja, 67. Zusammen mit der vorgeschlagenen Konjektur des אוֹר zu קוֹר
ergibt sich dann bei 14,6 ein in sich stimmiger Zusammenhang, wonach es in Zukunft weder
Kälte noch Kühle noch Frost geben wird, was nun auch gut zur Aussage des folgenden
Verses 14,7, dass es keine Finsternis mehr geben wird, passt.
Eine weitere Möglichkeit wäre, dass für אוֹר entweder חֹם (Wärme) oder חֹרֶב (Hitze) oder
אוּר (Feuer) zu lesen ist, so dass nach Sach 14,6 der Wechsel von Kälte und Wärme wie nach
Sach 14,7 der Wechsel von Tag und Nacht ein Ende finden wird; vgl. hierzu Wellhausen,
ebd.; Marti, ebd.; Otzen, ebd.; Smith, ebd. Allerdings wäre dann kaum zu erklären, warum die
Aufzählung in Sach 14,6 nicht auch analog zu 14,7 (לֹא־יוֹם וְלֹא־לַיְלָה) so formuliert ist, dass
vor jedem Glied ein לֹא steht. Eine solch unterschiedliche Gestaltung ist eher erklärlich,
wenn in Sach 14,6 gleichbedeutende Glieder, in Sach 14,7 aber gegensätzliche Glieder
aufgezählt werden. Aber letztlich würde auch diese Konjektur in den vorliegenden Zusammenhang passen und in etwa denselben Sinn treffen, dass nämlich der derzeitige Wechsel
der Temperatur und von Tag und Nacht zugunsten stets gleichförmig angenehmer
Temperaturen und stetigen Lichts aufhören wird.
Unwahrscheinlich ist jedenfalls die Annahme von Reventlow, a.a.O., 122.126, und Beck, ebd.,
dass אוֹר hier ursprünglich ist, aber als „Tagesanbruch" zu verstehen ist. Auch wenn ein
solches Verständnis von אוֹר angesichts der Parallelen in Gen 44,3; Ri 16,2; 19,26; Hi 24,14;
Neh 8,3 denkbar erscheint, so wäre doch kaum noch zu erklären, warum dasselbe Wort אוֹר
in 14,7 dann für das Licht, das es auch am Abend geben wird, verwandt wird.
Unwahrscheinlich ist zudem der Vorschlag von Gärtner, a.a.O., 67.77-79, dass von sämtlichen Konjekturen des אוֹר abzusehen ist und Sach 14,6 im ganz wörtlichen Sinne so zu
verstehen ist, dass es kein Licht mehr geben wird. Nach Gärtner gehört die Ankündigung
einer Finsternis dabei in den Zusammenhang des in 14,1 erwähnten Tages Jhwhs (vgl. dazu
v.a. Am 5,18.20). Das Nebeneinander der Ansage von Finsternis in 14,6 und von stetigem
Licht in 14,7 deutet Gärtner dann als bewusste Mehrdeutigkeit. Doch davon abgesehen, dass
es sich hierbei um eine doch etwas künstliche Erklärung handelt, die den Widerspruch
zwischen 14,6 und 14,7 nicht wirklich zu erklären vermag, wird sich im folgenden zeigen,

von Tag und Nacht wird zugunsten stetigen Lichts ein Ende finden, und es werden lebendige Wasser aus Jerusalem ausgehen, die bis zum westlichen und zum östlichen Meer reichen. Dann wird nach 14,9-11 Jhwh König sein und das ganze Land wird sich verwandeln. Jerusalem wird hoch sein und sicher wohnen. In den folgenden Versen 14,12-15 werden daraufhin nochmals kriegerische Auseinandersetzungen angesagt. So werden nach 14,12 die Völker von Jhwh geschlagen, dass ihr Fleisch, ihre Augen und ihre Zunge verfaulen werden. Nach 14,13-14 wird einer auf den anderen losgehen, wobei sogar Juda gegen Jerusalem kämpfen wird. Und schließlich werden die Reichtümer der Völker nach Jerusalem kommen. Nach 14,15 werden auch die Tiere von diesem Schlag betroffen sein. In 14,16-19 wird sodann geschildert, dass einst die unter den Völkern Übriggebliebenen nach Jerusalem kommen werden, um Jhwh anzubeten und das Laubhüttenfest zu feiern. Wer von den Völkern dies allerdings nicht tun wird, über dem Volk wird es nicht regnen.[151] Am Ende des Kapitels wird schließlich in 14,20-21

---

dass Sach 14,6 nicht auf derselben literarischen Ebene anzusetzen ist wie 14,1, so dass die dort belegte Rede vom Tag Jhwhs nicht zur Erklärung von 14,6-7 herangezogen werden sollte.

151 Schwierig ist dabei allerdings der Text von Sach 14,18. In diesem Vers wird nochmals eigens darauf hingewiesen, dass auch Ägypten eine Strafe treffen wird. Dabei steht allerdings nach dem einleitenden Konditionalsatz lediglich die Wendung עליהם ולא und es folgt dann die Aussage, dass dies die Strafe sein wird, mit der Jhwh die Völker schlägt. Es wird nun zumeist angenommen, dass Ägypten in diesem Vers deshalb eigens hervorgehoben wird, da Ägypten angesichts des Nils ja nicht auf Regen angewiesen war, und dass deshalb im Anschluss an עליהם ולא ursprünglich eine eigens für Ägypten vorgesehene Strafe angegeben wurde oder dass hier zumindest implizit eine andere Strafe für die Ägypter im Blick war; vgl. hierzu, mit Unterschieden im Detail, etwa Marti, KHC 13, 454f; Elliger, ATD 25, 178.185; Rudolph, KAT 13,4, 233.239; Reventlow, ATD 25,2, 123.128. Doch zum einen führt dies entweder zu hoch spekulativen Eingriffen in den Text, zur Annahme eines nicht mehr rekonstruierbaren Textausfalls oder dazu, dass hier eine implizite Sonderstrafe für die Ägypter angenommen werden muss, die so nicht dasteht. Dies sind doch aber allesamt eher missliche Lösungen. Zum anderen ist zu beachten, dass nach der in 14,17 genannten Strafe über die Völker im allgemeinen und der dann in 14,18a belegten Erwähnung der Ägypter in 14,18b erneut generalisierend vorgebracht wird, dass es die Strafe für die Völker (הגוים) sein wird, die nicht nach Jerusalem kommen. Der abschließende, auf alle Völker bezogene Teilvers 14,18b spricht somit doch viel eher dafür, dass Ägypten und die Völker dieselbe Strafe ereilen wird. So wird in Sach 14,18 entweder nach עליהם ולא in Entsprechung zu 14,17 נשם zu ergänzen sein, so dass hier direkt angesagt wird, dass es über Ägypten nicht regnen wird, oder es ist mit LXX ולא zu streichen, so dass dieser Vers dann ab עליהם insgesamt als Strafankündigung an Ägypten zu verstehen ist: „Wenn die Sippe Ägyptens nicht hinaufzieht und nicht kommt '' wird sie der Schlag treffen, mit dem Jhwh die Völker, die nicht hinaufziehen, um das Laubhüttenfest zu feiern, schlagen wird" (vgl. hierzu auch Gärtner, Jesaja, 68 Anm. 231, die zwar erkennt, dass dies die naheliegendste textkritische Lösung wäre, dann aber dennoch an der klassischen Lösung festhält, dass in Sach 14,18 eine Sonderstrafe für das Land am Nil angegeben wird). Dabei dürfte unter den genannten textkritischen Eingriffen die letztere wohl die wahrscheinlichere sein, da Sach 14,18 so insgesamt recht stimmig im Anschluss an 14,17 gelesen werden kann. Es wird dann in 14,18 nämlich betont, dass auch Ägypten von

angekündigt, dass dann auf den Schellen der Pferde „heilig für Jhwh" stehen wird, und die Töpfe im Tempel so heilig sein werden wie die Sprengschalen vor dem Altar. Ja, es wird sogar jeder Topf in Jerusalem und Juda heilig sein, und die nach Jerusalem zum Opfer kommen, werden darin kochen. Dann, so das abschließende Wort, werden keine Fremden mehr im Tempel sein.[152]

Das Kapitel Sach 14 ist also bestimmt von dem Nebeneinander ganz verschiedener Erwartungen. Es wird gleichermaßen ein Angriff auf Jerusalem, ein Völkerkampf, eine Völkerwallfahrt nach Jerusalem und die Umwandlung der natürlichen Gegebenheiten verheißen. Dabei ist zu beachten, dass sich dieses Nebeneinander nicht ohne weiteres als zeitliches Nacheinander – etwa vom Angriff der Völker über die Abwehr dieses Angriffs hin zur Bekehrung der Völker – verstehen lässt. Denn nach der Schilderung der Einnahme Jerusalems in 14,1-2 und des Eingreifens Jhwhs gegen die Völker in 14,3 sowie der in 14,4-11 geschilderten Veränderungen der natürlichen Gegebenheiten, ist in 14,12-15 erneut von einem Kampf der Völker gegen Jerusalem die Rede, was doch deutlich hinter den Ablauf der vorangehenden Ausführungen in 14,3-11 zurückfällt. Schon dies spricht also dafür, dass es sich bei Sach 14 nicht um eine in sich geschlossene und einheitliche literarische Komposition handelt.[153]

Auffällig ist dabei sogleich der Befund in Sach 14,1-3: So ist bei der Aussage in 14,1, dass ein Tag für Jhwh kommt, da die Beute des Volkes in dessen Mitte verteilt wird, von Jhwh in 3. Person die Rede, während die folgende Ankündigung eines Völkerangriffs in 14,2 als Gottesrede gestaltet ist. Angesichts der Tatsache, dass weder Sach 14,1 noch Sach 14,2 im vorlie-

---

dem in 14,17 genannten Strafhandeln nicht ausgenommen sein wird. Gegen den üblichen Einwand, dass Ägypten ja den Nil hatte, ist dabei zu sagen, dass dies doch eine vereinseitigende Sicht auf die ägyptischen Verhältnisse sein dürfte, wo zum einen die vom Nil entlegenen Regionen doch ebenfalls auf Regen angewiesen waren und wo zum anderen der Wasserstand des Nils ja auch von den Regenfällen abhängig war. Zu den möglichen zeitgeschichtlichen Hintergründen von Sach 14,18 siehe auch unten 353f.

152 Zum Problem des hier als Fremde gedeuteten כנעני in Sach 14,21 s.u. 122f.

153 So wurden auch schon häufiger redaktionsgeschichtliche Erwägungen zu Sach 14 vorgebracht, wenngleich bislang noch keinerlei Konsens zur Entstehung dieses Kapitels erreicht ist; vgl. hierzu etwa Nowack, HK 3,4, 397; Sellin, KAT 12, 529; Elliger, ATD 25, 178f; Horst, HAT 14, 257; Sæbø, Sacharja 9-14, 282-309; Reventlow, ATD 25,2, 124; Tigchelaar, Prophets, 218; Beck, Tag, 209-227. Demgegenüber gehen etwa Wellhausen, Propheten, 201-203; Willi-Plein, Prophetie, 59-62; Rudolph, KAT 13,4, 240; Hanson, Dawn, 369-372; Deissler, NEB.AT 21, 311; Bosshard / Kratz, Maleachi, 43; Steck, Abschluß, 43 Anm. 91; Schaefer, Ending, 167; Petersen, Zechariah 9-14, 160f; Redditt, Haggai, 137; Schart, Entstehung, 275-277; Gärtner, Jesaja, 91, davon aus, dass es sich bei Sach 14, von kleineren Glossen abgesehen, um eine einheitliche Komposition handelt. Doch wird sich dies nach den im folgenden vorgestellten Überlegungen als eher unwahrscheinlich erweisen.

genden Kontext entbehrlich ist,[154] dürften diese Verse aber doch auf derselben literarischen Ebene anzusetzen sein, zumal beide Verse auch auf inhaltlicher Ebene gleichermaßen an gegen Jerusalem gerichteten Vorgängen orientiert sind. Die Wendung הנה יום־בא ליהוה in 14,1 ist dann wohl so zu verstehen, dass Jhwh hier von sich selbst in 3. Person spricht, so dass Sach 14,1-2 insgesamt als Gottesrede zu lesen ist.[155]

Anders sieht es hingegen mit dem folgenden Vers 14,3 aus: Im Gegensatz zu 14,1-2 ist dieser Vers nun ganz eindeutig als Prophetenrede gestaltet. Es wird beschrieben, wie Jhwh auszieht, um gegen die Völker zu kämpfen. Dies kann doch aber kaum mehr so verstanden werden, dass Jhwh von sich selbst in 3. Person spricht. So weist schon die formale Gestaltung als Prophetenrede darauf hin, dass Sach 14,3 gegenüber den vorangehenden beiden Versen sekundär ist.[156] Dafür spricht aber vor allem, dass eigentlich nur so erklärt werden kann, warum in 14,13-14 erneut von einem Kampf gegen Jerusalem die Rede ist. Denn nur ohne die in 14,3 belegte Aussage, dass Jhwh gegen die Völker vorgeht, fällt der in 14,13-14 angesagte Kampf der Völker gegen Jerusalem nicht hinter das zuvor schon Ausgeführte zurück.

Die Annahme, dass Sach 14,3 gegenüber 14,1-2 sekundär ist, erhält dabei noch eine weitere Stütze durch die an 12,2-13,1 gewonnenen Erkenntnisse.[157] Dort konnte ja, über die bisherige Forschung hinaus, gezeigt werden, dass die an einem Völkerangriff gegen Jerusalem orientierte Schicht in

---

154 Sach 14,1 ist aufgrund des einleitenden הנה zur Abgrenzung gegenüber dem vorangehenden Textbereich 13,7-9 notwendig. Ansonsten würde die mit Perfekt cons. formulierte Ansage zu Beginn von 14,2, dass Jhwh die Völker gegen Jerusalem versammelt, doch direkt an die Erwartung von 13,9, dass sich ein Rest des Volkes zu Jhwh bekehrt, anschließen. Dies würde aber kaum einen sinnvollen Zusammenhang ergeben. Umgekehrt wäre die Aussage „deine Beute wird in deiner Mitte verteilt" in 14,1 ohne die folgende Ansage in 14,2, dass die Völker gegen Jerusalem versammelt werden, kaum verständlich, da erst hier die konkreten Umstände des in 14,1 angedrohten Geschehens weiter ausgeführt werden. Nicht umsonst wird trotz der beschriebenen formalen Differenzen zwischen Sach 14,1 und 14,2 auch nur selten angenommen, dass die beiden Verse auf unterschiedlichen literarischen Ebenen anzusetzen sind; vgl. lediglich Sæbø, Sacharja 9-14, 287f, der Sach 14,1 für sekundär hält, sowie Marti, KHC 13, 450f, der 14,2 als Nachtrag versteht.

155 Dies wäre vor allem dann gut erklärlich, wenn in Sach 14,1 tatsächlich, wie häufig und wohl zurecht vermutet, die Tradition des Tages Jhwhs aufgenommen ist; vgl. nur Marti, KHC 13, 450; Sellin, KAT 12, 529; Mason, Haggai, 124; Deissler, NEB.AT 21, 311; Reventlow, ATD 25,2, 124; Petersen, Zechariah 9-14, 139; Beck, Tag, 228. Zwar findet sich hier nicht die Wendung יום יהוה, sondern יום־בא ליהוה. Doch kann auch diese Formulierung zumindest als Anspielung auf die Tag-Jhwh-Tradition verstanden werden; vgl. hierzu auch Jes 2,12; 34,8; Ez 30,3. Von hier aus wäre die Erwähnung Jhwhs in 3. Person im Kontext einer an sich als Gottesrede gestalteten Passage dann aber gut erklärlich, da auch die Wendung יום יהוה häufiger im Rahmen einer Gottesrede belegt ist; vgl. nur Joel 4,14; Obd 15; Zef 1,14; Mal 3,23.

156 Vgl. Reventlow, ATD 25,2, 125: „Als Neueinsatz erweist sich V.3 durch das veränderte Subjekt: nun wird von Jahwe als Handelndem in 3. Person gesprochen."

157 Siehe hierzu oben 95-103.

12,2.3aαb.4abα.6aα einer gegen die Völker gerichteten Überarbeitung in
12,3aβ.4bβ.6aβb.9 unterzogen wurde. Dies entspricht doch aber genau dem
Nebeneinander von Sach 14,1-2 und 14,3, zeigt sich hier doch derselbe
Übergang von Völkerangriff zu Völkergericht wie dort. Dabei sind Sach
14,1-2 und die Grundschicht von Sach 12,2ff auch terminologisch verbunden, da schon in 12,3 wie dann auch in 14,2 angesagt wird, dass Jhwh alle
Völker (כל־הגוים // כל גויי הארץ) gegen Jerusalem versammelt (אסף). So
ist Sach 14,1-2 wohl auf derselben redaktionsgeschichtlichen Ebene anzusetzen wie 12,2.3aαb.4abα.6aα, und der Vers Sach 14,3 wird dann seinerseits auf derselben Ebene wie die völkerfeindliche Bearbeitung in
12,3aβ.4bβ.6aβb.9 anzusetzen sein, wird doch hier wie dort ein Völkerangriff
gegen Jerusalem um die Vorstellung des dann gegen die Völker gerichteten
Eingreifens Jhwhs erweitert.

Nun wurde schon häufig erkannt, dass sowohl in Sach 12,2ff als auch in
14,1-2 ein Völkerangriff auf Jerusalem geschildert wird. Gegen eine literarische Verbindung dieser beiden Passagen wurde dabei aber stets vorgebracht,
dass Jerusalem in 12,2ff lediglich belagert wird, während es nach 14,1-2 auch
zur Einnahme der Stadt kommt, und dass Jhwh nach 12,2ff sogleich in
dieses Geschehen eingreift, während dies nach 14,3 erst nach der Eroberung
und nach der teilweisen Exilierung der Bevölkerung geschieht.[158] Nicht
zuletzt aus diesen Gründen wurde dann nicht nur ein literarischer Zusammenhang von Sach 12,2ff und 14,1-2 abgelehnt, sondern meist wurde
deshalb sogar das gesamte Kapitel Sach 14 als späterer Nachtrag zu einer
bereits Sach 9-13 umfassenden Vorstufe von DtSach angesehen.[159]

Auf Grundlage des hier vorgestellten redaktionsgeschichtlichen Modells
lassen sich diese Einwände jedoch entkräften: So ergab sich ja für Sach
12,2ff, dass bei der Grundschicht dieses Textbereichs in 12,2.3aαb.4abα.6aα
eben noch nicht von einem Eingreifen Jhwhs bei dem drohenden Völkerangriff die Rede ist, sondern dass diese Grundschicht, wie dann auch 14,1-2,
einzig gegen Jerusalem gerichtet ist.[160] Dass in 12,2-6* die Belagerung der
Stadt, in 14,1-2 hingegen die Einnahme der Stadt angesagt wird, spricht
dabei nicht gegen eine literarische Verbindung, sondern lässt sich als Gedan-

---

158 Vgl. etwa Marti, KHC 13, 443; Nowack, HK 3,4, 397; Sellin, KAT 12, 528f; Horst, HAT 14,
     257; Otzen, Studien, 201f; Lutz, Jahwe, 31; Rudolph, KAT 13,4, 240; Mason, Haggai, 133f;
     Hanson, Dawn, 396; Reventlow, ATD 25,2, 123; Schaefer, Ending, 166; Redditt, Haggai, 138;
     Gärtner, Jesaja, 303-307.
159 Vgl. etwa Nowack, HK 3,4, 397; Sellin, KAT 12, 528f; Horst, HAT 14, 257; Otzen, Studien,
     212; Lutz, Jahwe, 32; Rudolph, KAT 13,4, 240; Hanson, Dawn, 400; Redditt, Israel's She-
     pherds, 634; Bosshard / Kratz, Maleachi, 43; Steck, Abschluß, 43-45; Nogalski, Processes,
     246; Reventlow, ATD 25,2, 123; Schaefer, Ending, 166f; Schart, Entstehung, 275-277; Beck,
     Tag, 206-209; Gärtner, Jesaja, 303-307.
160 S.o. 95-103.

kenfortschritt erklären: Nach der in 12,2-6* angesagten Belagerung wird in 14,1-2 die darauf folgende Einnahme der Stadt angedroht.

Das heißt dann aber, dass Sach 14 entgegen der gängigen Meinung eben nicht völlig unabhängig von den vorangehenden Kapiteln entstanden ist. Vielmehr zeigt sich in den Versen Sach 14,1-2 und 14,3 dasselbe Nebeneinander einer an einem Völkerangriff orientierten Schicht und einer darauf folgenden völkerfeindlichen Schicht wie schon in 12,2ff. Es kann also erstmals ein redaktionsgeschichtliches Modell vorgestellt werden, bei dem sich auch die in Sach 14 erkennbaren Schichten in die Entstehung des gesamten Deuterosacharjabuches einordnen lassen.

Der auf Sach 14,1-3 folgende Textbereich 14,4-11 hebt sich nun schon dadurch vom Vorangehenden ab, dass hier die in 14,1-3 bestimmende Auseinandersetzung mit den Völkern keine Rolle mehr spielt. Ganz anders als dort wird hier vielmehr in geradezu utopischen Bildern beschrieben, wie sich das Land und die Natur verändern werden, wie Kälte und Frost ein Ende nehmen werden und die gewohnte Abfolge von Tag und Nacht aufhören wird.[161] Diese Ausführungen schließen zwar direkt an 14,1-3 an, sie blicken aber weit über die dort beschriebene Auseinandersetzung mit den Völkern hinaus auf eine Zeit, in der sich die Herrschaft Jhwhs bis in die natürlichen Gegebenheiten hinein realisiert, was in der Erhöhung Jerusalems, aber auch im Wegfall der bisherigen Minderungen des agrarischen Lebens wie Frost oder fehlender Bewässerung, seinen erkennbaren Ausdruck erhalten wird.[162] So wird es sich hier doch sicherlich um einen Nachtrag zwischen den an einem Kampf mit den Völkern orientierten Versen 14,1-3 und 14,12-15 handeln.[163]

---

161 Zur textkritischen Problematik in Sach 14,6 s.o. 112f Anm. 150.

162 Nur selten werden die Ausführungen in Sach 14,6-8 auf die Minderungen des agrarischen Lebens bezogen; vgl. aber Otzen, Studien, 206f; Reventlow, ATD 25,2, 126, sowie, mit Einschränkungen, Beck, Tag, 248. Denn meist werden die hier angesagten Umwandlungen der Natur ganz allgemein als sichtbarer Ausdruck einer neuen Ordnung bei der Aufrichtung des Königtums Jhwhs verstanden; vgl. etwa Horst, HAT 14, 258f; Sæbø, Sacharja 9-14, 300-303; Willi-Plein, Prophetie, 89; Rudolph, KAT 13,4, 235f; Hanson, Dawn, 378; Deissler, NEB.AT 21, 312; Petersen, Zechariah 9-14, 146f; Gärtner, Jesaja, 79f. Es ist doch aber zu beachten, dass in einem Land, bei dem Missernten eine stets präsente Gefahr waren, sowohl die Ankündigung, dass es keine Kälte mehr geben wird, als auch die Ankündigung, dass das Land von Jerusalem aus bewässert wird, mit ganz existentiellen Assoziationen verbunden sein dürfte. So hat ja auch das Bild des aus dem neuen Tempel ausgehenden Wassers in Ez 47,1-12 seine Pointe gerade in der Fruchtbarkeit des Landes.

163 So neuerdings auch Beck, Tag, 219f. Zuvor meinten schon Nowack, HK 3,4, 397, und Sellin, KAT 12, 529, dass zumindest die Verse 14,6-11 erst sekundär in den vorliegenden Kontext eingebracht wurden.

Innerhalb von Sach 14,4-11 ist sodann der Vers 14,5 eine nochmals spätere Fortschreibung.[164] Dieser Vers fällt nicht nur aufgrund der im vorliegenden Zusammenhang kaum verständlichen und auch textkritisch umstrittenen Aussage, dass die Angeredeten ins Tal meiner Berge fliehen werden, aus dem Kontext der sonst ausnahmslos positiv konnotierten Verse 14,4-11 heraus.[165] Hinzu kommt, dass sich überhaupt nur hier in DtSach Verbformen der 2.m.pl. finden, dass außerdem mit der Erwähnung des Erdbebens zur Zeit Ussias nur hier in DtSach ein Verweis auf ein konkretes historisches Ereignis belegt ist und dass schließlich das Suffix der 1.sg. bei אלהי, das auf den Sprecher dieses Wortes zu beziehen ist, unter den eigentlichen Prophetenworten in DtSach ebenfalls keine Parallele hat.[166]

Doch nicht nur Sach 14,5, auch der abschließende Vers 14,11 dürfte ab וחרם nicht mehr auf derselben Ebene wie Sach 14,4.6-10.11*(וישבו בה) anzusetzen sein. Die hier belegte Aussage, dass es keinen Bann mehr geben wird, greift doch deutlich hinter die in Sach 14,4ff geschilderte Umwandlung der Natur zurück auf die militärischen Auseinandersetzungen zwischen Jerusalem und den Völkern in 14,1-3 und ist gut als ursprüngliche Fortsetzung des dort in 14,3 angesagten Einschreitens Jhwhs gegen die Eroberer Jerusalems vorstellbar. Dasselbe gilt sodann auch für die abschließende

---

164 Es wurde schon häufig vermutet, dass zumindest Teile von Sach 14,5 erst sekundär eingetragen wurden; vgl. Marti, KHC 13, 451; Sellin, KAT 12, 530; Elliger, ATD 25, 177; Lutz, Jahwe, 24f; Sæbø, Sacharja 9-14, 297; Willi-Plein, Prophetie, 28f; Rudolph, KAT 13,4, 240; Deissler, NEB.AT 21, 311; Reventlow, ATD 25,2, 125. Doch angesichts der im folgenden ausgeführten Gründe dürfte es sich bei diesem Vers insgesamt um einen Nachtrag handeln.

165 Häufig wird zu Beginn von Sach 14,5 ונסתם nicht als 2.m.pl. qal von נוס (fliehen), sondern im Anschluss an LXX als 3.m.sg. ni. von סתם (verstopfen) verstanden und somit zu וְנִסְתַּם umvokalisiert; vgl. nur Wellhausen, Propheten, 201; Marti, KHC 13, 451; Sellin, KAT 12, 528; Elliger, ATD 25, 177; Lutz, Jahwe, 22; Willi-Plein, Prophetie, 28; Rudolph, KAT 13,4, 231; Beck, Tag, 212 mit Anm. 48; Gärtner, Jesaja, 66 mit Anm. 223. So wäre hier nicht davon die Rede, dass die Angeredeten ins Tal meiner Berge fliehen, sondern dass das Tal meiner Berge verstopft wird. Die Vorstellung, dass das Tal – gemeint wäre dann doch wohl das Tal, das sich durch das in 14,4 beschriebene Spalten der Berge bildet – verstopft wird, passt doch aber kaum zu dem folgenden Bild in 14,8, dass aus Jerusalem lebendige Wasser ausgehen, die das Land bewässern. Angesichts der Tatsache, dass zudem in Sach 14,5 noch zwei Mal die Form (ו)נסתם belegt ist, die dort sicherlich von נוס abzuleiten ist, wird demnach MT die ursprüngliche Vokalisierung bieten und die LXX-Lesart als Vereinfachung zu verstehen sein, die eben auf den kaum zu erklärenden Umstand reagiert, dass Sach 14,5 aus dem vorliegenden, sonst ausnahmslos positiv konnotierten Kontext herausfällt. So sprechen sich denn auch Reventlow, ATD 25,2, 125; Petersen, Zechariah 9-14, 136, zurecht für die Ursprünglichkeit der MT-Vokalisierung des ונסתם aus.

166 Formen der 1.c.sg., die auf den Sprecher der jeweiligen Worte zu beziehen sind, finden sich sonst nur in dem als Selbstbericht gestalteten Hirtenwort Sach 11,4-17. Nicht umsonst wird bei Sach 14,5 אלהי häufig zu אלהיך konjiziert; vgl. etwa Marti, KHC 13, 451; Sellin, KAT 12, 528; Elliger, ATD 25, 177; Rudolph, KAT 13,4, 232; Petersen, Zechariah 9-14, 136. Doch ist dies ohne Anhalt in der Textüberlieferung und gerade angesichts der sonstigen Schwierigkeiten in Sach 14,5 als nicht zu rechtfertigende Vereinfachung des Textes abzulehnen.

Aussage in 14,11b, dass Jerusalem in Sicherheit wohnen wird. Dies dürfte
kaum die eigentliche Pointe des an den natürlichen Gegebenheiten orientierten Zukunftsbildes in 14,4ff sein, sondern gehört ebenso viel eher in den
Kontext des in 14,3 beschriebenen Kampfes gegen die Völker. Dabei ist zu
beachten, dass das künftige Wohnen Jerusalems schon in Sach 12,6b im
Rahmen der völkerfeindlichen Bearbeitung nachgetragen wurde. So wird
14,11*(ab וחרם) sicherlich derselben Schicht zuzuweisen und als ursprüngliche Fortsetzung von 14,3 zu verstehen sein.[167]

Bei der folgenden Darstellung einer Auseinandersetzung mit den Völkern in 14,12-15 ist nun schon häufig aufgefallen, dass die Verse 14,12.15
kaum auf derselben Ebene angesetzt werden können wie 14,13-14.[168] Denn
in 14,12 ist zunächst von einem Schlag die Rede, den Jhwh allen Völkern
versetzen wird und bei dem ihr Fleisch, ihre Augen und ihre Zunge verfaulen werden. Was auch immer damit genau gemeint sein mag,[169] so ist hier
doch auf jeden Fall von einem direkten Vorgehen Jhwhs gegen die Völker
die Rede. Auch dieser Vers gehört daher sicherlich noch zur völkerfeindlichen Bearbeitung in Sach 14,3.11*(ab וחרם).

Dasselbe gilt sodann für Sach 14,15. Dieser Vers ist schon durch die
Rede von einem Schlag (מגפה) mit 14,12 verbunden. Zudem erinnert die
hier belegte Aussage, dass auch die Pferde, Maultiere, Kamele, Esel und all
die anderen Tiere der feindlichen Heerlager Opfer dieses Schlages sein
werden, an den der völkerfeindlichen Schicht zugewiesenen Vers 12,4b,
nach dem die Pferde der Völker mit Blindheit geschlagen werden. So ist
Sach 14,15 ebenfalls der völkerfeindlichen Überarbeitung zuzuweisen.

Sach 14,13-14 fällt nun gegenüber 14,12.15 dadurch auf, dass nach 14,13
zunächst eine große, von Jhwh bewirkte Panik ausbrechen wird und einer
gegen den anderen seine Hand erheben wird, wobei nach 14,14a sogar Juda
gegen Jerusalem kämpfen wird. Anders als in 14,12 ist hier also nicht mehr
davon die Rede, dass Jhwh die Völker, die gegen Jerusalem kämpfen, mit
Fäulnis schlägt. Ja, es wird hier entgegen der gängigen Annahme überhaupt
nicht auf Geschehnisse in der Völkerwelt geblickt.[170] Denn angesichts der

---

167 Vom künftigen Wohnen Jerusalems und des Volkes ist zwar auch schon in Sach 14,10.11a*
     die Rede. Doch liegt die Pointe dort nicht auf dem künftigen sicheren Wohnen wie in Sach
     12,6b; 14,11b, sondern auf der künftigen Ausdehnung des Stadtgebietes.
168 Vgl. etwa Wellhausen, Propheten, 202; Marti, KHC 13, 453f; Elliger, ATD 25, 178f; Otzen,
     Studien, 209; Sæbø, Sacharja 9-14, 306; Mason, Haggai, 130; Reventlow, ATD 25,2, 127;
     Tigchelaar, Prophets, 240; Beck, Tag, 217-220.
169 Meist wird an eine von Jhwh gesandte Pestseuche gedacht; vgl. etwa Sellin, KAT 12, 532;
     Rudolph, KAT 13,4, 238; Deissler, NEB.AT 21, 313; Reventlow, ATD 25,2, 127.
170 Meist wird die in Sach 14,13 beschriebene Panik auf die Völkerwelt bezogen; vgl nur Marti,
     KHC 13, 453; Sellin, KAT 12, 532; Elliger, ATD 25, 184; Otzen, Studien, 270; Rudolph,
     KAT 13,4, 237f; Deissler, NEB.AT 21, 313; Reventlow, ATD 25,2, 127; Tigchelaar, Pro-
     phets, 240; Beck, Tag, 219; Gärtner, Jesaja, 85f. Es ist doch aber zu beachten, dass ein

folgenden Aussage, dass auch Juda gegen Jerusalem vorgehen wird, ist Sach 14,13 doch viel eher auf Panikaktionen bei der Eroberung Jerusalems zu beziehen. Beachtenswert ist dabei, dass sich schon in dem Vers 12,2, der der an einem Völker-Angriff auf Jerusalem orientierten Schicht zugewiesen werden konnte, die Ankündigung findet, dass Juda an der Belagerung von Jerusalem beteiligt sein wird.[171] So dürfte Sach 14,13.14a von derselben Bearbeitung eingebracht worden sein und ist damit als ursprüngliche Fortsetzung von 14,1-2 anzusehen.

Der Teilvers Sach 14,14b gehört allerdings sicherlich wieder der völkerfeindlichen Schicht an. Denn die Vorstellung, dass die Reichtümer der Völker nach Jerusalem kommen, kann doch kaum der an einem Völkerangriff orientierten Schicht in 14,1-2.13-14a zugewiesen werden, nach der laut 14,1 ja gerade das von den Völkern in Jerusalem Erbeutete unter diesen verteilt werden wird. Dass die Reichtümer der Völker einst nach Jerusalem kommen, passt aber recht gut zu der völkerfeindlichen Überarbeitung in 14,3.11*(ab חרם).12.15.

Wie schon Sach 12,2-9 ist damit auch der Textbereich Sach 14,1-15 so zu erklären, dass hier ein Grundbestand in 14,1-2.13-14a, bei dem ein Angriff der Völker – und darunter auch Juda – gegen Jerusalem angekündigt wird, durch eine Bearbeitung in 14,3.11*(ab חרם).12.14b.15 mehrfach um die Erwartung eines auf diesen Völkerangriff hin erfolgenden Völkergerichts erweitert wurde:[172]

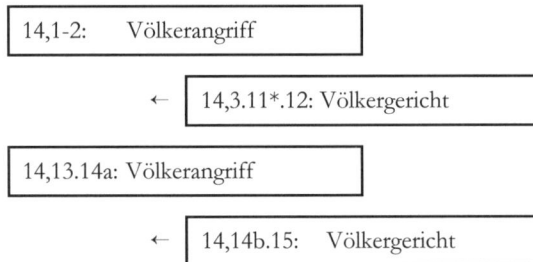

14,1-2:	Völkerangriff
← 14,3.11*.12: Völkergericht	
14,13.14a: Völkerangriff	
← 14,14b.15: Völkergericht	

---

solcher Bezug – gerade wenn erkannt ist, dass 14,12 und 14,13 nicht auf derselben redaktionellen Ebene anzusetzen sind – im Text durch nichts gekennzeichnet ist.
171 Allerdings wird Sach 14,14a häufig für sekundär gehalten; vgl. etwa Marti, KHC 13, 454; Sellin, KAT 12, 532; Elliger, ATD 25, 178; Otzen, Studien, 270f; Sæbø, Sacharja 9-14, 306; Rudolph, KAT 13,4, 233; Mason, Haggai, 130; Hanson, Dawn, 371; Reventlow, ATD 25,2, 124; Tigchelaar, Prophets, 240f; Beck, Tag, 219; Gärtner, Jesaja, 85f Anm. 290. Wird aber beachtet, dass Sach 14,13 keineswegs so eindeutig auf ein Geschehen in der Völkerwelt zu beziehen ist, wie gerne angenommen, so kann Sach 14,13.14a doch durchaus als zusammenhängender, an Jerusalem orientierter Textbereich verstanden werden. Auf dieser Grundlage ergibt sich dann auch, wie noch zu zeigen sein wird, ein in sich stimmiges und mit den Erkenntnissen zu Sach 12 übereinstimmendes Modell zur Entstehung von Sach 14.
172 Vgl. zur entsprechenden Schichtung in Sach 12,2-9 die Skizze oben 103.

Die in Sach 14,16-19 folgende Verheißung einer Völkerwallfahrt nach
Jerusalem – unter Angabe der Strafe für die Völker, die nicht nach Jerusalem
ziehen – ist sodann einer weiteren Bearbeitung des Deuterosacharjabuches
zuzuschreiben, die sich nur in diesem Textbereich niedergeschlagen hat.[173]
Es wird hier in 14,16 nämlich angesagt, dass die Übriggebliebenen unter den
Völkern, die Jerusalem angegriffen haben, künftig Jahr für Jahr nach Jerusalem hinaufziehen, Jhwh anbeten und das Laubhüttenfest feiern werden. So
wird hier aufgrund der Rede von einem Rest unter den Völkern die von der
völkerfeindlichen Bearbeitung eingebrachte Erwartung eines Gerichts an
diesen Völkern zwar vorausgesetzt. Doch wird nun über dieses Gericht
hinausgeblickt auf eine Zeit, da sich die Völker zu Jhwh bekehren werden.
Dies lag aber noch nicht im Blickfeld der völkerfeindlichen Bearbeitung, bei
der in 14,12 ja noch angekündigt wurde, dass Jhwh alle Völker, die nach
Jerusalem kommen, vernichtend schlagen wird. Demnach wurde Sach 14,16-
19 von einer nach der völkerfeindlichen Bearbeitung anzusetzenden Redaktion eingebracht.

Schwierig ist schließlich die redaktionsgeschichtliche Zuordnung der das
Deuterosacharjabuch abschließenden Verse 14,20-21.[174] Es wird hier verheißen, dass einst auf den Schellen der Pferde „heilig für Jhwh" stehen wird,
dass die Töpfe im Tempel so heilig sein werden wie die Sprengschalen vor
dem Altar, dass sogar jeder Topf in Jerusalem und Juda heilig sein wird und
aus ihnen geopfert wird und dass schließlich kein כנעני mehr im Tempel
sein wird.

Diese beiden Verse sind kaum die ursprüngliche Fortsetzung der in
14,16-19 verheißenen Völkerwallfahrt nach Jerusalem. Denn zum einen ist

---

173 Dies wurde bislang erstaunlicherweise nur selten angenommen; vgl. aber Sæbø, Sacharja 9-14,
     307f. Denn meist wird Sach 14,16-19 dem Grundbestand des Kapitels zugewiesen; so Marti,
     KHC 13, 454; Sellin, KAT 12, 529; Elliger, ATD 25, 178f; Otzen, Studien, 210f; Willi-Plein,
     Prophetie, 60; Rudolph, KAT 13,4, 238f; Deissler, NEB.AT 21, 313; Redditt, Israel's She-
     pherds, 636; Reventlow, ATD 25,2, 127; Beck, Tag, 222, u.a. Doch sprechen die im folgen-
     den ausgeführten Gründe gegen diese verbreitete Annahme.
     Die etwa von Elliger, ebd.; Reventlow, a.a.O., 127f; Beck, a.a.O., 222f, vorgetragenen
     literarkritischen Überlegungen, nach denen Sach 14,16-19 in sich nicht einheitlich ist, wobei
     vor allem die in 14,18-19 genannten Sanktionen gegen die Völker, die nicht nach Jerusalem
     ziehen, als sekundär betrachtet werden, überzeugen dabei kaum. Es fehlen nämlich deutliche
     formale oder inhaltliche Anhaltspunkte, um diesen Gedanken als unvereinbar mit dem
     Gesamtduktus der Verse 14,16-19 zu erweisen. Zur Frage der Zugehörigkeit von Sach 14,20-
     21 s.u.
174 So meinten etwa Nowack, HK 3,4, 397; Sellin, KAT 12, 529; Elliger, ATD 25, 178f, dass
     Sach 14,20-21 gegenüber 14,16-19 sekundär ist. Demgegenüber setzen, mit Unterschieden im
     Detail, etwa Marti, KHC 13, 455; Willi-Plein, Prophetie, 61; Rudolph, KAT 13,4, 239;
     Deissler, NEB.AT 21, 313; Reventlow, ATD 25,2, 128; Beck, Tag, 223, Sach 14,20-21 auf
     derselben literarischen Ebene an wie die vorangehenden Verse Sach 14,16-19 oder einen
     eventuell aus diesen Versen nochmals ausgesonderten Grundbestand.

das Kommen der Völker hier überhaupt nicht mehr im Blick. Stattdessen geht es um die künftige Heiligkeit Jerusalems, die sich vor allem an den Opfergefäßen zeigen wird. Zum anderen ist beachtenswert, dass bei der in 14,16-19 angesagten Völkerwallfahrt davon die Rede war, dass die Völker Jhwh anbeten und das Laubhüttenfest feiern werden. Von einem Opferdienst der Völker in Jerusalem war dort nicht die Rede.[175]

Auch wenn letztlich keine wirklich sichere redaktionsgeschichtliche Einordnung möglich ist, so sprechen doch zwei Überlegungen dafür, dass Sach 14,20-21 auf die völkerfeindliche Bearbeitung zurückgeht. Zunächst ist dafür auf die Erwähnung der Schellen der Pferde in 14,20 zu verweisen, die neben der breit ausgeführten Beschreibung der Heiligkeit der Opfergefäße doch auffällig ist. Dies würde sich recht gut erklären, wenn Sach 14,20 ursprünglich direkt auf die in 14,15 angekündigte Vernichtung der Pferde der Völker gefolgt wäre. Dort wird ja betont, dass die Pferde – wie auch die anderen Tiere – „in jenen Heerlagern" (במחנות ההמה) von Jhwh geschlagen werden. Es geht hier also um die von den Völkern bei ihrem Kriegszug gegen Jerusalem mitgebrachten Pferde. Im Anschluss daran wäre Sach 14,20 dann so zu verstehen, dass den Pferden des eigenen Volkes, anders als den Pferden der Völker, nach der erfolgreichen Abwehr der Feinde sogar eine besondere Heiligkeit zukommen würde.

Als zweiter Hinweis, dass Sach 14,20-21 von der völkerfeindlichen Bearbeitung eingebracht wurde, ist sodann auf die viel diskutierte Aussage ולא־יהוה כנעני עוד בבית־יהוה צבאות am Ende von 14,21 zu verweisen. Meist wird כנעני hier, wie etwa in 11,7.11,[176] im Sinne von „Händler" verstanden.[177] Das Problem ist aber, dass die Ansage, dass kein Händler mehr im Tempel sein wird, zwar durchaus im Kontext der übrigen Ankündigungen von Sach 14,20-21 Sinn ergibt, insofern dann nochmals von einer anderen Seite her die besondere künftige Würde des Heiligtums, die von nichts Profanem mehr gestört sein wird, betont werden soll. Doch wäre eine solche Aussage am Ende des gesamten Sacharjabuches ein etwas lapidarer Ausgang. Bedenkt man zudem, dass das Kapitel Sach 14 immer wieder und auf ganz unterschiedliche Weise von dem Verhältnis des Volkes zu den

---

175 Gegen Gärtner, Jesaja, 89, die zu Sach 14,20-21 meint: „An dieser Stelle ist nun nicht mehr zwischen Gottesvolk und Völkern differenziert, so dass der Rest des Gottesvolkes und der gehorsame Völkerrest mit eingeschlossen ist. Damit verschwimmt schließlich die kultische Differenz zwischen Gottesvolk und Völkern." Eine solche Deutung, die in Sach 14,20-21 einen Opferdienst der Völker mit hineinliest, um die Aussage dieser Verse so mit 14,16-19 zu verbinden, ist doch deutlich an den Text herangetragen.

176 Vgl. dabei zum Text von Sach 11,7.11 oben 84 Anm. 60.

177 Vgl. nur Wellhausen, Propheten, 203; Marti, KHC 13, 455; Sellin, KAT 12, 528; Rudolph, KAT 13,4, 239; Hanson, Dawn, 370; Reventlow, ATD 25,2, 128; Petersen, Zechariah 9-14, 160; Beck, Tag, 216 mit Anm. 67; Gärtner, Jesaja, 68.

Völkern geprägt ist, so ist die wesentlich wahrscheinlichere Alternative die, dass hier mit כנעני tatsächlich „Kanaanäer" gemeint ist, was dann wohl ganz allgemein im Sinne von „Fremde" zu verstehen wäre.[178] Denn dann, und wohl nur dann, ergeben die Verse 14,20-21 im Kontext des Kapitels Sach 14, und besonders im Rahmen der völkerfeindlichen Bearbeitung dieses Kapitels, auch wirklich Sinn. Nach dem Angriff der Völker und nach der Abwehr dieses Angriffs durch Jhwh wird Jerusalem heilig sein und kein Fremder wird mehr in den Tempel gelangen. Es geht hier also um den Schutz Jhwhs vor weiteren Bedrohungen.

Die Bearbeitung, die in 14,16-19 die Verheißung einer Völkerwallfahrt zum Zion einbrachte, verstand כנעני dann wohl tatsächlich im Sinne von „Händler", sonst wäre diese Verheißung sicherlich erst ganz am Ende dieses Kapitels angebracht worden. Sie fügte ihren völkerfreundlichen Nachtrag vermutlich deshalb vor 14,20-21 ein, um so klarzustellen, dass sich die in diesen beiden Versen verheißene Heiligkeit Jerusalems erst nach der Bekehrung der Völker verwirklichen wird.

Insgesamt lässt sich für Sach 14 also ein vierstufiges Wachstum nachweisen. Der Grundbestand dieses Kapitels umfasst die an einem Völkerangriff orientierten Worte in Sach 14,1-2.13-14a, die auf derselben Ebene wie Sach 12,2aαb.4abα.6aα anzusetzen sind, wo ebenfalls ein Angriff der Völker auf Jerusalem angesagt wird.

Wie bei Sach 12,2ff wurde im Rahmen einer ersten Bearbeitung in Sach 14,3.11*(ab וחרם).12.14b.15.20-21 die Erwartung eines auf diesen Angriff folgenden Eingreifens Jhwhs gegen die Völker nachgetragen. Es wird nun verheißen, dass Jhwh die Völker vernichtend schlagen wird und dass Jerusalem sicher wohnen wird, ja dass Jerusalem, wie auch Juda, schließlich sogar eine besondere Heiligkeit zukommen wird, die hier vor allem an den Opfergefäßen dargestellt wird.

In Sach 14,4.6-10.11*(וישבו בה) wurde sodann die Verheißung einer über die Abwehr der Völker noch hinausgehenden, geradezu utopischen Umwandlung des Landes nachgetragen, bei der Jerusalem erhaben sein wird und die Minderungen des agrarischen Lebens wie Kälte und fehlende Bewässerung ein Ende finden werden. Auch wenn sich dies aus dem Verlauf des Deuterosacharjabuches noch nicht erklären lässt, sondern bereits den

---

178 Während in den Versionen und in der talmudischen Tradition noch ein Nebeneinander der beiden möglichen Deutungen des כנעני als Händler und als Kanaaniter bzw. Fremde zu finden ist (vgl. hierzu Roth, Cleansing, 178-181), wurde ein solch wörtliches Verständnis des כנעני in neuerer Zeit nur von Sæbø, Sacharja 9-14, 307; Schwesig, Rolle, 204f, vertreten und von Mason, Haggai, 132f, zumindest für möglich gehalten. Die von Elliger, ATD 25, 186; Horst, HAT 14, 260, vorgeschlagene Deutung des כנעני auf die Samaritaner ist sodann zwar ebenfalls als berechtigte Anfrage an die geläufige Deutung auf die Händler im Tempel beachtenswert, aber letztlich doch am vorliegenden Text nicht nachweisbar.

weiteren Überlegungen zur Entstehung des gesamten Zwölfprophetenbuches vorgreift, so ist diese Bearbeitung doch schon jetzt auf derselben Ebene wie die gegen bestimmte Völker – Phönikier, Philister und Griechen – gerichtete Schicht in 9,2-6.8.11-13; 10,6-10.12 anzusetzen.[179]

Zuletzt wurde schließlich in 14,16-19 die Erwartung einer Völkerwallfahrt nach Jerusalem nachgetragen. Dieses Wort setzt das Gericht an den Völkern bereits voraus und blickt darüber hinaus auf eine Zeit, da sich die Völker zu Jhwh bekehren, nach Jerusalem hinaufziehen und das Laubhüttenfest feiern werden.

Bei dem in den Kontext der Umwandlung des Landes eingebrachten Vers Sach 14,5, nach dem das Volk bei der von Jhwh bewirkten Spaltung des Ölbergs zunächst fliehen wird, handelt es sich schließlich um einen vereinzelten Nachtrag.

2.2.3 Die Überschriften Sach 9,1; 12,1

Sowohl in Sach 9,1 als auch in Sach 12,1 findet sich eine Überschrift nach dem Maśśa-Muster, wobei die Gattungsbezeichnung hier in der auffälligen Verbindung מַשָּׂא דְבַר־יְהוָה vorliegt.[180] Dabei folgt auf die Überschrift in Sach 9,1 die Darstellung, dass Jhwh im Land Hadrach und in Damaskus seinen Ruheort hat[181] und dass die Augen der Menschen und aller Stämme

---

179 S.u. 272.

180 Siehe hierzu im einzelnen auch Wöhrle, Sammlungen, 42-44.

181 Dabei ist allerdings unklar, ob das Suffix bei מְנֻחָתוֹ in 9,1aβ nach der Gattungsbezeichnung מַשָּׂא דְבַר־יְהוָה in 9,1aα auf Jhwh oder auf das Wort Jhwhs zu beziehen ist, ob hier also davon die Rede ist, dass Jhwh selbst im Land Hadrach und in Damaskus seinen Ruheort hat, so Marti, KHC 13, 427; Sellin, KAT 12, 495; Rudolph, KAT 13,4, 167; Hanson, Dawn, 294, oder ob dies vom Wort Jhwhs, als geradezu hypostasierter Größe, ausgesagt wird, so Elliger, ATD 25, 144; Horst, HAT 14, 244; Mason, Haggai, 84; Reventlow, ATD 25,2, 89; Petersen, Zechariah 9-14, 39; Redditt, Haggai, 111. Angesichts der Tatsache, dass letzteres, da es sich um eine doch recht befremdliche Vorstellung handeln würde, wohl eher durch erneute Nennung des דְבַר־יְהוָה ausgedrückt worden wäre, und angesichts der Tatsache, dass es in Sach 9,1b heißt, dass das Auge der Menschheit und aller Stämme Israels auf Jhwh und eben nicht auf das Wort Jhwhs blickt, sowie angesichts der Tatsache, dass vom Wort Jhwhs auch im weiteren Verlauf von Sach 9 nicht mehr die Rede ist, dürfte das Suffix bei מְנֻחָתוֹ aber wohl schlicht auf Jhwh selbst zu beziehen sein.

Zudem wird, anders als hier vorgeschlagen, בְּאֶרֶץ חַדְרָךְ bisweilen so verstanden, dass Jhwh, bzw. eben das Wort Jhwhs, gegen das Land Hadrach gerichtet ist; vgl. etwa Hanson, ebd.; Petersen, ebd.; Redditt, ebd. Eine solche adversative Deutung der Präposition בְּ ist zwar theoretisch möglich. Da sich im folgenden allerdings zeigen wird, dass Sach 9,1aβb nicht, wie häufig unter massiven Texteingriffen angenommen wird, gegen die Aramäergebiete gerichtet ist, sondern dass hier vielmehr der Beginn der Beschreibung einer Theophanie von den besagten Gebieten her vorliegt (s.u. 127 mit Anm. 192), ist die gängige lokale Deutung des

Israels auf ihn gerichtet sind.[182] In Sach 12,1 ist die Gattungsbezeichnung erweitert um die Adressatenangabe עַל־יִשְׂרָאֵל, woraufhin partizipial angeschlossene Beschreibungen des Schöpfungshandelns Jhwhs folgen.

Über die redaktionsgeschichtliche Stellung der Überschriften in Sach 9,1 und 12,1 wurde nun schon viel gerätselt. Klar ist, dass Sach 9-14 nicht zuletzt durch diese Überschriften gegenüber den durch einleitende Sätze mit Datierungen geprägten Kapiteln Sach 1-8 (vgl. Sach 1,1.7; 7,1) als eigenständiger Textbereich gekennzeichnet ist.[183] Unklar ist allerdings, wie das Nebeneinander der beiden Überschriften in 9,1 und 12,1 zu erklären ist. So wurde schon häufig angenommen, dass aufgrund der erneuten Überschrift in 12,1 die Kapitel 12-14 als gegenüber 9-11 unabhängiger und erst sekundär hinzugekommener Textbereich zu verstehen sind.[184] Häufig wird aber auch vermutet, dass die beiden Überschriften Sach 9-14 als Ganzes voraussetzen und diese Kapitel strukturieren, wobei dann allerdings kaum Einigkeit herrscht, ob Sach 9,1 und 12,1 auf dieselbe Hand zurückgehen, ob Sach 12,1 nach 9,1 oder gerade umgekehrt Sach 9,1 nach 12,1 gestaltet wurde.[185]

Auf Grundlage des hier vorgestellten redaktionsgeschichtlichen Modells ergeben sich nun auch neue Erkenntnisse zu dieser bislang doch eher von Vermutungen geprägten Problemstellung. Dabei sind drei Überlegungen maßgebend: So ist die Einfügung der Überschriften, oder zumindest von Sach 9,1, zunächst am ehesten in einem frühen Stadium der Entstehung von Sach 9-14 erklärlich, da dieser Textbereich – wie noch zu begründen sein wird –[186] zunächst unabhängig von Sach 1-8 entstanden sein dürfte und somit ohne die Überschrift ein wirklicher Beginn dieses Werkes fehlen würde. Zudem erklärt sich das Nebeneinander der beiden Überschriften in Sach 9,1 und 12,1 am ehesten in einem redaktionsgeschichtlichen Stadium von DtSach, zu dem dieser Textbereich eine klare zweigeteilte Struktur aufweist. Und schließlich weist die Adressatenangabe עַל־יִשְׂרָאֵל in Sach 12,1 aufgrund der adversativen Präposition עַל darauf, dass diese Überschrift für einen Kontext geschaffen wurde, der gegen das eigene Volk gerichtet ist.

כ aber doch wahrscheinlicher; vgl. zur lokalen Deutung auch Marti, ebd.; Sellin, ebd.; Elliger, ebd.; Horst, ebd.; Rudolph, ebd.; Reventlow, ebd.

182 Zum Text von Sach 9,1b s.u. 127 Anm. 192.

183 S.o. 67.

184 S.o. 67 mit Anm. 5; siehe hierzu aber auch die Ausführungen zum ursprünglichen Zusammenhang des Grundbestands der Kapitelbereiche Sach 9-11 und 12-14 oben 111.

185 So gehen etwa Marti, KHC 13, 427; Nogalski, Processes, 246; Reventlow, ATD 25,2, 115, davon aus, dass die Überschriften in Sach 9,1 und 12,1 auf dieselbe Hand zurückgehen, nach Sellin, KAT 12, 521; Nowack, HK 3,4, 390; Lutz, Jahwe, 12; Willi-Plein, Prophetie, 32; Steck, Abschluß, 38; Redditt, Zechariah 9-14, 320, u.a. wurde Sach 12,1 nach 9,1 gestaltet und nach Horst, HAT 14, 245, Sach 9,1 nach 12,1. Zur vergleichbaren Überschrift in Mal 1,1 siehe dabei unten 253-255.275.

186 S.u. 130f.

All dies deutet nun aber darauf hin, dass die Überschriften bereits auf der ersten redaktionsgeschichtlichen Stufe von DtSach, also der Sammlung der Hirtenworte, anzusetzen sind. Denn dieser in sich abgeschlossenen Sammlung fehlt ohne Sach 9,1 ja tatsächlich ein klarer Beginn. Zudem und vor allem sind die Hirtenworte durch eine zweigliedrige Struktur gekennzeichnet, bei der in den beiden Teilen 10,1-3a; 11,1-17* und 13,2-9 jeweils Worte gegen falsche Propheten (10,1-2; 13,2-6) und Worte gegen die politischen Führer des Volkes (10,3a; 11,1-17*; 13,7-9) vorgebracht werden.[187] Das Nebeneinander der beiden Überschriften in Sach 9,1 und 12,1 lässt sich also über die bisherige Forschung hinaus von der Komposition der Sammlung der Hirtenworte her erstmals als Einleitung der beiden Teilsammlungen 10,1-3a; 11,1-17* und 13,2-9 schlüssig erklären. Es wurde demnach auch nicht, wie häufig vermutet, eine Überschrift nach der anderen gestaltet, sondern die Überschriften Sach 9,1 und 12,1 gehen auf dieselbe Hand zurück. Schließlich spricht dafür, dass die Überschriften Sach 9,1; 12,1 auf der Ebene der Hirtenworte anzusetzen sind, dass gerade diese Worte ausnahmslos an Verfehlungen im eigenen Volk orientiert sind, so dass sich von hier aus auch die Adressatenangabe עַל־יִשְׂרָאֵל in Sach 12,1 verstehen lässt. Dass in den Hirtenworten selbst nur in 11,14 Israel genannt ist und dort das Nordreich im Blick ist, spricht dabei nicht gegen diese Annahme, da es sich bei den Hirtenworten ja nach den oben vorgestellten Erkenntnissen um eine Sammlung vorgegebener Einzelworte handelt, die erst sekundär zusammengestellt wurden.[188] Die Überschriften in Sach 9,1; 12,1 dürften dabei auf die Hand des Kompilators der Einzelworte zurückgehen, der hier in Sach 12,1 – anders als in den vorgegebenen Worten – Israel als Bezeichnung für das gesamte Volk verwandt hat.[189]

Allerdings sind bei Sach 9,1 und 12,1 eben nur die eigentlichen Überschriften מַשָּׂא דְבַר־יְהוָה bzw. מַשָּׂא דְבַר־יְהוָה עַל־יִשְׂרָאֵל in 9,1aα; 12,1a

---

187 Siehe hierzu oben 111 sowie zur Komposition der Hirtenworte im einzelnen unten 129f.
188 S.o. 109.
189 Zu beachten ist ja auch, dass in Sach 12-14 Israel überhaupt nur in der Überschrift 12,1 genannt wird, so dass sich Israel als Adressatenangabe an dieser Stelle auch auf keiner anderen redaktionsgeschichtlichen Ebene schlüssiger erklären lässt.
Hinzu kommt, dass die einzige weitere Schicht in Sach 12-14, die ausnahmslos am eigenen Volk orientiert ist und der daher allenfalls noch die Überschrift in 12,1 zugewiesen werden könnte, die auf die Sammlung der Hirtenworte folgende Schicht in 12,2.3aαb.4abα.6aα; 14,1-2.13-14a ist, die einen Völkerangriff gegen Jerusalem ankündigt. Bei dieser Schicht ist jedoch zu beachten, dass hier eben nur Jerusalem als das eigentliche Ziel des Gerichtshandelns Jhwhs dargestellt wird, während sich Juda nach Sach 12,2; 14,14a auf Seiten der angreifenden Völker befinden wird. Dass im Rahmen dieser an Jerusalem und gerade nicht am gesamten Volk orientierten Schicht in Sach 12,1 eine Überschrift eingefügt worden sein sollte, die als Adressaten die allgemeine Bezeichnung Israel angibt, ist dann aber doch sehr unwahrscheinlich. So spricht letztlich alles dafür, dass die Überschriften in Sach 9,1; 12,1 auf der Ebene der Sammlung der Hirtenworte anzusetzen sind.

der Sammlung der Hirtenworte zuzuweisen. Denn die in Sach 9,1aßb folgende Aussage, dass Jhwh im Lande Hadrach und in Damaskus seinen Ruheort hat und dass die Augen der Menschen und aller Stämme Israels auf Jhwh gerichtet sind, passt doch angesichts ihrer über das eigene Volk hinausgehenden Anlage kaum in den Kontext dieser Schicht. Es konnte aber bereits gezeigt werden, dass die völkerfeindliche Überarbeitung in Sach 9,14-16; 10,3b-5.11 ursprünglich direkt an 9,1 anschloss und dass dabei die Theophanieschilderung in 9,14, wonach Jhwh über ihnen gesehen wird, die Darstellung in 9,1, dass die Augen der Menschen und der Stämme Israels auf Jhwh gerichtet sind, fortführt.[190] Von hier aus ist es dann doch aber durchaus wahrscheinlich, dass Sach 9,1aßb ebenfalls dieser völkerfeindlichen Überarbeitung zuzuweisen ist und hier der Beginn der Theophanieschilderung von 9,14ff vorliegt. Die Aussage in Sach 9,1aß, dass Jhwh im Lande Hadrach und in Damaskus seinen Ruheort hat, wäre dann nebenbei nicht, wie häufig angenommen, so zu verstehen, dass Jhwh gegen die Aramäergebiete vorgeht,[191] was sich ja ohnehin kaum mit der folgenden Aussage, dass die Augen der Menschen und aller Stämme Israels auf Jhwh gerichtet sind, vereinbaren lässt.[192] Vielmehr dürfte dabei die Vorstellung vom Götterberg im Norden im Hintergrund stehen,[193] von wo aus hier das Kommen Jhwhs erwartet wird und auf das nach der folgenden Aussage die Angehörigen aller Nationen wie auch der Stämme Israels blicken.

Die partizipial gestalteten Beschreibungen des Schöpfungshandelns Jhwhs in Sach 12,1b sind sodann ebenfalls kaum auf der Ebene der Hirtenworte anzusetzen, da sich hierzu in diesen Worten ebenfalls keinerlei Par-

---

190 S.o. 70f.

191 So, mit Unterschieden im Detail, Wellhausen, Propheten, 188; Elliger, ATD 25, 145; Horst, HAT 14, 245; Rudolph, KAT 13,4, 170; Mason, Haggai, 84f; Redditt, Haggai, 111, u.a.

192 Nicht umsonst wurden bei Sach 9,1b auch schon häufig textkritische Eingriffe vorgenommen, wobei vor allem im Anschluss an Klostermann, Rez. Bredenkamp, 566, gerne davon ausgegangen wird, dass hier עין אדם in ערי ארם oder zumindest in עין ארם zu ändern sei; vgl. nur Marti, KHC 13, 427; Sellin, KAT 12, 497; Horst, HAT 14, 244; Rudolph, KAT 13,4, 168; Mason, Haggai, 84; Hanson, Dawn, 294; Redditt, Haggai, 111. Von hier aus wurde dann zumeist angenommen, dass Sach 9,1b – evtl. unter Annahme weiterer textkritischer Änderungen – insgesamt so zu verstehen sei, dass die Aramäergebiete wie auch die Stämme Israels Jhwh gehören. Auf dieser Grundlage kann Sach 9,1aßb dann tatsächlich als ein gegen das Gebiet der Aramäer gerichtetes Wort verstanden werden. Doch handelt es sich dabei um eine kaum zu rechtfertigende Vereinfachung des Textes, zumal sich Sach 9,1aßb nach der hier vorgestellten Interpretation durchaus auch in seiner vorliegenden Gestalt verstehen lässt. So sieht denn auch Jones, Interpretation, 244, zurecht von Eingriffen in Sach 9,1 ab und hält an der auch hier vertretenen wörtlichen Deutung dieses Verses fest.

193 So bislang erst Reventlow, ATD 25,2, 91: „Möglicherweise wirkt hier die mythische Vorstellung vom Gottesberg im Norden ein (vgl. Ps 48,3; Jes 14,13f.)."

allele finden lässt.[194] Da nun aber dieser Teilvers im gesamten Textbereich
Sach 9-14 isoliert steht, handelt es sich wohl am ehesten um einen vereinzelten Nachtrag.

So sind die eigentlichen Überschriften Sach 9,1aα; 12,1a auf der Ebene
der Sammlung der Hirtenworte zu verorten. Sie strukturieren diese Sammlung, den obigen Erkenntnissen zur inhaltlichen Abfolge der einzelnen
Worte entsprechend, in die beiden Teilsammlungen 10,1-3a; 11,1-17* und
13,2-9.

Sach 9,1aβb ist als Beginn der Theophanieschilderung Sach 9,14ff zu
verstehen und der völkerfeindlichen Schicht zuzuweisen.

Bei den Beschreibungen des Schöpfungshandelns Jhwhs in Sach 12,1b
handelt es sich schließlich um einen vereinzelten Nachtrag.

2.2.4 Zusammenfassung der Redaktionsgeschichte
des Deuterosacharjabuches

2.2.4.1 Die Sammlung der Hirtenworte

Die Grundschicht des Deuterosacharjabuches umfasst die Textbereiche
9,1aα; 10,1-3a; 11,1-5.7.8b.9-17; 12,1a; 13,2-9. Dabei handelt es sich um eine
Sammlung von Worten, die auf verschiedene Weise gegen die Führer des
Volkes – sowohl prophetische als auch politische – gerichtet sind. Diesen
Führern, die zumeist als Hirten bezeichnet werden, wird vorgeworfen, dass
sie ihrer Aufgabe, das Volk zu leiten, nicht nachkommen, und es wird ihnen
angekündigt, dass sie deshalb das Gericht treffen wird.

Dabei sind die Worte in Sach 10,1-2 und 13,2-7 gegen falsche Propheten
gerichtet. Nach Sach 10,1-2 verelendet das Volk, da ihm kein Hirte, also in
diesem Zusammenhang kein wahrer Prophet,[195] zur Verfügung steht und es
auf falsche Orakelpraktiken, auf Wahrsager und Traumdeuter statt auf Jhwh
vertraut. Sach 13,2-6 sagt sodann die Vernichtung der falschen Propheten
an, die zum Götzendienst verführen. Wenn sie nicht von ihrem Tun ablas-
sen, sollen sie sogar von ihren eigenen Eltern umgebracht werden.

Die Worte in 10,3a; 11,1-3, in 11,4-17* und in 13,7-9 gelten den politischen Führern des Volkes. In 10,3a; 11,1-3 wird diesen im Bild der Zeder
des Libanon und der Eichen Baschans die Vernichtung angekündigt.[196] Die

---

194 Dass Sach 12,1b gegenüber der eigentlichen Überschrift in 12,1a sekundär ist, wurde auch
     schon von Sellin, KAT 12, 521; Nowack, HK 3,4, 390; Reventlow, ATD 25,2, 115, an-
     genommen.
195 S.o. 109 mit Anm. 141.
196 Zur Deutung von Sach 11,1-3 auf die Führer des eigenen Volkes und nicht, wie häufig
     angenommen, auf die Führer fremder Völker s.o. 84f.

folgende, als Selbstbericht gestaltete Einheit 11,4-17* hat ihre Pointe darin, dass ein schlechter Hirte aufkam, nachdem das Volk die Führung durch einen guten Hirten verworfen hatte.[197] Diesen schlechten Hirten, der sich nicht um das Volk kümmert, sondern es vielmehr ausbeutet, wird nun das Gericht Jhwhs treffen. Und schließlich ist das letzte Wort der Sammlung in 13,7-9 erneut gegen einen schlechten Hirten gerichtet, den Jhwh schlagen wird, woraufhin sich ein umfassendes Reinigungsgericht am Volk ereignen wird.

Es geht in der Sammlung der Hirtenworte also darum, dass die prophetischen wie die politischen Führer ihrem Auftrag nicht nachkommen und dass daher beide dem Gericht verfallen sind. Aber auch dem Volk kommt eine Mitschuld zu, da es den falschen Propheten vertraut (10,1-2) und da es die einst gute politische Führung verworfen hat (11,4-17*). Deshalb ist in dem abschließenden Wort 13,7-9 auch das Volk Gegenstand des Gerichts.

So zeigt sich bei Sach 9-14 eine Grundschicht, die anders als die vorliegende Gestalt dieses Textbereichs noch nicht am Verhältnis des Volkes zu den Völkern, sondern an den Zuständen im eigenen Volk orientiert ist und dabei vor allem gegen die Führer des Volkes gerichtet ist. Es wird hier angesagt, dass sich Jhwh der Missstände unter den Führern des Volkes annehmen, die schlechten Führer verderben und das Volk schließlich läutern wird.

Dass es sich bei den Hirtenworten um die Grundschicht des Deuterosacharjabuches handelt, wurde in der bisherigen Forschung noch nicht gesehen.[198] Es kann so aber erstmals schlüssig begründet werden, warum sich in Sach 9-14 zwischen den weiteren, zumeist an fremden Völkern orientierten Gerichtsworten auch diese dem eigenen Volk geltenden Worte finden. Es handelt sich hierbei eben nicht, wie häufig, aber meist ohne weitere Begründung angenommen, um sehr späte Nachträge, sondern vielmehr um den literarischen Kern des Deuterosacharjabuches, an den sich die übrigen Worte dann im Laufe der folgenden Entstehungsgeschichte des Buches angelagert haben.

Dabei bestätigt sich die Annahme, dass es sich bei der Sammlung der Hirtenworte um die Grundschicht des Buches handelt, auch aufgrund der Komposition dieser Sammlung. So lassen sich die Hirtenworte angesichts der Überschriften in Sach 9,1aα und 12,1a in die Teilsammlungen 9,1aα;

---

197 S.o. 87-94.
198 Ein literarischer Zusammenhang der Hirtenworte in 10,1-3a; 11,1-17; 13,7-9 wurde auch schon von Redditt, Israel's Shepherds, 634-636; ders., Haggai, 102f, angenommen. Allerdings handelt es sich nach Redditt bei den Hirtenworten nicht, wie hier vorgeschlagen, um die Grundschicht des Deuterosacharjabuches, sondern um eine vorgegebene Sammlung, die erst recht spät in Sach 9-14 eingearbeitet wurde; siehe hierzu auch oben 86 Anm. 70 sowie 107 Anm. 132.

10,1-3a; 11,1-5.7.8b.9-17 und 12,1a; 13,2-9 gliedern.[199] In beiden Teilsammlungen findet sich zunächst ein Wort, das gegen falsche Prophetie (10,1-2;
13,2-6), und sodann ein oder mehrere Worte, die gegen politische Führer
gerichtet sind (10,3a; 11,1-3; 11,4-17; 13,7-9). Dabei sind die thematisch
verwandten Worte der beiden Teilsammlungen jeweils durch markante
Stichworte miteinander verbunden: In den gegen falsche Propheten gerichteten Worten sind gleichermaßen die Stichworte שֶׁקֶר (10,2 // 13,3);
חזיון/חזה (10,2 // 13,4); דבר (10,2 // 13,3) belegt, in den gegen die politischen Führer des Volkes gerichteten Worten die Stichworte רעה (10,3; 11,3-
5.7-9.15-17 // 13,7); צאן (10,2; 11,4.7.11.17 // 13,7); חרב (11,17 // 13,7):

Teil 1 (9,1: מַשָּׂא דְבַר־יהוה)		
	A 10,1-2	Gegen Propheten (דבר; חזה; שֶׁקֶר)
	B 10,3a; 11,1-17*	Gegen Führer
	a 10,3a; 11,1-3	Gericht an den Hirten (רעה)
	b 11,4-14*	Die Ablehnung des Hirten (צאן; רעה)
	c 11,15-17	Der schlechte Hirte (חרב; צאן; רֹעִי)
Teil 2 (12,1: מַשָּׂא דְבַר־יהוה עַל־יִשְׂרָאֵל)		
	A' 13,2-6	Gegen Propheten (דבר; חזיון; שֶׁקֶר)
	B' 13,7-9	Gegen Führer (חרב; צאן; רֹעִי)

Dieser in sich geschlossene Aufbau spricht dann doch aber ganz deutlich
dafür, dass es sich bei den Hirtenworten des Deuterosacharjabuches tatsächlich um eine in sich selbständige Sammlung und, da alle weiteren Schichten
als Redaktion dieser Sammlung verstanden werden können,[200] eben um die
Grundschicht des Buches handelt. Angesichts der Tatsache, dass sich zwischen den einzelnen Worten dieser Sammlung aber auch formale und inhaltliche Unterschiede aufzeigen lassen, wird es sich dabei wohl um eine Zusammenstellung bereits vorgegebener Worte handeln.[201]

     Dass es sich bei den Hirtenworten um die Grundschicht von Sach 9-14
handelt, spricht dann nebenbei gesagt auch dagegen, dass dieser Textbereich

---

199 Zur Zugehörigkeit der Überschriften Sach 9,1aα; 12,1a zur Sammlung der Hirtenworte s.o.
     124-128.
200 Siehe hierzu die weiteren Ausführungen.
201 S.o. 86.109.

von vornherein als Fortsetzung des Protosacharjabuches gestaltet wurde.[202] Da es sich zum einen bei der Sammlung der Hirtenworte um eine in sich geschlossene Komposition handelt und da sich zum anderen in Sach 1-8 keine Worte finden, die gegen die Führer des Volkes gerichtet sind, sondern dieser Textbereich im Gegenteil sogar von der Erwartung neu aufkommender Herrschaft geprägt ist (Sach 4; 6,9-15), wird die Sammlung der Hirtenworte doch zunächst viel eher als unabhängige Sammlung entstanden sein, die erst zu einem späteren Zeitpunkt und erst auf einer weiteren redaktionsgeschichtlichen Stufe im Anschluss an das Protosacharjabuch ergänzt wurde.

Eine Datierung der Hirtenworte ist angesichts fehlender konkreter Anhaltspunkte schwierig. Es lässt sich wohl nur soviel sagen, dass diese Sammlung sicherlich in nachexilischer Zeit anzusetzen ist. Denn bei diesen durchweg an der Führung des Volkes orientierten Worten fehlt vor allem jeder konkrete Hinweis auf die Existenz des Königtums. Da auch an keiner Stelle die Exilssituation vorausgesetzt ist, wird die Sammlung also frühestens in der persischen Zeit entstanden sein. Dabei bietet sich aufgrund der Überlegungen zu den folgenden Schichten des Deuterosacharjabuches wohl eine frühnachexilische Datierung an. Dafür könnte auch sprechen, dass nach Sach 11,4-17* im Anschluss an einen guten Hirten ein schlechter Hirte aufkam. Dies könnte vielleicht, bei aller gebotenen Vorsicht, auf die Geschehnisse nach dem Abtreten Serubbabels anspielen.[203]

---

202 Siehe hierzu oben 68 mit Anm. 6.

203 Dieser Vorschlag ist freilich hoch spekulativ, da über die genauen Umstände des Abtretens Serubbabels nichts Genaueres bekannt ist; vgl. aber die Überlegungen bei Albertz, Restauration, 325-327. Auffällig ist jedenfalls, dass bei den Ausführungen zur Einweihung des zweiten Tempels in Esr 6 Serubbabel nicht mehr erwähnt wird, was wohl darauf schließen lässt, dass er zu diesem Zeitpunkt schon nicht mehr im Amt war. Angesichts der in Hag 2,21-23; Sach 4; 6,9-15 belegten Hoffnungen, dass mit Serubbabel erneut das davidische Königtum aufgerichtet wird, ist sodann davon auszugehen, dass Serubbabel sein Amt nicht freiwillig aufgab, sondern abgesetzt wurde, um so derartigen Erwartungen die Grundlage zu entziehen; vgl. dabei zu Sach 6,9-15 Wöhrle, Sammlungen, 342-346. Da ferner in Hag 1-2 wie auch in Sach 4,6-10 erkennbar ist, dass der Tempelbau unter Serubbabel nicht ohne Schwierigkeiten verlief, dass also das Volk nicht ungeteilt hinter ihm stand, ist es nicht ausgeschlossen, dass die Darstellung in Sach 11,4-17, wonach auf einen guten Hirten, der vom Volk abgelehnt wurde, ein schlechter folgte, auf eben diese Geschehnisse anspielt. Nach Sach 11,4-17 hätten die Perser dann nach Serubbabel einen Statthalter eingesetzt, der das Volk unterdrückte. Doch wie gesagt: Diese Überlegungen sind ausgesprochen spekulativ und sollen nur begründen, dass eine von der buchinternen Chronologie her naheliegende Ansetzung der Sammlung der Hirtenworte in der frühnachexilischen Zeit zumindest denkbar ist.

2.2.4.2 Der Völkerangriff

Im Rahmen einer ersten Überarbeitung in 12,2.3aαb.4abα.6aα; 14,1-2.13.14a
wurde die Sammlung der Hirtenworte um zwei Worte ergänzt, die einen
Völkerangriff auf Jerusalem ankündigen. Nach Sach 12,2-6* wird Jhwh
Jerusalem wie eine bebende Schwelle und wie einen wegzutragenden Stein
zurichten und die Völker – und darunter auch Juda – zur Belagerung der
Stadt versammeln.[204] In 14,1-14* wird sodann die Einnahme Jerusalems
angesagt, bei der die Stadt exiliert wird, die Häuser geplündert und Frauen
vergewaltigt werden und es schließlich zu einer großen Panik im Volk
kommen wird, bei der einer auf den anderen losgeht.

Interessant ist dabei, dass diese beiden Worte um den zweiten Teil der
Sammlung der Hirtenworte gelegt wurden:

Teil 1 (9,1: משׂא דבר־יהוה)	
A 10,1-2	Gegen Propheten
B 10,3a; 11,1-17*	Gegen Führer

Teil 2 (12,1: משׂא דבר־יהוה על־ישׂראל)	
← 12,2-6*	Vorbereitung – Belagerung

A' 13,2-6	Gegen Propheten
B' 13,7-9	Gegen Führer

← 14,1-14*	Konsequenzen – Exilierung und Chaos

Die Völkerangriffs-Schicht setzt also die Komposition der Hirtenworte
voraus und schreibt deren zweiten Teil um die Erwartung der Belagerung
und Einnahme Jerusalems durch fremde Völker fort. Die in der ersten
Teilsammlung der Hirtenworte Sach 9-11* vorgelegte Kritik an den prophetischen und politischen Führern des Volkes wird so zur Begründung des in
den folgenden Kapiteln 12-14* angekündigten Völkerangriffs, und das in
Sach 13,2-9 angesagte Gericht an diesen Führern wird so zu einem Teil des
umfassenderen Gerichtshandelns Jhwhs gegen Jerusalem.

Es handelt sich bei dieser Schicht also um eine aktualisierende Fortschreibung, die das in den Hirtenworten nur recht allgemein beschriebene

---

204 Zur Rolle Judas nach Sach 12,2 s.o. 99f.

Gericht in den Zusammenhang eines Völkerangriffs auf Jerusalem stellt. Dabei dürfte der Anknüpfungspunkt, der zu den Nachträgen der Völkerangriffs-Schicht führte, in der bereits in den Hirtenworten vorgegebenen Gerichtsankündigung Sach 11,17, dass sich die Herde zerstreuen wird, bestehen. Eben dies wurde dann durch die Nachträge in Sach 12,2-6*; 14,1-14* konkretisiert.

Auch diese Schicht lässt sich kaum mit sicheren Argumenten datieren. Die Erwartung eines Völkerangriffs würde allerdings gut in die erste Hälfte des 5.Jh. passen, als zahlreiche Revolten, in die teils auch Juda involviert war, das persische Reich erschütterten und die Gefahr eines feindlichen Angriffs auf Jerusalem möglich erscheinen ließen.[205]

2.2.4.3 Die Fremdvölkerschicht I

Im Rahmen einer Bearbeitung, die unter Vorwegnahme weiterer Erkenntnisse bereits als Fremdvölkerschicht I bezeichnet werden soll, wurden sodann in 9,1aβb.14-16; 10,3b-5.11; 12,3aβ.4bβ.6aβb.9; 14,3.11*(ab וחרם).12.14b.15.20-21 nun gegen die Völker gerichtete Worte eingebracht. Es wird hier die Abwehr des in der vorangehenden Bearbeitung verheißenen Völkerangriffs angesagt und über die Zeit dieses Angriffs auf das dann die Völker selbst treffende Gerichthandeln Jhwhs hinausgeblickt.

Dabei hat die Fremdvölkerschicht I in 9,1aβb.14-16 zunächst eine neue Einleitung des Deuterosacharjabuches geschaffen, in der das Kommen Jhwhs zum Gericht und zur Unterstützung seines Volkes im Kampf gegen die Feinde beschrieben wird. Mit dieser Einleitung und der neuerlichen Ankündigung eines Völkergerichts in 10,3b-5.11 werden die Hirtenworte in 10,1-3a in einen neuen Rahmen gestellt, so dass deren ursprünglich gegen das eigene Volk gerichtete Aussage nun – zumindest auch – den Völkern gilt. Da nämlich in Sach 10,1-3a kein Adressat angegeben ist, da zudem vom eigenen Volk zuvor in 9,1aβb.14-16 in 3. Person und nicht, wie in 10,1, in 2. Person die Rede war und da schließlich Jhwh nach der Überarbeitung in Sach 10,3b gerade für sein Volk gegen die Hirten und Machthaber vorgeht, lässt sich doch der gesamte Textbereich 10,1-3a in diesem neuen Zusammenhang als Gerichtswort an den Feinden des Volkes verstehen.[206] Im Rahmen der Fremdvölkerschicht I sind sie es, die sich nicht auf falsche Orakelpraktiken hätten verlassen sollen, und ihre Hirten sind es nun, die Jhwh heimsuchen wird.

---

205 Vgl. hierzu etwa Donner, Geschichte 2, 432.
206 Siehe hierzu auch oben 78f.

Auch das folgende Hirtenwort in Sach 11,1-3 liest sich dann im Anschluss an Sach 10,3b-5.11 so, dass die im Bild der Zeder des Libanon und der Eichen Baschans dargestellten Machthaber auf die Machthaber der fremden Völker zu beziehen sind.[207] Lediglich der Textbereich 11,4-17 hat im Rahmen der Fremdvölkerschicht I noch Missstände im eigenen Volk vor Augen, wie etwa die Rede vom Zerbrechen der Bruderschaft zwischen Juda und Israel in 11,14 eindeutig zeigt. Doch nach den vorangehenden Hirtenworten, die im Kontext der Fremdvölkerschicht I auf fremde Führer zu beziehen sind, liest sich Sach 11,4-17 nun ebenfalls so, dass zumindest der in 11,15-17 erwähnte schlechte Hirte, dem das Gericht Jhwhs gilt, auf einen fremden Machthaber – etwa einen von einer Großmacht eingesetzten judäischen Statthalter oder gar auf den König einer fremden Großmacht selbst – zu beziehen ist. Das heißt dann aber, dass der erste Teil des Deuterosacharjabuches in Sach 9-11 durch die Fremdvölkerschicht I zu einer insgesamt den Völkern geltenden Gerichtswortsammlung umgestaltet wurde.

Vergleichbares zeigt sich bei Sach 12-14. Die beiden die Hirtenworte in 13,2-9 rahmenden Ankündigungen eines Völkerangriffs in Sach 12,2-6* und 14,1-14* wurden von den Redaktoren der Fremdvölkerschicht I so umgearbeitet, dass hier immer wieder das Eingreifen Jhwhs gegen die fremden Völker verheißen und die endgültige Vernichtung dieser Völker angesagt wird. In diesem Kontext dürfte sodann von den Hirtenworten in 13,2-9 zumindest das erneute Wort gegen einen schlechten Hirten in 13,7-9 nach den vorangehenden Überlegungen zu Sach 9-11 als Gerichtswort gegen einen fremden Machthaber zu verstehen sein.

Am Ende des Deuterosacharjabuches wurde von den Redaktoren der Fremdvölkerschicht I schließlich in 14,20-21 die Erwartung zugefügt, dass Jerusalem nach diesen Geschehnissen eine besondere Heiligkeit zukommen wird und dass kein Fremder mehr in den Tempel eindringen wird.[208]

So ist also das gesamte Deuterosacharjabuch auf der Ebene der Fremdvölkerschicht I von der Hoffnung geprägt, dass die Anfeindungen der Völker einst ein Ende nehmen werden und die Völker von Jhwh besiegt werden. Aus einer ursprünglich gegen die Missstände im eigenen Volk gerichteten Schrift, die die Belagerung und Einnahme Jerusalems durch die Völker gerade als gerechtfertigte Strafe für diese Missstände darstellte, wurde durch diese den gesamten Textbereich Sach 9-14 umfassende Redak-

---

207 Dass Sach 11,1-3 gegen äußere Feinde gerichtet ist, wurde ja ohnehin schon häufig angenommen; siehe hierzu oben 84 mit Anm. 61. Dies gilt aber entgegen der gängigen Meinung erst auf der Ebene der Fremdvölkerschicht I, da das Hirtenwort in 11,1-3 erst durch die von dieser Redaktion eingebrachten Verse 10,3b-5.11 in einen völkerfeindlichen Kontext gestellt wurde.
208 Zur Deutung des כנעני in Sach 14,21 s.o. 122f.

tion eine Schrift, die von der Erwartung der endgültigen Überwindung der feindlichen Völker geprägt ist:

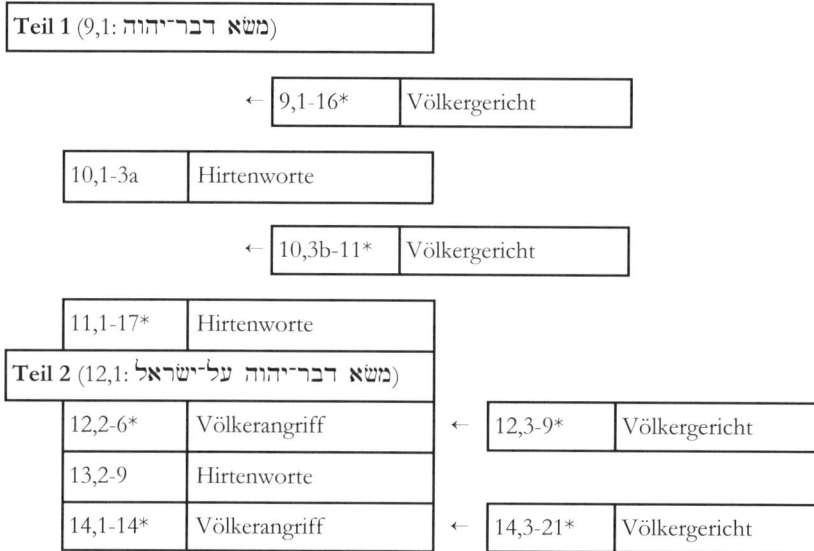

Teil 1 (9,1: מַשָּׂא דְבַר־יהוה)

←	9,1-16*	Völkergericht

10,1-3a	Hirtenworte

←	10,3b-11*	Völkergericht

11,1-17*	Hirtenworte

Teil 2 (12,1: מַשָּׂא דְבַר־יהוה עַל־יִשְׂרָאֵל)

12,2-6*	Völkerangriff	←	12,3-9*	Völkergericht
13,2-9	Hirtenworte			
14,1-14*	Völkerangriff	←	14,3-21*	Völkergericht

Auch bei dieser Schicht fehlen wirklich deutliche Hinweise für eine konkrete Datierung. Angesichts der völkerfeindlichen Perspektive, bei der nicht nur für bestimmte Völker, sondern für die Völkerwelt insgesamt das Gericht Jhwhs erwartet wird, dürfte jedoch am ehesten an das Ende des 5.Jh. zu denken sein und die Fremdvölkerschicht I so als Folge der dieses Jahrhundert prägenden Auseinandersetzungen in der Völkerwelt zu verstehen sein.[209]

2.2.4.4 Die Davidsverheißung

Eine weitere Bearbeitung brachte in Sach 9,9-10 die Verheißung eines neuen Herrschers ein, der die Waffen im Volk zerstören, den Völkern Frieden gebieten und über die gesamte Erde herrschen wird. Auch bei diesem Nachtrag fehlen genauere Hinweise für eine konkrete Datierung, so dass aufgrund der buchinternen Chronologie des Deuterosacharjabuches zunächst nur eine Einordnung in die fortgeschrittene persische Zeit möglich ist.

---

209 Siehe hierzu im einzelnen unten 161-164.

2.2.4.5 Die Fremdvölkerschicht II

Auf die bereits vorläufig als Fremdvölkerschicht II zu bezeichnende Redaktion gehen die Verse 9,2-6.8.11-13; 10,6-10.12; 14,4.6-10.11*(וישבו בה) zurück. Anders als in der Fremdvölkerschicht I ist in den von dieser Bearbeitung eingebrachten Nachträgen nicht die Völkerwelt insgesamt Gegenstand des göttlichen Gerichts, sondern nur bestimmte Völker. In Sach 9,2-6.8.11-13 werden die Phönikier, Philister und die Griechen genannt.[210] Der Anlass für die Gerichtworte gegen diese Völker ist dabei nur indirekt zu erschließen. So ist in den Worten gegen die Phönikier und Philister in 9,2-6 von deren Reichtum die Rede, und vor dem Wort gegen die Griechen in 9,13 wird in 9,11-12 die Situation der Gefangenschaft des Volkes angesprochen. Beides deutet auf feindliche Übergriffe hin, bei denen das Volk geplündert und wohl sogar Angehörige des Volkes in die Gefangenschaft geführt wurden.[211] Eben deshalb wird dann auch in den ebenfalls im Rahmen der Fremdvölkerschicht II eingebrachten Versen 10,6-10.12 die Rückkehr des Volkes aus der Gefangenschaft und künftiges sicheres Wohnen unter den Völkern angesagt.

In dem weiteren Nachtrag 14,4-6.10.11*, dessen Zusammenhang mit der Fremdvölkerschicht II erst im Rahmen der weiteren Ausführungen zur Entstehung des Zwölfprophetenbuches begründet werden kann,[212] wird sodann in geradezu utopischen Bildern die künftige Umwandlung der Natur, bei der die Minderungen des agrarischen Lebens ein Ende finden werden,[213] verheißen und es wird die Aufrichtung des Königtums Jhwhs angesagt.

Als Datierung bietet sich für diese Schicht die frühe hellenistische Zeit an. Dafür sprechen neben der buchinternen Chronologie die in Sach 9 erwähnten Feinde und dabei vor allem die in 9,13 genannten Griechen.[214]

---

210 Zu der häufig vorgetragenen Annahme, die Erwähnung der Griechen sei in Sach 9,13 erst sekundär zugefügt, s.o. 70 Anm. 12.
211 Siehe hierzu auch unten 279-281.
212 S.u. 272.
213 S.o. 117 mit Anm. 162.
214 Aufgrund der in Sach 9 erwähnten fremden Völker wurde schon häufig vermutet, dass dieses Kapitel, wenn nicht gar die Kapitel 9-11 oder 9-14 insgesamt, in die beginnende hellenistische Zeit zu verorten ist. Dabei wurde im Anschluss an Elliger, Zeugnis, 63-115, und Delcor, Allusions, 110-124, die Erwähnung von Damaskus und der Philister- und der Phönikier-Städte in 9,1-6 immer wieder mit dem Feldzug Alexanders des Großen durch Syrien/Palästina 332 v.Chr. in Verbindung gebracht; vgl. nur Cazelles, Mission, 138f; Eißfeldt, Einleitung, 590; Fohrer, Einleitung, 513; Gese, Anfang, 41; Willi-Plein, Prophetie, 107; dies., ZBK.AT 24,4, 154; Deissler, NEB.AT 21, 294; Steck, Abschluß, 36; Zenger, Einleitung, 581; Schmid, Propheten, 396f. Gegen eine solch genaue Datierung spricht aber, dass die Griechen, obgleich sie in Sach 9,13 genannt werden, bei dem in Sach 9,1-8 beschriebenen Gerichtshandeln Jhwhs an den dort genannten Städten gerade keine Erwähnung finden. Gegen diese These spricht nebenbei auch, dass nach den hier vorgestellten Überlegungen Damaskus

2.2.4.6 Das Heil für die Völker

In Sach 14,16-19 wurde schließlich ein Wort nachgetragen, das nun „Heil für die Völker" ansagt. Es findet sich hier die Erwartung, dass die unter den Völkern Übriggebliebenen Jahr für Jahr nach Jerusalem kommen, um das Laubhüttenfest zu feiern. Dabei werden die Völker, die nicht kommen, von Jhwh mit Dürre bestraft.

Es wird hier also aufgrund der Rede von den Übriggebliebenen unter den Völkern das im Deuterosacharjabuch zuvor angesagte Gericht an den Völkern vorausgesetzt, aber über dieses Gericht hinausgeblickt auf eine Zeit, da sich die Völker zu Jhwh bekehren werden. Zudem wird durch die Voranstellung von Sach 14,16-19 die abschließende, bereits von der Fremdvölkerschicht I eingebrachte Verheißung der besonderen Heiligkeit Jerusalems in Sach 14,20-21 unter die Bedingung der Bekehrung der Völker gestellt.[215] Erst wenn die Völker hinzukommen und am kultischen Leben Jerusalems teilnehmen, wird sich diese Verheißung erfüllen.

Als Datierung bietet sich für diese Bearbeitung aufgrund ihrer völkerfreundlichen Tendenz die hellenistische Zeit an.[216]

2.2.4.7 Vereinzelte Nachträge

Vereinzelte Nachträge, ohne weitere Bedeutung für die Entstehung des Deuterosacharjabuches oder die buchübergreifende Entstehung des Zwölfprophetenbuches, finden sich schließlich noch in 9,7.17; 11,6.8a; 12,1b.5.7-8.10-14; 13,1; 14,5.

---

in Sach 9,1 nicht als Ort göttlichen Gerichts, sondern vielmehr als Ausgangspunkt der Theophanie Jhwhs zu verstehen ist (s.o. 127), wodurch ein wichtiger Anhaltspunkt für die Deutung auf den Alexanderfeldzug wegfällt. So ist die Datierung über diese Geschehnisse also mit Jones, Interpretation, 242f; Sæbø, Sacharja 9-14, 135; Rudolph, KAT 13,4, 171f; Mason, Haggai, 84f; Hanson, Dawn, 316; Reventlow, ATD 25,2, 90; Redditt, Nehemiah, 664-667, u.a. abzulehnen. Die Erwähnung der Griechen in Sach 9,13 bleibt jedoch ein gewichtiges Argument für eine Datierung in die hellenistische Zeit. Zu weiteren Überlegungen zur Datierung der Fremdvölkerschicht II siehe dabei auch unten 279-281.

215 S.o. 123.
216 Siehe hierzu unten 351-354.

2.2.4.8 Überblick über die Redaktionsgeschichte
des Deuterosacharjabuches

Die Sammlung der Hirtenworte	9,1aα 10,1-3a 11,1-5.7.8b.9-17 12,1a 13,2-9
Der Völkerangriff	12,2.3aαb.4abα.6aα 14,1-2.13.14a
Fremdvölkerschicht I	9,1aβb.14-16 10,3b-5.11 12,3aβ.4bβ.6aβb.9 14,3.11*(ab וחרם).12.14b.15.20-21
Davidsverheißung	9,9-10
Fremdvölkerschicht II	9,2-6.8.11-13 10,6-10.12 14,4.6-10.11*(וישבו בה)
Heil für die Völker	14,16-19
Vereinzelte Nachträge	9,7.17 11,6.8a 12,1b.5.7-8.10-14 13,1 14,5

3. Der buchübergreifende Zusammenhang der Fremdvölkerschicht I

3.1 Der literarische Zusammenhang der Bearbeitungen der Fremdvölkerschicht I

Es wurde schon häufiger erkannt, dass das Geschick der Völker zu den bestimmenden Themen des Zwölfprophetenbuches gehört.[1] Es ist allerdings noch nicht wirklich gelungen, das hier belegte Nebeneinander ganz verschiedener Aussagen über die Völker – Völkerangriff gegen Jerusalem, Gericht an verschiedenen Einzelvölkern, universales Völkergericht, Heil für die Völker – aus der Entstehung des Zwölfprophetenbuches heraus zu erklären.[2]

Auf Grundlage der vorgestellten redaktionsgeschichtlichen Analyse der Einzelbücher konnte nun sowohl in dem als Joel-Korpus bezeichneten Vierprophetenbuch, das die Bücher Joel, Amos, Micha und Zefanja umfasst, als auch im Haggai-Sacharja-Korpus jeweils im unmittelbaren Anschluss an die für die beiden Korpora verantwortliche Redaktion eine weitere Bearbeitung aufgezeigt werden, die bereits vorläufig als Fremdvölkerschicht I bezeichnet wurde.[3] Dabei hat sich diese Bearbeitung im Joel-Korpus und im Haggai-Sacharja-Korpus in den Büchern Joel, Micha, Zefanja und Haggai niedergeschlagen.[4] Zudem wurden dieser Bearbeitung sodann auch Nach-

---

1   Vgl. etwa Bosshard-Nepustil, Rezeptionen, 434-444; Zapff, Studien, 273-276; ders., Perspective, 292-312; Roth, Israel, 291-302.

2   So beschränken sich bei den Anm. 1 genannten Beiträgen die Ausführungen von Zapff vor allem auf die Bücher Jona, Micha und Nahum, und Roth enthält sich jeglicher genauerer Überlegungen zu buchübergreifenden Redaktionsprozessen im Zwölfprophetenbuch. Lediglich die Darlegungen von Bosshard-Nepustil sind in einen redaktionsgeschichtlichen Entwurf, der das gesamte Zwölfprophetenbuch umfasst, eingebettet. Dabei führt Bosshard-Nepustil etwa die völkerfeindlichen Aussagen in Joel 2,12-27; Mi 4,9-10.14; 5,2; 7,7-10; Nah 1,1b.2-8.9-10.12.13; 2,1; Hab 1,12a*; 2,5-17*; 3,2-19a; Zef 2,13-15; Sach 2,10a.11.14; 8,1-6 auf die von ihm als Babel-Red.[XII] bezeichnete Redaktion zurück oder die Textbereiche Obd 1-14.15b; Mi 4,1-4; Sach 8,20-22, die – unter Ausschluss Edoms – Heil für die Völker ansagen, auf eine als Völker-Ergänzungen[XII] bezeichnete Redaktion. Allerdings behandelt auch Bosshard-Nepustil nicht wirklich den gesamten Textbestand des Zwölfprophetenbuches, so dass das beschriebene Nebeneinander der verschiedenen Aussagen über die Völker auch bei ihm nicht vollständig aus der Entstehung dieses Korpus heraus erklärt wird. Zudem bestehen bei seinem Entwurf zur Entstehung des Zwölfprophetenbuches nicht zuletzt angesichts der dabei vorausgesetzten Verbindungen zur Entstehung des Jesajabuches noch zu viele Unsicherheiten, als dass dieser Entwurf wirklich überzeugen könnte; vgl. hierzu Wöhrle, Sammlungen, 15f, sowie oben 8-10.

3   Vgl. Wöhrle, Sammlungen, 193-195.226f.321.431-433.

4   Zur Frage, warum sich in den Büchern Amos und (Proto-)Sacharja keine Nachträge der Fremdvölkerschicht I zeigen, s.u. 152f.

träge in den Büchern Nahum und Deuterosacharja zugewiesen.[5] Insgesamt umfasst die Fremdvölkerschicht I die folgenden Textbereiche:

Joel	1,4.6-7 2,2*(כשחר ... ועצום).4-5.7-9.11a.18-20.25.26b.27 4,1-3.9-17
Amos	-
Micha	1,2 4,6-7.10*(ab שם).12-13 5,7-8.14 6,1 7,10b-13.16-17aα
Nahum	1,1a.9b.10.12-13 2,1*(ohne הנה).4-11 3,2-3.7.8*(מים סביב לה).15aγ-19
Zefanja	2,7.9b-10.13-15 3,8b.18-19
Haggai	2,6-8.21b.22
Sacharja	-
Deuterosacharja	9,1aβb.14-16 10,3b-5.11 12,3aβ.4bβ.6aβb.9 14,3.11*(ab וחרם).12.14b.15.20-21

Im Rahmen der dieser Redaktion zugewiesenen Bearbeitungen wurde das Joelbuch von einem an einer Dürrenot und deren Überwindung orientierten Buch durch die Einfügung einer auf einen Völkerangriff hin transparenten Schilderung einer Heuschreckenplage und deren Abwehr in Joel 1-2[6] sowie durch die Einfügung der Darstellung eines umfassenden Völkergerichts in Joel 4 zu einem insgesamt am Gericht an den Völkern ausgerichteten Buch umgestaltet. Das Michabuch wurde durch die Fremdvölkerschicht I so umgearbeitet, dass in einem zweifachen Durchlauf in Mi 1-5 und Mi 6-7 jeweils auf die gegen das eigene Volk gerichteten Worte in Mi 1-3 und 6,1-7,7 die Erwartung eines umfassenden Völkergerichts in Mi 4-5 und 7,8-17

---

5   S.o. 64-66.133-135.
6   Zur viel diskutierten Frage, ob es sich bei der in Joel 1-2 geschilderten Heuschreckenplage um eine wirkliche Naturkatastrophe oder, wie hier vertreten, um die metaphorische Schilderung eines realen Feindangriffs handelt, siehe im einzelnen Wöhrle, Sammlungen, 413-418.

folgt. Das Nahumbuch wurde von einer ursprünglich gegen das eigene Volk gerichteten Schrift zu einer Gerichtsankündigung gegen Ninive umgestaltet, wobei aber auch hier in Nah 1,9-14 zunächst noch Verschuldungen des eigenen Volkes festgehalten werden. Im Zefanjabuch wurden sodann die der Fremdvölkerschicht I bereits vorliegenden Fremdvölkerworte in Zef 2,4ff erweitert, und es wurde in Zef 3,8b.18-19 die Erwartung eines Völkergerichts sowie der Rettung des eigenen Volkes aus der Hand der Völker nachgetragen. Im Haggaibuch haben die Redaktoren der Fremdvölkerschicht I an zwei Stellen in Hag 2 die Ankündigung ergänzt, dass die Völkerwelt erschüttert wird, deren Reichtum nach Jerusalem kommt und die militärische Stärke der Völker zugrunde gerichtet wird. Und schließlich wurde das zuvor gegen das eigene Volk gerichtete Deuterosacharjabuch, das mit der Erwartung eines Völkerangriffs gegen Jerusalem endete, durch die Redaktoren der Fremdvölkerschicht I ebenfalls zu einer umfassenden Gerichtsankündigung gegen die Völker umgearbeitet, wonach Jhwh gegen den Angriff der Völker einschreiten, die Völker vernichten und seinem Volk neues Heil bereiten wird.

Die beschriebenen Bearbeitungen, die der Fremdvölkerschicht I in den einzelnen Büchern des Zwölfprophetenbuches zugewiesen wurden, sind nun durch zahlreiche thematische und terminologische Gemeinsamkeiten miteinander verbunden. Dabei besteht auf noch recht allgemeiner Ebene schon darin eine bedeutende Übereinstimmung, dass bei nahezu all diesen Nachträgen das Geschick der gesamten Völkerwelt in den Blick genommen wird. Es geht hier also nicht wie etwa in den Fremdvölkerworten Jes 13-23; Jer 46-51; Ez 25-32; Am 1-2 um die konkreten Verschuldungen und das Ergehen bestimmter Völker. Vielmehr ist bei den der Fremdvölkerschicht I zugewiesenen Nachträgen von allen Völkern (כל הגוים/עמים; Joel 4,2. 11.12; Hag 2,7; Sach 12,6.9; 14,12.14), den Völkern an sich (גוים/עמים; Joel 2,19; 4,9; Mi 5,14; 7,16; Zef 3,8b; Hag 2,22), vielen Völkern (עמים רבים; Mi 4,13; 5,7), der gesamten Erde (ארץ; Mi 1,2; 7,13; Zef 3,8b) oder schlicht von einer nicht näher bestimmten Schar äußerer Feinde[7] die Rede.

An einigen wenigen Stellen werden aber doch auch bestimmte Völker genannt: So werden in Mi 7,12 und Sach 10,11 Assur und Ägypten als Gegenstand des göttlichen Gericht erwähnt. Allerdings heißt es in Mi 7,12, dass das göttliche Gericht von Assur bis nach Ägypten reichen wird.[8] Die beiden Länder werden hier also gewissermaßen als äußerste Grenzmarkierungen des die gesamte Völkerwelt treffenden Gerichtshandelns Jhwhs

---

7   Vgl. etwa Nah 1,12; Zef 3,18; Sach 9,14-16; 10,3b-5.

8   Vgl. zu dieser Deutung von Mi 7,12, die von der gängigen Deutung, nach der in diesem Vers von der Rückkehr des Volkes aus den genannten Gebieten die Rede sei, abweicht, Wöhrle, Sammlungen, 183-185.

genannt, so dass auch dieses Wort ganz auf der Linie der sonstigen
Fremdvölkerschicht I-Worte universal ausgerichtet ist. Und von hier aus
wird dann die Aussage in Sach 10,11, dass Jhwh der Pracht Assurs und dem
Zepter Ägyptens ein Ende bereiten wird, doch ebenfalls so zu verstehen
sein, dass die beiden Länder pars pro toto für die gesamte Völkerwelt stehen, wofür auch die vorangehenden, ebenfalls gegen die Völker insgesamt
gerichteten Verse 10,3b-5 sprechen.[9]

Anders sieht es hingegen mit den von der Fremdvölkerschicht I eingebrachten Nachträgen im Nahum- und im Zefanjabuch aus. So wurde das
Nahumbuch von der Fremdvölkerschicht I ja zu einer Ninive geltenden
Gerichtsankündigung umgearbeitet. Hier ist also nicht die Völkerwelt insgesamt, sondern doch ein bestimmtes Volk Gegenstand des göttlichen
Gerichtshandelns. Beachtenswert ist aber, dass sich, wie bereits herausgestellt wurde,[10] in den Nachträgen der Fremdvölkerschicht I zum Nahumbuch kaum konkrete Aussagen über Ninive oder die Assyrer, etwa über
bestimmte Verhaltensweisen und Vergehen oder über die genauen Umstände des Gerichts an dieser Stadt, finden lassen. Ninive ist hier vielmehr
ein Beispiel für eine dem eigenen Volk feindlich gesinnte Stadt, die nun das
Gericht Jhwhs treffen wird. So kann das an der Stadt Ninive orientierte
Nahumbuch im Rahmen der Fremdvölkerschicht I als Exemplifizierung des
göttlichen Gerichtshandelns an einem konkreten Einzelvolk verstanden
werden und fällt daher nicht aus den sonstigen, an den Völkern insgesamt
orientierten Aussagen dieser Bearbeitungsschicht heraus.[11]

Dies gilt sodann auch für die Bearbeitungen im Zefanjabuch. Hier
wurde zum einen bei den der Fremdvölkerschicht I bereits vorgegebenen
Worten Zef 2,4-6.8-9a, die gegen die Philister und gegen Moab und Ammon
gerichtet sind, in 2,7.9b-10 die Erwartung eingetragen, dass das eigene Volk
deren Gebiete und deren Güter in Besitz nehmen wird. Zum anderen wurde
in Zef 2,13-15 erneut ein Wort gegen Ninive nachgetragen, in dem die
Zerstörung dieser Stadt angekündigt wird. Auch im Zefanjabuch wurden
also entgegen der sonstigen Ausrichtung der Fremdvölkerschicht I Worte
gegen bestimmte Völker ergänzt. Interessant ist dabei allerdings, dass in Zef
3,8b von derselben Redaktion ein Wort eingebracht wurde, in dem es heißt,
dass Jhwh alle Völker sammeln und über sie seinen grimmigen Zorn ausschütten wird.[12] Das heißt doch, dass die vorangehenden Worte gegen

---

9   S.o. 79f.

10   S.o. 65f.

11   Zur Bedeutung des im Nahumbuch dargestellten Gerichts an Ninive im Kontext des
     Fremdvölker-Korpus I siehe auch unten 168.

12   Zur Ablehnung der in Zef 3,8b häufig vorgenommenen textkritischen Änderung des עליהם
     zu עליכם, mit der versucht wird, zumindest Zef 3,8bα wie den vorangehenden Kontext auf
     das eigene Volk zu beziehen, vgl. Wöhrle, Sammlungen, 210 mit Anm. 49.

einzelne Völker in Zef 2,4-15 für die Redaktoren der Fremdvölkerschicht I Beispielcharakter haben.[13] Sie verdeutlichen die Verschuldung der fremden Völker insgesamt und das darauf reagierende Gerichtshandeln Jhwhs an diesen Völkern.

So zeichnet sich die Fremdvölkerschicht I insgesamt dadurch aus, dass die gesamte Völkerwelt dem Gericht Jhwhs verfallen ist. Selbst die Stellen, an denen konkrete Völker genannt werden, sind doch im größeren Zusammenhang des universalen Gerichtshandelns Jhwhs zu verstehen.

Zwischen den der Fremdvölkerschicht I in den einzelnen Büchern zugewiesenen Bearbeitungen zeigen sich aber nicht nur auf dieser recht allgemeinen Ebene, sondern auch in den konkreten Ausführungen Gemeinsamkeiten. So zunächst in der Rolle, die den Völkern in diesen Bearbeitungen zukommt. Dabei wird festgehalten, dass die Völker ursprünglich die Funktion eines Gerichtswerkzeugs hatten und somit im Auftrag Jhwhs gegen das eigene Volk vorgingen. Dies zeigt sich schon bei der Bearbeitung des Joelbuches. Das in Joel 1,4.6-7 eingeführte Heuschreckenheer, mit dem auf metaphorische Weise ein Fremdvölkerangriff beschrieben wird, wird in Joel 2,11.25 als Heer Jhwhs (חילו/י) bezeichnet. Der Angriff dieses dem Volk feindlich gegenüberstehenden Heuschreckenheeres findet also auf Geheiß und unter Führung Jhwhs statt.[14]

Die Bearbeitungen in Mi 4,10*.12-13 wurden sodann in den Kontext 4,9.10*.11.14 eingebracht, in dem als Gottesrede ein Völkerangriff gegen Jerusalem angekündigt wird.[15] Auch hier wird also vorausgesetzt, dass den Völkern ursprünglich die Aufgabe zukam, das Gericht Jhwhs am eigenen Volk zu vollstrecken. Wenn es dabei in dem von der Fremdvölkerschicht I nachgetragenen Vers 4,12 heißt, dass die Völker den Plan Jhwhs nicht verstehen, so ist dies dann am ehesten so zu verstehen, dass sie eigenmächtig über diese ursprüngliche Aufgabe hinausgegangen sind und das Volk gänzlich in ihre Gewalt bringen wollten, wogegen Jhwh nun vorgehen wird.[16]

---

13 So meinten auch schon Ryou, Oracles, 280; Sweeney, Zephaniah, 181, dass es sich bei Zef 3,8b um einen generalisierenden Rückverweis auf die Fremdvölkerworte in 2,4-15 handelt.
14 Dass das Heuschreckenheer in Joel 2,1-11 als Gerichtswerkzeug Jhwhs zu verstehen ist, wird allgemein angenommen; vgl. nur Weiser, ATD 24, 114; Wolff, BK 14,2, 56; Rudolph, KAT 13,2, 57; Andiñach, Locusts, 436; Crenshaw, AncB 24C, 127. Die demgegenüber von Bič, Joel, 56f, vorgetragene Annahme, dass in Joel 2,11 mit חילו nicht das Heuschreckenheer, sondern ein anderes unter der Führung Jhwhs stehendes Heer, das gerade gegen die Heuschrecken vorgehen wird, gemeint sei, krankt schon daran, dass die Wende der Not ja erst in Joel 2,18 beginnt. So wurde dieser Vorschlag auch zurecht nicht weiter aufgenommen.
15 Zu Mi 4,9-14 vgl. im einzelnen Wöhrle, Sammlungen, 160f.
16 Meist wird die Rede vom Plan Jhwhs in Mi 4,12 so verstanden, dass der von Jhwh initiierte Völkerangriff gegen Jerusalem von vornherein den Zweck hatte, die Völker dorthin zu versammeln, um dort sein Gericht an ihnen zu vollstrecken; vgl. nur Weiser, ATD 24, 269f;

Vergleichbar sind auch die Nachträge im Nahumbuch. Hier wird in den von der Fremdvölkerschicht I eingebrachten Versen 1,9b.10.12-13 vorausgesetzt, dass das Volk durch eine zunächst noch nicht näher bestimmte äußere Größe angegriffen wurde. Die Aussage in Nah 1,12, dass Jhwh das Volk bedrückt hat, dies aber nicht mehr tun wird (עניתך לא אענך עוד),[17] kann dabei erneut nur so verstanden werden, dass eben Jhwh es war, der hinter diesem Angriff auf das Volk stand, weshalb die zuvor genannten äußeren Feinde auch hier als Gerichtswerkzeug Jhwhs zu verstehen sind.[18]

Schließlich setzen die Bearbeitungen der Fremdvölkerschicht I, wie schon im Michabuch, auch in Sach 12*; 14* gerade an der Stelle an, an der von einem auf den Befehl Jhwhs hin erfolgenden Völkerangriff gegen Jerusalem die Rede ist.[19] Auch hier wird also das göttliche Gericht am eigenen Volk, das von den Völkern im Auftrag Jhwhs vollstreckt wird, vorausgesetzt, dann aber über dieses Gericht hinausgeblickt auf die Zeit, da sich Jhwh seines Volkes wieder annehmen und nun die Völker richten wird.

Neben der Charakterisierung der Völker als ursprüngliches Gerichtswerkzeug zeigen sich auch einige Gemeinsamkeiten unter den Bearbeitungen der Fremdvölkerschicht I hinsichtlich der konkreten Verschuldungen, die den Völkern angelastet werden. Dabei werden den Völkern in den Nachträgen der Fremdvölkerschicht I insbesondere militärische Übergriffe und die Zerstreuung des Volkes vorgeworfen. So wird schon in dem als Heuschreckenplage beschriebenen Völkerangriff in Joel 2,1-11* die Einnahme einer Stadt beschrieben, was dann in den folgenden Büchern immer wieder eine Rolle spielt. Denn die Nachträge in Mi 4,10-13* wie auch in Sach 12,3-9*; 14,3-14* wurden von den Redaktoren der Fremdvölkerschicht I ja gerade in den Kontext eines bereits in den vorgegebenen Worten belegten Völkerangriffs auf Jerusalem eingebracht. Zudem wird in den auf die Fremdvölkerschicht I zurückgehenden Versen Nah 1,12-13 vorausgesetzt, dass zahlreiche Völker gegen das Volk vorgedrungen sind und dass sie, wie die Rede vom Joch (מוט) und von den Fesseln (מוסרה) zeigt, das Volk

---

Rudolph, KAT 13,3, 93; Mays, Micah, 110; Andersen / Freedman, AncB 24E, 453f; Kessler, Micha, 212f. Doch nimmt diese Deutung nicht ernst, dass der Völkerangriff auf Jerusalem nach dem vorliegenden Text von Mi 4,9-14 ja zunächst dem Ziel diente, das Gericht Jhwhs am eigenen Volk auszuführen, wie etwa die in Mi 4,9.10* angesagte Exilierung des Volkes eindeutig zeigt. Das durch die Nachträge der Fremdvölkerschicht I (Mi 4,10*.12-13) geschaffene Nebeneinander von Gericht am eigenen Volk und Gericht an den Völkern in Mi 4,9-14 wird daher vielmehr so zu erklären sein, dass die Völker eben über ihre ursprüngliche Aufgabe, das Gericht im Auftrage und nach dem Willen Jhwhs zu vollstrecken, hinausgegangen sind; vgl. hierzu etwa Jes 10,5-16.

17 Zum Text von Nah 1,12 s.o. 25 mit Anm. 6.

18 Vgl. zu dieser Deutung etwa Elliger, ATD 25, 8; Rudolph, KAT 13,3, 161; Roberts, Nahum, 52f; Seybold, ZBK.AT 24,2, 24f.

19 Siehe hierzu im einzelnen oben 134f.

in ihre Gewalt gebracht haben. Und schließlich weist auch die Ansage, dass sich Jhwh künftig schützend vor sein Volk stellen wird, in Sach 9,15 darauf, dass sich die Völker durch feindliche Übergriffe verschuldet haben.

Die Zerstreuung des Volkes wird sodann schon in Joel 4,2 angeprangert, ist aber auch in den von der Fremdvölkerschicht unmittelbar fortgeschriebenen Worten Mi 4,9.10*.11.14; Sach 14,1-2.13.14a und in den an das eigene Volk gerichteten Heilsworten Mi 4,6-7; Zef 3,18-19, in denen die Rückführung aus der Gefangenschaft verheißen wird, vorausgesetzt.

Beachtenswert ist dabei auch, dass die Verschuldungen der Völker auf allgemeiner Ebene teils mit denselben Termini beschrieben werden. So ist in Joel 2,19; Zef 2,10; 3,18 von der Schmähung (חרפה[ן]) durch die Völker die Rede, in Zef 2,10; Sach 10,11 wird deren Hochmut (גאון) angeprangert, und in Joel 2,20 und Zef 2,10 heißt es, dass sie großgetan haben (גדל hi.). Es finden sich zwischen den der Fremdvölkerschicht I zugewiesenen Anklagen an die Völker also nicht nur allgemein thematische, sondern auch terminologische Verbindungen.

Besonders deutlich sind die Gemeinsamkeiten unter den der Fremdvölkerschicht I zugewiesenen Textbereichen nun aber hinsichtlich der Schilderungen des Gerichts, das die Völker treffen wird. So ist zunächst gleich an mehreren Stellen davon die Rede, dass Jhwh die Völker zum Gericht versammeln wird (קבץ; Joel 4,2.11; Zef 3,8b; Mi 4,12). Desweiteren wird stets vorausgesetzt, dass Jhwh die gesamte Völkerwelt vernichten wird. So läuft die Gerichtsschilderung in Joel 4,1-17*, wonach die Völker in Massen versammelt werden und Jhwh Himmel und Erde erschüttern wird, ebenso auf die vollständige Vernichtung der Völker zu wie Mi 7,10-17*, wo von der Verwüstung der Erde die Rede ist, Zef 3,8b, wonach Jhwh über allen Völkern seinen Zorn ausschütten wird, Hag 2,7, wo es heißt, dass Jhwh alle Völker erschüttert, oder Sach 9,14-16; 10,3b-5, wo der Kampf des Volkes gegen eine nicht näher bestimmte feindliche Größe, also wohl erneut die gesamte Völkerwelt, beschrieben wird.[20]

Interessant ist sodann auch, dass die Gerichtsschilderungen der Fremdvölkerschicht I immer wieder von im weiteren Sinne agrarischer Motivik bestimmt sind.[21] Bedeutend ist hier natürlich zunächst die Gestaltung des Joelbuches durch die Fremdvölkerschicht I: Nachdem in Joel 1-2 im Bild einer Heuschreckenplage ein feindlicher Angriff beschrieben wurde, wird in

---

20 Zur universalen Deutung der diesen Textbereich abschließenden Ankündigung in Sach 10,11, wonach der Hochmut Assurs und das Zepter Ägyptens ein Ende finden werden, s.o. 142.

21 Insbesondere Nogalski, Processes, 23f, ist bereits aufgefallen, dass das Zwölfprophetenbuch durch die häufigen Vorkommen von „botanic imagery" geprägt ist. Allerdings ist es Nogalski noch nicht gelungen, dies mit einem differenzierten Modell aus der Entstehung des Zwölfprophetenbuches heraus zu erklären; siehe hierzu oben 6-8 sowie Wöhrle, Sammlungen, 12-14.

Joel 4,10 bei der Ankündigung des Gerichts an den Völkern dazu aufgerufen, Pflugscharen zu Schwertern und Winzermesser zu Spießen umzuschmieden, und in 4,13 heißt es, dass das Volk die Sichel anlegen soll, da die Ernte reif ist, und dass es die Kelter treten soll. In Mi 4,12-13 ist dann davon die Rede, dass Jhwh die Völker sammeln wird wie Ähren zur Tenne, und das als Tochter Zion angesprochene Volk wird hier mit den Worten „steh auf und drisch" (קומי ודושי) zum Kampf gegen die Völker aufgerufen. In Nah 1,10 wird angesagt, dass die Feinde verbrannt werden wie dürres Stroh, und in Nah 3,15*.17 werden die Bewohner Ninives – entsprechend der Schilderung eines Feindangriffs in Joel 1-2 – gerade mit Heuschrecken verglichen. Dabei werden in Nah 3,15-17* wie in Joel 1,4; 2,25 die Begriffe ארבה und ילק für Heuschrecken verwandt, was besonders bedeutend ist, da diese beiden Begriffe sonst nur noch in Ps 105,34 zusammen belegt sind.[22]

In das weitere Umfeld der agrarischen Begrifflichkeiten kann sodann auch die im Rahmen der Fremdvölkerschicht I mehrfach belegte Herdenmetaphorik gerechnet werden. So heißt es in Mi 5,7, dass das eigene Volk unter den Völkern sein wird wie ein Löwe unter Schafen. In dem Gerichtswort gegen Ninive in Zef 2,13-15 wird in 2,14 angesagt, dass sich Herden im zerstörten Ninive lagern werden. Und nach Sach 9,16; 10,3b wird Jhwh sein Volk, das hier als Herde bezeichnet wird, retten und für es eintreten.

Eine letzte thematische Gemeinsamkeit unter den Gerichtsschilderungen der Fremdvölkerschicht I besteht schließlich in den vergleichbaren Aussagen über das Erschrecken der Völker. So heißt es in Mi 7,16, dass die Völker, die die Verwüstung der Erde mit ansehen, die Hand auf den Mund halten werden und dass ihre Ohren verstummen werden. Nach Nah 3,19 werden die, die vom Schicksal Ninives hören, die Handflächen aneinanderschlagen. Und ganz entsprechend werden nach Zef 2,15 die, die am zerstörten Ninive vorübergehen, pfeifen und in die Hände klatschen.

Neben diesen thematischen Übereinstimmungen sind die Gerichtsschilderungen der Fremdvölkerschicht I auch durch einige markante terminologische Gemeinsamkeiten verbunden. So ist in Joel 4,16 wie in Hag 2,6.21 die nur eher selten belegte Ansage zu finden, dass Jhwh im Kampf gegen die

---

22 Dass Nah 3,15-17 über die hier belegten Begriffe für Heuschrecken mit Joel 1,4; 2,25 verbunden ist, wurde schon häufig gesehen; vgl. etwa Schulz, Nahum, 41 mit Anm. 112; Seybold, ZBK.AT 24,2, 40f; Spronk, Nahum, 137; Perlitt, ATD 25,1, 37. Darüber hinaus meinte bereits Nogalski, Processes, 124-126, dass es sich bei Nah 3,15aγ.16b um einen sekundär in das Nahumbuch eingebrachten Rückverweis auf das Joelbuch und die dort belegte Heuschreckenplage handelt. Nogalski erkannte dabei allerdings noch nicht, dass auch die im Joelbuch belegte Heuschreckenplage allererst durch eine Überarbeitung eingebracht wurde und dass es angesichts der sonstigen Gemeinsamkeiten zwischen dieser Überarbeitung im Joelbuch und der Überarbeitung im Nahumbuch doch wahrscheinlicher ist, von einer buchübergreifenden Redaktion auszugehen als von einer einseitigen Bezugnahme in Nah 3,15-16* auf Joel 1,4; 2,25.

Völker Himmel und Erde erbeben lässt (רעש ;שמים ;ארץ).[23] In Mi 7,10 ist wie in Sach 10,5 davon die Rede, dass die Völker wie Straßenkot zertreten werden bzw. in den Straßenkot getreten werden (טיט חוצות), wobei die Wendung טיט חוצות sonst überhaupt nur noch in dem nach der Fremdvölkerschicht I anzusetzenden Vers Sach 9,3 sowie in 2 Sam 22,43; Ps 18,43 belegt ist.[24] Und schließlich wird in den der Fremdvölkerschicht I zugewiesenen Passagen häufiger die Vernichtung der feindlichen Pferde (סוס; Hag 2,22; Sach 12,4; 14,15) und Reiter (רכב; Hag 2,22; Sach 10,5) angesagt.[25]

Eine besonders bedeutende Gemeinsamkeit findet sich sodann noch zwischen Joel 2,20 und dem Wort gegen Ninive in Zef 2,13-15. Nach Joel 2,20 wird Jhwh das hier als Nördlicher (צפוני) bezeichnete feindliche Heer in ein dürres und ödes Land (ארץ ציה ושממה) verstoßen. In Zef 2,13 heißt es, dass Jhwh seine Hand nach Norden (צפון) ausstrecken wird und dass er Ninive zur Öde macht, dürr wie die Wüste (לשממה ציה כמדבר). Dabei sind schon die Begriffe ציה und שממה nur an diesen beiden Stellen im AT zusammen belegt, und angesichts der parallelen Erwähnung von צפון/צפוני dürfte es sich wohl kaum um zufällige Gemeinsamkeiten handeln.[26] Zudem ist zu beachten, dass im Rahmen der Fremdvölkerschicht I wie in Zef 2,13 auch in Mi 7,13 angekündigt wird, dass die Erde zur Öde wird (והיתה הארץ לשממה), und dass sich zudem in Joel 1,7; Zef 2,15 entsprechend zu שממה in Joel 2,20; Zef 2,13 das auf dieselbe Wurzel שמם zurückgehende Wort שמה findet.

Bei den Aussagen über die Völker in den der Fremdvölkerschicht I zugewiesenen Textbereichen zeigen sich also tatsächlich zahlreiche Gemeinsamkeiten. Die Charakterisierung als ursprüngliches Gerichtswerkzeug, die konkreten Verschuldungen durch militärische Übergriffe und durch die Zerstreuung des Volkes, die Gerichtsankündigungen, die aufgrund der universalen Ansage, dass die Völker insgesamt untergehen werden, aufgrund der agrarischen Motivik und aufgrund der wiederkehrenden Schilderungen des Erschreckens unter den Völkern miteinander verbunden sind, sowie die

---

23 Weitere Belege für das Beben von Himmel und Erde finden sich nur noch in dem der Grundschicht des Joelbuches zugehörigen Vers 2,10, von dem Joel 4,16 und dann auch Hag 2,6.21 inspiriert sein dürfte, sowie in Ri 5,4; 2 Sam 22,8; Jes 13,13; Ps 68,9.

24 Die Verbindung zwischen Mi 7,10 und Sach 10,5 über טיט חוצות wurde schon häufiger erkannt, vgl. etwa Willi-Plein, Vorformen, 106; Rudolph, KAT 13,4, 195; Zapff, Studien, 183. Allerdings wurden hieraus bislang noch keine weiteren Konsequenzen mit Blick auf die Entstehung des Zwölfprophetenbuches gezogen.

25 Vgl. hierzu auch die unten 149 Anm. 29 aufgeführten Gemeinsamkeiten zwischen den Darstellungen eines feindlichen Angriffs auf eine Stadt in Joel 2,1-11 und Nah 2,4-11; 3,2-3, die über zahlreiche militärische Begrifflichkeiten und darunter auch über die Erwähnung der Pferde (סוס) in Joel 2,4; Nah 3,2 miteinander verbunden sind.

26 Schon Bosshard-Nepustil, Rezeptionen, 363, zog aus den genannten Gemeinsamkeiten den Schluss, dass Joel 2,20 und Zef 2,13-15 auf dieselbe Hand zurückgehen.

zahlreichen, teils sehr markanten terminologischen Übereinstimmungen sprechen in einer ersten Annäherung doch schon deutlich dafür, dass diese Bearbeitungen allesamt auf dieselbe Hand zurückgehen und für einen buchübergreifenden Kontext geschaffen wurden.

Doch nicht nur mit Blick auf die Völker, auch bei der Darstellung des eigenen Volkes finden sich zwischen den in den verschiedenen Büchern der Fremdvölkerschicht I zugewiesenen Passagen bedeutende Übereinstimmungen. Dabei ist zunächst beachtenswert, dass dem Volk im Kampf gegen die Völker nun die Rolle zukommt, die den Völkern im vorangehenden Kampf gegen das Volk zukam: Es ist das Gerichtswerkzeug Jhwhs. Ob in Joel 4,9-17, Mi 4,9-14, Nah 2-3, Zef 2,9b oder Sach 10,5; 12,6b – immer wieder wird hier angesagt, dass das Volk das Gericht Jhwhs an den Völkern vollstrecken wird. Auf terminologischer Ebene ist dabei bemerkenswert, dass die Beschreibung des Kampfes gegen die Völker in Joel 4,9-17 mit der entsprechenden Schilderung in Sach 10,3b-5 durch die Stichworte גבור (Joel 4,9.10.11; Sach 10,5) und מלחמה (Joel 4,9; Sach 10,3.4.5) verbunden ist.

Interessant ist zudem, dass die Beschreibung des Gerichts am eigenen Volk und die Beschreibung des Gerichts an den Völkern teils deutlich parallel gestaltet sind. So wird etwa in Mi 4,7 angesagt, dass Jhwh den Rest seines Volkes zu einem „mächtigen Volk" (גוי עצום) macht. Die ohnehin nur recht selten belegte Wendung גוי עצום ist im Zwölfprophetenbuch neben Mi 4,7 aber nur noch in Joel 1,6 im Singular belegt, wo gerade das angreifende Heuschreckenheer als גוי ... עצום bezeichnet wird.[27] Desweiteren wird das Verhalten des Volkes unter den Völkern in Mi 5,7 mit einem Löwen (אריה) verglichen, ein Vergleich, der sich auch schon in Joel 1,6 mit Blick auf das feindliche Heuschreckenheer fand.

Bedeutend ist dann aber vor allem die Beschreibung des Angriffs auf Ninive in Nahum 2,4-11; 3,2-3. Die hier geschilderte Belagerung und Einnahme der Stadt erinnert von ihrer gesamten Anlage her an die von der Fremdvölkerschicht I in Joel 2,1-11* eingebrachte Schilderung des Heuschrecken-Angriffs gegen das eigene Volk.[28] Beide Male wird in kurzen, stakkatoartig formulierten Sätzen und unter Aufnahme von zahlreichen

---

27   Im Zwölfprophetenbuch ist die Wendung גוי עצום ansonsten nur noch im Plural belegt; vgl. Mi 4,3; Sach 8,22. Die vergleichbare Wendung עם עצום findet sich sodann noch in den beiden Versen Joel 2,2.5, die wie Joel 1,6; Mi 4,7 der Fremdvölkerschicht I zugewiesen wurden. Jenseits des Zwölfprophetenbuches ist גוי/עם עצום nur noch in Dtn 9,14; Jes 60,22; Ps 35,18 belegt.

28   Schon Schulz, Nahum, 61, erkannte, dass zwischen Nah 2,4-11; 3,2-3 und Joel 2,1-11 bedeutende Gemeinsamkeiten bestehen. Bosshard-Nepustil, Rezeptionen, 346f, wies zumindest Nah 2,4*.11 derselben Hand zu, die auch den – seiner Meinung nach einheitlichen – Textbereich Joel 1,1-2,11 in das Zwölfprophetenbuch einbrachte. Die Gemeinsamkeiten zwischen Joel 2 und Nah 2-3 sind allerdings nicht auf Nah 2,4*.11 beschränkt, sondern kennzeichnen den gesamten Textbereich Nah 2,4-11; 3,2-3; s.u. 149 Anm. 29.

Vergleichen beschrieben, wie eine Armee herankommt, die Stadt belagert und einnimmt. Und zwischen diesen beiden Passagen findet sich eine so große Anzahl gemeinsamer, teils ausgesprochen markanter Stichwortverbindungen, dass eine unabhängige Entstehung doch ausgesprochen unwahrscheinlich sein dürfte.[29]

Aber nicht nur beim Kampf des Volkes gegen die Völker, auch bei der Darstellung des künftigen Heils für das eigene Volk zeigen sich in den auf die Fremdvölkerschicht I zurückgehenden Passagen buchübergreifende Gemeinsamkeiten. So wird in Mi 4,6-7 und Zef 3,18-19 ganz entsprechend zu der in Joel 4,2 angeprangerten Zerstreuung des Volkes durch die Völker nun das Sammeln und die Rückkehr des Volkes angesagt. Beachtenswert ist dabei, dass das Volk sowohl in Mi 4,6 als auch in Zef 3,19 als lahmend (צלע) und versprengt (נדח) bezeichnet wird. Denn die Begriffe צלע und נדח sind nur an eben diesen beiden Stellen im gesamten AT nebeneinander belegt.[30]

Neben der Rückkehr des Volkes spielt sodann die Vorstellung, dass das Volk zu neuem Wohlstand kommt, eine besondere Rolle. So wird schon in der noch im Bilde des Heuschreckenangriffs vorgetragenen Verheißung in Joel 2,25 angesagt, dass Jhwh den durch das Heuschreckenheer entstandenen Schaden erstatten wird. Und im folgenden wird immer wieder verheißen, dass das Volk einst die Güter der Völker und evtl. sogar deren Gebiete in Besitz nehmen wird (Mi 4,13; Nah 2,10; Zef 2,7.9b-10; Hag 2,7-8; Sach 14,14). Dabei zeigt sich eine terminologische Parallele zwischen Nah 2,10; Hag 2,8; Sach 14,14, wo jeweils angesagt wird, dass das Volk das Silber (כסף) und das Gold (זהב) der Völker erhalten wird. Zudem ist in Nah 2,10

---

29 In den von der Fremdvölkerschicht I eingebrachten Versen Joel 2,2*.4-5.7-9.11a finden sich die folgenden Stichwortverbindungen zu Nah 2,4-11; 3,2-3: מראה (Joel 2,4 // Nah 2,5); סוס (Joel 2,4 // Nah 3,2); פרש (Joel 2,4 // Nah 3,3); רוץ (Joel 2,4.7.9 // Nah 2,5); כ + קול (Joel 2,5 // Nah 2,8); מרכבה (Joel 2,5 // Nah 3,2); רקד (Joel 2,5 // Nah 3,2); להב (Joel 2,5 // Nah 3,3); אש (Joel 2,5 // Nah 2,4); גבור (Joel 2,7 // Nah 2,4); חומה (Joel 2,7.9 // Nah 2,6); עלה (Joel 2,7.9 // Nah 3,3); שקק (Joel 2,9 // Nah 2,5); חיל (Joel 2,11 // Nah 2,4). Zudem findet sich eine markante Verbindung zwischen dem der Fremdvölkerschicht I bereits vorgegebenen und in die Schilderung des Heuschreckenheeres integrierten Vers Joel 2,6 und Nah 2,11: כל־פנים קבצו פארור; Joel 2,6 // ופני כלם קבצו פארור; Nah 2,11. Dabei ist zu beachten, dass die Worte פנה; קבץ פארור nur an eben diesen beiden Stellen im AT zusammen belegt sind.

30 Die Gemeinsamkeiten zwischen Mi 4,6 und Zef 3,19 sind schon häufig aufgefallen. Dabei gehen etwa Rudolph, KAT 13,3, 299; Nogalski, Precursors, 208; Perlitt, ATD 25,1, 147; Irsigler, Zefanja, 431, davon aus, dass Zef 3,19 sekundär nach Mi 4,6 gestaltet wurde, während Zapff, Studien, 278f; Schart, Entstehung, 258f, annehmen, dass beide Stellen auf dieselbe Hand zurückgehen. Angesichts der zahlreichen sonstigen Gemeinsamkeiten zwischen den hier der Fremdvölkerschicht I zugewiesenen Passagen dürfte die zuletzt genannte Alternative sicherlich die wahrscheinlichere sein.

und Zef 2,9b gleichermaßen davon die Rede, dass das Volk die fremden Völker plündern wird (בזז).

Eine letzte Gemeinsamkeit bei der Darstellung des künftigen Heils für das eigene Volk besteht schließlich darin, dass sowohl in Joel 4,16-17 als auch in Sach 14,11*.20-21 angesagt wird, dass das Volk einst sicher wohnen wird, dass keine Fremden mehr eindringen werden und dass Jerusalem dann heilig sein wird (קדש). Das Joelbuch endet also mit einer vergleichbaren Heilsankündigung wie das Deuterosacharjabuch.[31]

Es zeigen sich somit zwischen den der Fremdvölkerschicht I in den einzelnen Büchern zugewiesenen Überarbeitungen auch hinsichtlich der Rolle, die dem eigenen Volk in der Auseinandersetzung mit den Völkern zukommt, deutliche Gemeinsamkeiten. Die Funktion als Gerichtswerkzeug, die konkrete Darstellung des Gerichts an den Völkern in Entsprechung zum vorangehenden Kampf der Völker gegen das eigene Volk sowie die Erwartung des künftigen Heils in der Rückführung des Volkes, neuem Reichtum, sicherem Wohnen und neuer Heiligkeit Jerusalems, all dies sind markante thematische Übereinstimmungen, die durch die genannten terminologischen Gemeinsamkeiten noch unterstrichen werden.

Neben den erwähnten terminologischen und thematischen Parallelen in den Nachträgen der Fremdvölkerschicht I ist nun zuletzt noch auf die in den einzelnen Büchern vergleichbare Redaktionstechnik dieser Bearbeitung zu verweisen. So wurden zum einen die Bücher Joel, Micha, Nahum, Zefanja und Haggai so umgestaltet, dass in diesen Büchern ein klares Gefälle vom Gericht zum Heil erkennbar ist.[32] Zum anderen und vor allem zeichnen sich die Bearbeitungen der Fremdvölkerschicht I aber auch dadurch aus, dass immer wieder Worte, die ursprünglich dem eigenen Volk gegolten haben, durch diese Bearbeitungen gegen die Völker umgelenkt wurden. So wurde das Wort Mi 5,9-13, bei dem ein umfassendes Reinigungsgericht an kultischen und militärischen Einrichtungen angesagt wird, durch den auf die Fremdvölkerschicht I zurückgehenden Rahmen Mi 5,8.14 zu einem den Völkern geltenden Wort.[33] Ebenso wurde das gesamte Nahumbuch von einer zunächst nur dem eigenen Volk geltenden Schrift zu einer gegen Ninive gewandten Gerichtsankündigung umgestaltet.[34] Auch das ursprünglich an Jerusalem gerichtete Wort Zef 3,1-8* wurde durch die Voranstellung des Wortes gegen Ninive und angesichts der Tatsache, dass die in Zef 3,1 angeklagte Stadt nicht beim Namen genannt wird, gegen Ninive umge-

---

31 Siehe hierzu auch unten 157.
32 Siehe hierzu auch unten 152-154.
33 Vgl. Wöhrle, Sammlungen, 165-167.
34 S.o. 64-66.

lenkt.[35] Und schließlich war auch das Deuterosacharjabuch vor der Bearbeitung durch die Fremdvölkerschicht I gegen das eigene Volk gerichtet,
und auch hier wurden durch die Nachträge dieser Redaktion ursprünglich
dem eigenen Volk geltende Worte gegen die Völker umgelenkt.[36]

Es weist also vieles darauf hin, dass es sich bei den der Fremdvölkerschicht I in den einzelnen Büchern zugewiesenen Passagen tatsächlich um
das Produkt ein und derselben buchübergreifenden Redaktion handelt. Die
zahlreichen thematischen und terminologischen Gemeinsamkeiten und die
vergleichbare Redaktionstechnik in den einzelnen Büchern sprechen jedenfalls schon deutlich für diese Annahme.

Es wäre allerdings auch denkbar, dass die Tatsache, dass sich in mehreren Büchern des Zwölfprophetenbuches eine universal ausgerichtete völkerfeindliche Bearbeitung findet, dadurch zu erklären ist, dass die Auseinandersetzung mit den Völkern eben das bestimmende Thema einer bestimmten
Zeit war und unabhängig voneinander durch verschiedene Redaktoren in
den verschiedenen Büchern eingetragen wurde. Die konkreten inhaltlichen
und terminologischen Gemeinsamkeiten wären dann von dieser allgemeinen
thematischen Anlage her oder durch die Annahme gegenseitiger Abhängig-
keiten zu erklären. Ob es sich bei den der Fremdvölkerschicht I in den
verschiedenen Büchern zugewiesenen Passagen tatsächlich um das Produkt
ein und derselben buchübergreifenden Redaktion handelt, lässt sich daher
abschließend erst durch die Frage klären, ob die Bearbeitungen in den
einzelnen Büchern eine gemeinsame, buchübergreifende Komposition
bilden.

3.2 Die Komposition des Fremdvölker-Korpus I

Durch die Bearbeitungen der Fremdvölkerschicht I erhielten die Bücher
Joel, Micha, Nahum, Zefanja, Haggai und Deuterosacharja jeweils eine
völkerfeindliche Ausrichtung. Doch wurden die einzelnen Bücher von dieser
Redaktion nicht nur je für sich überarbeitet und mit einer vergleichbaren
inhaltlichen Anlage versehen. Die Fremdvölkerschicht I schuf vielmehr eine
buchübergreifende Komposition, ein Korpus von acht prophetischen
Schriften mit einem klaren buchübergreifenden Aufbau.

Wie schon an anderer Stelle für das die Bücher Joel, Amos, Micha und
Zefanja umfassende, als Joel-Korpus bezeichnete Vierprophetenbuch
nachgewiesen,[37] ist dabei auch dieses Achtprophetenbuch dadurch gekenn-

---

35   Vgl. Wöhrle, Sammlungen, 219f.
36   S.o. 133-135.
37   Vgl. Wöhrle, Sammlungen, 436-449.

zeichnet, dass das Joelbuch, das für den Kontext des Fremdvölker-Korpus I breit überarbeitet wurde, am Beginn dieser Sammlung als Leseanweisung für die folgenden Bücher gestaltet wurde. Dies zeigt sich zunächst schon auf recht allgemeiner Ebene: Die Struktur des Joelbuches mit der Abfolge vom Gericht zum Heil wird in den folgenden Büchern Amos bis Deuterosacharja buchübergreifend nachvollzogen.

So wird im Joelbuch auf der Ebene der Fremdvölkerschicht I zunächst der Angriff eines Heuschreckenheeres angesagt, womit auf metaphorische Weise militärische Übergriffe durch äußere Feinde geschildert werden (1,1-2,17*), es wird sodann die Abwehr dieser Notlage durch Jhwh (2,18-27) verheißen und schließlich ein umfassendes Gericht an der gesamten Völkerwelt (4,1-17*) angekündigt. Das Joelbuch ist also von einem klaren Gefälle vom Gericht zum Heil für das eigene Volk gekennzeichnet.

Das auf das Joelbuch folgende Amosbuch beließen die Redaktoren der Fremdvölkerschicht I nun in seinem vorgegebenen Bestand, der – von dem kurzen Heilswort in 9,13aα.14-15 abgesehen – noch ganz vom Gericht am eigenen Volk geprägt ist und in dem sich vor allem keine universalen völkerfeindlichen Worte finden.[38] Dabei haben die Redaktoren der Fremdvölkerschicht I wohl deshalb nicht in dieses Buch eingegriffen, da hier – am Beginn der auf das Joelbuch folgenden Bücher – bewusst eine insgesamt gegen das eigene Volk gerichtete Schrift stehen sollte.

Beachtenswert ist sodann, dass die folgenden Bücher Micha, Nahum, Zefanja und Haggai von den Redaktoren der Fremdvölkerschicht I allesamt so überarbeitet wurden, dass sie in ihrem Aufbau von einem Gefälle vom Gericht zum Heil bestimmt sind. So wird im Michabuch der Weg vom Gericht am eigenen Volk hin zur Abwendung dieser Not durch das Gericht an äußeren Feinden gleich zweifach in Mi 1-3 // 4-5 und 6,1-7,7 // 7,8-17* durchlaufen.[39] Im Nahumbuch werden nach dem Theophaniepsalm Nah 1,2-8* in den Versen 1,9-14 ebenfalls noch Verschuldungen des eigenen Volkes festgehalten, und die hier erwähnten feindlichen Übergriffe auf das

---

38　Das völkerfeindliche Wort Am 9,12a wurde erst nach der Fremdvölkerschicht I, im Rahmen der als Fremdvölkerschicht II bezeichneten Redaktion, zugefügt; siehe hierzu Wöhrle, Sammlungen, 119-122.136, sowie unten 264-275.
Zu Beginn des Amosbuches in Am 1-2 steht zwar eine Sammlung von Fremdvölkerworten, die an verschiedene Einzelvölker gerichtet sind. Doch kann diese Sammlung nicht uneingeschränkt als völkerfeindlich bezeichnet werden. Denn angesichts der abschließenden, gegen das eigene Volk gerichteten Worte in Am 2,4-16 liegt die Pointe von Am 1-2 gerade darin, dass das eigene Volk sich sogar noch mehr als die Völker verschuldet hat und deshalb um so mehr dem Gericht Jhwhs verfallen ist; vgl. nur Jeremias, ATD 24,2, 7-9. Die Sammlung der Fremdvölkerworte läuft also gewissermaßen auf das Gericht am eigenen Volk zu, so dass die Aussage durchaus berechtigt ist, dass das Amosbuch insgesamt, inklusive der Kapitel 1-2, als gegen das eigene Volk gerichtete Schrift zu verstehen ist.
39　Vgl. hierzu Wöhrle, Sammlungen, 193-195.

Volk werden als göttliches Gerichtshandeln aufgrund eben dieser Verschuldungen dargestellt.[40] Erst in Nah 2-3 wird dann die Abwehr des Feindes – Ninive – und somit neues Heil für das eigene Volk verheißen. Auch
im folgenden Zefanjabuch werden nach den Gerichtsworten gegen das
eigene Volk in Zef 1,1-2,3 Gerichtsworte gegen die Völker und Heilsworte
für das eigene Volk in Zef 2,4-3,19* vorgebracht. Und schließlich wurden
die Nachträge der Fremdvölkerschicht I zum Haggaibuch, in denen das
Erschüttern der Völkerwelt angesagt wird, erst in Hag 2 eingefügt, so dass
auch dieses Buch von einem Gefälle vom Gericht zum Heil geprägt ist, wird
doch in Hag 1 eher auf die Verschuldungen des Volkes und die darin begründete desolate agrarische Situation geblickt, während in Hag 2 neues Heil
für das Volk verheißen wird.[41]

Anders als die Bücher Micha bis Haggai sind die Bücher Proto- und
Deuterosacharja schließlich insgesamt als heilsprophetische Schriften gestaltet. Das Protosacharjabuch wurde von den Redaktoren der Fremdvölkerschicht I – wie schon das Amosbuch – in seinem vorgegebenen, hier aber
als Heilsprophetie gestalteten Bestand belassen. Dabei ist beachtenswert,
dass die Sammlung der Nachtgesichte in Sach 1-6 von den beiden Nachtgesichten 1,8-17 und 6,1-8 gerahmt ist, nach denen Umwälzungen in der
gesamten Völkerwelt erwartet werden.[42] Diesem Buch kam also bereits vor
den Bearbeitungen durch die Fremdvölkerschicht I eine insgesamt völkerfeindliche Tendenz zu, und so wurde – nebenbei gesagt – das Protosacharjabuch von den Redaktoren der Fremdvölkerschicht I wohl eben deshalb
nicht nochmals überarbeitet. Das Deuterosacharjabuch wurde schließlich so
umgestaltet, dass dieses Buch nun ebenfalls durchgängig gegen die Völker
gerichtet ist.[43]

Die Bücher Amos bis Deuterosacharja lassen also eine buchübergreifende Abfolge erkennen: Auf das vom Gericht am eigenen Volk geprägte
Amosbuch folgen die Bücher Micha, Nahum, Zefanja und Haggai, die
jeweils durch ein Nacheinander von Gericht und Heil für das eigene Volk
bestimmt sind, und zuletzt die Bücher Proto- und Deuterosacharja, die die
Abwehr der Völker und somit Heil für das eigene Volk ansagen. Das heißt
doch aber, dass die Bücher Amos bis Deuterosacharja insgesamt ein buch-
übergreifendes Gefälle vom Gericht zum Heil erkennen lassen und somit in
diesen Büchern die Struktur des Joelbuches nochmals abgebildet wird:

---

40   S.o. 24-39.
41   Vgl. zum Aufbau des Haggaibuches, das schon auf der Ebene der Grundschicht davon
     bestimmt ist, dass Hag 1 an den Verfehlungen der Gegenwart, Hag 2 dagegen an der Aus-
     sicht auf zukünftiges Heil orientiert ist, Wöhrle, Sammlungen, 316.
42   Vgl. hierzu Wöhrle, Sammlungen, 357 mit Anm. 130.
43   S.o. 133-135.

Joel	1,1-2,17: Gericht	↔	Am	1-9: Gericht	
			Mi	1-3: Gericht	4-5: Heil
				6,1-7,7: Gericht	7,8-17: Heil
	2,18-4,17: Heil		Nah	1: Gericht	2-3: Heil
			Zef	1,1-2,3: Gericht	2,4-3,19: Heil
			Hag	1: Gericht	2: Heil
			Sach 1-8	1-8: Heil	
			Sach 9-14	9-14: Heil	

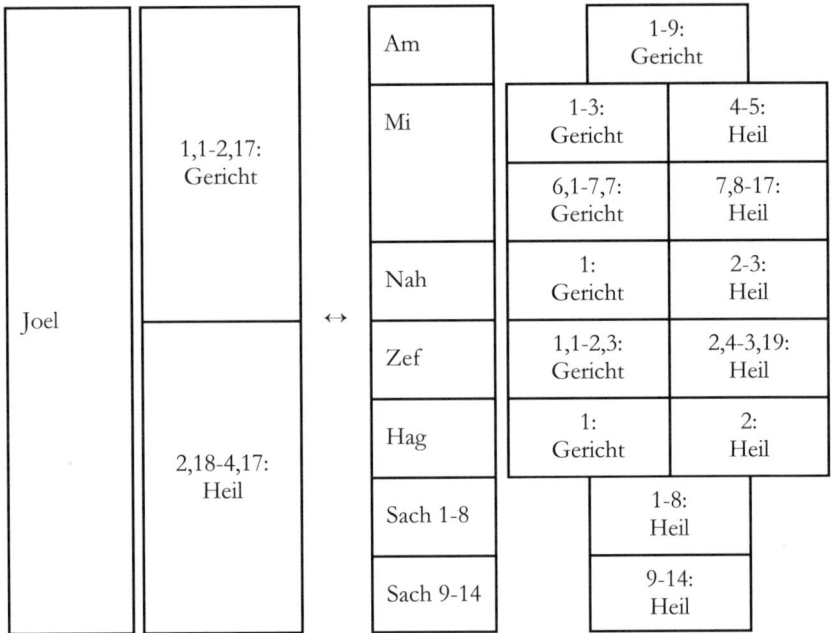

Die Gemeinsamkeiten im Aufbau des Joelbuches und der folgenden Bücher Amos bis Deuterosacharja beschränken sich jedoch nicht auf diese allgemeine Beobachtung, dass hier jeweils ein Weg vom Gericht zum Heil durchschritten wird. Vielmehr wird auch die konkrete thematische Anlage des Joelbuches – und dabei gerade die thematische Anlage der von der Fremdvölkerschicht I nachgetragenen Passagen – durch zahlreiche Wiederaufnahmen in den folgenden Büchern nochmals abgebildet, und zwar in derselben Abfolge.

So brachte die Fremdvölkerschicht I zu Beginn des Joelbuches in 1,4.6-7 die Darstellung einer Heuschreckenplage ein. Der erste Teil des Joelbuches in 1,1-20 ist so durch das Nebeneinander von Heuschrecken und Dürre geprägt.[44] Dasselbe Nebeneinander von Heuschrecken und Dürre ist aber auch an zwei Stellen des Amosbuches belegt: In dem Strophengedicht über die verweigerte Umkehr des Volkes Am 4,6-11 werden in Am 4,7-9 Dürre und Heuschrecken als göttliche Strafen erwähnt, und dasselbe gilt für die ersten beiden Visionsberichte des Amosbuches in Am 7,1-6. Dabei ist bedeutend, dass in Am 4,9 gerade der Begriff גזם für Heuschrecken verwandt wird. Denn dieser Begriff steht in Joel 1,4 an erster Stelle unter den dort genannten vier Heuschreckenarten und ist im AT überhaupt nur in Joel

---

44 Vgl. hierzu im einzelnen Wöhrle, Sammlungen, 407-418.

1,4; 2,25; Am 4,9 belegt. Zudem ist sowohl in Joel 1,7 als auch in Am 4,9 erwähnt, dass die Heuschrecken gerade die Feigenbäume (תאנה) fressen.

Es ist also durchaus denkbar, dass die Heuschreckenplage und dabei der seltene Begriff גזם von der Fremdvölkerschicht I in Joel 1,4 bewusst von Am 4,9 her aufgenommen wurde. Ja, die Tatsache, dass die Fremdvölkerschicht I in Joel 1-2 überhaupt die die Grundschicht des Buches bestimmende Dürrenot um die Erwähnung einer Heuschreckenplage ergänzt hat, könnte gut von Am 4,7-9; 7,1-6 her inspiriert sein, um so über das Nebeneinander von Dürre- und Heuschreckennot einen buchübergreifenden Zusammenhang zwischen Joel 1-2 und dem folgenden Amosbuch zu schaffen.[45]

Das an das Amosbuch anschließende Michabuch ist ebenfalls noch mit den Nachträgen der Fremdvölkerschicht I in Joel 1,4.6-7 verbunden. Im Anschluss an die Erwähnung der verschiedenen Heuschreckenarten in Joel 1,4 heißt es über die Heuschrecken in Joel 1,6, dass ein mächtiges Volk (גוי ... עצום) heraufgezogen ist, dessen Zähne den Zähnen eines Löwen (אריה) gleichen. Beachtenswert ist nun, dass gerade in den Nachträgen der Fremdvölkerschicht I zum Michabuch das eigene Volk nach Mi 4,7 von Jhwh zu einem mächtigen Volk (גוי עצום) gemacht werden soll und dass es nach Mi 5,7 unter den Völkern sein soll wie ein Löwe (אריה). Das heißt, der Beginn des Angriffs eines Heuschreckenheeres in Joel 1,4.6-7 und der Beginn des Gegenangriffs des Volkes in Mi 4-5 ist durch markante Stichworte miteinander verknüpft. So entspricht der Beginn der Überarbeitungen der Fremdvölkerschicht I in Joel 1,4.6-7 thematisch den folgenden Büchern Amos und Micha.

In Joel 2,1-11 wurde die in der Grundschicht des Buches vorgegebene Schilderung der Dürrenot durch die Nachträge der Fremdvölkerschicht I in Joel 2,2*.4-5.7-9.11a zu einer Beschreibung des Angriffs eines feindlichen Heuschreckenheeres umgearbeitet. Und erstaunlicherweise finden sich gerade zwischen Joel 2,1-11 und der Darstellung eines Angriffs auf die Stadt Ninive in dem auf das Michabuch folgenden Nahumbuch zahlreiche Stich-

---

45 Schon Jeremias, Gelehrte Prophetie, 105-107, meinte, dass das Nebeneinander von Heuschrecken und Dürre in Joel 1-2 von den ersten beiden Amos-Visionen in Am 7,1-6 her zu erklären sei; vgl. auch Schart, Entstehung, 262. Dabei nimmt Jeremias dies als Argument, von redaktionsgeschichtlichen Erklärungen zu Joel 1-2, bei denen, wie auch hier vertreten, zwischen einer Heuschrecken- und einer Dürreschicht unterschieden wird, abzusehen. Doch zum einen ist kritisch gegen Jeremias einzuwenden, dass angesichts der Stichwortverbindung über den seltenen Begriff גזם zwischen Joel 1,4; 2,25 und Am 4,9 weniger Am 7,1-6, sondern vor allem Am 4,7-9 als Vorbild für das Nebeneinander von Heuschrecken und Dürre in Joel 1-2 diente. Zum anderen wurde dieses Nebeneinander eben erst sekundär von der Fremdvölkerschicht I geschaffen, die der an einer Dürrenot orientierten Grundschicht des Joelbuches das Motiv einer Heuschreckenplage zufügte, um so einen Bezug zum folgenden Amosbuch herzustellen.

wortverbindungen:[46] מראה (Joel 2,4 // Nah 2,5); סוס (Joel 2,4 // Nah 3,2);
פרש (Joel 2,4 // Nah 3,3); רוץ (Joel 2,4.7.9 // Nah 2,5); קול + כ (Joel 2,5
// Nah 2,8); מרכבה (Joel 2,5 // Nah 3,2); רקד (Joel 2,5 // Nah 3,2); להב
(Joel 2,5 // Nah 3,3); אש (Joel 2,5 // Nah 2,4); כל־פנים קבצו פארור //
ופני כלם קבצו פארור (Joel 2,6 //Nah 2,11); גבור (Joel 2,7 // Nah 2,4);
חומה (Joel 2,7.9 // Nah 2,6); עלה (Joel 2,7.9 // Nah 3,3); שקק (Joel 2,9 //
Nah 2,5); חיל (Joel 2,11 // Nah 2,4). Das heißt: Nachdem das Nebeneinander von Heuschreckenplage und Dürrenot und die Beschreibung des
Heuschreckenheers in Joel 1,4.6-7 in den Büchern Amos und Micha aufgenommen wurden, wird nun im Nahumbuch, dem Angriff des Heuschreckenheers auf eine Stadt in Joel 2,1-11 entsprechend, in Nah 2,4-11; 3,2-3
ein Gegenangriff auf eine feindliche Stadt geschildert.

In Joel 2,18-27 wird sodann die Abwehr der Not und neues Heil für das
Volk verheißen. Dabei findet sich in dem von der Fremdvölkerschicht I
eingebrachten Vers Joel 2,20 die Ankündigung, dass Jhwh den Nördlichen
(צפוני) in ein dürres und ödes Land (ארץ ציה ושממה) verstoßen wird.
Ganz entsprechend wird im Zefanjabuch in dem ebenfalls von der Fremdvölkerschicht I nachgetragenen Wort Zef 2,13 verheißen, dass Jhwh seine
Hand nach Norden (צפון) ausstreckt und Ninive zur Öde macht, dürr wie
die Wüste (לשממה ציה כמדבר).[47]

Am Ende der Verheißung an das Volk heißt es sodann in dem wiederum von der Fremdvölkerschicht I eingebrachten Vers Joel 2,25, dass Jhwh
den Schaden erstatten wird, den die Heuschreckenplage angerichtet hat.
Zwar finden sich zwischen diesem Wort und den Nachträgen in Hag 2 keine
konkreten Stichwortverbindungen. Doch die Aussage, dass die Reichtümer
der Völker nach Jerusalem kommen werden, in Hag 2,6-8 kann zumindest
als thematischer Rückbezug auf Joel 2,25 verstanden werden.[48] Wie zu den
vorangehenden Einheiten Joel 1,1-20 in den Büchern Amos und Micha und
zu Joel 2,1-11 im Nahumbuch findet sich also zu Joel 2,18-27 ein themati-
sches Gegenstück gerade in den Büchern Zefanja und Haggai. Hier wie dort

---

46   Siehe hierzu auch oben 149 mit Anm. 29.
47   S.o. 147.
48   Dabei ist zwar zu beachten, dass das Motiv, dass die Reichtümer der Völker in den Besitz des
     eigenen Volkes übergehen, unter den Bearbeitungen der Fremdvölkerschicht I gleich in
     mehreren Büchern belegt ist; vgl. Mi 4,13; Nah 2,10; Zef 2,7.9b-10; Sach 14,14; siehe hierzu
     oben 149f. Bemerkenswert ist aber, dass dies in den Bearbeitungen zum Haggaibuch mit das
     bestimmende Motiv ist und nun im Haggaibuch in Hag 2,6-8 gleich an der ersten Stelle, an
     der die Völker in diesem Buch überhaupt eine Rolle spielen, belegt ist. Angesichts der
     zahlreichen sonstigen Gemeinsamkeiten zwischen den Überarbeitungen der Fremdvölker-
     schicht I im Joelbuch und den folgenden Büchern kann also die Aussage in Hag 2,6-8, dass
     die Reichtümer der Völker nach Jerusalem kommen werden, durchaus als bewusster themati-
     scher Rückbezug auf Joel 2,25 verstanden werden.

werden die Überwindung eines Feindes aus dem Norden und neuer Wohlstand verheißen.

Am Ende des Joelbuches steht auf der Ebene der Fremdvölkerschicht I
die Ankündigung eines umfassenden Völkergerichts in Joel 4,1-17*. Dem
entsprechend endet die gesamte Komposition, die von der Fremdvölkerschicht I geschaffen wurde, mit den insgesamt völkerfeindlich ausgerichteten Büchern Proto- und Deuterosacharja, wo ebenfalls mehrfach ein universales Völkergericht verheißen wird. Dabei finden sich markante Stichwortbezüge zwischen diesen beiden Passagen zunächst in den Worten גבור
(Joel 4,9.10.11 // Sach 10,5) und מלחמה (Joel 4,9 // Sach 10,3.4.5).

Besonders bedeutend ist nun aber die das Joelbuch auf der Ebene der
Fremdvölkerschicht I abschließende Verheißung in Joel 4,16-17. Dort heißt
es, dass Jerusalem sicher wohnen wird, dass keine Fremden mehr hindurchziehen werden und dass Jerusalem heilig sein wird (קדש). Die Sicherheit des
Volkes, die Abwehr erneuter feindlicher Übergriffe und die Heiligkeit
Jerusalems (קדש) sind doch aber genau auch die bestimmenden Themen des
das Deuterosacharjabuch auf der Ebene der Fremdvölkerschicht I abschließenden Wortes Sach 14,11*.12-15.20-21.[49] Das Joelbuch und die folgenden
Bücher Amos bis Deuterosacharja münden also in identischen Verheißungen.

So sind das Joelbuch und die Bücher Amos bis Deuterosacharja in
ihrem Aufbau nicht nur allgemein durch ihr Gefälle vom Gericht zum Heil,
sondern auch ganz konkret durch eine große Zahl an in der gleichen Reihenfolge belegten thematischen und terminologischen Übereinstimmungen
verbunden. Der besseren Übersichtlichkeit wegen sind die genannten Verbindungen in der folgenden Tabelle nochmals zusammengefasst:

---

49 Zur damit vorausgesetzten Deutung von כנעני in Sach 14,21 auf Fremde und nicht, wie
    häufig angenommen, auf Händler s.o. 122f.

Heuschrecken und Dürre (Joel 1,1-20 // Am)		
גזם	Joel 1,4	Am 4,9
תאנה	Joel 1,7	Am 4,9
Angriff eines mächtigen Volkes (Joel 1,1-20 // Mi)		
גוי עצום	Joel 1,6	Mi 4,7
אריה	Joel 1,6	Mi 5,7
Angriff auf die Stadt (Joel 2,1-17* // Nah)		
מראה	Joel 2,4	Nah 2,5
סוס	Joel 2,4	Nah 3,2
פרש	Joel 2,4	Nah 3,3
רוץ	Joel 2,4.7.9	Nah 2,5
קול + כ	Joel 2,5	Nah 2,8
מרכבה	Joel 2,5	Nah 3,2
רקד	Joel 2,5	Nah 3,2
להב	Joel 2,5	Nah 3,3
אש	Joel 2,5	Nah 2,4
כל־פנים קבצו פארור / ופני כלם קבצו פארור	Joel 2,6	Nah 2,11
גבור	Joel 2,7	Nah 2,4
חומה	Joel 2,7.9	Nah 2,6
עלה	Joel 2,7.9	Nah 3,3
שקק	Joel 2,9	Nah 2,5
חיל	Joel 2,11	Nah 2,4
Abwehr des Feindes aus dem Norden (Joel 2,18-27 // Zef)		
צפון/צפוני	Joel 2,20	Zef 2,13
ציה	Joel 2,20	Zef 2,13
שממה	Joel 2,20	Zef 2,13
Neuer Wohlstand (Joel 2,18-27 // Hag)		
Erstattung des Schadens / Reichtümer der Völker	Joel 2,25	Hag 2,6-8
Völkergericht (Joel 4,1-17* // Sach 1-8; Sach 9-14)		
גבור	Joel 4,9.10.11	Sach 10,5
מלחמה	Joel 4,9	Sach 10,3.4.5
Sicherheit und Heiligkeit Jerusalems (Joel 4,16-17 // Sach 14,11-21*)		
קדש	Joel 4,17	Sach 14,21

Die thematische Struktur dieser buchübergreifenden Komposition, bei der der Aufbau des Joelbuches in den folgenden Büchern Amos bis Deuterosacharja nochmals nachvollzogen wird, kann dabei wie folgt beschrieben werden:

Joel 1,1-20	Heuschrecken und Dürre	↔	Am	Heuschrecken und Dürre
	Beginn des Angriffs	↔	Mi	Beginn des Gegenangriffs
2,1-2,17*	Angriff auf die Stadt	↔	Nah	Gegenangriff auf die Stadt
2,18-27	Abwehr des Nördlichen	↔	Zef	Gericht am Norden
	Erstattung des Schadens	↔	Hag	Reichtümer der Völker kommen
4,1-15*	Völkergericht	↔	Sach 1-8*	Völkergericht
			Sach 9-14*	Völkergericht
4,16-17	Sicherheit und Heiligkeit Jerusalems	↔	14,11-21*	Sicherheit und Heiligkeit Jerusalems

Die Bücher Joel, Amos, Micha, Nahum, Zefanja, Haggai, Proto- und Deuterosacharja bilden also auf der Ebene der Fremdvölkerschicht I eine buchübergreifende Komposition. Dies bestätigt die Annahme, dass die der Fremdvölkerschicht I in den verschiedenen Büchern zugewiesenen Bearbeitungen allesamt auf dieselbe Hand zurückgehen. Die Redaktoren der Fremdvölkerschicht I schufen somit unter Aufnahme des Joel-Korpus und des Haggai-Sacharja-Korpus sowie der Bücher Nahum und Deuterosacharja ein neues Mehrprophetenbuch, das Fremdvölker-Korpus I.

Aufgrund dieses Ergebnisses lassen sich einige Überlegungen der bisherigen Forschung zur Entstehung des Zwölfprophetenbuches korrigieren: Die bisweilen vorgetragene Überlegung, dass es einmal ein Zweiprophetenbuch gegeben hat, das die Bücher Nahum und Habakuk umfasst,[50] oder die schon häufiger geäußerte Annahme, dass diese beiden Bücher zumindest

---

50   Vgl. Kessler, Nahum-Habakuk, 149-158; Schmid, Propheten, 364.388; siehe hierzu auch
      Baumann, Gewalt, 240-242. Zur Ablehnung dieser These siehe auch im einzelnen unten 324-
      327.

gleichzeitig in das Zwölfprophetenbuch aufgenommen wurden,[51] bestätigt sich von hier aus nicht. Auch die schon mehrfach vorstellte Überlegung, dass das Maleachibuch noch vor der Anfügung von Sach 9-14 an das Protosacharjabuch angeschlossen wurde, bestätigt sich nicht.[52] Im Fremdvölker-Korpus I, das sich durch die genannten zahlreichen, in derselben Abfolge belegten Gemeinsamkeiten zwischen dem Joelbuch und den folgenden Büchern Amos bis Deuterosacharja auszeichnet, ist weder für das Habakuk- noch für das Maleachibuch Platz. Die Einfügung dieser beiden Bücher ist daher auf anderem Wege zu erklären.[53]

Im Gegensatz hierzu bestätigt sich aber die bereits im Rahmen der Überlegungen zum Joel-Korpus (Joel; Am; Mi; Zef) vorgetragene Vermutung,[54] dass das Hoseabuch zwar Teil des exilischen Vierprophetenbuches war, im folgenden aber aus dieser Sammlung entfernt und erst zu einem späteren Zeitpunkt, der noch zu bestimmen sein wird,[55] wieder vor die folgenden Bücher des Zwölfprophetenbuches gestellt wurde. Denn wie schon beim Joel-Korpus zeigt sich nun auch beim Fremdvölker-Korpus I eine in sich geschlossene buchübergreifende Komposition, bei der dem Joelbuch die Funktion der Einleitung zukommt. Dies spricht doch aber deutlich dagegen, dass das in der vorliegenden Abfolge des Zwölfprophetenbuches am Beginn stehende Hoseabuch Teil dieser Sammlung war. Es wäre zudem kaum zu erklären, warum das Hoseabuch von den Redaktoren der Fremdvölkerschicht I nicht auch einer den folgenden Büchern vergleichbaren Redaktion unterzogen worden wäre, wenn es Teil des Fremdvölker-Korpus I gewesen wäre und dieses Korpus sogar eingeleitet hätte.[56]

---

51 So, mit Unterschieden im Detail, Wolfe, Editing, 282; Schneider, Unity, 236f; Nogalski, Processes, 275; Schart, Entstehung, 234-251; Koch, Profetenbuchüberschriften, 184; Beck, Tag, 318-322.
52 Vgl. Bosshard / Kratz, Maleachi, 27-46; Steck, Abschluß, 30-60; Nogalski, Processes, 245f; Willi-Plein, Art. Sacharja, 540; Schmid, Propheten, 400.
    Die hier vorgelegten Ergebnisse sprechen dabei auch gegen die mit diesem Ansatz verbundene Annahme, dass das Deuterosacharjabuch insgesamt erst im Kontext des werdenden Zwölfprophetenbuches entstanden ist; siehe hierzu oben 68 mit Anm. 6. Vielmehr haben die Redaktoren der Fremdvölkerschicht I auf ein bereits bestehendes Deuterosacharjabuch zurückgegriffen und es unter Zufügung eigener Nachträge in das von ihnen geschaffene Korpus eingearbeitet.
53 S.u. 264-279.328-333.
54 Vgl. Wöhrle, Sammlungen, 450-453.
55 S.u. 429-437.
56 Dass die Fremdvölkerschicht I nicht auch das Hoseabuch einer Bearbeitung unterzogen hat, zeigt sich schon daran, dass sich in diesem Buch kaum wirklich völkerfeindliche Worte und schon gar keine universal ausgerichteten völkerfeindlichen Worte finden lassen. Zu beachten ist dabei, dass gerade die Tatsache, dass sich im Hoseabuch anders als in den folgenden Büchern des Zwölfprophetenbuches keine völkerfeindlichen Worte finden, bei Rudnig-Zelt, Genese, 359f mit Anm. 25, dazu führte, die bisherige Zwölfprophetenbuchforschung, die von buchübergreifenden, auch das Hoseabuch umfassenden Redaktionsprozessen ausgeht,

3.3 Der historische Ort des Fremdvölker-Korpus I

Eine Datierung des Fremdvölker-Korpus I ist zunächst mit der Schwierig-keit verbunden, dass sich unter den von den Redaktoren dieses Korpus eingebrachten Passagen keine konkreten Bezüge zu zeitgeschichtlichen Ereignissen finden lassen. Es sind also lediglich recht allgemeine Überlegun-gen anhand der relativen Chronologie der einzelnen Entstehungsstadien des Zwölfprophetenbuches sowie anhand der insgesamt völkerfeindlichen Tendenz des Fremdvölker-Korpus I möglich.

So wurden im Fremdvölker-Korpus I das Joel-Korpus und das Haggai-Sacharja-Korpus aufgenommen, die beide mit guten Gründen in die erste Hälfte des 5.Jh. datiert wurden.[57] In dem von den Redaktoren dieses Korpus ebenfalls aufgenommenen Nahumbuch folgt die Fremdvölkerschicht I auf die in die spätvorexilische Zeit datierte Grundschicht des Buches und im Deuterosacharjabuch auf die Völkerangriffsschicht, die – allerdings mit einiger Zurückhaltung – ebenfalls in die erste Hälfte des 5.Jh. datiert wurde.[58] Als terminus a quo des Fremdvölker-Korpus I kann also die Mitte des 5.Jh. angenommen werden.

Die nächste größere Bearbeitung im Zwölfprophetenbuch nach der Fremdvölkerschicht I, die sich mit einiger Sicherheit datieren lässt, ist die Fremdvölkerschicht II, für die sich eine Ansetzung an der Wende vom 4. zum 3.Jh. nahelegen wird.[59] Das hieße dann insgesamt, dass die Fremdvöl-kerschicht I an der Wende vom 5. zum 4.Jh. anzusetzen wäre.

Gerade das 4.Jh. wird aber nicht ohne Grund häufig als das „dunkle Jahrhundert" bezeichnet.[60] Zwar ist für diese Zeit einiges über die politi-schen Geschehnisse im persischen Reich bekannt.[61] Über die Ereignisse in Juda, gerade nach dem wohl 398 anzusetzenden Auftreten Esras,[62] schwei-gen die Quellen jedoch weitgehend.

---

abzulehnen. Doch angesichts der zahlreichen buchübergreifenden Gemeinsamkeiten unter den auf das Joelbuch folgenden Büchern, gerade auch hinsichtlich der völkerfeindlichen Passagen, sollte dieser Befund gegen Rudnig-Zelt doch nur dazu führen, die Zugehörigkeit des Hoseabuches zum Zwölfprophetenbuch differenzierter als in der bisherigen Forschung zu bestimmen, indem eben nach der Stufe des exilischen Vierprophetenbuches angenommen wird, dass das Hoseabuch zwischenzeitlich von dieser Sammlung abgetrennt und erst zu einem späteren Zeitpunkt wieder vorangestellt wurde.

57   Vgl. Wöhrle, Sammlungen, 364.453-456.
58   S.o. 133.
59   S.u. 279-281.
60   Vgl. nur Donner, Geschichte 2, 467; Grabbe, History, 322.
61   Vgl. etwa Gunneweg, Geschichte, 147-150; Donner, Geschichte 2, 423-437; Briant, Cyrus, 691-871; Grabbe, History, 322-324.
62   Vgl. zu der damit vorausgesetzten Spätdatierung Esras Donner, Geschichte 2, 451-453. Eine Übersicht über die verschiedenen, in der bisherigen Forschung vertretenen Positionen findet sich sodann bei Grabbe, Judaism, 88-93.

Bei aller vor diesem Hintergrund gebotenen Vorsicht passt das Fremdvölker-Korpus I aber doch aus mehreren Gründen in eben diese Zeit. Dafür
spricht zunächst, dass in den von den Redaktoren dieses Korpus eingebrachten Passagen die Zerstreuung des Volkes und somit die Exilszeit zwar
immer wieder vorausgesetzt wird, dass dies aber nicht mehr mit der konkreten Exilierung durch die Babylonier in Verbindung gebracht wird, sondern den Völkern insgesamt angelastet wird.[63] Die Exilszeit scheint also
schon lange zurückzuliegen.

Für eine solche Ansetzung des Fremdvölker-Korpus I spricht sodann
aber vor allem die universale völkerfeindliche Tendenz dieses Korpus, die
sich recht gut vor dem Hintergrund der fortgeschrittenen persischen Zeit
erklären lässt. Denn ab dem 5.Jh. kam es im westlichen persischen Reich
immer wieder zu Aufständen, von denen wohl teils auch Juda betroffen war.
Von der Chabascha-Revolte (486) bis zur Tennes-Revolte (350) sind zahlreiche Aufstände und Unruhen bekannt, die unter der Voraussetzung, dass
Juda tatsächlich die negativen Folgen dieser Vorgänge zu spüren bekam,
erklären könnten, warum die gesamte Völkerwelt und eben nicht nur eine
bestimmende Großmacht in diesem Korpus als dem Volk feindlich gesinnt
dargestellt wird.[64]

Die völkerfeindliche Tendenz des Fremdvölker-Korpus I lässt sich aber
auch noch von einer weiteren Überlegung her recht gut vor dem Hintergrund der fortgeschrittenen persischen Zeit erklären. Zu den wenigen aus
außerbiblischen Quellen bekannten Ereignissen dieser Zeit gehören die
Geschehnisse um den judäischen Statthalter Bagoas am Ende des 5.Jh.[65]
Von diesem Statthalter ist zum einen bekannt, dass er zusammen mit dem
Statthalter aus Samaria, Sanballat, eine Anfrage der judäischen Militärkolonie
von Elephantine befürwortete, den dortigen zerstörten Jhwh-Tempel wieder
aufzubauen.[66] Zum anderen wollte Bagoas Jeschua, dem Bruder des Hohepriesters Jochanan, an dessen Stelle das Amt des Hohepriesters übertragen.
Nachdem der von Bagoas favorisierte Jeschua von seinem Bruder umgebracht wurde, rächte sich Bagoas an den Judäern und ließ sie sieben Jahre
lang leiden. Er betrat den Tempel, entweihte das Heiligtum und führte eine
Opfersteuer von 50 Drachmen für jedes geopferte Lamm ein.[67]

---

63 Vgl. Joel 4,2-3; Mi 4,6-7; 5,7; Zef 3,18-19.
64 Siehe hierzu etwa Stern, Empire, 72-77; Albertz, Religionsgeschichte 2, 471f; Donner,
    Geschichte 2, 432.469; Veenhof, Geschichte, 299-304; Grabbe, History, 346-349.
65 Vgl. hierzu Gunneweg, Geschichte, 147f; Donner, Geschichte 2, 468f; Grabbe, Bagoses, 49-
    55; ders., History, 319-321.
66 Vgl. Cowley, Papyri, Nr. 30-32.
67 Vgl. Jos. Ant. XI, 297-301. Allerdings hat Williamson, Value, 80-88, die gängige These in
    Frage gestellt, dass es sich bei dem hier genannten Bagoas um den in den Elephantine-Papyri
    belegten judäischen Statthalter handelt. Denn der in Jos. Ant. XI erwähnte Bagoas wird dort

Die Geschehnisse um Bagoas sind für die Datierung des Fremdvölker-Korpus I nun schon deshalb interessant, weil sie zeigen, wie an der Wende vom 5. zum 4.Jh. ein von den Persern eingesetzter Amtsträger gegen die Interessen der Jerusalemer Kultgemeinde gehandelt hat. Die in der frühen persischen Zeit von den Persern noch unterstützte Selbstverwaltung des kultischen Lebens war zu dieser Zeit also nur noch eingeschränkt möglich. Es ist daher gut vorstellbar, dass derartige Ereignisse unter den Judäern zu der Einstellung führten, dass ihnen die Völkerwelt feindlich gegenübersteht. Und dies gilt umso mehr, wenn, wie angesichts seines persischen Namens immer wieder vermutet, der Statthalter Bagoas tatsächlich kein Judäer, sondern ein von den Persern eingesetzter Ausländer war.[68] Vor dem Hintergrund der Geschehnisse um Bagoas ließe sich dann jedenfalls gut erklären, warum im Fremdvölker-Korpus I sowohl am Ende des Joelbuches in Joel 4,16-17 als auch am Ende des gesamten Korpus in Sach 14,11-21* die Verheißung eingebracht wurde, dass keine Fremden mehr in Jerusalem und insbesondere in den Tempel eindringen werden und dass Jerusalem dann wieder heilig sein wird, wobei in Sach 14,20-21 vor allem die Heiligkeit des Opferdienstes hervorgehoben wird. Dies könnte doch, bei aller gebotenen Vorsicht, als direkter Reflex auf das von Bagoas berichtete Eindringen in den Tempel, die Entweihung des Heiligtums und die von ihm bewirkte Einschränkung des Opferdienstes durch die Opfersteuer zu verstehen sein.

Für eine Datierung des Fremdvölker-Korpus I in die fortgeschrittene persische Zeit lässt sich schließlich noch anführen, dass gerade für diese Zeit die Ablehnung von Mischehen zwischen Judäern und Angehörigen der Völker belegt ist (Mal 2,10-16;[69] Esr 9-10; Neh 13,23-27).[70] Dies spricht nochmals von einer anderen Seite her dafür, dass zu dieser Zeit die Ab-

---

nicht explizit als Statthalter, sondern als Hauptmann (στρατηγός; XI, 300) bezeichnet. Dies führt Williamson zu der Annahme, dass dieser Bagoas mit dem Diod. XVI, 47, belegten Bagoas, ein Feldherr unter Artaxerxes III., identisch ist. Somit wären die bei Josephus geschilderten Begebenheiten nicht ans Ende des 5.Jh., sondern erst in die Mitte des 4.Jh. zu datieren. Doch spricht gegen die von Williamson vorgebrachten Überlegungen vor allem, dass sich bei Diodorus Siculus keine Hinweise darauf finden, dass sich der dort genannte Bagoas jemals um innerjudäische Angelegenheiten gekümmert hätte. So ist die gängige Identifikation mit dem aus den Elephantine-Papyri bekannten Statthalter Bagoas, von dem nun gerade belegt ist, dass er sich in innerjudäische Belange und dabei sogar in kultische Fragen eingeschaltet hat, doch die wahrscheinlichere Alternative. Zur Kritik an Williamson vgl. auch Dušek, Manuscrits, 594f.

68   Vgl. etwa Galling, Bagoas, 161f; Williamson, Value, 82.

69   S.u. 233-240.

70   Vgl. hierzu etwa Albertz, Religionsgeschichte 2, 585-588; ders., Konzepte, 13-32; Olyan, Rites, 81-90.99-102, die das Mischehenverbot zutreffend als Abgrenzungsstrategie gegenüber den fremden Völkern zur Abwehr von kultischen und politischen Einmischungen in die innerjudäischen Angelegenheiten verstehen, wie sie eben verstärkt in der fortgeschrittenen persischen Zeit vorkamen.

grenzung gegenüber den Völkern ein bestimmendes Thema war und dass
sich die völkerfeindliche Tendenz des Fremdvölker-Korpus I daher tatsächlich recht gut vor diesem historischen Hintergrund erklären ließe.

Es spricht also doch einiges dafür, dass das Fremdvölker-Korpus I an
der Wende vom 5. zum 4.Jh. zu datieren ist. Die relative Chronologie der
buchübergreifenden Bearbeitungen des Zwölfprophetenbuches und die
völkerfeindliche Tendenz dieses Korpus, die zu den wenigen bekannten
Informationen zu dieser Zeit passt, lassen eine solche Datierung recht
plausibel erscheinen.

Für den Trägerkreis dieses Mehrprophetenbuches dürfte wie schon
beim Joel-Korpus am ehesten an das Milieu des zweiten Tempels zu denken
sein.[71] Dafür spricht schon die mit dem Joel-Korpus vergleichbare Grund-
struktur des Fremdvölker-Korpus I, bei dem erneut das Joelbuch als Leseanweisung für die folgenden Bücher dient, in denen die Inhalte des Joelbuches nochmals in derselben Abfolge aufgenommen werden. Dies könnte
darauf hinweisen, dass ein vergleichbarer Trägerkreis für dieses Werk verantwortlich ist. Für das Milieu des zweiten Tempels spricht sodann aber vor
allem die Tatsache, dass sowohl das Joelbuch in Joel 4,17 als auch das
gesamte Korpus in Sach 14,20-21 auf die Verheißung zuläuft,[72] dass keine
Fremden mehr nach Jerusalem und in den Tempel vordringen werden, was
gut als Reaktion auf die von dem Statthalter Bagoas berichteten Übergriffe
auf die Belange des Tempels verstanden werden kann.

3.4 Die Intention des Fremdvölker-Korpus I

Wohl an der Wende vom 5. zum 4.Jh. nehmen die Redaktoren des
Fremdvölker-Korpus I zwei vorliegende Prophetenbuchsammlungen, das
Joel-Korpus und das Haggai-Sacharja-Korpus, sowie das Nahum- und das
Deuterosacharjabuch auf und gestalten aus diesen überlieferten Schriften ein
neues Mehrprophetenbuch. Anders als in den vorangehenden Korpora wird
nun die umfassende Vernichtung der fremden Völker und von hier aus
neues Heil für das eigene Volk angesagt.

Am Beginn der Sammlung steht das Joelbuch. Dort wird zunächst
zusammen mit einer Dürrenot eine Heuschreckenplage geschildert, die
aufgrund der zahlreichen militärischen Begrifflichkeiten und aufgrund
einiger irrealer Züge transparent wird für den Angriff eines feindlichen

---

71   Vgl. Wöhrle, Sammlungen, 455f.
72   Siehe hierzu oben 157.

Heeres (1,1-2,11).[73] Auf die Buße des Volkes (2,15-17) erbarmt sich Jhwh sodann seines Volkes, vernichtet das Heuschreckenheer und verspricht neues Heil (2,18-27). Und schließlich ruft Jhwh die Völker, die nun direkt angesprochen werden, aufgrund der am Volk begangenen Verfehlungen zum Gericht zusammen, rüstet sein Volk zum Kampf gegen die Völker und verheißt ein vor weiteren Übergriffen sicheres Wohnen (4,1-17*).

Im Joelbuch wird also zunächst die Situation unter der Völkerwelt, die von feindlichen Übergriffen und damit einhergehender wirtschaftlicher Not geprägt ist, als das gerechte Gericht Jhwhs an seinem Volk dargestellt. Die Lage des Volkes in der fortgeschrittenen persischen Zeit erhält so ihre Begründung als göttliches Gericht, auch wenn im Joelbuch noch keine konkreten Vergehen des Volkes, die zu diesem Gericht geführt haben, beim Namen genannt werden.[74] Es wird im Joelbuch aber auch über diese Zeit des Gerichts hinausgeblickt auf ein erneutes, nun gegen die Völker gerichtetes Eingreifen Jhwhs, bei dem Jhwh die Feinde des Volkes entfernen, das eigene Volk zum Kampf zurüsten und schließlich ein sicheres Leben ermöglichen wird.

Dieser Ablauf des Joelbuches, vom Gericht am eigenen Volk über das Eingreifen Jhwhs gegen die äußeren Feinde zu einer neuen heilvollen Zukunft des Volkes, bestimmt auch die folgenden Bücher Amos bis Deuterosacharja.[75] Das Joelbuch dient so als Leseanweisung für diese Bücher. Das gesamte Korpus liest sich vom Joelbuch herkommend unter der Frage nach den Ursachen der gegenwärtigen Situation des Volkes in der Völkerwelt und nach einer möglichen Überwindung eben dieser Situation.

So steht wie im Joelbuch auch in den folgenden Büchern Amos bis Haggai zunächst immer wieder das Gericht am eigenen Volk am Beginn der einzelnen Bücher. Dem von den Buchüberschriften und Einleitungen der Bücher Amos, Micha, Zefanja und Haggai her angelegten zeitlichen Ablauf dieser Bücher entsprechend wird hier festgehalten, wie sich das Volk seit der Zeit Jerobeams II. von Israel und Ussias von Juda (Am 1,1) bis zur frühnachexilischen Zeit (Hag 1,1) dem Willen Jhwhs widersetzt und das göttliche Gericht auf sich gezogen hat. Die im Joelbuch im Bilde eines Heuschreckenheeres geschilderten Übergriffe von Seiten der Völker erhalten so im folgenden Korpus ihre Begründung aus der Geschichte des Volkes heraus.

Besonders deutlich wird dies schon im Amosbuch: Das aus Joel 1-2 bekannte Nebeneinander von Dürre- und Heuschreckennot wird hier in 4,7-9 und 7,1-6 eindeutig als göttliches Gericht dargestellt. Und von hier aus

---

73   Zur Deutung der Heuschreckenplage in Joel 1-2 auf einen realen Feindangriff siehe im einzelnen Wöhrle, Sammlungen, 413-418.
74   S.u. 166 mit Anm. 76.
75   S.o. 152-154.

kommt dem gesamten Amosbuch die Funktion einer nachträglichen Begründung der in Joel 1-2 geschilderten Notlage zu. Die Situation des Volkes, geprägt von den Übergriffen feindlicher Völker und wirtschaftlicher Not, wird im Amosbuch mit den sozialen und kultischen Vergehen des Volkes erklärt. Und die folgenden Gerichtsworte der Bücher Micha bis Haggai zeigen, wie die Vergehen des Volkes über die folgenden Jahrhunderte hinweg anhielten.[76]

Doch wie schon im Joelbuch wird auch in den folgenden Büchern über die gegenwärtige Situation des Gerichts hinausgeblickt. So sind die Bücher Micha bis Haggai durch dasselbe Gefälle vom Gericht zum Heil geprägt wie das Joelbuch. Und die Bücher Proto- und Deuterosacharja sind schließlich insgesamt als heilsprophetische Schriften gestaltet. Dabei wird in diesen Büchern sogar durch zahlreiche, von den Redaktoren des Fremdvölker-Korpus I in derselben Abfolge eingetragene Aufnahmen aus dem Joelbuch nochmals im Detail der vom Joelbuch her angelegte Weg aus der aktuellen Not nachvollzogen,[77] von der Darstellung der Not (Amos), über den Beginn des Angriffs (Micha), den Angriff auf eine Stadt (Nahum), die Vernichtung des Nördlichen (Zefanja), die Erstattung des Schadens (Haggai) bis hin zum abschließenden umfassenden Völkergericht (Protosacharja; Deuterosacharja), das schließlich zu sicherem Wohnen in Jerusalem und neuer Heiligkeit der Stadt führt (Sach 14,11-21*). Das gesamte Korpus drängt so vom Joelbuch herkommend auf die Überwindung der gegenwärtigen Situation zu. Es wird eine Zeit erwartet, in der Jhwh die Völker beseitigt und dem eigenen Volk neues Heil beschert.

Trotz der überwiegend völkerfeindlichen Tendenz der Nachträge, die von den Redaktoren des Fremdvölker-Korpus I eingebracht wurden, verfolgt dieses Korpus als Ganzes also eine doppelte Intention: Es geht zum

---

76 Es ist schon häufig aufgefallen, dass sich im Joelbuch keine konkreten Anklagen finden, die das in Joel 1-2 beschriebene Gericht Jhwhs am eigenen Volk begründen würden. Dabei wurde auf Grundlage der neueren Überlegungen zu den buchübergreifenden Zusammenhängen im Zwölfprophetenbuch bisweilen vorgeschlagen, dass das im Joelbuch dargestellte Gerichtshandelns auf den an anderer Stelle im Zwölfprophetenbuch belegten Anklagen basiert. Bei diesen Ansätzen wurde allerdings angenommen, dass das Hoseabuch als Begründung des im folgenden Joelbuch ausgeführten Gerichts zu lesen ist; vgl. Nogalski, Processes, 17f; Bosshard-Nepustil, Rezeptionen, 283f. Doch hat sich schon bei der Betrachtung des Joel-Korpus ergeben, dass das Hoseabuch nicht Teil dieser Sammlung war und die auf das Joelbuch folgenden Bücher dieser Sammlung, also die Bücher Amos, Micha und Zefanja, als Begründung des im Joelbuch belegten Gerichts zu lesen sind; vgl. hierzu Wöhrle, Sammlungen, 457 mit Anm. 66. Und so ergibt sich bei dem auf das Joel-Korpus folgenden Fremdvölker-Korpus I nun erneut, dass zum einen das Hoseabuch in diese Sammlung nicht integriert war und dass zum anderen aufgrund der Verbindungen zu den Büchern Amos bis Deuterosacharja die Begründung des im Joelbuch dargestellten Gerichtshandelns Jhwhs eben in diesen Büchern zu finden ist.

77 Siehe hierzu im einzelnen oben 154-159.

einen um die Einsicht in die Hintergründe der derzeitigen desolaten Lage in der Völkerwelt. Eben deshalb wurde für dieses Korpus auf vorgegebene prophetische Schriften und Schriftensammlungen zurückgegriffen, die teils jahrhundertealte Worte über die Verfehlungen des Volkes bewahrt haben. Die derzeitige Situation wird damit nicht einseitig den Völkern angelastet, sondern auch aus der eigenen Geschichte heraus begründet. Es ist sogar vor allem die Schuld des eigenen Volkes, die zu dem gegenwärtigen Unheil führte. Die Schuld der Völker liegt dann darin, dass sie über ihren Auftrag, als Gerichtswerkzeug Jhwhs zu handeln,[78] hinausgegangen sind, hochmütig waren (Zef 2,10.15; Sach 10,11), das Volk geschmäht (Joel 2,17.19; Zef 2,8.10; 3,18) und gegen es großgetan haben (Joel 2,20.21; Zef 2,8.10).[79]

Zum anderen verfolgt das Fremdvölker-Korpus I die Intention, der gegenwärtigen Lage eine neue Hoffnungsperspektive entgegenzusetzen. Das Korpus erwartet das Eingreifen Jhwhs, das die Abwendung der Not durch die Völker und neues Heil für das Volk in wirtschaftlichem Wohlstand und Sicherheit vor erneuten Übergriffen mit sich bringen wird.

Interessant ist dabei, dass die Völker dieses Schicksal deshalb erfahren, weil auch sie sich an Jhwh vergangen haben und den Maßstäben, die an sie gelegt wurden, nicht gerecht wurden. Sie waren eben nur mächtig, solange sie das Wort Jhwhs befolgten (Joel 2,11). Wie der Rahmen um Mi 1-5 in 1,2; 5,14 zeigt, hätten die Völker aus dem Gerichtshandeln Jhwhs am eigenen Volk lernen können.[80] Sie hätten nach Mi 1,2 darauf hören sollen. Weil sie aber, so Mi 5,14, eben nicht gehört haben, wird nun auch sie der Zorn Jhwhs treffen. Und eben deshalb wird den Völkern in Joel 2,18-27; 4,1-17* wie auch in den Büchern Micha bis Deuterosacharja immer wieder das Gericht angesagt.

Es werden von den Redaktoren des Fremdvölker-Korpus I also dieselben, aus den überkommenen Prophetenbüchern abgeleiteten Maßstäbe an die Völker angelegt wie an das eigene Volk. Dies zeigt sich bei Mi 1,2; 5,14. Dies zeigt sich aber auch bei den zahlreichen Worten, die ursprünglich gegen das eigene Volk gerichtet waren und im Rahmen dieser Bearbeitung gegen die Völker umgelenkt wurden.[81] Ob die Reinigung von militärischen und kultischen Missständen nach Mi 5,9-13, die vor allem an politischen

---

78 S.o. 143f.
79 Zu den Verschuldungen der Völker in den der Fremdvölkerschicht II zugewiesenen Passagen siehe im einzelnen oben 144f.
80 Dass es sich bei Mi 1,2; 5,14 um eine sekundäre Klammer um die Kapitel Mi 1-5 handelt, wurde schon häufig erkannt; vgl. hierzu Wöhrle, Sammlungen, 169 mit Anm. 115. Dass die Funktion dieser beiden Verse darin besteht, zum Ausdruck zu bringen, dass das in Mi 1-5 angesagte Gerichtshandeln am eigenen Volk den Völkern zur Warnung hätte dienen sollen, wurde dabei besonders von Kessler, Micha, 85f, herausgestellt.
81 S.o. 150f.

Verfehlungen orientierten Gerichtsworte in der Grundschicht von Nah 2-3, die Anklagen gegen die Führenden in Zef 3,1-4 oder die Hirtenworte in Sach 9-13* – all diese Worte, die ursprünglich dem eigenen Volk galten, sind nun gegen die Völker gerichtet und begründen deren Untergang. Das eigene Volk und die Völker werden also an denselben Kriterien gemessen. Die überlieferten Prophetenworte haben für die Redaktoren des Fremdvölker-Korpus I offensichtlich allgemeinen, ja universalen Charakter, so dass sich hieraus gleichermaßen das gegenwärtige Geschick des eigenen Volkes wie das künftige Geschick der Völker ableiten lässt.

Es ist also nicht einfach die Intention des Fremdvölker-Korpus I, die Vernichtung der Völker anzusagen. Es wird vielmehr aus deren Tun heraus begründet, dass es so kommen muss. Und da auf demselben Wege in diesem Korpus auch schon begründet wurde, warum das eigene Volk das Gericht Jhwhs erfahren hat und noch erfährt, wird die gegenwärtige, von diesem Gericht geprägte Lage des Volkes geradezu zum Wahrheitsbeweis für das zu erwartende Eingreifen Jhwhs gegen die Völker. Wie Jhwh gegen das eigene Volk aufgrund dessen Verfehlungen vorgegangen ist, wird er auch gegen die Völker aufgrund deren Verfehlungen vorgehen.[82]

Es wird im Fremdvölker-Korpus I aber nicht nur begründet, dass die Völker das Gericht verdient haben, sondern auch, dass Jhwh in der Lage ist, das Gericht an den Völkern zu vollstrecken. Dazu dient der Rückgriff auf das Schicksal von Ninive / Assur im Nahumbuch und in Zef 2,13-15. Dass neben den ansonsten an der gesamten Völkerwelt orientierten Worten gerade Assur von den Redaktoren des Fremdvölker-Korpus I beim Namen genannt wird, hängt doch sicher damit zusammen, dass Assur bereits ein gewaltsames Ende gefunden hat. Dabei wird der Untergang Assurs im Nahumbuch wie in Zef 2,13-15 als Gericht Jhwhs dargestellt. Es soll hier gezeigt werden, dass sich Jhwh in der Geschichte bereits als mächtig erwiesen hat, gegen fremde Völker vorzugehen, und dass er dies somit auch wieder tun kann.

Mit der von dem Fremdvölker-Korpus I verfolgten zweifachen Intention, das gegenwärtige Ergehen des eigenen Volkes als verdientes Gericht Jhwhs zu erklären und das künftige Gericht an den Völkern aus deren Tun heraus und aufgrund der Macht Jhwhs zu begründen, reagiert dieses Korpus also umfassend auf die Situation des Volkes in der fortgeschrittenen persi-

---

82 Beachtenswert ist in diesem Zusammenhang die oben herausgestellte Beobachtung, dass das in den von den Redaktoren des Fremdvölker-Korpus I in die Bücher Micha bis Deuterosacharja eingetragene Gericht an den Völkern teils parallel zur Darstellung des Gerichts am eigenen Volk im Joelbuch gestaltet ist; siehe hierzu oben 154-159. Dies zeigt doch deutlich, dass nach dem Fremdvölker-Korpus I ein direkter Zusammenhang zwischen der derzeitigen Situation des Gerichts am eigenen Volk und dem künftigen Gericht an den Völkern aufgestellt werden soll.

schen Zeit. Es wird Einsicht in die Verschuldungen des Volkes gegeben, die zu dieser Situation führten, und es wird – wohl entgegen der allgemeinen Stimmung – an der Erwartung festgehalten, dass Jhwh das Schicksal des Volkes wenden wird.[83]

Das Fremdvölker-Korpus I kann dabei aber nicht als Aufruf zum eigenmächtigen Kampf gegen die Völker verstanden werden. Es ist keine theologische Kriegsbegründung. Denn in den von den Redaktoren dieses Korpus eingebrachten Worten ist Jhwh der eigentliche Akteur beim Gericht an den Völkern. Dem Volk selbst kommt – wenn Jhwh nicht sogar allein gegen die Völker vorgeht –[84] lediglich die Funktion eines Gerichtswerkzeugs zu. Und hierzu muss es von Jhwh sogar erst noch zugerüstet werden.

Zu beachten ist nämlich, dass das Volk in den Gerichtsworten gegen die Völker immer wieder als schwach beschrieben wird. So heißt es etwa in Joel 4,10, dass der Schwächling sagen soll: Ich bin ein Held. Nach Mi 4,6-7 ist das Volk lahmend und versprengt (vgl. Zef 3,19). Es muss nach Mi 4,13 erst von Jhwh auf den Kampf vorbereitet werden, indem er die Hörner des Volkes eisern und die Hufe kupfern macht. Und schließlich wird auch in Sach 10,5 verheißen, dass die Angehörigen des Volkes wie Helden sein werden, da Jhwh mit ihnen ist. Sie sind es also nicht schon von sich aus. Zudem wird immer wieder die Größe und Macht der Völker betont: So wird nicht nur in Joel 2,2.11 das unter Jhwhs Führung angreifende Feindheer als großes und mächtiges Volk bezeichnet. Auch an anderen Stellen wird gerade die große Zahl und die Kraft der Völker hervorgehoben (Mi 4,13; Nah 1,12; Zef 2,15; Sach 10,11).

Das Fremdvölker-Korpus I spricht also in eine Situation, in der das Volk überhaupt nicht in der Lage wäre, einen Kampf gegen die Völker zu führen.[85] Es ist kein Aufruf zu zügelloser Gewalt an den Feinden, sondern vielmehr ein Aufruf zum Durchhalten trotz des in der Völkerwelt erfahre-

---

83 Dass das Fremdvölker-Korpus I auf Infragestellungen der Macht Jhwhs gegenüber den Völkern reagiert, wird etwa an der im Joelbuch gleich zweifach, in Joel 2,27; 4,17, belegten Aussage deutlich, wonach das Volk dann, wenn Jhwh die Not des Volkes abgewendet hat, erkennen wird, dass Jhwh ihr Gott ist.
84 So etwa in Joel 2,18-27; Zef 2,13-15; 3,8b; Hag 2,6-8.21b.22; Sach 14,3.12.
85 Vgl. hierzu etwa die Überlegungen von Kessler, Micha, 215f, zu den Aufrufen zum Kampf gegen die Völker in Mi 4,12-13. Kessler deutet dieses, seiner Meinung nach in die frühe Exilszeit zu datierende Wort vor dem Hintergrund der traumatischen Erfahrungen dieser Zeit. Auch wenn die von Kessler angenommene Datierung von Mi 4,12-13 hier nicht geteilt wird, so gilt doch auch bei der vorgeschlagenen Ansetzung in der fortgeschrittenen persischen Zeit, dass es sich bei diesem, wie auch bei vergleichbaren Texten im Fremdvölker-Korpus I, um eine „Gewaltphantasie der Gedemütigten" handelt und dass das Unterdrücken einer solchen Gewaltphantasie hieße, „dem realen Trauma der Vergewaltigung, Eroberung, Demütigung und Erniedrigung noch das Trauma der Verdrängung hinzuzufügen" (a.a.O., 215).

nen Unrechts. Es ist eine kontrafaktische Schrift, die gegen alle äußeren Anzeichen an der Überwindung der gegenwärtigen Not festhält.

So dient das Fremdvölker-Korpus I der theologischen Bewältigung der Situation unter den Völkern zu fortgeschrittener persischer Zeit. Die Nöte dieser Zeit werden als verdiente Folge der Verschuldungen des Volkes, als gerechtes göttliches Gericht dargestellt, und es wird dennoch – und gerade wegen des Vertrauens auf die Gerechtigkeit Jhwhs – daran festgehalten, dass Jhwh auch die Verfehlungen der Völker nicht ungestraft lässt, das eigene Volk aus dieser Situation befreien und ihm neues Heil schaffen wird.

3.5 Fazit

Auf Grundlage der redaktionsgeschichtlichen Analyse der Bücher Joel, Amos, Micha, Nahum, Zefanja, Haggai, Proto- und Deuterosacharja konnte über die bisherige Forschung hinaus gezeigt werden, dass diese acht Bücher im Rahmen einer als Fremdvölkerschicht I bezeichneten Bearbeitung zu einem gemeinsamen Achtprophetenbuch, dem Fremdvölker-Korpus I, zusammengestellt wurden. Die Redaktoren dieses Korpus nahmen hierzu zwei bereits vorliegende Sammlungen, das Joel-Korpus und das Haggai-Sacharja-Korpus, sowie die Bücher Nahum und Deuterosacharja auf und brachten an zahlreichen Stellen völkerfeindliche Nachträge ein. Diese Nachträge erweisen sich durch etliche buchübergreifende Gemeinsamkeiten sowie durch ihren kompositorischen Zusammenhang, bei dem der im Joelbuch beschriebene Weg vom Gericht zum Heil durch zahlreiche in derselben Abfolge belegte Wiederaufnahmen in den Büchern Amos bis Deuterosacharja nochmals nachvollzogen wird, als zusammengehörig.

Das Fremdvölker-Korpus I reagiert auf die Situation des Volkes an der Wende vom 5. zum 4.Jh., als bedingt durch die zahlreichen Revolten im Reich und bedingt durch die Einmischungen in die inneren Angelegenheiten des Volkes – etwa die Entweihung des Tempels und die Einführung einer Opfersteuer durch den persischen Statthalter Bagoas – die gesamte Völkerwelt als feindlich gesonnen erschien. Diese Situation wird im Fremdvölker-Korpus I zum einen als das gerechte Gericht Jhwhs aufgrund der anhaltenden Verschuldungen des Volkes dargestellt. Es wird aber zum anderen auch der Hoffnung Ausdruck verliehen, dass Jhwh nun gegen die Völker vorgehen und diese vernichtend schlagen wird, da sie sich ihrerseits an Jhwh verschuldet haben, indem sie eigenmächtig über ihren ursprünglichen Auftrag als Gerichtswerkzeug hinausgegangen sind.

Wie im Joel-Korpus und im Haggai-Sacharja-Korpus, die beide in der Mitte des 5.Jh. entstanden sein dürften, wird also auch im Fremdvölker-Korpus I von der gegenwärtigen Situation des Volkes ausgegangen, die als

Gericht Jhwhs verstanden wird, und es wird auch hier ein Weg aus diesem Gericht aufgezeigt. Doch anders als dort wird dieser Weg aus dem Gericht nicht mehr so sehr von Vorbedingungen auf Seiten des Volkes abhängig gemacht. Die Redaktoren des Joel-Korpus und des Haggai-Sacharja-Korpus sahen ja noch in der Bereitschaft des Volkes zur Umkehr, die in Joel 1-2* als rituelle Buße verstanden wird und in Sach 7,9-10; 8,16-17.19b mit konkreten ethischen Imperativen verbunden wird, den Weg zur erneuten Zuwendung Jhwhs.[86] Durch die Aufnahme dieser beiden Korpora in das Fremdvölker-Korpus I sind diese Umkehrrufe zwar auch hier noch präsent. Doch im Gesamtaufbau des Fremdvölker-Korpus I spielen sie nicht mehr die entscheidende Rolle. Die Erwartung des Eingreifens Jhwhs wird eher von den Völkern her, aufgrund der Verschuldungen der Völker, die das Gericht Jhwhs auf sich ziehen werden, begründet. Nach dem Fremdvölker-Korpus I wird sich die Situation des Volkes ändern, weil die Völker das Gericht verdient haben, und nicht, weil das eigene Volk zu Jhwh umkehrt.

So ist das Fremdvölker-Korpus I ein Beleg der zunehmenden Resignation des Volkes zur fortgeschrittenen persischen Zeit. Die Heilserwartungen der frühnachexilischen Zeit haben sich nun schon so lange nicht erfüllt, dass nur noch die Hoffnung auf ein alles veränderndes, gegen die gesamte als feindlich erlebte Völkerwelt gerichtetes Eingreifen Jhwhs bleibt. Entgegen allem äußeren Anschein und entgegen der eigenen Ohnmacht hält das Fremdvölker-Korpus I an dieser Hoffnung auf Jhwh fest.

---

86   Vgl. Wöhrle, Sammlungen, 375f.457f.

III. Die Davidsverheißungen

1. Ausgangspunkt

Im Anschluss an das Fremdvölker-Korpus I wurden im Zwölfprophetenbuch in drei Büchern kurze Heilsworte nachgetragen, die das Auftreten eines neuen Herrschers verheißen.[1] Diese Worte finden sich in den Büchern Amos, Micha und Deuterosacharja an den folgenden Stellen:

Amos	9,11.12b
Micha	4,8 5,1.3*(ohne וישבו).4a
Deuterosacharja	9,9-10

Dabei wird in Am 9,11.12b angesagt, dass Jhwh die zerfallene Hütte Davids aufrichten, ihre Risse vermauern und sie bauen wird wie in den Tagen der Vorzeit.[2] Im Michabuch wird zunächst in Mi 4,8 verheißen, dass die frühere Herrschaft, das Königtum für die Tochter Jerusalem, wieder aufkommen wird, und nach Mi 5,1.3*.4a wird ein neuer Herrscher aus Bethlehem hervorgehen, dessen Friedensreich die gesamte Welt umfassen wird.[3] Schließlich wird in Sach 9,9-10 in einem Freudenaufruf an die Tochter Zion angekündigt, dass ihr König – ein gerechter und armer, der auf einem Esel reitet – zu ihr kommen, die Waffen im Land zerstören,[4] den Völkern Frieden gebieten und über die gesamte Erde herrschen wird.[5]

---

1   Zur Begründung, dass die Davidsverheißungen zwischen der Fremdvölkerschicht I und der Fremdvölkerschicht II in das werdende Zwölfprophetenbuch eingebracht wurden, siehe auch unten 183.

2   Zur Abgrenzung der Einheit Am 9,11.12b, die nicht, wie häufig angenommen, mit Am 9,14-15 auf einer literarischen Ebene angesetzt werden kann, siehe im einzelnen Wöhrle, Sammlungen, 119-122.

3   Zur Begründung der Grundschicht der Herrscherverheißung Mi 5,1-5 in 5,1.3*.4a sowie zum literarischen Zusammenhang der Worte in Mi 4,8 und Mi 5,1.3*.4a vgl. Wöhrle, Sammlungen, 161f mit Anm. 94.

4   Zur damit vorausgesetzten textkritischen Änderung des והכרתי am Beginn von Sach 9,10 von der 1.sg. zur 3.m.sg. והכרית s.o. 74 Anm. 27.

5   Siehe hierzu oben 73f.

Mit Blick auf einen möglichen literarischen Zusammenhang dieser Worte hat nun schon Wolfe in seiner bereits 1933 vorgelegten Arbeit zur Entstehung des Zwölfprophetenbuches die Vermutung geäußert, dass im Rahmen ein und derselben buchübergreifenden Redaktion die Herrscherverheißungen in Mi 5,1.2*.3; 7,11-12; Sach 9,9-10 nachgetragen wurden.[6] Und in einer neueren Untersuchung hat Leuenberger die Worte Am 9,11-15* und Mi 4,8; 4,14-5,5 derselben Hand zugewiesen.[7] Doch wurde bislang noch nie aus der Entstehung der einzelnen Bücher des Zwölfprophetenbuches heraus ein literarischer Zusammenhang dieser Passagen begründet, und es wurde auch noch nie die Intention, die die Redaktoren zur Ergänzung dieser Nachträge führte, genauer beleuchtet.

Auf Grundlage der hier vorgestellten redaktionsgeschichtlichen Analyse der Einzelbücher, nach der die Verheißungen in Am 9,11.12b; Mi 4,8; 5,1.3*.4a; Sach 9,9-10 allesamt nach der Fremdvölkerschicht I eingebracht wurden, stellt sich also erneut die Frage, ob diese Worte das Produkt derselben buchübergreifenden Redaktion sind.

2. Der buchübergreifende Zusammenhang der Davidsverheißungen

2.1 Der literarische Zusammenhang der Davidsverheißungen

Bei den Herrscherverheißungen in Am 9,11.12b; Mi 4,8; 5,1.3*.4a; Sach 9,9-10 zeigen sich nun tatsächlich einige Gemeinsamkeiten, die dafür sprechen, dass diese allesamt von derselben Hand in das werdende Zwölfprophetenbuch eingetragen wurden. Auf allgemein thematischer Ebene sind die drei Worte natürlich schon dadurch verbunden, dass sie die erneute Aufrichtung des bereits untergegangenen Königtums ansagen. Sie setzen also das Ende des Königtums voraus und blicken auf eine Zeit, da Jhwh einen neuen Herrscher erstehen lässt. So ist bei Amos 9,11 das Bild der Hütte Davids (סכת דויד) in Analogie zu Formulierungen wie Haus Davids (בית דוד; 1 Kön 12,19; 13,2; 14,8; 2 Kön 17,21; Jes 22,22; Jer 21,12 u.ö.) oder Zelt Davids (אהל דוד; Jes 16,5) doch sicherlich auf das davidische Königtum zu bezie-

---

6   So Wolfe in seiner nie veröffentlichten Dissertation Editing, 55-58, sowie in dem unter gleichem Namen erschienenen Aufsatz Editing, 98f.

7   Vgl. Leuenberger, Herrschaftsverheißungen, 106. Interessant ist dabei, dass Leuenberger, a.a.O., 107, Sach 9,9-10 zwar auf einer späteren Stufe der Entstehung des Zwölfprophetenbuches einordnet, aber dennoch meint, dass dieser Text in seiner Tendenz „Mi 4,14-5,5 sehr stark ähnelt".

hen.[8] Mit dem Aufrichten der zerfallenen Hütte Davids wird demnach die Erneuerung der zwischenzeitlich zu ihrem Ende gekommenen Davidsherrschaft verheißen. Ganz entsprechend soll nach Mi 4,8 die frühere Herrschaft (הממשלה הראשנה), also eine Herrschaft, die der Vergangenheit angehört, aufgerichtet werden.[9] Und die Ankündigung eines Herrschers, der aus Bethlehem hervorgeht, in Mi 5,1 sowie die Verheißung eines Königs, der nach Jerusalem kommt, in Sach 9,9 setzen doch ebenfalls voraus, dass eben kein König mehr im Amte ist und die Königsherrschaft erst ganz neu aufgerichtet werden muss.[10]

Neben dieser doch sehr allgemeinen Gemeinsamkeit zeichnen sich alle drei Worte dadurch aus, dass sie mehr oder weniger deutlich an der Wiederaufrichtung gerade des davidischen Königtums orientiert sind. So ist eben in Am 9,11, wie bereits erwähnt, mit der Hütte Davids das davidische Königtum im Blick. Bei Mi 4,8 dürfte sodann mit der früheren Herrschaft, die zur Tochter Jerusalem kommt, sicherlich auch das frühere Jerusalemer Herrschergeschlecht und daher die Herrschaft der Davididen gemeint sein,[11] und bei Mi 5,1 ist die Vorstellung, dass der künftige Herrscher aus Bethlehem kommen wird, im Anschluss an 1 Sam 16,4; 17,12.15 doch ebenfalls nur so

---

8   Die Deutung der Wendung סכת דויד in Am 9,11 ist allerdings umstritten. Während nämlich Sellin, KAT 12, 224f; Weiser, ATD 24, 203; Rudolph, KAT 13,2, 280; Seybold, Königtum, 61; Paul, Amos, 290; Jeremias, ATD 24,2, 134; Pietsch, Sproß, 95-97, u.a., wie auch hier vorgeschlagen, die Davidshütte auf das davidische Königtum beziehen, nehmen etwa Wellhausen, Propheten, 95; Marti, KHC 13, 226; Wagner, Überlegungen, 662; Veijola, Verheißung, 167-170; Fleischer, NSK.AT 23,2, 268, an, dass dieses Bild auf das davidische Großreich zielt. Nach der zuletzt genannten Deutung würde es sich bei Am 9,11 also gar nicht um eine Herrschaftsverheißung, sondern vielmehr um eine Ankündigung von Gebietserweiterungen handeln. Begründet wird dieses Verständnis der Wendung סכת דויד dabei über die in Am 9,12a belegte Verheißung, dass das Volk den Rest Edoms und alle Völker, über die der Name Jhwhs ausgerufen ist, in Besitz nehmen wird. Der Teilvers Am 9,12a ist jedoch später als Am 9,11.12b anzusetzen (vgl. hierzu Wöhrle, Sammlungen, 120) und sollte daher nicht zur Deutung der Davidshütte herangezogen werden. Angesichts der genannten, mit der Wendung סכת דויד vergleichbaren Formulierungen בית דוד oder אהל דוד sowie angesichts der – im folgenden noch näher erläuterten – kompositionellen Stellung von Am 9,11 im Anschluss an das Gerichtswort 9,7-10, in dem der Untergang des „sündigen Königtums" (הממלכה החטאה; 9,8) angesagt wird, ist die Hütte Davids daher doch sicherlich viel eher auf die davidische Dynastie und eben nicht auf das davidische Großreich zu beziehen.

9   Dass Mi 4,8 den Untergang des Königtums voraussetzt, wurde schon häufig gesehen; vgl. nur Wellhausen, Propheten, 144; Weiser, ATD 24, 267; Rudolph, KAT 13,3, 84; Willi-Plein, Vorformen, 86; Mays, Micah, 103; Wolff, BK 14,4, 96f; Kessler, Micha, 200.

10   Dass Mi 5,1.3*.4a den Untergang des Königtums voraussetzt, ist mittlerweile eher unumstritten; vgl. etwa Wellhausen, Propheten, 145; Mays, Micah, 113; Wolff, BK 14,4, 116; Kessler, Micha, 228f. Und bei Sach 9,9-10 steht dies schon angesichts der allgemein anerkannten Datierung des Deuterosacharjabuches in die nachexilische Zeit fest.

11   So auch Weiser, ATD 24, 267; Seybold, Königtum, 114; Rudolph, KAT 13,2, 84; Mays, Micah, 103; Wolff, BK 14,4, 96f; Metzner, Kompositionsgeschichte, 77; Andersen / Freedman, AncB 24E, 440f; Ben Zvi, FOTL 21B, 112.

zu verstehen, dass hier auf die Herkunft Davids und somit auf die Anfänge des davidischen Königtums angespielt wird. Bei Sach 9,9-10 findet sich zwar kein vergleichbar eindeutiger Bezug auf das davidische Königtum. Angesichts der an Jerusalem gerichteten Aussage, dass „dein König" (מלכך) kommen wird, kann doch aber auch dieses Wort kaum anders verstanden werden, als dass der künftige Herrscher das frühere Jerusalemer Königtum und somit eben die Herrschaft der Davididen wieder aufrichten wird.[12] Es handelt sich also bei allen drei Worten im weitesten Sinne um Davidsverheißungen, da hier stets die Wiederaufrichtung der früheren davidischen Herrschaft in Jerusalem angesagt wird.

Die Worte in Am 9,11.12b; Mi 4,8; 5,1.3*.4a; Sach 9,9-10 sind nun aber auch dadurch verbunden, dass sie eben nicht einfach die Wiederherstellung der alten Herrschaft verheißen, sondern ein bewusstes Gegenbild zum untergegangenen Königtum beschreiben. Deutlich wird dies schon bei Am 9,11, wo es heißt, dass die zerfallene Hütte Davids „wie in den Tagen der Vorzeit" (כימי עולם) aufgebaut wird. Die Wiedererrichtung des Königtums soll sich also an dessen Anfängen orientieren. Noch deutlicher wird dies bei Mi 5,1.3*.4a, wo die Ankündigung, dass der künftige Herrscher aus Bethlehem kommen soll, doch nur so verstanden werden kann, dass hier noch hinter den aus Bethlehem stammenden David und somit hinter die Anfänge des früheren Königtums zurückgegangen wird. Die neue Herrschaft wird also in Mi 5,1.3*.4a zwar mit dem davidischen Königtum in Beziehung gesetzt, aber es wird eben ein völliger Neuanfang verheißen.[13] Dies zeigt sich schließlich auch bei Sach 9,9-10. Die Beschreibung des künftigen Königs als einer, dem geholfen wurde,[14] der arm ist, der auf einem Esel in die Stadt einreitet und der zunächst im eigenen Volk die Waffen zerstört, kann doch ebenfalls nur als Gegenbild zum früheren Königtum verstanden werden.[15]

---

12 Dass der in Sach 9,9-10 erwartete Herrscher aufgrund der Bindung an die Stadt Jerusalem in gewisser Kontinuität zum untergegangenen davidischen Königtum steht, meinen auch Rehm, Friedensfürst, 168; Reventlow, ATD 25,2, 95; Fabry, Messias, 32.

13 Vgl. hierzu, mit Unterschieden im Detail, etwa Sellin, KAT 12, 288; Weiser, ATD 24, 272; Herrmann, Heilserwartungen, 147; Mays, Micah, 115; Seebaß, Herrscherverheißungen, 74; Kessler, Micha, 223f; Schmidt, Micha 5,1-5, 21; Leuenberger, Herrschaftsverheißungen, 94.

14 S.u. 177 Anm. 17.

15 So wurde etwa schon häufig betont, dass die Vorstellung, dass der künftige König auf einem Esel einzieht, bewusst gegen die frühere Selbstdarstellung der Macht der Könige, die sich auf Pferd und Wagen präsentierten (2 Sam 15,1; 1 Kön 1,5; Jer 17,25; 22,4), gerichtet ist; vgl. etwa Wellhausen, Propheten, 189; Marti, KHC 13, 429; Sellin, KAT 12, 500; Elliger, ATD 25, 149; Rudolph, KAT 12,4, 180; Meyers / Meyers, AncB 25C, 129f; Schmidt, Ohnmacht, 165; ders., Hoffnung, 695; Kunz, Weg, 14f. Wenn demgegenüber In der Smitten, Art. חמור, 1041; Mason, Haggai, 89; Reventlow, ATD 25,2, 95f, meinen, dass der Esel in Sach 9,9 im Anschluss an Gen 49,10-11 gerade als Herrschaftssymbol zu verstehen sei, so spricht dagegen schon, dass der kommende König in Sach 9,9 zusätzlich als arm (עני) bezeichnet wird, und dagegen spricht vor allem, dass in Sach 9,10 ja gerade davon die Rede ist, dass Streitwagen

Doch nicht nur in der Abgrenzung gegenüber dem früheren Königtum, auch in der positiven Beschreibung der neu aufzurichtenden Herrschaft zeigen sich zwischen den Davidsverheißungen in Am 9,11.12b, Mi 4,8; 5,1.3*.4a und Sach 9,9-10 einige Gemeinsamkeiten. Dabei ist zunächst der Bezug des künftigen Königtums auf Jhwh bezeichnend: Jhwh ist es, der diese neue Herrschaft aufrichtet, und der kommende König ist in seiner Amtsführung durch Jhwh bestimmt. So wird in Am 9,11.12b beschrieben, dass Jhwh die zerfallene Hütte Davids aufbaut, und es wird im Zusammenhang der dieses Wort abschließenden Gottesspruchformel sogar nochmals eigens betont, dass Jhwh es ist, der dies tut (נאם־יהוה עשה זאת). In Mi 5,1 heißt es, dass der künftige Herrscher „für mich" (לי), also für Jhwh, aus Bethlehem hervorgehen wird,[16] und in 5,3 wird angesagt, dass dieser Herrscher in der Kraft Jhwhs und in der Hoheit seines Namens weiden wird. In Sach 9,9 wird der kommende König schließlich als einer beschrieben, der gerecht ist (צדיק) und der gerettet worden ist (נושע). Auch diese beiden Prädikate sind doch sicherlich auf das besondere Verhältnis des künftigen Herrschers zu Jhwh zu beziehen.[17]

Eine weitere Gemeinsamkeit der Davidsverheißungen besteht sodann darin, dass sie stets von einer gesamtisraelitischen Perspektive bestimmt sind. Der Herrschaftsbereich des künftigen Königs wird sich nach diesen Worten nicht nur über das Südreich Juda, sondern auch über das Nordreich erstrecken. Beim Amosbuch legt sich dies vom Kontext her nahe. So wird am Ende dieser insgesamt am Nordreich orientierten Schrift in Am 9,7-10 der Untergang des „sündigen Königtums" (הממלכה החטאה; 9,8) angesagt, was im Zusammenhang des Amosbuches wohl sicherlich auf das Nordreichkönigtum zu beziehen sein dürfte.[18] Wenn daraufhin in 9,11 das Aufrichten der Hütte Davids wie in den Tagen der Vorzeit verheißen wird, so kann dies doch nicht einfach auf Juda, sondern nur auf Gesamtisrael bezogen

---

und Pferde – also eben die Kriegsmittel, die nach den oben genannten Stellen stets auch der Darstellung der Macht des Königs dienten – von dem erwarteten Herrscher vernichtet werden.

16   Vgl. hierzu Marti, KHC 13, 287; Willis, Micah 5.1, 317-322; Strauß, Messias, 55; Oberforcher, NSK.AT 24,2, 106f; Kessler, Micha, 223f.

17   Dass die passivische Formulierung נושע – entgegen zahlreicher Bibelübersetzungen, die sich hier an der LXX-Version σῴζων orientieren – tatsächlich so zu verstehen ist, dass der künftige König gerettet worden ist, und dass die damit bezeichnete Rettung letztlich nur von Jhwh her geschehen sein kann, wird gerade auch angesichts der Parallelen in Dtn 33,29 und Ps 33,16 allgemein angenommen; vgl. etwa Marti, KHC 13, 429; Rudolph, KAT 13,4, 179; Mason, Haggai, 88; Meyers / Meyers, AncB 25C, 126f; Reventlow, ATD 25,2, 95; Kunz, Weg, 14f mit Anm. 12. Und von hier aus ist dann auch das Prädikat צדיק sicherlich so zu verstehen, dass der künftige Herrscher vor Jhwh als gerecht erkannt ist; vgl. nur Rudolph, ebd.; Mason, ebd.; Reventlow, ebd.

18   So auch Wellhausen, Propheten, 95; Marti, KHC 13, 224; Weiser, ATD 24, 201; Mays, Amos, 159; Rudolph, KAT 13,2, 275; Wolff, BK 14,2, 400; Fleischer, NSK.AT 23,2, 265, u.a.

werden.[19] Noch deutlicher ist diese das Süd- und Nordreich umfassende
Ausrichtung der Davidsverheißungen sodann bei Mi 5,1.3*.4a und Sach 9,9-
10 erkennbar. In Mi 5,1 heißt es, dass aus Bethlehem, das klein ist unter den
Tausendschaften in Juda, der kommen soll, der in Israel herrscht. Angesichts des hier zunächst für die Lage von Bethlehem genannten Juda ist mit
der im folgenden für das Herrschaftsgebiet des kommenden Königs verwandten Bezeichnung Israel doch bestimmt eine über Juda hinausgehende
und somit das Nordreich mit einschließende Größe gemeint.[20] Vergleichbares gilt schließlich auch für Sach 9,9-10. Dort wird in Sach 9,10 angesagt,
dass der künftige Herrscher die Streitwagen aus Ephraim und die Pferde aus
Jerusalem ausrotten wird. Auch dieses Wort ist also von einer gesamtisraelitischen Perspektive geprägt.

Neben den genannten thematischen Gemeinsamkeiten – der Wiederaufrichtung der davidischen Herrschaft, der Beschreibung dieser Herrschaft
als Gegenbild zum untergegangenen Königtum, dem Bezug des kommenden Herrschers auf Jhwh und der gesamtisraelitischen Perspektive –, die die
drei Davidsverheißungen in Am 9,11.12b; Mi 4,8; 5,1.3*.4a; Sach 9,9-10
insgesamt bestimmen, zeigen sich noch weitere, teils recht markante thematische und terminologische Übereinstimmungen, die jeweils zwei dieser
Worte miteinander verbinden. So entspricht der Aussage in Am 9,11, dass
die zerfallene Hütte Davids aufgebaut wird wie in den Tagen der Vorzeit
(כימי עולם), die Ankündigung in Mi 5,1, dass der Herrscher seinen Ursprung von den Tagen der Vorzeit (מימי עולם) her hat. Die Wendung ימי
עולם ist dabei neben Am 9,11 und Mi 5,1 nur noch recht selten belegt und
kommt an keiner anderen Stelle im Zusammenhang einer Herrschaftsverheißung vor.[21]

Zwischen Mi 4,8; 5,1.3*.4a und Sach 9,9-10 finden sich gleich mehrere
markante Übereinstimmungen. So wird zunächst in Mi 4,8 wie in Sach 9,9
die Tochter Zion (בת־ציון) angeredet und in beiden Versen wird auch die
Tochter Jerusalem (בת־ירושלם) genannt. Dies ist beachtenswert, da die
Wendungen Tochter Zion und Tochter Jerusalem neben Mi 4,8; Sach 9,9
nur noch in 2 Kön 19,21; Jes 37,22; Zef 3,14; Klgl 2,13 im selben Vers

---

19 So meint auch Paul, Amos, 290, im Anschluss an Cross, Tabernacle, 177 Anm. 31, dass Am
    9,11 die Wiederherstellung der davidischen Herrschaft über ein vereinigtes Königtum ansagt.
    Dabei geht Paul allerdings davon aus, dass dieses Wort auf den historischen Propheten Amos
    zurückgeht und somit direkt an die Bewohner des Nordreichs gerichtet war, denen hier die
    Wiederaufrichtung eines vereinten Reiches verheißen wird. Durch den Kontext des am
    Nordreich orientierten Amosbuches ist Am 9,11 aber letztlich auch dann durch eine gesamt-
    israelitische Perspektive geprägt, wenn dieses Wort, wie in neuerer Zeit zumeist angenom-
    men, in die nachexilische Zeit datiert wird.
20 Dass mit Israel in Mi 5,1 eine das Süd- und das Nordreich umfassende Größe gemeint ist,
    wurde auch schon von Wolff, BK 14,4, 117; Strauß, Messias, 55, gesehen.
21 Vgl. Dtn 32,7; Ps 21,5; Jes 63,9.11; Mi 7,14; Mal 3,4.

zusammen belegt sind. Mi 4,8; 5,1.3*.4a und Sach 9,9-10 sind zudem dadurch verbunden, dass die künftige Herrschaft gleichermaßen mit Worten, die auf die Wurzel מָשַׁל (מֶמְשָׁלָה / מָשָׁל; Mi 4,8; 5,1 // Sach 9,10) zurückgehen, und mit Worten, die auf die Wurzel מֶלֶךְ (מַמְלָכָה / מֶלֶךְ; Mi 4,8 // Sach 9,9) zurückgehen, beschrieben wird. Sodann heißt es in beiden Verheißungen, dass der künftige Herrscher Frieden (שָׁלוֹם; Mi 5,4 // Sach 9,10) aufrichten wird. Und schließlich wird in beiden Worten die weltweite Herrschaft des künftigen Königs angesagt, die beide Male mit der ansonsten nur noch in Ps 72,8 gebrauchten Formulierung umschrieben ist, dass sie „bis an die Enden der Erde" (עַד־אַפְסֵי־אָרֶץ; Mi 5,3 // Sach 9,10) reichen wird.

Eine letzte, aber wiederum ganz bedeutende Gemeinsamkeit zwischen Am 9,11.12b; Mi 4,8; 5,1.3*.4a; Sach 9,9-10 besteht schließlich in der kompositionellen Einbindung dieser Worte in den Kontext. Sie finden sich nämlich gerade an den Stellen im werdenden Zwölfprophetenbuch, in deren Kontext der Untergang des Königtums oder zumindest das Ende eines Herrschers angekündigt wird. So wird in Am 9,7-10, wie bereits erwähnt, das Ende des „sündigen Königtums" im Nordreich angesagt. Die in 9,11.12b direkt an dieses Wort anschließende Verheißung, dass Jhwh einst die zerfallene Hütte Davids wieder aufrichten wird, kann in diesem Zusammenhang doch nur so verstanden werden, dass hier in Anknüpfung an 9,7-10 über die dort angesagte Zeit des untergegangenen Nordreichskönigtums auf die erneute Aufrichtung eines Königtums hinausgeblickt wird.[22]

Die Worte von der erneuten Herrschaft in Jerusalem in Mi 4,8 und 5,1.3*.4a wurden um die bereits vorgegebene Einheit Mi 4,9-14 gelegt, wo in Mi 4,9-10 im Zusammenhang einer Exilierungsankündigung gefragt wird, ob denn kein König mehr da ist, und wo es in Mi 4,14 heißt, dass dem Richter Israels, was hier wohl nur auf den König bezogen werden kann,[23] auf die Backe geschlagen wird. Auch die Davidsverheißung in Mi 4,8; 5,1.3*.4a wurde also gerade im Kontext eines Gerichtswortes gegen das Königtum angebracht, und auch hier wird über das Gericht am Königtum hinausgehend die erneute Aufrichtung der Herrschaft in Jerusalem erwartet.[24]

---

22 Dass die Davidsverheißung in Am 9,11 bewusst im Anschluss an das Wort vom Untergang des sündigen Königtums in 9,7-10 nachgetragen wurde, meinten auch schon Wolff, BK 14,2, 406; Jeremias, ATD 24,2, 134; Fleischer, NSK.AT 23,2, 267.

23 Vgl. etwa Marti, KHC 13, 286; Sellin, KAT 12, 288; Weiser, ATD 24, 271; Rudolph, KAT 13,3, 94; Mays, Micah, 114; Wolff, BK 14,4, 115; Oberforcher, NSK.AT 24,2, 106; Kessler, Micha, 222.

24 Auch bei Mi 5,1.3*.4a wurde schon häufig gesehen, dass diese Verheißung eines neuen Herrschers sehr bewusst hinter den Worten gegen den König in Mi 4,9.14 steht; vgl. nur Sellin, KAT 12, 288; Mays, Micah, 115; Wolff, BK 14,4, 106; Oberforcher, NSK.AT 24,2, 106; Kessler, Micha, 219.

Die Herrschaftsverheißung in Sach 9,9-10 wurde schließlich an den Beginn des zu diesem Zeitpunkt die Textbereiche 9,1.14-16; 10,1-5.11; 11,1-17*; 12,1-9*; 13,2-9; 14,1-3.11-15*.20-21 umfassenden Deuterosacharjabuches gestellt. Dabei ist das auf diese Verheißung folgende Deuterosacharjabuch zwar seit der Überarbeitung durch die Fremdvölkerschicht I, also seit der literarischen Ebene, die den für Sach 9,9-10 verantwortlichen Redaktoren vorlag, insgesamt völkerfeindlich ausgerichtet. Doch auch auf der Ebene der Fremdvölkerschicht I findet sich noch mindestens ein Wort, das auf das eigene Volk bezogen ist:[25] Das Hirtenwort Sach 11,4-17, das das Gericht Jhwhs an einem schlechten Hirten zum Gegenstand hat und somit ebenfalls als Gerichtswort gegen einen politischen Führer des Volkes verstanden werden kann.[26] Durch die Voranstellung von Sach 9,9-10 wird daher auch im Deuterosacharjabuch über das im folgenden erwähnte Gericht an einem schlechten Hirten hinausgeblickt und ein neuer, von Jhwh legitimierter Herrscher verheißen.[27]

Das heißt dann aber insgesamt, dass die drei Davidsverheißungen Am 9,11.12b; Mi 4,8; 5,1.3*.4a; Sach 9,9-10 gerade in den Büchern des werdenden Zwölfprophetenbuches eingebracht wurden, die Gerichtsworte gegen das Königtum oder, im Falle des Deuterosacharjabuches, Gerichtsworte gegen einen politischen Führer enthalten. Bei den übrigen Büchern des Zwölfprophetenbuches wurden wohl deshalb keine Davidsverheißungen nachgetragen, da hier eben auch keine Gerichtsworte gegen das Königtum zu finden sind.[28]

---

25 Siehe hierzu oben 134.

26 Zudem wäre in diesem Zusammenhang noch auf Sach 12,10-13,1 hinzuweisen, wo es im Zusammenhang der Klage über den Durchbohrten heißt, dass auch das Haus David klagen wird (Sach 12,12). Auch dieses Wort könnte dazu geführt haben, dass gerade im Deuterosacharjabuch die Verheißung eines neuen Herrschers nachgetragen wurde. Da das Wort Sach 12,10-13,1 aber zum einen angesichts der unklaren Hintergründe der Rede von dem Durchbohrten kaum wirklich verständlich ist und da sich dieses Wort nicht redaktionsgeschichtlich einordnen ließ, so dass nicht klar ist, ob es zum Zeitpunkt, als Sach 9,9-10 nachgetragen wurde, überhaupt schon Bestandteil des Deuterosacharjabuches war, ist hierauf nicht weiter einzugehen.

27 Dass der in Sach 9,9-10 erwartete künftige Herrscher als positives Gegenbild zu den im folgenden Deuterosacharjabuch genannten schlechten Hirten zu verstehen ist, meinte auch schon Laato, Josiah, 275.

28 Neben den Büchern Amos, Micha und Deuterosacharja findet sich allenfalls noch im Zefanjabuch ein Wort, das im weitesten Sinne gegen das Königtum gerichtet ist. So heißt es in Zef 1,8, dass Jhwh die Söhne des Königs heimsuchen wird. Bedeutend ist aber, dass hier eben nicht der König selbst, sondern lediglich dessen Söhne Gegenstand des angesagten Gerichts sind. In Am 9,7-10; Mi 4,9-14; Sach 11,4-17 ist dagegen die eigentliche politische Führung des Volkes im Blick. Dies dürfte erklären, warum gerade in diesen drei Büchern, nicht aber im Zefanjabuch oder in den sonstigen Büchern, die zu diesem Zeitpunkt bereits Teil des werdenden Zwölfprophetenbuches waren, die Verheißung eines neuen Herrschers nachgetragen wurde.

Zwischen den Davidsverheißungen in Am 9,11.12b; Mi 4,8; 5,1.3*.4a; Sach 9,9-10 zeigen sich also zahlreiche thematische, terminologische und kompositorische Gemeinsamkeiten. Die Erwartung eines neuen davidischen Herrschers, die Beschreibung dieses Herrschers als positives Gegenbild zum untergegangenen Königtum, der Bezug der künftigen Herrschaft auf Jhwh, die gesamtisraelitische Perspektive, die Stichwortverbindungen zwischen den einzelnen Worten und schließlich die Stellung dieser Worte in einem Kontext, in dem gerade das Gericht am Königtum angekündigt wird, zeichnen diese Worte als zusammengehörig aus.

Allerdings bilden diese Worte, anders als etwa die von den Redaktoren der Fremdvölkerschicht I in den einzelnen Büchern eingebrachten Passagen, keine buchübergreifende Komposition. Sie sind vielmehr stets auf den Kontext des einzelnen Buches bezogen, als Ausgleich der dort belegten Gerichtsworte gegen die politischen Führer des Volkes. So lässt sich zugegebenermaßen nicht völlig ausschließen, dass die drei Davidsverheißungen unabhängig voneinander eingebracht wurden.[29] Es wäre ja auch denkbar, dass diese Verheißungen allesamt Produkt derselben theologiegeschichtlichen Gegebenheiten sind, die zur Hoffnung auf einen neuen Herrscher führten, und dass sie daher zwar in etwa zur selben Zeit, aber doch von unterschiedlichen Redaktoren nachgetragen wurden. Dafür könnte sprechen, dass sich auch in anderen Büchern, etwa in Jer 23,5-6 oder in Hos 3,5* (ואת דוד מלכם), literarische Nachträge erkennen lassen, durch die im Anschluss an Gerichtsworte gegen das Königtum die Erwartung eines neuen Herrschers eingebracht wird.[30] Und dafür könnte zudem sprechen, dass sich neben den genannten Gemeinsamkeiten doch auch Unterschiede zwischen den Worten in Am 9,11.12b; Mi 4,8; 5,1.3*.4a; Sach 9,9-10 erkennen lassen, da etwa in Am 9,11.12b nicht von einer Einzelgestalt die Rede ist, da der kommende Herrscher in Mi 5,1.3*.4a nicht wie in Sach 9,9-10 als arm beschrieben wird oder da sich in Sach 9,9-10 kein direkter Davidsbezug findet.

---

29 Zur methodischen Forderung, dass sich nur dann mit größerer Sicherheit die Annahme einer buchübergreifenden Redaktion vertreten lässt, wenn die dieser Redaktion in den einzelnen Büchern zugewiesenen Textbereiche eine buchübergreifende Komposition bilden, s.o. 20-22.

30 Dass es sich bei der Davidsverheißung in Jer 23,5-6 um einen erst in der fortgeschrittenen nachexilischen Zeit eingebrachten Nachtrag zum Jeremiabuch handelt, der über die Worte gegen das Königtum in Jer 21,1-23,4 hinaus die Erwartung eines neuen davidischen Herrschers einbringt, wurde schon häufig gesehen; vgl. nur Thiel, Jeremia 1-25, 248 mit Anm. 60; Holladay, Jeremiah 1, 613; Wanke, ZBK.AT 20,1, 206; Albertz, Exilszeit, 242. Und auch der kurze Verweis in Hos 3,5*, dass das Volk einst wieder David, ihren König, suchen wird, wird überwiegend als späterer Einschub verstanden, der auf die vorangehende Ankündigung, dass das Volk ohne König sein wird, reagiert; vgl. etwa Wellhausen, Propheten, 105; Wolff, BK 14,1, 71; Mays, Hosea, 60; Jeremias, ATD 24,1, 57, sowie Wöhrle, Sammlungen, 233 mit Anm. 26; zu Hos 3,5 siehe auch unten 182 Anm. 31.

Doch angesichts der ja durchaus vorhandenen zahlreichen und teils recht markanten Gemeinsamkeiten und angesichts der Tatsache, dass die Bücher Amos, Micha und Deuterosacharja nach den hier vorgetragenen Erkenntnissen zum Zeitpunkt der Einarbeitung der Davidsverheißungen Teil eines gemeinsamen Mehrprophetenbuches waren, dürfte es wesentlich wahrscheinlicher sein, dass diese Verheißungen im Rahmen ein und derselben Redaktion eingebracht wurden, als dass sie im selben Korpus nacheinander von unterschiedlichen Händen nachgetragen wurden. Die genannten Unterschiede zwischen den einzelnen Worten sind dann wohl damit zu erklären, dass hier auf vorgegebenes Gut zurückgegriffen wurde.

So handelt es sich bei den Davidsverheißungen in Am 9,11.12b; Mi 4,8; 5,1.3*.4a; Sach 9,9-10 um das Produkt einer buchübergreifenden Redaktion, durch die in den Büchern des werdenden Zwölfprophetenbuches, in denen sich Gerichtsworte gegen das Königtum oder gegen einen politischen Führer des Volkes finden, über dieses Gericht hinausblickend die Erwartung eines neuen Herrschers eingetragen wurde.[31]

2.2 Der historische Ort der Davidsverheißungen

Eine Datierung der Davidsverheißungen ist mit denselben Schwierigkeiten verbunden, die schon bei dem Fremdvölker-Korpus I aufkamen. Auch bei diesen Worten lassen sich kaum konkrete Hinweise auf zeitgeschichtliche Gegebenheiten erkennen, die für einen bestimmten historischen Ort sprechen würden. So sind auch hier zunächst wieder nur Folgerungen aus der relativen Chronologie der Redaktionsschichten in den einzelnen Büchern möglich, die sich dann durch einige weitergehende Überlegungen untermauern lassen.

---

31   Der oben 181 erwähnte Einschub Hos 3,5*(מלכם דוד ואת), mit dem ebenfalls die Erwartung eines neuen davidischen Herrschers in einen ursprünglich gegen das Königtum gerichteten Kontext nachgetragen wird, spricht dabei aber nicht dafür, dass das Hoseabuch, das nach den hier vorgestellten Überlegungen Teil des exilischen Vierprophetenbuches war, danach aber abgetrennt wurde und weder zum Joel-Korpus noch zum Fremdvölker-Korpus I gehörte (s.o. 160), zum Zeitpunkt der Einarbeitung der Davidsverheißungen in Am 9,11.12b; Mi 4,8; 5,1.3*.4a; Sach 9,9-10 bereits wieder in das werdende Zwölfprophetenbuch aufgenommen worden war. Denn zum einen findet sich ja auch in Jer 23,5-6 ein vergleichbarer Nachtrag. Es wurden also auch jenseits des Fremdvölker-Korpus I Davidsverheißungen ergänzt, so dass es gut denkbar ist, dass Hos 3,5* ebenfalls unabhängig von den Verheißungen in Am 9,11.12b; Mi 4,8; 5,1.3*.4a; Sach 9,9-10 eingetragen wurde. Zum anderen wird sich zeigen, dass sich für die auf die Davidsverheißungen folgenden buchübergreifenden Fortschreibungen im werdenden Zwölfprophetenbuch wiederum keine Entsprechungen im Hoseabuch finden lassen, so dass es doch recht wahrscheinlich sein dürfte, dass das Hoseabuch auch auf der Ebene der Davidsverheißungen noch nicht wieder in das werdende Zwölfprophetenbuch integriert war.

Dass die Davidsverheißungen die Fremdvölkerschicht I voraussetzen, lässt sich klar bei Mi 4,8*; 5,1.3*.4a zeigen. Denn der dieser Schicht zuzuweisende völkerfeindliche Vers Mi 5,7 folgte wohl ursprünglich direkt auf Mi 4,14, gehört dieser Vers doch zu den ebenfalls auf die Fremdvölkerschicht I zurückgehenden Nachträgen in 4,10*(ab שׁם).12-13, durch die den zuvor gegen das eigene Volk gerichteten Worten 4,9.10*.11.14 eine gegen die Völker gerichtete Wendung verliehen wurde.[32] Die Davidsverheißung in Mi 5,1.3*.4a unterbricht diesen Zusammenhang zwischen 4,14 und 5,7 und ist somit sicherlich später als die Fremdvölkerschicht I anzusetzen. Vergleichbares gilt sodann auch bei Sach 9,9-10. Dieses Wort unterbricht den Zusammenhang zwischen dem auf die Fremdvölkerschicht I zurückgehenden Beginn einer Theophanieschilderung in 9,1aβb und dessen Fortsetzung in 9,14-16, so dass auch dieses Wort erst nach der Fremdvölkerschicht I eingebracht wurde.[33]

Auf die Davidsverheißungen folgte die Bearbeitung der Fremdvölkerschicht II. Denn im Amosbuch setzt der auf die Fremdvölkerschicht II zurückgehende Teilvers Am 9,12a die Davidsverheißung in 9,11.12b voraus, da durch diesen Teilvers der ursprüngliche Zusammenhang zwischen der Davidsverheißung in 9,11 und der noch hierzu gehörigen Gottesspruchformel in 9,12b unterbrochen wird.[34] Zudem wurde beim Deuterosacharjabuch der im Rahmen der Fremdvölkerschicht II eingebrachte Textbereich Sach 9,2-8*.11-13 erkennbar sekundär um die Davidsverheißung in 9,9-10 herumgelegt, so dass auch hier die Fremdvölkerschicht II später als die Davidsverheißung anzusetzen ist.[35] Für die Davidsverheißungen ist somit aufgrund der relativen Chronologie der Bearbeitungen im Zwölfprophtenbuch ein historischer Ort zwischen der wohl an der Wende vom 5. zum 4.Jh. anzusetzenden Fremdvölkerschicht I und der – wie sich noch zeigen wird – in die frühe hellenistische Zeit zu datierenden Fremdvölkerschicht II anzunehmen.[36] Die Davidsverheißungen gehören demnach etwa in die Mitte des 4.Jh.

Für eine solche Datierung sprechen nun auch zwei weitere Überlegungen: Zum einen wird sowohl in Mi 5,3*.4a als auch in Sach 9,10 die weltweite Herrschaft des künftigen Königs angesagt, und es wird verheißen, dass dieser König in der Völkerwelt Frieden schaffen wird.[37] Nach den oben zur

---

32   Vgl. Wöhrle, Sammlungen, 159-165.
33   S.o. 70-76.
34   Vgl. Wöhrle, Sammlungen, 119-121.
35   S.o. 75.
36   Zur Datierung der Fremdvölkerschicht I s.o. 161-164, zur Datierung der Fremdvölkerschicht II s.u. 279-281.
37   Umstritten ist dabei allerdings das Verständnis der Wendung וְהָיָה זֶה שָׁלוֹם in Mi 5,4a. So wurde schon häufiger angenommen, dass es sich bei זֶה שָׁלוֹם um eine constructus-Verbin-

Datierung der Fremdvölkerschicht I vorgetragenen Überlegungen über die Geschehenisse in der fortgeschrittenen persischen Zeit lässt sich dies doch gut vor dem Hintergrund des 4.Jh. erklären, als gerade kein Friede unter den Völkern herrschte und als die Völker – wie in der Fremdvölkerschicht I umfassend reflektiert – sogar überwiegend als feindlich erlebt wurden.[38] Die Davidsverheißungen wären dann, wie schon die Fremdvölkerschicht I, als Reaktion auf eben diese Situation in der Völkerwelt zu verstehen.

Für das 4.Jh. als historischen Ort der Davidsverheißungen spricht zum anderen auch die beschriebene gesamtisraelitische Ausrichtung dieser Worte. Denn die Bücher Esra und Nehemia lassen erkennen, dass es seit der Mitte des 5.Jh. zu Auseinandersetzungen zwischen Samaria und Jerusalem kam, bei der die Führungsschicht der Provinz Samaria versuchte, politischen Einfluss auf Juda zu nehmen.[39] Von hier aus könnte sich erklären, warum bei den Davidsverheißungen in Am 9,11.12b; Mi 4,8; 5,1.3*.4a; Sach 9,9-10 verheißen wird, dass die Herrschaft des kommenden Jerusalemer Königs

---

dung handelt, weshalb Mi 5,4a dann etwa von Seybold, Königtum, 108, mit „Er wird ‚Herr des Friedens' sein" wiedergegeben wird; vgl. auch Allegro, Uses, 311; Weiser, ATD 24, 272; Rudolph, KAT 13,3, 91; Hillers, Micah, 65f; Andersen / Freedman, AncB 24E, 475f. Diese Deutung scheitert aber schon daran, dass sich für einen solchen Gebrauch des זה in einer constructus-Verbindung keine wirklichen Parallelen aufzeigen lassen; vgl. hierzu Wagenaar, Judgement, 178. So wird es sich bei Mi 5,4a sicherlich um einen Nominalsatz handeln. Dabei bleibt allerdings die Frage, ob sich זה dann auf den vorangehenden Kontext und somit auf den kommenden Herrscher bezieht, wie dies, mit Unterschieden im Detail, Willis, Micah IV 14, 543f; Mays, Micah, 119; Wolff, BK 14,4, 119; Seebaß, Herrscherverheißungen, 43.46; Oberforcher, NSK.AT 24,2, 111, annehmen, oder ob dies auf den folgenden Kontext zu beziehen ist und Mi 5,4a demnach mit „Dies wird Friede sein" zu übersetzen ist; vgl. Marti, KHC 13, 288; Strauß, Messias, 53 mit Anm. 196; Kessler, Micha, 232f. Gegen die zuletzt genannte Alternative spricht aber schon, dass eine solche Formulierung wohl nicht mit dem maskulinen Demonstrativum זה, sondern mit dem femininen זאת gebildet worden wäre; vgl. van der Woude, Bemerkungen, 492; Wagenaar, a.a.O., 177. Zudem ist auch vom Verlauf der Einheit Mi 5,1-5, bei der die Verse 5,1-3 ausnahmslos an den kommenden Herrscher orientiert sind, die wahrscheinlichere Annahme doch die, dass das זה eben auf diesen Herrscher zu beziehen ist. Und schließlich spricht für diese Deutung noch, dass Mi 5,4b.5 wohl überhaupt erst sekundär in den vorliegenden Kontext eingetragen wurde. Es geht in Mi 5,4a somit darum, dass dieser, also der kommende Herrscher, Friede ist, was doch nur so verstanden werden kann, dass er in seinem Amte Frieden aufrichtet.

38   Zur Datierung und der inhaltlichen Ausrichtung der Fremdvölkerschicht I siehe im einzelnen oben 161-170.

39   Vgl. Esr 4,6-22; Neh 3-4; 6; 13,28. Zu beachten ist dabei, dass die in Esr 4,1-5 schon für die Zeit des Tempelbaus überlieferten Anfeindungen der Samarier in Esr 4,6-22 mit Briefen untermauert werden, die aus der Zeit des Xerxes und Artaxerxes stammen und nicht den Tempel-, sondern den Mauerbau in Jerusalem zum Gegenstand haben. Die in Esr 4,1-5 geschilderte Auseinandersetzung ist also vermutlich eine literarische Fiktion, die erklären soll, warum der Tempelbau nicht schon unter Kyros, sondern erst unter Darius in Angriff genommen wurde. Die Anfeindungen der Samarier scheinen deshalb erst in fortgeschrittener persischer Zeit begonnen zu haben; vgl. hierzu etwa Gunneweg, Geschichte, 135-150; Albertz, Religionsgeschichte 2, 577-581.

das Süd- und das Nordreich umfassen wird. Dies könnte als Reaktion auf die Machtansprüche vonseiten der Führungsschicht der Provinz Samaria verstanden werden, denen hier entgegengesetzt wird, dass das Herrschaftsgebiet des erwarteten Jerusalemer Königs auch das ehemalige Nordreich umfassen wird und gerade ein judäischer Herrscher an dessen Spitze stehen wird. Angesichts der Tatsache, dass die Davidsverheißungen in Am 9,11.12b; Mi 4,8; 5,1.3*.4a; Sach 9,9-10 keinen Hinweis auf einen Konflikt zwischen Juda und Samaria erkennen lassen, ist dies zwar etwas spekulativ. Doch immerhin würde sich so recht gut erklären lassen, warum in diesen Davidsverheißungen die Erwartung niedergelegt ist, dass der künftige Herrscher eben nicht nur Juda, sondern auch das Nordreich regieren wird.

Auch wenn also wirklich deutliche Hinweise für eine Datierung der Davidsverheißungen fehlen, so lässt sich eine Verortung in die Mitte des 4.Jh., die sich von der relativen Chronologie der Bearbeitungen in den jeweiligen Büchern her nahelegt, doch recht schlüssig begründen. Die Erwartung der weltweiten Herrschaft und die damit verbundene Hoffnung, dass der künftige Herrscher Frieden unter den Völkern schaffen wird, sowie die gesamtisraelitische Perspektive dieser Verheißungen passen jedenfalls recht gut in eben diese Zeit.

2.3 Die Intention der Davidsverheißungen

Angesichts der Anfeindungen von Seiten der Völker und von Seiten der Führungsschicht der Provinz Samaria werden im 4.Jh. die im Fremdvölker-Korpus I zusammengestellten Bücher einer erneuten Redaktion unterzogen, bei der gerade in den Büchern, in denen der Untergang des Königtums oder das Gericht an einem politischen Führer angesagt wird, die Erwartung eines neuen Herrschers eingetragen wird.[40] Die Situation des Volkes in der Völkerwelt zur fortgeschrittenen persischen Zeit führte also zur Hoffnung auf einen neuen politischen Führer, der das Volk aus eben dieser Situation befreien wird. Doch stellte sich dabei angesichts der in den prophetischen Zeugnissen niedergelegten Gerichtsworte gegen das Königtum und die politischen Führer des Volkes die Frage, ob es überhaupt nochmals ein neues Königtum geben kann und wird. Und auf eben diese Frage reagiert die für die Davidsverheißungen verantwortliche Redaktion. Sie stellt klar, dass die Gerichtsankündigungen gegen die früheren Herrscher nicht das letzte Wort Jhwhs sind, und sie blickt daher über die Zeit dieses Gerichts hinaus auf eine Zeit, da Jhwh einen neuen Herrscher erstehen lässt, der das Volk retten wird.

---

40   Siehe hierzu im einzelnen oben 179f.

Von diesem neuen Herrscher wird zunächst erwartet, dass mit ihm das alte Jerusalemer Königtum, die untergegangene Davidsherrschaft, wieder aufgerichtet wird. Das heißt aber nicht, dass eventuell noch verbliebene Nachfahren der alten Davidsdynastie wieder in ihr Amt eingesetzt werden sollen.[41] Dagegen spricht, dass die neue Herrschaft den Anfängen des Königtums – den Tagen der Vorzeit (ימי עולם), wie es in Am 9,11 und Mi 5,1 heißt – entsprechen soll. Dagegen spricht zudem, dass der neue Herrscher in Mi 5,1 als einer vorgestellt wird, der wie David aus Bethlehem kommt, so dass hier noch hinter die Anfänge des davidischen Königtums zurückgeblickt wird.[42] Und dagegen spricht schließlich auch, dass in Sach 9,9-10 der Name Davids überhaupt nicht mehr erwähnt wird.

Mit der Aufrichtung des davidischen Königtums ist bei diesen Worten somit nicht die erneute Herrschaft eines Davididen im Blick. Es geht hier vielmehr darum, dass wie einst zu den Zeiten Davids ein neues Königtum aufgerichtet werden soll und dass dieses Königtum auf bestimmte Weise den damaligen Anfängen des Königtums entspricht. Dabei dürfte die Entsprechung zu den Anfängen des davidischen Königtums zum einen in der Einheit von Süd- und Nordreich, zum anderen und vor allem aber in der Stellung des eigenen Volkes zu den Völkern zu sehen sein. Unter David wurde ja nach den biblischen Überlieferungen die größte Ausdehnung des judäisch-israelitischen Königtums in seiner Geschichte erreicht. David ist es gelungen, das Süd- und Nordreich unter einem gemeinsamen Königtum zu vereinen und die zuvor bestimmenden Anfeindungen durch die umliegenden Völker zu beenden und diese Völker sogar in das eigene Reich zu integrieren (2 Sam 2-12). Eine Phase derartiger innen- wie außenpolitischer Stärke hat es in der gesamten Geschichte Israels nicht mehr gegeben.

An diese Erinnerung an ein unter einem gemeinsamen König vereintes Reich, das sich weit über die eigenen Grenzen hinaus erstreckte, knüpfen die in Am 9,11.12b; Mi 4,8; 5,1.3*.4a; Sach 9,9-10 eingebrachten Verheißungen an. All diese Worte sind von einer gesamtisraelitischen, das Süd- wie das Nordreich umfassenden Perspektive geprägt.[43] Zudem wird in Mi 5,3 wie in Sach 9,10 in Aufnahme alter Königspsalmen angesagt, dass die Herrschaft

---

41 Dass noch bis in die fortgeschrittene nachexilische Zeit hinein Nachfahren der einstigen Davidsdynastie bekannt waren, legt sich v.a. von der in 1 Chr 3,1-24 belegten Genealogie der Davididen nahe, die nach Willi, BK 24, 120, bis an das Ende des 5.Jh. reicht. Zudem ist in der Liste der mit Esra Heimgekehrten in Esr 8,2 von einem Hattusch von den Söhnen Davids die Rede, und auch in den Ausführungen über die Klage um den Durchbohrten in Sach 12,10-13,1 ist mehrfach das Haus Davids erwähnt. Die folgenden Überlegungen sprechen aber dennoch dagegen, dass die Worte Am 9,11.12b; Mi 4,8; 5,1.3*.4a; Sach 9,9-10 die Einsetzung eines wirklichen Nachfahren der Davidsdynastie erwarten, wie etwa auch Mays, Micah, 115; Seebaß, Herrscherverheißungen, 74; Kessler, Micha, 229, zurecht betonen.

42 S.o. 176 mit Anm. 13.

43 S.o. 177f.

des kommenden Königs bis an die Enden der Erde (עד־אפסי־ארץ) reichen
wird.[44] Und sowohl in Mi 5,4a als auch in Sach 9,10 wird erwartet, dass der
künftige Herrscher für Frieden sorgen wird. Dieser Herrscher soll also – wie
einst David – den Auseinandersetzungen zwischen Süd- und Nordreich,
zwischen Juda und Samaria, sowie den Auseinandersetzungen mit den
Völkern ein Ende bereiten. Aus den Anfängen der davidischen Herrschaft
wird somit in den Davidsverheißungen die Hoffnung geschöpft, dass die
Situation des Volkes im 4.Jh. durch einen neuen Herrscher überwunden
werden kann.

Zu beachten ist aber, dass sich die Herrschaft dieses Königs auch entscheidend von dem einstigen davidischen Königtum unterscheidet.[45] Obgleich erwartet wird, dass seine Herrschaft bis an die Enden der Erde reichen soll, wird er nicht als militärischer Führer dargestellt. Es werden keine
kriegerischen Handlungen beschrieben, keine Herrschaftssymbole wie Rosse
und Streitwagen genannt, und es wird nicht die besondere kriegerische
Potenz dieses Königs herausgehoben.[46] Im Gegenteil: In Sach 9,9 wird der
kommende Herrscher sogar explizit als arm beschrieben, und es wird verheißen, dass er auf einem Esel und eben nicht, wie es für einen König zu
erwarten wäre, auf einem Pferd einziehen wird.[47] Zudem heißt es in Sach
9,10 – noch bevor die weltweite Herrschaft dieses Königs angesagt wird –,
dass er die Streitwagen aus Ephraim und die Pferde aus Jerusalem vernichten wird.[48] Auch dies zeigt deutlich, dass das Amt dieses Herrschers
nicht auf militärischer Stärke beruhen wird. So bleibt die Frage, wie genau
der erwartete König seine Herrschaft aufrichten wird, in diesen Worten
völlig im Dunkeln. Es wird einfach nur angesagt, dass seine Herrschaft über
die gesamte Erde reichen wird, nicht aber, mit welchen Mitteln er dies
durchsetzen wird.

Stattdessen wird, wie bereits ausgeführt, die besondere Beziehung des
kommenden Herrschers zu Jhwh betont.[49] Jhwh ist der eigentliche Akteur
bei der Aufrichtung dieses neuen Königtums, und der erwartete Herrscher
zeichnet sich gerade durch seine Gottergebenheit aus. Das heißt doch aber,
dass in diesen Worten die eigentliche Hoffnung darauf gesetzt wird, dass
Jhwh die Situation des Volkes ändern wird und er dies eben durch die
Einsetzung eines neuen Königs tun wird.

Doch nicht nur das Aufrichten der neuen Herrschaft, auch die Ausführung dieser Herrschaft wird sich nach den Davidsverheißungen vom

---

44 Vgl. hierzu Ps 2,8; 72,8.
45 Siehe hierzu auch oben 176.
46 Vgl. hiermit etwa 2 Sam 8 oder auch Ps 2,9; 45,4.6; 110,3.6.
47 S.o. 176 mit Anm. 15.
48 Siehe dabei zum Text von Sach 9,10 oben 74 Anm. 27.
49 S.o. 177.

früheren davidischen Königtum unterscheiden. Die Herrschaft des kommenden Königs wird hier nicht als Gewaltherrschaft beschrieben.[50] Es geht hier nicht darum, dass sich das Machtgefälle zwischen dem eigenen Volk und den Völkern schlicht umkehren wird. Dies zeigt sich schon daran, dass das Tun dieses Herrschers in Mi 5,3 als „Weiden" (רעה) beschrieben wird, was doch die Fürsorgepflichten des Königs für die ihm Unterstellten betont.[51] Dies zeigt sich aber auch daran, dass in Sach 9,10 angesagt wird, dass der Herrscher zunächst die Waffen im Land zerstören wird und dass er dann, und erst dann, zu den Völkern Frieden reden (ודבר שלום לגוים) und über die gesamte Erde herrschen wird. Der Frieden in der Völkerwelt wird also nicht durch Waffengewalt hergestellt und aufrecht erhalten, sondern – ohne dass dies genauer erläutert würde – durch das Wort des Königs.[52]

Die Davidsverheißungen in Am 9,11.12b; Mi 4,8; 5,1.3*.4a; Sach 9,9-10 tragen also in das werdende Zwölfprophetenbuch die Erwartung ein, dass Jhwh sich der Situation des Volkes in der Völkerwelt annehmen wird und dass er hierfür – trotz der in den überlieferten Prophetenbüchern niedergelegten Gerichtsworte gegen die früheren Herrscher – wie einst zu Davids Zeiten wieder einen neuen Herrscher erstehen lässt. Aus den alten Davidsüberlieferungen heraus wird hier die Hoffnung entwickelt, dass sich die Lage des Volkes in der fortgeschrittenen persischen Zeit wieder ändern kann, dass Süd- und Nordreich wieder vereint sein werden, dass die Anfeindungen der Völker ein Ende nehmen werden und dass dann – noch über die Herrschaft der früheren Könige hinaus – auf der gesamten Erde ein nicht mehr auf Waffen beruhender Friede unter den Völkern herrschen wird.

---

50 Vgl. dagegen etwa Ps 2,9; 21,9-13; 45,6; 72,9; 110,5-6.

51 Vgl. hierzu etwa Wallis, Art. רעה, 573, der zum Gebrauch des Verbums רעה im Zusammenhang von Heilsworten meint: „Auffällig ist hier, daß mit dem Begriff des Weidens weitgehend die Vorstellung der Fürsorge verbunden ist, die Gegenstand der eigentlichen Hoffnung sein soll."

52 Es ist umstritten, wie die Ankündigung, dass der kommende Herrscher zu den Völkern Frieden reden wird, genau zu verstehen sein soll. So meinen Wellhausen, Propheten, 189; Marti, KHC 13, 430; Sellin, KAT 12, 500, dass dies auf die Rechtsprechung des Königs zielt, Elliger, ATD 25, 150; Mason, Haggai, 90, denken demgegenüber an die königlichen Verordnungen, die der Völkerwelt auferlegt werden, und nach Rudolph, KAT 13,4, 181f; Reventlow, ATD 25,2, 96, wird dem König die Rolle eines Schiedsrichters unter den Völkern zukommen. Die Tatsache, dass sich in Sach 9,9-10 keine genaueren Hinweise darauf finden lassen, wie der künftige Herrscher durch sein Reden Frieden aufrichten wird, heißt doch aber, dass es diesem Wort auf die genaue Art und Weise, wie dies vorzustellen ist, nicht ankommt. Im Anschluss an die in Sach 9,9 angesagte Zerstörung der Waffen liegt die Pointe bei der Vorstellung, dass der erwartete Herrscher durch sein Reden Frieden aufrichten wird, vielmehr darin, dass er dies eben nicht durch kriegerische Handlungen tun wird; vgl. hierzu auch Seebaß, Herrscherverheißungen, 58.

2.4 Fazit

Die redaktionsgeschichtliche Analyse der Einzelbücher ergab, dass nach dem Fremdvölker-Korpus I in Am 9,11.12b; Mi 4,8; 5,1.3*.4a; Sach 9,9-10 Davidsverheißungen eingetragen wurden, die über das in diesen Büchern angekündigte Gericht am Königtum oder an einem politischen Führer hinausblicken und das Auftreten eines neuen Königs ansagen. Diese Worte erweisen sich durch markante thematische, terminologische und kompositorische Gemeinsamkeiten als das Produkt einer gemeinsamen buchübergreifenden Redaktion. Sie erwarten allesamt die Wiederaufrichtung der davidischen Herrschaft, beschreiben dies aber als Gegenbild zum untergegangenen Königtum. Jhwh ist in diesen Worten stets der eigentliche Akteur bei der Aufrichtung der neuen Herrschaft. Und all diese Verheißungen sind von einer gesamtisraelitischen Perspektive geprägt.

Mit der Hoffnung auf einen neuen Herrscher reagieren die Davidsverheißungen auf die Anfeindungen des Volkes von Seiten der Völker wie auch von Seiten der Führungsschicht der Provinz Samaria im 4.Jh. Es wird erwartet, dass Jhwh diese Situation durch einen neuen König, wie einst bei David, abwenden wird und dass dann endlich Frieden sein wird (Mi 5,4a*; Sach 9,10) – ein Friede, der anders als zu Davids Zeiten nicht auf militärischer Stärke beruhen wird, sondern der allein durch das Wort des Königs aufgerichtet wird (Sach 9,10).

Wie schon bei der Fremdvölkerschicht I sind also auch die Davidsverheißungen von der Hoffnung geprägt, dass Jhwh das Schicksal des Volkes doch noch wenden wird und gegen die Auseinandersetzungen mit den Völkern vorgehen wird. Doch zum einen wird hier anders als in der Fremdvölkerschicht I nicht die Vernichtung der fremden Völker erwartet. Es wird vielmehr die Hoffnung darauf gesetzt, dass unter einem von Jhwh eingesetzten neuen Herrscher weltweiter Friede möglich sein wird. Zum anderen wird hier über die Fremdvölkerschicht I hinaus nicht einfach nur angesagt, dass Jhwh für sein Volk eintreten wird. Es wird auch eine konkrete Vorstellung davon gegeben, wie dies geschehen soll – nämlich über einen neuen, von Jhwh eingesetzten Herrscher. Und es wird über den Bezug auf die Anfänge der einstigen Davidsherrschaft versichert, dass das Auftreten eines Königs schon einmal die Wende gebracht hat und dass dies somit auch wieder geschehen kann.

Auch die Einarbeitung der Davidsverheißungen ist somit als Folge der theologischen Bewältigung der Not des Volkes zur fortgeschrittenen persischen Zeit zu verstehen. Es wird entgegen aller aktuellen Erfahrungen daran festgehalten, dass Jhwh die Lage des Volkes wenden kann, und es wird in der Auseinandersetzung mit den überlieferten Traditionen herausgestellt, wie dies geschehen kann.

IV. Das Fremdvölker-Korpus II
(Joel; Am; Obd; Mi; Nah; Zef; Hag; Sach; DtSach; Mal)

1. Ausgangspunkt

Es konnte bereits gezeigt werden, dass an der Wende vom 5. zum 4.Jh. unter Aufnahme und Fortschreibung vorgegebener Prophetenbücher und Prophetenbuchsammlungen ein neues Mehrprophetenbuch, das Fremdvölker-Korpus I, geschaffen wurde, das von der Ansage eines universalen Gerichts an der gesamten Völkerwelt bestimmt ist. Dabei ergab die redaktionsgeschichtliche Analyse der Einzelbücher, dass in den Büchern Joel, Amos und Deuterosacharja nach den auf die Redaktoren des Fremdvölker-Korpus I zurückgeführten Bearbeitungen noch weitere völkerfeindliche Nachträge eingefügt wurden, die bereits vorläufig einer als Fremdvölkerschicht II bezeichneten Redaktion zugewiesen wurden (Joel 4,4-8.18-21; Am 1,9-12; 9,12a.13aβb; Sach 9,2-6.8.11-13; 10,6-10.12; 14,4.6-10.11*).[1] Diese Nachträge zeichnen sich vor allem dadurch aus, dass hier nicht mehr allen Völkern, sondern ganz bestimmten Einzelvölkern für ganz konkrete Vergehen das Gericht angesagt wird.[2]

Es ist also denkbar, dass auch diese Nachträge Teil einer umfassenden buchübergreifenden Redaktion des Zwölfprophetenbuches sind, durch die die vorgegebene Sammlung auf veränderte historische Gegebenheiten hin aktualisiert wurde. Bevor aber den buchübergreifenden Gemeinsamkeiten zwischen den der Fremdvölkerschicht II zugewiesenen Bearbeitungen weiter nachgegangen wird, ist auch bei dieser Schicht zu fragen, ob noch in weiteren Büchern vergleichbare Bearbeitungen erkennbar sind. Daher wird zunächst eine redaktionsgeschichtliche Analyse der Bücher Obadja und Maleachi vorgestellt.

---

1   Siehe hierzu Wöhrle, Sammlungen, 136.433f, sowie oben 136.
2   Siehe hierzu im einzelnen unten 264-275.

2. Zur Redaktionsgeschichte der Einzelbücher

2.1 Das Obadjabuch

Das nur 21 Verse umfassende Obadjabuch lässt sich aus thematischen Gründen in zwei Teile unterteilen. So folgen auf die ausnahmslos an Edom orientierten Gerichtsworte Obd 1-15 die neben Edom auch der gesamten Völkerwelt geltenden Worte Obd 16-21.[1] An dieser thematischen Zweiteilung sind nun auch die folgenden Darlegungen zur Entstehung des Obadjabuches ausgerichtet.

2.1.1 Die Gerichtsworte gegen Edom in Obadja 1-15

In Obd 1-15 werden nach der Überschrift Obd 1a in zwei Durchläufen Gerichtsworte gegen Edom vorgebracht. Dabei wird in der ersten Einheit Obd 1b-7 zunächst in 1b zum Kampf gegen Edom aufgerufen.[2] Es wird sodann in 2-3 dargestellt, dass Jhwh gegen Edom, das in seinen Felsklüften sicher zu wohnen meinte, bereits vorgegangen ist und es unter den Völkern klein gemacht hat.[3] Deshalb, so die folgenden Verse 4-7, wird sich Edom

---

1   Allerdings ist auch schon der Teilvers Obd 15a von einer über Edom hinausgehenden Ausrichtung geprägt, wird hier doch angesagt, dass der Tag Jhwhs für alle Völker nahe ist. Da aber Obd 15b aufgrund der direkten Anrede in der 2.m.sg., die an Obd 2-14 anknüpft und in Obd 16-21 nicht mehr weitergeführt wird, sicherlich noch gegen Edom gerichtet ist und den Textbereich Obd 1-15 abschließt, bietet sich zumindest vorläufig die oben aufgezeigte Gliederung an. Zu der viel diskutierten Frage, ob der Teilvers Obd 15a aufgrund seiner universalen Ausrichtung schon zu den Gerichtsworten gegen die Völker in Obd 16-21 zu rechnen und vielleicht sogar, wie immer wieder vermutet, direkt vor Obd 16-21 umzustellen ist, siehe dabei unten 201f.

2   Siehe hierzu im einzelnen unten 197f.

3   Es ist allerdings umstritten, ob die Perfekt-Formen in Obd 2-3 wirklich vorzeitig zu verstehen sind, so dass diese beiden Verse an einem bereits eingetretenen Gerichtshandeln Jhwhs orientiert sind, vgl. Wellhausen, Propheten, 211; Nowack, HK 3,4, 174; Raabe, AncB 24D, 120f; Jeremias, ATD 24,3, 65f, oder ob diese Formen als prophetisches Perfekt aufzufassen sind und somit auf ein noch ausstehendes Gericht an Edom blicken, so Marti, KHC 13, 231; Rudolph, Obadja, 226f; Wolff, BK 14,3, 29; Lescow, Obadja, 385; Barton, Joel, 136; Renkema, Obadiah, 123, u.a. Bei den zuletzt genannten Ansätzen wird allerdings stets davon ausgegangen, dass die Gerichtsworte in Obd 2-3 und 4-7 allesamt auf derselben Zeitstufe anzusetzen und angesichts der in 4-7 belegten Imperfekt-Formen (תגביה; אורידך [Obd 4]; ישאירו ;יגנבו [Obd 5]; ישימו [Obd 7]) dann insgesamt futurisch zu lesen sind. Dies überzeugt jedoch nicht wirklich. Denn in den Versen 2-3 findet sich kein Hinweis, der eine solche futurische Deutung rechtfertigen könnte. Im Gegenteil: Der mit passivem Partizip konstruierte Partizipialsatz בזוי אתה מאד, der doch nur auf einen gegenwärtig bestehenden Zustand bezogen werden kann (vgl. Ges-K, §116e), weist eindeutig darauf hin, dass das Gericht bereits eingetreten ist: Edom ist schon sehr verachtet. So blicken diese Verse

vor dem kommenden Gericht nicht retten können, wo auch immer es sich verstecken mag. Wenn die Feinde heranziehen werden, wenn Diebe und Verwüster kommen, dann wird Edom ihnen ausgeliefert sein, es wird geplündert und von den einstigen Bundesgenossen vertrieben. In der zweiten Einheit Obd 8-15, abgegrenzt durch die Formel הלוא ביום ההוא נאם־יהוה, wird daraufhin in 8-9 erneut angesagt, dass Jhwh gegen Edom einschreiten wird und dass dessen Bewohner vernichtet werden. Dieses Gericht wird in den Versen 10-14 damit begründet, dass Edom, als Fremde gegen Jerusalem zogen, wie einer von ihnen war. In der Form von Warnrufen wird Edom dabei vorgehalten, dass es am Tag der Not und des Unglücks von Jerusalem nicht tatenlos zuschauen soll, dass es sich nicht am Schicksal der Judäer erfreuen soll, nicht nach ihrem Besitz greifen,[4] den Entronnenen den Weg versperren und sie ausliefern soll. Denn, so der abschließende Ausruf in Obd 15, der Tag Jhwhs gegen die Völker, an dem auch Edom vergolten wird, ist nahe.

Aufgrund der beschriebenen thematischen Anlage von Obd 1-15 lässt sich dieser Textbereich zunächst als in sich geschlossener Zusammenhang verstehen, der insgesamt am kommenden Gericht über Edom und den Verschuldungen, die zu diesem Gericht geführt haben, orientiert ist. Allerdings zeigen sich auf formaler Ebene doch auch einige Ungereimtheiten, die immer wieder zu text- und literarkritischen Eingriffen geführt haben.[5] So

---

sicherlich auf ein bereits eingetretenes Gericht. Anders sieht es hingegen mit Obd 6-7 aus, die aufgrund der Imperfekt-Formen tatsächlich nur futurisch verstanden werden können, so dass die in diesen Versen belegten Perfekt-Formen als prophetisches Perfekt zu deuten sind. Der Zusammenhang von Obd 2-3 und 4-7 ist dann so zu verstehen, dass sich Edom, das in den Felsklüften sicher zu wohnen meinte, nach Obd 2-3 schon einmal getäuscht hat und von Jhwh klein gemacht wurde, und dass es deshalb, so Obd 4-7, auch dem kommenden Gericht nicht entrinnen wird, selbst wenn es sich, wie es in Vers 4 heißt, wie der Adler erheben und sein Nest zwischen den Sternen aufrichten würde.

4   Die dabei in Obd 13 belegte Verbform der 2.f.pl. תשלחנה ist kaum verständlich und fällt deutlich aus dem Zusammenhang der ansonsten ausnahmslos in 2.m.sg. formulierten Vetitive in Obd 12-14. So wird mit Smith, Structure, 137 Anm. 20; Wolff, BK 14,3, 18; Renkema, Obadiah, 181; Jeremias, ATD 24,3, 67 Anm. 31, u.a. am ehesten davon auszugehen sein, dass das Afformativ נה durch Verschreibung eines verstärkenden נא־ entstanden ist. Denn eine Konjektur zu תשלח־נא ist nicht nur ein recht geringer Eingriff in den vorliegenden Text, sondern würde auch recht gut zu dem ebenfalls verstärkenden גם־אתה im vorangehenden Satz passen.

5   Neben den zumeist zahlreich vorgenommenen textkritischen Änderungen wurde schon häufiger vorgeschlagen, einzelne Teile von Obd 1-15 als Nachtrag zu verstehen. Nach Wellhausen, Propheten, 212, sind etwa die Verse Obd 8-9.12 sekundär, nach Marti, KHC 13, 233f, die Verse Obd 6.7bβ-9.12, nach Rudolph, KAT 13,2, 304-305, die Verse Obd 7bβ-8 oder nach Wehrle, Prophetie, 359-361, die Verse Obd 4b.5-7. Zu dem häufig für sekundär gehaltenen Teilvers Obd 15a siehe unten 201f.
Ein umfassenderes redaktionsgeschichtliches Modell, das von einem insgesamt sechsstufigen Wachstum des Buches ausgeht, wurde sodann von Weimar, Obadja, 42-74, vorgestellt. Nach Weimar besteht die Grundschicht des Buches in dem Gerichtswort gegen Edom in Obd

ist bei der ersten Einheit Obd 1-7 schon auffällig, dass in Obd 1 auf die Überschrift עבדיה חזון eine Botenformel folgt, dass der folgende Vers aber als Prophetenrede gestaltet ist.[6] Zudem findet sich in Obd 1 bei עליה ein Suffix der 3.f.sg., das nur auf Edom bezogen werden kann; im gesamten folgenden Obadjabuch sind aber an keiner weiteren Stelle mehr feminine, sondern stets maskuline Formen für Edom belegt.[7] Bei Obd 2-7 ist sodann beachtenswert, dass Edom in diesen Versen sowohl direkt in 2.m.sg. angesprochen wird, dass sich hier aber auch Aussagen über Edom in 3.m.sg. finden.[8] Hinzu kommt, dass bei der Gerichtsankündigung Obd 4-7, die als zusammenhängende Reihe von Konditionalsätzen gestaltet ist, nur in Obd 4 von einem direkten Einschreiten Jhwhs gegen Edom die Rede ist. Im weiteren Verlauf dieser Gerichtsankündigung wird dann ausnahmslos der Angriff äußerer Feinde beschrieben.

Bei der zweiten Einheit Obd 8-15 zeigen sich ebenfalls einige Unstimmigkeiten. So ist der gesamte Textbereich von dem Leitwort יום geprägt.[9] Während sich dies aber zu Beginn dieser Einheit in Obd 8 wie dann am Ende in Obd 15 auf einen in der Zukunft liegenden Gerichtstag bezieht, ist damit im Rahmen der Begründung des Gerichts in 11-14 der Tag, an dem sich Edom am eigenen Volk verschuldet hat, gemeint. Zudem zeigen sich bei den Warnrufen an Edom in 12-14 einige Auffälligkeiten. So steht vor dem ersten Vetitiv ואל־תרא eine Kopula, nicht aber vor den Vetitiven in Obd 13a. Es wäre doch aber eher zu erwarten, dass gerade am Beginn dieser Reihe von Warnrufen keine Kopula steht.[10] Zudem wird nahezu jeder der acht Warnrufe mit einer Formulierung mit ביום abgeschlossen. Bei dem ersten Warnruf in 12aα sind aber gleich zwei solche Wendungen (ביום־אחיך ביום נכרו) belegt, bei dem Warnruf in 14a dagegen keine. Desweiteren ist bemerkenswert, dass für das eigene Volk in Obd 13aα zunächst ein Suffix

---

1bα*.2.3a*.4*, das durch eine erste Bearbeitung um 8.9*.10.12a*.13aα.14b.15b, durch eine zweite Bearbeitung um 1b*.5aαδ.5b.7a.7bα*.11aα.11bβ.11bβ.12aα*.12b.13aβ, durch eine dritte Bearbeitung um 3aβ*.3b.4aβ*.5aβγ.6.7bα*.7bβ.9b*.11aβ.11bα*.13b.14a.15a.16a.17aα*.17b. 18bβ, durch eine vierte Bearbeitung um 19.20* und schließlich durch eine fünfte Bearbeitung um 16b.17aβ.18abα.19*.20*.21aβ* erweitert wurde.

6   Eben deshalb wurde die Botenformel in Obd 1 auch schon häufig als Nachtrag angesehen; vgl. etwa Marti, KHC 13, 231; Weiser, ATD 24, 207; Wolff, BK 14,3, 14f.

7   So wurde עליה in Obd 1 schon häufig zu עליו geändert; vgl. Wellhausen, Propheten, 211; Marti, KHC 13, 232; Sellin, KAT 12, 231; Rudolph, KAT 13,2, 300f. Demgegenüber halten etwa Wolff, BK 14,3, 16; Ben Zvi, Obadiah, 36f; Renkema, Obadiah, 121; Jeremias, ATD 24,3, 61 Anm. 13, an der MT-Lesart fest. Siehe hierzu auch unten 197f.

8   So finden sich in diesem überwiegend in der 2.m.sg. gestalteten Textbereich Suffixe der 3.m.sg. bei שבתו; בלבו in Obd 3, מצפניו in Obd 6 und בו in Obd 7. Eben deshalb wurden die Verse 6 und 7bβ bisweilen als Nachtrag aufgefasst; s.o. 193 Anm. 5.

9   Siehe hierzu auch unten 210f.

10   Gerade in früheren Ansätzen wurde daher bisweilen Obd 12 als sekundär betrachtet; vgl. Wellhausen, Propheten, 212; Marti, KHC 13, 236; Nowack, HK 3,4, 178.

der 3.m.pl., in Obd 13aβb.14 dann aber Suffixe der 3.m.sg. belegt sind.[11] Bei
Obd 13aα ist darüber hinaus noch zu beachten, dass sich gerade hier, bei
dem Suffix von עמי, das einzige Mal im Rahmen der Warnrufe eine Form
der 1.sg. findet. Und schließlich könnte noch erwähnt werden, dass der
Warnruf in Obd 12b wie der Warnruf in Obd 14b mit der Wendung ביום
צרה endet und die dazwischen liegenden drei Warnrufe in Obd 13 mit der
Wendung ביום איד. Dies könnte als bewusste Rahmenbildung verstanden
werden. Es fällt dann aber auf, dass zwar der Warnruf mit ביום צרה in Obd
14b die Sammlung der Warnrufe in 12-14 abschließt, dass vor dem entsprechenden Warnruf mit ביום צרה in Obd 12b aber noch zwei weitere
Warnrufe in Obd 12a stehen.

All die genannten formalen Unstimmigkeiten führen also zu dem
Schluss, dass es sich bei Obd 1-15 nicht um einen in sich einheitlichen
Textbereich handelt. Die Frage ist aber, ob sich auf literarkritischem Wege
hinter die vorliegende Gestalt des Textes zurückgehen und eine in sich
schlüssige Grundschicht rekonstruieren lässt. Die bislang vorgetragenen
Rekonstruktionsversuche überzeugen jedenfalls kaum.[12] So dürfte eine
überlieferungsgeschichtliche Hypothese, nach der die beschriebenen Auffälligkeiten mit der Aufnahme von vorgegebenem Gut zu erklären sind, wohl
die wahrscheinlichere Alternative sein.[13]

Zur Begründung einer solchen überlieferungsgeschichtlichen Hypothese
ist nun bedeutend, dass Teile des Obadjabuches, wie stets gesehen, deutliche
Parallelen zu dem in Jer 49,7-22 belegten Gerichtswort gegen Edom aufweisen. Es könnte doch also gut sein, dass sich die oben genannten Unstimmigkeiten dadurch erklären lassen, dass im Obadjabuch Worte aus Jer
49 – oder aus einer mit Jer 49 vergleichbaren Vorlage – sowie weitere vorgegebene Texte aufgenommen und fortgeschrieben wurden. Es ist allerdings

---

11 Auch in Obd 12 ist zwar schon ein Suffix der 3.m.pl. belegt. Dort ist dies aber auf בני־יהודה
    bezogen. In Obd 13 sind aber sowohl das Suffix der 3.m.pl. bei אידם als auch die folgenden
    Suffixe der 3.m.sg. bei אידו, בחילו, אידו, ברעתו auf עמי bezogen.
12 Dies liegt insbesondere daran, dass die oben beschriebenen Unstimmigkeiten ja den ge-
    samten Textbereich Obd 1-15 betreffen. So werden die 193f Anm. 5 erwähnten Ansätze,
    nach denen nur jeweils ein oder mehrere aufeinander folgende Verse als Nachtrag verstanden
    werden, diesem Befund kaum gerecht, da sie stets nur einen Teil dieser Unstimmigkeiten
    erklären können. Der von Weimar, Obadja, 42-74, vorgelegte Entwurf, der von einem
    insgesamt sechsstufigen Wachstum des Buches ausgeht, berücksichtigt zwar die formalen
    Unstimmigkeiten. Es bleibt hier aber die Frage, ob ein solch differenziertes Modell der
    geschlossenen thematischen Gestalt des Buches gerecht wird.
13 Vgl. hierzu etwa Robinson, HAT 14, 109; Wolff, BK 14,3, 23; Snyman, Cohesion, 70;
    Köckert, Art. Obadja, 443; Renkema, Obadiah, 38f; Jeremias, ATD 24,3, 58f.

umstritten, ob das Obadjabuch tatsächlich von der Jeremia-Stelle abhängig ist oder ob nicht gerade umgekehrt Jer 49 von Obd abhängig ist.[14]

Die markantesten Übereinstimmungen der beiden Textbereiche bestehen zwischen Obd 1-4 und Jer 49,14-16:

Obd 1-4	Jer 49,14-16
1 חזון עבדיה כה־אמר אדני יהוה לאדום שמועה שמענו מאת יהוה וציר בגוים שלח קומו ונקומה עליה למלחמה: 2 הנה קטן נתתיך בגוים בזוי אתה מאד: 3 זדון לבך השיאך שכני בחגוי־סלע מרום שבתו אמר בלבו מי יורדני ארץ: 4 אם־תגביה כנשר ואם־בין כוכבים שים קנך משם אורידך נאם־יהוה:	14 שמועה שמעתי מאת יהוה וציר בגוים שלוח התקבצו ובאו עליה וקומו למלחמה: 15 כי־הנה קטן נתתיך בגוים בזוי באדם: 16 תפלצתך השיא אתך זדון לבך שכני בחגוי הסלע תפשי מרום גבעה כי־תגביה כנשר קנך משם אורידך נאם־יהוה:

Es wurde schon häufig angenommen, dass es sich bei Obd 1-4 um den ursprünglichen Text handelt, da dieser von teils umständlich langen Formulierungen geprägt ist, die dann in Jer 49,14-16 sekundär geglättet worden wären.[15] Dabei wird insbesondere darauf verwiesen, dass es sich bei dem Vers Jer 49,16 um eine verkürzte Version von Obd 3-4 handele. Doch führt dieses Argument kaum weiter. Denn es könnte ja auch gerade umgekehrt davon ausgegangen werden, dass die kürzere Jeremia-Version die ursprüngliche ist, die dann in Obd sekundär erweitert wurde, um so noch andere Aspekte in dieses Gerichtswort mit aufzunehmen.[16] Ob also die in Obd 4

---

14   So halten etwa Bič, Problematik, 14f; Nogalski, Processes, 61-68; Meinhold, Obadja, 70-73; Raabe, AncB 24D, 22-31; Yu, Entstehungsgeschichte, 35-37; Renkema, Obadiah, 38; Schwesig, Rolle, 82f; Jeremias, ATD 24,3, 58f.63-65, Jer 49,7-22 für den ursprünglichen Text, der in Obd aufgenommen wurde, während Cornill, Einleitung, 207f; Marti, KHC 13, 229f; Nowack, HK 3,4, 173; Sellin, KAT 12, 228; Haller, Edom, 112; Weiser, ATD 24, 206; Deissler, NEB.AT 8, 138; Lescow, Obadja, 389-392, u.a. davon ausgehen, dass das Obadjabuch die ursprüngliche Variante bietet und Jer 49 hiervon abhängig ist. Nach Robinson, HAT 14, 109; Wolff, BK 14,3, 20-22; Ben Zvi, Obadiah, 53; Barton, Joel, 126; Macchi, Abdias, 418, gehen beide Texte auf eine gemeinsame, im einzelnen nicht mehr rekonstruierbare Vorlage zurück.

15   So v.a. in den älteren Ansätzen von Cornill, Einleitung, 207f; Marti, KHC 13, 229f; Nowack, HK 3,4, 173; Sellin, KAT 12, 228.

16   So Nogalski, Processes, 64-66; Meinhold, Obadja, 70f; Raabe, AncB 24D, 26; Renkema, Obadiah, 130; siehe hierzu auch unten 274 Anm. 26.

belegte Aussage, dass Jhwh Edom auch dann herunterholen wird, wenn es
sich erhebt wie ein Adler und zwischen den Sternen sein Nest baut, tatsächlich in Jer 49,16 zu der Aussage verkürzt wurde, dass Jhwh Edom auch dann
herunterholen wird, wenn es sein Nest hoch wie ein Adler baut, oder ob
nicht vielmehr in Obd 4 die schlichtere Formulierung aus Jer 49,16 sekundär
um die recht eindrückliche Vorstellung, dass das Nest zwischen den Sternen
gebaut wird, erweitert wurde, lässt sich doch nicht ohne weiteres entscheiden.

Weiterführend ist demgegenüber ein Vergleich von Obd 1 mit Jer 49,14:
In Obd 1 fällt ja, wie bereits erwähnt, das Suffix der 2.f.sg. bei עליה auf, da
Edom im weiteren Verlauf des Obadjabuches stets als maskuline Größe
vorgestellt wird. In Jer 49,14 passt das Suffix der 2.f.sg. aber durchaus in den
Kontext, da es sich dort auf das in Jer 49,13 eindeutig als feminine Größe
eingeführte Bozra bezieht. Wie schon Nogalski erkannt hat, spricht dies
doch aber deutlich dafür, dass Obd von Jer 49 abhängig ist und nicht umgekehrt.[17]

Zwei weitere Überlegungen können dies noch erhärten: In Jer 49,14
heißt es, dass eine in der 1.sg. genannte Größe, also wohl der Prophet, eine
Kunde von Jhwh vernommen hat (שמעתי) und dass ein Bote unter die
Völker gesandt ist. Die folgenden Aufforderungen, gegen Edom in den
Kampf zu ziehen, sind dann als der Ausspruch des Boten unter den Völkern
zu verstehen, die demnach das Gericht an Edom vollstrecken sollen.[18]
Anders sieht es hingegen bei Obd 1 aus: Nach diesem Vers hat eine in der
1.pl. eingeführte Größe, also das eigene Volk, die Kunde von Jhwh vernommen (שמענו).[19] Und am Ende des Verses ist die Aufforderung, gegen Edom
in den Kampf zu ziehen, erneut in der 1.pl., als Selbstaufforderung, formuliert (קומו ונקומה). Dabei wird in der Forschung stets davon ausgegangen,
dass diese Selbstaufforderung, gegen Edom vorzugehen, entweder ausnahmslos auf die Völker oder allenfalls auf die Völker inklusive des eigenen

---

17 Vgl. Nogalski, Processes, 63 mit Anm. 8, und neuerdings auch Jeremias, ATD 24,3, 61 Anm.
    13.
18 Vgl. nur Wanke, ZBK.AT 20,2, 422; Fischer, Jeremia 26-52, 545.
19 Dass das eigene Volk als Subjekt von שמענו anzunehmen ist, ist relativ unumstritten; vgl. nur
    Marti, KHC 13, 231; Wolff, BK 14,3, 27; Ben Zvi, Obadiah, 40f; Raabe, AncB 24D, 113;
    Struppe, NSK.AT 24,1, 24; Renkema, Obadiah, 117. Lediglich Weimar, Obadja, 82f, bezieht
    dieses Verb auf die Völker. Er begründet dies damit, dass auch die in 1.pl. formulierte
    Selbstaufforderung zum Kampf gegen Edom als aus dem Munde der Völker gesprochen zu
    verstehen sei und dass deshalb auch für die 1.pl. am Beginn des Verses kein anderes Subjekt
    angenommen werden könne. Doch zum einen spricht dagegen, dass die Völker vor dem
    שמענו noch nicht eingeführt sind. Zum anderen und vor allem spricht dagegen, dass nach
    der anfänglichen Aussage, dass „wir" eine Kunde von Jhwh gehört haben, die folgende
    Darstellung, dass ein Bote unter die Völker gesandt ist, doch deutlich erkennen lässt, dass es
    sich bei dieser Wir-Gruppe um eine von den Völkern zu unterscheidende Größe handelt.

Volkes zu beziehen sei.[20] Doch eigentlich kann diese Selbstaufforderung doch nur auf dieselbe Wir-Gruppe bezogen werden wie שמענו zu Beginn des Verses.[21] Nach Obd 1 sind es also nicht die Völker, die gegen Edom in den Krieg ziehen sollen, sondern das eigene Volk. Welche Kunde der Bote unter den Völkern auszurichten hat, wird hier nicht weiter ausgeführt. Der abschließende Aufruf, in den Krieg zu ziehen, ist es jedenfalls nicht.

Es wäre nun natürlich denkbar, dass es sich bei Obd 1 um die ursprüngliche Version handelt, die angesichts der Tatsache, dass die Wir-Gruppe nicht eingeführt ist, und angesichts der Tatsache, dass die Botschaft des unter die Völker gesandten Boten nicht genannt wird, in Jer 49,14 vereinfachend abgeändert wurde. Es ließe sich so aber nicht erklären, warum in Obd 1 überhaupt eine Gruppe in der 1.pl. eingeführt wird, die im weiteren Verlauf des Buches nicht mehr vorkommt.[22] Eine andere Überlegung ist daher wahrscheinlicher: Denn zumindest in seiner vorliegenden Gestalt läuft das Obadjabuch in Obd 15-21 auf die Ankündigung eines Völkergerichts zu.[23] Es könnte doch also gut sein, dass Jer 49,14 in Obd 1 bewusst geändert wurde, um so den Völkern die Funktion des Gerichtswerkzeugs an Edom zu nehmen, da sie im folgenden eben selbst als Gegenstand des göttlichen Gerichts dargestellt werden. Auf diese Weise lässt sich dann recht gut erklären, warum in Obd 1 eine Wir-Gruppe eingeführt wird, die im sonstigen Obadjabuch nicht mehr vorkommt. Dies geschah eben in Abwandlung des vorgegebenen Textes aus Jer 49,14, um so statt den Völkern dem eigenen Volk die Aufgabe, gegen Edom in den Kampf zu ziehen, zuzuschreiben.

---

20 So beziehen etwa Marti, KHC 13, 232; Weiser, ATD 24, 209; Rudolph, KAT 13,2, 302; Raabe, AncB 24D, 117; Barton, Joel, 136; Renkema, Obadiah, 120f, die 1.pl. bei ונקומה auf die Völker, während Wolff, BK 14,3, 28; Struppe, NSK.AT 24,1, 24; Jeremias, ATD 24,3, 65, davon auszugehen, dass dies auf die Völker inklusive des eigenen Volkes zu beziehen sei.

21 Wenn in Obd 1 tatsächlich allein die Völker dazu aufgerufen wären, gegen Edom in den Kampf zu ziehen, so wäre kaum erklärlich, warum dies mit ונקומה, also wie die vorangehende Aussage aus dem Munde des Volkes in der 1.pl. und nicht in der 2.pl., formuliert wird. Dass vor der Selbstaufforderung ונקומה der Imperativ der 2.m.pl. קומו steht, spricht dabei auch nicht dafür, dass hier die Völker angesprochen werden, handelt es sich doch bei קומו um eine allgemeine Aufforderungsformel, die häufiger durch eine Selbstaufforderung in der 1.pl. fortgeführt wird (2 Sam 15,14; Jer 6,4-5; 31,6; 46,16) und deshalb zu dieser Selbstaufforderung hinzugehört. Aber auch die Annahme, dass hier die Völker inklusive des eigenen Volkes aufgefordert wären, ist nicht überzeugend, da auch dies in Obd 1 nicht wirklich ausgeführt wird. So bleibt die wahrscheinlichste Alternative doch die, dass die Selbstaufforderung ונקומה eben auf dieselbe Gruppe zu beziehen ist wie שמענו zu Beginn des Verses und somit einzig und allein dem eigenen Volk gilt.

22 Nicht umsonst wurde bei Obd 1 auch schon häufiger in den Text eingegriffen und שמענו in Angleichung an Jer 49,14 zu שמעתי geändert; vgl. etwa Sellin, KAT 12, 229f; Robinson, HAT 14, 112; Weiser, ATD 24, 207.

23 Zur ursprünglichen Zugehörigkeit der Verse 15a.16-21, bei denen nicht nur Edom, sondern der gesamten Völkerwelt das Gericht angesagt wird, s.u. 201f.204-207.

Eine letzte Überlegung, die für die Priorität des Jeremia-Textes spricht, geht schließlich von der schon häufig vorgetragenen Beobachtung aus, dass sich neben den beschriebenen Gemeinsamkeiten zwischen Obd 1-4 und Jer 49,14-16 auch im folgenden Obadjabuch noch einige Verbindungen zu Jer 49,7-22 finden. Beachtenswert ist dabei insbesondere der Vers Obd 5, der die mit אם formulierten Konditionalsätze aus Obd 4 fortsetzt.[24] Während Obd 4, wie bereits dargestellt, mit Jer 49,16b verbunden ist, zeigen sich in Obd 5 deutliche Parallelen zu Jer 49,9. Dabei sind die Verse Obd 4.5 gegenüber Jer 49,16b.9 jeweils etwas länger: In Obd 4 findet sich die in Jer 49,16b nicht belegte Wendung ואם־בין כוכבים שים, in Obd 5 die in Jer 49,9 nicht belegte Wendung אם־שודדי לילה איך נדמיתה. Ansonsten besteht lediglich noch ein bedeutenderer Unterschied in der Reihenfolge, in der die Aussagen über die Diebe und Winzer in Obd 5 und in Jer 49,9 vorgebracht werden.

Obd 4.5	Jer 49,16b.9
4 אם־תגביה כנשר ואם־בין כוכבים שים קנך משם אורידך נאם־יהוה: 5 אם־גנבים באו־לך אם־שודדי לילה איך נדמיתה הלוא יגנבו דים אם־בצרים באו לך הלוא ישאירו עללות:	16b כי־תגביה כנשר קנך משם אורידך נאם־יהוה: 9 אם־בצרים באו לך לא ישארו עוללות אם־גנבים בלילה השחיתו דים:

Beachtenswert ist nun, dass in den beiden Versen Obd 4-5 eine zusammenhängende Reihe von fünf mit אם eingeleiteten Konditionalsätzen vorliegt. In Jer 49 sind die entsprechenden Aussagen dagegen an zwei verschiedenen Stellen, in Jer 49,16b und Jer 49,9, belegt. Zudem wird der Konditionalsatz Jer 49,16b anders als Jer 49,9 mit כי und nicht mit אם eingeleitet.

Wenn es sich also bei Obd tatsächlich um die ursprüngliche Version handeln sollte und Jer 49 hiervon abhängig wäre, so hieße dies nicht nur, dass Jer 49 um die genannten Formulierungen aus Obd 4-5 gekürzt worden wäre, was tatsächlich noch als sekundäre Vereinfachung des Textes verstanden werden könnte.[25] Es hieße ja zudem noch, dass eine in sich schlüssige Reihe von Konditionalsätzen sekundär aufgespalten und über den neu geschaffenen Textzusammenhang verteilt worden wäre. Viel wahrscheinlicher ist deshalb die Annahme, dass es sich bei Jer 49 um die ursprüngliche

---

24 Weitere Parallelen zwischen Obd und Jer 49 finden sich zwischen Obd 8-9 und Jer 49,7 (s.u. 201 mit Anm. 29) sowie zwischen Obd 16 und Jer 49,12 (s.u. 206f).

25 S.o. 196 mit Anm. 15.

Version handelt. Dann wurden nämlich für Obd 4-5 die Konditionalsätze aus Jer 49,9 und 49,16b aufgenommen und aneinandergereiht, es wurde dabei das כי aus Jer 49,16b in Angleichung an Jer 49,9 zu אם geändert, und es wurden schließlich die Wendungen ואם־בין כוכבים שים in Obd 4 und אם־שודדי לילה איך נדמיתה in Obd 5 zugefügt. Auf diese Weise wurde in Obd 4-5 eine zusammenhängende Kette von fünf Konditionalsätzen geschaffen, in der Edom das Gericht angesagt wird.

Es spricht also alles dafür, dass es sich bei Jer 49 um die ursprüngliche Version handelt und dass dieser Text – oder eine vergleichbare Vorlage – im Obadjabuch aufgenommen wurde. Auf dieser Grundlage lassen sich dann die oben beschriebenen Unregelmäßigkeiten in Obd 1-7 recht gut erklären. Die Botenformel in Obd 1b, die erstaunlicherweise von einer Prophetenrede fortgeführt wird, wurde wohl in Entsprechung zu Jer 49,7-22 vor das Obadjabuch gestellt. Denn auch dieser Textbereich wird in Jer 49,7 durch eine Botenformel eingeleitet, und in Jer 49,12 – also kurz vor dem mit Obd 1b verbundenen Vers Jer 49,14, der ebenfalls als Prophetenrede gestaltet ist – findet sich eine weitere Botenformel.[26] Das feminine Suffix bei עליה in Obd 1 ist sodann, wie bereits dargestellt, durch die Übernahme aus Jer 49,14 bedingt, wo es sich auf das zuvor genannte Bozra bezieht.[27] Auch das Nebeneinander von Formen der 3.m.sg. und Formen der 2.m.sg. in Obd 2-7 hängt wohl mit der aktualisierenden Aufnahme von Jer 49,14-16.9 zusammen. Denn die Formen der 3.m.sg. sind in Obd 2-7 nur an den Stellen belegt, die von Jer 49, wo Edom stets direkt angesprochen wird, abweichen.[28] Und dass in Obd 4 im Gegensatz zu den folgenden Versen 5-7 von einem direkten Vorgehen Jhwhs gegen Edom die Rede ist, ist schließlich darauf zurückzuführen, dass hier eben zwei in Jer 49 an getrennter Stelle überlieferte Gerichtsworte zusammengestellt wurden, nämlich zunächst Jer 49,16b, wo Jhwh selbst als handelnd vorgestellt wird, und sodann Jer 49,9, wo äußere Feinde genannt werden.

Die formalen Unstimmigkeiten bei Obd 1-7 lassen sich also allesamt damit erklären, dass für diesen Textbereich auf Jer 49 – oder eine vergleich-

---

26   Wolff, BK 14,3, 26, hat zudem noch darauf aufmerksam gemacht, dass sowohl in Obd 1 als auch in Jer 49,7 der Adressat im Zusammenhang einer Botenformel mit der Präposition ל eingeführt wird, was so nur recht selten der Fall ist. Erstaunlicherweise geht Wolff, a.a.O., 14f, aber dennoch davon aus, dass die Botenformel in Obd 1 sekundär ist. Angesichts der zahlreichen sonstigen Gemeinsamkeiten zwischen Obd und Jer 49 ist die in Obd 1 und Jer 49,7 belegte Adressatenangabe im Zusammenhang einer Botenformel mit der Präposition ל aber doch ein deutlicher Hinweis, dass die Botenformel in Obd 1 in Entsprechung zu Jer 49 vor das Obadjabuch gestellt wurde und somit eben nicht sekundär ist.

27   S.o. 197.

28   So findet sich für die in Obd 2-7 belegten Suffixe der 3.m.sg. weder bei שבתו; בלבו in Obd 3 noch bei מצפניו in Obd 6 oder בו in Obd 7 eine Parallele in Jer 49,14-16.9.

bare gemeinsame Vorlage – zurückgegriffen wurde. Es besteht bei diesem Textbereich somit kein Anlass zu literarkritischen Eingriffen.

Von dieser Erkenntnis ausgehend dürften dann auch die oben beschriebenen Unregelmäßigkeiten in Obd 8-15 am ehesten so zu erklären sein, dass hier vorgegebenes Gut aufgenommen wurde. Dies lässt sich bei Obd 8-9 sogar noch recht eindeutig zeigen. Denn diese Verse sind, wie schon Obd 1-7, wiederum erkennbar von Jer 49 beeinflusst, finden sich hier doch einige markante Bezüge zu Jer 49,7.[29] Bei der folgenden Begründung dieses Gerichts in Obd 10-14 werden die genannten formalen Unstimmigkeiten dann wohl darauf zurückgehen, dass hier eine weitere Vorlage aktualisierend aufgegriffen wurde.[30] Auch bei Obd 8-15 sollte demnach von literarkritischen Operationen abgesehen werden.

Es bleibt aber noch die viel diskutierte Frage zu klären, ob der Teilvers Obd 15a – zumindest in seinem vorliegenden Kontext – sekundär ist. Das hier belegte universale Gerichtswort, nach dem der Tag Jhwhs für alle Völker nahe ist, scheint nämlich zunächst an dieser Stelle nicht zu passen, sind doch die vorangehenden Verse Obd 1-14 allein an Edom orientiert, und der folgende Teilvers 15b kann aufgrund der direkten Anrede in 2.m.sg. – im Anschluss an die Formen der 2.m.sg. in Obd 1-14 – wiederum nur auf Edom bezogen werden. Eben deshalb wurde zum einen schon häufig vermutet, dass Obd 15a erst durch ein Abschreibeversehen an die vorliegende Stelle geraten ist und seinen ursprünglichen Ort vor den Versen 16-21 hatte, die wie Obd 15a an einem Völkergericht orientiert sind.[31] Zum anderen wurde immer wieder angenommen, dass Obd 15a – ob nun an seiner vorliegenden Stelle oder zunächst direkt vor Obd 16-21 – überhaupt erst im Rahmen einer Redaktion in das Obadjabuch eingebracht wurde, auf die die universal ausgerichteten Verse 15a.16-21 zurückgehen.[32]

Die beliebte These, dass Obd 15a ursprünglich direkt vor 16-21 stand, überzeugt jedoch nicht wirklich.[33] Zum einen ist die Annahme eines Abschreibeversehens ausgesprochen spekulativ. Zum anderen ergibt die uni-

---

29 Obd 8 ist mit Jer 49,7 über die Stichworte אבד; חכם/חכמה; חכמה/תבונה בין verbunden, Obd 9 über das Stichwort תימן. Vgl. zu diesen Gemeinsamkeiten auch Raabe, AncB 24D, 30f.

30 So gehen etwa auch Robinson, HAT 14, 115; Wehrle, Prophetie, 361, davon aus, dass für Obd 8-15 auf vorgegebenes Gut zurückgegriffen wurde.

31 Vgl. nur Wellhausen, Propheten, 213; Marti, KHC 13, 237; Sellin, KAT 12, 233; Fohrer, Sprüche, 77; Rudolph, KAT 13,2, 305; Wolff, BK 14,3, 19; Deissler, NEB.AT 8, 145; Snyman, Cohesion, 66; Barton, Joel, 150f.

32 Vgl. Wellhausen, Propheten, 213; Marti, KHC 13, 237; Deissler, NEB.AT 8, 139; Weimar, Obadja, 61; Nogalski, Processes, 79f; Dietrich, Art. Obadja, 717; Struppe, NSK.AT 24,1, 42; Tanghe, Trinker, 526f; Barton, Joel, 118; Köckert, Art. Obadja, 443.

33 So sehen denn auch Robinson, HAT 14, 114f; Weiser, ATD 24, 211; Bergler, Joel, 178-180; Ben Zvi, Obadiah, 165-170; Meinhold, Obadja, 74; Raabe, AncB 24D, 188; Renkema, Obadiah, 38; Jeremias, ATD 24,3, 58f, von der Umstellung dieses Teilverses ab.

versale Ausrichtung von Obd 15a im vorliegenden Kontext durchaus Sinn: Denn mit Obd 15 wird das Gericht an Edom in einen größeren Zusammenhang gebracht. So werden die Warnrufe an Edom in Obd 11-14, nach denen sich Edom nicht an feindlichen Übergriffen gegen das eigene Volk beteiligen soll, in Obd 15a zunächst damit begründet, dass der Tag Jhwhs über die Völker bevorsteht. Die folgende Aussage in Obd 15b, dass Edom nach seinen Taten Vergeltung erfahren wird, kann dann so verstanden werden, dass diese Vergeltung eben an dem nahe herbeigekommenen Tag Jhwhs für die Völker geschehen wird. Edom hätte sich also nach Obd 1-15 nicht an den Judäern verschulden sollen, da dieses Tun am Tag Jhwhs auf es zurückfallen wird. So lässt sich Obd 15a ohne weiteres an der vorliegenden Stelle verstehen. Die häufig vorgenommene Textumstellung erübrigt sich damit.

Es lässt sich aber nicht nur zeigen, dass Obd 15a schon immer an der vorliegenden Stelle stand, sondern auch, dass dieser Teilvers zum Grundbestand des Buches gehört.[34] Die universale Ausrichtung spricht nämlich keineswegs dafür, dass dieser Vers als literarischer Nachtrag angesehen werden muss. Es konnte ja bereits gezeigt werden, dass Obd 1 gegenüber Jer 49,14 so abgeändert wurde, dass hier nicht mehr wie dort die Völker dazu aufgerufen werden, gegen Edom vorzugehen, sondern dass hier vielmehr das eigene Volk mit einer in der 1.pl. formulierten Selbstaufforderung dazu angehalten wird, gegen Edom in den Kampf zu ziehen (ונקומה עליה למלחמה).[35] Dass den Völkern in Obd 1 bei der Aufnahme von Jer 49,14 die Funktion des Gerichtswerkzeugs an Edom genommen wurde, weist doch aber darauf hin, dass das Obadjabuch schon immer an einem über Edom hinausgehenden, die gesamte Völkerwelt treffenden Gerichtshandeln Jhwhs orientiert war. Neben diesen Beobachtungen zu Obd 1 spricht für die ursprüngliche Zugehörigkeit von Obd 15a, dass in Obd 8, also zu Beginn der zweiten Einheit der Gerichtsworte gegen Edom in 8-15, bereits auf einen künftigen Gerichtstag geblickt wird (הלוא ביום ההוא). Nach der Begründung dieses Gerichts in Obd 11-14 passt der Verweis auf den Tag Jhwhs in Obd 15a in Entsprechung zu Obd 8 doch also recht gut als Abschluss dieser Einheit.[36] Und zuletzt spricht für die Zugehörigkeit von Obd 15a zur Grundschicht des Buches, dass sich im folgenden ergeben wird, dass auch die universal ausgerichteten Verse Obd 16-21* zum Grundbestand des Buches gehören.[37] Dann ist aber auch Obd 15a gut als Teil dieses Grundbestands vorstellbar.

---

34 So auch Robinson, HAT 14, 114f; Weiser, ATD 24, 211; Ben Zvi, Obadiah, 165-170; Renkema, Obadiah, 185; Jeremias, ATD 24,3, 58f.
35 Siehe hierzu im einzelnen oben 197f.
36 Vgl. hierzu insbesondere Ben Zvi, Obadiah, 169f.
37 S.u. 204-207.

So handelt es sich bei Obd 1-15 auf literarischer Ebene um einen in sich einheitlichen Text. Die zahlreichen formalen Unstimmigkeiten in diesen Versen lassen sich allesamt durch die Aufnahme von vorgegebenem Gut – aus Jer 49 und vermutlich auch aus weiteren Quellen – erklären, und der Teilvers Obd 15a ist entgegen der gängigen Meinung an der vorliegenden Stelle gut in den Kontext integriert und weder an einen anderen Ort umzustellen noch als späterer Nachtrag zu verstehen.

2.1.2 Das Völkergericht Obadja 16-21

Nach den an Edom orientierten Gerichtsworten Obd 1-15 wird in den Versen 16-21 ein Gerichtshandeln Jhwhs angesagt, das nicht mehr nur Edom, sondern auch die übrige Völkerwelt treffen wird. Dabei wird in Obd 16-18 zunächst angekündigt, dass alle Völker trinken werden, wie einst das eigene Volk getrunken hat. Es wird verheißen, dass auf dem Berg Zion Rettung sein wird und dass das Haus Jakob den Besitz der Völker einnehmen wird.[38] Zudem wird nochmals eigens angesagt, dass das Volk gegen das Haus Esau vorgehen wird und dabei keiner aus dem Hause Esau entrinnen wird. In Obd 19-20 wird daraufhin im einzelnen ausgeführt, welche Gebiete der umliegenden Völker die verschiedenen Gruppen des eigenen Volkes einnehmen werden.[39] Und schließlich heißt es in Obd 21, dass die

---

38 Siehe hierzu im einzelnen unten 208f.

39 Die Verse Obd 19-20 bieten allerdings textkritische Schwierigkeiten. Beim vorliegenden Text ist nämlich nicht immer ganz deutlich, was nun als Subjekt und was als Objekt der hier angesagten Gebietseroberungen zu deuten ist. So wird etwa der Beginn dieses Verses Obd 19aα (וירשו הנגב את־הר עשו והשפלה את־פלשתים) von Wolff, BK 14,3, 40f, so verstanden, dass hier im Anschluss an Obd 17 noch das Haus Jakob als Subjekt des וירשו anzunehmen ist und dass das Südland, das Gebirge Esaus, die Niederung und die Philister allesamt als Objekt der Eroberungen zu verstehen ist. Dabei meint Wolff, dass es sich bei את־פלשתים und את־הר עשו jeweils um erläuternde Glossen zu הנגב und השפלה handelt. Demnach würde in Obd 19aα angesagt, dass das Haus Jakob das Südland, also das Gebirge Esaus, und die Niederung, also die Philister, in Besitz nehmen wird; vgl. hierzu, mit Unterschieden im Detail, auch Marti, KHC 13, 239; Sellin, KAT 12, 235; Weiser, ATD 24, 208.213; Robinson, HAT 14, 116; Fohrer, Sprüche, 78; Weimar, Obadja, 67; Lescow, Obadja, 393. Gegen eine solche Deutung spricht aber, dass sich nach הנגב und השפלה keine weitere Ortsangabe ohne nota accusativi mehr findet, die als Objekt der hier angesagten Eroberungen verstanden werden könnte. So dürfte also bei der Interpretation von Obd 19-20 der einfache Grundsatz von Rudolph, KAT 13,2, 314, anzuwenden sein: „Wenn die Objekte durch את bezeichnet sind (sogar bei dem indeterminierten פלשתים), können die Substantive ohne את nur Subjekt sein." Von diesem Grundsatz ausgehend, ist dann in Obd 19-20 lediglich an zwei Stellen in den Text einzugreifen. Zum einen verwundert bei Obd 19aβ, dass nach dem erneuten וירשו kein Subjekt, aber gleich zwei mit nota accusativi eingeführte Objekte (את־שדה אפרים ואת שדה שמרון) angegeben sind. Die einfachste Lösung ist dabei, dass Ephraim als Subjekt und das Gefilde Samaria als Objekt zu deuten ist, so dass את

Geretteten[40] auf den Berg Zion kommen werden, um das Haus Esau zu richten, und dass dann die Königsherrschaft Jhwh gehören wird.

Wie im Zusammenhang der Überlegungen zu Obd 15a bereits erwähnt,[41] wurde schon häufig angenommen, dass Obd 16-21, zusammen mit Obd 15a, nicht zur Grundschicht des Obadjabuches gerechnet werden kann.[42] Dafür wird vor allem darauf verwiesen, dass hier nach den Edom geltenden Worten Obd 1-14.15b auch der gesamten Völkerwelt das Gericht angesagt wird. In diesem Zusammenhang wird bisweilen angemerkt, dass dies schon deshalb nicht passen würde, weil die Völker in Obd 1 – nach der gängigen Deutung dieses Verses – ja gerade dazu aufgerufen würden, das Gericht an Edom zu vollstrecken, während sie in Obd 16-21 auch selbst Gegenstand des Gerichts sind.[43] Und schließlich wird gegen die ursprüngliche Zugehörigkeit von Obd 16-21 auf formale Abweichungen gegenüber Obd 1-15 verwiesen.[44] So wird in Obd 16 recht unvermittelt das eigene Volk in 2.m.pl. angesprochen, während zuvor in Obd 1-15 stets Edom in 2.m.sg. angeredet ist. Edom selbst wird dagegen in Obd 16-21 nur noch in 3. Person erwähnt. Zudem wird von Edom in Obd 18 als „Haus Esau" (בית עשׂו) gesprochen, während sich in Obd 1-15 die Bezeichungen אדום (1.8), עשׂו (6) und הר עשׂו (8.9; vgl. 19.21) finden. Und schließlich wird das eigene Volk nur hier im Obadjabuch בית יעקב (Obd 17.18) genannt.

---

oder vermutlich – da שׂדה אפרים nur hier im AT belegt ist – sogar את־שׂדה vor Ephraim und zudem noch die Kopula vor את שׂדה שׁמרון zu streichen ist; vgl. hierzu Renkema, Obadiah, 208-210. Zum anderen ist in Obd 20 אשׁר vor כנענים in את oder את ירשׂו zu ändern, da dieser Satz doch nur Sinn ergibt, wenn die Kanaanäer als Objekt der Eroberungen vorgestellt werden; vgl. Rudolph, a.a.O., 315; Renkema, a.a.O., 212f. Insgesamt ergibt sich dann also bei Obd 19-20, dass das Südland das Gebirge Esau, die Niederung die Philister, Ephraim das Gefilde Samarias, Benjamin Gilead, die Exilierten dieses Heeres der Israeliten die Kanaanäer bis Sarepta und die Exilierten Jerusalems die Städte des Südlands in Besitz nehmen werden.

40   In Obd 21 ist die MT-Lesart מושׁעים „Retter", die im vorliegenden Zusammenhang doch kaum einen Sinn ergibt, wohl im Anschluss an LXX (σεσῳσμένοι) in נושׁעים „Gerettete" zu ändern; vgl. nur Weiser, ATD 24, 208; Rudolph, KAT 13,2, 315f; Wolff, BK 14,3, 41f; Jeremias, ATD 24,3, 70.

41   S.o. 201f.

42   Vgl. nur Wellhausen, Propheten, 213; Marti, KHC 13, 237; Sellin, KAT 12, 226; Deissler, NEB.AT 8, 146; Weimar, Obadja, 60-71; Dietrich, Art. Obadja, 717; Barton, Joel, 118.151; Köckert, Art. Obadja, 443f. Sodann meinen Rudolph, Obadja, 230; ders., KAT 13,2, 296; Wolff, BK 14,3, 5f.19.43, dass Obd 16-21* zwar noch wie Obd 1-15 auf den Propheten Obadja zurückgeht, auf literarischer Ebene aber doch erst später nachgetragen wurde. Demgegenüber rechnen Weiser, ATD 24, 206; Renkema, Obadiah, 38f, und neuerdings Jeremias, ATD 24,3, 58f.71, auch Obd 16-21 – oder zumindest einen Grundbestand dieser Verse – zur Grundschicht des Buches.

43   Vgl. Rudolph, Obadja, 230; ders., KAT 13,2, 296; Wolff, BK 14,3, 43; Barton, Joel, 118.

44   Vgl. hierzu etwa Marti, KHC 13, 237; Wolff, BK 14,3, 19; Deissler, NEB.AT 8, 145; Weimar, Obadja, 62.

All diese Argumente überzeugen jedoch nicht wirklich. So ist die Tatsache, dass nach Obd 16-21 auch die Völker insgesamt dem Gericht verfallen sind, während zuvor nur Edom das Gericht angesagt wird, sicherlich noch kein ausreichender Grund, diese Verse dem Grundbestand des Buches abzusprechen. Denn wie schon der Vers Obd 15 ist ja auch Obd 16-21 gerade davon geprägt, dass hier das Gericht an Edom mit dem die gesamte Völkerwelt treffenden Gerichtshandeln Jhwhs in Verbindung gebracht wird.[45] So werden die Gerichtsankündigungen in Obd 16-17, wonach die Völker allesamt trinken müssen, wie einst das eigene Volk getrunken hat, und wonach das Haus Jakob den Besitz der Völker einnehmen wird, in Obd 18 durch die Aussage fortgeführt, dass das Haus Jakob und das Haus Josef das Haus Edom vernichten werden. Und ganz entsprechend wird bei der in Obd 19-20 angesagten Einnahme der Gebiete der Nachbarvölker gleich zu Beginn verheißen, dass das Südland das Haus Esau einnehmen wird. Zudem folgt auf dieses Wort in Obd 21 nochmals eine Gerichtsankündigung an Edom. Die die vorangehenden Verse Obd 1-15 bestimmende Erwartung, dass Jhwh gegen Edom vorgehen wird, ist also auch in Obd 16-21 noch präsent. Sie wird hier lediglich, wie schon bei Obd 15, in den größeren Kontext des Gerichts an der gesamten Völkerwelt gestellt. Dies spricht doch aber nicht dagegen, dass Obd 16-21 noch zum Grundbestand des Buches gehört.

Dagegen spricht auch nicht der Vergleich dieser Verse mit Obd 1. Denn wie bereits dargestellt, ist in Obd 1 entgegen der gängigen Deutung überhaupt nicht davon die Rede, dass die Völker das Gericht an Edom vollstrecken werden.[46] Gegenüber Jer 49,14 wurde die Aussage in Obd 1 ja gerade so abgewandelt, dass den Völkern die Funktion des Gerichtswerkzeugs an Edom genommen wurde. Der hier im Gegensatz zu Jer 49,14 in der 1.pl. formulierte Aufruf, gegen Edom in den Kampf zu ziehen, kann sich im Anschluss an die 1.pl. zu Beginn des Verses (שמענו) doch nur auf das eigene Volk beziehen. So kommt nach Obd 1 gerade dem eigenen Volk die Funktion zu, das Gericht an Edom zu vollstrecken, was genau der Darstellung der Verse Obd 18.21 entspricht. Auf der Grundlage der hier vorgestellten Deutung von Obd 1 spricht dieser Vers somit nicht gegen, sondern gerade für die ursprüngliche Zugehörigkeit von Obd 16-21.

Die direkte Anrede an das eigene Volk in 2.m.pl. ist schließlich ebenfalls kein Grund, Obd 16-21 als Nachtrag anzusehen. Dies schließt zwar tatsächlich etwas hart an Obd 1-15 an, wo stets Edom in 2.m.sg. angesprochen ist.[47] Doch entspricht die Anrede an das Volk in 2.m.pl. der Rede des Volkes

---

45   Zu Obd 15 s.o. 201f.
46   S.o. 197f.
47   Siehe hierzu unten 207.

in der 1.pl. in Obd 1.[48] So kann die 2.m.pl. in Obd 16 als bewusster Rückbezug auf den Beginn des Obadjabuches verstanden werden und spricht
wiederum nicht dafür, dass es sich bei Obd 16-21 um einen Nachtrag handelt.

Eine weitere Beobachtung spricht nun aber gerade dafür, dass Obd 16-
21 zum Grundbestand des Buches gehört. Die Ankündigung in Obd 16,
dass die Völker trinken werden, wie das eigene Volk einst auf dem heiligen
Berg Jhwhs getrunken hat, ist von dem bekannten Motiv des Taumelbechers
geprägt (Jes 51,17.22; 63,6; Jer 25,15-28; 48,26; 51,7; Ez 23,31-33; Ps 75,9;
Klgl 4,21).[49] Beachtenswert ist dabei, dass sich dieses Motiv auch in Jer
49,12 findet, also gerade im Zusammenhang des Gerichtswortes gegen
Edom Jer 49,7-22, das in Obd 1-15 schon mehrfach aufgenommen wurde.
Zwar sind Obd 16 und Jer 49,12 an konkreten Stichworten nur über das
Verb שׁתה verbunden. Doch sind beide Stellen von der Vorstellung geprägt,
dass die Völker den Taumelbecher trinken müssen, wie ihn einst das eigene
Volk getrunken hat. Neben Obd 16 und Jer 49,12 wird das künftige Trinken
der Völker aber nur noch in Jes 51,17.22 dem früheren Trinken des eigenen
Volkes gegenübergestellt. Es ist also angesichts der zahlreichen Verbindungen zwischen Obd 1-15 und Jer 49,7-22 durchaus wahrscheinlich, dass auch
für Obd 16 auf die Jeremia-Stelle zurückgegriffen wurde.[50] Und dies spricht

---

48 So auch Ben Zvi, Obadiah, 173; Struppe, NSK.AT 24,1, 43.
49 Dass in Obd 16 das Motiv des Taumelbechers anklingt, wird nahezu unwidersprochen so
    gesehen; vgl. nur Marti, KHC 13, 238; Sellin, KAT 12, 234; Fohrer, Sprüche, 78; Rudolph,
    KAT 13,2, 312; Wolff, BK 14,3, 44f; Deissler, NEB.AT 8, 146; Ben Zvi, Obadiah, 180f;
    Raabe, AncB 24D, 206-242; Barton, Joel, 152; Renkema, Obadiah, 189. Dagegen meint aber
    Tanghe, Trinker, 523-527, im Anschluss an Watts, Obadiah, 57f, dass Obd 16 nicht vom
    Motiv des Taumelbechers her zu deuten sei, da hier im Gegensatz zu den Parallelen nicht
    von einem Becher (כוס) die Rede ist. Bei seiner eigenen Interpretation von Obd 16 bezieht
    Tanghe die 2.m.pl. שׁתיתם dann nicht, wie meist, auf das eigene Volk, sondern im Anschluss
    an die Formen der 2.m.sg. in Obd 1-15 auf Edom. Zudem versteht Tanghe das Verb שׁתה im
    Sinne von „saufen; ein Zechgelage veranstalten", und schließlich greift er bei תמיד „un-
    ablässig" in den Text ein und ändert dies zu בתימן „in Teman". Demnach würde also in Obd
    16 angesagt, dass so, wie Edom ein Zechgelage auf dem Zion veranstaltet hat, nun auch die
    Völker in Teman ein Zechgelage abhalten werden. Doch scheitert diese Interpretation nicht
    nur daran, dass die 2.m.pl. bei שׁתיתם wohl nicht auf Edom, sondern im Anschluss an die
    Formen der 1.pl. in Obd 1 viel eher auf das eigene Volk zu beziehen ist. Die von Tanghe
    vorgelegte Interpretation scheitert vor allem auch daran, dass die für diese Deutung notwen-
    dige Konjektur des תמיד zu בתימן ausgesprochen spekulativ ist, da sie ohne jeden Anhalt in
    der Textüberlieferung vorgenommen wird. So wird die gängige Deutung auf den Taumelbe-
    cher doch sicherlich die wahrscheinlichere sein.
50 Mit Blick auf das hier wie dort belegte Motiv des Taumelbechers wurde zu Obd 16 schon
    häufig auf Jer 49,12 als Parallele verwiesen; vgl. nur Marti, KHC 13, 238; Rudolph, KAT 13,2,
    312; Wolff, BK 14,3, 45; Deissler, NEB.AT 8, 146; Raabe, AncB 24D, 227f; Barton, Joel,
    152; Renkema, Obadiah, 190. Allerdings meinten bislang nur Nogalski, Processes, 80, und
    neuerdings Jeremias, ATD 24,3, 71, dass dieses Motiv in Obd 16 direkt aus Jer 49,12 aufge-

doch deutlich dafür, dass Obd 16-21 auf dieselbe Hand zurückgeht wie Obd 1-15.[51]

Die in Obd 16-21 durchaus vorhandenen formalen Abweichungen gegenüber dem vorangehenden Buch werden dann im Anschluss an die oben vorgestellten Überlegungen zu Obd 1-15 wohl erneut mit der Aufnahme von vorgegebenem Gut zu erklären sein. So wird Edom also wohl deshalb in diesem Textbereich nicht mehr direkt angesprochen und es finden sich wohl deshalb nur hier im Obadjabuch die Bezeichnungen בית עשׂו (Obd 18) und בית יעקב (Obd 17.18), da die Redaktoren des Obadjabuches für Obd 16-21 auf eine andere Vorlage zurückgegriffen haben als für Obd 1-15.

Mit der Aufnahme von vorgegebenem Gut lässt sich dann auch erklären, warum sich innerhalb der Verse Obd 16-21 noch einige Unstimmigkeiten finden lassen, die bisweilen zu der Annahme geführt haben, dass dieser Textbereich in sich nicht einheitlich ist. So fällt insbesondere auf, dass die Verse 19-20, die die Einnahme der Nachbarstaaten durch verschiedene israelitische Gruppen beschreiben, anders als Obd 16-18.21 in Prosa formuliert sind.[52] Da Obd 16-21 aber auf inhaltlicher Ebene durchaus einen schlüssigen Zusammenhang darstellt, wird dies angesichts der sonstigen Überlegungen zur Aufnahme von vorgegebenem Gut im Obadjabuch wohl viel eher damit zu erklären sein, dass wie schon bei Obd 1-15 nun auch für diesen Textbereich auf verschiedene Vorlagen zurückgegriffen wurde. Zu literarkritischen Operationen besteht jedenfalls mit Blick auf Obd 19-20 kein Anlass.

Anders sieht es hingegen bei Obd 17a aus. Die hier belegte Aussage, dass auf dem Zion Rettung sein wird, wird bislang stets unhinterfragt so verstanden, dass dem eigenen Volk für das kommende Gericht eine Rettungsmöglichkeit aufgezeigt wird.[53] Das Problem an dieser Auslegung ist aber, dass die Verschonung des eigenen Volkes im gesamten Obadjabuch außer Frage steht. Zudem schließt dieser Teilvers ja direkt an Obd 16 an, wo angekündigt wird, dass alle Völker trinken werden und sein werden, als

---

nommen wurde, obwohl dies angesichts der sonstigen Parallelen zu Jer 49 im Obadjabuch doch naheliegend ist.

51 Auch für Jeremias, ATD 24,3, 58f.71, ist die in Obd 16 erkennbare Aufnahme des Taumelbecher-Motivs aus Jer 49,12 das entscheidende Argument dafür, dass Obd 16ff zum Grundbestand des Buches gehört.

52 Die Verse Obd 19-20, oder bisweilen auch Obd 19-21, werden etwa von Sellin, KAT 12, 234; Fohrer, Sprüche, 78; Wolff, BK 14,3, 42f; Deissler, NEB.AT 8, 147; Weimar, Obadja, 66-71; Dietrich, Art. Obadja, 717; Köckert, Art. Obadja, 444; Jeremias, ATD 24,3, 73f, als Nachtrag angesehen.

53 Vgl. nur Weiser, ATD 24, 212; Rudolph, KAT 13,2, 312; Wolff, BK 14,3, 45; Deissler, NEB.AT 8, 146; Nogalski, Processes, 80; Struppe, NSK.AT 24,1, 44; Renkema, Obadiah, 198-200; Jeremias, ATD 24,3, 72.

wären sie nie gewesen. Wenn daraufhin eine Rettungsmöglichkeit angesagt wird, so ist dies im vorliegenden Kontext doch entgegen der bisherigen Forschung viel eher auf die zuvor genannten Völker zu beziehen. Dafür spricht auf grammatischer Ebene, dass es sich bei Obd 17a um einen mit Kopula an den vorangehenden Vers angeschlossenen invertierten Verbalsatz handelt:[54] Die Völker werden trinken müssen, aber auf dem Zion wird Rettung sein. Es geht hier also nicht um eine Rettungsmöglichkeit für das eigene Volk, sondern gerade um eine Rettungsmöglichkeit für die Völker.

Die Erwartung, dass die Völker auf dem Zion Rettung erfahren können, widerspricht dann aber der sonstigen thematischen Anlage des Obadja-buches. Denn in Obd 15a.16-21* sind die Völker doch sonst stets Gegen-stand des kommenden Gerichts. So wird es sich bei Obd 17a um einen Nachtrag handeln.

Dafür spricht auch noch eine zweite Überlegung. Bei der Wendung וירשו בית יעקב את מורשיהם in Obd 17b wurde schon häufig angemerkt, dass hier das Suffix von מורשיהם „ihre Besitztümer" ohne wirklichen Bezug ist. Meist wird daher in den Text eingegriffen und das ohnehin recht selten belegte Nomen מורש in das Partizip hi. מורישיהם geändert.[55] Obd 17b wird dann so verstanden, dass das Haus Jakob die in Besitz nehmen wird, die sie in Besitz genommen hatten. Als Parallele hierzu wird dabei auf Jer 49,2 verwiesen, wo es heißt, dass Israel die in Besitz nehmen wird, die es besitzen (וירש ישראל את־ירשיו).

Nun hat aber schon Raabe darauf hingewiesen, dass sich kaum erklären lässt, warum nach dieser Korrektur ירש in Obd 17 zunächst im qal und dann im hif'il steht, zumal ירש auch bei Jer 49,2 beide Male im qal steht.[56] Außerdem betont Raabe zurecht, dass bei einer solchen Konjektur fremde Bevölkerungsgruppen als Objekt der Inbesitznahme dargestellt würden, während in Obd 19-20, wiederum mit dem Verb ירש, vor allem konkrete Gebiete genannt werden, die vom eigenen Volk in Besitz genommen werden sollen. So dürfte entgegen der gängigen Ansicht doch MT die ursprüngliche Lesart bieten.

Es bleibt dann aber das Problem, dass sich für das Suffix der 3.m.pl. bei מורשיהם kein konkreter Anschluss findet. Die bisweilen vorgeschlagene Deutung des Suffix auf das eigene Volk, dem somit verheißen würde, dass

---

54 Vgl. hierzu J-M, §119d.
55 So im Anschluss an LXX, V und Murabba'ât (Benoit u.a., Grottes, 189) etwa van Hoonacker, Prophètes, 308; Weiser, ATD 24, 208; Robinson, HAT 14, 114; Rudolph, KAT 13,2, 311; Wolff, BK 14,3, 41; Lescow, Obadja, 392; Barton, Joel, 151; Jeremias, ATD 24,3, 70 Anm. 37.
56 Vgl. Raabe, AncB 24D, 244-246; vgl. auch schon Sellin, KAT 12, 235.

es seine eigenen Besitztümer wieder in Besitz nehmen wird,[57] ist dabei
sicherlich eine Hilfskonstruktion. Denn in Obd 19 wird mit demselben Verb
ירש die Einnahme fremder Gebiete angesagt, so dass auch Obd 17b doch
viel eher auf die Einnahme fremden Besitzes zu beziehen sein dürfte.

Der Bezug des Suffix bei מורשיהם in Obd 17b klärt sich aber, wenn
Obd 17a tatsächlich sekundär sein sollte. Denn dann schloss Obd 17b
ursprünglich direkt an Obd 16 an, und das Suffix in Obd 17b lässt sich ohne
weiteres auf die dort genannten Völker beziehen. Obd 17b wäre dann so zu
verstehen, dass das Haus Jakob ihre Besitztümer, also die Besitztümer der
in Obd 16 angeklagten Völker, in Besitz nehmen wird. Und genau dies wird
dann in Obd 19-20 weiter ausgeführt. Unter der Annahme, dass Obd 17a
sekundär ist, lässt sich das Suffix bei מורשיהם in Obd 17b also ohne weiteres erklären, was neben den beschriebenen inhaltlichen Beobachtungen
dafür spricht, dass es sich bei dem Teilvers Obd 17a um einen Nachtrag
handelt.

Es ergibt sich für Obd 16-21 also ingesamt, dass der Grundbestand
dieser Verse in Obd 16.17b.18-21, entgegen der gängigen Ansicht, nicht erst
sekundär an das Obadjabuch angeschlossen wurde. Die Tatsache, dass hier
nicht nur Edom, sondern auch der gesamten Völkerwelt das Gericht angesagt wird, passt durchaus zur Anlage des sonstigen Obadjabuches. Denn
hier wird das zuvor angekündigte Gericht an Edom in den größeren Zusammenhang des alle Völker treffenden Gerichtshandelns Jhwhs gestellt.

Sekundär ist hingegen Obd 17a. In diesem Vers wird den Völkern
gerade eine Rettungsmöglichkeit für das kommende Gericht eröffnet, was
sich kaum mit den sonstigen Erwartungen des Obadjabuches in Einklang
bringen lässt.

2.1.3 Zusammenfassung der Redaktionsgeschichte des Obadjabuches

2.1.3.1 Die Grundschicht (Fremdvölkerschicht II)

Entgegen der häufig vertretenen Ansicht, dass im Obadjabuch eine an
Edom orientierte Grundschicht mit dem Umfang Obd 1-14.15b erst im
Rahmen einer Überarbeitung um die auch gegen die Völker gerichteten
Verse Obd 15a.16-21 ergänzt wurde,[58] konnte im Rahmen der hier vor-
gestellten Analyse des Buches gezeigt werden, dass der gesamte Textbereich
Obd 1-16.17b.18-21 auf dieselbe Hand zurückgeht. Die Worte in Obd

---

57 So Marti, KHC 13, 238; Sellin, KAT 12, 235; Raabe, AncB 24D, 244; Renkema, Obadiah,
    201f.
58 S.o. 201f mit Anm. 32 sowie 204-207 mit Anm. 42.

15a.16-21 sind angesichts der Tatsache, dass auch hier die Erwartung des
Gerichts an Edom bestimmend ist und dies lediglich in den größeren Zu-
sammenhang eines Völkergerichts gebracht wird, ohne weiteres als Teil der
Grundschicht des Buches zu verstehen. Das Obadjabuch kann also – mit
Ausnahme des kurzen Nachtrags in 17a –[59] auf literarischer Ebene als
Einheit betrachtet werden. Die durchaus vorhandenen formalen Unstim-
migkeiten, die nicht nur den Textbereich Obd 15a.16-21 betreffen, sondern
das gesamte Buch durchziehen, lassen sich dabei durch die aktualisierende
Aufnahme von vorgegebenem Gut – aus Jer 49,7-22 und aus weiteren
Quellen – erklären. Es handelt sich beim Obadjabuch gewissermaßen um
eine Collage von Gerichtsworten gegen Edom, die hier zu einer zusammenhängenden kleinen Anklageschrift zusammengestellt wurden.[60]

Die Grundschicht des Obadjabuches in Obd 1-16.17b.18-21 zeichnet
sich schon auf thematischer Ebene durch eine deutliche Dreiteilung aus.
Dabei wird Edom zunächst in den Versen 1-7 das Gericht angesagt. Nach
diesen Worten soll Edom von Feinden heimgesucht und geplündert werden,
ja, die einstigen Bundesgenossen sollen es vertreiben. Die folgenden Verse
8-15 sind sodann von der Begründung dieses Gerichts bestimmt. In der
Form von Warnrufen wird Edom vorgehalten, dass es nicht eingegriffen
hat, als Feinde gegen Jerusalem vorgingen, sondern tatenlos dastand und
zuschaute. Zudem ist Edom nach Obd 13-14 auch selbst gegen Jerusalem
vorgegangen; es hat denen, die aus Jerusalem entronnen sind, den Weg
versperrt und sie ausgeliefert. Im dritten Teil des Buches Obd 16.17b.18-21
wird Edom schließlich erneut das Gericht angesagt, das nun in den Zusammenhang eines universalen Völkergerichts gestellt wird. So wird auch
Edom, wenn die Völker den Taumelbecher Jhwhs trinken müssen, untergehen. Das eigene Volk wird gegen Edom vorgehen und das Gebiet Edoms
wie die Gebiete der übrigen Nachbarvölker einnehmen.

Dem beschriebenen thematischen Aufbau des Obadjabuches entsprechen, wie bereits von Dick ausführlich dargestellt, formale Charakteristika.[61]
So sind zunächst alle drei Teile des Buches durch ein inhaltliches Leitwort
bestimmt, das jeweils an deren Beginn und Ende, als Rahmen um die einzelnen Teile, belegt ist. Bei Obd 1-7 fällt das Leitwort נשׁא in Obd 3 und 7
auf, womit Edom in Obd 3 vorgehalten wird, dass ihn der Hochmut seines
Herzens betrogen hat, und in Obd 7, dass ihn seine Bundesgenossen betrogen haben. Der zweite Teil Obd 8-15 wird in Obd 8 und 15 durch das

---

59   S.o. 207-209.
60   Vgl. hierzu schon Reuss, Geschichte, 475, der, wenn auch etwas allzu abwertend, zur literari-
     schen Gestalt des Obadjabuches meinte: „Obadja's Schrift ist ja nichts weiter als eine
     Compilation.“
61   Vgl. zum folgenden Dick, Study, 17-19.

Stichwort יום gerahmt, das beide Male auf einen kommenden Gerichtstag zielt. Und schließlich wird der dritte Teil des Buches durch Verweise auf den Zionsberg gerahmt, wird doch in Obd 16 auf das frühere Gericht am eigenen Volk „auf meinem heiligen Berg" (על־הר קדשי) verwiesen und in Obd 21 wird angesagt, dass die Geretteten auf den Berg Zion (בהר ציון) hinaufsteigen werden, um das Gericht an Edom zu vollstrecken.

Neben diesen Leitworten finden sich in allen Einheiten wiederkehrende Wendungen, die den einzelnen Einheiten ihren je eigenen Charakter verleihen. So ist Obd 1-7 davon geprägt, dass Edom hier in Obd 4-5 mit einer Reihe von fünf mit אם eingeleiteten Konditionalsätzen das Gericht angesagt wird. In Obd 8-15 sind die aufeinander folgenden Warnrufe in 12-14 bestimmend, die allesamt mit einem Vetitiv eingeleitet werden und meist mit einer Formulierung mit ביום enden. Und schließlich fällt bei Obd 16-21 die wiederkehrende Ansage der Einnahme fremder Besitztümer in 17b.19-20 auf, bei der stets das Verb ירש verwandt wird.

Aber mehr noch: Die einzelnen Einheiten sind nicht nur je für sich von den genannten formalen Eigenheiten, also den rahmenden Leitworten und den wiederkehrenden Wendungen, geprägt.[62] Darüber hinaus sind die aneinander angrenzenden Einheiten jeweils an ihren Rändern über Stichworte verbunden: Dabei sind Obd 1-7 und 8-15 über die Stichworte תבונה (7.8) und הלוא (5.8) verknüpft, Obd 8-15 und 16-21 über כל־הגוים (15.16) und כאשר (15.16).

Insgesamt lässt sich der Aufbau des Obadjabuches demnach wie folgt darstellen:

	Thema	Leitwort	wiederkehrende Wendung	Verknüpfungen
1-7	Gericht an Edom	נשא	אם	
8-15	Begründung des Gerichts	יום	אל־X ... ביום	הלוא;תבונה
16-21*	Gericht an Edom und den Völkern	הר קדשי/ציון	ירש	כאשר;כל־הגוים

Es handelt sich bei der Grundschicht des Obadjabuches in Obd 1-16.17b.18-21 also um eine in sich geschlossene Komposition. Dies bestätigt dann aber nochmals von einer anderen Seite her die Annahme, dass die Verse Obd 15a.16-21* schon immer zu diesem Buch hinzugehörten.

---

62   Vgl. hierzu auch Ben Zvi, Obadiah, 72.115.139.

Ein besonderes Problem stellt schließlich die Frage der Datierung dieser Grundschicht dar. Die im Obadjabuch vorgetragenen Anklagen gegen Edom werden in neuerer Zeit nahezu ausnahmslos mit den Geschehnissen um die Einnahme Jerusalems durch die Babylonier in Verbindung gebracht.[63] Denn auch an zahlreichen anderen Stellen im AT finden sich Worte, die sich kritisch damit auseinandersetzen, dass Edom zu dieser Zeit die Schwäche der Judäer ausgenutzt hat (v.a. Ez 25,12-14; 35,1-15; Ps 137,7; Klgl 4,21). Vor diesem Hintergrund wird das Obadjabuch dann meist in die Exilszeit datiert.[64]

Das Problem an dieser gängigen Datierung ist aber zum einen, dass sich im Obadjabuch keine wirklich konkreten Hinweise auf die Einnahme Jerusalems durch die Babylonier finden. So wird vor allem die Zerstörung des Tempels mit keinem Wort erwähnt.[65] Zum anderen ist bei dieser Datierung zu beachten, dass die an anderer Stelle im AT überlieferten Edom-Worte im wesentlichen von zwei Anklagepunkten bestimmt sind: Es wird den Edomitern vorgeworfen, dass sie bei der Einnahme Jerusalems nicht eingegriffen haben und sich stattdessen sogar am Schicksal Jerusalems erfreut haben (Ez 35,5.15; Ps 137,7; Klgl 4,21), und es wird ihnen vorgeworfen, dass sie in vormals judäische Gebiete im Negev eingedrungen sind und diese für sich eingenommen haben (Ez 35,10-12; 36,5).[66] Im Obadjabuch wird das Gericht an Edom in den Versen 11-14 aber nicht nur wie in den Parallelen damit begründet, dass Edom tatenlos zugesehen hat, als Fremde gegen Jerusalem

---

63 Vgl. nur Wellhausen, Propheten, 213; Marti, KHC 13, 229; Sellin, KAT 12, 227; Weiser, ATD 24, 206; Rudolph, KAT 13,2, 297f; Wolff, BK 14,3, 2; Deissler, NEB.AT 8, 137; Wehrle, Prophetie, 253-257; Raabe, AncB 24D, 51-54; Barton, Joel, 120-123; Renkema, Obadiah, 34; Jeremias, ATD 24,3, 57.

64 Vgl. etwa Weiser, ATD 24, 206; Rudolph, KAT 13,2, 297f; Wolff, BK 14,2, 2; Deissler, NEB.AT 8, 137; Wehrle, Prophetie, 253-257; Raabe, AncB 24D, 47-56; Barton, Joel, 120-123; Renkema, Obadiah, 29-36.

65 Gegen die Annahme, dass die fehlende Erwähnung der Zerstörung des Tempels die gängige Datierung des Obadjabuches in Frage stellen könnte, hat sich allerdings Renkema, Obadiah, 30f, ausgesprochen. Er meint, dass die Zerstörung des Tempels im Zusammenhang eines Gerichtswortes gegen Edom nicht erwähnt wird, da auf theologischer Ebene ja nicht die Edomiter für die Tempelzerstörung verantwortlich seien, sondern Jhwh selbst. Dagegen ist aber zu sagen, dass das erstaunliche am Obadjabuch nicht ist, dass die Edomiter hier nicht der Zerstörung des Tempels bezichtigt werden. Das erstaunliche ist vielmehr, dass die Zerstörung des Tempels im Obadjabuch – etwa im Gegensatz zu dem Gerichtswort gegen die Ammoniter in Ez 25,3, wo deren Spott über das zerstörte Heiligtum angeprangert wird – überhaupt nicht erwähnt wird. Und da sich im Obadjabuch auch keine anderen Hinweise finden, die sich eindeutig auf die Geschehnisse um die Einnahme Jerusalems durch die Babylonier beziehen lassen, stellt dies die gängige Ansetzung in die Exilszeit doch in Frage.

66 Zu den edomitischen Gebietsübergriffen im Negev, die neben den biblischen Texten auch in den archäologischen Befunden und in dem Arad-Ostrakon 24 (vgl. Aharoni, Arad, 46-49) erkennbar sind, vgl. etwa Myers, Edom, 390-392; Weippert, Art. Edom, 295; Beit-Arieh, Data, 125-131; ders., Edomites, 33-38; Edelman, Edom, 5; Glazier-McDonald, Edomite, 27f.

vorgedrungen sind. Den Edomitern wird hier in 13-14 auch eine aktive
Rolle bei der Einnahme Jerusalems zugeschrieben: Sie sind in das Tor des
Volkes vorgedrungen, und sie haben sich den Entronnenen in den Weg
gestellt und diese ausgeliefert. Ein solch aktives Vorgehen ist bei den anderen gegen Edom gerichteten Worten des AT, die eindeutig die Ereignisse
um die babylonische Eroberung Jerusalems im Blick haben, aber an keiner
weiteren Stelle vorausgesetzt. Es gibt also neben dem Obadjabuch keinen
Hinweis darauf, dass sich die Edomiter an der Einnahme Jerusalems durch
die Babylonier beteiligt haben.[67] Dann stellt sich doch aber die Frage, ob
sich das Obadjabuch überhaupt auf diese Geschehnisse bezieht oder ob sich
nicht vielmehr eine andere Datierung für das Obadjabuch finden lässt, vor
deren Hintergrund die hier geschilderten Vorgänge besser zu verstehen
sind.[68]

Wenn sich die im Obadjabuch reflektierten Auseinandersetzungen mit
Edom aber nicht mit der Einnahme Jerusalems durch die Babylonier in
Verbindung bringen lassen, so sind alle weiteren Datierungsversuche von
der Schwierigkeit geprägt, dass über die Geschichte Edoms zur nachexi-
lischen Zeit nur recht wenig bekannt ist. Vor allem ist umstritten, ob der
Untergang Edoms tatsächlich, wie immer wieder angenommen, schon im

---

67 Zum Nachweis, dass sich die Edomiter doch an der Einnahme Jerusalems durch die Babylo-
    nier beteiligt haben, wird allerdings bisweilen auf 2 Kön 24,2 verwiesen; vgl. hierzu etwa
    Malamat, Kings, 143; Cresson, Condemnation, 131; Donner, Geschichte 2, 405 mit Anm. 23,
    sowie die Kommentare Würthwein, ATD 11,2, 468; Fritz, ZBK.AT 10,2, 146f. Dort wird
    erwähnt, dass zur Zeit Jojakims neben den Babyloniern auch einige der benachbarten Völker
    gegen Juda vorgegangen sind. Allerdings werden in diesem Vers, zumindest nach dem
    vorliegenden Text, Aram, Moab und Ammon, nicht aber Edom als Angreifer genannt. Bei
    den genannten Ansätzen wird jedoch davon ausgegangen, dass hier אֲרָם im Anschluss an die
    syrische Lesart zu אֱדוֹם zu ändern sei. Gegen eine solche Konjektur spricht aber, dass in Jer
    35,11 ein gemeinsames militärisches Vorgehen der Babylonier und der Aramäer belegt ist,
    was doch gerade für den vorliegenden Text spricht. Dass sich die Edomiter an feindlichen
    Übergriffen gegen Jerusalem beteiligt haben sollten, lässt sich von 2 Kön 24,2 her also nicht
    begründen; vgl. hierzu auch Bartlett, Edom, 148f.
68 Auch Bartlett, Edom, 151-157, hat erkannt, dass sich im AT kein wirklicher Hinweis auf eine
    edomitische Beteiligung an der Einnahme Jerusalems durch die Babylonier finden lässt. Er
    zieht daraus aber nicht den Schluss, dass von der gängigen Datierung des Obadjabuches
    abzugehen ist. Vielmehr meint Bartlett, dass auch im Obadjabuch vor allem die feindliche
    Gesinnung der Edomiter angeprangert würde und nicht deren konkrete Taten. Doch hat
    schon Edelman, Edom, 6 Anm. 26, zurecht gegen Bartlett betont, dass Obd 13 nicht anders
    verstanden werden kann, als dass hier wirkliche feindliche Übergriffe der Edomiter ge-
    schildert würden und eben nicht nur deren innere Einstellung. Allerdings zieht Edelman,
    a.a.O., 6f, hieraus den Schluss, dass die Edomiter eben doch an der Seite der Babylonier
    gegen Jerusalem vorgegangen sind, wofür sich aber neben dem Obadjabuch keinerlei Hin-
    weise finden lassen. Die wahrscheinlichste Lösung wird dann doch aber die sein, dass das
    Obadjabuch überhaupt nicht auf die Einnahme Jerusalems durch die Babylonier zu beziehen
    ist.

5.Jh. angesetzt werden muss.[69] Das Ende Edoms wird dann zunächst mit dem Arabienfeldzug Nabonids im Jahre 553, der auch die Edomiter traf, sowie mit Gebietsübergriffen von nach Westen dringenden Araberstämmen im 6. und 5.Jh. in Verbindung gebracht.

Gegen die Annahme, dass die Existenz Edoms bereits im 5.Jh. zu ihrem Ende gekommen war, spricht aber zum einen, dass sich für diese Zeit von Seiten der Archäologie keine derart umfassenden Zerstörungen auf edomitischem Gebiet nachweisen lassen.[70] Zum anderen sprechen dagegen auch die im AT belegten Edom-Worte, die anerkanntermaßen frühestens in der fortgeschrittenen persischen Zeit angesetzt werden können. Interessant ist dabei vor allem Mal 1,2-5.[71] Bei diesem Wort wird zwar in 1,3 erwähnt, dass Edom eine herbe Niederlage erlitten hat, was durchaus auf die oben genannten Geschehnisse im 6. und 5.Jh. zurückzuführen sein dürfte. Es ist in 1,4 aber auch davon die Rede, dass Edom das Zerstörte wieder aufbauen will. Von einem wirklichen Untergang Edoms kann an dieser Stelle also keine Rede sein.[72] Neben Mal 1,1-5 lässt sich auch Joel 4,19 anführen. Dort wird Edom wegen gewaltsamer Aktionen gegen die Judäer das Gericht angesagt. Da Joel 4,19 aufgrund der buchinternen Chronologie des Joelbuches frühestens am Ende der persischen Zeit angesetzt werden kann,[73] spricht auch dieser Text dagegen, dass Edom bereits im 5.Jh. untergegangen ist.

Es ist also damit zu rechnen, dass Edom weder durch den Arabienfeldzug Nabonids noch durch die Gebietsübergriffe der Araberstämme seine Existenz mit einem Schlage einbüßte. Vielmehr dürfte es sich beim Untergang Edoms um einen schleichenden Prozess handeln, bei dem die edomitische Bevölkerung erst nach und nach in die neu herangekommenen Volksgruppen aufging.[74]

Wann dieser Prozess zu seinem Abschluss kam, ist unklar. Zu Beginn der hellenistischen Zeit scheinen zumindest im transjordanischen edomitischen Gebiet die Nabatäer die bestimmende Volksgruppe zu sein.[75] Zu beachten ist aber, dass das südliche Palästina – also das Gebiet, in das die Edomiter zu Beginn des 6.Jh. eingedrungen waren – erst in der fortgeschrit-

---

69 Vgl. etwa Weippert, Art. Edom, 296; Wehrle, Prophetie, 255f; Glazier-McDonald, Edomite, 30; Raabe, AncB 24D, 54f.

70 Vgl. hierzu die Übersicht über die archäologischen Erkenntnisse bei Bartlett, Edom, 165-168.

71 Zu Mal 1,2-5 siehe auch unten 219-222.

72 Es ist also falsch, wenn etwa Weippert, Art. Edom, 296, meint, dass die Verwüstung Edoms für Mal 1,2-5 bereits eine Tatsache sei. Vielmehr betont Knauf, Supplementa, 75, zurecht, dass dieses Wort gerade von einem anhaltenden Selbstbewusstsein der Edomiter trotz der bereits geschehenen Zerstörungen geprägt ist.

73 Vgl. hierzu Wöhrle, Sammlungen, 433f.

74 Vgl. hierzu Bartlett, From Edomites to Nabataeans, 53-66; ders., Edom, 164-174; Knauf, Supplementa, 75-77.

75 Vgl. Bartlett, From Edomites to Nabataeans, 62-66.

tenen persischen Zeit den doch sicherlich von Edom abgeleiteten Provinz-
namen Idumäa erhielt.[76] Zudem ist zu beachten, dass in der Provinz Idumäa
für die persische wie auch noch für die hellenistische Zeit edomitische
Personennamen belegt sind und dass hier der edomitische Nationalgott
Qaus verehrt wurde.[77] Dies alles lässt darauf schließen, dass sich im Gegensatz zum transjordanischen edomitischen Gebiet in der Provinz Idumäa am
Ende der persischen und wohl noch bis in die hellenistische Zeit hinein eine
Bevölkerungsschicht erhalten hat, die in gewisser Kontinuität zu den Edomitern steht. Es ist also durchaus möglich, dass ein Teil der Edom-Worte
des AT erst in diese Zeit gehört.[78]

Vor diesem Hintergrund sind nun zwei Überlegungen maßgebend für
die Datierung der Grundschicht des Obadjabuches. Zum einen wird im
Obadjabuch, nämlich in den sicherlich vorzeitig zu deutenden Versen Obd
2-3,[79] bereits auf gewaltsame Übergriffe gegen Edom zurückgeblickt. Wie
bei Mal 1,3 werden also auch hier die feindlichen Übergriffe gegen Edom
aus dem 6. und 5.Jh. vorausgesetzt. Die Grundschicht des Obadjabuches ist
daher frühestens in der fortgeschrittenen persischen Zeit zu datieren.[80]

---

76 Vgl. hierzu de Geus, Idumaea, 53-66; Knauf, Supplementa, 77; ders., Art. Idumäa, 213. Demgegenüber spricht sich Bartlett, Edomites and Idumaeans, 102-113, betont gegen die Annahme aus, dass der Name der Provinz Idumäa auf eine dort ansässige edomitische Bevölkerungsgruppe zurückgeht. Nach Bartlett sei dies vielmehr so zu erklären, „that the people
thought of the land south of the Iron Age kingdom of Judah *generally* as the region of
Edom" (a.a.O., 112). Diese Überlegungen sind aber erkennbar durch die von Bartlett
vertretene These beeinflusst, dass die Edomiter nie in größerer Zahl nach Westen auf
vormals judäisches Gebiet vorgedrungen seien. Da sich dies aber wohl kaum halten lässt (s.o.
212 Anm. 66), dürfte es wesentlich wahrscheinlicher sein, dass der Provinzname Idumäa
eben doch auf eine in diesem Gebiet ansässige edomitische Bevölkerungsgruppe zurückzuführen ist.

77 Ein Überblick über die in Idumäa belegten edomitischen Personennamen findet sich etwa bei
Weippert, Art. Edom, 295; vgl. hierzu auch Knauf, Art. Idumäa, 213. Zu dem in Idumäa
verehrten edomitischen Nationalgott Qaus vgl. Knauf, Art. Qôs, 674-677.

78 Vgl. hierzu Knauf, Art. Idumäa, 213, der meint, dass Texte wie Ps 83,7; Joel 4,19; Am 9,12
nicht das einstige transjordanische Edom, sondern bereits das cisjordanische Idumäa im Blick
haben.

79 Siehe hierzu oben 192f Anm. 3.

80 Dass das Obadjabuch in Obd 2-3 gewaltsame Übergriffe gegen Edom voraussetzt, führte bei
den älteren Ansätzen schon häufiger zu der Annahme, dass das Buch erst in die Mitte des
5.Jh. zu datieren ist; vgl. Wellhausen, Propheten, 214; Marti, KHC 13, 229; Nowack, HK 3,4,
172; Sellin, KAT 12, 227; Haller, Edom, 113. Dabei wurde allerdings stets angenommen, dass
die im Obadjabuch geschilderten Vorgänge doch auf die Einnahme Jerusalems durch die
Babylonier zu beziehen seien. Dagegen spricht aber, dass das Obadjabuch – vor allem in den
Versen 12-14, in denen Edom mit Vetitiven ganz direkt auf sein Verhalten angesprochen
wird – eher eine aktuelle und nicht eine über ein Jahrhundert zurückliegende Konfrontation
vorauszusetzen scheint. Und dagegen spricht nach den obigen Darlegungen auch und vor
allem, dass es für eine edomitische Beteiligung an der Einnahme Jerusalems durch die
Babylonier keinen Hinweis gibt.

Zum anderen ist bedeutend, dass im Obadjabuch die Einnahme Jerusalems durch eine feindliche Macht vorausgesetzt wird. Dabei ist beachtenswert, dass für die Zeit der Diadochenkriege ein solcher feindlicher Übergriff gegen Jerusalem belegt ist. So ist in mehreren Quellen erwähnt, dass Ptolemaios I., vermutlich im Jahr 302, Jerusalem eingenommen und dabei Teile der judäischen Bevölkerung nach Ägypten deportiert hat.[81] Schon Hitzig hat von hier aus in seinem 1839 erschienenen Kommentar zum Obadjabuch vermutet, dass dieses Buch die Eroberung Jerusalems durch Ptolemaios I. voraussetzt und somit in die frühe hellenistische Zeit zu datieren ist.[82] Bedauerlicherweise wurde diese These nie weiter aufgenommen und ist in der gegenwärtigen Forschung kaum mehr bekannt.[83] Da mit der gängigen Datierung des Obadjabuches in die Exilszeit jedoch unübersehbare Schwierigkeiten verbunden sind und da die vorangehenden Überlegungen dafür sprechen, dass dieses Buch kaum vor der fortgeschrittenen persischen Zeit entstanden sein dürfte, sollten die Überlegungen von Hitzig aber ganz neue Beachtung finden.

Problematisch ist an dieser These allerdings, dass edomitische Übergriffe im Zusammenhang der Einnahme Jerusalems durch Ptolamaios I. nicht belegt sind.[84] Ein kleiner Hinweis darauf, dass dies nicht gänzlich in den Bereich der Spekulation fällt, ergibt sich jedoch von einer anderen Stelle her. Denn bei dem oben bereits erwähnten Vers Joel 4,19 wird neben Edom auch Ägypten angeklagt. Begründet wird dieses Gerichtswort mit der Gewalt, die sie den Judäern angetan haben. Edom und Ägypten werden hier also ein und derselben Verschuldung bezichtigt, was so im AT an keiner weiteren Stelle belegt ist. Angesichts der Tatsache, dass Joel 4,19 frühestens ins fortgeschrittene 4.Jh. datiert werden kann, ist dieser Vers somit ein Beleg dafür, dass zu dieser Zeit von Ägypten wie von Edom her Übergriffe auf judäisches Gebiet stattgefunden haben. Und dies könnte, auch wenn die genaueren Umstände zugegebenermaßen im Dunkeln liegen, darauf hindeu-

---

81 Vgl. Arist. 12; Jos. Ant. XII, 1-10; c.Ap. I, 208-211; Appian Syr. 50; siehe hierzu etwa Maier, Judentum, 161f; Hegermann, Diaspora, 131f; Hengel, History, 50f; Albertz, Religionsgeschichte 2, 592 mit Anm. 1; Haag, Zeitalter, 45.
82 Vgl. Hitzig, KEH 1, 342f.
83 So wird diese These etwa von Raabe, AncB 24D, 49-51, in seinem umfangreichen Überblick über die verschiedenen, in der vorangehenden Forschung vertretenen Datierungen des Obadjabuches überhaupt nicht erwähnt.
84 Dabei ist allerdings zu beachten, dass ja auch die gängige Ansetzung des Obadjabuches in der Exilszeit gerade daran krankt, dass eben nur in diesem Buch feindliche Übergriffe der Edomiter gegen Jerusalem belegt sind. Dieses Problem bleibt also bei einer jeden Datierung des Obadjabuches bestehen und spricht somit nicht von vornherein gegen die hier vorgestellten Überlegungen.

ten, dass die Edomiter im Zusammenhang der Eroberung Jerusalems durch die Ptolemäer auch selbst gegen Jerusalem vorgegangen sind.[85]

Dass das Obadjabuch vor dem Hintergrund der Einnahme Jerusalems durch die Ptolemäer zu verstehen ist, lässt sich aber auch noch von einer anderen Seite her wahrscheinlich machen. Interessant ist nämlich, dass in Obd 18 davon die Rede ist, dass nicht nur das Haus Jakob, also das Südreich, sondern auch das Haus Josef, also das Nordreich und somit Samaria, gegen Edom vorgehen wird. Zudem werden in Obd 20 die Weggeführten dieses Heeres der Israeliten (גלת החל־הזה לבני ישראל) erwähnt.[86] Dies ist doch entweder auf die Bewohner des ehemaligen Nordreichs oder – nach dem in Obd 19 eigens genannten Ephraim wohl wahrscheinlicher – auf die Angehörigen von Süd- und Nordreich insgesamt zu beziehen. Die Verse Obd 18.20 sind also von einer gesamtisraelitischen Perspektive geprägt, die bislang nie wirklich erklärt werden konnte.[87] Beachtenswert ist aber, dass Ptolemaios I. bei seinem Palästina-Feldzug sowohl aus Juda als auch aus Samaria Gefangene nach Ägypten verschleppt hat.[88] Die Erwähnung des Hauses Josef in Obd 18 und der Israeliten in Obd 20 wäre somit gerade vor dem Hintergrund dieser Ereignisse recht gut zu erklären.[89]

---

85   Schon Treves, Date, 154-156, und neuerdings Barton, Joel, 110; Roth, Israel, 108, meinten, dass Joel 4,19 angesichts der Erwähnung von Ägypten auf die Eroberung Jerusalems durch Ptolemaios I. zu beziehen ist. Allerdings finden sich bei Treves, Barton und Roth noch keine weiteren Überlegungen, welche Rolle die Edomiter bei diesen Geschehnissen gespielt haben könnten, und sie bringen dies auch noch nicht mit dem Obadjabuch in Verbindung.
     Ansonsten wird die Erwähnung von Ägypten und Edom in Joel 4,19 meist schlicht damit erklärt, dass hier zwei Erzfeinde des Volkes oder zumindest zwei exemplarische Feinde genannt würden; vgl. etwa Sellin, KAT 12, 143; Wolff, BK 14,2, 101f; Bartlett, Edom, 152; Crenshaw, AncB 24C, 200; Dahmen, NSK.AT 23,2, 94. Hierzu hat aber schon Rudolph, KAT 13,2, 87f, angemerkt, dass den beiden Nationen in diesem Vers ja ganz konkrete Vergehen vorgeworfen werden, was doch eher dagegen spricht, dass es sich nur um exemplarische Feinde handeln sollte. Rudolph selbst meint daher, dass in Joel 4,19 Übergriffe der Ägypter und Edomiter gegen die Judäer, die zur Zeit der babylonischen Bedrohung in diese beiden Länder geflüchtet waren (Jer 40,11; 44,1), angeklagt werden. Doch spricht dagegen, dass Joel 4,19 wohl kaum vor dem 4.Jh. angesetzt werden kann.
86   Zur textkritischen Problematik bei החל־הזה s.u. Anm. 89.
87   Meist wird die Erwähnung des Nordreiches in Obd 18.20 als Ausdruck der prophetischen Hoffnung auf die Wiedervereinigung von Israel und Juda verstanden; vgl. Marti, KHC 13, 238; Weiser, ATD 24, 213; Wolff, BK 14,3, 45f; Raabe, AncB 24D, 247; Renkema, Obadiah, 205. Doch ist in diesen beiden Versen nicht explizit von Wiedervereinigung die Rede.
88   Vgl. Jos. Ant. XII, 7.
89   Vor diesem historischen Hintergrund würde sich dann auch die viel diskutierte Frage klären, was in Obd 20 unter החל־הזה zu verstehen sein soll. Meist wird dies nämlich als unverständlich beurteilt und daher eine Konjektur vorgenommen. Dabei wird bisweilen im Anschluss an LXX (ἡ ἀρχὴ αὕτη) zu זה תחלה „dies war der Anfang" geändert, was dann als Hinweis darauf verstanden wird, dass es sich bei den Weggeführten aus Israel um die Angehörigen der ersten Exilierung in der Geschichte des Volkes handelt; vgl. Wolff, BK 14,3, 40-42. Sehr häufig wird hier jedoch ohne jeglichen Anhalt an der Textüberlieferung zu

Es spricht also einiges für die an sich längst vergessene These von Hitzig, dass das Obadjabuch die Eroberung Jerusalems durch Ptolemaios I. voraussetzt. Dies führt zu einer Datierung in die beginnende hellenistische Zeit. Und eben diese Datierung wird sich bei der folgenden Betrachtung des Obadjabuches im Rahmen des Zwölfprophetenbuches, bei der die Grundschicht des Obadjabuches den für das Fremdvölker-Korpus II verantwortlichen Redaktoren zugewiesen werden kann, noch weiter bestätigen.[90]

2.1.3.2 Das Heil für die Völker

Ein kurzer Nachtrag findet sich im Obadjabuch in Obd 17a. In diesem Teilvers wird für das kommende Gerichtshandeln Jhwhs eine Rettungsmöglichkeit auf dem Zion verheißen, die im Anschluss an den gegen die Völker gerichteten Vers Obd 16 doch nur ebenfalls auf die Völker bezogen werden kann. So wird hier eine Bearbeitung erkennbar, die über das in der Grundschicht des Buches angesagte Gericht hinausblickt und Heil für die Völker verheißt. Diese Bearbeitung wird aufgrund ihrer völkerfreundlichen Tendenz wohl bereits in die hellenistische Zeit zu datieren sein.[91]

2.1.3.3 Überblick über die Redaktionsgeschichte des Obadjabuches

Grundschicht (Fremdvölkerschicht II)	1-16.17b.18-21
Heil für die Völker	17a

‏חלח זה‎ „das ist Halach" konjiziert, was als Angabe des Aufenthaltsortes der Weggeführten in Mesopotamien gedeutet wird; so im Anschluss an Überlegungen von Duhm, Anmerkungen, 178, etwa Sellin, KAT 12, 234; Weiser, ATD 24, 208; Rudolph, KAT 13,2, 315; Deissler, NEB.AT 8, 148; Barton, Joel, 154; Renkema, Obadiah, 211f. Gegen beide Eingriffe spricht aber, dass die Stellung einer solchen zeitlichen oder geographischen Beschreibung zwischen ‏גלות‎ und ‏לבני ישראל‎ ausgesprochen ungewöhnlich wäre, da ‏לבני ישראל‎ doch eigentlich eine direkte Näherbestimmung des Begriffs ‏גלות‎ ist und weder auf ‏תחלה זה‎ noch auf ‏חלח זה‎ bezogen werden kann.
Wenn das Obadjabuch aber vor dem Hintergrund der ptolemäischen Übergriffe gegen Jerusalem zu verstehen ist, so ließe sich die bislang meist zurückgewiesene Deutung des ‏חֵל‎ wie in 2 Kön 18,17; Jes 36,2 als Nebenform von ‏חַיִל‎ „Heer" – was auch von den griechischen Lesarten σ', θ' sowie den Targumen und der Vulgata gedeckt ist – doch recht gut verstehen. Denn die von Ptolemaios I. Weggeführten wurde nach Arist. 12-14; Jos. Ant. XII, 8, gerade in Militärkolonien angesiedelt, worauf sich die Rede von den „Weggeführten dieses Heeres der Israeliten" in Obd 20 gut beziehen ließe; so auch schon Hitzig, KEH 1, 342.

90 S.u. 274f.
91 Siehe hierzu im einzelnen unten 351-354.

2.2 Das Maleachibuch

Beim Maleachibuch folgen auf die Überschrift Mal 1,1 die sechs Diskussionsworte in 1,2-5; 1,6-2,9; 2,10-16; 2,17-3,5; 3,6-12; 3,13-21,[1] bevor das Buch in 3,22-24 mit einem kurzen Anhang endet.[2] Bei den folgenden Ausführungen zur Redaktionsgeschichte des Maleachibuches wird zunächst die Sammlung der Diskussionsworte 1,2-3,21 und der Anhang 3,22-24 näher betrachtet. Die auch für die Entstehung des Zwölfprophetenbuches entscheidende Frage, auf welcher redaktionsgeschichtlichen Ebene die Überschrift Mal 1,1 eingebracht wurde,[3] wird dann erst am Ende, auf Grundlage der Erkenntnisse zur Entstehung des Buchkorpus, behandelt.

2.2.1 Die sechs Diskussionsworte Maleachi 1,2-3,21

2.2.1.1 Das erste Diskussionswort Maleachi 1,2-5

Das Diskussionswort Mal 1,2-5 geht von der Frage aus, woran die Liebe Jhwhs zu seinem Volk zu erkennen ist. Dies wird in Mal 1,2-3 damit beantwortet, dass Esau zwar Jakobs Bruder ist, dass Jhwh aber nur Jakob liebt, während er Esau hasst. Denn Jhwh hat die Berge und den Erbbesitz Esaus verwüstet. In den Versen Mal 1,4-5 wird daraufhin angesagt, dass Jhwh gegen die Edomiter vorgehen wird, wenn sie das Zerstörte wieder aufbauen sollten. Dann wird das eigene Volk sehen, dass sich Jhwh über die Grenzen Israels hinaus groß erweist.

Meist wird Mal 1,2-5 als literarische Einheit betrachtet.[4] Das Problem ist aber, dass das eigentliche Thema dieses Wortes, die Liebe Jhwhs zu seinem

---

1 Zur formalen Gestalt der Worte des Maleachibuches mit der Abfolge Eingangsthese – Frage – Entfaltung der These sowie zur Bezeichnung dieser Worte als Diskussionsworte vgl. etwa Pfeiffer, Disputationsworte, 546-568; Boecker, Bemerkungen, 78-80; Meinhold, Art. Maleachi, 7; ders., Gottesungewissheit, 133f.
2 Entgegen der zumeist vertretenen Gliederung des Maleachibuches in die sechs Diskussionsworte und die beiden abschließenden Worte hat allerdings Oesch, Bedeutung, 180, aufgrund der Sprecher-, Adressaten- und Themenwechsel eine Gliederung des Buches in die Einheiten 1,2-2,9; 2,10-16; 2,17-3,12; 3,13-24 vorgelegt. Doch angesichts der Tatsache, dass in 1,2; 1,6; 2,10; 2,17; 3,6-7; 3,13 jeweils mit einer Eingangsthese und einer hierauf bezogenen Frage ein neues Thema eingeleitet wird, erscheint die übliche Gliederung in die sechs Diskussionsworte 1,2-5; 1,6-2,9; 2,10-16; 2,17-3,5; 3,6-12; 3,13-21 mit dem Anhang 3,22-24 wesentlich überzeugender.
3 Siehe hierzu unten 253f mit Anm. 103.
4 Eine Ausnahme stellt hier lediglich der Ansatz von Lescow, Maleachi, 64-67, dar, der die Verse 1,3b.4b.5 als Nachtrag versteht, allerdings ohne hierfür eine genauere Begründung vorzulegen.

Volk,[5] in den Versen 1,4-5 verlassen wird. Denn in Mal 1,2-3 wird auf das Geschick Edoms doch nur deshalb verwiesen, weil sich daran ablesen lässt, dass Jhwh das eigene Volk eben im Gegensatz zu dessen Brudervolk Edom liebt. In Mal 1,4-5 steht das Geschick Edoms hingegen im Zentrum der Ausführungen, und zwar nicht mehr wie in Mal 1,2-3 das bisherige, sondern das zukünftige Geschick dieses Volkes. Es wird den Edomitern für den Fall, dass sie das Zerstörte wieder aufbauen wollen, angesagt, dass Jhwh dies erneut einreißen wird. So geht es hier nicht mehr darum, dass am Ergehen der Edomiter beispielhaft die besondere Liebe Jhwhs zu seinem Volk erkennbar wird. Die Zweifel des Volkes an der Liebe Jhwhs sind hier überhaupt nicht mehr im Blick.[6] Stattdessen ist das künftige Gericht Jhwhs an den Edomitern der eigentliche Gegenstand dieser beiden Verse.[7]

Zu beachten ist dabei, dass die Verse 1,4-5 nicht nur aus dem Kontext des an der Liebe Jhwhs zu seinem Volk ausgerichteten Wortes 1,2-5 fallen. Aufgrund der völkerfeindlichen Tendenz fallen diese Verse aus dem Kontext des gesamten Maleachibuches. Denn ansonsten ist das Maleachibuch durchgängig an Missständen im eigenen Volk orientiert. Es finden sich in diesem Buch keine weiteren Worte gegen ein bestimmtes Fremdvolk.

Neben diesen inhaltlichen Beobachtungen sprechen auch formale Besonderheiten dafür, dass die Verse 1,4-5 erst sekundär hinzugefügt wur-

---

5   Dass die Liebe Jhwhs zu seinem Volk das Thema von 1,2-5 darstellt, wird nahezu einhellig angenommen; vgl. nur Wellhausen, Propheten, 203; Marti, KHC 13, 460; Sellin, KAT 12, 541; Botterweck, Jakob, 32; Horst, HAT 14, 265; Rudolph, KAT 13,4, 255; Snyman, Antitheses, 438; Lescow, Maleachi, 68; Reventlow, ATD 25,2, 134f; Redditt, Haggai, 161; Hill, AncB 25D, 146; Meinhold, BK 14,8, 38-41. Siehe hierzu aber auch unten Anm. 7.

6   Demgegenüber meint aber Verhoef, Haggai, 195.206, dass Mal 1,2-5 mit der abschließenden Aussage in 1,5, wonach das Volk bei dem künftigen Gericht sehen wird, dass sich Jhwh über die Grenzen Israels hinaus groß erweist, doch zu dem ursprünglichen Thema des Wortes zurückkehrt. Nach Verhoef handelt es sich hierbei sogar um die abschließende Antwort auf die Frage, woran die Liebe Jhwhs zu seinem Volk zu erkennen sei. Problematisch ist daran aber zum einen, dass das in Mal 1,2 bedeutende Stichwort „lieben" (אהב) in Mal 1,5 nicht wieder aufgenommen wird, und zum anderen, dass in Mal 1,5 vom zukünftigen Geschick Edoms und von der zukünftigen Erkenntnis des Volkes die Rede ist, während in Mal 1,2-3 doch gefragt wird, woran gegenwärtig die Liebe Jhwhs zu seinem Volk erkennbar ist. Die Darlegungen von Verhoef können also nicht darüber hinwegtäuschen, dass das in Mal 1,2 vorgegebene Thema in den Versen Mal 1,4-5 verlassen wird.

7   Angesichts der Tatsache, dass in Mal 1,4-5 nicht mehr die Liebe Jhwhs zu seinem Volk, sondern das künftige Ergehen Edoms thematisiert wird, meinten etwa Elliger, ATD 25, 192; Deissler, NEB.AT 21, 319f, dass entgegen der oben Anm. 5 genannten Ansätze nicht die Liebe Jhwhs zu seinem Volk das eigentliche Thema dieses ersten Diskussionswortes sei. Vielmehr solle in diesem Wort der Untergang Edoms erklärt werden. Dagegen spricht aber, dass dieses Diskussionswort in 1,2a doch bei der These, dass Jhwh sein Volk liebt, und der Frage, woran dies zu erkennen sei, seinen Ausgangspunkt findet. Das Geschick Edoms ist hier noch überhaupt nicht im Blick. Die Annahme, dass Mal 1,2-5 den Untergang Edoms erklären soll, wird der Anlage dieses Wortes also kaum gerecht. Sie zeigt aber, dass dieses Wort von einem gewissen inhaltlichen Bruch geprägt ist, der einer Erklärung bedarf.

den. So ist zunächst bemerkenswert, dass nur in 1,2-3 der Name Esau belegt ist. In 1,4 wird das Nachbarvolk dagegen als Edom bezeichnet. Die immer wieder vorgetragene Erklärung, dass mit Esau in Mal 1,2-3 das Volk der Edomiter, mit Edom in 1,4 hingegen das Land Edom im Blick sei, überzeugt dabei nicht wirklich.[8] Denn in Mal 1,4 wird doch mit כי־תאמר אדום ein Zitat eingeführt, das angesichts der Formulierung in 1.pl. ebenfalls nur auf das Volk der Edomiter bezogen werden kann. Der plötzliche Wechsel von Esau zu Edom, der zudem noch mit einem Wechsel von 3.m.sg. zu 3.f.sg. einhergeht,[9] ist dann aber doch am ehesten damit zu erklären, dass die Verse 1,4-5 auf eine andere Hand zurückgehen.

Dafür spricht auch, dass der in Mal 1,2-3 für das eigene Volk belegte Name Jakob, wie schon der Name Esau, in 1,4-5 nicht mehr aufgenommen wird. Stattdessen ist in Mal 1,5 von Israel die Rede. Der Name Israel ist im sonstigen Maleachibuch aber nur noch in den Versen 1,1; 2,11.16; 3,22 belegt, die sich allesamt als sekundär erweisen werden.[10] In der Grundschicht des Buches findet sich an keiner weiteren Stelle die Bezeichnung Israel.

Schließlich ist noch beachtenswert, dass im gesamten Maleachibuch nur in Mal 1,4 eine Botenformel belegt ist. Ansonsten finden sich in diesem Buch die Formeln אמר יהוה und נאם יהוה.[11] Auch dies weist dann aber

---

8   Gegen Marti, KHC 13, 461; Nowack, HK 3,4, 411; Reventlow, ATD 25,2, 136 Anm. 14; Petersen, Zechariah 9-14, 170; Meinhold, Gottesungewissheit, 130f.

9   Auch der Wechsel von 3.m.sg. zu 3.f.sg. wird meist damit erklärt, dass nach der maskulinen Bezeichnung Esau in 1,2 mit Edom in 1,4 ein Ländername verwandt wird und Ländernamen häufig als feminine Größen aufgefasst werden; vgl. nur Marti, KHC 13, 461; Nowack, HK 3,4, 411; Reventlow, ATD 25,2, 136 Anm. 14; Meinhold, Gottesungewissheit, 130f. Doch ist auch dabei zu beachten, dass Edom in Mal 1,4 wie Esau in 1,2 eher für das Volk der Edomiter steht. Zudem ist beachtenswert, dass Edom zwar tatsächlich häufig als feminine Größe vorgestellt wird (Jer 49,17; Ez 25,13; 32,29; 35,15; 36,5; Joel 4,19; Obd 1; Klgl 4,21.22), an zahlreichen Stellen aber auch als maskuline Größe (Num 20,18.20.21; 2 Sam 8,14; 2 Kön 8,20-22 // 2 Chr 21,8-10; Am 1,11). Gerade nach der maskulinen Bezeichnung Esau in Mal 1,2-3 wäre also doch eher zu erwarten, dass auch Edom in 1,4 als maskuline Größe aufgefasst wird.

10   Siehe hierzu unten 239.251f.253-255.

11   So ist die Formel אמר יהוה in den Versen Mal 1,2.4.6.8.9.10.11.13.14; 2,2.4.8.16; 3,1.5.7.10.11.12.13.17.19.21 belegt, die Formel נאם יהוה in Mal 1,2. Dabei spricht die Tatsache, dass die Formel נאם יהוה nur in Mal 1,2 belegt ist, nicht dagegen, dass die nur in 1,5 belegte Botenformel als Indiz dafür herangezogen werden kann, dass Mal 1,4-5 gegen 1,2-3 sekundär ist. Denn zum einen ist in Mal 1,2 im Gegensatz zu 1,4-5 ja auch die für das Maleachibuch übliche Redeformel אמר יהוה belegt. Zum anderen steht die Gottesspruchformel נאם יהוה der Formel אמר יהוה doch deutlich näher als der Botenformel כה אמר יהוה, da diese beiden Formeln gleichermaßen in der Mitte oder am Ende einer wörtlichen Rede verwandt werden, während die Botenformel zur Einleitung einer wörtlichen Rede dient. Die Tatsache, dass nur in Mal 1,5 eine Botenformel belegt ist, bleibt also beachtenswert, obwohl sich in Mal 1,2 auch eine vereinzelte Gottesspruchformel findet.

darauf hin, dass es sich bei den Versen Mal 1,4-5 um einen Nachtrag handelt.

Es sprechen also sowohl inhaltliche als auch formale Beobachtungen dafür, dass das erste Diskussionswort Mal 1,2-5 erst sekundär um die Verse 1,4-5 erweitert wurde. Das ursprünglich allein an der Frage nach der Liebe Jhwhs zu seinem Volk ausgerichtete Wort 1,2-3, bei dem das Geschick Edoms lediglich der Veranschaulichung dieser Liebe diente, wurde so um ein explizit Edom geltendes Gerichtswort ergänzt.

2.2.1.2 Das zweite Diskussionswort Maleachi 1,6-2,9

Gegenstand des zweiten Diskussionswortes Mal 1,6-2,9 ist die mangelnde Ehrerbietung gegenüber Jhwh. Dabei wird in Mal 1,6-14 zunächst das Verhalten der Priester wie auch der Laien beim Opferdienst angeprangert.[12] Sie bringen Opfertiere dar, die krank, blind, lahm oder geraubt sind, und entehren so den Namen Jhwhs. In den folgenden Versen 2,1-9 wird den Priestern vorgeworfen, dass sie dem Bund mit Levi nicht gerecht werden, da sie ihrer Aufgabe, zuverlässige Tora zu vermitteln und das Volk damit von Verschuldungen abzuhalten, nicht mehr nachkommen.

Das Diskussionswort Mal 1,6-2,9 fällt nun schon dadurch auf, dass es wesentlich länger als die übrigen, meist nur wenige Verse umfassenden Diskussionsworte des Maleachibuches ist. Dabei ist beachtenswert, dass dieses Wort zwar insgesamt unter dem in der Ausgangsthese 1,6 genannten Thema der mangelnden Ehrerbietung gegenüber Jhwh gelesen werden kann, dass dieses Thema aber unter zwei verschiedenen Gesichtspunkten entfaltet wird – in 1,6-14 mit Blick auf den Opferdienst, in 2,1-9 mit Blick auf die Missstände bei der priesterlichen Toraerteilung. Dabei hilft es nicht, wie bisweilen vorgeschlagen, Mal 1,6-14 und 2,1-9 als zwei eigenständige Worte zu betrachten.[13] Denn Mal 2,1-9 ist im Gegensatz zu den übrigen Worten des Buches nicht als Diskussionswort gestaltet und zudem über zahlreiche terminologische Verbindungen mit 1,6-14 verknüpft.[14] Mal 1,6-2,9 ist somit als zusammengehöriger Textbereich zu verstehen. Die Frage ist dann aber, ob dieser Textbereich angesichts seiner Länge und angesichts des beschriebenen Nebeneinanders zweier verschiedener Themen noch als literarische

---

12   Zur Frage, ob und in welchen Teilen des Wortes 1,6-14 neben den Priestern auch die Laien angesprochen sind, s.u. 225-230.

13   Vgl. etwa Sellin, KAT 12, 537; Bauer, Zeit, 130; Redditt, Haggai, 153.

14   Vgl. כבוד (1,6 // 2,2); ירא / מורא (1,6.14 // 2,5); כהן (1,6 // 2,1.7); בזה (1,6.7.12 // 2,9); שם (1,6.11.14 // 2,2.5); ארר (1,14 // 2,2).

Einheit verstanden werden kann oder ob dieser Textbereich erst durch sekundäre Erweiterungen seine vorliegende Gestalt erhalten hat.

Ein erster Hinweis, dass es sich bei Mal 1,6-2,9 nicht um eine literarische Einheit handelt, zeigt sich schon darin, dass auf die Ausgangsthese 1,6a in 1,6b-7 gleich zwei Nachfragen folgen, was so nur noch in Mal 3,7-8 belegt ist.[15] In Reaktion auf den an die Priester gerichteten Vorwurf, dass der Name Jhwhs verachtet (בזה) wird, wird in 1,6b zunächst gefragt, wodurch sie den Namen Jhwhs verachten (בזה). In 1,7aα wird dies damit beantwortet, dass sie unreine Speise (לחם מגאל) auf dem Altar darbringen. Unter Aufnahme des Stichworts גאל aus dieser ersten Antwort wird sodann in 1,7aβ gefragt, wodurch sie die Speise verunreinigen.[16] Und dies wird schließlich in 1,7b damit begründet, dass die Angesprochenen sagen, der Tisch Jhwhs sei verachtet, womit nun wieder das Stichwort בזה aus der Ausgangsthese und der ersten Nachfrage aufgenommen wird. Insgesamt sind also bei dieser doppelten Frage-Antwort-Abfolge die äußeren Glieder von dem Stichwort בזה bestimmt, die inneren Glieder von dem Stichwort גאל:

---

15   Siehe hierzu aber unten 244-246.

16   MT liest an dieser Stelle allerdings die Form גאלנוך, wobei das Suffix der 2.m.sg. auf Jhwh zu beziehen wäre. Nach diesem Text wird in Mal 1,7aβ also gefragt, womit die Angesprochenen Jhwh verunreinigen. Eine solche Aussage fällt aber deutlich aus dem Kontext des Wortes. Denn in Mal 1,7aα, worauf die Frage in 1,7aβ ja reagiert, ist doch explizit und unter Verwendung desselben Verbs גאל von verunreinigten Opfergaben die Rede, und bei dem gesamten Wort Mal 1,6-14 stehen die Opfergaben im Mittelpunkt der Auseinandersetzung. Zudem ist das Verb גאל an keiner weiteren Stelle im AT auf Jhwh bezogen. So dürfte im Anschluss an die LXX-Lesart ἠλισγήσαμεν αὐτούς, bei der sich αὐτούς auf das zuvor genannte, dort pluralisch wiedergegebene ἄρτους bezieht, גאלנוהו zu lesen sein. Eine solche Korrektur wurde gerade in älteren Ansätzen auch schon häufiger angenommen; vgl. etwa Marti, KHC 13, 463; Nowack, HK 3,4, 412; Sellin, KAT 12, 542f; Elliger, ATD 25, 193; Botterweck, Ideal, 100. Dagegen wird in neuerer Zeit zumeist die MT-Lesart bevorzugt, da es sich hierbei um die lectio difficilior handele; vgl. nur Rudolph, KAT 13,4, 259; Glazier-McDonald, Malachi, 50f; Utzschneider; Künder, 23; Verhoef, Haggai, 216; Reventlow, ATD 25,2, 140 mit Anm. 33; Hill, AncB 25D, 178; Meinhold, BK 14,8, 67. Mit lectio difficilior sollte doch aber eigentlich nur bei in sich verständlichen Textzusammenhängen argumentiert werden, da unverständliche Texte immer die schwierigere Lesart sind! Im vorliegenden Kontext ist jedenfalls die LXX-Lesart sicherlich die stimmigere und somit die wahrscheinlichere.

Beachtenswert ist dabei, dass bei den äußeren Gliedern mit בזה ein eher profaner Begriff,[17] bei den inneren Gliedern dagegen mit גאל ein kultisch konnotierter Begriff verwandt wird.[18] Zudem ist in den äußeren Gliedern mit dem Vorwurf, dass der Tisch Jhwhs verachtet wird, eher die prinzipielle Einstellung gegenüber dem Opferkult angesprochen. Bei den inneren Gliedern ist hingegen direkt das Darbringen mangelhafter Opfer auf dem Altar im Blick.[19]

Bei den inneren Gliedern in Mal 1,7a ist sodann noch bemerkenswert, dass hier für die Opfermaterie der Terminus לחם verwandt wird. Denn die folgende Kritik am Opferkult 1,8-14 ist doch gänzlich an Tieropfern orientiert. Dabei ist der häufig vorgetragene Hinweis, dass לחם an dieser Stelle nicht wie üblich als Brot gedeutet werden muss, sondern wie in Lev 21,6.8.17.21.22; 22,7.11.13.25; Num 28,2.24 ganz allgemein auf die Opfermaterie zu beziehen ist, sicherlich nicht falsch.[20] Erstaunlich bleibt aber, dass der Begriff לחם in Mal 1,7a eben gerade in einer Auseinandersetzung um die mangelnde Qualität von Tieropfern verwandt wird. Denn dieser Begriff lässt doch von der Grundbedeutung „Brot" her zumindest auch an vegetabilische Opfer denken. Zudem ist zu beachten, dass לחם in den folgenden Versen 1,8-14 an keiner weiteren Stelle belegt ist. Hier wird zumeist der allgemeinere Begriff מנחה verwandt.[21]

Die terminologischen und inhaltlichen Differenzen, die zwischen den äußeren und inneren Gliedern des Frage-Antwort-Teils 1,6b-7 erkennbar sind, sprechen dann aber dafür, dass Mal 1,6b.7b und Mal 1,7a nicht auf dieselbe Hand zurückgehen.[22] Dafür spricht auch, dass die zweite Antwort

---

17 Vgl. zur Bedeutung und Verwendung von בזה Görg, Art. בזה, 580-585.
18 Zum Gebrauch des Begriffs גאל als Terminus zur Bezeichnung kultischer Unreinheit vgl. Dan 1,8; Esr 2,62; Neh 7,64; 13,29; siehe hierzu auch Hill, AncB 25D, 178.
19 Vgl. hierzu auch Utzschneider, Künder, 23 Anm. 3: „Die Inkohärenz besteht zwischen zwei Vorstellungskomplexen: der Vorstellung von den Priestern, die den ‚Tisch Jahwes' durch ihr Reden, bzw. Denken verächtlich machen (Lexeme: בזה יהוה שלחן) und der Vorstellung der ganz materiell gedachten, unreinen Darbringungen auf dem Altar (Lexeme: נגש Hi, גאל II, מזבח)."
20 Vgl. nur Marti, KHC 13, 462; Nowack, HK 3,4, 412; Rudolph, KAT 13,4, 261 Anm. 1; Glazier-McDonald, Malachi, 50; Utzschneider, Künder, 45; Reventlow, ATD 25,2, 140; Hill, AncB 25D, 177f; Meinhold, BK 14,8, 67.
21 Der Begriff מנחה wird zwar auch häufig als terminus technicus für vegetabilische Opfer verwandt. Doch ist dieser Begriff, der allgemeinen Bedeutung von מנחה als „Gabe" entsprechend, immerhin an etwa 30 Stellen auch als Sammelbegriff für jede Art von Opfergabe belegt; vgl. neben Mal 1,6-14 die Belege Gen 4,3-5; Num 16,15; Ri 6,18; 1 Sam 2,17; 26,19; 1 Kön 18,29.36; 2 Kön 3,20; Jes 1,13; 57,6; 66,20; Jer 41,5; Zef 3,10; Ps 96,8; 141,2; Dan 9,21; Esr 9,4-5; Neh 13,5.9; 2 Chr 32,23; siehe hierzu etwa Rendtorff, Studien, 192-195; Kessler, Theologie, 394f.
22 Schon Lescow, Strukturen, 206-209; ders., Maleachi, 79, meinte, dass Mal 1,7a erst sekundär in den vorliegenden Kontext eingetragen wurde. Allerdings findet sich bei Lescow weder eine

in 1,7b ohnehin nur recht schwer als Reaktion auf die zweite Frage in 1,7aβ verstanden werden kann, ist doch die Missachtung des Altars keine wirklich verständliche Begründung für die Verunreinigung der Opfergaben.[23] Nur ohne den Teilvers 1,7a ergibt sich in Mal 1,6.7b ein in sich schlüssiger Zusammenhang, bei dem unter dem Leitwort בזה die Verachtung des Namens Jhwhs damit begründet wird, dass sein Tisch, also der Altar, verachtet wird.

Wenn Mal 1,7a aber erst sekundär eingebracht wurde, so kann der Anlass dieses Nachtrags doch nur darin gesehen werden, dass gegenüber dem Grundbestand der Verse 1,6-7 nicht nur die prinzipielle Einstellung gegenüber dem Opferkult betont werden soll, sondern dass hier der Akt des Opferns auf dem Altar auch selbst in den Blick genommen werden soll. Dabei ist bedeutend, dass nur das letztere exklusiv auf die Priester zu beziehen ist. Der in 1,7b belegte Vorwurf, dass der Tisch Jhwhs verachtet wird, könnte ebensogut den Laien gelten. Beachtet man nun, dass die Priester in dem gesamten Wort gegen den Opferdienst Mal 1,6-14 ohnehin nur in 1,6 direkt angesprochen werden, so könnte es doch gut sein, dass dieses Diskussionswort erst sekundär auf die Priester bezogen wurde. Das hieße dann, dass in Mal 1,6-7 nicht nur der Vorwurf, dass auf dem Altar unreine Speise dargebracht wird, in Mal 1,7a, sondern auch die Anrede כהנים in 1,6 erst nachträglich eingefügt wurde.[24]

---

ausführlichere Begründung dieser Annahme noch finden sich bei ihm weitergehende Überlegungen, mit welcher Intention dieser Teilvers nachgetragen wurde.

Zudem hat auch Krieg, Mutmaßungen, 42.272f, erkannt, dass Mal 1,7a nur schlecht in den vorliegenden Kontext passt. Er betrachtet diesen Teilvers allerdings nicht als literarischen Nachtrag. Vielmehr stellt Krieg Mal 1,7a hinter Mal 1,14 um und meint, dass in 1,14.7a der Beginn eines ursprünglich selbständigen Diskussionswortes vorliegt, das er aus weiteren Bestandteilen des Textbereichs 1,6-2,9 rekonstruiert. Eine solche Hypothese, die auf freien Textumstellungen beruht, ist doch aber allzu spekulativ. Zudem werden die folgenden Darlegungen zeigen, dass sich die vorliegende Gestalt von Mal 1,6-2,9 viel eher so erklären lässt, dass hier eine in sich zusammenhängende Grundschicht sekundär überarbeitet wurde als dass hier zwei ursprünglich selbständige Worte zusammengestellt wurden.

Schließlich ist noch zu erwähnen, dass schon Wellhausen, Propheten, 204, zumindest die zweite Frage in 1,7aβ als Nachtrag betrachtete. Doch verbleiben damit in Mal 1,7* zwei direkt aufeinander folgende Nachfragen des Volkes, die auch jeweils eigens eingeleitet werden, was so in den übrigen Diskussionsworten des Maleachibuches kein Gegenstück hat. Es dürfte daher wahrscheinlicher sein, dass der gesamte Teilvers 1,7a erst nachträglich eingefügt wurde.

23 Dies gilt auch dann, wenn entgegen der oben 223 Anm. 16 begründeten Korrektur in Mal 1,7a doch MT zu folgen wäre, so dass in Mal 1,7aβ nicht gefragt würde, womit die Angesprochenen die Opfergaben verunreinigen, sondern gefragt würde, womit sie Jhwh verunreinigen. Denn auch auf diese Frage wäre der Vorwurf, dass sie sagen, der Tisch Jhwhs sei verachtet, eine eher unverständliche Antwort. So ergibt sich bei Mal 1,6-7, ob man nun der MT-Lesart oder, wie hier vorgeschlagen, der LXX-Lesart folgt, stets ein wesentlich verständlicherer Zusammenhang ohne den Teilvers 1,7a.

24 Erstaunlich ist, dass Lescow, Strukturen, 206-209; ders., Maleachi, 79, davon ausgeht, dass sogar der gesamte Textbereich Mal 1,6b*(אמר יהוה צבאות לכם הכהנים בוזי שמי) erst im

Diese Annahme lässt sich an einigen weiteren Beobachtungen untermauern. So fällt in dem auf den Frage-Antwort-Teil Mal 1,6b.7 folgenden
Vers 1,8 die Formulierung כי־תגשון עור לזבח auf. Dies wird stets so
verstanden, dass der Priesterschaft das Opfern blinder Tiere vorgeworfen
wird.[25] Genau genommen geht es hier aber gar nicht um den eigentlichen
Opfervorgang. Denn das Verb נגש, das sicherlich auch terminus technicus
für den Opfervorgang selbst sein kann, lässt sich an dieser Stelle aufgrund
des eigens genannten und hiervon zu unterscheidenden Vorgangs זבח doch
nur auf das Überbringen der Opfergabe an die für das Opfer Verantwortlichen, also an die Priester, beziehen. Es wird den Angesprochenen daher in
Mal 1,8 vorgeworfen, dass sie ein blindes Tier zum Opfern darbringen. Und
somit richtet sich dieser Vers doch eigentlich gegen die Laien.[26]

Rahmen einer Überarbeitung eingebracht wurde. So ist auch nach Lescow die einzige
Erwähnung der Priester in Mal 1,6-14 sekundär. Dies führt bei Lescow aber erstaunlicherweise nicht zu dem Schluss, dass die Grundschicht dieses Wortes an die Laien gerichtet war.
Vielmehr meint auch Lescow, wie die gesamte bisherige Forschung, dass dieses Wort schon
immer den Priestern galt, obwohl die Priester doch in der von ihm aufgezeigten Grundschicht mit keinem Wort erwähnt werden.

25   Vgl. nur Marti, KHC 13, 463; Nowack, HK 3,4, 412; Elliger, ATD 25, 196; Rudolph, KAT
     13,4, 262; Reventlow, ATD 25,2, 140; Petersen, Zechariah 9-14, 180; Redditt, Haggai, 164;
     Meinhold, BK 14,8, 108.

26   Umstritten ist bei Mal 1,8 allerdings, wie die auf die beiden Konditionalsätze folgende
     Wendung אין רע zu verstehen ist. Nach der zumeist vertretenen Deutung ist dies als Zitat
     aus dem Munde der Priester zu lesen, die hier mit אין רע ihren Opferdienst als „nicht
     schlimm" bezeichnen; vgl. etwa Marti, KHC 13, 463; Sellin, KAT 12, 543; Rudolph, KAT
     13,4, 262; Renker, Tora, 102; Glazier-McDonald, Malachi, 44; Verhoef, Haggai, 217f; Utz-
     schneider, Künder, 24 Anm. 1; Lescow, Maleachi, 76; Reventlow, ATD 25,2, 140; Petersen,
     Zechariah 9-14, 180; Meinhold, BK 14,8, 108. Doch spricht gegen eine solche Deutung, dass
     hierfür ein Sprecherwechsel anzunehmen wäre, der im Text durch nichts gekennzeichnet ist.
     Die wahrscheinlichere – und grammatisch gut mögliche (Ges-K, §150a) – Alternative, dürfte
     dann sein, dass die Wendung אין רע als Frage aufzufassen ist; vgl. Deissler, NEB.AT 21,
     321; Krieg, Mutmaßungen, 273. Es würde somit in Mal 1,8 gefragt, ob es etwa nicht schlimm
     ist, wenn die Angesprochenen minderwertige Opfer darbringen. Aber egal, ob es sich bei
     אין רע um ein Zitat aus dem Munde der Angesprochenen handelt, die ihren Opferdienst
     verharmlosend als „nicht schlimm" darstellen, oder aber um eine Frage an die Angesproche-
     nen – beides lässt sich auch gut auf die Laien beziehen.
     Gegen einen solchen Bezug von Mal 1,8 auf die Laien lässt sich dabei auch nicht die schon
     häufiger vorgetragene Annahme ins Feld führen, dass es sich bei אין רע um eine Anspielung
     an ein deklaratorisches Urteil aus dem Munde der Priester handeln könnte, also um eine feste
     Wendung, mit der die Priester die Annehmbarkeit der Opfergaben mitteilen; vgl. hierzu etwa
     Renker, ebd.; Lescow, ebd.; Reventlow, ebd.; Meinhold, ebd. Denn selbst wenn es sich bei
     אין רע um eine Anspielung an ein deklaratorisches Urteil handeln sollte, so wäre ein solches
     Urteil doch eigentlich auf den Akt der Übergabe der Opfergaben durch die Laien zu beziehen
     und nicht auf das eigentliche Opfern durch die Priester. Dass die Priester über ihre eigene
     Tätigkeit das Urteil אין רע sprechen, wie in den oben genannten Deutungen vorausgesetzt,
     ergibt doch eigentlich keinen Sinn. Wenn es sich also tatsächlich bei אין רע um eine An-
     spielung an ein deklaratorisches Urteil der Priester handeln sollte, so wäre diese Formulierung
     in Mal 1,8 doch auf jeden Fall als Frage aufzufassen und es würden hier die Laien gefragt, ob

Zu beachten ist dabei, dass die in Mal 1,6-14 belegten Verben נגש hi. (1,8) und בוא hi. (1,13) im Zusammenhang von Opfern ohnehin zu ihrem ganz überwiegenden Teil für das Überbringen der Opfergaben durch die Laien an das Kultpersonal verwandt werden.[27] Die eigentlichen priesterlichen Tätigkeiten werden demgegenüber, je nach Opferart, eher mit konkreteren Begriffen wie קטר, זרק, שפך oder נוף hi. beschrieben.[28] Und an den Stellen, an denen der eigentliche Opervorgang doch mit נגש hi., בוא hi. oder mit dem vergleichbaren Begriff קרב hi. bezeichnet wird, ist dies – wie in dem bereits als sekundär erwiesenen Teilvers Mal 1,7a – meist deutlich, etwa durch einen Bezug dieser Tätigkeit auf den Altar (מזבח), vom Überbringen der Opfergaben durch die Laien zu unterscheiden.[29]

Dass Mal 1,6-14 ursprünglich gegen die Laien gerichtet war, lässt sich sodann auch an der in Mal 1,9b.10b.13 belegten Formulierung zeigen, dass die Opfer „aus eurer Hand" (מידכם) kommen. Denn an den übrigen Stellen, an denen sich die Formulierung מיד im Kontext von Opfergaben findet (Lev 22,25; Num 5,25; Dtn 26,4), ist dies eindeutig auf die Übergabe der Opfer aus der Hand der Laien an den Kult bezogen. Auch dies spricht also dafür, dass die Grundschicht von Mal 1,6-14 ursprünglich den Laien galt.

Dafür sprechen auch die Formulierungen לא־ארצה in 1,10b und הארצה in 1,13. Diese Formulierungen erinnern deutlich an die priesterlichen Urteilssprüche über die vom Volk dargebrachten Opfergaben, mit denen im Namen Jhwhs verkündet wird, ob er an diesen Gaben Gefallen hat und sie somit annehmbar sind.[30] Wenn es also in Mal 1,10.13 heißt, dass Jhwh die Opfer nicht annehmen kann, so lässt sich dies zwar theoretisch

---

ihre minderwertigen Opfergaben etwa als „nicht schlimm" beurteilt werden sollten. Eine Deutung der Wendung אין רע als deklaratorisches Urteil könnte also entgegen der gängigen Ansätze gerade dafür sprechen, dass Mal 1,8a auf die Laien zu beziehen ist. Da eine solche Deutung von אין רע aber daran krankt, dass sich für den Gebrauch dieser Wendung als deklaratorisches Urteil keine Parallelen finden lassen, sei dies hier nur am Rande erwähnt.

27 Vgl. zu נגש hi. etwa 1 Sam 13,9; Am 5,25; 2 Chr 29,23 und zu בוא hi. etwa Lev 2,8; 4,14.23.28.32; 5,6.7.8.11.12.15.18.25; 7,29; 12,6; 17,5; 19,21; Num 5,15; 6,12; 15,25; Dtn 12,6.11; Jer 17,26; Am 4,4; 2 Chr 29,21.31.32.
28 Vgl. hierzu etwa Rendtorff, Studien, 90-114.129-132.144-148.153-161.182-188.212-221.
29 Vgl. etwa Ex 30,20; Lev 2,8; 6,7; Num 5,25, wo sich das Darbringen der Priester durch den Bezug auf den Altar deutlich als das eigentliche Opfern vom Übergeben der Opfergaben durch die Laien unterscheiden lässt. Ansonsten ist meist durch weitere Beschreibungen des Opfervorgangs klar erkennbar, dass die Opfertätigkeit der Priester im Blick ist; vgl. etwa Lev 6,13-14; 7,8-9; 14,12; 16,9-11.
30 Vgl. zu diesem Gebrauch von רצה Lev 7,18; 19,7; 22,23; Hos 8,13; Am 5,22. Dass die Formulierungen in Mal 1,10.13 als Anspielungen auf die priesterlichen Urteile im Opferkult zu verstehen sind, wurde dabei zwar schon häufiger erkannt; vgl. nur Verhoef, Haggai, 221; Lescow, Maleachi, 77; Reventlow, ATD 25,2, 141; Hill, AncB 25D, 186; Meinhold, BK 14,8, 122f. Es wurde allerdings noch nie, wie im folgenden, gefragt, ob derartige Formulierungen, die ja eigentlich von den Priestern an das Volk gesprochen werden, in einem Kontext, der gegen die Priester gerichtet ist, wirklich Sinn ergeben.

auch auf den eigentlichen Akt des Opferns durch die Priester beziehen. Doch seinen direkten Bezugspunkt haben diese festen Wendungen eben in der Übergabe des Opfers durch die Laien an das Kultpersonal. Die Verse 1,10b.13 lassen sich demnach wesentlich besser verstehen, wenn sie ursprünglich gegen Laien gerichtet waren.

Dafür spricht auch noch eine weitere Überlegung: Zu Beginn des Verses Mal 1,13 ist der Ausspruch belegt, dass der Opferdienst eine Last (תלאה) ist.[31] Dies wird häufig so verstanden, dass den Priestern das Überprüfen oder das Darbringen der Opfergaben eine Last sei.[32] Doch wird dies der sonstigen Verwendung von תלאה nicht gerecht. Denn dieser Begriff bezieht sich an den übrigen Belegstellen im AT nicht auf die Mühe, die für eine bestimmte Tätigkeit aufzubringen ist. Vielmehr bezeichnet dieser Begriff die Beschwernis einer existentiellen Notlage – sei es in Ex 18,8; Num 20,14 die Not in der Wüste, in Klgl 3,5 die Not des Beters zur Exilszeit oder in Neh 9,32 die Not des Volkes unter den Persern. So lässt sich Mal 1,13 kaum auf die Last des von den Priestern zu vollbringenden Dienstes beziehen. Es geht hier vielmehr darum, dass der Opferdienst die existentielle Not der Angesprochenen verschärfen würde. Und dies ist wiederum viel eher auf die Laien zu beziehen.[33] Denn dann ist dieser Vers so zu verstehen, dass das Volk die finanzielle Last, die der Opferdienst mit sich bringt, angesichts der eigenen wirtschaftlichen Lage nicht tragen kann.[34]

---

31 Dass מתלאה in Mal 1,13 aus מה תלאה entstanden ist, wird allgemein angenommen; vgl. etwa Wellhausen, Propheten, 205; Marti, KHC 13, 465; Sellin, KAT 13,2, 546; Rudolph, KAT 13,4, 259; Glazier-McDonald, Malachi, 62; Verhoef, Haggai, 209; Hill, AncB 25D, 191; Meinhold, BK 14,8, 70.

32 Vgl. etwa Marti, KHC 13, 465; Nowack, HK 3,4, 414; Rudolph, KAT 13,4, 264; Deutsch, Promise, 88f; Deissler, NEB.AT 21, 324; Glazier-McDonald, Malachi, 62; Verhoef, Haggai, 233; Petersen, Zechariah 9-14, 184; Meinhold, BK 14,8, 134f.

33 Vgl. hierzu auch schon Horst, HAT 14, 267: „Der in der Einrede (13aα) gemachte Hinweis auf den Notstand in der Gemeinde ... ist aus dem Munde von Laien verständlicher als von Priestern, wo man nur zu gekünstelten Deutungen kommt." Allerdings führt dies bei Horst zur Annahme, dass Mal 1,13 erst sekundär in das vorliegende Diskussionswort eingefügt wurde; siehe hierzu unten 229 mit Anm. 38.

34 Unklar ist allerdings, wie die auf מתלאה folgende Wendung והפחתם אותו zu verstehen ist. Bisweilen wird dies nämlich auf das Anfachen des Altars bezogen, so dass in Mal 1,13 dann doch das Tun der Priester im Blick wäre; vgl. Utzschneider, Künder, 26f Anm. 4; Reventlow, ATD 25,2, 142; Petersen, Zechariah 9-14, 185. Das Verb נפח ist aber an keiner anderen Stelle auf das Entzünden eines Altars bezogen. Zudem ist an keiner weiteren Stelle eine hifʿil-Form von נפח für das Entfachen von Feuer belegt. Der einzige weitere Beleg für נפח hi. ist Hi 31,39, wo dies als „in Wut bringen, missachten, seufzen lassen" zu deuten ist; vgl. KBL³, 669. Zu beachten ist zudem, dass es sich bei der MT-Lesart אותו והפחתם ohnehin um eine der Tiqqune sopherim handelt – also eine der Stellen, an denen die Massoreten in den Text eingegriffen haben, um anstößige Aussagen über Jhwh zu mildern (vgl. Würthwein, Text, 21f) – und dass an dieser Stelle wohl ursprünglich אותי והפחתם stand. Dies ist dann aber am ehesten als Vorwurf zu verstehen, dass die Angesprochenen „mich", also Jhwh, mit ihrer negativen Einstellung gegenüber dem Opferdienst in Wut bringen; vgl. hierzu Marti, KHC

Bei Mal 1,13 spricht jedoch nicht nur die Rede von der Last dafür, dass dieser Vers ursprünglich den Laien galt. Dafür spricht zudem noch, dass hier das Darbringen von Geraubtem (גָּזוּל) angeprangert wird. Es wurde nämlich zurecht schon häufig angemerkt, dass die Priester bei der Überprüfung der Opfergaben doch eigentlich nicht erkennen können, ob es sich dabei um etwas Gestohlenes handelt.[35] Angesichts der übrigen Beobachtungen zu Mal 1,6-14 sollte dies allerdings nicht zu Umdeutungen oder zu text- oder literarkritischen Eingriffen in diesem Vers führen.[36] Die Rede vom Darbringen des Geraubten kann vielmehr als weiterer Hinweis darauf verstanden werden, dass in diesem Diskussionswort eben ursprünglich die Laien angesprochen waren.

Dies zeigt sich auch bei Mal 1,14. Dieser Vers richtet sich gegen diejenigen, die ein gesundes Tier in ihrer Herde haben, aber bei einem Gelübde ein krankes Tier opfern. Dass sich dies nur auf die Laien beziehen kann, wurde stets gesehen.[37] Doch wurde daraus bei den bisherigen Ansätzen entweder die Konsequenz gezogen, dass es sich bei diesem Vers, eventuell zusammen mit den Versen 1,11-13, um einen Nachtrag handeln muss.[38] Oder es wurde angenommen, dass Mal 1,14 doch zumindest indirekt auch auf die Priester zu beziehen ist, da sie ja die Opfer der Laien annehmen.[39] Nach den hier vorgelegten Erkenntnissen weist der Vers Mal 1,14 aber einmal mehr darauf hin, dass der Grundbestand von Mal 1,6-14 ursprünglich überhaupt nur gegen die Laien gerichtet war.

Über die bisherige Forschung hinaus spricht also eine Vielzahl von Beobachtungen dafür, dass das Wort Mal 1,6-14 nicht schon immer den

---

13, 465; Elliger, ATD 25, 194; Horst, HAT 14, 264; Rudolph, KAT 13,4, 259; Lescow, Maleachi, 80; Meinhold, BK 14,8, 70. Von hier aus spricht dann aber nichts dagegen, dass Mal 1,13 ursprünglich gegen die Laien gerichtet war.

35 Vgl. etwa Marti, KHC 13, 465; Nowack, HK 3,4, 414; Rudolph, KAT 13,4, 264; Glazier-McDonald, Malachi, 63; Meinhold, BK 14,8, 135.

36 So wird גָּזוּל etwa von Rudolph, KAT 13,4, 264; Glazier-McDonald, Malachi, 45.63, als „verletzt" oder „verstümmelt" gedeutet. Wellhausen, Propheten, 205; Marti, KHC 13, 465; Nowack, HK 3,4, 414; Sellin, KAT 12, 546, ändern den Text zu אֶת־הָעִוֵּר „Blindes". Nach Elliger, ATD 25, 194; Meinhold, BK 14,8, 70, handelt es sich bei גָּזוּל um einen Nachtrag.

37 Vgl. Wellhausen, Propheten, 205; Marti, KHC 13, 465; Nowack, HK 3,4, 415; Sellin, KAT 12, 543.546; Elliger, ATD 25, 199; Horst, HAT 14, 264; Rudolph, KAT 13,4, 264; Deissler, NEB.AT 21, 324; Glazier-McDonald, Malachi, 63; Tate, Questions, 397; Lescow, Maleachi, 92f; Reventlow, ATD 25,2, 142; Petersen, Zechariah 9-14, 186f; Redditt, Haggai, 167; Kessler, Theologie, 398; Meinhold, BK 14,8, 136.

38 So halten Nowack, HK 3,4, 415; Sellin, KAT 12, 543.546; Deissler, NEB.AT 21, 324; Lescow, Maleachi, 92f, Mal 1,14 für einen Nachtrag. Nach Elliger, ATD 25, 195; Horst, HAT 14, 264; Lescow, Strukturen, 207; Utzschneider, Schriftprophetie, 382; ders., Art. Maleachi, 712; Meinhold, Art. Maleachi, 8; ders., BK 14,8, 80-83, ist der gesamte Textbereich Mal 1,11-14 erst sekundär eingebracht worden.

39 Vgl. Glazier-McDonald, Malachi, 63; Verhoef, Haggai, 234; Mason, Preaching, 243; Petersen, Zechariah 9-14, 186f.

Priestern galt. Es wurde hier vielmehr ein ursprünglich den Laien geltendes Wort erst im Rahmen einer Redaktion gegen die Priester umgelenkt. Neben der Adressatenangabe הכהנים in Mal 1,6 und dem beschriebenen Nachtrag in Mal 1,7a, sind dieser Redaktion in Mal 1,6-14 dann noch zwei weitere kleine Überarbeitungen zuzuweisen. So fällt zunächst Mal 1,10a auf.[40] Bei dem hier belegten Ausruf, dass man doch die Tore verschließen soll, damit der Altar nicht vergebens entzündet wird, findet sich neben Mal 1,7a der einzige weitere Hinweis im gesamten Textbereich 1,6-14 auf die eigentlichen Opfervorgänge am Altar. Der Teilvers 1,10a setzt also einen Kontext voraus, der gegen die Priester gerichtet ist. Dabei fällt Mal 1,10a aber auch schon dadurch aus dem Kontext, dass er die an sich zusammenhängende Beurteilung der Opfergaben in 1,9b und 1,10b unterbricht. Dies zeigt dann aber einmal mehr, dass bei Mal 1,6-14 eben nicht, wie immer wieder mit Blick auf Mal 1,(11-13.)14 angenommen, die auf die Laien bezogenen Passagen sekundär sind,[41] sondern gerade die auf die Priester bezogenen Passagen.

Eine weitere Bearbeitung, die auf diese Redaktion zurückzuführen ist, zeigt sich sodann in Mal 1,12. Bei diesem Vers ist die nur schwer verständliche Formulierung שלחן אדני מגאל הוא וניבו נבזה אכלו beachtenswert. Hier ist zunächst, wie schon häufig angemerkt, das in diesem Zusammenhang kaum verständliche Wort וניבו als Dittographie zu נבזה zu streichen.[42] Im verbleibenden Textbestand fällt dann aber noch auf, dass hier erneut die beiden Stichworte גאל und בזה aus dem Frage-Antwort-Teil 1,6b-7 belegt sind.[43] Dabei kann sich die Aussage, dass der Tisch Jhwhs verunreinigt ist, aber nur auf die Priester beziehen, während sich die folgende Aussage, dass seine Speise verachtet ist, durchaus auch auf die Laien beziehen lässt. Es ist also wahrscheinlich, dass in Mal 1,12 die Worte מגאל הוא, wie schon der ebenfalls von dem Stichwort גאל bestimmte Teilvers 1,7a, von der Redaktion eingebracht wurde, die Mal 1,6-14 zu einem gegen die Priester gerichteten Wort umgearbeitet hat. Der verbleibende Bestand שלחן אדני נבזה אכלו erinnert dagegen deutlich an die Grundschicht in 1,6*.7b und kann als erneute Kritik an der Verachtung des Opferdienstes durch die Laien verstanden werden. Insgesamt sind der Überarbeitung, die Mal 1,6-14 zu einem gegen die Priester gerichteten Wort umgestaltet hat, demnach die Textbereiche 1,6*(כהנים).7a.10a.12*(מגאל הוא) zuzuweisen.

---

40 Auch Lescow, Strukturen, 207, betrachtet Mal 1,10a als Nachtrag. Aber auch hierfür findet sich bei ihm noch keine nähere Begründung.

41 S.o. 229 Anm. 38.

42 Vgl. Wellhausen, Propheten, 205; Marti, KHC 13, 464; Elliger, ATD 25, 194; Horst, HAT 14, 264; Rudolph, KAT 13,4, 259; Petersen, Zechariah 9-14, 176; Meinhold, BK 14,8, 69f.

43 Siehe hierzu oben 223-225.

Neben dieser Überarbeitung zeigen sich in Mal 1,6-14 noch drei hiervon
zu unterscheidende kurze Ergänzungen. In Mal 1,8b wird dazu aufgefordert,
auch dem Statthalter minderwertige Gaben vorzusetzen, um zu sehen, ob er
dies annehmen wird. Entgegen der verbreiteten Annahme ist dieser Teilvers
sicherlich sekundär.[44] Dafür spricht zunächst die unvermittelte Anrede in
2.m.sg. statt wie im Kontext in 2.m.pl. Dafür spricht zudem das nur hier in
Mal 1,6-14 für das Darbringen der Gaben verwandte Verb קרב hi. Und
dafür spricht schließlich die Frage, ob der Statthalter bei solchen Gaben „an
dir Gefallen haben wird" (הירצך). Denn in Mal 1,10.13 ist das ebenfalls mit
dem Verb רצה ausgedrückte Gefallen Jhwhs auf die dargebrachten Gaben
und nicht wie in 1,8b auf die darbringenden Personen bezogen.

Zudem wurde Mal 1,9a, was bislang kaum gesehen wurde, erst sekundär
eingebracht.[45] Die hier belegte Aufforderung, das Angesicht Gottes anzuflehen (חלו־נא פני־אל),[46] „damit er uns gnädig ist" (ויחננו), ist in der 1.pl.
und somit aus der Perspektive des Volkes formuliert. Mal 1,9a unterbricht
daher die Gottesrede in 1,8.9b-14. Aufgrund der Gestaltung in Diskussionsworten werden zwar auch an zahlreichen anderen Stellen des Maleachibuches Zitate des Volkes vorgebracht. Doch ist Mal 1,9a die einzige Stelle
in diesem Buch, an der ein solches Zitat nicht klar durch eine Redeformel
gekennzeichnet wird. Zudem fällt bei diesem Teilvers die Gottesbezeichnung אל auf. Zwar ist diese Gottesbezeichnung im Maleachibuch auch noch
in den Versen 2,10.11 belegt. Dort wird dies aber als Gattungsbezeichnung
und nicht, wie hier, als Appelativ verwandt. Und schließlich spricht gegen
die Zugehörigkeit von Mal 1,9a zur Grundschicht von Mal 1,6-14, dass nur
hier das Anrufen Gottes als Voraussetzung der erneuten gnadenhaften
Zuwendung dargestellt wird, ist doch das Darbringen von Opfern, also die
kultisch vermittelte Begegnung mit Jhwh, der eigentliche Gegenstand dieses
Wortes. Dass es sich bei der in 1,9a belegten Forderung, Gott anzuflehen,
um Ironie handeln sollte, wie häufig angenommen wird, ist dagegen nicht
wirklich einleuchtend.[47] Vielmehr wird in diesem Vers eine Möglichkeit
aufgezeigt, wie durch die Anrufung Jhwhs erneutes Heil möglich wird. Und

---

44 Einzig Lescow, Strukturen, 207-209, hat bislang Mal 1,8b als Nachtrag verstanden. Allerdings
    findet sich bei Lescow auch für diese literarkritische Überlegung keine genauere Begründung.
    Utzschneider, Schriftprophetie, 382, fasst den gesamten Textbereich 1,8b-10 als Nachtrag zu
    1,6-8a auf; vgl. auch Meinhold, BK 14,8, 75f. Doch dürfte eine kleinräumigere literarkritische
    Hypothese den erkennbaren Unstimmigkeiten innerhalb dieser Verse eher gerecht werden.

45 Vgl. aber Lescow, Strukturen, 207; ders., Maleachi, 83, der den gesamten Vers Mal 1,9 als
    sekundär betrachtet.

46 Zur Wendung חלה פנים als Ausdruck der flehentlich bittenden Zuwendung zu Gott vgl. Ex
    32,11; 1 Kön 13,6; 2 Kön 13,4; Jer 26,19; Sach 7,2; 8,21.22; Ps 119,58; Dan 9,13; 2 Chr 33,12.

47 Gegen Marti, KHC 13, 463; Sellin, KAT 12, 544; Botterweck, Ideal, 103; Rudolph, KAT
    13,4, 262; Deissler, NEB.AT 21, 322; Glazier-McDonald, Malachi, 54; Verhoef, Haggai, 220;
    Keller, Betrachtungen, 88-91; Reventlow, ATD 25,2, 141; Hill, AncB 25D, 182, u.a.

eine solche Vorstellung ist dem Diskussionswort Mal 1,6-14* ansonsten fremd.

Ein letzter Nachtrag zeigt sich sodann noch in Mal 1,11a. Die hier belegte Vorstellung, dass unter allen Völkern für Jhwh geopfert wird, was doch kaum auf die judäische Diaspora oder auf Proselyten zu beziehen ist, sondern tatsächlich den gegenwärtigen Opferkult der Völker vor Augen hat,[48] fällt deutlich aus dem vorliegenden, an den Missständen im eigenen Volk orientierten Kontext. Zudem finden sich hier mit קטר und טהור zwei ansonsten in Mal 1,6-14 nicht belegte Begriffe für das Opfern und die Reinheit der Opfer. So dürfte der Teilvers 1,11a doch ebenfalls erst nachträglich hinzugefügt worden sein.

Es bleibt schließlich noch die Frage der redaktionsgeschichtlichen Einordnung von Mal 2,1-9 zu klären. Anders als Mal 1,6-14 ist dieses Wort nun insgesamt an Missständen in der Priesterschaft orientiert. Dabei ist Mal 2,1-9, wie bereits erwähnt, nicht als Diskussionswort gestaltet, so dass es nicht als eigenständiges Wort, sondern nur als Anhang zu Mal 1,6-14 verstanden werden kann.[49] Da sich für Mal 1,6-14 erwiesen hat, dass dieser Textbereich erst sekundär auf die Priesterschaft bezogen wurde, ist es dann aber naheliegend, dass die Verse Mal 2,1-9 derselben Redaktion zuzuweisen sind.[50]

Insgesamt ist bei Mal 1,6-2,9 also ein Grundbestand erkennbar, der die Verse 1,6*(ohne כהנים).7b.8a.9b.10b.11b.12*(ohne מגאל הוא).13-14 umfasst. Dieser Grundbestand wendet sich gegen die unzureichende Ehr-

---

48 Kaum eine Stelle des Maleachibuches wurde so umfassend diskutiert wie Mal 1,11a; vgl. hierzu die Überblicke über die verschiedenen, in der bisherigen Forschung vertretenen Deutungen bei Glazier-McDonald, Malachi, 55-61; Viberg, Metaphor, 298-307; Meinhold, BK 14,8, 130-133. Doch kann dieser Vers letztlich kaum anders verstanden werden, als dass hier der Opferdienst der Völker im Blick ist. Und angesichts der Tatsache, dass Mal 1,11a mit Partizipialkonstruktionen formuliert ist, kann dieser Vers auch nicht auf die Zuwendung der Völker zu Jhwh in ferner Zukunft bezogen werden, sondern ist auf den gegenwärtigen Opferdienst der Völker zu deuten; vgl. Wellhausen, Propheten, 205; Marti, KHC 13, 464; Sellin, KAT 12, 544f; Horst, HAT 14, 267; Rudolph, KAT 13,2, 262f; Petersen, Zechariah 9-14, 183f, u.a. Alle anderen in der bisherigen Forschung vorgetragenen Überlegungen dürften dagegen als unzulässige Verharmlosungen der hier belegten Aussage zu verstehen sein.

49 S.o. 222.

50 Mal 2,1-9 wurde bislang stets dem Grundbestand des Buches zugewiesen. Es wurden allerdings innerhalb dieses Textbereichs schon häufiger kleinere Passagen als sekundär beurteilt, so vor allem Mal 2,2b.7; vgl. etwa Marti, KHC 13, 466-468; Sellin, KAT 12, 547; Elliger, ATD 25, 195; Utzschneider, Künder, 40. Da der vorliegende Text aber durchaus als in sich schlüssiger Zusammenhang verstanden werden kann und da es sich bei derartigen Ergänzungen ohnehin nur um vereinzelte Nachträge handeln würde, die ohne größere Bedeutung für die Entstehung des Gesamtbuches sind, kann dies hier außer Acht gelassen werden.

erbietung des Volkes gegenüber Jhwh, die sich darin zeigt, dass auch mangelhafte Tiere zum Opfern dargebracht werden.

Durch eine Überarbeitung in Mal 1,6*(כהנים).7a.10a.12*(מנאל הוא);
2,1-9 wurde dieses ursprünglich nur an den Laien orientierte Diskussionswort zu einem gegen die Priester gerichteten Wort umgestaltet. So werden nun in 1,6-14 die Priester dafür verantwortlich gemacht, dass auf dem Altar unreine Opfergaben dargebracht werden, und in 2,1-9 wird den Priestern zudem noch vorgeworfen, dass sie ihrer Aufgabe der zuverlässigen Toraerteilung nicht mehr nachkommen.

Ein kleiner Nachtrag, der auch für die Entstehung des Zwölfprophetenbuches von Bedeutung sein wird, findet sich sodann in Mal 1,9a. Hier wird für den Fall, dass das Volk Jhwh anruft, versichert, dass sich Jhwh dem Volk wieder gnädig zuwenden wird.

Zwei weitere, vereinzelte Nachträge, die weder für die Entstehung des Maleachibuches noch für die Entstehung des Zwölfprophetenbuches von größerer Bedeutung sind, zeigen sich schließlich in Mal 1,8b.11a.

2.2.1.3 Das dritte Diskussionswort Maleachi 2,10-16

Das dritte Diskussionswort Mal 2,10-16 geht von dem in 2,10 vorgebrachten Vorwurf aus, dass die Angehörigen des Volkes treulos aneinander handeln, obwohl sie doch einen gemeinsamen Vater haben und von einem Gott geschaffen wurden. Dieser Vorwurf wird im weiteren Verlauf des Wortes mit drei konkreten Vergehen begründet: Nach 2,11-12 gehen die Angehörigen des Volkes Mischehen mit Frauen anderer Religionen ein und entweihen so das Heiligtum Jhwhs.[51] Deshalb wird Jhwh denjenigen, der

---

51 Entgegen der hier vertretenen Deutung wurde allerdings schon häufiger angenommen, dass Mal 2,11-12 nicht gegen Mischehen, sondern gegen die Verehrung einer fremden Göttin gerichtet ist; vgl. Torrey, Prophecy, 8-10; Hvidberg, Weeping, 121-123; Isaksson, Marriage, 31-34; O'Brien, Priest, 67-69; Petersen, Zechariah 9-14, 195-201; Shields, Syncretism, 71-76. Hierfür wird insbesondere darauf verwiesen, dass die Formulierung בת־אל נכר „Tochter eines fremden Gottes" ganz wörtlich und als Bezeichnung für die Verehrerin einer fremden Gottheit zu verstehen sei. Problematisch ist allerdings, dass bei diesen Ansätzen auch die Verse 2,14-16 nicht mehr als Kritik an der Ehescheidung gelesen werden können, sondern von 2,11-12 herkommend auf die Trennung des Volkes von Jhwh gedeutet werden müssen. Dies hätte aber zur Folge, dass dabei die Formulierung „Frau deiner Jugend" (אשת נעוריך) in Mal 2,14.15 auf Jhwh bezogen werden muss; vgl. Torrey, a.a.O., 9; Hvidberg, a.a.O., 122f; Isaksson, a.a.O., 33; Petersen, a.a.O., 203. An den anderen Stellen, die das Bild der Ehe auf das Verhältnis des Volkes zu Jhwh beziehen, kommt aber dem Volk die Rolle der Frau und Jhwh die Rolle des Mannes zu; vgl. etwa Jer 3; Ez 16; 23; Hos 1-3. Zudem ergibt die Aussage in Mal 2,14, dass Jhwh Zeuge war zwischen dem Angesprochenen und der Frau seiner Jugend, doch eigentlich nur dann Sinn, wenn diese Frau eine von Jhwh zu unterscheidende Größe ist. Es scheint also doch eher ausgeschlossen zu sein, dass Mal 2,14-16 gegen die

eine Mischehe eingeht, vertilgen, auch wenn er ihm Opfer darbringt. In Mal 2,13 wird sodann angeprangert, dass der Altar Jhwhs angesichts der Wirkungslosigkeit der Opfer mit Tränen und Klagen bedeckt wird. Und die Verse Mal 2,14-16 sind schließlich gegen Ehescheidung gerichtet.[52] Wer seine Frau hasst und fortschickt, bedeckt nach Mal 2,16 sein Gewand mit Gewalttat.[53]

Trennung des Volkes von Jhwh und nicht gegen die Ehescheidung gerichtet ist. Shields, a.a.O., 76-86, versucht allerdings die These, dass in Mal 2,11-12 die Verehrung einer fremden Göttin angeklagt wird, dadurch zu retten, dass er eben nur diese beiden Verse auf derartigen Götzendienst bezieht und die Verse Mal 2,14-16 wie üblich als Wort gegen Ehescheidung liest. Es dürfte doch aber höchst unwahrscheinlich sein, dass in Mal 2,10-16 zwei derart unterschiedliche Anklagepunkte zusammengestellt sind. Und somit ist der gängigen These, dass Mal 2,11-12 gegen Mischehen gerichtet ist, doch eindeutig der Vorzug zu geben; so auch Marti, KHC 13, 470; Sellin, KAT 12, 551; Verhoef, Haggai, 269; Reventlow, ATD 25,2, 146f, u.a.

52   Zu beachten ist dabei, dass der Vers Mal 2,15 mit so zahlreichen textlichen und interpretatorischen Schwierigkeiten verbunden ist, dass die Aussage dieses Verses letztlich nicht wirklich zu verstehen ist; so auch Marti, KHC 13, 471; Nowack, HK 3,4, 418; Horst, HAT 14, 270; Redditt, Haggai, 172-174; Meinhold, BK 14,8, 179. Deutlich ist lediglich, dass dieser Vers die Anklage gegen die Ehescheidung aus Mal 2,14 fortsetzt. Unklar ist hingegen, inwiefern sich aus diesem Vers genaueres über die Motive herauslesen lässt, die bei den Angesprochenen zur Ehescheidung führten. Angesichts der mit Mal 2,15 verbundenen Schwierigkeiten, sollte daher von weitergehenden Folgerungen, die auf diesem Vers beruhen, abgesehen werden.

53   Über das Verständnis des Verses Mal 2,16 wurde viel diskutiert. Umstritten ist dabei insbesondere die Deutung der Worte שלח כי־שׂנא zu Beginn von Mal 2,16; vgl. hierzu etwa die Überblicke bei Shields, Syncretism, 81-85, und Zehnder, Look, 252-254. Beliebt ist an dieser Stelle eine Konjektur zu שלח כי־שׂנאתי („denn ich hasse Scheidung"), wobei שלח dann als Infinitiv aufgefasst wird; vgl. etwa Wellhausen, Propheten, 208; Nowack, HK 3,4, 421; Elliger, ATD 25, 200; Rudolph, KAT 13,4, 270; Reventlow, ATD 25,2, 146. Problematisch ist an diesem Eingriff allerdings, dass dabei zwischen שׂנאתי und dem folgenden וכסה ein nicht weiter markierter Subjektwechsel anzunehmen wäre und der gesamte Textbereich Mal 2,16a so keinen wirklich stimmigen Zusammenhang mehr ergäbe. Es wird daher häufig noch eine weitere Konjektur vorgenommen und וכסה etwa zu ככסה geändert, so dass die ursprüngliche Aussage von Mal 2,16a gelautet hätte: „Denn ich hasse Scheidung ... wie das Bedecken des Gewandes mit Gewalttat". Angesichts der hierfür notwendigen mehrfachen Änderungen des vorliegenden Textes ist dieser Vorschlag doch aber mit zu vielen Unsicherheiten belastet. Gänzlich unwahrscheinlich ist sodann die in neuerer Zeit wieder von Schreiner, Mischehen, 213-217.223, vertretene These, dass שלח als Imperativ zu deuten sei, so dass der Beginn von Mal 2,16 mit „wenn einer nicht mehr liebt, lasse er sich scheiden" wiederzugeben wäre. Die damit ausgedrückte bedingte Erlaubnis zur Ehescheidung – die nach Schreiner darin ihren Anlass hätte, dass der Autor von Mal 2,16 konsequent für die Monogamie eintrat – widerspräche doch der Intention des gesamten sonstigen Wortes; siehe hierzu schon Rudolph, Mal 2 10-16, 87. Am wahrscheinlichsten dürfte daher die in neuerer Zeit vermehrt vorgetragene Annahme sein, dass Mal 2,16a als Konditionalsatz mit שלח כי־שׂנא als Protasis und וכסה חמס על־לבושו als Apodosis aufzufassen ist. Denn hierfür müsste gegenüber dem vorliegenden Text lediglich שׂנֵא zum Partizip qal. שׂנֵא und שלח zur Perfekt-Form שִׁלַּח umvokalisiert werden, und der Vers könnte dann wie folgt wiedergegeben werden: „Wenn einer, der hasst, sich scheiden lässt ... dann bedeckt er sein Gewand mit Gewalt"; vgl. hierzu bereits van Hoonacker, Prophètes, 728, und neuerdings etwa Glacier-

Bei Mal 2,10-16 ist vor allem umstritten, wie das Nebeneinander der Kritik an den Mischehen und der Kritik an der Ehescheidung zu verstehen ist. Gerade in neuerer Zeit sind nämlich die früher bereits häufiger vorgetragenen, zwischenzeitlich aber eher abgelehnten Vereinheitlichungsthesen wieder beliebt, nach denen der Zusammenhang dieser beiden Kritikpunkte darin zu sehen sei, dass die erste Frau weggeschickt wird, um zur eigenen Statusverbesserung eine neue Ehe mit einer fremdstämmigen Frau eingehen zu können.[54] Das Problem an dieser Annahme ist aber, dass ein solcher kausaler Zusammenhang zwischen Ehescheidung und Mischehen im vorliegenden Text an keiner Stelle deutlich ausgesprochen ist.[55] Zudem ist zu beachten, dass die beiden Anklagepunkte in Mal 2,10-16 für eine solche Annahme in der falschen Reihenfolge vorgebracht werden, wird doch zuerst in Mal 2,11-12 das Eingehen von Mischehen und erst dann in 2,14-16 die Ehescheidung kritisiert. Sollte Mal 2,10-16 tatsächlich dagegen gerichtet sein, dass die Scheidungen vorgenommen werden, um eine Mischehe eingehen zu können, so wäre doch zu erwarten, dass dies auch in eben dieser Reihenfolge angeklagt wird.

Wenn die in Mal 2,11-12 vorgebrachte Kritik an den Mischehen und die in 2,14-16 vorgebrachte Kritik an der Ehescheidung aber nicht in der beschriebenen Weise aufeinander bezogen werden können, so stellt sich die Frage, ob diese beiden Anklagepunkte überhaupt von ein und derselben Hand eingebracht wurden oder ob dieses dritte Diskussionswort des Maleachibuches ursprünglich nur an einem Vorwurf orientiert war und der zweite erst später ergänzt wurde. Und in der Tat sprechen einige Gründe dafür,

---

McDonald, Malachi, 110f; Shields, a.a.O., 83-85; Zehnder, a.a.O., 254-256. Nur so ergibt sich ohne Eingriffe in den Konsonantenbestand und ohne die Annahme eines Subjektwechsels eine verständliche Aussage, die auch in den Kontext des vorliegenden Wortes passt.

54 Diese These findet sich etwa bereits in den Einleitungen von Driver, Einleitung, 381; Steuernagel, Lehrbuch, 648; Eißfeldt, Einleitung, 597, und wird in neuer Zeit wieder von Renker, Tora, 86-90; Locher, Altes, 258-261; Deissler, NEB.AT 21, 329; Glazier-McDonald, Intermarriage, 607; Meinhold, Art. Maleachi, 8; Reventlow, ATD 25,2, 147; Oesch, Bedeutung, 184; Zehnder, Look, 230, u.a. vertreten. Dabei ist unter den genannten Ansätzen umstritten, ob das vorliegende Wort schon immer in der beschriebenen Weise gegen Ehescheidungen zugunsten einer Mischehe gerichtet war oder ob hier ein ursprünglich ganz allgemein gegen die Ehescheidung gerichtetes Wort durch Zufügung der Verse 2,11-12 erst sekundär um die Problematik der Mischehen erweitert wurde; siehe hierzu unten 236f mit Anm. 56. Gemeinsam ist diesen Ansätzen jedoch, dass die beiden Anklagepunkte im vorliegenden Text nicht auf zwei getrennte Vergehen, sondern auf ein und dieselbe Verschuldung bezogen werden.

55 So sprechen sich denn auch Nowack, HK 3,4, 418; Rudolph, KAT 13,4, 271; Mason, Haggai, 149; Donner, Vorschlag, 99f; Redditt, Haggai, 174; Wacker, Maleachi, 380, u.a. betont gegen die Vereinheitlichungsthese aus.

dass es sich bei der Kritik an den Mischehen in 2,11-12 um einen Nachtrag handelt.[56]

So ist zunächst zu beachten, dass die Ausgangsthese in Mal 2,10 doch deutlich soziale Konflikte innerhalb des Volkes voraussetzt: Einer handelt treulos am anderen. In Mal 2,11 wird mit der Kritik an den Mischehen aber zunächst ein gegen Jhwh gerichtetes Verhalten angeklagt. Es wird dem Volk vorgehalten, dass es das Heiligtum Jhwhs mit der Zuwendung zu fremden Frauen entweiht. Erst in Mal 2,14-16 wird mit der Kritik an der Eheschei-dung ein soziales Vergehen angeprangert.

Diese allgemeine Beobachtung lässt sich nun dadurch erhärten, dass sich bei der Kritik an den Mischehen in Mal 2,11-12 zwar einige Stichwort-verbindungen zur Ausgangsthese in 2,10 und zur Auseinandersetzung um die Ehescheidung in 2,14-16 finden lassen, dass die gemeinsam verwandten Begriffe aber bei Mal 2,11-12 in einem anderen Zusammenhang gebraucht werden. So fällt zunächst der Begriff בגד (2,10.14.15.16 // 2,11) auf. Dieser Begriff bezeichnet in Mal 2,10.14-16 – wie an der überwiegenden Zahl der Belege – soziale Verfehlungen.[57] Bei der Kritik an den Mischehen in Mal 2,11 wird בגד dagegen über den parallel gebrauchten Begriff תועבה näher bestimmt, der zumeist für Greuel im Sinne kultischer Vergehen und dabei insbesondere für die Verehrung fremder Götter verwandt wird.[58] Damit wird an dieser Stelle auch בגד zu einem auf kultische Vergehen bezogenen Begriff. So liegt doch die Annahme nahe, dass בגד in Mal 2,11 sekundär aus der Ausgangsthese in 2,10 aufgenommen wurde, um die neu eingebrachte

---

56 Vgl. etwa Marti, KHC 13, 469; Nowack, HK 3,4, 418; Sellin, KAT 12, 550f; Botterweck, Schelt- und Mahnrede, 180; Horst, HAT 14, 269; Mason, Haggai, 149; Meinhold, Art. Maleachi, 8, sowie Elliger, ATD 25, 204, und Donner, Vorschlag, 98f, die zumindest Mal 2,11b-12 als Nachtrag ansehen.

57 Vgl. hierzu Klopfenstein, Art. בגד, 261f, der zurecht darlegt, dass בגד ursprünglich auf die zwischenmenschliche Treulosigkeit – und dabei vor allem mit Blick auf die Verbindung von Mann und Frau – gerichtet war, wohingegen der Gebrauch in kultrechtlich-sakralen und theologischen Zusammenhängen erst Folge einer sekundären Ausweitung dieses Begriffs ist. Demgegenüber meint jedoch Erlandsson, Art. בגד, 508, gerade umgekehrt: „Das Objekt dieses Verbes ist ... in der Regel Gott. Aber die von Gott gegebene Ordnung umfaßt auch das Verhältnis der Menschen zueinander, deshalb ist auch der Mensch Objekt des treulosen Handelns." Diese Darlegungen werden aber einer großen Zahl der Belege nicht gerecht, die eindeutig soziale Vergehen im Blick haben, und zwar ohne dass dabei, wie von Erlandsson vorausgesetzt, indirekt das Gemeinschaftsverhältnis zwischen Mensch und Gott im Blick wäre; vgl. etwa Ex 21,8; Ri 9,23; Jes 21,2; 24,16; 33,1; Jer 9,1; 12,6; Hab 1,13; 2,5; Ps 25,3; 59,6; Hi 6,15; Klgl 1,2. Es ist daher doch wesentlich wahrscheinlicher, dass der etwa in 1 Sam 14,33; Jes 48,8; Jer 3,8.11.20; 5,11; Hos 5,7; 6,7; Ps 78,57 belegte theologische Gebrauch von בגד, wie von Klopfenstein angenommen, erst sekundär vom profanen Gebrauch abgeleitet wurde.

58 Vgl. Preuß, Art. תועבה, 582-584.

Kritik an den Mischehen terminologisch an diese Ausgangsthese anzuschließen.

Beachtenswert ist zudem die unterschiedliche Verwendung des Begriffs
אל (Mal 2,10 // 2,11). In der Ausgangsthese Mal 2,10 wird gegen die Treulosigkeit im Volk vorgebracht, dass ein Gott (אל אחד) sie alle geschaffen
hat. Der Verweis auf den einen Gott dient hier also der schöpfungstheologischen Begründung der Einheit des Volkes.[59] Es geht hier nicht darum, dass
dieser eine Gott im Gegensatz zu anderen Göttern die Angehörigen des
Volkes geschaffen hat, sondern vielmehr darum, dass es eben ein und
derselbe Gott ist, der sie geschaffen hat. Bei der Kritik an den Mischehen in
Mal 2,11 zielt der Begriff אל im Rahmen der Wendung בת־אל נכר jedoch
gerade auf fremde Gottheiten. Die Verehrung fremder Götter ist in der
Ausgangsthese Mal 2,10 aber noch nicht im Blick.

Schließlich wird auch der Begriff חלל (2,10 // 2,11) in unterschiedlichen Zusammenhängen verwandt. In Mal 2,10 wird angeprangert, dass der
Bund mit den Vätern durch die gegenseitige Treulosigkeit entweiht wird.
Das soziale Verhalten im Volk führt also zum Entweihen des Bundes. In
Mal 2,11 wird den Angesprochenen dagegen vorgeworfen, dass sie das
Heiligtum entweihen, indem sie sich fremde Frauen nehmen. Wie schon bei
בגד wird also auch hier ein Begriff, der in der Ausgangsthese zur Kritik am
sozialen Verhalten des Volkes verwandt wird, nun zur Kritik an einem
kultischen Vergehen aufgenommen.

Dies alles spricht dann aber dafür, dass Mal 2,11-12 erst sekundär in das
Diskussionswort 2,10-16 eingetragen wurde. Über diese beiden Verse wurde
das ursprünglich nur an der Ehescheidung orientierte Wort um die thematisch verwandte Kritik an den Mischehen ergänzt.

Entgegen der gängigen Ansicht ist aber nicht nur Mal 2,11-12, sondern
auch noch der folgende Vers Mal 2,13 sekundär.[60] Denn wie bei Mal 2,11-
12, aber im Gegensatz zur Ausgangsthese 2,10 und zur Kritik an der Ehescheidung 2,14-16, wird auch in diesem Vers mit der Anklage gegen das
Weinen und Klagen am Altar ein kultischer Missstand angeprangert. Desweiteren sind in Mal 2,13 wie schon bei 2,11-12 die Opfer des Volkes
(מנחה) von Bedeutung. Und schließlich ist nach den oben vorgetragenen
Beobachtungen zu den terminologischen Parallelen zwischen Mal 2,11-12
und Mal 2,10.14-16 bemerkenswert, dass bei Mal 2,13 erneut ein Begriff, der
auch im Kontext belegt ist, in einem anderen Zusammenhang verwandt
wird. Denn sowohl in Mal 2,13 als auch in Mal 2,16 findet sich der Begriff
כסה. Während den Angesprochenen damit aber in Mal 2,13 vorgeworfen
wird, dass sie den Altar mit Tränen bedecken, heißt es in Mal 2,16, dass sie

---

59 Vgl. hierzu insbesondere die Ausführungen bei Meinhold, BK 14,8, 198f.
60 So neuerdings auch Meinhold, BK 14,8, 187.

im Falle der Ehescheidung ihr Kleid mit Gewalt bedecken. Auch bei Mal 2,13 wird daher ein Begriff im Zusammenhang einer kultischen Anklage aufgenommen, der im Kontext zur Kritik an einem sozialen Vergehen belegt ist. Mal 2,13 dürfte also zusammen mit 2,11-12 erst auf eine Redaktion zurückgehen, die das ursprünglich nur an der Ehescheidung orientierte Diskussionswort 2,10.14-16 um zwei kultkritische Anklagen ergänzt hat.[61]

Eine letzte Überlegung spricht nochmals von einer anderen Seite her dafür, dass der gesamte Textbereich Mal 2,11-13 erst sekundär eingetragen wurde. So wird zu Beginn des Verses Mal 2,14 die Frage des Volkes „weshalb" (עַל־מֶה) zitiert. Im vorliegenden Zusammenhang bezieht sich diese Frage auf die in 2,13 vorgetragene Aussage, dass Jhwh die Opfer des Volkes nicht annimmt. Bei der in Mal 2,14-16 folgenden Kritik an der Ehescheidung sind die Opfer des Volkes aber überhaupt nicht von Bedeutung. Diese Verse können somit nur schlecht als Begründung der in 2,13 genannten Wirkungslosigkeit der Opfer verstanden werden.[62] Dabei ist ohnehin zu beachten, dass die in allen Diskussionsworten des Maleachibuches belegte Nachfrage des Volkes bei den übrigen Worten unmittelbar auf die Ausgangsthese folgt und sich direkt auf diese bezieht.[63] Es würde der formalen Gestalt dieser Worte also viel eher entsprechen, wenn die Frage des Volkes

---

61   Dass Mal 2,11-12 und 2,13 auf dieselbe Hand zurückgehen, zeigt sich neben der allgemein kultkritischen Ausrichtung dieser beiden Nachträge auch daran, dass die in Mal 2,13 belegte Anklage gegen die Trauerriten deutlich als das „zweite" (שֵׁנִית), das die Angesprochenen tun, gekennzeichnet wird. Da Mal 2,14 nicht eigens als dritter Anklagepunkt beschrieben ist, dürfte die wahrscheinlichste Erklärung doch die sein, dass Mal 2,11-12 und 2,13 eben von derselben Redaktion eingebracht wurden, die diese beiden von ihr nachgetragenen Vergehen dabei durchgezählt hat. Sollte Mal 2,13 dagegen von einer anderen Hand eingetragen worden sein, so wäre kaum zu erklären, warum dies als zweite Verschuldung gekennzeichnet worden wäre, ohne dass in Mal 2,14 noch ein Hinweis, dass es sich hierbei um die dritte Verschuldung handelt, nachgetragen worden wäre.
Beachtenswert ist dabei auch, dass bei den Ansätzen, die Mal 2,11-12, nicht aber Mal 2,13 für einen Nachtrag halten, stets das Wort שֵׁנִית bzw. die gesamte Wendung וְזֹאת שֵׁנִית תַּעֲשׂוּ in Mal 2,13 als Nachtrag verstanden werden muss; vgl. Marti, KHC 13, 470; Nowack, HK 3,4, 419; Sellin, KAT 12, 552; Elliger, ATD 25, 204; Horst, HAT 14, 268; Donner, Vorschlag, 98f. Dieser Nachtrag wird dann entweder denselben Redaktoren, die auch Mal 2,11-12 eingebracht haben, zugeschrieben oder als späterer Nachtrag verstanden. Dabei kann aber eben nicht erklärt werden, warum nur Mal 2,13, nicht aber 2,14-16 in diese Zählung aufgenommen wurde. So dürfte die hier vertretene Annahme, dass 2,11-13 insgesamt sekundär ist und es sich bei שֵׁנִית gewissermaßen um eine interne Zählung der mit diesem Nachtrag eingebrachten kultischen Anklagepunkte handelt, doch die wahrscheinlichere Alternative sein.

62   Es ist also nicht nachvollziehbar, wenn etwa Reventlow, ATD 25,2, 148f, zur Frage עַל־מֶה in Mal 2,14 schreibt: „Die Zurückweisung ihrer Opfer ist den Leuten unverständlich! Der Prophet antwortet mit einem Vorwurf in Prosa: Ursache ist das Unrecht, das der ‚Frau der Jugend' zugefügt wird." Denn ein solcher kausaler Zusammenhang zwischen der in 2,13 genannten Wirkungslosigkeit der Opfer und der in 2,14-16 kritisierten Ehescheidung wird an keiner Stelle klar ausgesprochen.

63   Zur formalen Gestalt der Diskussionsworte des Maleachibuches s.o. 219 Anm. 1.

in Mal 2,14 ursprünglich direkt auf Mal 2,10 gefolgt wäre.[64] Im Anschluss an
Mal 2,10 würde die Frage על־מה dann auch einen guten Sinn ergeben, da sie
sich dann auf den in der Ausgangsthese mit dem Verb בגד vorgebrachten
Vorwurf der Treulosigkeit bezieht, der bei Mal 2,14-16 in jedem einzelnen
Vers wieder aufgenommen wird. Auch diese formale Überlegung führt
daher zu dem Schluss, dass es sich bei Mal 2,11-13 insgesamt um einen
Nachtrag handelt.

Über diese grundlegende Aufteilung des vorliegenden dritten Diskussionswortes in die Grundschicht 2,10.14-16 und die Überarbeitungsschicht
2,11-13 hinaus fallen in diesem Textbereich nun noch zwei kleinere, vereinzelte Nachträge auf. So wird in Mal 2,11 neben Juda und Jerusalem auch
Israel als Ort der hier angeprangerten Verfehlungen angeführt, wobei zunächst Juda und dann erstaunlicherweise in Parallele dazu Israel und Jerusalem genannt werden. Da kaum verständlich ist, warum hier gerade Israel und
Jerusalem zusammengenommen werden und da in dem Vers Mal 3,4 – der
nach den folgenden Darlegungen auf derselben literarischen Ebene anzusetzen sein wird wie Mal 2,11 – nur Juda und Jerusalem, nicht aber Israel
nebeneinander belegt sind, dürfte in Mal 2,11, wie schon häufiger vorgeschlagen, בישראל und die folgende Kopula sekundär sein.[65]

Neben diesem Nachtrag in 2,11 fällt sodann noch in Mal 2,16 die Redeformel אמר יהוה אלהי ישראל auf. Denn diese Formel unterbricht doch
deutlich den Zusammenhang des hier belegten Konditionalsatzes.[66] Zudem
findet sich im Maleachibuch nur an dieser Stelle die Gottesbezeichnung
אלהי ישראל. So wird diese Redeformel in Mal 2,16 ebenfalls erst sekundär
eingetragen worden sein.[67]

Insgesamt zeigt sich demnach bei dem dritten Diskussionswort Mal
2,10-16 eine Grundschicht, die die Verse 2,10.14-15.16*(ohne אמר יהוה
אלהי ישראל) umfasst. Dieses Wort war ursprünglich allein von der Kritik
an der Ehescheidung bestimmt. Der in der Ausgangsthese Mal 2,10 vorgebrachte Vorwurf, dass einer am anderen treulos handelt, wird in 2,14-16
mit der Praxis der Ehescheidung begründet.

In Mal 2,11*(ohne ו בישראל).12-13 wurde dieses Diskussionswort um
zwei Anklagepunkte, die den kultischen Bereich betreffen, erweitert. Dabei
wird den Angehörigen des Volkes in 2,11-12 das Eingehen von Mischehen
vorgeworfen, in 2,13 werden Trauerriten am Altar angeprangert. Für diesen
Nachtrag wird sich im folgenden eine Zuweisung zur selben Überarbeitung

---

64   So auch Meinhold, BK 14,8, 187.
65   Vgl. etwa Wellhausen, Propheten, 207; Marti, KHC 13, 470; Elliger, ATD 25, 200; Horst,
     HAT 14, 268; Rudolph, KAT 13,4, 268f; Deissler, NEB.AT 21, 328; Meinhold, BK 14,8, 175.
66   Zur Deutung von Mal 2,16a als Konditionalsatz s.o. 234 Anm. 53.
67   So auch Wellhausen, Propheten, 208; Marti, KHC 13, 472; Sellin, KAT 12, 554; Horst, HAT
     14, 268; Deissler, NEB.AT 21, 328; Zehnder, Look, 256, u.a.

ergeben, die die Grundschicht des zweiten Diskussionswortes Mal 1,6-14*
zu einem gegen die Priester gerichteten Wort umgestaltet hat.[68]
Zudem wurden in Mal 2,11* (בישראל ן)‎.16*(ישראל אלהי יהוה אמר)
noch zwei kurze vereinzelte Nachträge ergänzt.

2.2.1.4 Das vierte Diskussionswort Maleachi 2,17-3,5

Ausgangspunkt des vierten Diskussionswortes Mal 2,17-3,5 ist der Vorwurf
des Volkes, dass Jhwh an denen Gefallen habe, die Böses tun. Daraufhin
wird in 3,1-2 angekündigt, dass Jhwh seinen Boten schickt, der vor ihm den
Weg bereitet, und dass der Tag, an dem dieser Bote kommt, wie das Feuer
des Schmelzers und die Lauge der Wäscher sein wird. In Mal 3,3-4 wird
sodann angesagt, dass der Bote die Priesterschaft läutern wird, so dass Jhwh
an den Opfern des Volkes wieder Gefallen haben wird.[69] Und nach Mal 3,5
wird Jhwh, wenn er zum Gericht erscheint, gegen Zauberer, Ehebrecher
und Meineidige vorgehen sowie gegen die, die Lohnarbeiter, Witwen, Waisen und Fremde bedrücken.

Bei diesem vierten Diskussionswort des Maleachibuches fällt zunächst
die Ankündigung des kommenden Boten in Mal 3,1-2 auf. Während nämlich
in Mal 3,1a angesagt wird, dass Jhwh seinen Boten (מלאכי) schickt, der vor
ihm den Weg bereitet, heißt es in Mal 3,1b, dass der Herr (האדון) plötzlich
zu seinem Tempel kommen wird und dass der Bote des Bundes (מלאך
הברית) kommen wird. Dabei ist zunächst umstritten, wie das Nebeneinander der beiden in 3,1b genannten Größen האדון und מלאך הברית zu
verstehen sein soll. Deutlich ist jedenfalls, dass mit האדון angesichts der
Darstellung, dass dieser Herr zu „seinem Tempel" (היכלו) kommen wird,
nur Jhwh selbst gemeint sein kann.[70] Demgegenüber wird die folgende

---

68 S.u. 243.

69 Ob der in Mal 3,1 genannte Bote tatsächlich, wie hier vorausgesetzt, als Subjekt der Verse
3,3-4 zu verstehen ist, hängt auf der Ebene des vorliegenden Textes von der viel diskutierten
Deutung der in 3,1b genannten Größen „der Herr" und „der Bote des Bundes" ab; siehe
hierzu die weiteren Ausführungen sowie unten 241 Anm. 71. Nur wenn dies beides, wie
bisweilen vorgeschlagen, auf Jhwh zu beziehen wäre, ist im vorliegenden Text auch für die
folgenden Verse 3,2-4 Jhwh als Subjekt anzunehmen. Wenn aber, wie im folgenden begründet, der „Bote des Bundes" in 3,1b mit dem in 3,1a genannten Boten identisch ist, so ist eben
der Bote das Subjekt der Verse 3,2-4.

70 Vgl. dabei zur Bezeichnung Jhwhs als אדון auch Jos 3,13; Jes 1,24; 3,1; Sach 4,14; 6,5 u.ö. So
gehen denn Marti, KHC 13, 473; Sellin, KAT 12, 557; Elliger, ATD 25, 206; Horst, HAT 14,
271; Rudolph, KAT 13,2, 278; Malchow, Messenger, 253; Glazier-McDonald, Malachi, 142;
Reventlow, ATD 25,2, 152; Petersen, Zechariah 9-14, 211; Redditt, Haggai, 176; Hill, AncB
25D, 268; Beck, Tag, 267; Meinhold, BK 14,8, 261, u.a. zurecht davon aus, dass האדון in Mal
3,1b auf Jhwh zu beziehen ist. Die von Wallis, Wesen, 231; van der Woude, Engel, 295;

Bezeichnung מלאך הברית, obwohl auch dies häufig auf Jhwh gedeutet wird, vermutlich auf den in 3,1a genannten Boten zu beziehen sein.[71] Mal 3,1b fällt dann aber zum einen dadurch aus dem vorliegenden Kontext, dass hier das Auftreten Jhwhs und das Auftreten des Boten in eins gesehen werden, während der Bote in Mal 3,1a als Vorläufer Jhwhs dargestellt wird. Und zum anderen fällt Mal 3,1b dadurch aus dem Kontext, dass Jhwh hier in 3. Person genannt wird, während der vorangehende Teilvers 3,1a als Gottesrede gestaltet ist. Es ist also durchaus wahrscheinlich, dass Mal 3,1b, wie schon häufig vermutet, erst sekundär in den vorliegenden Kontext eingebracht wurde.[72] Es handelt sich dabei um einen vereinzelten Nachtrag, ohne Bezug zu den sonstigen Überarbeitungen des Maleachibuches, durch den schon zu Beginn der Gerichtsdarstellungen in Mal 3,1ff auch Jhwh selbst eine aktive Rolle bei den hier angesagten Ereignissen zugeschrieben werden sollte.

Weniger einleuchtend ist nun aber die ebenfalls schon häufiger vorgetragene Annahme, dass auch Mal 3,2 zu diesem Nachtrag gehört.[73] Denn ohne diesen Vers würde das in 3,1a angesagte Auftreten des Boten überhaupt nicht weiter ausgeführt. So ist Mal 3,2 doch viel eher als ursprünglicher Bestandteil dieses vierten Diskussionswortes zu verstehen.

Deissler, NEB.AT 21, 331, vorgeschlagene Deutung auf einen von Jhwh zu unterscheidenden Tempelherrn, lässt sich dagegen durch nichts begründen.

71 So gehen etwa Wellhausen, Propheten, 209; Marti, KHC 13, 473; Sellin, KAT 12, 557; Rudolph, KAT 13,2, 278f; Reventlow, ATD 25,2, 152; Petersen, Zechariah 9-14, 211 mit Anm. 88; Redditt, Haggai, 176, davon aus, dass מלאך הברית ebenfalls auf Jhwh zu beziehen ist, da dies in Mal 3,1b parallel zu האדון steht. Dagegen wurde aber bereits von König, Weissagungen, 275f, und neuerdings von Koenen, Heil, 56; Beck, Tag, 267; Meinhold, BK 14,8, 261, zurecht vertreten, dass מלאך הברית auf den in Mal 3,1a genannten Boten zu beziehen ist, da dort doch derselbe Terminus מלאך zur Bezeichnung des Boten gebraucht wird. Die Begriffe האדון und מלאך הברית sind deshalb nicht, wie häufig angenommen, als zwei parallel gebrauchte Begriffe für ein und dieselbe Größe zu verstehen. Es werden hiermit vielmehr zwei verschiedene Größen bezeichnet. Aus demselben Grund ist nebenbei auch die weitere Alternative, dass mit מלאך הברית neben dem in 3,1a genannten מלאך und dem in 3,1b genannten אדון eine dritte Größe gemeint sei – etwa nach Elliger, ATD 25, 208; Deissler, NEB.AT 21, 331, der Schutzengel der Gemeinde oder nach Malchow, Messenger, 253-255, gar ein priesterlicher Messias –, doch ausgesprochen unwahrscheinlich. Dagegen spricht ebenfalls die Tatsache, dass sowohl in Mal 3,1a als auch in Mal 3,1b von einem מלאך die Rede ist und dass diese beiden Gestalten nicht explizit gegeneinander abgegrenzt werden.

72 Vgl. etwa van der Woude, Engel, 290; Malchow, Messenger, 253; Deissler, NEB.AT 21, 330; Lescow, Maleachi, 118-121; Koenen, Heil, 54-56; Petersen, Zechariah 9-14, 211; Redditt, Haggai, 175; Utzschneider, Art. Maleachi, 712; Beck, Tag, 266f; Meinhold, BK 14,8, 243f. Nach Marti, KHC 13, 473f; Sellin, KAT 12, 557; Elliger, ATD 25, 208; Horst, HAT 14, 270; Rudolph, KAT 13,2, 278f, ist zumindest der Teilvers 3,1bβ sekundär.

73 Gegen Renker, Tora, 76-78; van der Woude, Engel, 290; Malchow, Messenger, 253; Deissler, NEB.AT 21, 330; Lescow, Maleachi, 118-121; Koenen, Heil, 56; Petersen, Zechariah 9-14, 211; Redditt, Haggai, 175; Utzschneider, Art. Maleachi, 712; Beck, Tag, 268; Meinhold, BK 14,8, 243f.

Deutlich sekundär sind dagegen die an der Priesterschaft orientierten Verse Mal 3,3-4.[74] Denn diese beiden Verse fallen schon dadurch auf, dass Jhwh in 3. Person genannt wird, während Mal 2,17; 3,1a.2.5 als Gottesrede gestaltet ist. Zudem passt die hier vorgetragene Erwartung eines Läuterungsgerichts an der Priesterschaft kaum zu dem in Mal 2,17 genannten Vorwurf, dass die Angesprochenen meinen, Jhwh habe Gefallen an denen, die Böses tun. Denn die damit vorausgesetzten Missstände betreffen doch sicherlich die gesamte Bevölkerung. Es ist daher verwunderlich, dass in Mal 3,3-4 zunächst mit der Priesterschaft eine besondere Gruppe innerhalb der Bevölkerung herausgehoben wird. Die in der Gerichtsankündigung Mal 3,5 belegte summarische Aufzählung ganz verschiedener Vergehen ließe sich dagegen recht gut als Fortsetzung von Mal 2,17-3,2* verstehen.

Dass es sich bei Mal 3,3-4 um einen Nachtrag handelt, zeigt sich sodann aber auch darin, dass in Mal 3,3 zwar das Stichwort צרף aus Mal 3,2 aufgenommen wird, dass dies aber in Mal 3,3 in einem anderen Zusammenhang gebraucht wird. So heißt es in Mal 3,2, dass der Tag, an dem der Bote erscheint, „wie das Feuer eines Schmelzers" (כאש מצרף) sein wird.[75] Das Auftreten des Boten wird hier also mit einem verzehrenden Feuer verglichen. In Mal 3,3 wird dagegen angesagt, dass der Bote selbst als einer auftritt, der schmelzt (וישב מצרף), und dass er die Priesterschaft reinigen wird (טהר). Es wird hier also nicht mehr nur der Tag des Gerichts mit dem Feuer eines Schmelzers verglichen, sondern das Tun des Boten wird direkt als Schmelzen beschrieben. Zudem wird das künftige Gericht in Mal 3,3, über den vorangehenden Vers 3,2 hinaus, mit dem Verb טהר als kultische Reinigung vorgestellt.

Es spricht also einiges dafür, dass es sich bei Mal 3,3-4 um einen Nachtrag handelt. Durch diese beiden Verse wurde das vorliegende Diskussionswort so umgearbeitet, dass das hier erwartete Eingreifen Jhwhs nicht mehr

---

74 So auch Elliger, ATD 25, 207f; Horst, HAT 14, 271; Rudolph, KAT 13,2, 279; Renker, Tora, 76-78; van der Woude, Engel, 290; Malchow, Messenger, 253; Deissler, NEB.AT 21, 330; Lescow, Maleachi, 118-121; Koenen, Heil, 56; Petersen, Zechariah 9-14, 211; Redditt, Haggai, 175; Utzschneider, Art. Maleachi, 712; Beck, Tag, 268; Meinhold, BK 14,8, 243f.

75 Es ist allerdings umstritten, ob das Personalpronomen הוא bei Mal 3,2b und somit der hier belegte Vergleich mit dem Feuer und der Lauge tatsächlich auf den in 3,2a genannten Tag seines Kommens (יום בואו) zu beziehen ist, so van der Woude, Engel, 292; Deissler, NEB.AT 21, 331; Koenen, Heil, 57 mit Anm. 10; Beck, Tag, 271; Meinhold, BK 14,8, 266, oder ob dies auf das Suffix von בהראותו und deshalb auf den Boten oder – zusammen mit Mal 3,1b – gar auf Jhwh zu beziehen ist, so Nowack, HK 3,4, 423; Sellin, KAT 12, 557f; Elliger, ATD 25, 206f; Lescow, Maleachi, 120; Verhoef, Haggai, 290; Hill, AncB 25D, 273. Dabei spricht zwar die Tatsache, dass auch in Mal 3,19 der dort angekündigte Gerichtstag als „Tag, der brennt wie ein Ofen" und somit durch einen Feuervergleich näher beschrieben wird, doch deutlich dafür, dass sich der in Mal 3,2 belegte Vergleich ebenfalls auf den kommenden Gerichtstag und nicht auf den Boten bezieht.

in erster Linie gegen die in 3,5 genannten sozialen Verfehlungen gerichtet ist, sondern zunächst und vor allem der Priesterschaft gilt.

Dieser Nachtrag lässt sich nun mit guten Gründen derselben Redaktion zuweisen, die schon das ursprünglich an den Verfehlungen der Laien beim Opferdienst orientierte Diskussionswort Mal 1,6-14* über die Nachträge in Mal 1,6*.7a.10a.12*; 2,1-9 zu einem gegen die Priester gerichteten Wort umgearbeitet hat. Dies zeigt sich schon an der vergleichbaren Redaktionstechnik. Denn auch in Mal 2,17-3,5 wurde ein Wort, das zunächst der gesamten Bevölkerung galt, gegen die Priesterschaft umgelenkt. Zudem ist dieses Wort über die konkrete Bezeichnung der Priester als בני לוי (3,3) terminologisch mit der Überarbeitung in Mal 1,6-2,9 verbunden, wird dort doch gleich zwei Mal der Bund mit Levi (הלוי / ברית את־לוי; 2,4.8) erwähnt. Da es sich schließlich bei den Überarbeitungen in Mal 1,6*.7a.10a. 12*; 2,1-9 und 3,3-4 überhaupt um die einzigen beiden Passagen des Maleachibuches handelt, die gegen die Priester gerichtet sind, spricht doch alles dafür, dass diese Überarbeitungen von derselben Hand eingebracht wurden.[76]

Aber mehr noch: Es spricht sogar einiges dafür, dass dieser Redaktion nicht nur die gegen die Priester gerichteten Nachträge in Mal 1,6*.7a.10a. 12*; 2,1-9, sondern auch die Überarbeitung des dritten Diskussionswortes Mal 2,10-16 in 2,11*.12-13 zuzuschreiben ist.[77] Denn wie bei Mal 2,17-3,5 wurde auch dort ein ursprünglich sozialkritisch ausgerichtetes Wort auf den kultischen Bereich hin fortgeschrieben. Zudem wurden auch dort Stichworte aus dem vorgegebenen Kontext aufgenommen und in einen neuen Zusammenhang gestellt.[78] Und schließlich ist die Überarbeitung in Mal 3,3-4 durch Stichwortbezüge mit der kultkritischen Überarbeitung in Mal 2,11*.12-13 verbunden. So werden in 2,11* und 3,4 Juda und Jerusalem nebeneinander genannt, wobei zu beachten ist, dass sowohl Juda als auch Jerusalem überhaupt nur an diesen beiden Stellen im Maleachibuch belegt ist. Und als weiterer Stichwortbezug findet sich in 2,12 und 3,3 die Formulierung נגש מנחה für das Darbringen der Opfergaben.

---

76 Dagegen wollen aber etwa van der Woude, Engel, 292, oder Deissler, NEB.AT 21, 316, zwischen Mal 3,3-4 und dem gegen die Priester gerichteten Wort 1,6-2,9 darin einen Unterschied erkennen, dass in 3,3-4 ein Läuterungsgericht an der Priesterschaft erwartet werde, während 2,1-9 als unbedingtes Gerichtswort gegen die Priesterschaft zu verstehen sei. Dabei spricht van der Woude, ebd., sogar davon, dass in Mal 2,1-9 die „Verwerfung" der Priesterschaft angesagt würde. Dagegen ist aber zu sagen, dass auch Mal 2,1-9 keinesfalls als unbedingtes Gerichtswort zu verstehen ist, beginnt es in Mal 2,2 doch sogleich mit einer Mahnung an die Priesterschaft.

77 Zum sekundären Charakter von Mal 2,11-13 s.o. 235-239.

78 Zu den Stichwortverbindungen zwischen dem Nachtrag 2,11*.12-13 und dem vorgegebenen Kontext 2,10.14-16 s.o. 236-238.

Es zeigt sich damit im Maleachibuch also über die bisherige Forschung hinaus eine Überarbeitungsschicht, die insgesamt an kultischen Verfehlungen orientiert ist. Dabei wurden die einzelnen Worte von dieser Redaktion so umgearbeitet, dass das zweite und vierte Diskussionswort gegen kultische Verfehlungen der Priesterschaft (1,6-2,9; 2,17-3,5), das dritte Diskussionswort gegen kultische Verfehlungen der Laien gerichtet ist (2,10-16).[79]

Insgesamt führt die redaktionsgeschichtliche Analyse des vierten Diskussionswortes Mal 2,17-3,5 damit zu einer Grundschicht, die die Verse 2,17; 3,1a.2.5 umfasst. Dieses Wort geht aus von dem Vorwurf des Volkes, dass Jhwh an denen, die Böses tun, Gefallen hat. Gegen diesen Vorwurf wird zunächst vorgebracht, dass Jhwh einen Boten senden wird, der ihm den Weg bereitet. Und es wird schließlich angesagt, dass Jhwh zum Gericht herankommen und gegen diejenigen, die sich mit Zauberei, Ehebruch, Meineid oder der Unterdrückung sozialer Randgruppen verschulden, vorgehen wird.

Durch den Nachtrag Mal 3,3-4, der derselben Redaktion zuzuweisen ist wie die kultkritischen Nachträge in Mal 1,6*.7a.10a.12*; 2,1-9 und 2,11*.12-13 wurde das vorliegende Wort sodann von einem an der gesamten Bevölkerung orientierten zu einem insbesondere gegen die Priester gerichteten Wort umgearbeitet. Denn nach diesen beiden Versen wird das künftige Gericht zunächst zur Läuterung der Priesterschaft führen.

Ein vereinzelter Nachtrag, durch den das erwartete Gerichtshandeln noch stärker als im vorgegebenen Bestand auf Jhwh selbst bezogen wurde, zeigt sich schließlich in Mal 3,1b.

2.2.1.5 Das fünfte Diskussionswort Maleachi 3,6-12

Im Rahmen des fünften Diskussionswortes Mal 3,6-12 wird dem Volk zunächst vorgehalten, dass es die Satzungen Jhwhs seit der Zeit seiner Väter nicht hält. Dies wird im weiteren Verlauf des Wortes damit begründet, dass das Volk Jhwh betrügt, indem es den Zehnten und die Abgaben nicht abliefert. So wird Jhwh erst dann neuen Segen spenden und die agrarische Situation des Volkes ändern, wenn das Volk den Zehnten wieder abgibt.

Wie schon bei Mal 1,6-2,9 ist nun auch bei Mal 3,6-12 auffällig, dass im Anschluss an die Ausgangsthese zwei Nachfragen des Volkes belegt sind.[80] So wird in Mal 3,7 nach dem Vorwurf, dass die Gebote und Satzungen nicht gehalten werden, und nach dem daran anschließenden Aufruf zur Umkehr

---

79   Zur Komposition dieser kultkritischen Überarbeitungsschicht siehe im einzelnen unten 260.
80   Zur doppelten Nachfrage des Volkes in Mal 1,6-7 s.o. 223-225.

zunächst gefragt, worin diese Umkehr bestehen soll. Im folgenden Vers Mal 3,8 wird sodann angeprangert, dass das Volk Jhwh betrügt, woraufhin die erneute Nachfrage erfolgt, worin es ihn betrügt. Erst nach dieser zweiten Nachfrage werden in 3,9-12 die Missstände bei der Zehntabgabe vorgebracht.

Beachtenswert ist dabei, dass Mal 3,8 kaum als Antwort auf die in 3,7 belegte Frage nach der vom Volk geforderten Umkehr verstanden werden kann. Denn in diesem Vers wird eben nicht, wie von der Frage nach der Umkehr her zu erwarten wäre, eine konkrete Forderung genannt.[81] Stattdessen wird hier der weitere Vorwurf vorgebracht, dass das Volk Jhwh betrügt. Zudem ist zu beachten, dass bei der in Mal 3,9-12 folgenden Kritik an der Vernachlässigung der Zehntabgabe zwar in Mal 3,9 der Vorwurf des Betrugs (קבע) aus 3,8, aber an keiner Stelle das Thema „Umkehr" (שׁוב) aus 3,7 aufgenommen wird. So dürfte es sich zumindest bei dem Aufruf zur Umkehr und der darauf bezogenen Nachfrage des Volkes in Mal 3,7aβb um einen Nachtrag handeln.[82] Durch diesen Nachtrag wurden die in 3,9-12 angeprangerten Missstände bei der Zehntabgabe unter die ganz allgemein gehaltene Aufforderung zur Umkehr gestellt, so dass die dort belegte Aufforderung, diese Abgaben künftig nicht mehr zu vernachlässigen, nun gewissermaßen als Beispiel für die vom Volk geforderte Verhaltensänderung zu verstehen ist.[83]

---

81 Die zwischen der Frage des Volkes nach der geforderten Umkehr in 3,7 und dem darauf folgenden Vorwurf des Betrugs bestehende Diskrepanz wird allerdings häufig ohne weitere Erklärung dadurch abgemildert, dass die Frage במה נשוב nicht – entsprechend der üblichen Bedeutung des Fragewortes במה – mit „Worin/Womit sollen wir umkehren?", sondern mit „Warum sollen wir umkehren?" wiedergegeben wird; vgl. etwa Marti, KHC 13, 475; Sellin, KAT 12, 559; Elliger, ATD 25, 209; Rudolph, KAT 13,4, 281; Verhoef, Haggai, 302; Reventlow, ATD 25,2, 154; siehe hierzu aber auch Horst, HAT 14, 272; Mason, Haggai, 154; Deissler, NEB.AT 21, 333; Petersen, Zechariah 9-14, 212; Hill, AncB 25D, 303; Meinhold, BK 14,8, 291, die במה mit „worin/womit" wiedergeben. Zu beachten ist aber zum einen, dass für die Deutung von במה im Sinne von „warum" bei KBL³, 523, nur eine Stelle im AT genannt wird (2 Chr 7,21). Zum anderen kann Mal 3,8 selbst dann, wenn diese Deutung an der vorliegenden Stelle doch richtig oder zumindest möglich sein sollte, kaum als Antwort auf die Frage במה נשוב verstanden werden. Denn in Mal 3,8 wird ja zunächst die gegen das Volk gerichtete Frage „Soll man Gott betrügen?" (היקבע אדם אלהים) vorgebracht, was die vorangehende Frage במה נשוב auch dann, wenn dies tatsächlich im Sinne von „Warum sollen wir umkehren?" aufzufassen wäre, nicht wirklich beantwortet.

82 So auch schon Krieg, Mutmaßungen, 49f.

83 So meinte etwa Elliger, ATD 25, 210, zur Bedeutung des Umkehrrufs in Mal 3,7: „Es ist also nicht so, daß der Prophet der Meinung wäre, daß allein die richtige Ablieferung des Zehnten … das Heil herbeiführt, sondern er will sie als Beispiel gesehen haben für ‚Umkehr' zu Gott." Vgl. hierzu etwa auch, mit Unterschieden im Detail, Marti, KHC 13, 475; Horst, HAT 14, 272f; Verhoef, Haggai, 298. Doch anders als bei den genannten Ansätzen vorausgesetzt, hatte die Kritik an der Zehntabgabe bei Mal 3,6-12 nicht schon immer die Funktion, den ganz allgemein gehaltenen Aufruf zur Umkehr beispielhaft zu konkretisieren. Dies ist vielmehr erst Folge einer Redaktion, die den in Mal 3,7 belegten Umkehrruf einbrachte.

Es ist dann aber gut denkbar, dass auch die ebenfalls ganz allgemein gehaltene Anklage in 3,7aα, dass das Volk seit der Zeit seiner Väter von den Satzungen Jhwhs abgewichen ist, zu diesem Nachtrag gehört.[84] Denn auch für diese Anklage kann die in 3,9-12 angeprangerte Vernachlässigung der Zehntabgabe doch nur als ein Beispiel verstanden werden. Der verbleibende Grundbestand des Wortes in 3,6.8-12 ist dagegen ausgehend von dem enger gefassten Vorwurf in 3,8a, dass das Volk Jhwh betrügt, einzig und allein an der mangelnden Bereitschaft des Volkes, ihre Abgaben zu entrichten, orientiert.

Es zeigt sich damit bei diesem fünften Diskussionswort ein Grundbestand, der die Verse 3,6.8-12 umfasst. In diesem wird dem Volk vorgeworfen, dass es Jhwh betrügt, da es der Forderung, den Zehnt und die Abgaben zu entrichten, nicht mehr nachkommt.[85]

Durch die kurze Überarbeitung in Mal 3,7 wurde dieses Diskussionswort um den ganz allgemein gehaltenen Vorwurf, dass das Volk die Satzungen Jhwhs nicht bewahrt, und um den allgemein gehaltenen Aufruf zur Umkehr ergänzt. Die Missstände bei der Zehntabgabe sind nun eher als Beispiel für die vom Volk geforderte Verhaltensänderung zu verstehen. Dabei handelt es sich um einen vereinzelten Nachtrag, der keine Verbindungen zu den sonstigen Überarbeitungen des Maleachibuches aufweist und auch ohne größere Bedeutung für die Entstehung des Zwölfprophetenbuches ist.[86]

---

84 Vgl. Krieg, Mutmaßungen, 49.

85 Unbegründet ist dabei, nebenbei gesagt, die immer wieder vorgetragene Ansicht, dass Mal 3,6-12 den Zusammenhang zwischen den gleichermaßen am folgenlosen Verhalten der Übeltäter orientierten Worten 2,17-3,5 und 3,13-21 stört. Dies führte schon Nowack, HK 3,4, 424; Sellin, KAT 12, 559, sowie neuerdings Redditt, Haggai, 178, zu der Annahme, dass dieses Wort seinen ursprünglichen Ort im Buch hinter Mal 1,2-5 hatte. Doch wird sich diese ohnehin recht spekulative Annahme bei der Betrachtung der Komposition der Maleachi-Grundschicht als unbegründet erweisen; siehe hierzu unten 256f.

86 Es ist allerdings schon häufig aufgefallen, dass die Wendung שׁוּבוּ אֵלַי וְאָשׁוּבָה אֲלֵיכֶם in Mal 3,7 wörtlich auch in Sach 1,3 belegt ist; vgl. etwa Sellin, KAT 12, 560; Elliger, ATD 25, 210; Rudolph, KAT 13,4, 283; Verhoef, Haggai, 301; Reventlow, ATD 25,2, 155; Petersen, Zechariah 9-14, 214; Hill, AncB 25D, 302. Zudem wird dort in Sach 1,2-6 wie hier in Mal 3,7 auch auf die Väter der Angesprochenen (אֲבוֹתֵיכֶם) verwiesen (1,2.4.5.6) sowie auf die Satzungen Jhwhs (חֹק), die die Väter nicht befolgt haben (1,6). Es ist also gut denkbar, dass der Nachtrag Mal 3,7 von Sach 1,3 her inspiriert ist, wo die Umkehrforderung im Rahmen der Wort-Redaktion des Sacharjabuches ihren guten Ort hat; vgl. hierzu Wöhrle, Sammlungen, 323-326.362-364. Da Mal 3,7 aber im Gegensatz zu Sach 1,3 eben nicht Teil einer umfangreicheren Redaktion des Buches ist, die das gesamte Buch unter die Forderung der Umkehr stellt, sollten aus diesem Bezug zu Sach 1,3 – entgegen etwa der Überlegungen von Bosshard / Kratz, Maleachi, 32-34, die nicht zuletzt auch aufgrund von Mal 3,7 annehmen, dass die Grundschicht des Maleachibuches als direkte Fortsetzung des Protosacharjabuches konzipiert war – keine weitreichenderen Schlüsse gezogen werden. Es lässt sich nämlich nur aufgrund dieses einen Verses nicht sicher nachweisen, ob es sich hierbei um einen bewussten

2.2.1.6 Das sechste Diskussionswort Maleachi 3,13-21

Das sechste Diskussionswort Mal 3,13-21 geht in 3,13-15 von dem gegen Jhwh gerichteten Vorwurf des Volkes aus, dass es nutzlos sei, ihm zu dienen, da doch auch die Frechen und die, die Frevel tun, erbaut werden und ohne Strafe ausgehen. In Mal 3,16 wird sodann geschildert, dass die Gottesfürchtigen einst untereinander redeten, dass Jhwh darauf hörte und dass ein Gedenkbuch für sie geschrieben wurde.[87] Daraufhin wird den Gottesfürchtigen in 3,17-18 zugesagt, dass sie an dem kommenden Gerichtstag verschont werden und den Unterschied zwischen einem Gerechten und einem Frevler erkennen werden. An diesem Tag werden nach 3,19 die Frechen vergehen. Und dann, so die abschließenden Verse 3,20-21, wird über den Gottesfürchtigen die Sonne der Gerechtigkeit strahlen, und die Frevler werden von ihnen zertreten.

Bei Mal 3,13-21 ist stets aufgefallen, dass in Mal 3,16 eine – mit אז „damals" vom vorangehenden abgegrenzte – narrative Passage vorliegt, in der auf eine Unterredung der Gottesfürchtigen zurückgeblickt und die Reaktion Jhwhs auf diese Unterredung beschrieben wird.[88] Dieser narrative Einwurf, für den sich im sonstigen Maleachibuch keine Parallele findet, unterbricht doch deutlich den vorliegenden Zusammenhang. Zudem wird hier mit der Gruppe der Gottesfürchtigen recht unvermittelt eine neue Größe eingeführt. Denn die Verse 3,13-15 richten sich gegen solche, die meinen, es sei nutzlos, Jhwh zu dienen, und es wird ihnen vorgehalten, dass dies harte Worte gegen Jhwh sind. In 3,16 heißt es dagegen, dass Jhwh auf die Worte der als Gottesfürchtige bezeichneten Gruppe hört und dass für sie ein Gedenkbuch geschrieben wird. Dies kann sich doch aber kaum auf

---

buchübergreifenden Bezug handelt oder ob die in Mal 3,7 belegte Aufnahme von Sach 1,3 in ein noch getrennt überliefertes Maleachibuch eingetragen wurde. Und vor allem lässt sich kaum behaupten, dass sich das gesamte Maleachibuch von Mal 3,7 her unter einem anderen Blickwinkel liest. Dieser Nachtrag scheint vielmehr nur auf die Aussage des Diskussionswortes 3,6-12 bezogen zu sein. So kann Mal 3,7 bei den weiteren Überlegungen zur buchübergreifenden Entstehung des Zwölfprophetenbuches außen vor gelassen werden.

87 Zur narrativen Gestaltung von Mal 3,16 s.u. Anm. 88.
88 Es wurde jedoch gerade in früheren Ansätzen bisweilen vorgeschlagen, das einleitende אז nach LXX (ταῦτα) in זה oder זאת „dies" zu ändern; vgl. etwa Wellhausen, Propheten, 210; Sellin, KAT 12, 562f; Elliger, ATD 25, 212. Nach dieser Konjektur würde Mal 3,16 direkt an Mal 3,13-15 anschließen, da die dort ausgeführten Worte über das folgenlose Tun der Übeltäter dann als Inhalt der in 3,16 genannten Unterredung unter den Gottesfürchtigen zu verstehen wären. Doch handelt es sich bei MT eindeutig um die lectio difficilior. So halten Marti, KHC 13, 477; Glazier-McDonald, Malachi, 217; Verhoef, Haggai, 319; Petersen, Zechariah 9-14, 219f; Beck, Tag, 280 Anm. 280; Meinhold, BK 14,8, 341, u.a. zurecht an der MT-Lesart fest.

die zuvor in 3,13-15 angesprochenen Zweifler beziehen.[89] Der Vers Mal 3,16 erweist sich somit aus formalen wie aus inhaltlichen Gründen als Nachtrag.[90] Wenn aber Mal 3,16 sekundär ist, dann dürfte dies auch für die folgenden beiden Verse 3,17-18 gelten.[91] Dafür spricht zunächst, dass Mal 3,17 nur an 3,16, nicht aber an 3,15 anschließt. Denn in Mal 3,17 wird einer nicht näher bezeichneten Gruppe in 3.m.pl. die Verschonung im kommenden Gericht angesagt. Im direkten Anschluss an Mal 3,15 wäre dies aber auf die dort genannten Frechen, die Jhwh auf die Probe stellen, zu beziehen.[92] Das in 3,17 belegte Heilswort setzt also die Erwähnung der Gottesfürchtigen in Mal 3,16 voraus und kann daher frühestens auf derselben literarischen Ebene angesetzt werden wie dieser Nachtrag. Darüber hinaus sind auch die terminologischen Unterschiede zwischen Mal 3,15 und 3,17-18 zu beachten. Während nämlich in 3,15 von Frechen (זדים) und solchen, die Frevel tun (עשׂי רשׁעה), die Rede ist, werden die Gott feindlich Gesinnten in 3,18 direkt als Frevler (רשׁע) bezeichnet. Auch dies spricht dagegen, dass es sich bei Mal 3,17-18 um die ursprüngliche Fortsetzung von Mal 3,15 handelt. So ist der Textbereich Mal 3,17-18 als weitere Ausführung zu der in 3,16 geschilderten Rettung der Gottesfürchtigen zu verstehen und damit, obgleich diese beiden Verse nicht mehr narrativ, sondern wieder als Gottesrede gestaltet sind, noch zu dem Nachtrag in 3,16 hinzuzurechnen.

Im Gegensatz zu Mal 3,17-18 schließt der folgende Vers 3,19 dann aber gut an 3,15 an.[93] Denn dieses Gerichtswort ist zum einen wie schon 3,15, aber im Gegensatz zu 3,16-18, gegen die Frechen (זדים) und gegen die, die Frevel tun (עשׂה רשׁעה), gerichtet. Zum anderen kann die Mal 3,19 belegte

---

89   So gehen etwa auch Marti, KHC 13, 477; Berquist, Setting, 123; Bosshard / Kratz, Maleachi, 37; Steck, Abschluß, 53; Petersen, Zechariah 9-14, 222f, davon aus, dass beim vorliegenden Text von Mal 3,13-21 insgesamt drei Gruppen – die zunächst angesprochenen Zweifler, die Gottesfürchtigen und die Frevler – zu unterscheiden sind. Demgegenüber nehmen aber Wellhausen, Propheten, 210; Rudolph, KAT 13,4, 287f; Verhoef, Haggai, 319f; Reventlow, ATD 25,2, 157; Koenen, Heil, 59 mit Anm. 17; Meinhold, BK 14,8, 369, u.a. an, dass in diesem Textbereich nur zwei Gruppen zu unterscheiden sind. Doch wird dies den beschriebenen Unterschieden zwischen der Darstellung der in 3,13-15 angesprochenen Gruppe und der in 3,16 genannten Gottesfürchtigen nicht gerecht.

90   So neuerdings auch Reventlow, ATD 25,2, 158; Redditt, Haggai, 181; Beck, Tag, 282.

91   Vgl. Redditt, Haggai, 181; Beck, Tag, 282f.

92   Demgegenüber meint aber Reventlow, ATD 25,2, 158, der nur Mal 3,16 für einen Nachtrag hält, dass der ursprüngliche Anschluss von Mal 3,17 an 3,15 bei der Einarbeitung von Mal 3,16 verloren ging. Doch handelt es sich hierbei um eine ausgesprochen spekulative Annahme. So dürfte die hier vertretene These, dass der gesamte Textbereich Mal 3,16-18 erst sekundär eingefügt wurde, doch wahrscheinlicher sein, zumal sich im folgenden zeigen wird, dass sich dieser Textbereich – zusammen mit weiteren Teilen von Mal 3,13-21, die sich als sekundär erweisen werden – durch einige bedeutende terminologische Differenzen von der Grundschicht des vorliegenden Wortes unterscheidet.

93   So auch Beck, Tag, 282f.

Gerichtsankündigung gegen die Übeltäter als direkte Reaktion auf den in 3,15 vorgebrachten Vorwurf, dass diese Gruppe Gott scheinbar folgenlos auf die Probe stellt, verstanden werden. So dürfte Mal 3,19 nach dem Einschub in 3,16-18 wieder zur Grundschicht von Mal 3,13-21 gehören.

Die abschließenden beiden Verse Mal 3,20-21 sind dagegen auf derselben Ebene anzusetzen wie der Nachtrag in 3,16-18.[94] Denn dieser Textbereich ist terminologisch mit 3,16-18, nicht aber mit 3,13-15.19 verbunden. So erinnert die in 3,20 belegte Bezeichnung der Angesprochenen als die, die den Namen Jhwhs fürchten (יראי שמי), doch deutlich an die aus 3,16 bekannten Bezeichnungen „die Jhwh fürchten" (יראי יהוה) und „die seinen Namen achten" (חשבי שמו). Zudem wird die den Gottesfürchtigen gegenüberstehende Gruppe in Mal 3,21 wie in 3,18 als „Frevler" (רשעים) bezeichnet. Und schließlich fällt auf, dass der kommende Gerichtstag in Mal 3,21 wie schon in Mal 3,17 als „Tag, den ich bereite" (יום אשר אני עשה) beschrieben wird, während in Mal 3,19 gleich zwei Mal schlicht von dem „kommenden Tag" (היום [הבא]) die Rede ist.

Bei dem sechsten Diskussionswort Mal 3,13-21 lassen sich somit die Textbereiche Mal 3,13-15.19 und 3,16-18.20-21 aufgrund der für die einzelnen Gruppen verwandten Bezeichnungen sowie aufgrund der jeweiligen Beschreibung des kommenden Gerichtstags deutlich gegeneinander abgrenzen:

---

94 Vgl. Redditt, Haggai, 181, der allerdings den gesamten Textbereich 3,16-21 dem Redaktor dieser Einheit zuschreibt. Demgegenüber meint Beck, Tag, 283-285, dass im Anschluss an 3,13-15.19 zumindest noch 3,20 der Grundschicht des Buches zuzuweisen ist. Dafür spricht nach Beck, dass in 3,19 nur das Schicksal der Frevler thematisiert wird, während das künftige Ergehen der Gottesfürchtigen erst in 3,20 beschrieben wird. Wie das thematisch verwandte Wort Mal 2,17-3,5* zeigt, ist es aber ohne weiteres denkbar, dass die Grundschicht des Wortes 3,13-21 überhaupt nur am Geschick der Frevler im kommenden Gericht orientiert war. Die beschriebenen terminologischen Unterschiede zwischen Mal 3,13-15.19 und 3,16-18.20-21 sprechen jedenfalls dafür, dass der gesamte Textbereich 3,16-18.20-21 sekundär ist.

3,13-15:
עשׂי רשׁעה ;זדים

3,16-18:
רשׁע // צדיק ;חשׁבי שׁמו ;יראי יהיה

3,19:
עשׂה רשׁעה ;זדים

היום (ה)בא

יום אשׁר
אני עשׂה

3,20-21:
רשׁעים // ירא שׁמי

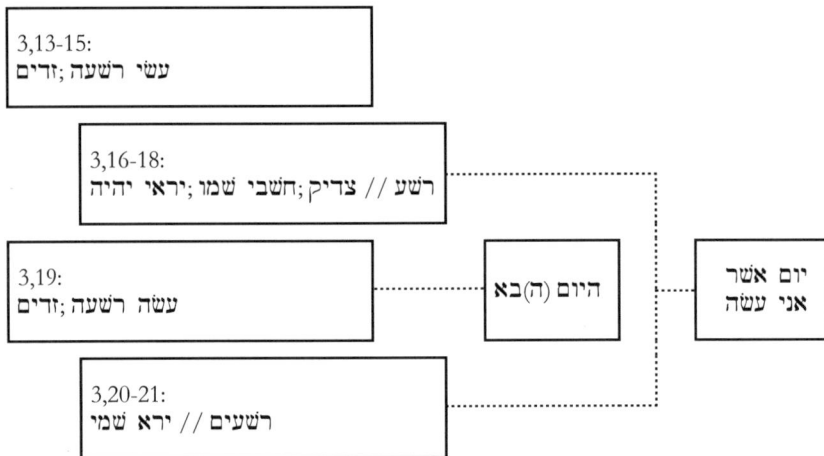

Nach der hier vorgestellten redaktionsgeschichtlichen Analyse spricht dann aber nichts mehr dagegen, den verbleibenden Grundbestand dieses Wortes in 3,13-15.19 der Grundschicht des Buches zuzuweisen. Es wurde ja schon häufiger angenommen, dass dieses sechste Diskussionswort Mal 3,13-21 nicht auf derselben literarischen Ebene angesetzt werden könne wie das ebenfalls an dem scheinbar folgenlosen Verhalten der Übeltäter orientierte vierte Diskussionswort Mal 2,17-3,5*, da nur hier in 3,13-21 die eschatologische Scheidung der Frommen und Frevler im Gericht erwartet wird.[95] Doch diese Annahme hat ihren Anhalt erst auf der Ebene der Überarbeitungsschicht Mal 3,16-18.20-21. Der Grundbestand dieses Wortes in Mal 3,13-15.19 ist dagegen ebenso wie Mal 2,17-3,5* einzig an einem Reinigungsgericht, das die Übeltäter treffen wird, orientiert. Die Gegenüberstellung von Frommen und Frevlern spielt auf dieser literarischen Ebene noch keine Rolle.

So zeigt sich bei dem sechsten Diskussionswort Mal 3,13-21 ein Grundbestand, der die Verse 3,13-15.19 umfasst und der der Grundschicht des Maleachibuches zuzuweisen ist. Bei diesem Wort wird gegen den Vorwurf, dass die Übeltäter ungestraft bleiben, angesagt, dass Jhwh an dem kommenden Gerichtstag gegen diese Übeltäter vorgehen wird.

Im Rahmen einer Überarbeitung wurden die Verse 3,16-18.20-21 eingebracht. Durch diese Verse wurde das sechste Diskussionswort so umgearbeitet, dass nun nicht mehr nur das Gericht an den Übeltätern, sondern darüber hinaus auch eine eschatologische Scheidung zwischen Gottesfürchtigen und Frevlern erwartet wird, bei der den Gottesfürchtigen Heil, den

---

95 So McKenzie / Wallace, Covenant, 560-563; Koenen, Heil, 60-63; Beck, Tag, 285f; Meinhold, BK 14,8, 345.

Frevlern aber das Gericht widerfahren wird. Diese Fromme-Frevler-Redaktion steht mit keiner der bislang im Maleachibuch erkannten Überarbeitungen in Verbindung.

2.2.2 Das Buchende Maleachi 3,22-24

Am Ende des Maleachibuches folgen auf die Sammlung der Diskussionsworte in Mal 1,2-3,21 noch zwei Schlussworte in 3,22-24. Dabei wird in Mal
3,22 dazu aufgerufen, der Tora des Mose zu gedenken. In Mal 3,23-24 wird
die Sendung des Elia im Vorfeld des kommenden Tages Jhwhs verheißen,
und es wird erwartet, dass der wiederkommende Elia Väter und Söhne
untereinander versöhnt, damit Jhwh das Land nicht mit dem Bann schlagen
wird.

Bei Mal 3,22-24 ist zurecht nahezu unumstritten, dass diese Verse erst
sekundär an das Maleachibuch angeschlossen wurden.[96] Dafür spricht vor
allem, dass Mal 3,22-24 nicht mehr wie der gesamte Textbereich 1,2-3,21 als
Diskussionswort gestaltet ist. Zudem zeigen sich gegenüber dem vorangehenden Buch einige inhaltliche und terminologische Unterschiede: So ist bei
Mal 3,22 auffällig, dass hier auf die Tora des Mose verwiesen wird, die im
sonstigen Maleachibuch an keiner Stelle von Bedeutung ist.[97] In Mal 3,23-24
wird sodann mit der Sendung des Elia das Auftreten einer konkreten und
beim Namen genannten Person erwartet. Demgegenüber ist in Mal 3,1a nur
ganz allgemein von der Sendung eines Boten die Rede, der Jhwh den Weg
bereiten soll. Dabei ist auf terminologischer Ebene beachtenswert, dass Mal
3,23 mit der Wendung שלח אנכי הנה eingeleitet wird, während sich in 3,1a
die Formulierung שלח הנני findet. Und schließlich zeigt sich noch ein
terminologischer Unterschied darin, dass der erwartete Gerichtstag in Mal
3,23 mit der festen Wendung יהוה יום, in den der Grundschicht des Buches
zugewiesenen Textbereichen aber nur schlicht als יום (3,2) oder als היום הבא

---

96 Vgl. nur Marti, KHC 13, 478; Nowack, HK 3,4, 428; Elliger, ATD 25, 216; Horst, HAT 14,
    275; Rudolph, KAT 13,4, 291-293; Mason, Haggai, 136; Deissler, NEB.AT 21, 317; Bosshard
    / Kratz, Maleachi, 29; Steck, Abschluß, 127f; Lescow, Maleachi, 168-174; Reventlow, ATD
    25,2, 160; Petersen, Zechariah 9-14, 227f; Redditt, Haggai, 185; Mathys, Anmerkungen, 39f;
    Utzschneider, Art. Maleachi, 712; Albertz, Elia, 164-168; Beck, Tag, 299-302; Meinhold, BK
    14,8, 403-405; Schwesig, Rolle, 269f. Demgegenüber weisen etwa Glazier-McDonald,
    Malachi, 254f; Verhoef, Haggai, 337f; Oesch, Bedeutung, 197; Homerski, Tag, 15, das
    Buchende Mal 3,22-24 doch der Grundschicht des Buches zu, allerdings ohne die stets für
    den sekundären Charakter dieser Verse genannten Argumente wirklich entkräften oder deren
    ursprüngliche Zugehörigkeit neu begründen zu können.
97 In den von der kultkritischen Redaktion eingebrachten Versen 2,6.7.8.9 findet sich zwar das
    Stichwort תורה. Es bezieht sich dort aber auf die priesterlichen Weisungen und nicht wie hier
    in Mal 3,22 auf das Gesetz des Mose.

(3,19) bezeichnet wird.[98] All dies spricht dann aber doch deutlich dafür, dass Mal 3,22-24 zumindest nicht auf der Ebene der Grundschicht des Maleachibuches angesetzt werden kann. Angesichts fehlender Bezüge kann dieser Anhang aber auch nicht auf derselben Ebene wie eine der bislang erkannten Bearbeitungen des Buches angesetzt werden.[99]

Die beiden Schlussworte 3,22 und 3,23-24 sind nun aber nicht nur insgesamt als sekundärer Anhang zum Maleachibuch anzusehen. Wie ebenfalls schon häufig erkannt wurde, gehen diese beiden Worte, die beachtenswerterweise in LXX in umgekehrter Abfolge überliefert sind, auch ihrerseits nochmals auf zwei unterschiedliche Bearbeitungen zurück.[100] Dafür spricht zum einen, dass die in 3,22 vorgebrachte Forderung, der Tora des Mose zu gedenken, und die in 3,23-24 angesagte Wiederkunft Elias im Vorfeld des Tages Jhwhs in keiner Weise miteinander in Verbindung gebracht werden. Der ethische Imperativ und die eschatologische Erwartung sind vielmehr recht unvermittelt nebeneinandergestellt. Zum anderen werden in Mal 3,23-24, nicht aber in 3,22 Formulierungen aus dem vorangehenden Buch aufgenommen. Die beiden Worte sind also von einer unterschiedlichen Redaktionstechnik bestimmt.[101]

So ergibt sich bei Mal 3,22-24, dass die in Mal 3,22 vorgebrachte Ermahnung an die Tora des Mose und die in Mal 3,23-24 belegte Ankündigung

---

98 In den von der Fromme-Frevler-Redaktion eingebrachten Passagen wird der erwartete Gerichtstag ebenfalls nicht als יום יהוה bezeichnet, sondern mit der Formulierung יום אשר אני עשה (3,17.21) umschrieben.

99 Wie oben Anm. 97 und 98 bereits dargestellt, zeigen sich bei Mal 3,22-24 ganz im Gegenteil sogar terminologische Differenzen zur kultkritischen Redaktion und zur Fromme-Frevler-Redaktion des Maleachibuches. Und auch bei den dann noch verbleibenden Bearbeitungen des Maleachibuches – der gegen Edom gerichteten Bearbeitung in Mal 1,4-5 und der an der Vergebungsbereitschaft Jhwhs orientierten Bearbeitung in Mal 1,9a – lassen sich weder inhaltliche noch terminologische Verbindungen zu Mal 3,22-24 erkennen, die eine Zuweisung dieses Anhangs zu der einen oder der anderen Schicht rechtfertigen könnten.
Die von Bosshard / Kratz, Maleachi, 45f, und Steck, Abschluß, 127f, vorgetragene Annahme, dass Mal 3,22-24 auf derselben literarischen Ebene wie Mal 2,10-12 anzusetzen ist, kann somit als ausgesprochen unwahrscheinlich bezeichnet werden. Denn für diese Annahme können Bosshard / Kratz und Steck letztlich nur darauf verweisen, dass sowohl in Mal 2,11 als auch in Mal 3,22 die Bezeichnung Israel belegt ist. Doch zum einen hat sich gerade die Erwähnung Israels in Mal 2,11 als Nachtrag erwiesen; s.o. 239. Und zum anderen und vor allem finden sich zwischen Mal 2,10-12 und 3,22-24 ansonsten eben keine wirklich bedeutenden inhaltlichen oder terminologischen Übereinstimmungen.

100 So auch schon Elliger, ATD 25, 216; Horst, HAT 14, 275; Mason, Haggai, 136; Deissler, NEB.AT 21, 317; Lescow, Maleachi, 168-174; Reventlow, ATD 25,2, 160; Mathys, Anmerkungen, 39f; Albertz, Elia, 164-168; Beck, Tag, 299-302; Meinhold, BK 14,8, 403-405.

101 Auf diesen Unterschied zwischen Mal 3,22 und 3,23-24 hat bislang vor allem Mathys, Anmerkungen, 40, aufmerksam gemacht.

der Wiederkunft des Elia erst sekundär und durch zwei voneinander zu
unterscheidende Bearbeitungen an das Maleachibuch angeschlossen
wurden.[102]

2.2.3 Die Überschrift Maleachi 1,1

In Mal 1,1 findet sich eine Überschrift nach dem Maśśa-Muster, bei der
nach der Gattungsbezeichnung משא דבר־יהוה der Name des Propheten
und Israel als Adressat der folgenden Worte angegeben wird.

Mit Blick auf die redaktionsgeschichtliche Einordnung von Mal 1,1 ist
schon immer die Frage bestimmend, in welchem redaktionsgeschichtlichen
Verhältnis diese Überschrift zu den mit der identischen Gattungsbezeichnung eingeführten Überschriften in Sach 9,1; 12,1 steht, allerdings ohne dass
es bei dieser Frage zu einem konsensfähigen Ergebnis gekommen wäre.[103]
Wie an anderer Stelle bereits ausgeführt, sollte in dieser Frage ohnehin kein
Urteil getroffen werden, solange nicht sowohl das Deuterosacharjabuch als
auch das Maleachibuch je für sich einer redaktionsgeschichtlichen Analyse

---

102 Umstritten ist dabei, in welcher Reihenfolge die beiden Nachträge in Mal 3,22 und 3,23-24
eingebracht wurden. So gehen Elliger, ATD 25, 216; Horst, HAT 14, 275; Deissler, NEB.AT
21, 317; Mathys, Anmerkungen, 39f; Beck, Tag, 305.307; Schwesig, Rolle, 270-273, davon
aus, dass zunächst Mal 3,22 und in einem zweiten Schritt Mal 3,23-24 zugefügt wurde,
während Albertz, Elia, 166; Meinhold, BK 14,8, 410, annehmen, dass zuerst Mal 3,23-24 und
dann Mal 3,22 ergänzt wurde. Dabei wird für die Priorität von Mal 3,22 darauf verwiesen,
dass Mal 3,23-24 als ausgleichende Korrektur von 3,22 zu verstehen sei, da mit 3,23-24 die
in 3,22 niedergelegte Rückbindung der Prophetie an die Tora um einen weiteren Rückverweis
auf die prophetische Tradition ergänzt wird. Für die Priorität von Mal 3,23-24 wird dagegen
geltend gemacht, dass dieser Text zunächst nur auf den Prophetenkanon zurückbezogen ist,
während Mal 3,22 noch darüber hinausgehend auf die Tora zurückbezogen ist.
Angesichts der doch recht schmalen Textbasis ist ein abschließendes Urteil kaum möglich.
Da sich im folgenden zeigen wird, dass sowohl Mal 3,22 als auch Mal 3,23-24 für die Einbindung des Zwölfprophetenbuches in den sich formierenden Kanon verfasst wurde (s.u.
421-427), dürften die beiden Nachträge jedenfalls zeitlich sehr nahe beieinander liegen. Dabei
erscheint es gut denkbar, dass tatsächlich der nur auf den Prophetenkanon bezogene Nachtrag 3,23-24 vor dem auf die Tora bezogenen Nachtrag 3,22 eingebracht wurde. Letztlich
kann diese Frage aber auch außer Acht gelassen werden.
103 So gehen etwa Marti, KHC 13, 460; Hanson, Dawn, 292; Reventlow, ATD 25,2, 133; Watts,
Superscriptions, 122; Utzschneider, Art. Maleachi, 712, davon aus, dass Sach 9,1; 12,1 und
Mal 1,1 auf dieselbe Hand zurückgehen, nach Sellin, KAT 12, 540; Mason, Haggai, 139;
Steck, Abschluß, 128f, wurde Mal 1,1 den Überschriften Sach 9,1; 12,1 nachgebildet und
nach Rudolph, KAT 13,4, 253; Nogalski, Processes, 187-189 mit Anm. 27, sind gerade
umgekehrt die Überschriften in Sach 9,1; 12,1 von Mal 1,1 abhängig. Nach Childs, Introduction, 492; Glazier-McDonald, Malachi, 24-27; Redditt, Zechariah 9-14, 320, sind die
Überschriften in Sach 9,1; 12,1 einerseits und Mal 1,1 andererseits sogar unabhängig voneinander entstanden.

unterzogen wurden.[104] Denn erst wenn auf Grundlage einer solchen redaktionsgeschichtlichen Analyse der Einzelbücher gezeigt werden kann, in
welcher Abfolge die Bücher Deuterosacharja und Maleachi in das werdende
Zwölfprophetenbuch integriert wurden, lässt sich auch mit einiger Gewissheit sagen, ob die Überschriften in Sach 9,1; 12,1 und Mal 1,1 auf dieselbe
Hand zurückgehen oder ob von einer einseitigen Abhängigkeit in der einen
oder der anderen Richtung auszugehen ist. Demgegenüber führt eine vereinzelte Betrachtung dieser Überschriften, wie die ganz unterschiedlichen
Hypothesen der bisherigen Forschung zeigen, zu keinen gesicherten Ergebnissen.

Sieht man also einmal von den Gemeinsamkeiten mit den in Sach 9,1;
12,1 belegten Überschriften ab und fragt allein vom vorliegenden Maleachibuch her, auf welcher literarischen Ebene die Überschrift Mal 1,1 dem
folgenden Buch vorangestellt worden sein könnte, so sind hierfür zwei
Überlegungen maßgebend. Zunächst fällt der in Mal 1,1 angegebene Prophetenname Maleachi auf. Es wurde zurecht schon häufig angenommen,
dass dieser Name aus Mal 3,1a aufgenommen wurde, wo es heißt, dass Jhwh
„meinen Boten" (מלאכי) senden wird.[105] Zu beachten ist nämlich, dass der
Name Maleachi – auch wenn für diesen Namen mittlerweile ein Beleg auf
einem Krughenkel gefunden wurde –[106] im AT nur in Mal 1,1 belegt ist.
Dass aber ein solcher, dann zumindest nur recht selten belegter Name
ausgerechnet am Beginn eines Prophetenbuches steht, in dem ein Bote
Jhwhs genannt wird, dürfte doch kaum Zufall sein. Und deshalb ist eben die
Annahme berechtigt, dass dieser Name von Mal 3,1a her gebildet wurde.

Für die redaktionsgeschichtliche Einordnung der Überschrift in Mal 1,1
ist dies nun deshalb von Bedeutung, weil sich in Mal 3,1a selbst kein Hinweis darauf findet, dass der dort angesagte Bote mit dem Propheten identifiziert werden soll. So dürfte der Prophetenname Maleachi in Mal 1,1 nicht
schon auf derselben literarischen Ebene vor das Buch gestellt worden sein,
der Mal 3,1a zugehört. Die Überschrift ist somit zumindest später als die
Grundschicht des Buches anzusetzen.[107]

---

104 Vgl. Wöhrle, Sammlungen, 42-44.
105 Vgl. etwa Wellhausen, Propheten, 203; Marti, KHC 13, 460; Sellin, KAT 12, 540; Elliger,
     ATD 25, 189; Mason, Haggai, 136; Tate, Questions, 391; Redditt, Haggai, 161f. Demgegen-
     über gehen etwa Rudolph, KAT 13,4, 253; Deissler, NEB.AT 21, 315; Glazier-McDonald,
     Malachi, 29; Reventlow, ATD 25,2, 133; Meinhold, BK 14,8, 15f, u.a. davon aus, dass es sich
     bei Maleachi um einen Eigennamen handelt, der dem Buch unabhängig von Mal 3,1 vorange-
     stellt wurde und evtl. tatsächlich den Namen des Propheten wiedergibt.
106 Vgl. Aharoni, Arad, 109; siehe hierzu Meinhold, Art. Maleachi, 6f; ders., BK 14,8, 15.
107 Vgl. etwa Wellhausen, Propheten, 203; Marti, KHC 13, 460; Sellin, KAT 12, 540; Elliger,
     ATD 25, 189; Mason, Haggai, 139; Bosshard / Kratz, Maleachi, 45; Steck, Abschluß, 128f;
     Reventlow, ATD 25,2, 133; Utzschneider, Art. Maleachi, 712; Redditt, Haggai, 162; Mein-
     hold, BK 14,8, 11.

Dafür spricht auch die zweite Überlegung: So wird in Mal 1,1 Israel als
Adressat des folgenden Buches genannt. Beachtenswert ist aber, dass die
Bezeichnung Israel im Rahmen der Grundschicht des Buches nicht belegt
ist. Auch dies spricht also dafür, dass die Überschrift Mal 1,1 erst sekundär
vor das Maleachibuch gestellt wurde.

Von der Adressatenangabe Israel her ergibt sich nun aber ein – zugegebenermaßen noch recht vager – Hinweis für eine mögliche redaktionsgeschichtliche Einordnung der Überschrift. Neben den beiden vereinzelten
Nachträgen in 2,11*(ו בישראל) und 2,16*(אמר יהוה אלהי ישראל) ist die
Bezeichnung Israel nämlich nur noch in dem gegen Edom gerichteten
Nachtrag 1,4-5 sowie in dem Schlusswort 3,22 belegt. Da sich für Mal 3,22
zeigen wird, dass dieses Wort bereits für einen nicht nur über das Maleachibuch, sondern sogar über das gesamte Zwölfprophetenbuch hinausgehenden Horizont verfasst wurde,[108] so dass die Überschrift in Mal 1,1 wohl
kaum von derselben Hand eingebracht worden sein dürfte, könnte es daher
doch gut sein, dass die Überschrift auf dieselbe Redaktion zurückgeht wie
der Nachtrag in 1,4-5. Dies ist zwar noch etwas spekulativ. Doch wird sich
genau diese Annahme bei der weiteren Betrachtung des Maleachibuches im
Rahmen der Entstehung des Zwölfprophetenbuches noch weiter bestätigen.[109]

Die Betrachtung der Überschrift Mal 1,1 ergibt also, dass dieser Vers
erst nachträglich vor das Maleachibuch gestellt wurde. Dabei legt die Adressatenangabe Israel eine vorläufige Einordnung dieser Überschrift auf derselben literarischen Ebene wie der gegen Edom gerichtete Nachtrag 1,4-5 nahe,
was im folgenden noch weiter zu begründen sein wird.

2.2.4 Zusammenfassung der Redaktionsgeschichte des Maleachibuches

2.2.4.1 Die Grundschicht

Die redaktionsgeschichtliche Analyse des Maleachibuches führt zu einer
Grundschicht, die eine Sammlung von sechs kurzen Diskussionsworten in
den Versen 1,2-3.6*(ohne כהנים).7b.8a.9b.10b.11b.12*(ohne מגאל הוא).13-
14; 2,10.14-15.16*(ohne אמר יהוה אלהי ישראל).17; 3,1a.2.5-6.8-15.19
umfasst. Über die bisherige Forschung hinaus konnte dabei gezeigt werden,
dass diese Grundschicht ausnahmslos an Vergehen des Volkes orientiert ist.

---

108 S.u. 421-427.
109 S.u. 275.

Die auf die Priester bezogenen Passagen wurden allesamt erst im Rahmen einer Überarbeitung des Buches eingebracht.[110]

Es sind dabei drei Themen, die die Grundschicht des Maleachibuches bestimmen. So wird in Mal 1,2-3 und 3,13-19* den Zweifeln an der Zuwendung Jhwhs zu seinem Volk begegnet, in Mal 1,2-3 noch ganz allgemein unter der Frage nach der Liebe Jhwhs, in Mal 3,13-19* dann zugespitzt auf die Problematik, dass die Übeltäter im Volk scheinbar straflos davonkommen. In 1,6-14* und 3,6-12* wird sodann die Vernachlässigung des Kultes angeprangert, wobei zunächst in 1,6-14* die Opferpraxis der Laien,[111] in 3,6-12* deren mangelnde Bereitschaft, den Zehnten abzuliefern, kritisiert wird. Und schließlich sind die Worte Mal 2,10-16* und 2,17-3,5* von sozialkritischen Anklagen bestimmt. So richtet sich das Diskussionswort Mal 2,10-16* gegen die Ehescheidung, und in Mal 2,17-3,5* wird neben Zauberern, Ehebrechern und Meineidigen vor allem denen das Gericht angesagt, die Lohnarbeiter, Witwen, Waisen und Fremde unterdrücken.

Aufgrund der beschriebenen thematischen Anlage der einzelnen Worte kann die Grundschicht des Maleachibuches erstmals als durchdacht gestaltete Komposition beschrieben werden, bei der die einzelnen Worte in einer Ringstruktur angeordnet sind. So bilden die beiden am Gottesverhältnis orientierten Worte in 1,2-3 und 3,13-19* – gewissermaßen als theologische Grundlage – einen großen Rahmen um das gesamte Buch. In einem mittleren Ring stehen sich die beiden an kultischen Verfehlungen orientierten Worte 1,6-14* und 3,6-12* gegenüber. Und im Zentrum der Komposition finden sich die beiden gegen soziale Missstände gerichteten Worte 2,10-16* und 2,17-3,5*. Dabei sind die mittleren und die inneren Glieder durch markante Stichworte miteinander verbunden: In den Worten gegen kultische Verfehlungen 1,6-14* und 3,6-12* sind jeweils die Stichworte ארר (1,14 // 3,9), חפץ (1,10 // 3,12) und גוים (1,14 // 3,12) belegt, in den Worten gegen soziale Verfehlungen 2,10-16* und 2,17-3,5* das Stichwort עד/עוד (2,14 // 3,5):

---

110 Siehe hierzu im einzelnen oben 222-233.
111 S.o. 225-230.

A 1,2-3		Gottesverhältnis
	B 1,6-14*	Kult (אור; חפץ ;גוי)
		C 2,10-16* — Gesellschaft (עד/עוד)
		C' 2,17-3,5* — Gesellschaft (עד/עוד)
	B' 3,6-12*	Kult (אור; חפץ ;גוי)
A' 3,13-19*		Gottesverhältnis

Interessant ist nun, dass die beiden gegen kultische Verfehlungen gerichteten Worte in Mal 1,6-14* und 3,6-12* eben nicht, wie in der Prophetie häufig belegt, illegitime Praktiken oder übermäßige kultische Aktivitäten bei gleichzeitiger Vernachlässigung der sozialen Pflichten anklagen.[112] Es geht hier vielmehr um die Vernachlässigung des Kults durch die Laien, die minderwertige Opfergaben darbringen und den Zehnt und die Abgaben nicht mehr abliefern. Die hier belegten Anklagen richten sich also gegen Missstände, die das Funktionieren des Kults in Frage stellen. Das heißt doch aber, dass diese beiden Worte, und von hier aus wohl die Grundschicht des Maleachibuches insgesamt, aus priesterlichen Kreisen stammen. Es handelt sich bei der Grundschicht des Maleachibuches also um eine kultprophetische Schrift.[113]

Umso erstaunlicher ist es dann aber, dass in dieser Schrift eben nicht nur kultische, sondern auch soziale Vergehen angeprangert werden. Die kultprophetischen Autoren wenden sich also nicht nur gegen die sie selbst betreffende Vernachlässigung des Kultbetriebs, sondern auch gegen soziale Verfehlungen wie Ehescheidung oder die Unterdrückung von gesellschaftli-

---

112 Vgl. hierzu nur etwa Jes 1; Jer 7; Ez 8; Hos 6; Am 5,21-27.

113 So meinte schon Glazier-McDonald, Malachi, 274: „Malachi may indeed have been a cult prophet." Da Glazier-McDonald allerdings von der Einheitlichkeit des Buches ausgeht, kann sie dies lediglich ganz allgemein mit der an kultischen Belangen orientierten Ausrichtung des Buches erklären. Dass die Grundschicht des Buches explizit gegen die Gefährdung eines funktionierenden Kultbetriebs durch die Laien gerichtet ist, wurde so bislang noch nicht gesehen.
   Eine interessante Parallele zur inhaltlichen Ausrichtung der Grundschicht des Maleachibuches bieten dabei einige der in den Mari-Briefen überlieferten Prophetenworte. Denn dort sind eine ganze Reihe von Worten belegt, in denen die mangelnde Unterstützung des Opferkults oder das Darbringen minderwertiger Opfergaben an bestimmten lokalen Heiligtümern angeprangert wird; vgl. hierzu die Zusammenstellung bei Nissinen, Potential, 4-14. Auch in den Mari-Briefen ist also eine Form der Kultprophetie belegt, bei der im Namen einer Gottheit die Vernachlässigung des Kultbetriebs am Heiligtum dieser Gottheit kritisiert wird.

chen Randgruppen. Wohl von den kultischen Missständen herkommend, die ja unter den gegen konkrete Verfehlungen gerichteten Worten auch zuerst angesprochen werden, nehmen sie eine auch in ganz anderen Kontexten erkennbare Verrohung der Gesellschaft wahr. Und so setzen sie sich mit ihrer kultprophetischen Streitschrift nicht nur für ihre eigenen Belange ein, sondern legen eine umfassende, sowohl kultische als auch soziale Anklagen mit einschließende Generalkritik vor.

Der Anlass für die in der Grundschicht des Maleachibuches angeprangerten Missstände ist dabei vor allem in Mal 1,13 und 3,9-12 erkennbar.[114] Denn schon der in Mal 1,13 belegte Ausspruch der Laien, dass ihnen der Opferdienst eine Last bereitet, deutet auf eine wirtschaftliche Notlage hin.[115] Und in Mal 3,9-12 wird deutlich erkennbar, dass das Volk von einer Dürre heimgesucht wird. Eben deshalb scheint das Volk seinen kultischen und sozialen Verpflichtungen nicht mehr nachzukommen. Aufgrund der wirtschaftlichen Not werden nur noch mangelhafte Opfer dargebracht, die Abgaben werden verweigert und die Randgruppen werden ausgebeutet. Ja, sogar die in 2,10.14-16 kritisierten Ehescheidungen könnten auf wirtschaftliche Erwägungen zurückgehen, um so der Versorgung der eigenen Frauen ledig zu werden und vielleicht sogar durch Einheirat in eine gehobenere Familie das eigene Auskommen weiter zu sichern.[116] Die in der Grundschicht des Maleachibuches angeprangerte Verrohung ist somit direkte Folge der wirtschaftlichen Nöte des Volkes.

Dem wird in der Grundschicht des Maleachibuches entgegengehalten, dass sich die Angehörigen des Volkes gerade aufgrund ihres Verhaltens in dieser Not befinden. Vor allem in den gegen kultische Vergehen gerichteten Worten wird betont, dass solche Vergehen den Fluch Jhwhs nach sich ziehen (ארר; 1,14; 3,9). Die Vernachlässigung des Kults, der doch gerade segensreich für das Volk sein sollte, führt zur derzeitigen Fluchsituation. Erst dann, wenn das Volk seinen Pflichten wieder nachkommt, wird Jhwh nach Mal 3,10-12 neuen Segen spenden.

Zudem wird in den Worten gegen soziale Vergehen in 2,10-16*; 2,17-3,5* betont, dass Jhwh dies nicht ungestraft sein lässt. Er wird gegen die Ehebrecher ebenso vorgehen wie gegen diejenigen, die sich an den gesellschaftlichen Randgruppen verschulden. Und als theologische Untermauerung dieser Botschaft wird in dem am Gottesverhältnis orientierten Rahmen des Buches in 1,2-3; 3,13-19* klargestellt, dass er sein Volk entgegen der

---

114 Vgl. hierzu auch Glazier-McDonald, Malachi, 14.274; Meinhold, BK 14,8, XXII.
115 S.o. 228.
116 Dass bei Ehescheidungen auch wirtschaftliche Faktoren eine Rolle spielten, zeigt sich etwa auch daran, dass in Eheverträgen meist eine im Falle der Scheidung zu zahlende Summe festgesetzt ist, um den geschiedenen Partner so vor wirtschaftlichen Härten abzusichern; vgl. hierzu Lipiński, Marriage, 71.

verbreiteten Ansicht sehr wohl liebt und dass er die Übeltäter im Volk keinesfalls ungestraft lässt.

Als Datierung dieser Grundschicht des Maleachibuches bietet sich, wie schon häufig vorgeschlagen, die Mitte des 5.Jh. an.[117] Denn die in diesem Buch angeprangerten Verfehlungen erinnern doch deutlich an die aus der Nehemiazeit bekannten Missstände. So wird aus Neh 5 deutlich, dass die wirtschaftlichen Nöte der persischen Zeit zur Verschuldung von Teilen der Bevölkerung und somit zu einem gesellschaftlichen Ungleichgewicht führten, wie es auch in Mal 3,5 vorausgesetzt ist. Und in Neh 10,33-34; 13,30-31 ist wie in Mal 3,6-12* die mangelnde Bereitschaft des Volkes, die Abgaben für den Kult abzuliefern, erkennbar. Zudem passen zur Datierung in das 5.Jh. die in Mal 1,3 vorausgesetzten Gebietsverluste der Edomiter, kam es doch gerade in dieser Zeit, wie oben bereits ausgeführt, vermehrt zu feindlichen Übergriffen auf edomitisches Gebiet.[118]

2.2.4.2 Die kultkritische Redaktion

Das zweite bis vierte Diskussionswort des Maleachibuches wurde einer kultkritischen Überarbeitung unterzogen, die die Verse 1,6*(כהנים).7a.10a. 12*(מנאל הוא); 2,1-9.11*(ohne ו בישראל).12-13; 3,3-4 umfasst. Dabei wurde die ursprünglich gegen das eigene Volk gerichtete Kritik an der Vernachlässigung des Opferkults Mal 1,6-14* durch die Nachträge in 1,6*.7a.10a.12* so umgearbeitet, dass nun die Priester für das Darbringen minderwertiger Opfergaben verantwortlich gemacht werden. Zudem wurde an dieses Wort in 2,1-9 eine weitere an die Priester gerichtete Anklage angehängt, die sich gegen Missstände bei der Toraerteilung wendet. Das dritte, zuvor nur an der Ehescheidung orientierte Diskussionswort 2,10-16* wurde sodann in 2,11*.12-13 um eine Kritik an den Mischehen und um eine Kritik an Trauerriten am Altar ergänzt.[119] Und schließlich wurde im vierten Diskussionswort 2,17-3,5* in 3,3-4 die Ankündigung eines Reinigungsgerichts an der Priesterschaft nachgetragen.

---

117 Vgl. etwa, mit Unterschieden im Detail, Marti, KHC 13, 457; Sellin, KAT 12, 535f; Elliger, ATD 25, 188f; Rudolph, KAT 13,4, 248f; Hill, Dating, 86; Glazier-McDonald, Malachi, 14-18; Verhoef, Haggai, 160-162; Mason, Preaching, 237f; Reventlow, ATD 25,2, 130; Redditt, Haggai, 149-151; Utzschneider, Art. Maleachi, 712; Meinhold, BK 14,8, XXII-XXIII.
118 Siehe hierzu im einzelnen oben 213-215.
119 Zur Ablehnung der verbreiteten These, dass die in Mal 2,10-16 nebeneinander genannte Kritik an den Mischehen und an der Ehescheidung zusammengehört und deshalb so zu verstehen ist, dass die Ehescheidungen vorgenommen werden, um eine Mischehe eingehen zu können, s.o. 235.

Während also die Grundschicht des Maleachibuches noch gleichermaßen an kultischen wie an sozialen Verfehlungen orientiert war und dort ausnahmslos die Laien für ihr Verhalten angeklagt wurden, ist das Buch auf der Ebene dieser kultkritischen Redaktion durchgängig an kultischen Verfehlungen orientiert, und es ist nicht mehr nur gegen die Laien, sondern auch gegen die Priester gerichtet. Zudem wird nun an kultischen Missständen nicht mehr nur die Vernachlässigung des Kultbetriebs – die minderwertigen Opfergaben und die Verweigerung des Zehnts – angeprangert. Es werden vielmehr auch konkrete Verfehlungen im kultischen Handeln – das Darbringen der Opfer auf dem Altar durch die Priester, die Mischehen und die Trauerriten am Altar – kritisiert. Das Maleachibuch wird so auf der Ebene der kultkritischen Redaktion von einer Streitschrift gegen die Vernachlässigung der kultischen und sozialen Pflichten des Volkes zu einer umfassenden Anklage gegen die verschiedensten kultischen Vergehen der Priester und der Laien.

Auch auf dieser redaktionellen Ebene zeichnet sich das Maleachibuch durch einen bewusst gestalteten Aufbau aus. Dabei ist im Mittelteil des Buches – zwischen den beiden am Gottesverhältnis orientierten Worten – die zuvor bestimmende konzentrische Abfolge von Worten, die gegen kultische und gegen soziale Vergehen gerichtet sind, einer alternierenden Abfolge von Worten, die gegen die kultischen Verfehlungen der Priester und gegen die kultischen Verfehlungen der Laien gerichtet sind, gewichen:

A 1,2-3	Gottesverhältnis
B 1,6-2,9*	Priester im Kult
C 2,10-16*	Laien im Kult
B' 2,17-3,5*	Priester im Kult
C' 3,6-12*	Laien im Kult
A' 3,13-19*	Gottesverhältnis

Angesichts der durchgängigen Orientierung an kultischen Belangen erscheint es denkbar, dass auch die kultkritische Redaktion aus priesterlichen Kreisen stammt. Dagegen spricht nicht, dass von dieser Redaktion auch gegen Priester gerichtete Worte eingebracht wurden. Beachtenswert ist nämlich, dass diese Worte in 2,4.8; 3,3 explizit den levitischen Priestern gelten. Es könnte also gut sein, dass die kultkritische Redaktion einen Konflikt zwischen verschiedenen priesterlichen Gruppen widerspiegelt und die gegen die levitischen Priester gerichteten Worte des Maleachibuches von hier aus zu verstehen wären.[120] Das Maleachibuch wäre dann auch auf dieser redaktionellen Ebene als kultprophetische Schrift zu verstehen, die nun aber anders als auf der Ebene der Grundschicht nicht mehr nur die Laien, sondern auch die levitischen Priester für die Missstände im Kult verantwortlich macht.

Die kultkritische Überarbeitung wird dabei wohl nicht allzu lange nach der Grundschicht des Buches entstanden sein. Denn auch bei dieser Schicht ist noch die Kritik an minderwertigen Opfern und an der Vernachlässigung der Abgaben bestimmend, was auf eine wirtschaftliche Schwächephase wie im 5.Jh. schließen lässt. Zudem ist die in 2,11-12 vorgebrachte Verurteilung der Mischehen auch in Esr 9-10; Neh 13,23-27 für diese Zeit belegt.

2.2.4.3 Die Fromme-Frevler-Redaktion

Im Rahmen einer weiteren Redaktion wurde im sechsten Diskussionswort des Maleachibuches – ausgehend von der im Grundbestand dieses Wortes Mal 3,13-15.19 bestimmenden Frage, ob die Übeltäter ohne Strafe davonkommen – in den Versen 3,16-18.20-21 die Erwartung einer eschatologischen Scheidung zwischen Frommen und Frevlern nachgetragen. Durch diesen Nachtrag wird hier also nicht mehr nur das Gericht an den Übeltätern, sondern auch der Lohn der Gottesfürchtigen in den Blick gerückt und damit eine weitere Motivation, nicht dem Verhalten der Übeltäter zu folgen,

---

120 Dass dem Maleachibuch Auseinandersetzungen zwischen verschiedenen priesterlichen Gruppierungen zugrunde liegen, wurde auch schon von Mason, Haggai, 148; Utzschneider, Künder, 81f, angenommen. Allerdings gehen sie nicht davon aus, dass die priesterkritischen Worte des Maleachibuches gegen die Leviten gerichtet sind, sondern dass diese Worte gerade im Gegenteil aus der Perspektive der Leviten gegen andere priesterliche Gruppen verfasst sind. Dafür verweisen Mason und Utzschneider darauf, dass die Priester in Mal 2,4.8 ja an den Bund des Levi ermahnt werden und somit der Leviten hier gerade als positive Gestalt herausgehoben wird. Allerdings spricht der Nachtrag Mal 3,3-4, der nach der hier vorgestellten redaktionsgeschichtlichen Analyse auf derselben literarischen Ebene zu verorten ist wie Mal 2,1-9, doch eher dafür, dass die priesterkritischen Passagen den Leviten gelten, wird dort doch explizit ein die Leviten treffendes Reinigungsgericht angekündigt. O'Brien, Priest, 83, und Oesch, Bedeutung, 176, haben sich allerdings betont gegen die These ausgesprochen, dass im Maleachibuch eine innerpriesterliche Auseinandersetzung vorausgesetzt sei. Dagegen spricht ihrer Meinung nach, dass in Mal 1,6-2,9 nicht verschiedene priesterliche Gruppen einander gegenübergestellt werden, sondern dass hier das derzeitige Priestertum an seinem Ahnherrn Levi gemessen wird. O'Brien und Oesch können dann aber nicht erklären, warum im Maleachibuch eben nicht nur gegen die Priesterschaft gerichtete Worte belegt sind, sondern auch Worte, die die Vernachlässigung des Kultes durch die Laien kritisieren. Dies ist doch am plausibelsten so zu erklären, dass dieses Nebeneinander auf eine bestimmte priesterliche Gruppe zurückgeht, die sich hier sowohl mit einer anderen priesterlichen Gruppe als auch mit den Laien auseinandersetzt.

hinzugefügt. Von hier aus lässt sich die Fromme-Frevler-Bearbeitung ebenfalls noch gut vor dem Hintergrund der sozialen Krise der persischen Zeit
verstehen.[121] Sie ist daher wie die kultkritische Bearbeitung in zeitlicher Nähe
zur Grundschicht des Buches zu verorten.

2.2.4.4 Die Fremdvölkerschicht II

Eine weitere Bearbeitung, die bereits vorläufig der Fremdvölkerschicht II
zuzuschreiben ist, ist sodann in Mal 1,1.4-5 erkennbar. Diese Bearbeitung
brachte zum einen, wie noch weiter zu begründen sein wird, die Überschrift
in Mal 1,1 ein. Zum anderen wurde an das erste Diskussionswort eine kurze
Gerichtsankündigung gegen Edom eingefügt. Dabei reagiert dieser Nachtrag
auf die Bestrebungen Edoms, seine zerstörten Stätten wieder aufzubauen.
Derartigen Vorhaben wird hier entgegengehalten, dass Jhwh das Aufgebaute
wieder zerstören wird.

Dieses Edom-Wort könnte nach den bereits vorgestellten Überlegungen
zur Geschichte Edoms in der nachexilischen Zeit gut in die frühe hellenistische Zeit gehören. Denn von Joel 4,19 und dem Obadjabuch her konnte wahrscheinlich gemacht werden, dass es zu dieser Zeit erneut zu Übergriffen der Edomiter auf judäisches Gebiet kam.[122] Hierzu würde doch recht
gut passen, dass der Nachtrag Mal 1,4-5 – anders als der im 5.Jh. entstandene Grundbestand dieses Wortes in Mal 1,2-3, der lediglich die Zerstörung
Edoms nennt – von neuerlichen Restaurationsbestrebungen der Edomiter
geprägt ist.

2.2.4.5 Die Gnadenschicht

In Mal 1,9a wurde sodann in das zweite Diskussionswort ein kurzer, schon
jetzt der Gnadenschicht des Zwölfprophetenbuches zuzuweisender Nachtrag eingebracht. Es wird hier dazu aufgerufen, Gott anzuflehen, damit er
gnädig sei. Dieses Wort, das nicht mehr an konkreten Verfehlungen orientiert ist, sondern ganz allgemein die Gnadenbereitschaft Gottes festhält,
sofern sich das Volk ihm zuwendet, wird ebenfalls kaum vor der hellenistischen Zeit zu datieren sein.[123]

---

121 Zur Bedeutung der weisheitlichen Gegenüberstellung von Frommen und Frevlern bei der
     Bewältigung der sozialen Krise der persischen Zeit vgl. Albertz, Religionsgeschichte 2, 546f.
122 S.o. 213-218.
123 Siehe hierzu im einzelnen unten 411f.

2.2.4.6 Die kanonübergreifenden Nachträge in Mal 3,22.23-24

In Mal 3,22.23-24 finden sich zwei, vermutlich getrennt voneinander hinzugefügte Anhänge zum Maleachibuch. Dabei wird in 3,22 dazu aufgerufen, der Tora des Mose zu gedenken. In 3,23-24 wird die Sendung des Elia als Vorläufer des Tages Jhwhs verheißen. Wie sich noch zeigen wird, beschließen diese beiden Worte nicht nur das Maleachibuch, sondern den gesamten Prophetenkanon.[124] So dürften diese Nachträge kaum vor der fortgeschrittenen hellenistischen Zeit an das Maleachibuch angehängt worden sein.

2.2.4.7 Vereinzelte Nachträge

Vereinzelte Nachträge, ohne größere Bedeutung für die Entstehung des Maleachibuches oder gar des Zwölfprophetenbuches, finden sich schließlich noch in 1,8b.11a; 2,11*(ו בישראל).16*(אמר יהוה אלהי ישראל); 3,1b.7.

2.2.4.8 Überblick über die Redaktionsgeschichte des Maleachibuches

Grundschicht	1,2-3.6*(ohne כהנים).7b.8a.9b.10b.11b. 12*(ohne מגאל הוא).13-14 2,10.14-15.16*(ohne אמר יהוה אלהי ישראל).17 3,1a.2.5-6.8-15.19
Kultkritische Redaktion	1,6*(מגאל הוא)(כהנים).7a.10a.12* 2,1-9.11*(ohne ו בישראל).12-13 3,3-4
Fromme-Frevler-Redaktion	3,16-18.20-21
Fremdvölkerschicht II	1,1.4-5
Gnadenschicht	1,9a
Die kanonübergreifenden Nachträge	3,22.23-24
Vereinzelte Nachträge	1,8b.11a 2,11*(ו בישראל).16*(אמר יהוה אלהי ישראל) 3,1b.7

---

124 S.u. 421-427.

3. Der buchübergreifende Zusammenhang der Fremdvölkerschicht II

3.1 Der literarische Zusammenhang der Bearbeitungen der Fremdvölkerschicht II

Aufgrund der redaktionsgeschichtlichen Analyse der Einzelbücher konnte gezeigt werden, dass die Bücher Joel, Amos und Deuterosacharja nach der als Fremdvölkerschicht I bezeichneten Redaktion und nach der Einfügung der Davidsverheißungen einer weitereren Bearbeitung unterzogen wurden, die bereits vorläufig als Fremdvölkerschicht II bezeichnet wurde.[1] Dieser Bearbeitung wurden nun auch die Grundschicht des Obadjabuches sowie ein kurzer Nachtrag am Beginn des Maleachibuches zugewiesen.[2] Insgesamt umfasst die Fremdvölkerschicht II demnach die folgenden Textbereiche:

Joel	4,4-8.18-21
Amos	1,9-12 9,12a.13aβb
Obadja	1-16.17b.18-21
Micha	-
Nahum	-
Zefanja	-
Haggai	-
Sacharja	-
Deuterosacharja	9,2-6.8.11-13 10,6-10.12 14,4.6-10.11*(וישבו בה)
Maleachi	1,1.4-5

Durch die der Fremdvölkerschicht II zugewiesenen Bearbeitungen wurde zunächst in Joel 4,4-8 ein Gerichtswort gegen Tyros, Sidon und die Philister eingetragen, die Angehörige des Volkes an die Griechen verkauft haben und

---

1   Siehe hierzu Wöhrle, Sammlungen, 136.434f, und oben 136. Zur Begründung, dass die Fremdvölkerschicht II später als die Davidsverheißungen anzusetzen ist, s.o. 183.

2   S.o. 209-218.262.

deshalb nun selbst unter die Völker verkauft werden sollen. In Joel 4,18-21 wird zunächst eine Verwandlung der Natur angesagt, bei der die Berge von Traubensaft triefen werden, die Hügel von Milch strömen werden und eine Quelle aus dem Hause Jhwhs hervorgehen wird. Zudem wird hier Ägypten und Edom das Gericht angesagt. Im Amosbuch wurden die Fremdvölkersprüche Am 1-2* um die beiden Worte gegen Tyros und Edom in 1,9-12 ergänzt.[3] Und am Ende des Amosbuches, in Am 9,12-13*, wird zum einen angesagt, dass das Volk den Rest Edoms in Besitz nehmen wird. Zum anderen werden hier geradezu utopische Ernteerfolge in Aussicht gestellt, und dabei wird erneut verheißen, dass die Berge von Traubensaft triefen werden. Mit der Grundschicht des Obadjabuches Obd 1-16.17b.18-21 wurde sodann eine weitere Gerichtsankündigung gegen Edom eingefügt. Dabei wird Edom vorgeworfen, dass es bei der Einnahme Jerusalems tatenlos zugesehen hat und sogar selbst gegen die Jerusalemer vorgegangen ist und diese ausgeliefert hat. Und das Buch endet schließlich mit der Erwartung, dass Edom untergehen wird und dass das Volk die Gebiete Edoms wie auch die Gebiete anderer Nachbarvölker in Besitz nehmen wird. Bei den Nachträgen zum Deuterosacharjabuch wird zunächst in Sach 9,2-6.8.11-13; 10,6-10.12 Tyros, Sidon, den Philistern und den Griechen das Gericht angesagt, dem eigenen Volk aber verheißen, dass es aus der Gefangenschaft zurückgeführt wird. In Sach 14,4.6-10.11* wurde sodann die Erwartung nachgetragen, dass die Minderungen des agrarischen Lebens, Kälte und Frost oder die mangelnde Bewässerung des Landes, ein Ende finden werden.[4] Und schließlich wurde mit dem Nachtrag in Mal 1,1.4-5 ein weiteres Gerichtswort gegen Edom ergänzt, nach dem Jhwh gegen die Pläne Edoms, das Zerstörte wieder aufzubauen, vorgehen wird.

Wie schon dieser erste kurze Überblick erkennen lässt, sind die Bearbeitungen der Fremdvölkerschicht II durch zahlreiche thematische, aber auch durch einige markante terminologische Gemeinsamkeiten miteinander verbunden. Dabei fällt zunächst gegenüber der ebenfalls völkerfeindlich ausgerichteten Fremdvölkerschicht I auf, dass hier nicht wie dort die gesamte Völkerwelt als Gegenstand des göttlichen Gerichts vorgestellt wird.[5] Es wird vielmehr ganz bestimmten Einzelvölkern das Gericht angesagt, wobei immer wieder dieselben Völker genannt werden.

Beachtenswert sind dabei zunächst die Worte, in denen die Phönikier und die Philister angeklagt werden. So sind Joel 4,4-8 und Sach 9,2-8*

---

3   Zur Ablehnung der beliebten These, dass die beiden Worte gegen Tyros und Edom in Am 1,9-12 auf derselben literarischen Ebene anzusetzen sind wie das ebenfalls sekundäre Juda-Wort Am 2,4-5, vgl. Wöhrle, Sammlungen, 96f.

4   Siehe hierzu im einzelnen oben 117 mit Anm. 162.

5   Zur inhaltlichen Anlage der Fremdvölkerschicht I s.o. 164-170.

gleichermaßen gegen Tyros, Sidon und die Philister gerichtet. Zudem findet sich in Am 1,9-10 ein Wort gegen Tyros, das beachtenswerterweise direkt an das bereits im vorgegebenen Bestand des Amosbuches belegte Gerichtswort gegen die Philister Am 1,6-8 angeschlossen wurde. Durch die Überarbeitung der Fremdvölkerschicht II werden also nicht nur in Joel 4,4-8 und Sach 9,2-8*, sondern auch in den Fremdvölkerworten des Amosbuches nebeneinander die Philister und die Phönikier angeklagt.[6]

Interessant ist nun, dass im Rahmen des in Joel 4,4-8 belegten Gerichtswortes gegen Tyros, Sidon und die Philister in 4,6 auch die Griechen genannt werden. Denn im Anschluss an das Wort gegen Tyros, Sidon und die Philister Sach 9,2-8* ist das ebenfalls der Fremdvölkerschicht II zugewiesene Gerichtswort 9,11-13 gerade gegen die Griechen gerichtet. Sowohl in Joel 4,4-8 als auch in Sach 9,2-13* werden also Tyros, Sidon, die Philister und die Griechen zusammen – und sogar in derselben Reihenfolge – genannt, was sich so an keiner weiteren Stelle im AT findet.

Neben den Phönikiern, Philistern und Griechen werden in den von der Fremdvölkerschicht II eingebrachten Textbereichen auch mehrfach die Edomiter angeklagt. So findet sich schon in Joel 4,19 eine an Edom adressierte Gerichtsankündigung. Im Amosbuch wurde sodann die Sammlung der Fremdvölkerworte neben dem Tyros-Wort 1,9-10 auch um ein Edom-Wort in 1,11-12 erweitert, und am Ende des Amosbuches wurde in Am 9,12* ein weiteres gegen Edom gerichtetes Wort ergänzt. Das Obadjabuch ist sogar insgesamt als Anklageschrift gegen Edom gestaltet. Und im Maleachibuch wurde schließlich an das erste Diskussionswort Mal 1,2-3 eine Gerichtsankündigung gegen Edom in 1,4-5 angehängt. Dabei ist auf terminologischer Ebene zu beachten, dass Edom in Am 1,11 wie auch in Obd 10.12 als Bruder (אח) des eigenen Volkes angesprochen wird.

Beachtenswert ist aber nicht nur, dass in den der Fremdvölkerschicht II zugewiesenen Worten immer wieder dieselben Völker – die Phönikier, Philister, Griechen und Edomiter – genannt werden, sondern auch, dass diese Völker stets für vergleichbare Vergehen angeklagt werden. Dabei fällt zunächst auf, dass Tyros, Sidon und den Philistern in Joel 4,5 vorgeworfen wird, dass sie Silber, Gold und Kostbarkeiten geraubt haben, wird doch

---

6   So klärt sich aufgrund der hier vorgestellten Überlegungen zur Fremdvölkerschicht II auch die bislang stets unbeantwortete Frage, warum die beiden Worte gegen Tyros und Edom in Am 1,9-12, die in neueren Arbeiten nahezu allgemein als Nachtrag angesehen werden (vgl. Wöhrle, Sammlungen, 93f mit Anm. 142), gerade an dieser Stelle, in der Mitte der Fremdvölkerworte Am 1-2, eingefügt wurden. Dies hängt eben damit zusammen, dass von den Redaktoren der Fremdvölkerschicht II wie in Joel 4,4-8 und Sach 9,2-8* eine zusammenhängende Anklage gegen die Philister und gegen die Phönikier gestaltet werden sollte. Deshalb wurde das Tyros-Wort 1,9-10 im direkten Anschluss an das vorgegebene Philister-Wort 1,6-8 ergänzt.

Tyros in Sach 9,3 vorgehalten, dass es Silber anhäuft wie Staub und Gold wie Straßendreck.[7]

Bei den gegen Edom gerichteten Worten ist sodann bemerkenswert, dass Edom sowohl in Joel 4,19 als auch in Obd 10 „wegen der Gewalt" (מחמס), die es dem eigenen Volk angetan hat, angeklagt wird. Die Formulierung מן + חמס ist dabei im Zwölfprophetenbuch nur an diesen beiden Stellen im sonstigen AT nur noch in 2 Sam 22,3; Ez 12,19; Ps 72,14 belegt.

Neben diesen doch recht allgemeinen Beobachtungen zeigt sich bei den der Fremdvölkerschicht II zugewiesenen Textbereichen aber auch noch ein ausgesprochen markanter Anklagepunkt, der in diesen Textbereichen immer wieder vorgebracht wird: Das Verkaufen von Angehörigen des eigenen Volkes in die Sklaverei. Dies ist schon bei Joel 4,4-8 die bestimmende Anklage. Denn dort wird den Phönikiern und Philistern vorgehalten, dass sie Judäer und Jerusalemer an die Griechen verkauft haben. Bei Am 1,9-10 wird sodann Tyrus vorgeworfen, dass sie Weggeführte (גלות) an Edom ausgeliefert haben (סגר), was zurecht meist so verstanden wird, dass hier Angehörige des eigenen Volkes an den Sklavenhandel übergeben wurden.[8] Beachtenswert ist dabei, dass diese Anklage in Am 1,9 nahezu wörtlich die Anklage aus dem schon im Grundbestand der Fremdvölkerworte Am 1-2 belegten Philister-Wort in 1,6 aufnimmt.[9] Durch den Nachtrag der Fremdvölkerschicht II in Am 1,9-10 werden also auch im Amosbuch – wie schon in Joel 4,4-8 – gleichermaßen die Philister und die Phönikier beschuldigt, dass sie Angehörige des Volkes in die Sklaverei verkauft haben.

Beachtenswert ist nun, dass im Obadjabuch in Obd 14 den Edomitern vorgeworfen wird, dass sie sich den Entronnenen des Volkes in den Weg gestellt und diese ausgeliefert haben, wobei hier dasselbe Verb סגר wie bei den gegen die Philister und gegen Tyros gerichteten Worten in Am 1,6.9 verwandt wird. Auch dies ist nach den vorangehenden Belegen doch am ehesten so zu verstehen, dass die Edomiter Angehörige des Volkes in die Sklaverei verkauft haben.[10]

---

7   Dabei wird an beiden Stellen derselbe Begriff כסף für Silber verwandt, für Gold ist allerdings in Joel 4,5 der Begriff זהב, in Sach 9,3 aber der Begriff חרוץ belegt.

8   Vgl. nur Marti, KHC 13, 161; Sellin, KAT 12, 168; Mays, Amos, 34; Wolff, BK 14,2, 193; Rudolph, KAT 13,2, 133; Jeremias, ATD 24,2, 17; Rottzoll, Studien, 31; Fleischer, NSK.AT 23,2, 155.

9   Siehe hierzu im einzelnen Wöhrle, Sammlungen, 94.

10   Allerdings wird das in Obd 14 angeprangerte Ausliefern von Entronnenen durch die Edomiter, anders als das Am 1,6.9 beschriebene Ausliefern von Angehörigen des Volkes durch die Philister und Phönikier, meist nicht so verstanden, dass die von den Edomitern Aufgegriffenen in die Sklaverei verkauft wurden. Es wird vielmehr – aufgrund der üblichen These, dass das Obadjabuch vor dem Hintergrund der Einnahme Jerusalems durch die Babylonier zu deuten sei (siehe hierzu oben 212) – davon ausgegangen, dass die Angehörigen des Volkes

Zudem ist noch interessant, dass in Obd 20 von Weggeführten (גלות) aus Jerusalem die Rede ist, die sich in Sefarad (ספרד) befinden, was aller Wahrscheinlichkeit nach auf Sardes zu beziehen ist.[11] Dabei ist zum einen bedeutend, dass die Weggeführten wie schon in Am 1,6.9 mit dem Begriff גלות bezeichnet werden. Vor allem ist aber bezeichnend, dass sich diese eben in der kleinasiatischen Stadt Sardes aufhalten, was doch gut zu der in Joel 4,6 belegten Aussage passt, dass Angehörige des Volkes an die Griechen verkauft wurden. Nach den hier vorgestellten Erkenntnissen zur Fremdvölkerschicht II ist es also durchaus möglich, wenn nicht sogar wahrscheinlich, dass es sich bei den Weggeführten in Sardes nicht, wie häufig ohne genaueren Anhalt am Text angenommen, um Angehörige der babylonischen Gola handelt, die nach Kleinasien übergesiedelt waren,[12] sondern um Angehörige des Volkes, die nach Kleinasien in die Sklaverei verkauft wurden.

Vor diesem Hintergrund lassen sich sodann auch die Nachträge der Fremdvölkerschicht II in Sach 9,2-8*.11-13 verstehen. Bei der dort belegten Gerichtsankündigung gegen die Phönikier und die Philister in 9,2-8* findet sich zwar keine konkrete Anklage gegen diese Völker. In dem abschließenden Vers 9,8 wird jedoch verheißen, dass künftig kein נגש mehr an ihnen vorüberziehen wird. Das Verb נגש wird aber häufiger als terminus technicus

---

von den Edomitern eben an die Babylonier ausgeliefert wurden; vgl. hierzu etwa Marti, KHC 13, 236; Rudolph, KAT 13,2, 31; Wolff, BK 14,3, 37; van Leeuwen, Obadja, 66. Gegen diese verbreitete Annahme meinte aber schon Renkema, Obadiah, 184: „Indeed, the idea of handing over captured refugees to the Babylonians – those who were still in the land – is not so evident as its supporters would have us believe. As victors, the Babylonians could demand whatever captives they wished without having to pay a price for them." Zudem ist zu beachten, dass in Obd 14 ja überhaupt nicht davon die Rede ist, dass die Angehörigen des Volkes von den Edomitern gerade an den Feind, der in Jerusalem eingedrungen ist, ausgeliefert wurden. Es wird hier nur ganz allgemein das Ausliefern von Entronnenen angeprangert. Und so geht Renkema, wie zuvor schon Sellin, KAT 12, 233, wohl zurecht davon aus, dass Obd 14 gegen den Verkauf von Angehörigen des Volkes in die Sklaverei gerichtet ist.

11 Vgl. hierzu etwa Kornfeld, Diaspora, 180-186; Rudolph, KAT 13,2, 315; Lipiński, Obadiah 20, 68-70; Wolff, BK 14,3, 47f; Barton, Joel, 156; Jeremias, ATD 24,3, 74.

12 So im Anschluss an Lipiński, Obadiah 20, 68-70, etwa Rudolph, KAT 13,2, 317; Wolff, BK 14,3, 48; Jeremias, ATD 24,3, 74. Beachtenswert ist aber, dass Lipiński aufgrund einer Grabinschrift lediglich nachweisen kann, dass sich spätestens seit der Mitte des 5.Jh. Judäer in der Region aufhielten. Dass es sich dabei um Angehörige der babylonischen Gola handelt, die nach Sardes übergesiedelt waren, ist dagegen eine rein hypothetische Annahme. Die in Obd 20 belegte Wendung גלת ירושלם אשר בספרד weist jedenfalls viel eher darauf hin, dass bei den hier Angesprochenen Sefarad nicht nur der derzeitige Aufenthaltsort der Weggeführten, sondern auch das Ziel der Wegführung ist. Beachtenswert ist daher, dass schon Kornfeld, Diaspora, 186, meinte, es handele sich bei den in Obd 20 erwähnten Weggeführten, die in Sardes sind, im Anschluss an Joel 4,4-8 oder Am 1,6.9 um von den Philistern und Phönikiern in die Sklaverei verkaufte Judäer. Und genau dies dürfte nach den hier vorgestellten Überlegungen zur Fremdvölkerschicht II tatsächlich die wahrscheinlichste Alternative sein.

für das Beaufsichtigen von Fron- und Sklavendiensten verwandt.[13] Es ist daher gut denkbar, dass auch das Gerichtswort gegen die Phönikier und Philister in Sach 9,2-8*, wie schon Joel 4,4-8 und Am 1,9-10, gerade darin seinen Anlass hat, dass diese Völker Angehörige des eigenen Volkes in die Sklaverei verkauft haben.

Dafür spricht auch noch eine weitere Beobachtung. In Sach 9,11-12 wird die Freilassung und Rückkehr von Gefangenen (אסיר) verheißen. Dies wird zwar häufig auf die Angehörigen der babylonischen Gola bezogen.[14] Doch ist אסיר nur ausgesprochen selten als Bezeichnung für die Exilierten des Volkes belegt.[15] Zudem wird die Rückkehr-Verheißung Sach 9,11-12 in 9,13 damit begründet, dass Jhwh Juda und Ephraim zum Kampf gegen die Griechen zurüsten wird. Das heißt doch aber, dass sich die Gefangenen eben bei den Griechen befinden.[16] Wie schon bei Joel 4,6 und Obd 20 wird also auch hier vorausgesetzt, dass Angehörige des eigenen Volkes zu den Griechen verschleppt worden waren. Und so entspricht der gesamte Nachtrag Sach 9,2-8*.11-13 den übrigen der Fremdvölkerschicht II zugewiesenen Textbereichen, da auch hier die Phönikier und die Philister für das Versklaven von Angehörigen des Volkes verantwortlich gemacht werden und da auch hier vorausgesetzt ist, dass die Sklaven gerade an die Griechen verkauft wurden.

In den der Fremdvölkerschicht II zugewiesenen Textbereichen ist also neben den allgemein gehaltenen Anklagen, dass die Philister und die Phöni-

---

13 Vgl. Ex 3,7; 5,6.10.13.14 und evtl. auch Jes 14,2; Hi 3,18. Zudem und wohl damit zusammenhängend wird נגש auch mehrfach als Bezeichnung für das Eintreiben von Schulden oder Steuern verwandt; vgl. Dtn 15,2.3; 2 Kön 23,35; Dan 11,20; siehe hierzu auch Lipiński, Art. נגש, 230-232.

14 Vgl. etwa Marti, KHC 13, 430; Sæbø, Sacharja 9-14, 190; Rudolph, KAT 13,4, 186; Reventlow, ATD 25,2, 98; Redditt, Haggai, 115; Willi-Plein, ZBK.AT 24,4, 169.

15 So ist אסיר lediglich bei Jes 42,7 sicher auf die Exilierten zu deuten. Daneben könnte ein solcher Bezug allenfalls noch bei Ps 79,11; Klgl 3,34 naheliegen. Doch wird der Begriff an diesen beiden Stellen ganz allgemein mit Blick auf das Ergehen von Gefangenen verwandt, so dass nicht sicher ist, ob sich dies wirklich direkt auf die nach Babel Deportierten bezieht oder ob hier nicht nur eher vergleichend das Schicksal von Gefangenen herangezogen wird. An allen anderen Stellen, an denen אסיר im AT belegt ist (Gen 39,20.22; Ri 16,21.25; Jes 10,4; 14,17; 24,22; Ps 68,7; 69,34; 102,21; 107,10; Hi 3,18), legt sich die Deutung dieses Begriffs auf Exulanten jedenfalls überhaupt nicht nahe.

16 Angesichts der Tatsache, dass Sach 9,11-12 eben meist auf das Schicksal der Angehörigen des Volkes im Exil gedeutet wird, wurde der vom vorliegenden Zusammenhang der Verse 9,11-13 her an sich doch naheliegende Schluss, dass sich die in 9,11-12 erwähnten Gefangenen nach 9,13 bei den Griechen befinden, noch nie gezogen. Stattdessen wurde entweder in Sach 9,13 על־בניך יון als Glosse ausgeschieden (s.o. 70 Anm. 12), oder es wurde zugegeben, dass der vorliegende Anschluss von Sach 9,13 an 9,11-12 keinen Sinn ergibt; vgl. Sæbø, Sacharja 9-14, 193; Rudolph, KAT 13,4, 187. Doch handelt es sich bei beiden Alternativen erkennbar um Hilfskonstruktionen, die eben durch die falsche Annahme bedingt sind, dass Sach 9,11-12 auf die Angehörigen des Volkes im babylonischen Exil zu deuten sei.

kier das Volk beraubt haben und dass die Edomiter dem Volk Gewalt
angetan haben, gleich mehrfach der Vorwurf belegt, dass sich diese Völker
allesamt durch das Verkaufen von Angehörigen des Volkes in die Sklaverei
verschuldet haben. Dass in diesen Textbereichen immer wieder ein derart
konkreter Vorwurf belegt ist, spricht doch aber schon deutlich dafür, dass
diese Nachträge auf dieselbe Hand zurückgehen und für den buchübergreifenden Kontext des werdenden Zwölfprophetenbuches geschaffen
wurden.

Die der Fremdvölkerschicht II zugewiesenen Textbereiche zeichnen
sich aber nicht nur durch die hier belegten Anklagen gegen bestimmte
Einzelvölker als zusammengehörig aus. Sie sind zudem auch von vergleichbaren Heilsvorstellungen geprägt. So wird entsprechend zu der in diesen
Worten vorgebrachten Anklage, dass Angehörige des eigenen Volkes ver-
sklavt wurden, mehrfach die Freilassung und die Rückkehr aus der Sklaven-
haft angesagt. Schon in Joel 4,7 heißt es, dass Jhwh sie von dem Ort ihrer
Sklaverei erwecken wird. Bei Obd 20 setzt die Verheißung, dass die weggeführten Jerusalemer, die in Sefarad sind, das Südland in Besitz nehmen
werden, ebenfalls deren Rückführung voraus. Und schließlich wird auch in
Sach 9,11-13 und 10,6-12* die Freilassung der Gefangenen und die Rückkehr ins Land angekündigt.[17] Dabei ist über die bloße Ankündigung der
Rückführung aus der Gefangenschaft hinaus noch bemerkenswert, dass in
Joel 4,20; Sach 9,8; 14,11* verheißen wird, dass das Volk künftig sicher
wohnen wird.

Zudem wird in den von der Fremdvölkerschicht II eingebrachten
Worten immer wieder angekündigt, dass das Volk die Gebiete der einstigen
Feinde für sich einnehmen wird. Nach Am 9,12* wird das Volk den Rest
Edoms und alle Völker, über denen der Name Jhwhs ausgerufen ist, ein-
nehmen. In Obd 17b wird wiederum die Einnahme Edoms angesagt, und in
Obd 19-20 findet sich sogar eine kleine Aufzählung, an welche Gruppen des
Volkes die einzelnen Gebiete der umliegenden Völker fallen werden.[18] Dabei
ist interessant, dass in Obd 19 neben Edom auch die Philister genannt
werden, die ja auch in Joel 4,4; Sach 9,5-6 Gegenstand der durch die Fremdvölkerschicht II eingebrachten Gerichtsworte sind. Zudem ist interessant,

---

17   Dabei wird in Sach 10,10 die Rückkehr aus Ägypten und Assur angesagt. Entgegen der
      Annahme von Reventlow, ATD 25,2, 104; Petersen, Zechariah 9-14, 75-77; Redditt, Haggai,
      121, spricht aber auch dies nicht dafür, dass hier die Rückkehr der babylonischen und der
      ägyptischen Gola angekündigt wird. Stattdessen ist Sach 10,10 nach der in Sach 9,11-13 von
      derselben Hand eingebrachten Ankündigung der Rückkehr aus dem Gebiet der Griechen viel
      eher so zu deuten, dass Ägypten und Assur hier pars pro toto für die gesamte Völkerwelt
      stehen, so dass hier über 9,11-13 hinaus die Rückkehr aus allen Orten der Gefangenschaft
      verheißen wird.
18   Zu den textkritischen Schwierigkeiten in Obd 19-20 s.o. 203f Anm. 39.

dass in diesem Vers auch die Einnahme Gileads verheißen wird. Denn in dem ebenfalls der Fremdvölkerschicht II zugewiesenen Vers Sach 10,10 wird neben dem Libanon auch Gilead als Ziel der Rückführung genannt. Neben Am 9,12* und Obd 17b.19.20 wird schließlich noch in Sach 9,4 die Einnahme fremder Gebiete, dort die Einnahme von Tyros, angesagt. Auf terminologischer Ebene ist dabei bemerkenswert, dass bei all diesen Worten das Verb ירשׁ für die Inbesitznahme der genannten Gebiete verwandt wird (Am 9,12*; Obd 17b.19.20; Sach 9,4).

Die Heilserwartung in den von der Fremdvölkerschicht II eingebrachten Worten beschränkt sich aber nicht allein auf die Rückführung aus der Gefangenschaft und die Einnahme fremder Gebiete. In diesen Worten findet sich zudem auch mehrfach die Verheißung einer Umwandlung der Natur, durch die die Minderungen des agrarischen Lebens ein Ende finden werden. So heißt es in Joel 4,18, dass die Berge vor Traubensaft und die Hügel vor Milch triefen werden, dass alle Bäche Wasser führen werden und dass eine Quelle aus dem Hause Jhwhs ausgehen wird, die das Tal Schittim bewässert. Ganz entsprechend wird in Am 9,13* angekündigt, dass die Berge vor Traubensaft triefen und sich die Hügel auflösen werden. Zudem wird hier angesagt, dass dann Aussaat und Ernte jeweils direkt aufeinander folgen werden.

Aufgrund der wörtlich gleichen Darstellung, dass die Berge vor Traubensaft triefen werden (יטפו/והטיפו ההרים עסיס), und aufgrund der auch sonst vergleichbaren thematischen Ausrichtung auf eine tiefgreifende Veränderung der Natur, die zur Fruchtbarkeit des Landes und zu agrarischem Erfolg in geradezu utopischem Ausmaß führen wird, wurde schon häufig angenommen, dass Joel 4,18 und Am 9,13* kaum unabhängig voneinander entstanden sein werden. Es konnte bislang aber noch nicht wirklich nachgewiesen werden, ob diese beiden Stellen auf dieselbe Hand zurückgehen oder ob es sich dabei um das Produkt einer einseitigen Abhängigkeit handelt.[19] Auf Grundlage der hier vorgestellten Erkenntnisse ist nun aber mit einiger Gewissheit davon auszugehen, dass diese Stellen tatsächlich im Rahmen ein und derselben Bearbeitung eingebracht wurden. Denn die

---

19   So meinte etwa Wolfe, Editing, 109-112, dass Joel 4,18 und Am 9,13 auf dieselbe Hand zurückgehen, nach Wolff, BK 14,3, 100, ist Joel 4,18 von Am 9,13 abhängig und nach Nogalski, Processes, 45f; Rottzoll, Studien, 283; Schart, Entstehung, 261; Fleischer, NSK.AT 23,2, 272; Jeremias, ATD 24,3, 54, ist gerade umgekehrt Am 9,13 von Joel 4,18 abhängig. Dabei wird für die zuletzt genannte Position stets darauf verwiesen, dass Joel 4,18 im Gegensatz zu Am 9,13 gut im vorliegenden Kontext verankert sei. Da es sich aber, wie ebenfalls schon häufig gesehen, doch auch bei Joel 4,18-21 um einen späten Nachtrag zum Joelbuch handelt (vgl. hierzu Wöhrle, Sammlungen, 420 mit Anm. 87), erübrigt sich dieses Argument. Nicht ohne Grund meinte daher Barton, Joel, 108, zur Frage, in welcher Richtung die Abhängigkeit zwischen Joel 4,18 und Am 9,13 verläuft: „we simply cannot tell".

Worte Joel 4,18 und Am 9,13* haben sich eben beide als Teil einer umfassenderen Bearbeitung des jeweiligen Einzelbuches, der Fremdvölkerschicht II, erwiesen, die sich auch sonst durch zahlreiche thematische und terminologische Entsprechungen als zusammengehörig ausweist.

Wenn aber Joel 4,18 und Am 9,13* auf dieselbe Hand zurückgeht, so kann dieser Redaktion auch die vergleichbare Verheißung in Sach 14,4-11* zugewiesen werden. Die dort belegte Ansage, dass Jhwh einst auf dem Ölberg stehen und sich der Ölberg unter ihm spalten wird, dass es dann keine Kälte mehr geben wird, dass die Abfolge von Tag und Nacht ein Ende nehmen wird und dass lebendige Wasser aus Jerusalem ausgehen werden, ist zwar wesentlich umfangreicher ausgestaltet als die Verheißungen in Joel 4,18 und Am 9,13*. Aber letztlich liegt auch bei diesem Wort die Pointe gerade darin, dass sich das Land verändern und zu einer neuen, bislang ungekannten Fruchtbarkeit kommen wird.[20] Zudem ist Sach 14,4-11* über die in 14,8 belegte Aussage, dass das Land von Jerusalem her bewässert wird, direkt mit der Verheißung aus Joel 4,18 verbunden, dass eine Quelle aus dem Hause Jhwhs ausgehen wird.[21] So sind die der Fremdvölkerschicht II zugewiesenen Nachträge gleich mehrfach von der Erwartung geprägt, dass es einst zu einer Umwandlung der Natur kommen wird, die zur Fruchtbarkeit des Landes und zu Ernteerfolgen in geradezu utopischen Dimensionen führen wird.

Mit Blick auf die in der Fremdvölkerschicht II belegten Heilserwartungen zeigen sich schließlich neben der hier angesagten Rückkehr der Gefangenen und neben der hier verheißenen Umwandlung der Natur noch zwei weitere buchübergreifende Gemeinsamkeiten. Zum einen wird sowohl in Obd 21 als auch in Sach 14,9 die Aufrichtung des Königtums Jhwhs angekündigt. Zum anderen sind die Heilsworte der Fremdvölkerschicht II mehrfach von einer gesamtisraelitischen Perspektive geprägt. So ist in Obd 19; Sach 9,13; 10,7 Ephraim angesprochen und in Obd 18; Sach 10,6 das Haus Josef. Dabei ist bedeutend, dass sich die Bezeichnung Ephraim im Zwölfprophetenbuch ansonsten neben den zahlreichen Belegen im Hoseabuch nur noch in Sach 9,10 findet und die Bezeichnung Haus Josef nur noch in Am 5,6.

Zuletzt ist noch auf einige Stichwortverbindungen hinzuweisen, die über die bereits genannten terminologischen Entsprechungen hinaus noch dafür

---

20 S.o. 117 mit Anm. 162.

21 Dass Joel 4,18 und Sach 14,8 über die Erwartung, dass eine Quelle aus Jerusalem das Land bewässern wird, verbunden sind, wurde schon häufig gesehen; vgl. nur Marti, KHC 13, 141; Sellin, KAT 12, 142; Weiser, ATD 24, 126; Wolff, BK 14,2, 101; Rudolph, KAT 13,2, 86; Barton, Joel, 109; Schwesig, Rolle, 213; Jeremias, ATD 24,3, 54 Anm. 118. Allerdings wurde dies bislang meist ganz allgemein als traditionsgeschichtliche Gemeinsamkeit gedeutet, und es wurde noch nicht gefragt, ob diese beiden Texte auch auf dieselbe Hand zurückgehen könnten.

sprechen, dass diese Passagen auf dieselbe Hand zurückgehen. So wird den
Phönikiern und Philistern in Joel 4,4.7 die Vergeltung ihres Tuns mit der
Formulierung אשיב גמלכם בראשכם angesagt, und mit der nahezu wörtlich
gleichlautenden Formulierung גמלך ישוב בראשך wird in Obd 15 den
Edomitern Vergeltung angedroht. Dabei ist beachtenswert, dass die Worte
שוב, גמול und ראש im gesamten AT überhaupt nur in Joel 4,4.7; Obd 15
zusammen belegt sind. Zudem sind Joel 4,8 und Obd 18 über die Formel
כי יהוה דבר verbunden, die im Zwölfprophetenbuch nur an diesen beiden
Stellen und im sonstigen AT zumindest nur recht selten belegt ist.[22] Die
Angehörigen des eigenen Volkes werden sodann in Joel 4,6.8.19 wie in Obd
12 als בני יהודה bezeichnet, was im Zwölfprophetenbuch nur noch in Hos
2,2 belegt ist. Und schließlich findet sich gleich mehrfach, in Joel 4,6; Obd
7; Mal 1,4.5, der Terminus גבול als Bezeichnung des Gebietes des eigenen
oder eines fremden Volkes.

Die der Fremdvölkerschicht II zugewiesenen Passagen zeichnen sich
also durch zahlreiche und meist recht konkrete thematische Gemeinsamkeiten aus: Die Gerichtsankündigungen gegen die mehrfach beim Namen
genannten Phöniker, Philister, Edomiter und Griechen; der wiederkehrende
Vorwurf, dass sich diese Völker an der Versklavung von Angehörigen des
Volkes verschuldet haben; die Erwartung, dass Jhwh die Gefangenen befrei-
en und zurückführen wird und dass das Volk die Gebiete ihrer Nachbarn
einnehmen wird und schließlich die Verheißung einer Veränderung der
Natur, die den Minderungen des agrarischen Lebens ein Ende setzen wird
– all dies bestimmt die Nachträge der Fremdvölkerschicht II in den einzelnen Büchern und spricht zusammen mit den genannten Stichwortverbindungen doch ganz deutlich dafür, dass es sich bei diesen Nachträgen um das
Produkt derselben buchübergreifenden Redaktion handelt.

Daraus ergeben sich bedeutende Konsequenzen, die über die Ergebnisse
der bisherigen Forschung hinausführen. Zum einen können aufgrund der
hier vorgelegten Beobachtungen die stets gesehenen Entsprechungen zwischen Joel 4,18 und Am 9,13* und zwischen Am 9,12* und dem folgenden
Obadjabuch, die bislang nur als vereinzelte, eher assoziative Verkettungen
der einzelnen Bücher gedeutet werden konnten,[23] nun im Zusammenhang
einer umfassenden Bearbeitung des werdenden Zwölfprophetenbuches
verstanden werden, die insgesamt von einem klar erkennbaren thematischen
Profil gekennzeichnet ist.

---

22 So findet sich die Wendung כי יהוה דבר als eine das Vorangehende abschließende und
    begründende Formel neben Joel 4,8; Obd 18 nur noch in 1 Kön 14,11; Jes 22,25; 24,3; 25,8.
23 Vgl. hierzu Nogalski, Precursors, 120; Schart, Entstehung, 261; Jeremias, ATD 24,2, 136f;
    ders., ATD 24,3, 54; Fleischer, NSK.AT 23,2, 272.

Zum anderen kann nun mit guten Gründen für zwei weitere Bücher erklärt werden, zu welchem Zeitpunkt diese Bücher in das werdende Zwölfprophetenbuch integriert wurden. So wurde das Obadjabuch und das Maleachibuch von den Redaktoren der Fremdvölkerschicht II in die Sammlung eingebracht. Dabei wurde das Obadjabuch, bei dem es sich nach den oben vorgestellten Erkenntnissen bis auf den Teilvers 17a um eine literarische Einheit handelt, überhaupt erst von den Redaktoren dieser Sammlung für den vorliegenden Kontext geschaffen.[24] Denn das Obadjabuch ist mehrfach von thematischen und terminologischen Entsprechungen zu den sonstigen Nachträgen der Fremdvölkerschicht II bestimmt,[25] so dass es doch ausgesprochen unwahrscheinlich sein dürfte, dass dieses Buch den Redaktoren der Fremdvölkerschicht II bereits vorlag und von diesen lediglich in den Kontext des werdenden Zwölfprophetenbuches eingefügt wurde. Zudem zeigen sich diese terminologischen Entsprechungen gerade in den Passagen des Obadjabuches, die nicht von Jer 49,7-22 abhängig sind und somit von den Herausgebern dieses Buches selbst formuliert wurden.[26] Das spricht

---

24 So auch Nogalski, Processes, 73.
25 Die markantesten Verbindungen sind dabei: מן + חמס (Obd 10 // Joel 4,19); בני יהודה
    (Obd 12 // Joel 4,6.8.19); גמלך ישוב בראשך / נמלכם אשיב (Obd 14 // Am 1,[6].9);
    בראשכם (Obd 15 // Joel 4,4.7); ירש (Obd 17.19.20 // Am 9,12; Sach 9,4); בית יוסף (Obd
    18 // Sach 10,6); כי יהוה דבר (Obd 18 // Joel 4,8); אפרים (Obd 19 // Sach 9,13; 10,7);
    גלעד (Obd 19 // Sach 10,10); והיה יהוה למלך / והיתה ליהוה המלוכה (Obd 21 // Sach
    14,9).
    Dabei ist, nebenbei gesagt, beachtenswert, dass die Stichwortverbindungen zwischen dem
    Obadjabuch und den in den übrigen Büchern der Fremdvölkerschicht II zugewiesenen
    Nachträgen sowohl den Textbereich Obd 1-15 als auch den Textbereich Obd 16-21 betreffen. Dies spricht doch aber nochmals von einer anderen Seite her für die oben 201f.204-207
    bereits umfassend begründete Annahme, dass es sich beim Obadjabuch, von Obd 17a
    abgesehen, um eine literarische Einheit handelt und dass eben nicht, wie häufig vermutet, die
    Verse 16-21 bzw. 15a.16-21 erst sekundär an das Buch angeschlossen wurden.
26 Wie oben 195-201.206 dargelegt, zeigen sich Verbindungen zu Jer 49,7-22 v.a. in den Versen
    Obd 1-5.8-9.16. Die Anm. 25 zusammengestellten Stichwortverbindungen zwischen Obd
    und den übrigen Textbereichen, die der Fremdvölkerschicht II zugeschrieben wurden,
    beschränken sich dagegen auf die Verse Obd 10.12.14.15.17-20.
    Bei dem Vergleich zwischen Jer 49,7-22 und Obd ist aber auch noch eine weitere Beobachtung interessant, die bereits von Nogalski, Processes, 61-68, umfassend dargestellt wurde. So
    wurde, wie oben 199f ausgeführt, in Obd 4-5 unter Aufnahme von Jer 49,16b.9 eine Reihe
    von fünf aufeinander folgenden Konditionalsätzen gestaltet. Beachtenswert ist dabei, dass
    sich eine solche Reihe von fünf Konditionalsätzen auch bei der sogenannten „fünften Amos-
    Vision" in Am 9,1-4 findet. Zudem ist in Obd 4, über Jer 49,16 hinaus, die Aussage belegt,
    dass Jhwh Edom auch dann herunterholen wird, wenn es sein Nest zwischen den Sternen
    baut. Dies erinnert doch deutlich an die Drohung aus Am 9,2, dass Jhwh diejenigen, die in
    den Himmel hinaufsteigen, von dort herunterholen wird. So findet sich in Obd 4-5 wie in
    Am 9,2, aber im Gegensatz zu Jer 49,16b.9, eine Reihe von fünf Konditionalsätzen, in denen
    jeweils angesagt wird, dass Jhwh auch dann, wenn die Angesprochenen in die Sphäre des
    Himmels fliehen werden, diese von dort herunterholen wird. Das führt dann aber zu dem
    Schluss, dass Obd 4-5 nicht nur unter Aufnahme von Jer 49,16b.9, sondern auch in Anglei-

aber doch ganz deutlich dafür, dass die Herausgeber des Obadjabuches mit den Redaktoren, die die in den übrigen Büchern der Fremdvölkerschicht II zugewiesenen Nachträge eingebracht haben, identisch sind.

Im Gegensatz zum Obadjabuch lag das Maleachibuch den Redaktoren der Fremdvölkerschicht II bereits vor. Vermutlich wurde dieses Buch aufgrund des im Grundbestand in Mal 1,2-3 bereits belegten Wortes über Edom in die Sammlung aufgenommen, das dann von den Redaktoren der Fremdvölkerschicht II in 1,4-5 noch um eine explizit gegen Edom gerichtete Aussage erweitert wurde. Dabei bestätigt sich nun auch die aufgrund buchinterner Beobachtungen bislang nur vorläufig formulierte Überlegung, dass die Überschrift Mal 1,1 auf die Fremdvölkerschicht II zurückgeht.[27] Es ist nämlich durchaus wahrscheinlich, dass die Redaktoren, die das Maleachibuch in das werdende Zwölfprophetenbuch einbrachten, in Mal 1,1 eine nach Sach 9,1; 12,1 gestaltete Überschrift ergänzten.

Dass das Maleachibuch von den Redaktoren der Fremdvölkerschicht II in das werdende Zwölfprophetenbuch eingebracht wurde, widerlegt dagegen die schon häufiger vorgetragene Überlegung, dass das Maleachibuch noch vor dem Textbereich Sach 9-14 an das Protosacharjabuch angeschlossen wurde.[28] Denn in Sach 9-14* lassen sich sowohl Nachträge der Fremdvölkerschicht I als auch Nachträge der Fremdvölkerschicht II erkennen, während sich im Maleachibuch lediglich die Fremdvölkerschicht II nachweisen lässt. Dies spricht doch aber ganz deutlich dafür, dass das Maleachibuch eben erst nach Sach 9-14* in das Zwölfprophetenbuch aufgenommen wurde.

All diese Überlegungen zum buchübergreifenden Zusammenhang der Fremdvölkerschicht II und den daraus zu ziehenden Konsequenzen für die Entstehung des Zwölfprophetenbuches stehen aber zunächst noch unter einem gewissen Vorbehalt. Denn trotz der zahlreichen thematischen und terminologischen Gemeinsamkeiten kann letztlich nicht völlig ausgeschlossen werden, dass die der Fremdvölkerschicht II in den einzelnen Büchern zugeschriebenen Nachträge doch auf verschiedene Bearbeitungen zurückgehen, die etwa allesamt an denselben historischen Vorgängen orientiert waren. Dies lässt sich erst durch den Nachweis, dass die Nachträge der Fremdvölkerschicht II auch eine gemeinsame buchübergreifende Komposition bilden, ausschließen.

---

chung an Am 9,1-4 gestaltet wurde. Und dies spricht dann einmal mehr dafür, dass das Obadjabuch, das ja im Zwölfprophetenbuch direkt hinter Am 9 steht, für eben diesen Kontext verfasst wurde.

27 S.o. 253-255.
28 Siehe hierzu oben 68 Anm. 6 sowie 160 mit Anm. 52.

3.2 Die Komposition des Fremdvölker-Korpus II

Die der Fremdvölkerschicht II zugewiesenen Bearbeitungen zeichnen sich zunächst dadurch aus, dass sich diese Bearbeitungen lediglich in den Büchern Joel, Amos und Obadja sowie in den Büchern Deuterosacharja und Maleachi niedergeschlagen haben.[29] In den Büchern Micha, Nahum, Zefanja, Haggai und Sacharja, die zum Zeitpunkt der Einarbeitung dieser Nachträge ebenfalls schon Teil des werdenden Zwölfprophetenbuches waren, ließen sich dagegen keine Bearbeitungen erkennen, die der Fremdvölkerschicht II zuzuweisen wären. Das heißt, die Nachträge der Fremdvölkerschicht II wurden nur am Beginn und am Ende dieser Vorstufe des Zwölfprophetenbuches angebracht. Sie bilden gewissermaßen einen großen Rahmen um die Sammlung und lassen diese so von den Rändern her unter einer neuen Perspektive verstehen.

Die Bearbeitungen der Fremdvölkerschicht II zeichnen sich aber nicht nur in der Makrostruktur der gesamten Sammlung dadurch aus, dass sie am Beginn und am Ende dieser Sammlung angebracht wurden. Auch in den einzelnen Büchern wurden die dieser Schicht zugewiesenen Bearbeitungen – von dem kurzen Obadjabuch, das nach den obigen Überlegungen insgesamt auf die Redaktoren der Fremdvölkerschicht II zurückgeht, einmal abgesehen –[30] gerade an den Buchrändern eingetragen. So wurde mit den Nachträgen Joel 4,4-8.18-21 das Ende des Joelbuches und mit Am 1,9-12; 9,12-13* der Beginn und das Ende des Amosbuches überarbeitet. Beim Deuterosacharjabuch wurden die Nachträge in 9,2-13*; 10,6-12*; 14,4-11* erneut gerade am Beginn und am Ende des Buches eingebracht, und beim Maleachibuch wurde in Mal 1,1.4-5 der Beginn des Buches überarbeitet. So zeigt sich bei den der Fremdvölkerschicht II zugewiesenen Bearbeitungen im Großen wie im Kleinen eine vergleichbare Kompositionstechnik, da die Sammlung als Ganze wie auch die einzelnen Bücher für sich jeweils an den Rändern überarbeitet und so von diesen Rändern her in einen neuen Deutehorizont gestellt wurden.

Auf inhaltlicher Ebene ist dabei beachtenswert, dass die drei Themen, die die Nachträge der Fremdvölkerschicht II insgesamt bestimmen – das Gericht an den Phöniziern und den Philistern aufgrund des Verkaufs von Sklaven an die Griechen, die Umwandlung der Natur und das Gericht an Edom –,[31] allesamt bereits in Joel 4,4-8.18-21 einmal vorgebracht werden und dann in den folgenden Büchern immer und immer wieder aufgenommen werden. So wurden am Beginn des Amosbuches, nach dem bereits im

---

29   Siehe hierzu die Tabelle oben 264.
30   S.o. 209-218.
31   Siehe hierzu im einzelnen oben 264-273.

Grundbestand des Buches belegten Philisterwort Am 1,6-8, in Am 1,9-12 Gerichtsworte gegen Tyros und gegen Edom nachgetragen. Am Ende des Buches in Am 9,12-13* wird sodann nach einem erneuten Gerichtswort gegen Edom die Umwandlung der Natur verheißen, und im Anschluss an das Amosbuch wurde mit dem Obadjabuch noch eine weitere Gerichtsankündigung gegen Edom eingebracht. Durch die Nachträge der Fremdvölkerschicht II wurde somit am Beginn der Sammlung – gewissermaßen um das Amosbuch herum – ein ganzes Geflecht von Nachträgen eingearbeitet, durch die die genannten Themen stets aufs Neue vorgebracht werden:

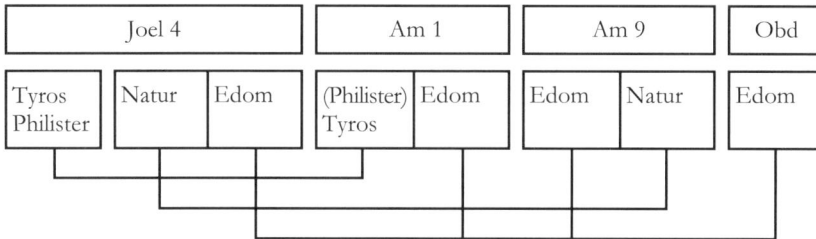

Joel 4			Am 1		Am 9		Obd
Tyros Philister	Natur	Edom	(Philister) Tyros	Edom	Edom	Natur	Edom

Am Ende der Sammlung, bei den Nachträgen zu den Büchern Deuterosacharja und Maleachi, zeigen sich sodann erstaunliche Entsprechungen zur Abfolge der einzelnen Themen bei den am Beginn der Sammlung eingebrachten Nachträgen. Wie in Joel 4,4-8 findet sich auch hier in Sach 9,2-13*; 10,6-12* zunächst eine Gerichtsankündigung, bei der in derselben Abfolge Tyros, Sidon, die Philister und die Griechen genannt werden, und es wird neues Heil für das eigene Volk angesagt. Davon abgesetzt wird wie in Joel 4,18-21 auch in Sach 14,4-11* die Umwandlung der Natur verheißen. Und am Ende dieses hinteren Teils der Sammlung wird im Maleachibuch in Mal 1,4-5 wie zuvor im Obadjabuch, das den von der Fremdvölkerschicht II gestalteten Eröffnungsteil der Sammlung abschließt, Edom das Gericht angekündigt. Die Abfolge der durch die Fremdvölkerschicht II in den Büchern Deuterosacharja und Maleachi eingebrachten Themen und die Verteilung dieser Themen über diese beiden Bücher entspricht also dem Rahmen, der mit Joel 4,4-8.18-21 und Obd um das Amosbuch gelegt ist:

Joel 4	Am 1; 9	Obd	Mi-PrSach	Sach 9-14	Mal 1
Tyros Sidon Philister Griechen	(Philister) Tyros Sidon Edom	Edom		Tyros Sidon Philister Griechen	Edom
Natur Edom	Edom Natur			Natur	

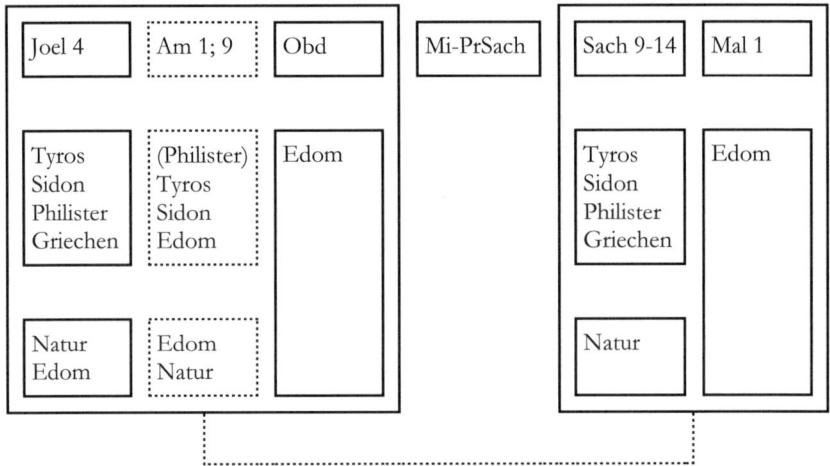

Die von der Fremdvölkerschicht II eingebrachten Nachträge können somit gut als Teil einer durchdacht gestalteten buchübergreifenden Komposition verstanden werden. Dies bestätigt die Annahme, dass durch diese Nachträge ein neues Mehrprophetenbuch – das Fremdvölker-Korpus II – geschaffen wurde.

Dabei wurde in dieses Korpus die vorgegebene Vorstufe des Zwölfprophetenbuches auf der Ebene der Davidsverheißungen sowie das eigens von den Redaktoren der Fremdvölkerschicht II geschaffene Obadjabuch und das bereits vorliegende Maleachibuch aufgenommen.[32] Das Hoseabuch scheint dagegen auch auf dieser literarischen Ebene noch nicht wieder in das werdende Zwölfprophetenbuch aufgenommen worden zu sein, zeichnet sich das Fremdvölker-Korpus II doch erneut durch eine geschlossene Komposition aus, die das Joelbuch als Beginn der Sammlung voraussetzt.[33]

Die buchübergreifende Komposition des Fremdvölker-Korpus II führt aber noch zu einer weiteren Konsequenz: Das Obadjabuch hat seinen ursprünglichen Ort im Zwölfprophetenbuch, wie in MT belegt, im direkten Anschluss an das Amosbuch.[34] Die davon abweichend in LXX belegte Abfolge Hosea, Amos, Micha, Joel, Obadja, Jona ist demgegenüber sekundär.[35] Denn bei dieser Abfolge wäre kaum zu erklären, warum das

---

32 Siehe hierzu oben 274f.

33 Zum Problem des Hoseabuches im Kontext der Entstehung des Zwölfprophetenbuches siehe Wöhrle, Sammlungen, 56f.450-453. Zur erneuten Integration des Hoseabuches in das werdende Zwölfprophetenbuch s.u. 429-437.

34 So auch Schneider, Unity, 224f; Nogalski, Precursors, 2f; Bosshard-Nepustil, Rezeptionen, 3-5; Zapff, Perspective, 295, u.a.

35 Gegen Jones, Formation, 221-242; Sweeney, Sequence, 49-64; ders., Twelve Prophets 1, xxvii-xxxv; ders. Place, 135.

zwischen dem Amosbuch und den Büchern Joel und Obadja stehende
Michabuch von den für das Fremdvölker-Korpus II verantwortlichen
Redaktoren nicht überarbeitet wurde.[36]

3.3 Der historische Ort des Fremdvölker-Korpus II

Das Fremdvölker-Korpus II lässt sich mit guten Gründen in die frühe
hellenistische Zeit datieren. Dafür spricht zunächst die relative Chronologie
der einzelnen Bearbeitungen des Zwölfprophetenbuches. So wurden die von
den Redaktoren des Fremdvölker-Korpus II eingebrachten Nachträge, wie
bereits gezeigt, dem werdenden Zwölfprophetenbuch im Anschluss an die
Davidsverheißungen zugefügt.[37] Terminus post quem des Fremdvölker-
Korpus II ist somit die Mitte des 4.Jh.

Im Anschluss an das Fremdvölker-Korpus II wurden von einer weiteren
Bearbeitung Worte nachgetragen, die allesamt Heil für die Völker ansagen.
Dass diese Bearbeitung nach dem Fremdvölker-Korpus II anzusetzen ist,
zeigt sich dabei im Obadjabuch: Dort wurde der Nachtrag Obd 17a der
Heil-für-die-Völker-Schicht zugewiesen, während die Grundschicht des
Buches auf die Redaktoren des Fremdvölker-Korpus II zurückgeht.[38] Da
sich für die Heil-für-die-Völker-Schicht im folgenden eine Datierung im
3.Jh. nahelegen wird,[39] ergibt sich somit aufgrund der relativen Chronologie
der Bearbeitungen des Zwölfprophetenbuches, dass das Fremdvölker-
Korpus II zwischen der Mitte des 4.Jh. und der Mitte des 3.Jh. entstanden
sein muss.

Diese historische Verortung lässt sich nun durch einige weitere Überlegungen bestätigen und sogar noch präzisieren. So konnte ja für das Obadjabuch gezeigt werden, dass die Grundschicht dieses Buches nicht, wie häufig
angenommen, in die exilische oder frühnachexilische Zeit zu datieren ist.[40]
Denn das Obadjabuch ist im Gegensatz zur gängigen Meinung nicht vor
dem Hintergrund der Eroberung Jerusalems durch die Babylonier zu verstehen. Die in diesem Buch geschilderten Übergriffe der Edomiter scheinen
sich vielmehr erst im Zusammenhang der Einnahme Jerusalems durch

---

36 Vgl. hierzu auch Wöhrle, Sammlungen, 448f, wo bereits für das Joelbuch der Nachweis
    erbracht werden konnte, dass MT die ursprüngliche Abfolge der einzelnen Bücher des
    Zwölfprophetenbuches bewahrt hat. Zum ursprünglichen Ort des Jonabuches im Zwölf-
    prophetenbuch siehe schließlich unten 409-411.
37 S.o. 183.
38 S.o. 209-218.
39 S.u. 351-354.
40 Siehe hierzu im einzelnen oben 212-218.

Ptolemaios I. ereignet zu haben, die vermutlich in das Jahr 302 zu datieren ist.

In dieser Zeit scheint es nach den oben vorgestellten Überlegungen zu einem gewissen Wiedererstarken der Edomiter – oder genauer zu einem Wiedererstarken der von den Nabatäern aus den transjordanischen Gebieten vertriebenen edomitischen Bevölkerung auf dem Boden der cisjordanischen Provinz Idumäa – gekommen zu sein.[41] Somit ist das Obadjabuch nicht schon im 6. oder 5.Jh., sondern erst an der Wende vom 4. zum 3.Jh. zu datieren. Da sich nun ergeben hat, dass das Obadjabuch überhaupt erst von den Redaktoren des Fremdvölker-Korpus II geschaffen wurde, ist somit nicht nur das Obadjabuch selbst, sondern auch das Fremdvölker-Korpus II als Ganzes in eben dieser Zeit zu verorten.

Dies lässt sich auch noch von einer anderen Seite her wahrscheinlich machen. So wurde im Zusammenhang der Überlegungen zur Datierung des Obadjabuches bereits auf den Vers Joel 4,19 verwiesen, in dem nebeneinander Ägypten und Edom dafür angeklagt werden, dass sie den Judäern Gewalt angetan haben.[42] Dass bei diesem Vers, der angesichts der buchinternen Chronologie des Joelbuches frühestens in das fortgeschrittene 4.Jh. datiert werden kann, Ägypten und Edom für ein und dasselbe Vergehen angeklagt werden, wurde dabei als Hinweis darauf verstanden, dass die Edomiter zur Zeit der Belagerung Jerusalems durch die Ptolemäer auch selbst gegen die Judäer vorgegangen sind.[43] Da sich mittlerweile ergeben hat, dass auch Joel 4,19, wie das Obadjabuch, auf die Redaktoren des Fremdvölker-Korpus II zurückgeht, ist dieser Vers aber nicht mehr nur ganz allgemein ein Beleg für edomitische Übergriffe gegen die Judäer am Ende des 4.Jh. Vielmehr ist dieser Vers nun auch ein weiterer Hinweis darauf, dass das Fremdvölker-Korpus II eben in die beginnende hellenistische Zeit zu datieren ist.

Neben dem Obadjabuch und Joel 4,19 spricht schließlich auch das von den Redaktoren des Fremdvölker-Korpus II eingebrachte Edom-Wort in Mal 1,4-5 für eine solche Datierung. Denn das in diesem Wort erkennbare Vorhaben der Edomiter, das Zerstörte erneut aufzubauen, setzt doch voraus, dass Edom nach einer Schwächephase zu neuem Selbstbewusstsein gekommen ist, was nach den oben vorgestellten Überlegungen zur Geschichte Edoms gerade am Beginn der hellenistischen Zeit der Fall war.[44]

---

41   Siehe hierzu im einzelnen oben 214-217.
42   S.o. 214-217.
43   Zu der in neuerer Zeit auch schon häufiger vertretenen Annahme, dass Joel 4,19 die Belagerung Jerusalems durch Ptolemaios I. voraussetzt, siehe oben 216f mit Anm. 85.
44   S.o. 262.

Zuletzt lassen sich auch die Worte Joel 4,4-8; Sach 9,2-6.8.11-13, bei denen die Phönikier und die Philister dafür angeklagt werden, dass sie Angehörige des Volkes an die Griechen verkauft haben, am besten in die beginnende hellenistische Zeit datieren. Denn diese Vorgänge setzen doch ausgeprägte Handelskontakte der Phönikier und der Philister untereinander sowie zwischen diesen beiden Völkern und den Griechen voraus, was wohl beides erst ab der Mitte des 4.Jh. der Fall war.[45] Zudem ist aus Am 1,9-10; Obd 14 erkennbar, dass sich auch die Edomiter an dem Sklavenhandel beteiligt haben, was erneut das auch in Joel 4,19; Mal 1,4-5 erkennbare Wiedererstarken der Edomiter voraussetzt.

Es spricht also einiges dafür, dass das Fremdvölker-Korpus II in die frühe hellenistische Zeit zu datieren ist. Dies legt sich von der relativen Chronologie der Bearbeitungen des Zwölfprophetenbuches her nahe. Dies legt sich aber auch und vor allem von den in diesem Korpus vorausgesetzten historischen Hintergründen her nahe.

3.4 Die Intention des Fremdvölker-Korpus II

Am Beginn der hellenistischen Zeit, wohl an der Wende vom 4. zum 3.Jh., wird das werdende Zwölfprophetenbuch einer weiteren Neubearbeitung unterzogen. Wie schon das Fremdvölker-Korpus I kann dabei auch dieses neue Mehrprophetenbuch, das Fremdvölker-Korpus II, als Reaktion auf die Anfeindungen des Volkes vonseiten der Völker verstanden werden. Doch über das Fremdvölker-Korpus I hinaus wird das dort der gesamten Völkerwelt angesagte Gericht nun auf konkrete Völker und auf deren konkrete Vergehen hin zugespitzt. Es handelt sich bei dem Fremdvölker-Korpus II also gewissermaßen um eine historisierende Aktualisierung des Fremd-

---

45   Dass ab der Mitte des 4.Jh. eine politische Allianz phönizischer und philistäischer Städte bestand, wurde bereits von Elliger, Zeugnis, 96-99, herausgestellt und etwa von Wolff, BK 14,2, 93; Barton, Joel, 101; Dahmen, NSK.AT 23,2, 92; Jeremias, ATD 24,3, 49, zur Datierung des Wortes Joel 4,4-8 herangezogen.
      Allerdings meinte Wolff, ebd., und im Anschluss daran auch Barton, ebd., und Jeremias, ebd., dass Joel 4,4-8 noch vor der Zerstörung Sidons durch Artaxerxes III. im Jahr 343 anzusetzen sei. Damit wird jedoch stillschweigend vorausgesetzt, dass Sidon nach dieser Zerstörung keine weitere Bedeutung mehr erlangte. Dies ist jedoch nicht der Fall. Sowohl das 343 zerstörte Sidon als auch das 332 von Alexander eingenommene Tyros erholten sich von diesen Übergriffen und entwickelten sich in der hellenistischen Zeit erneut zu bedeutenden Städten und Handelsmetropolen; vgl. etwa Jidejian, Tyre, 69-83; dies., Sidon, 65-77; dies. / Lipiński, Art. Sidon, 416; dies. / Lipiński, Art. Tyr, 479f; Liverani, Art. Sidon, 502; ders., Art. Tyre, 934. Die Phönikier verloren mit dem Alexander-Feldzug lediglich ihre politische Unabhängigkeit, was für die Frage, ob sich Tyros und Sidon am internationalen Sklavenhandel beteiligten, aber ohne Belang ist.

völker-Korpus I. Die vom Fremdvölker-Korpus I her angelegte Erwartung eines umfassenden Völkergerichts wird hier aufgenommen und an den Rändern dieses neuen Mehrprophetenbuches – in den Büchern Joel, Amos, Obadja einerseits und Deuterosacharja, Maleachi andererseits – mit den Geschehnissen der frühen hellenistischen Zeit in Verbindung gebracht.

So wurde zunächst in Joel 4, also in einem Kontext, in dem ein universales Völkergericht angesagt wird, in Joel 4,4-8 ein Gerichtswort gegen die Phönikier und die Philister eingefügt, das das Verkaufen von Angehörigen des Volkes an die Griechen anprangert. Und in Joel 4,18-21 wurde ein Gerichtswort gegen Ägypten, also die Ptolemäer, und gegen Edom eingebracht, die den Judäern Gewalt angetan und unschuldiges Blut vergossen haben. Mit diesen beiden Nachträgen wurde also die im Grundbestand von Joel 4 bereits vorgegebene Erwartung eines Gerichtstages, an dem die Völker für ihre Vergehen am eigenen Volk zur Rechenschaft gezogen werden, auf die zur frühen hellenistischen Zeit bestimmenden Feinde, die Phönikier, Philister, Edomiter und Ptolemäer, bezogen.

Vergleichbares zeigt sich auch bei den weiteren Nachträgen, die von den Redaktoren der Fremdvölkerschicht II eingebracht wurden. So wurden die beiden Worte gegen Tyros und Edom in Am 1,9-12 in die bereits vorgegebene Sammlung der Fremdvölkerworte des Amosbuches eingefügt. Auch hier wird diesen beiden Völkern somit in einem insgesamt völkerfeindlichen Kontext das Gericht angesagt. In dem überhaupt erst von den Redaktoren des Fremdvölker-Korpus II geschaffenen Obadjabuch wird sodann das Gericht an Edom in Obd 15a.16-21* – unter Aufnahme der gerade auch in Joel 4,14 belegten Wendung כי קרוב יום יהוה in Obd 15a – explizit mit dem für den Tag Jhwhs erwarteten Gericht an allen Völkern in Verbindung gebracht.[46] In Sach 9,2-13* wurde die erneute Gerichtsankündigung gegen die Phönikier, Philister und Griechen an den Beginn des wiederum gegen die gesamte Völkerwelt gerichteten Deuterosacharjabuches gestellt.[47] Und schließlich heißt es in dem von den Redaktoren des Fremdvölker-Korpus II nachgetragenen Gerichtswort gegen Edom Mal 1,4-5, dass das Volk an dem Eingreifen Jhwhs gegen Edom erkennen wird, dass Jhwh über das Gebiet Israels hinaus groß ist.

---

46 So ergibt sich also nochmals von einer anderen Seite her, dass die Verse Obd 15a.16-21* entgegen der gängigen Meinung durchaus noch zum Grundbestand des Obadjabuches gerechnet werden können; siehe hierzu im einzelnen oben 201f.204-207. Dass in diesen Versen das Gericht an Edom in den Zusammenhang eines universalen Völkergerichts gebracht wird, ist nämlich kein Argument für den sekundären Charakter dieser Verse. Dies entspricht vielmehr der Anlage der von den Redaktoren der Fremdvölkerschicht II eingebrachten Nachträge insgesamt.

47 Zu der von den Redaktoren des Fremdvölker-Korpus I geschaffenen völkerfeindlichen Ausrichtung des gesamten Deuterosacharjabuches siehe im einzelnen oben 133-135.

Im Fremdvölker-Korpus II wird somit von den Rändern dieser Sammlung her das in den vorgegebenen Schriften angesagte Gericht an der gesamten Völkerwelt mit der aktuellen Situation des Volkes an der Wende vom 4. zum 3.Jh. in Verbindung gebracht. Es wird der Erwartung Ausdruck verliehen, dass Jhwh dann, wenn er gegen die Völker einschreiten wird, vor allem die gegenwärtigen Vergehen der Nachbarvölker – den Verkauf von Angehörigen des Volkes in die Sklaverei und weitere Übergriffe und Plünderungen auf judäischem Gebiet – nicht ungesühnt sein lässt. Im Gegenteil: Jhwh wird gerade auch gegen diese Völker vorgehen und ihnen ihr Tun vergelten (Joel 4,4.7; Obd 15).

Die Intention des Fremdvölker-Korpus II, die in den vorgegebenen prophetischen Schriften niedergelegten Verheißungen mit der Situation des Volkes am Beginn der hellenistischen Zeit in Verbindung zu bringen, zeigt sich aber nicht nur bei den für dieses Korpus eingebrachten Gerichtsworten, sondern auch bei den hier belegten Heilsworten. So wird immer wieder – und zwar gleichermaßen den Angehörigen des Süd- und des Nordreichs –[48] die Befreiung aus der Gefangenschaft und die Rückführung ins Land angesagt (Joel 4,7; Obd 20; Sach 9,11-13; 10,6-12*), und es wird verheißen, dass das eigene Volk die Gebiete der derzeitigen Feinde einnehmen wird (Am 9,12*; Obd 17b.19.20; Sach 9,4) und es dann vor diesen Feinden sicher wohnen wird (Joel 4,20; Sach 9,8; 14,11*).

Zudem ist noch ein weiterer Gedanke bestimmend: Die Erwartung, dass die agrarische Not des Volkes ein Ende haben wird. So wird dem Volk, das im Zuge der zahlreichen feindlichen Übergriffe am Beginn der hellenistischen Zeit wohl auch wirtschaftlich in Mitleidenschaft gezogen war, gleich an mehreren Stellen angesagt, dass Jhwh auch diese Missstände beseitigen wird. In geradezu utopischen Bildern wird hier beschrieben, wie sich die gesamte Natur verändern wird (Joel 4,18; Am 9,13*; Sach 14,4.10), wie die Berge vor Traubensaft triefen werden (Joel 4,18; Am 9,13*), es weder Kälte

---

48 Siehe hierzu oben 272. Es ist dabei erstaunlich, dass in einem Werk, das nach den obigen Erkenntnissen bereits in die frühe hellenistische Zeit gehört, eine Heilserwartung niedergelegt ist, die auch das Nordreich mit einschließt. Denn spätestens seit Beginn der hellenistischen Zeit dürfte mit dem Bau des Heiligtums auf dem Garizim doch die politische und kultische Abspaltung der Samaritaner endgültig vollzogen sein; siehe hierzu im einzelnen Albertz, Religionsgeschichte 2, 576-584. Es scheint also trotz dieser Abspaltung noch immer eine gewisse Solidarität mit der Nordreichbevölkerung gegeben zu haben, die dazu führte, dass angesichts der feindlichen Übergriffe in der Zeit der Diadochenkriege, die ja auch das Nordreich betroffen haben (s.o. 217), auch für dessen Bevölkerung neues Heil erwartet wurde. Beachtenswert ist aber, dass das Fremdvölker-Korpus II an der zentralen Bedeutung Jerusalems festhält. So wird etwa in Joel 4,18; Sach 14,8 verheißen, dass einst eine Quelle aus Jerusalem ausgehen und das Land bewässern wird, und in Joel 4,21 wird angesagt, dass Jhwh in Zion seinen Wohnsitz nehmen wird. Das Fremdvölker-Korpus II schließt also das Nordreich in die Heilserwartungen mit ein, betont aber, dass dieses Heil von Jerusalem herkommt.

noch Frost mehr geben wird (Sach 14,6), wie das Land von Jerusalem her bewässert wird (Joel 4,18; Sach 14,8) und sich Ernteerfolge in ungekanntem Maße einstellen werden (Am 9,13*).

Im Fremdvölker-Korpus II werden somit nicht nur die Gerichts-, sondern auch die Heilserwartungen auf die konkrete Situation des Volkes in der frühen hellenistischen Zeit hin zugespitzt. Es wird hier eine umfassende Änderung dieser Situation durch Jhwh verheißen, bei der die Feinde gerichtet, das eigene Volk aber befreit und zu neuem wirtschaftlichen Erfolg geführt wird.

Dabei sind aber noch zwei Punkte beachtenswert. Zum einen kann das Fremdvölker-Korpus II – wie schon das Fremdvölker-Korpus I – trotz seiner völkerfeindlichen Tendenz nicht als Aufruf zum Kampf gegen die Feinde des Volkes gelesen werden.[49] Denn auch hier wird Jhwh als der eigentliche Akteur beim Gericht an den fremden Völkern vorgestellt. Ja, gegenüber dem Fremdvölker-Korpus I finden sich unter den von den Redaktoren dieses Korpus eingebrachten Worten noch nicht einmal mehr direkt formulierte Aufforderungen, gegen die Völker vorzugehen.[50] Es wird dem eigenen Volk allenfalls eine unterstützende Funktion im kommenden Gericht zugeschrieben, so beim Verkauf der von Jhwh gerichteten Phönikier und Philister in die Sklaverei (Joel 4,8), bei der Einnahme der Gebiete der feindlichen Nachbarvölker (Am 9,12*; Obd 17b.19-20) oder beim Kampf gegen die Griechen (Sach 9,13). Auch das Fremdvölker-Korpus II geht also gerade von der Schwäche, ja von der Ohnmacht des Volkes aus. Es setzt das Vertrauen darauf, dass Jhwh sein Volk aus einer Lage befreien wird, aus der es sich nicht selbst befreien kann.

Zum anderen ist zu beachten, dass auch das Fremdvölker-Korpus II nicht nur an der Überwindung der Situation des Volkes orientiert ist, sondern ebenso an den Ursachen, die zu dieser Situation geführt haben. Dies zeigt sich zunächst am Aufbau dieses Korpus. So ist bezeichnend, dass die Redaktoren des Fremdvölker-Korpus II beim Joelbuch nicht in die einleitenden Kapitel Joel 1-2 eingegriffen haben. Am Beginn des Fremdvölker-Korpus II steht damit die Schilderung einer auf einen realen Feindangriff hin transparenten Heuschreckenplage, die als das verdiente göttliche Gericht am eigenen Volk beschrieben wird.[51] Und bezeichnenderweise wurde auch

---

49 Zu den vergleichbaren Überlegungen mit Blick auf das Fremdvölker-Korpus I s.o. 169f.

50 Während in den der Fremdvölkerschicht I zugeschriebenen Textbereichen noch an mehreren Stellen mit Imperativen formulierte Aufrufe zum Kampf gegen die Völker belegt sind (Joel 4,9.10.13; Mi 4,13; Nah 2,10), findet sich in den von den Redaktoren des Fremdvölker-Korpus II eingebrachten Passagen lediglich ein als Selbstaufforderung formulierter Aufruf zum Kampf gegen Edom in Obd 1. Das Volk wird hier also an keiner Stelle direkt von Jhwh zum Kampf gegen die Völker aufgefordert.

51 Siehe hierzu oben 164f.

das Maleachibuch, das von den Redaktoren des Fremdvölker-Korpus II am Ende des werdenden Zwölfprophetenbuches eingebracht wurde, nur in Mal 1,4-5 um ein gegen Edom gerichtetes Wort ergänzt. So endet dieses Korpus in Mal 1,6-3,21* – entsprechend zur Einleitung in Joel 1-2 – mit einer Reihe von Diskussionsworten, die ausnahmslos Missstände im eigenen Volk betreffen.[52] Das heißt doch aber, dass die gegenwärtige Situation des Volkes im Fremdvölker-Korpus II von diesem äußeren Rahmen her – wie auch von den gegen das eigene Volk gerichteten Worten in den dazwischenliegenden Büchern her – als das verdiente Gericht Jhwhs an seinem Volk gedeutet wird.

Es lässt sich aber nicht nur von der Komposition des Fremdvölker-Korpus II her zeigen, dass die gegenwärtige Situation des Volkes in diesem Korpus als das gerechte Gericht Jhwhs verstanden wird. Dies zeigt sich auch bei den von den Redaktoren des Fremdvölker-Korpus II eingebrachten Nachträgen. So heißt es in Joel 4,21, dass Jhwh künftig das Blut seines Volkes ungestraft sein lässt, das er zuvor nicht ungestraft sein ließ.[53] Das bedeutet doch, dass die derzeitige Lage des Volkes als Strafe für begangenes Unrecht verstanden wird. An sich lasten sogar noch immer Verschuldungen auf dem Volk, die Jhwh nun aber nicht mehr ahnden wird.

Vergleichbar ist sodann Sach 10,6. Nach diesem Vers wird das Volk einst wieder so sein wie damals, als Jhwh sein Volk noch nicht verstoßen hatte. Auch dieses Wort setzt also voraus, dass die gegenwärtige Lage als göttliches Gericht, ja sogar als Verstoßen des Volkes durch Jhwh, zu verstehen ist. So zeigen auch die Worte in Joel 4,21 und Sach 10,6, dass die Redaktoren des Fremdvölker-Korpus II nicht nur an der Überwindung, sondern auch an den Ursachen der derzeitigen Lage des Volkes orientiert sind.

Es handelt sich somit bei dem Fremdvölker-Korpus II um eine umfassende historisierende Neuauslegung der überlieferten Prophetenschriften vor dem Hintergrund der Situation des Volkes am Beginn der hellenistischen Zeit. Von seinen Rändern her liest sich das werdende Zwölfprophe-

---

52 Zur inhaltlichen Anlage der Diskussionsworte des Maleachibuches s.o. 255-262.
53 Bei der in Joel 4,21a belegten Formulierung וְנִקֵּיתִי דָּמָם לֹא־נִקֵּיתִי wird allerdings häufig von einem textkritischen Verderbnis ausgegangen. Dabei wird meist im Anschluss an LXX (καὶ ἐκδικήσω τὸ αἷμα αὐτῶν) der Beginn des Verses zu וְנִקַּמְתִּי דָּמָם geändert („und ich räche ihr Blut"); vgl. hierzu, mit Unterschieden im Detail, Marti, KHC 13, 143; Sellin, KAT 12, 140; Robinson, HAT 14, 68; Crenshaw, AncB 24C, 202f; Barton, Joel, 109f. Demgegenüber nimmt Jeremias, ATD 24,3, 47, an, dass der ursprüngliche Text von Joel 4,21a die figura etymologica וְנִקֵּה דָּמָם לֹא אֲנַקֶּה („aber ganz und gar kann ich ihr Blut nicht ungestraft lassen") bot und als Zitat aus Ex 34,7 zu verstehen ist. Doch handelt es sich bei dem zuerst genannten Eingriff wohl um eine nicht zu rechtfertigende Vereinfachung des vorliegenden Textes. Und die von Jeremias vorgeschlagene Konjektur ist viel zu spekulativ, als dass sie überzeugen könnte. So ist mit Wolff, BK 14,2, 88, an MT festzuhalten.

tenbuch auf der Ebene des Fremdvölker-Korpus II nun als prophetische
Deutung dieser Situation. Es gibt Einblick in die Verschuldungen, die zu der
von Übergriffen durch die Nachbarvölker und von damit einhergehenden
wirtschaftlichen Nöten geprägten Lage des Volkes geführt haben. Und es
verleiht der Hoffnung Ausdruck, dass Jhwh bei seinem Gericht an der
Völkerwelt gerade auch gegen die aktuellen Feinde vorgehen wird, dass er
sich des eigenen Volkes aber erbarmen, die Gefangenen befreien und die
wirtschaftlichen Nöte beseitigen wird.

3.5 Fazit

Im Anschluss an die Einarbeitung der Davidsverheißungen wurde das
werdende Zwölfprophetenbuch einer weiteren, als Fremdvölkerschicht II
bezeichneten Redaktion unterzogen, die sich in den Büchern Joel, Amos,
Obadja, Deuterosacharja und Maleachi zeigt. Dabei wurde das Obadjabuch
überhaupt erst von den Redaktoren des Fremdvölker-Korpus II geschaffen,
und das bereits vorgegebene Maleachibuch wurde auf dieser literarischen
Ebene erstmals in die vorliegende Sammlung integriert. Die dieser Redaktion zugewiesenen Nachträge erweisen sich durch zahlreiche thematische und
terminologische Verbindungen als zusammengehörig. Zudem können sie als
Teil einer buchübergreifenden Komposition verstanden werden, insofern
die für diese Redaktion bestimmenden Themen an den Rändern der Sammlung jeweils in derselben Abfolge eingebracht wurden.

Entstanden ist dieses Korpus in der frühen hellenistischen Zeit, an der
Wende vom 4. zum 3.Jh. Es reagiert auf die feindlichen Übergriffe vonseiten
der Phönikier, Philister, Edomiter, Ptolemäer und der Griechen, bei denen
es zur Belagerung und Einnahme Jerusalems, zu Plünderungen der Stadt
und zum Verkauf von Angehörigen des Volkes in die Sklaverei kam. Diese
Situation wird im Fremdvölker-Korpus II auf Grundlage der überlieferten
Prophetenschriften als das verdiente Gericht Jhwhs an seinem Volk gedeutet. Aber es wird auch verheißen, dass Jhwh bei dem erwarteten Gericht an
der gesamten Völkerwelt gerade auch gegen die aktuellen Feinde des Volkes
vorgehen wird und dass er sein Volk befreien und zu neuem Wohlstand
bringen wird.

Das Fremdvölker-Korpus II hält somit an der bereits im Fremdvölker-
Korpus I niedergelegten Hoffnung auf ein Einschreiten Jhwhs gegen die
Völker fest und bringt dies mit den Nöten des Volkes zur frühen hellenistischen Zeit in Verbindung. Es ist geradezu eine konkretisierende Neuauflage des Fremdvölker-Korpus I, bei der die dort noch recht allgemein
vorgebrachte Verheißung, dass Jhwh gegen die Völker einschreiten und

seinem Volk neues Heil schaffen wird, nun auf eine ganz bestimmte historische Situation hin zugespitzt wird.

So lässt auch das Fremdvölker-Korpus II erkennen, wie auf Grundlage der überlieferten Prophetenschriften immer wieder neu um eine theologische Deutung der geschichtlichen Gegebenheiten gerungen wurde. Es zeigt den Willen, die gegenwärtige Situation vor dem Hintergrund der in diesen Schriften belegten Worte über die Verfehlungen des Volkes verständlich zu machen. Und es zeigt, wie an der Erwartung festgehalten wurde, dass Jhwh für sein Volk einschreiten wird.

V. Zur Integration des Habakukbuches

1. Ausgangspunkt

Im Rahmen der Darlegungen zum Fremdvölker-Korpus I und zum Fremdvölker-Korpus II konnte mit guten Gründen die Aufnahme der Bücher Obadja, Nahum, Deuterosacharja und Maleachi in das werdende Zwölfprophetenbuch erklärt werden. Dabei wurde die Frage, zu welchem Zeitpunkt das Habakukbuch in die Sammlung aufgenommen wurde, zunächst noch bewusst zurückgestellt.

In der bisherigen Forschung herrscht an dieser Stelle, wie so oft bei den späten Redaktionsprozessen im Zwölfprophetenbuch, große Uneinigkeit. So wurde das Habakukbuch etwa nach Nogalski im Rahmen der von ihm als „Joel-oriented layer" bezeichneten Bearbeitung in das Zwölfprophetenbuch integriert, durch die das exilische Vierprophetenbuch mit den Büchern Hosea, Amos, Micha und Zefanja zu einem Elfprophetenbuch ausgebaut wurde, das nun auch die Bücher Joel, Obadja, Nahum, Habakuk, Haggai, (Proto-)Sacharja und Maleachi umfasst.[1]

Demgegenüber meint Schart, der ebenfalls von der Existenz eines exilischen Vierprophetenbuches ausgeht, dass diesem Vierprophetenbuch zunächst nur die Bücher Nahum und Habakuk zugefügt und so ein von ihm als Nahum-Habakuk-Korpus bezeichnetes Sechsprophetenbuch geschaffen wurde.[2] Nach Bosshard-Nepustil wurde das Habakukbuch im Umfang Hab 1,1-2,16* zusammen mit Joel 1,1-2,11* und Zef 1,1-3,8* einer zuvor die Bücher Hosea, Amos, Micha und Nahum umfassenden Sammlung zugefügt.[3]

Einen weiteren Ansatz zur Integration des Habakukbuches in das Zwölfprophetenbuch hat Kessler vorgelegt. Nach Kessler wurde zunächst ein die Bücher Nahum und Habakuk umfassendes Zweiprophetenbuch geschaffen, das dann zu einem späteren, von Kessler noch nicht genauer benannten Zeitpunkt en bloc in das werdende Zwölfprophetenbuch aufgenommen wurde.[4]

---

1   Vgl. Nogalski, Processes, 274-278.
2   Vgl. Schart, Entstehung, 234-260.
3   Vgl. Bosshard-Nepustil, Rezeptionen, 258-359.
4   Vgl. Kessler, Nahum-Habakuk, 149-158; siehe hierzu auch unten 324-327.

Angesichts der beschriebenen Unsicherheiten in der bisherigen Forschung zeigt sich also einmal mehr, dass sich nur auf Grundlage einer
redaktionsgeschichtlichen Analyse der Einzelbücher zu gesicherten Ergebnissen kommen lässt.[5] So wird im folgenden zunächst der Entstehung des
Habakukbuches für sich nachgegangen und erst in einem zweiten Schritt
nach der Integration dieses Buches in das werdende Zwölfprophetenbuch
gefragt.

---

5   Zur Kritik an den einzelnen Ansätzen siehe auch unten 324-327 sowie 330 Anm. 23.

2. Zur Redaktionsgeschichte der Einzelbücher

2.1 Das Habakukbuch

Das Habakukbuch lässt sich in drei Teile untergliedern. Der erste Teil in 1,1-2,5 ist von der Problematik der Übervorteilung des Frommen durch den Frevler und der hierauf bezogenen Ankündigung der Babylonier geprägt. In 2,6-20 folgt sodann eine Sammlung von Weherufen. Abgeschlossen wird das Buch mit einem Theophaniepsalm in 3,1-19.

2.1.1 Die Frevler und das Kommen der Babylonier in Habakuk 1,1-2,5

Die erste Einheit des Habakukbuches Hab 1,1-2,5 ist nach der Überschrift 1,1 als Dialog zwischen dem Propheten und Jhwh gestaltet.[1] Ausgangspunkt dieses Dialogs ist die in 1,2-4 vorgebrachte Klage des Propheten über innergesellschaftliche Missstände, bei der Jhwh vorgehalten wird, dass er der Übervorteilung des Frommen durch den Frevler tatenlos zusieht.[2] Darauf

---

1   Dass Hab 1,2-2,5 als Dialog zwischen dem Propheten und Jhwh anzusehen ist, wird nahezu allgemein angenommen; vgl. nur Rudolph, KAT 13,3, 200; Deissler, NEB.AT 8, 221; Seybold, ZBK.AT 24,2, 49; Prinsloo, Life, 622; Huwyler, Habakuk, 250; Pfeiffer, Kommen, 135. Allerdings meint neuerdings Perlitt, ATD 25,1, 47f, im Anschluss an Überlegungen von Floyd, Complaints, 405f; ders., Prophecy, 462-481, dass dieser Textbereich nicht als Dialog angesehen werden dürfe, da 2,1-5 nicht als Antwort Jhwhs auf die im vorangehenden Kapitel belegte Problemstellung zu verstehen sei; vgl. hierzu auch Cleaver-Bartholomew, Approach, 206-225. Doch ob man die in 2,1-5 belegte Gottesrede nun als passende Reaktion auf das Vorangehende bezeichnen mag oder nicht – in 2,1 wird dies eindeutig als die auf die Einrede des Propheten erfolgende göttliche Antwort vorgestellt. Und da der gesamte Textbereich eben durch die wechselnde Folge von Prophetenrede und Gottesrede gekennzeichnet ist und die einzelnen Teile, wie der folgende Überblick zeigen wird, sehr wohl als in sich schlüssiger Zusammenhang verstanden werden können, ist an der üblichen Deutung von Hab 1,2-2,5 als Dialog festzuhalten.
2   Die in 1,2-4 belegte Klage des Propheten wurde allerdings gerade in früheren Ansätzen häufig nicht auf innergesellschaftliche Missstände, sondern auf eine äußere Bedrohung bezogen, um diese Klage so mit der im weiteren Verlauf des Buches bestimmenden Thematik des Auftretens der Babylonier in Einklang zu bringen. So meinte etwa Wellhausen, Propheten, 165f, dass mit den in 1,3 erwähnten Frevlern bereits die Babylonier im Blick seien. Da die Babylonier aber in 1,5-11 gerade als Gerichtswerkzeug vorgestellt werden, das von Jhwh gegen die in 1,2-4 beklagte Notlage aufgerichtet wird, wurde zumeist angenommen, dass der in 1,3 genannte Frevler auf ein von den Babyloniern zu unterscheidendes fremdes Volk zu beziehen sei; vgl. etwa Budde, Habakuk, 146f; Eißfeldt, Einleitung, 566f, die an die Assyrer denken, Elliger, ATD 25, 33; Horst, HAT 14, 177f, die Ägypten als die in 1,2-4 vorausgesetzte Feindmacht annehmen, oder Nowack, HK 3,4, 264; Sellin, KAT 12, 337, und in neuerer Zeit Johnson, Paralysis, 258-263, die meinen, dass hier die dem eigenen Volk feindlich gesinnte Völkerwelt ganz allgemein im Blick sei. Eine Zwischenlösung wurde schließlich von Haak, Habakuk, 134-139, vorgeschlagen, der meint, dass mit dem in 1,3

erfolgt in einer ersten Gottesrede die Ankündigung, dass Jhwh eingreifen und die Babylonier schicken wird.[3] In 1,12-17 wird sodann eine erneute Klage des Propheten vorgebracht, die nun das rücksichtslose Verhalten der Babylonier zum Gegenstand hat. Als Antwort erhält der Prophet in 2,1-5 schließlich die Zusage, dass der Fromme aufgrund seiner Treue leben wird.[4]

Wie dieser erste Überblick zeigt, ist der Textbereich Hab 1,2-2,5 in seinem vorliegenden Bestand durchaus als in sich schlüssiger Zusammenhang zu verstehen, bei dem die Babylonier zunächst als Gerichtswerkzeug gegen innerjudäische Missstände vorgestellt werden und bei dem dann in einem zweiten Schritt die Problematik behandelt wird, dass die Babylonier über dieses Ziel hinausgehen und das gesamte Volk gefährden, was schließlich in der Verheißung mündet, dass der Fromme aufgrund seiner Treue leben wird. Die Frage ist aber, ob es sich hierbei auch auf literarischer Ebene um einen einheitlichen Zusammenhang handelt oder ob dieser Textbereich

---

genannten Frevler der König Jojakim gemeint sei, womit dann aber gleichzeitig auch die Ägypter, mit denen sich Jojakim gegen die Babylonier verbündet hat, im Blick seien. Doch ist gegen all diese Vorschläge zu sagen, dass in Hab 1,2-4 von einer äußeren Bedrohung noch keine Rede ist und somit auch nicht vom weiteren Verlauf des Buches her eingetragen werden kann. Die in 1,2-4 belegte Gegenüberstellung des Frommen und des Frevlers kann also, da hier keine weiteren Angaben hierüber gemacht werden, wie wie üblich auf eine innergesellschaftliche Auseinandersetzung bezogen werden; so auch Marti, KHC 13, 333; Jeremias, Kultprophetie, 76-78; Rudolph, KAT 13,3, 201; Deissler, NEB.AT 8, 221; Roberts, Nahum, 88; Kessler, Staat, 89; Koenen, Heil, 157f; Pfeiffer, Kommen, 136f Anm. 100, u.a.

3   Bei Hab 1,5 ist die im vorliegenden Kontext in 3. Person formulierte Wendung פֹעֵל פֹעַל entweder im Anschluss an LXX (ἔργον ἐγὼ ἐργάζομαι) und in Angleichung an die Gottesrede in 1,6 um אֲנִי zu ergänzen oder zu אֶפְעַל zu ändern; vgl. nur Marti, KHC 13, 338; Elliger, ATD 25, 29; Deissler, NEB.AT 8, 222.
    Sodann ist die etwa von Duhm, Habakuk, 6; Nowack, HK 3,4, 265; Sellin, KAT 12, 332, und in neuerer Zeit von Albertz, Heilsversicherung, 7f Anm. 25, vorgetragene Annahme, dass Hab 1,5-11 als Rückblick auf ein vergangenes Geschehen anzusehen sei, abzulehnen. Denn dieser Textbereich ist doch deutlich von partizipialen (1.5.6) und imperfektischen (1.5.7.8.9.10) Formulierungen geprägt (die Narrative in 1,9.10.11 sind sicherlich zu וְ+Imperfekt umzuvokalisieren). So wird hier ein Vorgang beschrieben, der in der Gegenwart anhebt und sich in die Zukunft hinein auswirkt; vgl. Wellhausen, Propheten, 166; Marti, KHC 13, 337; Jeremias, Kultprophetie, 79; Rudolph, KAT 13,3, 206f; Deissler, NEB.AT 8, 223; Seybold, ZBK.AT 24,2, 57f; Koenen, Heil, 132; Perlitt, ATD 25,1, 52; Pfeiffer, Kommen, 137 Anm. 102.

4   Der Text von Hab 2,4-5 ist allerdings mit einigen Schwierigkeiten belastet; vgl. hierzu v.a. Schreiner, Erwägungen, 538-542. Dabei dürfte Hab 2,4a wohl kaum mehr sicher zu rekonstruieren sein, da die fem. Form עֻפְּלָה trotz aller vorgetragenen Deutungen kaum mit dem folgenden, mit mask. Suffixen formulierten Zusammenhang in Verbindung zu bringen ist; vgl. Perlitt, ATD 25,1, 65. In Hab 2,5a wird sodann – wie in neuerer Zeit häufiger, etwa von Deissler, NEB.AT 8, 226; Roberts, Nahum, 112f; Perlitt, a.a.O., 67, vorgeschlagen – im Anschluss an 1QpHab (vgl. Burrows, Dead Sea Scrolls, LV-LXI) die unverständliche Wendung הַיַּיִן בּוֹגֵד zu הוֹן יִבְגּוֹד „Reichtum betrügt" zu ändern sein, so dass in Hab 2,4b-5a ausgesagt wird, dass der Fromme aufgrund seiner Treue leben wird, während der Reichtum den hochmütigen Mann (גֶּבֶר יָהִיר) betrügt und dieser keinen Erfolg haben wird.

nicht vielmehr erst das Produkt eines redaktionellen Wachstumsprozesses ist.[5]

Es ist nämlich schon häufig aufgefallen, dass die Fromme-Frevler-Thematik und die Babylonier-Thematik doch eher unverbunden nebeneinanderstehen. So ist bedeutend, dass an keiner Stelle klar ausgesprochen wird, dass die Babylonier das Gericht an den Frevlern vollstrecken werden. Und in den Passagen, die an der Übervorteilung des Frommen durch den Frevler orientiert sind, wird an keiner Stelle eine äußere Bedrohung vorausgesetzt.[6] Schon diese noch recht allgemeine Beobachtung spricht aber für den immer wieder vorgetragenen Vorschlag, dass die Fromme-Frevler-Thematik und die Babylonier-Thematik im Habakukbuch erst sekundär miteinander verbunden wurden.

Dies lässt sich an einigen Beobachtungen untermauern. So fällt die auf die erste Klage des Propheten Hab 1,2-4 hin vorgebrachte Gottesrede in 1,5-11 schon dadurch auf, dass hier eine pluralische Größe angesprochen wird, während die vorangehende Klage des Propheten in der 1.sg. formuliert ist.[7] Zudem wird das Auftreten der Babylonier hier nicht direkt auf die zuvor beklagte Problematik, dass der Frevler den Frommen übervorteilt, bezogen. Dass den Babyloniern die Funktion eines Gerichtswerkzeugs gegen die genannten innerjudäischen Missstände zukommt, ist lediglich indirekt aus der in 1,6 belegten Aussage zu erschließen, dass die Babylonier von Jhwh erweckt werden. In den folgenden Versen 1,7-11 wird jedoch beschrieben, wie die Babylonier unerbittlich und hochmütig gegen die gesamte Völkerwelt – und eben nicht nur gegen die Frevler des eigenen Volkes – vorgehen. So stehen die in 1,2-4 beklagte Fromme-Frevler-Thematik und die in 1,5-11

---

5   So meinen etwa Sellin, KAT 12, 333; Cannon, Integrity, 62-90; Keller, Eigenart, 157; Rudolph, KAT 13,3, 195; Deissler, NEB.AT 8, 219; Johnson, Paralysis, 257f; Roberts, Nahum, 81; Sweeney, Habakkuk, 63-83; Haak, Habakkuk, 107-155; Prinsloo, Habakkuk, 515-535; Herrmann, Problem, 488; Huwyler, Habakuk, 231-259, dass es sich bei Hab 1,2-2,5 um einen einheitlichen Textbereich handelt. Demgegenüber gehen Rothstein, Habakuk, 57-70; Wellhausen, Propheten, 166-168; Marti, KHC 13, 326-333; Schmidt, Psalm, 52-63; Jeremias, Kultprophetie, 75-84; Jöcken, Habakuk, 517; Otto, Stellung, 89-106; ders. Art. Habakuk (TRE), 301f; ders., Theologie, 279-284; ders., Art. Habakuk (RGG⁴), 1361f; Gunneweg, Habakuk, 400-415; Seybold, Habakuk 2,4b, 194-196; ders., ZBK.AT 24,2, 43f; Nogalski, Processes, 136-146; Koenen, Heil, 131-140; Lescow, Komposition, 73-81; Bosshard-Nepustil, Rezeptionen, 298-305; Albertz, Exilszeit, 186f; ders., Heilsversicherung, 4-9; Perlitt, ATD 25,1, 46f, davon aus, dass bei diesem Textbereich mehrere literarische Schichten zu unterscheiden sind; siehe dabei zu den verschiedenen redaktionsgeschichtlichen Modellen auch unten 298 mit Anm. 23.

6   Zur Ablehnung der früher häufiger vorgetragenen Annahme, dass schon in 1,2-4 eine äußere Bedrohung vorausgesetzt ist, s.o. 291f Anm. 2.

7   Zu den formalen und inhaltlichen Unterschieden zwischen Hab 1,2-4 und 1,5-11 vgl. etwa Wellhausen, Propheten, 166; Schmidt, Psalm, 53; Seybold, ZBK.AT 24,2, 57f; Nogalski, Processes, 141; Koenen, Heil, 133; Albertz, Heilsversicherung, 6; Perlitt, ATD 25,1, 52; Pfeiffer, Kommen, 138.

belegte Babylonier-Thematik tatsächlich recht unverbunden nebeneinander, was dafür spricht, dass die beiden Textbereiche nicht auf dieselbe Hand zurückgehen.

Dies zeigt sich auch bei der erneuten Klage des Propheten in Hab 1,12-17. Es ist beachtenswert, dass hier in den Versen 1,12-13 zunächst angemahnt wird, dass sich Jhwh tatenlos Böses, Unheil, Treulosigkeit und die Unterdrückung des Gottlosen durch den Frevler mit ansieht. Denn nach dem vorliegenden Zusammenhang kann dies nur auf das Vorgehen der in 1,5-11 angekündigten Babylonier bezogen werden, handelt es sich hierbei doch um die direkte Reaktion des Propheten auf die dort belegte Gottesrede.[8] Für sich genommen scheinen die Verse 1,12-13 dagegen eher auf die in 1,2-4 bereits angesprochenen innergesellschaftlichen Missstände bezogen zu sein.[9] Denn hier wie dort findet sich die Gegenüberstellung des Frommen und des Frevlers (צדיק; רשע; 1,4 // 1,13), hier wie dort ist von Unheil die Rede (עמל; 1,3 // 1,13) und hier wie dort wird Jhwh vorgeworfen, dass er diesen Vorgängen tatenlos gegenübersteht (1,2 // 1,13). Sollten die in 1,12-13 beschriebenen Zustände nun tatsächlich schon immer auf die Babylonier-Not bezogen gewesen sein, so wäre doch kaum zu erklären, warum diese Not mit denselben Begrifflichkeiten beschrieben wird wie die in 1,2-4 beklagten inneren Missstände, gegen die die Babylonier nach 1,5-11 von Jhwh ja gerade als Gerichtswerkzeug herbeigerufen werden. Das heißt dann aber, dass die Verse 1,12-13 nicht auf derselben Ebene anzusetzen sind wie 1,5-11, sondern zusammen mit 1,2-4 von diesem Textbereich zu unterscheiden sind.[10]

Allerdings ist Hab 1,12-13 in sich nicht einheitlich. Denn bei der in 1,12b belegten Aussage, dass Jhwh eine nicht näher genannte Größe zum Gericht eingesetzt (למשפט שמתו) und zum Strafen bestimmt hat (להוכיח יסדתו), können sich die Suffixe der 3.m.sg. doch nur auf das in 1,5-11

---

8   Dass die Klage des Propheten in Hab 1,12-13 im vorliegenden Zusammenhang nur auf das in 1,5-11 geschilderte Auftreten der Babylonier bezogen werden kann, wurde gerade bei den Ansätzen, die von der Einheitlichkeit des Textes ausgehen, stets gesehen; vgl. nur Sellin, KAT 12, 344f; Elliger, ATD 25, 35f; Rudolph, KAT 13,3, 209f; Deissler, NEB.AT 8, 224; Roberts, Nahum, 102f; Prinsloo, Habakkuk, 522f; Huwyler, Habakuk, 252. Unter den redaktionsgeschichtlich orientierten Arbeiten wird der Frage, wie Hab 1,12-13 in seinem jetzigen Kontext zu verstehen ist, dagegen bedauerlicherweise meist nicht weiter nachgegangen.

9   So auch Marti, KHC 13, 335; Jeremias, Kultprophetie, 76-78; Otto, Stellung, 103; Gunneweg, Habakuk, 402; Seybold, ZBK.AT 24,2, 61; Koenen, Heil, 134f; Perlitt, ATD 25,1, 57.

10   So auch Marti, KHC 13, 335; Jeremias, Kultprophetie, 76-78; Otto, Stellung, 103; Gunneweg, Habakuk, 402; Seybold, ZBK.AT 24,2, 61; Nogalski, Processes, 142f; Koenen, Heil, 134f; Bosshard-Nepustil, Rezeptionen, 299f; Albertz, Exilszeit, 186f; Perlitt, ATD 25,1, 57.

belegte Volk der Babylonier beziehen. Somit ist dieser Teilvers im Gegensatz zu Hab 1,12a.13 auf derselben Ebene wie 1,5-11 anzusetzen.[11]

Zu dieser Schicht gehören sodann auch die Verse 1,15-17.[12] Denn mit der hier belegten Beschreibung eines fremden, feindlich gesinnten Volkes wird nicht nur ganz allgemein die in 1,6 belegte Erwähnung der Babylonier vorausgesetzt. Darüber hinaus ist Hab 1,15-17 auch über die in 1,15 belegte Ankündigung, dass dieses Volk andere in einem Netz sammelt (אסף), mit der vergleichbaren Aussage aus 1,9 verbunden, dass die Babylonier Gefangene sammeln (אסף). Zudem wird in beiden Textbereichen, wenn auch mit unterschiedlichen Verben, beschrieben, wie sie bei ihrem Vorgehen gegen die Völker jauchzen, lachen und sich freuen (1,10 // 1,15). Und schließlich erinnert die in 1,16 belegte Aussage, dass sie ihrem Netz Opfer darbringen und ihm räuchern, an den Vorwurf aus 1,11, dass die Babylonier ihre eigene Kraft zu ihrem Gott machen, wird doch an beiden Stellen gewissermaßen die Selbstvergöttlichung des eigenen Handelns angeprangert. Dies alles spricht dann dafür, dass die Verse 1,15-17 eben auf dieselbe Hand zurückgehen, der bislang die Verse 1,5-11.12b zugewiesen wurden.[13]

---

11 Vgl. Rothstein, Habakuk, 63-65; Wellhausen, Propheten, 167; Marti, KHC 13, 335; Otto, Stellung, 104; Nogalski, Processes, 144f; Koenen, Heil, 135; Bosshard-Nepustil, Rezeptionen, 299f.
    Gegen die Annahme, dass Hab 1,12b auf die Babylonier-Schicht zurückgeht, da die hier belegten Suffixe der 3.m.sg. auf das 1,5-11 genannte Volk zu beziehen sind, hat allerdings Albertz, Heilsversicherung, 7 Anm. 23, im Anschluss an Seybold, ZBK.AT 24,2, 61, eingewandt, dass hierfür das Bezugswort für die Suffixe der 3.m.sg. zu weit entfernt steht. Seybold und Albertz gehen daher davon aus, dass sich die Suffixe auf das Heiligtum beziehen und sich dieser Teilvers somit gut im Zusammenhang des an der Fromme-Frevler-Thematik orientierten Textbereichs 1,12a.13 verstehen lasse, da hier das Heiligtum als Ort der Rechtsprechung im Blick sei. Um in Hab 1,12 aber überhaupt einen Bezug auf das Jerusalemer Heiligtum annehmen zu können, muss קדשי in 1,12a nicht wie üblich als Appellativ „mein Heiliger", sondern als „mein Heiligtum" verstanden werden, was hier in 1,12a im direkten Anschluss an den Gottesnamen aber doch seltsam wäre. Zudem muss für die von Seybold und Albertz vorgetragene These auch צור in 1,12b nicht wie zumeist als Appellativ, sondern als Hinweis auf den „Felsen" des Heiligtums gedeutet werden, was aber angesichts der Tatsache, dass צור häufig als Gottesprädikation belegt ist (Jes 17,10; 26,4; Ps 18,3.32.47; 19,15; 28,1; 31,3; 62,3.7.8; 71,3; 78,35; 89,27; 92,16; 94,22; 95,1; 144,1), aber im gesamten AT allenfalls bei Jes 30,29 mit einiger Gewissheit auf den Tempel bezogen ist, doch eher unwahrscheinlich sein dürfte; vgl. hierzu die Belege bei van der Woude, Art. צור, 538-543; Fabry, Art. צור, 973-982, bes. 980. So ist das Jerusalemer Heiligtum in Hab 1,12 wohl überhaupt nicht im Blick. Und somit dürfte es eben doch wahrscheinlich sein, dass die Suffixe der 3.m.sg. auf das Volk der Babylonier zu beziehen sind, von dem ja zuletzt in dem doch nicht gar so weit entfernt stehenden Vers 1,11 die Rede war.
12 Dass Hab 1,15-17 auf derselben Ebene anzusetzen ist wie 1,5-11.(12b), meinen etwa auch Marti, KHC 13, 341; Jeremias, Kultprophetie, 78f; Seybold, ZBK.AT 24,2, 62; Nogalski, Processes, 142-145; Bosshard-Nepustil, Rezeptionen, 299f; Albertz, Heilsversicherung, 7f. Zur literarischen Zugehörigkeit von Hab 1,14 s.u. 296.
13 Gegen die Annahme, dass Hab 1,5-11 und 1,15-17 auf derselben literarische Ebene anzusetzen sind, meinte allerdings Otto, Stellung, 103f.106, und im Anschluss daran auch

Umstritten ist allerdings die Zuordnung von Hab 1,14. Nach der vorliegenden Gestalt dieses Verses macht Jhwh den Menschen wie die Fische des
Meeres und wie das Gewürm, das keinen Herrscher hat. Der hier belegte
Vergleich des Menschen mit den Fischen des Meeres passt dabei auf den
ersten Blick recht gut zu der in 1,15-17 folgenden Darstellung des Auftretens der Babylonier mit dem Bild des Fischfangs. Und so wird dieser Vers
auch häufig der an den Babyloniern orientierten Schicht von Hab 1 zugewiesen.[14] Zu beachten ist jedoch, dass Hab 1,14 als Anrede an Jhwh in
2.sg. gestaltet ist, was sich so auch in den vorangehenden Versen 1,12-13,
nicht aber in den folgenden Versen 1,15-17 findet.[15] Zudem ist zu beachten,
dass in Hab 1,14 ja nicht nur ein Vergleich mit den Fischen des Meeres
belegt ist, sondern auch ein Vergleich mit dem Gewürm, das keinen Herrscher hat. Der Vergleich mit dem Gewürm wird in den folgenden Versen
1,15-17 aber nicht weiter aufgenommen. So handelt es sich bei diesem Vers
doch viel eher um den Abschluss der Verse 1,12a.13,[16] mit dem über das
Bild der Fische im Meer und des Gewürms, das keinen Herrscher hat,
nochmals von einer anderen Seite her die Verlassenheit des Menschen von
Jhwh beschrieben wird. Demnach sind in Hab 1 die Verse 1,2-4.12a.13-14
der an der Fromme-Frevler-Thematik orientierten Schicht zuzuweisen, die
Verse 1,5-11.12b.15-17 der an der Babylonier-Thematik orientierten Schicht.

Offen ist schließlich noch die Zuordnung der die erste Einheit des
Habakukbuches abschließenden Verse Hab 2,1-5. Hier folgt auf die in 2,1
belegte Aussage, dass der Prophet auf seinem Wachtposten danach spähte,
was Jhwh ihm auf seine Einrede erwidern würde, in 2,2-5 eine erneute
Gottesrede. Dabei wird nach dem Auftrag an den Propheten, die folgende
Schauung aufzuschreiben, und nach dem Hinweis, dass dies sicher eintreffen

---

  Koenen, Heil, 138, dass die Babylonier in 1,15-17 im Gegensatz zu 1,5-11 negativ charakteri-
  siert werden, wo sie in 1,6 gerade als Gerichtswerkzeug eingeführt werden. Dagegen ist aber
  zu sagen, dass die Babylonier schon im Rahmen der ersten Beschreibung ihres Verhaltens in
  1,7-11, die dieses Volk ja als maßloses und hochmütiges Volk erscheinen lässt, durchaus auch
  negativ dargestellt werden. Angesichts der genannten Gemeinsamkeiten zwischen 1,5-11 und
  1,15-17 ist es also gegen Otto und Koenen doch wahrscheinlicher, dass die beiden Textbereiche auf dieselbe Hand zurückgehen.

14 Vgl. etwa Rothstein, Habakuk, 65; Marti, KHC 13, 341; Jeremias, Kultprophetie, 78f;
  Seybold, ZBK.AT 24,2, 62; Bosshard-Nepustil, Rezeptionen, 299f; Albertz, Heilsversicherung, 7f.

15 So greifen denn auch Rothstein, Habakuk, 65; Marti, KHC 13, 341; Jeremias, Kultprophetie,
  79 Anm. 3; Albertz, Heilsversicherung, 7, in den Text von Hab 1,14 ein und ändern das im
  vorliegenden Text in 2.m.sg. belegte Verb ותעשה zur 3.m.sg. ויעשה. Doch angesichts der
  Tatsache, dass diese Lesart lediglich in LXX[233] und der sahidischen Übersetzung belegt ist,
  und angesichts der Tatsache, dass sich im folgenden zeigen wird, dass sich zwischen 1,14 und
  1,15 auch ein gewisser inhaltlicher Bruch erkennen lässt, dürfte von einer solchen Konjektur
  abzusehen sein; so auch Otto, Stellung, 103 Anm. 176; Nogalski, Processes, 143; Koenen,
  Heil, 135f; Perlitt, ATD 25,1, 59.

16 So auch Otto, Stellung, 103; Koenen, Heil, 135f; Nogalski, Processes, 142-145.

wird, auch wenn es noch eine Zeit ausbleiben sollte, in 2,4 die bekannte
Verheißung vorgebracht, dass der Fromme aufgrund seiner Treue leben
wird, wohingegen der Hochmütige, der seinen Rachen aufsperrt wie die
Hölle und der alle Völker zu sich versammelt, nach Hab 2,5 keinen Erfolg
haben wird.[17]

Die in 2,4-5 belegte Aussage, dass der Fromme aufgrund seiner Treue
leben wird, während der Hochmütige keinen Erfolg haben wird, erinnert
nun deutlich an die in 1,2-4.12a.13-14 behandelte Problematik der Übervorteilung des Frommen durch den Frevler. Zwar findet sich hier nicht mehr
direkt die in 1,4.13 belegte Gegenüberstellung des Frommen (צדיק) und des
Frevlers (רשע). Stattdessen wird dem Frommen der hochmütige Mann (גבר
יהיר) entgegengesetzt. Doch die Tatsache, dass in Hab 2,4-5 überhaupt eine
derartige Gegenüberstellung belegt ist, spricht deutlich dafür, dass der
Textbereich 2,1-5 – zumindest in einem noch näher zu bestimmenden
Grundbestand – derselben Schicht wie die an der Fromme-Frevler-Thematik orientierten Verse 1,2-4.12a.13-14 zuzuordnen ist.[18]

Für eine solche Zuordnung lässt sich auch auf die in 2,3 angesprochene
Verzögerungsproblematik verweisen. Denn die hier belegte Aussage, dass
das Folgende garantiert eintreffen wird, auch wenn es noch eine Zeit dauert,
kann gut als Antwort auf die in der Fromme-Frevler-Schicht gleich zwei Mal
belegte Klage, dass Jhwh den innergesellschaftlichen Missständen tatenlos
gegenübersteht (1,2.13), verstanden werden.

Allerdings ist auch Hab 2,1-5 nicht einheitlich. So fällt die abschließende
Aussage in 2,5bβ, dass er – nach dem vorliegenden Zusammenhang der
Hochmütige – alle Nationen und alle Völker zu sich versammelt (אסף),[19]
doch deutlich aus dem Zusammenhang der bislang der Fromme-Frevler-
Schicht zugewiesenen Textbereiche und ist angesichts der vergleichbaren

---

17 Zu den textlichen Schwierigkeiten in Hab 2,4-5 s.o. 292 Anm. 4.
18 Vgl. etwa Rothstein, Habakuk, 66-68; Marti, KHC 13, 335-337; Jeremias, Kultprophetie, 81-
    84; Otto, Stellung, 89-94; Nogalski, Processes, 145f; Koenen, Heil, 139; Albertz, Heils-
    versicherung, 8.
19 Albertz, Heilsversicherung, 8 Anm. 29 und 12 Anm. 45, geht davon aus, dass bei Hab 2,5bβ
    statt der in MT belegten singularischen Formen ויאסף und ויקבץ im Anschluss an 1QpHab
    die pluralischen Formen ויאספו und ויקבצו zu lesen sind, so dass in diesem Teilvers nicht
    dargestellt würde, dass das angreifende Volk der Babylonier die Völker zu sich versammelt,
    sondern dass sich diese Völker selbst bei den Babyloniern versammeln. Somit wäre Hab
    2,5bβ im vorliegenden Zusammenhang auch nicht als abschließende Aussage der in 2,4-5
    belegten Gottesrede über das Ergehen der Frommen und der Frevler, sondern zusammen
    mit 2,6a bereits als Einleitung der folgenden Weherufe zu verstehen. Doch spricht gegen
    diese Annahme, dass ja auch in 1,9.15 das Sammeln der Völker durch die Babylonier be-
    schrieben wird. Es dürfte also wesentlich wahrscheinlicher sein, dass auch in 2,5bβ, wie in
    MT, derselbe Sachverhalt, der bereits in 1,9.15 angesprochen wird, im Blick ist. So ist gegen
    1QpHab an MT festzuhalten.

Darstellung in 1,9.15, wo ebenfalls dargestellt wird, dass die Babylonier Gefangene sammeln (אסף), der Babylonier-Schicht zuzuweisen.[20]

Von Hab 2,1-5 her lässt sich schließlich auch die Überschrift Hab 1,1 zuordnen. Denn das in der Überschrift belegte Verb חזה wird in der Antwort Jhwhs in 2,3 wieder aufgenommen, wo die an den Propheten übermittelte Botschaft als Schauung (חזון) bezeichnet wird. Somit dürfte Hab 1,1 der Fromme-Frevler-Schicht zugehören.[21]

Insgesamt sind bei Hab 1,1-2,5 somit zwei literarische Schichten voneinander zu unterscheiden: Während die Verse 1,1-4.12a.13-14; 2,1-4.5abα der Fromme-Frevler-Schicht zuzuweisen sind, gehören die Verse 1,5-11.12b.15-17; 2,5bβ der Babylonier-Schicht an.

Nun wurde schon häufig vorgeschlagen, dass das Nebeneinander der an der Fromme-Frevler-Thematik und der an der Babylonier-Thematik orientierten Worte im Habakukbuch durch die Annahme, dass es sich hierbei um einen gewachsenen Textbereich handelt, zu erklären ist.[22] Umstritten ist allerdings, ob es sich bei der Babylonier-Schicht um die Grundschicht des Buches handelt, die erst sekundär um die Fromme-Frevler-Thematik erweitert wurde, oder ob gerade umgekehrt die Fromme-Frevler-Schicht als Grundschicht des Buches und die Babylonier-Schicht als Überarbeitung anzusehen ist.[23]

Nach älteren Ansätzen von Marti und Schmidt wird dabei in neuerer Zeit vor allem von Seybold und Albertz die These vertreten, dass es sich bei der Babylonier-Schicht um die Grundschicht des Buches handelt.[24] Dabei

---

20   Vgl. Rothstein, Habakuk, 68f; Jeremias, Kultprophetie, 84; Otto, Stellung, 90; Nogalski, Processes, 145f; Koenen, Heil, 139; Albertz, Heilsversicherung, 8.

21   Dass die Überschrift Hab 1,1 über das Verb חזה mit der Schilderung des Offenbarungsempfangs in 2,1-3 verbunden ist, erkannten auch schon Rudolph, Stellung, 199; Seybold, ZBK.AT 24,2, 53.
Dabei spricht die in Hab 1,1 belegte Gattungsbezeichnung משׂא, die häufig als terminus technicus für eine Fremdvolkprophetie verwandt wird, nicht dagegen, dass die Überschrift auf der Ebene der Fromme-Frevler-Schicht und nicht auf der Ebene der Babylonier-Schicht anzusetzen ist. Denn diese Gattungsbezeichnung wird von der Grundbedeutung „Ausspruch, Last" her durchaus auch an einigen Stellen zur Einleitung eines gegen Angehörige des eigenen Volkes gerichteten Wortes verwandt; vgl. 2 Kön 9,25; Jes 22,1; Ez 12,10; siehe hierzu auch Müller, Art. משׂא, 24.

22   Siehe hierzu oben 293 Anm. 5.

23   So gehen, mit Unterschieden im Detail, Rothstein, Habakuk, 57-70; Otto, Stellung, 89-106; Gunneweg, Habakuk, 400-415; Nogalski, Processes, 136-146; Koenen, Heil, 131-140; Bosshard-Nepustil, Rezeptionen, 299f, davon aus, dass es sich bei der Fromme-Frevler-Schicht um die Grundschicht des Buches handelt, während Marti, KHC 13, 326-331; Schmidt, Psalm, 52-63; Seybold, Habakuk 2,4b, 194f; ders., ZBK.AT 24,2, 43f; Albertz, Exilszeit, 186f; ders., Heilsversicherung, 4-9, die Priorität auf Seiten der Babylonier-Schicht sehen.

24   Vgl. zum folgenden v.a. Albertz, Heilsversicherung, 4-9. Zu den übrigen Vertretern dieser These s.o. Anm. 23.

wird für diese These etwa von Albertz darauf verwiesen, dass die in 1,5-11 belegte Gottesrede, in der das Kommen der Babylonier angekündigt wird, wie bereits ausgeführt, nicht auf die in 1,2-4 belegte Klage des Propheten bezogen ist und dass in 1,5-11 eine pluralische Größe angesprochen wird, was doch nur schlecht als Antwort auf die Prophetenrede in 1,2-4 passt. Zudem lässt sich der Textbereich 1,14-17, den Albertz insgesamt der Babylonier-Schicht zuweist, im direkten Anschluss an die der Babylonier-Schicht zuzuweisende Passage 1,5-11 lesen. Und schließlich wird dafür, dass es sich bei der Babylonier-Schicht um den Grundbestand des Buches handelt, geltend gemacht, dass die Fromme-Frevler-Thematik erst in nachexilischen Texten belegt ist.

Nun ist an den für die Priorität der Babylonier-Schicht vorgetragenen Argumenten sicher richtig, dass die in 1,5-11 belegte Gottesrede, die dieser Schicht zuzuweisen ist, nicht direkt auf die vorangehende Klage des Propheten über das Ergehen der Frommen bezogen ist.[25] Zu beachten ist jedoch, dass dieser Textbereich dennoch die in 1,2-4 belegte Klage des Propheten voraussetzt. Denn in Hab 1,6 wird ja klar ausgesprochen, dass Jhwh es ist, der die Babylonier sendet. Dass das Herankommen der feindlichen Babylonier nach diesem Vers von Jhwh initiiert ist, heißt dann doch aber, dass die Babylonier hier als Gerichtswerkzeug Jhwhs vorgestellt werden.[26] In den Versen 1,5-11 selbst ist aber kein Grund genannt, der zu diesem Gericht führte. Ohne die Verse 1,2-4, in der die Übervorteilung des Frommen durch den Frevler beklagt wird, ist die Ankündigung der Babylonier in 1,5-11 also nicht wirklich verständlich.[27]

Zudem lässt sich gerade umgekehrt zeigen, dass die Babylonier-Schicht in den der Fromme-Frevler-Schicht zugewiesenen Passagen nicht vorausgesetzt wird. So ist die der Fromme-Frevler-Schicht zugehörige erneute Klage des Propheten in 1,12-14* nicht auf die vorangehende Gottesrede in 1,5-11 bezogen.[28] Denn die Verse 1,12-14* sind ja nach 1,2-4 erneut von der Gegenüberstellung des Frommen und des Frevlers geprägt. Nach 1,5-11 lässt sich diese in 1,12-14* belegte Gegenüberstellung des Frommen und des Frevlers aber nicht mehr wie in 1,2-4 auf einen innergesellschaftlichen Konflikt, sondern nur auf die Babylonier beziehen.[29] Eine solche Umdeu-

---

25 Siehe hierzu auch oben 293f.
26 Vgl. hierzu Jeremias, Kultprophetie, 75; Rudolph, KAT 13,3, 208; Deissler, NEB.AT 8, 223; Roberts, Nahum, 95; Perlitt, ATD 25,1, 53.
27 So meinte schon Jeremias, Kultprophetie, 75: „Aus 1 5-11 selbst geht nicht hervor, wem die Strafe gilt, wohl aber wird Schuld in der vorangehenden Klage genannt, auf die die Strafankündigung deutlich bezogen ist."
28 Siehe hierzu auch oben 294.
29 S.o. 294 Anm. 8.

tung der Fromme-Frevler-Thematik auf die Babylonier wird im vorliegenden Text aber an keiner Stelle klar markiert.

Die Tatsache, dass die in 1,5-11 thematisierte Bedrohung durch die Babylonier in 1,12-14* nicht vorausgesetzt zu sein scheint, sondern dass diese Verse für sich genommen viel eher auf die bereits in 1,2-4 erwähnten innergesellschaftlichen Missstände zu beziehen sind, stellt die Ansätze, die von der Priorität der Babylonier-Schicht ausgehen, dann aber deutlich in Frage. Denn bei diesen Ansätzen kann letztlich nur mit Hilfskonstruktionen erklärt werden, wie es zur Einfügung von 1,12-14* an der vorliegenden Stelle kommen konnte, ohne dass diese beiden Verse auf ihren Kontext bezogen wurden.[30]

Das von den Vertretern, die die Babylonier-Schicht als Grundschicht von Hab 1,1-2,5 ansehen, genannte weitere Argument, dass sich Hab 1,5-11.14-17 als geschlossener Zusammenhang verstehen lässt, ist sodann ebenfalls kaum hinreichend. Denn die der Fromme-Frevler-Schicht zugewiesenen Verse 1,1-4.12a.13-14; 2,1-5abα bilden ja ebenso einen geschlossenen Zusammenhang. Ohne die Verse 1,5-11.12b.15-17 lassen sich die in 1,12-14* belegte Klage über die Übervorteilung des Frommen durch den Frevler wie auch die in 2,1-5* belegte Antwort Jhwhs noch ohne weiteres auf den 1,2-4 eingeführten innergesellschaftlichen Konflikt deuten.

Zudem lässt sich zeigen, dass die der Babylonier-Schicht zugewiesenen Textbereiche gerade im Gegensatz zu den der Fromme-Frevler-Schicht zugewiesenen Textbereichen nicht einen gar so geschlossenen Zusammenhang bilden, wie von den Vertretern, die von der Priorität dieser Schicht ausgehen, angenommen wird. Denn bei der zur Babylonier-Schicht gehörigen Gottesrede 1,5-11 ist doch in V.11 mit der Darstellung, dass die Babylonier nach der Einnahme fremder Städte dahinfahren wie der Wind und ihre Kraft zu ihrem Gott machen, ein gewisser Zielpunkt erreicht. Und ganz gleich, ob diese Schicht nun in 1,14 oder, wie hier vertreten, in 1,15 fortgesetzt wird – die in 1,(14).15-17 belegte Beschreibung des Gebarens der Babylonier gegenüber den anderen Völkern mit dem Bild des Fischernetzes fällt hinter diesen Abschluss in 1,11 zurück zu der die Verse 1,6-10 bestimmenden Beschreibung des Auftretens der Babylonier. Im Anschluss an die der Fromme-Frevler-Schicht zugewiesene Prophetenrede 1,12a.13-14, in

---

30 So meinte Schmidt, Psalm, 61f, dass es sich bei den der Fromme-Frevler-Schicht zugewiesenen Textbereichen um einen ursprünglich selbständigen Psalm handelte, der aus „Sparsinn" auf einer bereits vorliegenden Habakuk-Buchrolle notiert wurde und dabei auf die Freiräume vor, in und nach dem eigentlichen Habakuk-Text aufgeteilt wurde. Seybold, ZBK.AT 24,2, 55, enthält sich derart detaillierter Spekulationen, geht aber auch davon aus, dass es sich bei der Fromme-Frevler-Schicht um einen vorgegebenen Text handeln müsse, der dann nur oberflächlich an das vorliegende Buch angepasst wurde. Bei Albertz, Heilsversicherung, 4-9, finden sich keine weitergehenden Überlegungen zur Einfügung der Fromme-Frevler-Schicht.

der nach dem vorliegenden Zusammenhang über das Verhalten der Babylonier geklagt wird, hätte 1,15-17 als erneute Beschreibung dieses Verhaltens allerdings seinen guten Ort.

Zuletzt ist noch auf das für die Priorität der Babylonier-Schicht vorgebrachte Argument, dass die Fromme-Frevler-Thematik ansonsten erst in nachexilischen Texten belegt ist, einzugehen. Auch dabei handelt es sich nicht um ein hinreichendes Argument. Denn es könnte doch auch sein, dass die Babylonier-Schicht eben noch später anzusetzen ist, dass diese Schicht also erst in die fortgeschrittene nachexilische Zeit gehört. Dafür würde sprechen, dass die Darstellung der Babylonier, die ja im vorliegenden Habakukbuch auch nur an einer Stelle beim Namen genannt werden, doch recht blass ist.[31] Es finden sich keinerlei konkrete Angaben — etwa die Unterwerfung eines judäischen Königs, die Belagerung Jerusalems, die Zerstörung des Tempels oder die Exilierung des Volkes nach Babel —, die sich nur auf dieses Volk beziehen ließen. Zudem wurde schon häufiger bemerkt, dass die in 1,7-11 belegte Beschreibung des angreifenden Volkes als Reitervolk oder das hier geschilderte schnelle Weiterziehen des feindlichen Volkes, doch nicht recht zu den Babyloniern passt.[32] So dürften die im Habakukbuch erwähnten Babylonier eher beispielhaft für eine das Volk und die Völker unterdrückende Großmacht stehen.[33] Und von hier aus ist eine Datierung in der fortgeschrittenen persischen Zeit doch nicht nur möglich, sondern sogar wahrscheinlich.[34]

Es kann daher sowohl für die Annahme, dass die Babylonier-Schicht nicht auf die Fromme-Frevler-Schicht bezogen ist, wie auch für die Annahme, dass sich die dieser Schicht zugewiesenen Textbereiche als geschlossener Zusammenhang verstehen lassen, und auch dafür, dass die Fromme-

---

31 Gerade aus diesem Grund wurde denn auch schon häufiger die These vertreten, dass das Habakukbuch insgesamt erst in die nachexilische Zeit gehört; vgl. hierzu etwa Gunneweg, Habakuk, 410; Nogalski, Processes, 134-136.150-154, die das Buch in die persische Zeit datieren, und Duhm, Habakuk, 6-8; Sellin, KAT 12, 332f; Nowack, HK 3,4, 340; Herrmann, Problem, 489-493, die sogar von einer Datierung in der frühen hellenistischen Zeit ausgehen. Dabei wurde von Duhm, a.a.O., 19-22; Sellin, a.a.O., 340f; Nowack, a.a.O., 265, angenommen, dass die Erwähnung der Babylonier in Hab 1,6 aus einem ursprünglichen כתים „Kittäer" entstanden sei. Doch ist diese Überlegung — wie auch die von Horst, HAT 14, 172; Seybold, ZBK.AT 24,2, 58, oder Pfeiffer, Kommen, 138f, vorgetragene Annahme, dass die Erwähnung der Babylonier überhaupt erst sekundär eingetragen wurde — doch allzu spekulativ; vgl. hierzu Perlitt, ATD 25,1, 54.

32 So Duhm, Habakuk, 19-21; Nowack, HK 3,4, 260; Seybold, ZBK.AT 24,2, 58; Herrmann, Problem, 492.

33 So meinte schon Gunneweg, Habakuk, 410, dass die der Babylonier-Schicht zuzuweisenden Passagen von den „Babyloniern schon als Inbegriff der feindlichen Weltmacht" sprechen; vgl. auch Herrmann, Problem, 489f.

34 Zur Datierung der Fromme-Frevler-Schicht und der Babylonier-Schicht siehe auch unten 319.321f.

Frevler-Thematik erst in nachexilischer Zeit belegt ist, gezeigt werden, dass diese Argumente kaum ausreichen, um die Priorität dieser Schicht nach-zuweisen, sondern dass sich mit denselben Argumenten sogar noch viel eher die Priorität der Fromme-Frevler-Schicht nachweisen lässt. Und hierfür lassen sich nun noch einige weitere Argumente nennen.

So wurde oben der Vers Hab 1,12b der Babylonier-Schicht zu-gewiesen.[35] Dieser Teilvers kann aber aufgrund der Tatsache, dass er als Anrede an Jhwh formuliert ist, nicht als ursprüngliche Fortsetzung der der Babylonier-Schicht zugewiesenen Gottesrede in 1,5-11 verstanden werden, sondern setzt eindeutig die Fromme-Frevler-Schicht in 1,12a.13 voraus.

Zudem ließ sich zeigen, dass der Vers 1,14, in dem Jhwh vorgehalten wird, dass er den Menschen wie die Fische des Meeres macht und wie das Gewürm, das keinen Herrscher hat, noch zur Fromme-Frevler-Schicht gehört.[36] Das heißt dann aber, dass die in 1,15-17 belegte Darstellung, dass die Babylonier die Völker in Fischernetzen sammeln, das in 1,14 belegte Bild aufnimmt und auf das Verhalten der Babylonier bezieht. Auch dies spricht dann dafür, dass die Babylonier-Schicht später anzusetzen ist als die Fromme-Frevler-Schicht.

Zu beachten ist schließlich noch der der Babylonier-Schicht zuzuschrei-bende Teilvers Hab 2,5bβ.[37] In diesem Teilvers wird beschrieben, dass die feindliche Macht, also die Babylonier, Nationen und Völker zu sich ver-sammelt. Dies kann nun kaum als ursprüngliche Fortsetzung zu Hab 1,15-17 verstanden werden. Denn dort wurde ja bereits in 1,15 das Sammeln der Völker mit dem Bild des Fischfangs beschrieben, und in 1,17 heißt es, dass der Feind täglich sein Netz ausleert, um Völker zu töten. Im direkten An-schluss an 1,17 würde 2,5bβ also hinter die dort belegte Aussage zum Sam-meln der Völker in 1,15 zurückfallen. Nach der Antwort Jhwhs über das Ergehen des Frommen und des Hochmütigen in 2,1-5bα hat der erneute Verweis auf das Sammeln der Völker durch die Babylonier dagegen seinen guten Ort, da hiermit die vorausgehende Fromme-Frevler-Thematik auf das Tun der Babylonier bezogen wird. So zeigt sich neben Hab 1,12b.15-17 auch bei 2,5bβ, dass es sich bei der Fromme-Frevler-Schicht um die Grundschicht des Buches handelt und die Babylonier-Schicht demgegenüber sekundär ist.

Es spricht also alles dafür, dass die Fromme-Frevler-Schicht die Grund-schicht des Buches darstellt und die Babylonier-Schicht erst später in das Buch eingefügt wurde. Denn die Fromme-Frevler-Schicht setzt die Babylonier-Schicht an keiner Stelle voraus, was sich umgekehrt sehr wohl zeigen lässt, die Fromme-Frevler-Schicht lässt sich im Gegensatz zur

---

35   S.o. 294f mit Anm. 11.
36   S.o. 296.
37   S.o. 297f mit Anm. 19.

Babylonier-Schicht als in sich geschlossener Zusammenhang verstehen, und die Babylonier-Schicht erweist sich an einigen Stellen deutlich als Redaktion der vorgegebenen Fromme-Frevler-Schicht (1,12b; 1,15-17; 2,5bβ). Zudem wird sich diese Annahme bei der folgenden Betrachtung der Weherufe des Habakukbuches in Hab 2,6-20 wie auch bei der Betrachtung des in Hab 3 belegten Psalms noch weiter bestätigen.[38]

Die von den Vertretern, die von der Priorität der Babylonier-Schicht ausgehen, nicht ganz zu unrecht vorgetragene Beobachtung, dass die am Kommen der Babylonier orientierte Gottesrede in 1,5-11 nicht direkt auf die Klage des Propheten in 1,2-4 bezogen ist, dürfte dann so zu erklären sein, dass von den für diese Schicht verantwortlichen Redaktoren auf vorgegebenes Gut zurückgegriffen wurde.[39] Da der Textbereich 1,5-11, wie oben dargestellt, aber ohne die vorausgehende Klage in 1,2-4 nicht wirklich verständlich ist und da die Babylonier-Schicht vor allem in 1,12b.15-17; 2,5bβ deutlich auf die bereits vorgegebene Fromme-Frevler-Schicht bezogen ist, ist die Babylonier-Schicht allerdings nicht insgesamt als ursprünglich selbständiger Textbereich zu verstehen, der sekundär mit der Fromme-Frevler-Schicht zusammengearbeitet wurde. Vielmehr handelt es sich hierbei um eine Redaktion, die die Fromme-Frevler-Schicht eben unter Aufnahme vorgegebener Überlieferungen umgestaltet hat.

So ergibt sich bei Hab 1,1-2,5 ein Grundbestand, der die Verse 1,1-4.12a.13-14; 2,1-5bα umfasst. Dieser als Fromme-Frevler-Schicht zu bezeichnende Grundbestand ist insgesamt an innergesellschaftlichen Missständen orientiert. Es wird zunächst in 1,1-14* die Übervorteilung des Frommen durch den Frevler beklagt, und in 2,1-5bα erfolgt als Antwort Jhwhs, dass der Fromme durch seine Treue leben wird, während der Hochmütige keinen Erfolg haben wird.

In den Versen 1,5-11.12b.15-17; 2,5bβ wurde der Grundbestand des Buches einer als Babylonier-Schicht zu bezeichnenden Redaktion unterzogen. Dabei wird in 1,5-11, im Rahmen einer ersten Antwort Jhwhs auf die Klage des Propheten in 1,2-4, das Kommen der Babylonier als Gerichtswerkzeug gegen die Missstände im Volk angekündigt. Und der Textbereich 1,12-2,5 liest sich nun als Klage über das hochmütige Verhalten der Babylonier und als hierauf bezogene Antwort Jhwhs.

---

38 S.u. 310f sowie 317 Anm. 96.

39 Dass für die Babylonier-Schicht auf vorgegebenes Gut zurückgegriffen wurde, meinte auch schon Jeremias, Kultprophetie, 75-89, der die dieser Schicht zugewiesenen Textbereiche sogar ebenso auf den Propheten Habakuk zurückführte wie die der Fromme-Frevler-Schicht zugewiesenen Textbereiche und davon ausging, dass die beiden Textbereiche dann sekundär zusammengearbeitet wurden. Doch angesichts der so ganz anderen thematischen Anlage der Babylonier-Schicht und der Fromme-Frevler-Schicht dürfte dies kaum wahrscheinlich sein.

2.1.2 Die Weherufe in Habakuk 2,6-20

In Hab 2,6-20 folgt auf eine kurze Einleitung in 2,6a eine Sammlung von fünf Weherufen in 2,6b-19.[40] Dabei gilt der erste Weheruf in 2,6b-8 denen, die ihren Besitz durch Pfandleihe und Zinsnehmen vermehren. Der zweite Weheruf in 2,9-11 richtet sich gegen das Streben nach unrechtem Gewinn. Im dritten Weheruf in 2,12-14 wird das Bauen einer Stadt auf Blutschuld angeprangert. Der vierte Weheruf 2,15-17 wendet sich gegen den, der seinem Nächsten aus einer Giftschale zu trinken gibt. Der fünfte Weheruf 2,18-19 ist gegen die Verehrung von Götzenbildern gerichtet. Der Ausruf in 2,20, dass Jhwh in seinem heiligen Tempel ist und die ganze Erde vor ihm still sein soll, schließt die Sammlung der Weherufe ab.

Wie schon Hab 1,1-2,5 ist nun auch 2,6-20 durch ein Nebeneinander von Worten, die innergesellschaftliche Missstände voraussetzen, und Worten, die gegen eine externe feindliche Größe gerichtet sind, geprägt. Und auch hier lässt sich zeigen, dass dieses Nebeneinander auf eine Überarbeitung zurückgeht und dass die an den innergesellschaftlichen Missständen orientierten Textbereiche die Grundschicht bilden, während die an einem äußeren Feind orientierten Textbereiche erst sekundär eingetragen wurden.[41]

Interessant ist dabei schon die Einleitung in Hab 2,6a, nach der eine nicht näher bezeichnete pluralische Größe „über ihn" einen Spruch erheben wird. Das pluralische Subjekt dieses Teilverses kann hier nur auf die in 2,5bβ erwähnten Völker bezogen werden, und als Objekt ist dann im Anschluss an 2,5bβ das Volk der Babylonier anzunehmen. Mit der in 2,6a belegten Einleitung werden die folgenden Weherufe also den Völkern in den Mund gelegt und als Anklage dieser Völker gegen das Volk der Babylonier vorgestellt.[42] In den Weherufen selbst lassen sich aber keinerlei Hinweise darauf

---

40 Die immer wieder, etwa von Wellhausen, Propheten, 168; Marti, KHC 13, 343; Elliger, ATD 25, 43, und in neuerer Zeit von Seybold, ZBK.AT 24,2, 67f, vorgetragene Annahme, dass bereits in Hab 2,5.6a ein erster Weheruf vorliegt, ist nur unter massiven textkritischen Eingriffen möglich und daher ausgesprochen unwahrscheinlich, zumal Hab 2,5 nach den hier vorgestellten Darlegungen ja gut als ursprünglicher Abschluss der Einheit 2,1-4 und Hab 2,6a gut als Einleitung zu den Weherufen 2,6b-19 zu verstehen ist.

41 So auch, mit Unterschieden im Detail, Rothstein, Habakuk, 70-84; Jeremias, Kultprophetie, 61-67; Jöcken, Habakuk, 517; Otto, Stellung, 81-88; Seybold, ZBK.AT 24,2, 67-74; Kessler, Staat, 91; Dietrich, Habakuk, 206f; Koenen, Heil, 139f; Bosshard-Nepustil, Rezeptionen, 300-304; Albertz, Exilszeit, 187; ders., Heilsversicherung, 4f mit Anm. 14; Perlitt, ATD 25,1, 69, u.a. Demgegenüber gehen etwa Marti, KHC 13, 342f; Sellin, KAT 12, 352; Horst, HAT 14, 180; Rudolph, KAT 13,3, 223f; Deissler, NEB.AT 8, 227; Sweeney, Habakkuk, 77; Prinsloo, Habakkuk, 524f; Huwyler, Habakuk, 253f mit Anm. 72, davon aus, dass es sich bei den in Hab 2,6-20 belegten Weherufen im wesentlichen um einen einheitlichen Textbereich handelt. Doch wird sich dies im folgenden als eher unwahrscheinlich erweisen.

42 Dass die Weherufe durch Hab 2,6a den Völkern in den Mund gelegt werden, meinen auch Marti, KHC 13, 344; Sellin, KAT 12, 352; Horst, HAT 14, 180; Jeremias, Kultprophetie, 57;

finden, dass diese Worte von den Völkern gesprochen werden. Die Einleitung in 2,6a wurde also wohl erst sekundär vor die folgende Sammlung der Weherufe gestellt.[43] Dies ist dann aber ein erster Hinweis darauf, dass diese Sammlung erst sekundär auf eine äußere Notlage hin umgeschrieben wurde.

Dies zeigt sich nun auch bei dem ersten Weheruf Hab 2,6b-8. Sowohl die in 2,6b belegte Anklage gegen den, der vermehrt, was ihm nicht gehört, und der die Pfandschuld vergrößert, als auch die in 2,7 belegte Gerichtsankündigung, nach der die Zinsnehmer gegen diesen aufstehen werden, sind doch am ehesten auf eine innergesellschaftliche Notlage zu beziehen. Jedenfalls finden sich im AT keinerlei Belege dafür, dass mit Pfändern (עבטים) und Zinsenzahlen (נשך) etwas anderes im Blick sein könnte als gewöhnliche Darlehensverhältnisse zwischen Einzelpersonen.[44] In Hab 2,8 wird dieser erste Weheruf aber mit der erneuten Anklage abgeschlossen, dass die angesprochene Größe viele Völker geplündert hat, weshalb diese nun ihrerseits von dem verbliebenen Rest der Völker geplündert werden wird. In diesem Vers ist also anders als bei Hab 2,6b-7 eine außenpolitische Problemstellung im Blick. Es geht hier nicht mehr um die wirtschaftliche Übervorteilung einer Einzelperson, sondern um die wirtschaftliche Ausbeutung ganzer Nationen. Dabei fällt der Vers 2,8 aber auch schon dadurch auf, dass der Weheruf Hab 2,6b-8 ja eigentlich bereits in 2,7 von der Anklage zur Gerichtsankündigung übergegangen war, wohinter die erneute Anklage in 2,8a zurückfällt. Es ist also durchaus wahrscheinlich, dass es sich bei Hab 2,8 um

---

Rudolph, KAT 13,3, 222; Otto, Stellung, 90; Deissler, NEB.AT 8, 227; Roberts, Nahum, 117; Sweeney, Habakkuk, 72; Albertz, Heilsversicherung, 8f.
Dabei ist am Ende von Hab 2,6a ויאמר im Anschluss an die vorangehende pluralische Verbform ישאו und mit LXX und 1QpHab zu ויאמרו zu korrigieren; vgl. Horst, a.a.O., 178; Albertz, a.a.O., 9 Anm. 30.

43 Vgl. Marti, KHC 13, 344; Sellin, KAT 12, 352; Horst, HAT 14, 180; Jeremias, Kultprophetie, 58; Rudolph, KAT 13,3, 222; Otto, Stellung, 90; Deissler, NEB.AT 8, 227; Seybold, ZBK.AT 24,2, 70; Koenen, Heil, 139; Perlitt, ATD 25,1, 71.

44 Vgl. dabei zu dem hapax legomenon עבטים das auf dieselbe Wurzel עבט zurückgehende Nomen עבוט (Dtn 24,10.11.12.13) und das Verb עבט (Dtn 15,6.8; 24,10), und zu נשך vgl. die Belege, an denen dieses Verb im Sinne von Zinsen zahlen (bzw. hi. im Sinne von Zinsen nehmen) verwandt wird (Dtn 23,20.21) sowie die Belege des zugehörigen Nomens נֶשֶׁךְ (Ex 22,24; Lev 25,36.37; Dtn 23,20; Ez 18,8.13.17; 22,12; Ps 15,5; Spr 28,8); siehe hierzu Beyse, Art. עבט, 1013-1015; Kapelrud, Art. נשך, 665-669. All diese Stellen weisen eindeutig darauf hin, dass Hab 2,6b-7 ursprünglich auf Vorgänge zwischen Einzelpersonen und somit auf innergesellschaftliche Vergehen bezogen war; so auch Rothstein, Habakuk, 70; Jeremias, Kultprophetie, 70f; Otto, Stellung, 85f; Perlitt, ATD 25,1, 71f. Die etwa von Marti, KHC 13, 344; Rudolph, KAT 13,3, 224; Deissler, NEB.AT 8, 227; Roberts, Nahum, 118f, vertretene Deutung, dass hier die den Babyloniern zu entrichtenden Tribute im Blick seien, ist auf der Ebene des vorliegenden Habakukbuches zwar eine durchaus erwägenswerte Deutung. Dies trifft aber angesichts der genannten Parallelen doch kaum die ursprüngliche Zielrichtung von Hab 2,6b-7.

einen Nachtrag handelt, durch den dieser erste Weheruf von einem an innergesellschaftlichen Missständen orientierten Wort zu einem gegen einen äußeren Feind gerichteten Wort umgearbeitet wurde.[45]

Vergleichbares zeigt sich nun auch bei dem zweiten Weheruf in 2,9-11. Auch bei diesem Wort lassen sich die in 2,9.10abβ belegten Anklagen, dass die angesprochene Größe unrechten Gewinn für ihr Haus macht (בֹצֵעַ בֶּצַע רָע לְבֵיתוֹ) und Übel für ihr Haus plant (יָעַצְתָּ בֹּשֶׁת לְבֵיתֶךָ) und sich damit an ihrem Leben vergeht (חוֹטֵא נַפְשֶׁךָ), am ehesten auf innergesellschaftliche Verfehlungen beziehen.[46] Hierzu dürfte – im Anschluss an die doppelte Rede von einem Haus in 2,9.10abβ – auch die in 2,11 belegte Ansage, dass der Stein aus der Mauer schreien und der Sparren aus dem Gebälk antworten wird, gehören.[47] Aus diesem Zusammenhang fällt dann aber die Anklage in 2,10bα, dass die angesprochene Größe viele Völker verletzt hat,[48] heraus. So dürfte es sich auch bei diesem Teilvers um einen Nachtrag handeln, durch den das zweite Wehewort auf eine äußere Notlage hin umgestaltet wurde.[49]

Bei dem dritten Weheruf 2,12-14 ließe sich die in 2,12 belegte Anklage gegen den, der eine Stadt auf Blutschuld und Frevel errichtet, zwar durchaus auch auf ein fremdes Volk beziehen.[50] Angesichts der in Mi 3,10 belegten, nahezu wortgleich formulierten Parallele, die ganz eindeutig gegen innergesellschaftliche Missstände gerichtet ist, ist aber auch gut denkbar – und angesichts der Beobachtungen zu den ersten beiden Weheworten sogar wahrscheinlich –, dass Hab 2,12 ursprünglich ebenfalls gegen innergesell-

---

45 Vgl. etwa Rothstein, Habakuk, 70f; Jeremias, Kultprophetie, 65; Otto, Stellung, 85f; Seybold, ZBK.AT 24,2, 71; Koenen, Heil, 139; Albertz, Exilszeit, 187; Perlitt, ATD 25,1, 72; Pfeiffer, Kommen, 146f.

46 Beachtenswert ist hier vor allem die Wendung בֹצֵעַ בֶּצַע, die an den übrigen Belegstellen im AT (Jer 6,13; 8,10; Ez 22,27; Spr 1,19; 15,27) stets für die wirtschaftliche Übervorteilung von konkreten Personen gebraucht wird; so auch schon Jeremias, Kultprophetie, 68; Otto, Stellung, 82; Perlitt, ATD 25,1, 73.

47 Hab 2,11 wird allerdings bisweilen nach 2,12 umgestellt und mit der dortigen Anklage, dass eine Stadt auf Blutschuld gebaut wird, in Verbindung gebracht; vgl. etwa Otto, Stellung, 83f; Seybold, ZBK.AT 24,2, 72; Albertz, Exilszeit, 187. Da aber Hab 2,11 durchaus als ursprünglicher Abschluss von 2,9.10abβ zu verstehen ist, wird doch eher von einer solchen Umstellung abzusehen sein; vgl. hierzu Koenen, Heil, 139 Anm. 31.

48 Bei Hab 2,10bα ist der auf die Wurzel קצה „abschneiden" zurückgehende Infinitiv קְצוֹת mit LXX (συνεπέρανας) zur 2.m.sg. Perfekt קַצֹּתָ von קצץ „abhauen; verkürzen" zu ändern; vgl. nur Elliger, ATD 25, 42; Rudolph, KAT 13,3, 220; Perlitt, ATD 25,1, 58.

49 So auch Jeremias, Kultprophetie, 64; Otto, Stellung, 82; Koenen, Heil, 139; Albertz, Exilszeit, 187.

50 Vgl. hierzu etwa Rothstein, Habakuk, 75; Marti, KHC 13, 345; Sellin, KAT 12, 354; Elliger, ATD 25, 46; Rudolph, KAT 13,3, 226; Deissler, NEB.AT 8, 228; Roberts, Nahum, 122; Pfeiffer, Kommen, 147, die dieses Wort zumeist auf die bei den babylonischen Bauprojekten üblichen Fron- und Zwangsarbeiten beziehen.

schaftliche Missstände gerichtet war.[51] Demgegenüber hat die in 2,13b folgende Aussage, dass sich Völker umsonst abmühen, aber wieder eindeutig eine äußere Notlage vor Augen. So dürfte es sich auch bei diesem Teilvers um einen Nachtrag handeln, durch den der ursprünglich nur an das eigene Volk gerichtete Weheruf in 2,12 auf einen äußeren Feind übertragen wurde.[52]

Neben dem Nachtrag 2,13b zeigen sich bei dem dritten Wehewort 2,12-14 aber noch zwei weitere, hiervon zu unterscheidende Überarbeitungen. So fällt die in 2,13a belegte Frage, ob dies[53] nicht von Jhwh kommt, schon dadurch auf, dass hier die die Werufe sonst bestimmende direkte Anrede verlassen wird. Zudem wird durch 2,13a das zuvor in 2,12 genannte Geschehen – ganz gleich, ob dies nun auf innergesellschaftliche Vorgänge oder bereits durch die in der Sammlung der Weherufe erkennbaren Nachträge auf eine äußere Notlage zu beziehen ist – auf Jhwh selbst zurückgeführt. Dass Jhwh hinter den in den Weherufen angeprangerten Vergehen steht, ist doch aber eine Aussage, für die sich in 2,6-19 keine Parallele finden lässt und die dem Duktus der Weherufe, nach denen die hier aufgezeigten Verhaltensweisen ja gerade verurteilenswert sind, widerspricht.[54] So dürfte es sich bei 2,13a um einen vereinzelten Nachtrag handeln,[55] dessen Intention letztlich nicht wirklich zu verstehen ist.

Doch nicht nur 2,13a, auch Hab 2,14 fällt aufgrund der hier belegten Aussage, dass die Erde einst von der Erkenntnis der Herrlichkeit Jhwhs erfüllt sein wird, aus dem Kontext des vorliegenden dritten Weherufes heraus. Denn entgegen der Grundschicht der Weherufe ist dieser Vers durch eine über das eigene Volk hinausgehende, weltweite Perspektive geprägt. Anders als bei den bislang erkannten Überarbeitungen der Weherufe in 2,8.10bα.13b findet sich hier aber keine Anklage gegen einen äußeren Feind, sondern es wird undifferenziert der gesamten Völkerwelt verheißen, dass bei ihr einst die Herrlichkeit Jhwhs zu erkennen sein wird. Es handelt sich also um eine universale Heilszusage, wie sie im sonstigen Habakukbuch

---

51 So auch Jeremias, Kultprophetie, 63; Otto, Stellung, 86; Seybold, ZBK.AT 24,2, 72; Koenen, Heil, 139; Perlitt, ATD 25,1, 74.

52 Vgl. Jeremias, Kultprophetie, 62f; Otto, Stellung, 82; Seybold, ZBK.AT 24,2, 72; Perlitt, ATD 25,1, 74f.

53 Bei Hab 2,13 ist הִנֵּה mit LXX (ταῦτά ἐστιν) zu הֵנָּה umzuvokalisieren; vgl. nur Sellin, KAT 12, 354; Elliger, ATD 25, 42; Rudolph, KAT 13,3, 220; Roberts, Nahum, 115; Perlitt, ATD 25,1, 74.

54 Vgl. etwa Perlitt, ATD 25,1, 75: „Es bleibt unerfindlich, was der Ergänzer an dieser Stelle mit dem Hinweis auf Jahwe als Urheber des (welches?) Geschehens sagen wollte."

55 So auch Marti, KHC 13, 346; Sellin, KAT 12, 354; Elliger, ATD 25, 46; Rudolph, KAT 13,3, 223; Deissler, NEB.AT 8, 228; Roberts, Nahum, 123; Perlitt, ATD 25,1, 75; Pfeiffer, Kommen, 147.

an keiner weiteren Stelle zu finden ist.[56] Daher ist auch Hab 2,14 als ein vereinzelter Nachtrag zu verstehen.[57]

Im vierten Weheruf Hab 2,15-17 bestätigt sich sodann das an den ersten drei Weherufen gewonnene Bild. Bei diesem Wort ist die in 2,15 belegte Anklage gegen den, der seinem Nächsten aus einem Giftbecher zu trinken gibt,[58] um seine Scham zu sehen, und die in 2,16 belegte Gerichtsankündigung, dass an diesen der Becher aus der Rechten Jhwhs kommen wird, wohl am ehesten wieder auf Vergehen im eigenen Volk zu beziehen.[59] Denn das Trinkenlassen aus einem Giftbecher spielt wohl auf Trinkgelage an, wie sie auch sonst in der Prophetie kritisiert werden.[60] Die in 2,17 folgende Aussage, dass die Gewalt am Libanon und die Bedrückung von Tieren auf die angeredete Größe zurückfallen wird, und der hier belegte Vorwurf, dass der gesamten Erde und all ihren Bewohnern Gewalt angetan wurde, ist dagegen wieder eindeutig auf einen äußeren Feind zu beziehen. Auch bei dem vierten Weheruf wurde somit eine die Verse 2,15-16 umfassende, ursprünglich an innergesellschaftlichen Vergehen orientierte Grundschicht durch 2,17 sekundär zu einer Anklage gegen ein fremdes Volk umgearbeitet.[61]

Der fünfte und letzte Weheruf in 2,18-19, bei dem zunächst in 2,18 betont wird, dass die Götzenbilder von Handwerkern gemacht sind, und dann in 2,19 diejenigen angeklagt werden, die mit Götzenbildern umgehen, fällt schließlich schon dadurch auf, dass das eigentliche Wehe (הוי) im Gegensatz zu den vorangehenden vier Weherufen nicht am Beginn in 2,18, sondern erst in 2,19 steht. So dürfte es sich bei 2,18 um einen Nachtrag handeln, durch den über 2,19 hinaus noch deutlicher betont werden soll, dass es sich bei den Götzenbildern um das Machwerk von Menschen handelt.[62] Dieser Nachtrag geht aber wohl kaum auf die bei den ersten vier Weherufen erkennbare Redaktion zurück, durch die die ursprünglich dem eigenen Volk geltenden Worte auf einen äußeren Feind hin umgearbeitet

---

56 Vgl. hierzu Rudolph, KAT 13,3, 223; Perlitt, ATD 25,1, 75.

57 Vgl. Marti, KHC 13, 346; Sellin, KAT 12, 354; Elliger, ATD 25, 46f; Rudolph, KAT 13,3, 223; Deissler, NEB.AT 8, 228; Roberts, Nahum, 123; Albertz, Exilszeit, 187; Perlitt, ATD 25,1, 75.

58 Bei Hab 2,15 ist die unverständliche Wendung מספח חמתך wohl durch Dittographie des ח entstanden, und somit ist hier – unter Änderung des Suffix zu der bei den Weherufen üblichen 3. Person im Anschluss an 1QpHab – מסף חמתו zu lesen; vgl. nur Marti, KHC 13, 346; Elliger, ATD 25, 42; Otto, Stellung, 84 Anm. 70; Perlitt, ATD 25,1, 76.

59 So auch Jeremias, Kultprophetie, 72; Otto, Stellung, 84f; Koenen, Heil, 139; Perlitt, ATD 25,1, 77.

60 Vgl. Jes 5,11.22; Am 6,6; vgl. hierzu Jeremias, Kultprophetie, 72; Otto, Stellung, 85; Pfeiffer, Kommen, 148.

61 Vgl. Jeremias, Kultprophetie, 65f; Otto, Stellung, 85; Seybold, ZBK.AT 24,2, 73; Koenen, Heil, 139; Albertz, Exilszeit, 187; Perlitt, ATD 25,1, 77.

62 Dass Hab 2,18 sekundär ist, meinen etwa auch Marti, KHC 13, 347f; Sellin, KAT 12, 356; Roberts, Nahum, 126; Koenen, Heil, 139f; Albertz, Exilszeit, 187.

wurden.[63] Denn in diesem Vers findet sich keine direkt gegen eine externe Größe gerichtete Aussage. Zudem hat diese Redaktion bei keinem der ersten vier Worte vor dem eigentlichen Weheruf einen Nachtrag angebracht. Da bei dem nach Ausgrenzung von 2,18 verbleibenden Vers 2,19 aber keine weiteren Überarbeitungen erkennbar sind,[64] hat die in den ersten vier Weherufen erkennbare Redaktion in diesen fünften Weheruf nicht eingegriffen. Dies hat vermutlich darin seinen Grund, dass Götzenverehrung ohnehin als unter den Völkern verbreitetes Vergehen galt, weshalb sich dieser letzte Weheruf auch ohne weitere Bearbeitung auf einen äußeren Feind beziehen ließ.

Der in Hab 2,20 belegte, die Sammlung der Weherufe abschließende Ausruf, dass Jhwh in seinem Tempel ist und die ganze Erde vor ihm still sein soll, dürfte schließlich angesichts seiner Ausrichtung auf die gefährliche Präsenz Jhwhs als Überleitung zu dem in Hab 3 belegten Theophaniepsalm zu verstehen sein.[65] Da sich im folgenden zeigen wird, dass die Grundschicht dieses Psalms auf derselben Ebene wie die Grundschicht von Hab 1-2 anzusetzen ist, ist daher auch Hab 2,20 eben dieser Grundschicht zuzuordnen.[66]

Die redaktionsgeschichtliche Betrachtung der in Hab 2,6-20 belegten Sammlung der Weherufe ergibt also, dass die Grundschicht dieser Weherufe in 2,6b.7.9.10aβ.11-12.15-16.19-20 ursprünglich gegen innergesellschaftliche Missstände gerichtet war und erst durch die Nachträge in 2,6a.8.10bα. 13b.17 auf einen äußeren Feind hin umgelenkt wurde. Angesichts der Tatsache, dass sich hier derselbe redaktionsgeschichtliche Verlauf wie in Hab 1,1-2,5 zeigt, ist es dann doch aber wahrscheinlich, dass die Grundschicht der

---

63   Gegen Jeremias, Kultprophetie, 64; Seybold, ZBK.AT 24,2, 73f; Koenen, Heil, 139f.

64   Dagegen meinen Jeremias, Kultprophetie, 64; Seybold, ZBK.AT 24,2, 73f; Koenen, Heil, 139f; Albertz, Exilszeit, 187, dass auch Hab 2,19b sekundär ist und auf dieselbe Hand wie 2,18 zurückgeht. Doch zum einen wäre ein nur 2,19a umfassender Weheruf nach den vorangehenden Weherufen doch allzu kurz. Zudem ist die in 2,19b belegte Aussage, dass die Götzen mit Silber und Gold überzogen sind und kein Geist in ihnen ist, gut als Begründung des Wherufs gegen diejenigen, die mit Götzen umgehen, in 2,19a zu verstehen. Und schließlich unterscheidet sich 2,19b darin von 2,18, dass hier nicht wie dort betont wird, dass die Götzenbilder das Werk von Handwerkern sind, sondern die Leblosigkeit der Götzen aufgrund ihrer Machart mit einem Überzug aus Gold und Silber hervorgehoben wird. Hab 2,19b dürfte also doch zusammen mit 2,19a zur Grundschicht dieses letzten Wherufs gehören.

65   So etwa auch Marti, KHC 13, 348; Sellin, KAT 12, 356; Jeremias, Kultprophetie, 61; Roberts, Nahum, 128; Seybold, ZBK.AT 24,2, 74.

66   Unter den redaktionsgeschichtlich orientierten Modellen wird Hab 2,20 meist der in 2,6ff erkennbaren Überarbeitung zugeschrieben; vgl. Jeremias, Kultprophetie, 87; Otto, Stellung, 77; Seybold, ZBK.AT 24,2, 74; Koenen, Heil, 139f. Da die in dieser Überarbeitung sonst bedeutende Ausrichtung auf einen äußeren Feind in 2,20 aber keine Rolle spielt und da 2,20 eben gut als Überleitung zu dem in Hab 3 belegten Theophaniepsalm zu verstehen ist, dürfte die hier vertretene Zuordnung zur Grundschicht von Hab 2,6ff doch wahrscheinlicher sein.

Weherufe auf derselben Ebene anzusetzen ist wie die als Fromme-Frevler-Schicht bezeichnete Grundschicht in 1,1-2,5*.[67] Zwischen diesen beiden Textbereichen finden sich zwar zugegebenermaßen keine markanten Stichwortverbindungen. Doch angesichts der in den Weherufen angeprangerten innergesellschaftlichen Missstände kann Hab 2,6b.7.9.10abβ.11-12.15-16.19-20 ohne weiteres als Fortsetzung der Fromme-Frevler-Schicht in 1,1-4.12a. 13-14; 2,1-5abα verstanden werden. Es handelt sich hierbei gewissermaßen um die konkretisierende Ausführung der dort nur ganz allgemein genannten Übervorteilung des Frommen durch den Frevler.

Die in 2,6a.8.10bα.13b.17 belegte Überarbeitung, durch die die Weherufe auf einen äußeren Feind hin umgelenkt werden, ist sodann auf derselben Ebene anzusetzen wie die Babylonier-Schicht in Hab 1,5-11.12b.15-17; 2,5bβ.[68] Dies zeigt sich schon daran, dass der sekundäre Vers 2,6a, durch den die folgenden Weherufe den Völkern in den Mund gelegt werden, direkt an den der Babylonier-Schicht zugewiesenen Teilvers 2,5bβ anschließt.[69] Dies zeigt sich aber auch daran, dass in den sekundären Textbereichen der Weherufe wie schon bei den der Babylonier-Schicht in Hab 1,1-2,5* zugewiesenen Textbereichen eine externe Größe – also die Babylonier – dafür angeklagt wird, dass sie sich nicht nur am eigenen Volk, sondern an der gesamten Völkerwelt vergangen hat.

Wenn aber die Grundschicht von Hab 2,6-20 der Fromme-Frevler-Schicht des Habakukbuches und die hier erkennbare Überarbeitung der Babylonier-Schicht zuzuweisen ist, so bestätigt dies nochmals von einer anderen Seite her die oben bereits breit begründete Annahme, dass in Hab 1,1-2,5 die Fromme-Frevler-Schicht und eben nicht die Babylonier-Schicht als Grundschicht anzunehmen ist.[70] Denn bei den Weherufen bilden doch ganz eindeutig – und auch unumstritten – die am eigenen Volk orientierten Passagen den Grundbestand, während die an einem äußeren Feind orientierten Passagen erst sekundär hinzugefügt wurden.

Ja, die Tatsache, dass bei den Weherufen eindeutig die auf innergesellschaftliche Missstände zu beziehenden Textbereiche früher als die auf die Babylonier zu beziehenden Textbereiche anzusetzen sind, stellt bei den Ansätzen, die bei Hab 1,1-2,5 davon ausgehen, dass dort die Babylonier-Schicht die ursprüngliche Schicht ist, geradezu die größte Schwachstelle dar. Da nämlich auch bei diesen Ansätzen zugestanden wird, dass in 2,6-20 die Babylonier-Schicht als Überarbeitung von ursprünglich gegen das eigene

---

67 So auch Rothstein, Habakuk, 60-85; Otto, Stellung, 104; ders., Art. Habakuk (TRE), 301f; Koenen, Heil, 146-149.
68 So auch, mit Unterschieden im Detail, Rothstein, Habakuk, 60-85; Otto, Stellung, 106; ders., Art. Habakuk (TRE), 302; Koenen, Heil, 146.
69 S.o. 304f.
70 S.o. 298-303.

Volk gerichteten Weherufen anzusehen ist, muss dann davon ausgegangen werden, dass eine ursprünglich selbständige Sammlung von Weherufen in Hab 2,5-18* zunächst zu einer gegen die Babylonier gerichteten Schrift umgearbeitet wurde, die dann aber in 1,1-2,5* doch wieder um gegen das eigene Volk gerichtete Worte ergänzt wurde.[71] Demgegenüber dürfte die auch hier vertretene Annahme, dass eine ursprünglich gegen das eigene Volk gerichtete Schrift sekundär zu einer gegen einen äußeren Feind gerichteten Schrift umgearbeitet wurde, doch die plausiblere Alternative sein.

So ergibt sich bei Hab 2,5-20, dass die hier belegte Sammlung der Weherufe auf eine Grundschicht zurückgeht, die die Verse 2,6b.7.9.10abβ.11-12.15-16.19-20 umfasst und ursprünglich nur auf Vergehen im eigenen Volk bezogen war. Diese Grundschicht ist auf derselben Ebene anzusetzen wie der als Fromme-Frevler-Schicht bezeichnete Grundbestand von Hab 1,1-2,5.

Die Verse 2,6a.8.10bα.13b.17 sind demgegenüber der Babylonier-Schicht zuzuweisen. Wie schon bei Hab 1,1-2,5 wurden durch diese Überarbeitung auch die Weherufe in 2,6-20 zu Gerichtsworten gegen eine äußere Größe – die Babylonier – umgestaltet.

In Hab 2,13a.14.18 zeigten sich sodann noch drei kleinere, vereinzelte Nachträge.

2.1.3 Der Psalm Habakuk 3,1-19

Das Habakukbuch wird in Hab 3 mit einem Theophaniepsalm abgeschlossen. Dabei folgt auf die Überschrift in Hab 3,1, die das folgende explizit als Gebet Habakuks des Propheten darstellt, zunächst in 3,2 die Aussage, dass der Prophet die Kunde Jhwhs gehört und sein Werk gesehen hat. Daraufhin werden in den Versen 3,3-17 das Kommen Jhwhs sowie dessen Auswirkungen auf die Erde und dessen Konsequenzen für die Menschen beschrieben,[72] bevor der Psalm in 3,18-19 mit einem Danklied und einer liturgischen Anweisung abgeschlossen wird.

Es spricht nun einiges dafür, dass der Psalm in Hab 3 – bzw. ein noch näher zu bestimmender Grundbestand dieses Psalms – bereits im Rahmen

---

71 Vgl. Seybold, Habakuk 2,4b, 194f; ders., ZBK.AT 24,2, 43-49.67-74; Albertz, Exilszeit, 186f; ders., Heilsverheißungen, 4-10.

72 Das Verständnis von Hab 3,3-17 ist dabei durch zahlreiche textkritische Schwierigkeiten belastet. Für die im folgenden entscheidende Frage, auf welcher literarischen Ebene und mit welcher Intention Hab 3 in das vorliegende Habakukbuch integriert wurde, kann jedoch auf eine Behandlung sämtlicher textkritischer Probleme verzichtet werden; zu verweisen ist hier auf die umfangreichen Ausführungen zu den einzelnen Problemen bei Rudolph, KAT 13,3, 232-239; Roberts, Nahum, 130-148; Pfeiffer, Kommen, 130-135.

der Fromme-Frevler-Schicht in das Habakukbuch integriert wurde.[73] Dies zeigt sich auf noch recht allgemeiner Ebene schon daran, dass Hab 3 als Ich-Rede des Propheten gestaltet ist (3,2.7.14.16.18.19).[74] Denn zuvor finden sich im gesamten Habakukbuch nur in den der Fromme-Frevler-Schicht zugewiesenen Passagen, nicht aber in den der Babylonier-Schicht zugewiesenen Passagen weitere Textbereiche, die aus der Perspektive der 1. Person des Propheten formuliert sind (1,2.3.12a; 2,1.2).

Von hier aus ist sodann auch die Einleitung des Psalms in Hab 3,2 von Bedeutung. Der hier belegte Ausspruch des Propheten, dass er die Kunde Jhwhs gehört (שָׁמַעְתִּי) und sein Werk gesehen (רָאִיתִי)[75] hat, passt gut zur Gestaltung der Fromme-Frevler-Schicht als Dialog zwischen dem Propheten und Jhwh.[76] Nach der Klage des Propheten in 1,2-14* und der darauf bezogenen Antwort Jhwhs in 2,1ff, kann der Psalm von Hab 3,2 her gewissermaßen als hierauf bezogene abschließende Reaktion des Propheten verstanden werden.[77] Dabei ist beachtenswert, dass Hab 3,2 direkt mit dem der Fromme-Frevler-Schicht zugewiesenen Vers 2,1 verbunden ist, wo es ja hieß, dass der Prophet Ausschau hält und danach sieht (רָאָה), was Jhwh mit ihm redet (דבר) und ihm entgegnet (שׁוּב). Wie Hab 3,2 ist also auch 2,1 von

---

73 Unter den redaktionsgeschichtlich orientierten Modellen wird häufig davon ausgegangen, dass Hab 3 erst spät an das vorliegende Habakukbuch angeschlossen wurde; vgl. etwa Marti, KHC 13, 330f; Otto, Theologie, 282f; ders., Art. Habakuk (TRE), 302; Nogalski, Processes, 180; Bosshard-Nepustil, Rezeptionen, 304f; Perlitt, ATD 25,1, 82; Pfeiffer, Kommen, 165. Demgegenüber gehen Seybold, ZBK.AT 24,2, 44f; Albertz, Exilszeit, 187; ders., Heilsversicherung, 9f, davon aus, dass der Psalm im Rahmen der Babylonier-Schicht in das Buch integriert wurde, die sie, unter Aufnahme der bereits vorgegebenen Weherufe in 2,5ff, als Grundschicht des Buches verstehen. Unter den Ansätzen, die – wie auch hier vertreten – die Fromme-Frevler-Schicht als Grundschicht des Buches verstehen, hat bislang einzig Koenen, Heil, 141-146, den literarischen Zusammenhang zwischen Hab 3 und der Fromme-Frevler-Schicht erkannt und somit die Einarbeitung des Psalms eben im Rahmen dieser Schicht angesetzt.

74 Dass Hab 3 die Ich-Rede der Fromme-Frevler-Schicht in Hab 1-2 fortsetzt, hat auch schon Koenen, Heil, 142, erkannt und als Argument für die Zuweisung von Hab 3 zu dieser Schicht herangezogen.
    Dies spricht dann auch deutlich gegen die von Seybold, Habakuk 2,4b, 194; ders., ZBK.AT 24,2, 44f, und Albertz, Exilszeit, 187; ders., Heilsversicherung, 10, vorgetragene Annahme, dass Hab 3,2 auf der Ebene der Babylonier-Schicht einzuordnen sei und der in Hab 3 belegte Psalm somit im Rahmen dieser – nach Seybold und Albertz vor der Fromme-Frevler-Schicht anzusetzenden – Schicht in das Habakukbuch integriert wurde. Denn bei den der Babylonier-Schicht in Hab 1-2 zuzuweisenden Passagen findet sich zu der in 3,2 belegten Ich-Rede des Propheten eben kein Gegenstück.

75 Bei Hab 3,2 ist יָרֵאתִי sicherlich zu רָאִיתִי zu ändern; vgl. nur Marti, KHC 13, 350; Sellin, KAT 12, 357; Elliger, ATD 25, 49; Rudolph, KAT 13,3, 233; Deissler, NEB.AT 8, 230; Koenen, Heil, 142 Anm. 44; Albertz, Heilsversicherung, 13.

76 Siehe hierzu oben 291 Anm. 1.

77 So auch Sellin, KAT 12, 359; Elliger, ATD 25, 51; Rudolph, KAT 13,3, 240; Deissler, NEB.AT 8, 231; Koenen, Heil, 142.

einem Nebeneinander von Sehen und Hören geprägt. So ist Hab 3,2 deutlich auf die der Fromme-Frevler-Schicht zugewiesene Antwort Jhwhs in 2,1-5* bezogen, was dafür spricht, dass der mit diesem Vers eingeleitete Psalm bereits auf der Ebene der Fromme-Frevler-Schicht Teil des Habakukbuches war.

Die Einleitung des Psalms in Hab 3,2 zeichnet sich aber sogar noch durch einen weiteren Rückbezug auf die der Fromme-Frevler-Schicht des Buches zugewiesenen Passagen aus. So bittet der Prophet nach Hab 3,2aβ darum, dass Jhwh das Angekündigte bald verwirklichen möge. Dies passt doch aber genau zu der im Rahmen der Fromme-Frevler-Schicht mehrfach belegten Verzögerungsproblematik (Hab 1,2.13; 2,3).[78]

Neben der Gestaltung des Psalms als Rede des Propheten und der Einleitung in Hab 3,2 sprechen sodann auch die Verse 3,13-14 dafür, dass dieser Psalm bereits auf der Ebene der Fromme-Frevler-Schicht in das Buch integriert wurde. Hier wird nach der die Verse 3,3-12 bestimmenden Darstellung des Kommens Jhwhs und der Auswirkungen dieses Kommens auf die Erde angesagt, dass Jhwh auftritt, um sein Volk und seinen Gesalbten[79] zu retten, und es wird angesagt, dass er gegen den Frevler (רשע), der den Armen bedrückt hat, vorgehen wird.[80] Das Eingreifen Jhwhs für sein Volk und das Gericht an dem Frevler erscheint in 3,13-14 also gewissermaßen als Zielpunkt der zuvor dargestellten Theophanie Jhwhs. Da nun diese beiden Verse aufgrund des hier angesagten Gerichts an dem Frevler direkt mit den der Fromme-Frevler-Schicht in Hab 1-2 zugewiesenen Passagen verbunden

---

78 Dass Hab 3,2 über die hier angesprochene Verzögerungsproblematik mit der Fromme-Frevler-Schicht in Hab 1-2 verbunden ist, erkannte auch schon Koenen, Heil, 142.

79 Es ist unklar, wer mit dem in Hab 3,13 genannten Gesalbten (משיח) gemeint ist. Zumeist wird dies, der üblichen Verwendung etwa in den Psalmen entsprechend (Ps 2,2; 18,51; 20,7; 28,8; 84,10; 89,39.52; 105,15; 132,10.17), auf den König bezogen; vgl. Marti, KHC 13, 354; Sellin, KAT 12, 363; Elliger, ATD 25, 53; Jeremias, Kultprophetie, 86; Rudolph, KAT 13,3, 245; Roberts, Nahum, 156; Seybold, ZBK.AT 24,2, 79; Koenen, Heil, 143; Perlitt, ATD 25,1, 91. Da im Kontext von Hab 3,13 im Gegensatz zu den genannten Psalm-Stellen aber jeglicher konkrete Bezug auf den König fehlt und da der Gesalbte hier parallel zum gesamten Volk erwähnt wird, könnte es auch gut sein, dass hier das Volk angesprochen ist; so schon Wellhausen, Propheten, 172, und neuerdings Pfeiffer, Kommen, 157f Anm. 220.

80 Hab 3,13-14 ist dabei von einigen textkritischen Schwierigkeiten geprägt. So ist zunächst in 3,13bβ der Infinitiv עָרוֹת zur 2.m.sg. Perfekt עָרוֹתָ zu korrigieren und statt des unverständlichen צוּאר „Hals" ist צוּר „Fels" zu lesen, so dass in diesem Teilvers angesagt wird, dass Jhwh das Fundament des Frevlers bis zum Fels entblößt; vgl. hierzu Marti, KHC 13, 354; Sellin, KAT 12, 357; Rudolph, KAT 13,3, 237; Deissler, NEB.AT 8, 232; Perlitt, ATD 25,1, 89. In 3,14aα ist sodann נקבת במטיו ראש „du durchbohrst mit seinen Stöcken das Haupt" zu נקבת במטיך/במטה ראשו „du durchbohrst mit deinen Stöcken/dem Stock sein Haupt" zu ändern; vgl. etwa Sellin, ebd.; Elliger, ebd.; Rudolph, ebd.; Perlitt, ebd.

sind,[81] spricht also auch dies dafür, dass der Psalm in Hab 3 bereits im Rahmen der Fromme-Frevler-Schicht in das Habakukbuch integriert wurde.[82]

Es ist aber zu beachten, dass sowohl der einleitende Vers 3,2 als auch die Verse 3,13-14 gegenüber der eigentlichen Theophanieschilderung in 3,3ff sekundär sein dürften. Denn in Hab 3,2 wird Jhwh direkt angeredet, während zumindest in den folgenden Versen 3,3-7 von Jhwh in 3. Person die Rede ist.[83] Bei Hab 3,13-14 ist sodann beachtenswert, dass im Anschluss an das hier angekündigte Gericht an dem Frevler in Hab 3,15 wieder beschrieben wird, dass Jhwh mit seinen Rossen ins Meer tritt, was doch deutlich hinter 3,13-14 zur Theophanieschilderung in 3,3-12 zurückfällt. So wurden auch die Verse 3,13-14 erst sekundär in den vorliegenden Zusammenhang integriert.[84]

Da nun aber die Fromme-Frevler-Schicht in Hab 1-2 nach den obigen Erkenntnissen die Grundschicht des Buches darstellt, heißt dies, dass die für diese Grundschicht verantwortlichen Autoren für Hab 3 auf vorgegebenes Gut zurückgegriffen und dies über die in 3,2.13-14 erkennbaren Eigenformulierungen in das Buch integriert haben.[85] Dabei wurden vermutlich zwei unterschiedliche Psalmfragmente kombiniert. Dies zeigt sich daran, dass innerhalb der eigentlichen Theophanie-Schilderung ein formaler Bruch zu erkennen ist, insofern in 3,3-7 Jhwh in 3. Person genannt wird, während 3,8ff als Anrede an Jhwh in 2. Person gestaltet ist.[86]

---

81 Vgl. hierzu רשע in Hab 1,4.13. Bis in die neuere Zeit wird der in 3,13-14 genannte Frevler aber gerade bei den Ansätzen, die von der Einheitlichkeit des Habakukbuches ausgehen, auf den im vorliegenden Habakukbuch bestimmenden äußeren Feind, also das Volk der Babylonier, bezogen; vgl. etwa Sellin, KAT 12, 363; Elliger, ATD 25, 53; Rudolph, KAT 13,3, 246; Deissler, NEB.AT 8, 233; Roberts, Nahum, 156. Doch angesichts der Tatsache, dass dem Frevler in 3,14 vorgeworfen wird, dass er gegen den Armen vorgeht, ist hier doch sicherlich – wie schon bei den an einem Frevler orientierten Passagen in Hab 1,4.13 (s.o. 291 Anm. 2 und 294) – eine innergesellschaftliche Auseinandersetzung im Blick; vgl. Jeremias, Kultprophetie, 86; Seybold, ZBK.AT 24,2, 80; Koenen, Heil, 143; Pfeiffer, Kommen, 157f.
82 Vgl. hierzu Koenen, Heil, 143f.
83 Dass Hab 3,2 dem folgenden Theophaniepsalm sekundär vorangestellt wurde, meinten auch schon Jeremias, Theophanie, 5; Otto, Theologie, 282; Seybold, ZBK.AT 24,2, 75; Perlitt, ATD 25,1, 82f; Pfeiffer, Kommen, 152.
84 So meinten schon Seybold, ZBK.AT 24,2, 75, und Albertz, Heilsversicherung, 10, dass 3,13b-14 sekundär ist; nach Pfeiffer, Kommen, 157, handelt es sich bei 3,13-15 um einen Nachtrag.
85 Dass für Hab 3 auf vorgegebene Überlieferungen zurückgegriffen und dies über Hab 3,2 in das Habakukbuch integriert wurde, meinten etwa auch schon Jeremias, Theophanie, 5; Jöcken, Habakuk, 516; Otto, Theologie, 282; Watts, Psalmody, 220; Seybold, ZBK.AT 24,2, 75; Nogalski, Processes, 159-173; Koenen, Heil, 143; Perlitt, ATD 25,1, 82f; Pfeiffer, Kommen, 164f.
86 Vgl. hierzu etwa Rudolph, KAT 13,3, 243; Seybold, ZBK.AT 24,2, 79; Nogalski, Processes, 164f; Prinsloo, Yahweh, 479; Perlitt, ATD 25,1, 82.89.

Neben 3,2.13-14 dürften dann auch 3,16a.18-19a auf die Hand der Redaktoren der Fromme-Frevler-Schicht zurückgehen.[87] Denn die in 3,16a belegte Aussage, dass der Prophet die Botschaft Jhwhs gehört hat und nun am ganzen Leib zittert,[88] erinnert doch deutlich an 3,2, wo ja ebenfalls schon auf das vom Propheten Gehörte zurückverwiesen wird, und bildet so zusammen mit 3,2 einen Rahmen um die Theophanieschilderung in 3,3-15. Das Danklied in 3,18-19a kann sodann als hieran anschließende weitere Reaktion des Propheten auf das Gehörte verstanden werden. Insgesamt gehen auf die Redaktoren der Fromme-Frevler-Schicht in Hab 3 somit die Verse 3,2.13-14.16a.18-19a zurück.

Es zeigen sich bei Hab 3 aber auch noch auf die Fromme-Frevler-Schicht folgende Nachträge. Dabei dürfte zunächst der Teilvers Hab 3,16b sekundär sein, nach dem der Prophet auf einen Tag der Not gegen ein feindliches Volk wartet.[89] Denn in diesem Teilvers wird das Gericht Jhwhs an einem konkreten Einzelvolk erwartet, während bei der vorangehenden Theophanieschilderung in 3,12 ganz allgemein beschrieben wird, dass Jhwh bei seinem Kommen Völker zertritt. So handelt es sich bei 3,16b um einen Nachtrag, der angesichts des hier angesagten Gerichts gegen ein feindliches Volk der Babylonier-Schicht zuzuordnen ist.[90]

Zu diesem Nachtrag wird sodann auch der folgende Vers 3,17 zu rechnen sein, in dem geschildert wird, dass die Bäume keinen Ertrag mehr bringen und dass kein Vieh mehr vorhanden ist. Denn zum einen schließt das Danklied in 3,18-19a direkt an 3,16a an, wo es heißt, dass dem Propheten nach dem Hören der vorangehenden Botschaft der Leib bebt. Sowohl 3,16a als auch 3,18-19a sind also als Reaktion des Propheten auf die Theophanieschilderung zu verstehen. Aus diesem Kontext fällt der an den landwirtschaftlichen Verhältnissen orientierte Vers 3,17 doch aber deutlich heraus. Zum anderen ist zu beachten, dass Hab 3,17 entgegen der üblichen

---

87 Dass Hab 3,16(a) zusammen mit 3,2 einen sekundären Rahmen um den Psalm bildet, meinen auch Jeremias, Theophanie, 5; Otto, Theologie, 282; Seybold, ZBK.AT 24,2, 75; Perlitt, ATD 25,1, 82f; Pfeiffer, Kommen, 162. Hab 3,18-19a wird ebenfalls häufig als Nachtrag aufgefasst; vgl. nur Marti, KHC 13, 356; Elliger, ATD 25, 51; Jeremias, a.a.O., 5; Jöcken, Habakuk, 516; Otto, ebd.; Fohrer, Gebet, 74; Seybold, ebd.; Perlitt, a.a.O., 83; Pfeiffer, a.a.O., 163-166. Allerdings wird das hier belegte Danklied meist als vereinzelter Nachtrag verstanden. Doch wenn erkannt ist, dass es sich bei den aus der Perspektive des Propheten formulierten Versen 3,2.16a um einen sekundären Rahmen um den eigentlichen Theophaniepsalm handelt, spricht nichts dagegen, auch 3,18-19a auf dieselbe Hand zurückzuführen; so auch Koenen, Heil, 156. Zu Hab 3,19b s.u. 316f.

88 Dabei ist in 3,16aβ statt des unverständlichen אֲשֶׁר אֶרְגַּז sicherlich אֶרְגַּז אֲשֶׁר „ich bebte am Schritt" zu lesen; vgl. nur Marti, KHC 13, 355; Elliger, ATD 25, 50; Rudolph, KAT 13,3, 238; Pfeiffer, Kommen, 134.

89 Dass es sich bei Hab 3,16b um einen Nachtrag handelt, wurde bislang erst von Nogalski, Processes, 175f; Koenen, Heil, 145; Pfeiffer, Kommen, 162, erkannt.

90 So auch Koenen, Heil, 145f.

Deutung nicht als Schilderung der Folgen einer Dürrenot oder gar einer Heuschreckenplage zu verstehen ist.[91] Denn weder das eine noch das andere wird im vorliegenden Text klar ausgesprochen. Nimmt man jedoch ernst, dass dieser Vers mit כי an 3,16b angeschlossen ist und somit als Begründung des dort erwarteten Gerichts an einem fremden Volk zu verstehen ist, so ergibt sich ein guter Zusammenhang mit dem der Babylonier-Schicht zugewiesenen Vers 2,17. Denn in 2,17 wurde dem fremden Volk vorgeworfen, dass es dem Libanon wie auch dem Vieh Gewalt angetan hat. Es wird dort also die Vernichtung von Pflanzen und Tieren angeprangert, was wohl Teil der Kriegsführung war.[92] Von hier aus kann dann der in Hab 3,17 erwähnte Verlust an Ernteerträgen und an Vieh, was ja als Begründung des in 3,16b angesagten Gerichts an einem feindlichen Volk vorgebracht wird, doch ebenso auf derartige Zerstörungen durch dieses Volk bezogen werden.[93] Und somit ist Hab 3,17 doch gut als ursprüngliche Fortsetzung von 3,16b zu verstehen und daher zusammen mit 3,16b der Babylonier-Schicht zuzuweisen.[94]

Neben 3,16b.17 dürften schließlich, wie schon häufig vorgeschlagen, auch die liturgischen Stücke in Hab 3 erst sekundär eingetragen worden sein.[95] Hierzu zählen die Überschrift in Hab 3,1, nach der das folgende als Gebet Habakuks des Propheten gekennzeichnet wird, die Anweisung „für den Chorleiter – beim Saitenspiel" in 3,19b sowie die סלה-Zeichen in 3,3.9.13. Dass diese, ansonsten nur im Psalter belegten liturgischen Stücke erst im Rahmen einer Überarbeitung von Hab 3 eingebracht wurden, zeigt sich dabei vor allem bei Hab 3,1. Denn diese Überschrift fällt doch deutlich aus dem Zusammenhang des vorliegenden Buches, das als Dialog zwischen dem Propheten und Jhwh gestaltet ist und bei dem der Prophet nach der Buchüberschrift in 1,1 an keiner weiteren Stelle direkt genannt wird, und trennt den das Buch abschließenden Psalm als eigenständige Größe ab.

Wenn aber die Überschrift in 3,1 erst sekundär eingebracht wurde, so gilt dies sicherlich auch von der Anweisung zur Aufführung des Psalms in 3,19b und den סלה-Zeichen in 3,3.9.13. Denn auch diese liturgischen Stücke

---

91 Gegen Marti, KHC 13, 355; Elliger, ATD 25, 54; Jeremias, Kultprophetie, 98; Rudolph, KAT 13,3, 240; Roberts, Nahum, 157; Perlitt, ATD 25,1, 94; Pfeiffer, Kommen, 163, u.a.

92 Vgl. 2 Kön 3,19.25 und evtl. auch das Verbot, Fruchtbäume zu schlagen, in Dtn 20,19-20; siehe hierzu Gray, Kings, 488; Nelson, Deuteronomy, 252.

93 Dass Hab 3,17 nicht auf eine Naturkatastrophe, sondern auf von dem zuvor genannten Volk angerichtete Schäden zu beziehen ist, meinten, mit Unterschieden im Detail, auch schon Sellin, KAT 12,2, 413; Achtemeier, Nahum, 58f, und unter Vorbehalt auch Deissler, NEB.AT 8, 233.

94 So auch Koenen, Heil, 145, wenngleich mit etwas anderer Begründung.

95 Vgl. nur Sellin, KAT 12, 358; Elliger, ATD 25, 51; Rudolph, KAT 13,3, 239f; Fohrer, Gebet, 73f; Otto, Theologie, 282f; Roberts, Nahum, 148; Seybold, ZBK.AT 24,2, 75; Bosshard-Nepustil, Rezeptionen, 304f; Albertz, Heilsversicherung, 10; Perlitt, ATD 25,1, 83.

fügen sich nicht in den als Dialog gestalteten Zusammenhang des Buches. So handelt es sich bei Hab 3,1.19b und den סלה-Zeichen in 3,3.9.13 um spätere Nachträge, die vermutlich auf eine kultische Verwendung des dann für sich genommenen Psalms zurückgehen.

Insgesamt wurde also der in Hab 3 belegte Theophaniepsalm im Umfang 3,2.3*(ohne סלה).4-8.9*(ohne סלה).10-12.13*(ohne סלה).14-16a.18-19a bereits im Rahmen der als Grundschicht erkannten Fromme-Frevler-Schicht in das Buch integriert. Dabei wurde auf vorgegebenes Gut zurückgegriffen, das von den für die Fromme-Frevler-Schicht Verantwortlichen über die Eigenformulierungen in 3,2.13-14.16a.18-19a an den Kontext des Habakukbuches angepasst wurde. Dem Psalm kommt so die Funktion einer abschließenden Reaktion des Propheten auf das zuvor angekündigte Einschreiten Jhwhs gegen die Frevler zu.

Durch die Babylonier-Schicht wurde in 3,16b.17 ein Nachtrag eingefügt, durch den die Theophanieschilderung nun auf das Gericht an einem äußeren Feind des Volkes – nach dem Kontext des Buches also an den Babyloniern – zuläuft.[96]

Durch eine weitere Redaktion wurden schließlich die liturgischen Stücke in 3,1.3*(סלה).9*(סלה).13*(סלה).19b eingebracht.

2.1.4 Zusammenfassung der Redaktionsgeschichte des Habakukbuches

2.1.4.1 Die Fromme-Frevler-Schicht

Die redaktionsgeschichtliche Analyse des Habakukbuches führt zu einer Grundschicht, die die Textbereiche 1,1-4.12a.13-14; 2,1-5bα.6b.7.9.10abβ. 11-12.15-16.19-20; 3,2.3*(ohne סלה).4-8.9*(ohne סלה).10-12.13*(ohne סלה).14-16a.18-19a umfasst. Somit haben sich diejenigen redaktionsgeschichtlichen Modelle bewährt, die davon ausgehen, dass das Habakukbuch ursprünglich an innergesellschaftlichen Missständen und dabei insbesondere an der Gegenüberstellung des Frommen und des Frevlers orientiert war.[97]

---

96 Wie schon bei Hab 1-2 zeigt sich nun also auch bei Hab 3, dass im Habakukbuch die Fromme-Frevler-Schicht früher als die Babylonier-Schicht anzusetzen ist und nicht umgekehrt; vgl. hierzu oben 298-303.310f. Denn die rahmenden Verse in 3,2.16a, über die der aus der Überlieferung aufgenommene Psalm in das Habakukbuch integriert wurde, sind ja mit guten Gründen auf die Fromme-Frevler-Schicht zurückzuführen; siehe hierzu oben 314f. Und da die der Babylonier-Schicht zuzuschreibenden Verse Hab 3,16b.17 die Einarbeitung des Psalms bereits voraussetzen, ist diese Schicht eben später als die Fromme-Frevler-Schicht anzusetzen.

97 Vgl. hierzu Rothstein, Habakuk, 57-84; Otto, Stellung, 81-107; ders. Art. Habakuk (TRE), 301f; Gunneweg, Habakuk, 400-415, und vor allem Koenen, Heil, 131-147, der von einer Grundschicht des Buches im Umfang 1,2-4.12a.13-14; 2,1-5bα.6b.7.9.10abβ.11-12.15-16.19;

Ausgangspunkt der Grundschicht des Buches ist die in 1,2-4.12a.13-14 belegte Klage des Propheten über die Übervorteilung des Frommen durch den Frevler, die von Jhwh scheinbar tatenlos mit angesehen wird. Angeprangert wird hier eine gesellschaftliche Verrohung, die von Gewalt und Unterdrückung bestimmt ist und der auch das Recht nicht mehr beikommt (1,3-4). Ja, ohne Jhwhs Einschreiten sind die Geplagten machtlos und verlassen wie die Fische des Meeres und wie das Gewürm, das keinen Herrscher hat (1,14).

Dieser Klage begegnet die in 2,1-5* belegte Antwort Jhwhs. Dabei wird gegen die scheinbare Tatenlosigkeit Jhwhs versichert, dass er bestimmt eingreifen wird, auch wenn dies noch auf sich warten lässt. Und es wird verheißen, dass der Fromme aufgrund seiner Treue leben wird, der Hochmütige aber keinen Erfolg haben wird.[98]

Die in 2,6-20* folgende Sammlung der Weherufe konkretisiert sodann diese noch recht allgemeine Strafansage gegen die Frevler.[99] So wird hier denen, die sich mit Zinsnehmen, mit unrechtem Gewinn, mit dem Bauen einer Stadt auf Blutschuld, mit der Demütigung anderer bei Trinkgelagen oder mit Götzendienst verfehlen, das Gericht angesagt.[100]

Am Ende der Grundschicht des Habakukbuches steht schließlich der als abschließende Antwort des Propheten gestaltete Psalm in Hab 3*.[101] In diesem Psalm wird das Kommen Jhwhs zum Gericht dargestellt, das nach 3,13-14 in der Bestrafung des Frevlers seinen Höhepunkt finden wird. So dient der Psalm einer weiteren Konkretisierung der in 2,1-5* belegten Strafankündigung. Nachdem in der Sammlung der Weherufe 2,6-20* die von den Frevlern begangenen Verfehlungen näher ausgeführt wurden, wird hier nun das Gerichtshandeln Jhwhs genauer beschrieben. Es wird klargestellt, dass Jhwh bei seinem Kommen zum Gericht gegen die innergesellschaftlichen Missstände vorgehen und die Frevler des Volkes entfernen wird. Und so wird der zu Beginn des Buches bestimmenden Klage des Propheten nun am Ende des Buches in 3,18-19a ein Danklied entgegengesetzt.

Die an der Fromme-Frevler-Thematik orientierte Grundschicht des Habakukbuches lässt sich also ohne weiteres als in sich geschlossener Zusammenhang verstehen. In einem Wechselgespräch zwischen dem Propheten und Jhwh wird hier ausgehend von der Frage, wie Jhwh die innergesellschaftlichen Missstände zulassen kann (1,2-14*), zunächst ganz allgemein das Einschreiten Jhwhs zugesichert (2,1-5*), was sodann auf die konkreten

---

3,2-16a.18-19a ausgeht und zu dessen redaktionsgeschichtlichem Modell somit bei dem hier vorgestellten Ergebnis die größten Übereinstimmungen bestehen.

98 Zum Text von Hab 2,4-5 s.o. 292 Anm. 4.
99 Vgl. hierzu Koenen, Heil, 155.
100 Siehe hierzu im einzelnen oben 305-309.
101 Zur Aufnahme von vorgegebenem Gut in Hab 3 s.o. 314f.

Verfehlungen der Frevler (2,6-20*) und das konkrete Einschreiten Jhwhs (3,2-19*) hin zugespitzt wird:

1,2-14*	Klage des Propheten: Die Übervorteilung des Frommen durch den Frevler
2,1-5*	Antwort Jhwhs: Ankündigung des Einschreitens gegen die Hochmütigen
2,6-20*	Weherufe: Gegen die Verfehlungen im Volk
3,2-19*	Antwort des Propheten: Kommen Gottes zum Gericht an den Frevlern

Angesichts fehlender konkreter Hinweise ist eine Datierung der Grundschicht des Habakukbuches schwierig. Doch ließe sich die in dieser Schicht bestimmende Gegenüberstellung des Frommen und des Frevlers gut vor dem Hintergrund der sozialen Krise der persischen Zeit erklären,[102] was etwa zu einer Datierung im 5.Jh. führen würde.[103]

2.1.4.2 Die Babylonier-Schicht

Die zunächst nur an innergesellschaftlichen Missständen orientierte Grundschicht des Habakukbuches wurde einer als Babylonier-Schicht bezeichneten Redaktion unterzogen, der die Textbereiche 1,5-11.12b.15-17; 2,5bβ.6a.8.10bα.13b.17; 3,16b.17 zuzuweisen sind. Durch diese Redaktion wurde das Habakukbuch zu einer gegen einen äußeren Feind gerichteten Schrift umgearbeitet.[104]

---

102 Vgl. hierzu Albertz, Religionsgeschichte 2, 546f.

103 Unter den Ansätzen, die im Habakkuk zwischen einer Fromme-Frevler-Schicht und einer Babylonier-Schicht unterscheiden, haben Rothstein, Habakuk, 84; Marti, KHC 13, 326f; Jeremias, Kultprophetie, 87-89, und Otto, Stellung, 104-106; ders., Art. Habakuk (TRE), 301f, die Fromme-Frevler-Schicht entsprechend der traditionellen Ansetzung des Propheten Habakuk (die allerdings auf der Erwähnung der Babylonier in dem nicht zur Fromme-Frevler-Schicht gehörenden Vers 1,6 basiert) noch in die spätvorexilische Zeit datiert. Demgegenüber wird in neuerer Zeit angesichts der hier belegten Gegenüberstellung des Frommen und des Frevlers überwiegend eine Ansetzung dieser Schicht in der nachexilischen Zeit vorgenommen, und zwar unabhängig davon, ob diese Schicht, wie hier vertreten, als Grundschicht des Buches angesetzt wird, so Gunneweg, Habakuk, 410; Nogalski, Processes, 134-136.150-154, oder ob diese Schicht als Überarbeitung der Babylonier-Schicht verstanden wird, so Seybold, ZBK.AT 24,2, 45; Albertz, Exilszeit, 187; ders., Heilsversicherung, 19f.

104 Zur Begründung, dass die Babylonier-Schicht später als die Fromme-Frevler-Schicht anzusetzen ist, s.o. 298-303.310f.317 Anm. 96.

So wurde im Anschluss an die in 1,2-4 belegte Klage des Propheten über die Übervorteilung des Frommen durch den Frevler, was auch auf dieser literarischen Ebene nur auf eine innergesellschaftliche Notlage hin gedeutet werden kann, eine erste Antwort Jhwhs in 1,5-11 eingefügt, nach der Jhwh auf die Missstände im Volk mit der Sendung der Babylonier reagiert. Die Babylonier werden somit als Gerichtswerkzeug vorgestellt, das von Jhwh gegen die Verfehlungen im Volk herbeigerufen wird.

Die aus der Grundschicht des Buches übernommene weitere Klage des Propheten in 1,12-14*, die in 1,12b.15-17 von den Redaktoren der Babylonier-Schicht fortgeschrieben wurde, ist daraufhin als Klage über die Babylonier zu verstehen.[105] Da die Babylonier in ihrem Vorgehen gegen die von ihnen heimgesuchten Völker maßlos sind, werden nun sie als die eigentlichen Frevler dargestellt, und es wird nun ihr scheinbar ungehindertes Treiben beklagt.

Von hier aus ist dann auch die in 2,1-5 belegte Antwort Jhwhs auf die mit den Babyloniern aufgekommene Notlage zu beziehen. Auf der Ebene der Babylonier-Schicht wird hier angesagt, dass die Treuen des Volkes überleben werden, während das feindliche Volk der Babylonier, das nach dem der Babylonier-Schicht zuzuweisenden Teilvers 2,5bβ alle Völker zu sich versammelt, untergehen wird.

Die in 2,6-20 belegten Weherufe lesen sich sodann auch im Rahmen der Babylonier-Schicht als Konkretisierung der in 2,1-5 belegten, nun aber den Babyloniern geltenden Gerichtsankündigung. Dabei wird durch die in 2,8.10bα.13b.17 eingefügten Nachträge vor allem die wirtschaftliche Ausbeutung der Völker durch die Babylonier angeprangert.[106] Und am Ende des Habakukbuches wurde schließlich der in Hab 3 belegte Theophaniepsalm durch den der Babylonier-Schicht zuzuweisenden Nachtrag in 3,16b.17 so umgestaltet, dass dieser Psalm in der Erwartung mündet, dass das feindliche Volk – also die Babylonier – am Tag des Gerichts heimgesucht wird.

Auch auf der Ebene der Babylonier-Schicht lässt das Habakukbuch also einen in sich schlüssigen Gedankengang erkennen. Es geht aus von Missständen im eigenen Volk und bezieht das Auftreten der Babylonier auf diese Missstände. In einem zweiten Schritt wird sodann das Problem behandelt, dass sich die Babylonier maßlos und unbarmherzig verhalten. Und das Buch läuft schließlich auf die Verheißung zu, dass die Treuen im Volk diese Not überleben werden, während die Babylonier, die sich an der gesamten Völkerwelt verschuldet haben, am Tag des Gerichts untergehen werden:

---

105 Siehe hierzu oben 294 mit Anm. 8.
106 Siehe hierzu im einzelnen oben 305-309.

1,2-4	Klage des Propheten: Die Übervorteilung des Frommen durch den Frevler
1,5-11	Antwort Jhwhs: Ankündigung der Babylonier
1,12-17	Klage des Propheten: Die Maßlosigkeit der Babylonier
2,1-5	Antwort Jhwhs: Ankündigung des Einschreitens gegen die Babylonier
2,6-20	Weherufe: Gegen die Verfehlungen der Babylonier
3,2-19*	Antwort des Propheten: Kommen Gottes zum Gericht an den Babyloniern

Mit Blick auf die Datierung der Babylonier-Schicht ist es, wie oben bereits dargestellt,[107] entgegen der noch immer häufig vertretenen Ansicht nicht nötig, diese Bearbeitung in unmittelbarer zeitlicher Nähe zum Auftreten der Babylonier anzusetzen.[108] Denn bei den der Babylonier-Schicht zugewiesenen Passagen lassen sich kaum konkrete Angaben finden, die exklusiv auf die Babylonier zu beziehen wären.[109] Vor allem finden sich keinerlei Hinweise auf die Belagerung und Einnahme Jerusalems. Die Babylonier dürften daher wohl beispielhaft für eine dem Volk feindlich gesinnte Großmacht zu verstehen sein. Vermutlich wurde dabei gerade deshalb auf die Babylonier

---

107 S.o. 301.
108 So gehen unter den Ansätzen, die das Habakukbuch im wesentlichen als Einheit betrachten, etwa Elliger, ATD 25, 24; Horst, HAT 14, 168; Rudolph, KAT 13,3, 194; Deissler, NEB.AT 8, 219; Roberts, Nahum, 82-84; Haak, Habakkuk, 130-149, aufgrund der Erwähnung der Babylonier in Hab 1,6 von einer Datierung des Buches in die vorexilische oder die exilische Zeit aus. Marti, KHC 13, 327; Seybold, ZBK.AT 24,2, 44f und Albertz, Exilszeit, 187; ders., Heilsversicherung, 14-16, die die Babylonier-Schicht für die Grundschicht des Buches halten, setzen diese Schicht in der Exilszeit an. Und unter den Ansätzen, die die Fromme-Frevler-Schicht als Grundschicht des Buches und die Babylonier-Schicht als Überarbeitung ansehen, datieren Rothstein, Habakuk, 84f; Otto, Stellung, 106; ders., Art. Habakuk (TRE), 302, die Babylonier-Schicht in die vorexilische oder in die exilische Zeit. Demgegenüber haben aber Gunneweg, Habakuk, 410; Nogalski, Processes, 134-136.150-154, die die Babylonier-Schicht ebenfalls als Überarbeitung der Fromme-Frevler-Schicht verstehen, zurecht betont, dass die Babylonier-Schicht durchaus auch erst in der nachexilischen Zeit angesetzt werden kann; vgl. hierzu unter den Vertretern eines einheitlichen Habakukbuches auch Herrmann, Problem, 489-493.
109 Das einzige konkrete Detail, das sich mit den Babyloniern in Verbindung bringen lässt, besteht in der Hab 2,17 genannten Gewalt am Libanon, was evtl. auf eine teilweise Abholzung des Libanon durch Nebukadnezar während der Belagerung von Tyros (585-572) zu beziehen ist; vgl. hierzu Albertz, Exilszeit, 189.

zurückgegriffen, da dieses Volk zum Zeitpunkt der Einarbeitung der Babylonier-Schicht bereits untergegangen war. Das im Habakukbuch angekündigte Einschreiten Jhwhs gegen diesen Feind hatte sich also bereits bewahrheitet.

Es spricht somit nichts dagegen, die Babylonier-Schicht in der fortgeschrittenen persischen Zeit anzusetzen. Aufgrund der gegen das maßlose Auftreten einer Großmacht gerichteten Tendenz dieser Schicht wäre dabei eine Datierung am Ende des 5.Jh. oder am Beginn des 4.Jh. wahrscheinlich. Denn die zu dieser Zeit bestimmenden Unruhen im persischen Reich, denen die Perser teils mit großer Gewalt entgegentraten,[110] könnten durchaus die Umgestaltung des Habakukbuches zu einer gegen eine Großmacht gerichteten Schrift erklären.

Das Habakukbuch ist dann auf der Ebene der Babylonier-Schicht als Reflexion über die Funktion einer solchen Großmacht als Gerichtswerkzeug Jhwhs zu verstehen. Vor dem Hintergrund der Auseinandersetzungen in der fortgeschrittenen persischen Zeit wird hier am Beispiel der Babylonier klargestellt, dass Jhwh hinter dem Auftreten einer solchen feindlichen Macht steht und dass dies als Gericht an den Verfehlungen im eigenen Volk zu verstehen ist. Doch angesichts der Tatsache, dass ein solches Gericht eben nicht nur die Frevler des Volkes trifft, wird auch verheißen, dass Jhwh der Maßlosigkeit eines derartigen Feindes – wie bei den Babyloniern ja bereits geschehen – Einhalt gebieten und für die Treuen in seinem Volk eintreten wird. Im vorliegenden Habakukbuch werden damit sowohl die Ursache als auch die Grenzen des Auftretens eines feindlichen Volkes als Gerichtswerkzeug dargestellt, und es wird so der Situation des Volkes Sinn und Hoffnung gegeben.

2.1.4.3 Die liturgische Bearbeitung von Hab 3

Im Rahmen einer weiteren Überarbeitung wurden die liturgischen Stücke Hab 3,1.3*(סלה).9*(סלה).13*(סלה).19b in den das Habakukbuch abschließenden Theophaniepsalm eingebracht. Diese Bearbeitung lässt auf einen gottesdienstlichen Gebrauch des dann für sich gelesenen Psalms in der fortgeschrittenen nachexilischen Zeit schließen.

---

110 Vgl. insbesondere Veenhof, Geschichte, 299-304.

2.1.4.4 Vereinzelte Nachträge

Vereinzelte Nachträge, ohne größere Bedeutung für die Entstehung des Habakukbuches, zeigten sich schließlich in Hab 2,13a.14.18.

2.1.4.5 Überblick über die Redaktionsgeschichte des Habakukbuches

Fromme-Frevler-Schicht	1,1-4.12a.13-14 2,1-5bα.6b.7.9.10abβ.11-12.15-16.19-20 3,2.3*(ohne סלה).4-8.9*(ohne סלה).10-12. 13*(ohne סלה).14-16a.18-19a
Babylonier-Schicht	1,5-11.12b.15-17 2,5bβ.6a.8.10bα.13b.17 3,16b.17
Liturgische Bearbeitung von Hab 3	3,1.3*(סלה).9*(סלה).13*(סלה).19b
Vereinzelte Nachträge	2,13a.14.18

3. Das Problem der Integration des Habakukbuches

3.1 Zur Annahme eines Nahum-Habakuk-Korpus

Einen bedeutenden Ansatz zur Integration des Habakukbuches in das werdende Zwölfprophetenbuch hat Rainer Kessler vorgestellt.[1] Nach Kessler wurden die in ihrem Grundbestand je für sich überlieferten Bücher Nahum und Habakuk zunächst zu einem Zweiprophetenbuch zusammengestellt und dann en bloc in das werdende Zwölfprophetenbuch aufgenommen.

Dafür sprechen nach Kessler gleich mehrere Beobachtungen: So steht das an den Babyloniern orientierte Habakukbuch im chronologisch orientierten Ablauf des vorliegenden Zwölfprophetenbuches zu früh, da in dem auf das Habakukbuch folgenden Zefanjabuch noch immer – wie im Nahumbuch – die Assyrer die bestimmende Feindmacht sind (Zef 2,13-15).[2] Zudem sind die Buchüberschriften in Nah 1,1 (מַשָּׂא נִינְוֵה סֵפֶר חֲזוֹן נַחוּם הָאֶלְקֹשִׁי) und Hab 1,1 (הַמַּשָּׂא אֲשֶׁר חָזָה חֲבַקּוּק הַנָּבִיא) vergleichbar gestaltet, ist doch bei beiden sowohl der Gattungsbegriff מַשָּׂא als auch ein auf die Wurzel חזה zurückgehendes Wort belegt. Dabei geht Kessler davon aus, dass bei der deutlich zweiteilig aufgebauten Überschrift in Nah 1,1 der zweite Teil סֵפֶר חֲזוֹן נַחוּם הָאֶלְקֹשִׁי erst sekundär zur Angleichung an die in Hab 1,1 belegte Überschrift eingebracht wurde.[3]

Vor allem ist für Kessler aber bedeutend, dass sich am Beginn des Nahumbuches in Nah 1,2-8 und am Ende des Habakukbuches in Hab 3,1-19 jeweils ein Theophaniepsalm findet, wodurch die Bücher Nahum und Habakuk eine buchübergreifende Ringstruktur – Kessler spricht von einem „Diptychon" – bilden:[4]

Nah 1	Theophaniepsalm	
	Nah 2-3	Gericht über Ninive
	Hab 1-2	Gericht über die Chaldäer
Hab 3	Theophaniepsalm	

1　Vgl. Kessler, Nahum-Habakuk, 149-158. Gefolgt ist der von Kessler vorgestellten These Schmid, Propheten, 364.388.

2　Vgl. Kessler, Nahum-Habakuk, 149f.

3　Vgl. Kessler, Nahum-Habakuk, 154f.

4　Vgl. Kessler, Nahum-Habakuk, 150.

Dabei sind die in Nah 1,2-8 und Hab 3,1-19 belegten Psalmen durch zahlreiche inhaltliche und terminologische Entsprechungen verbunden:[5] So wird in Nah 1,4 wie in Hab 3,8 geschildert, dass sich Jhwh gegen das Meer (ים) und die Ströme (נהר) wendet. In beiden Psalmen werden konkrete Landschaften beim Namen genannt, und zwar Baschan, Karmel und der Libanon in Nah 1,4 und Kuschan und das Land Midian in Hab 3,7. Zudem werden in Nah 1,5 wie in Hab 3,6 die Auswirkungen der Theophanie Jhwhs auf die Berge (הר) und Hügel (גבעה) geschildert. In Nah 1,5 und in Hab 3,6.12 werden sodann die Auswirkungen dieses Geschehens auf die Erde (ארץ) und die Menschen beschrieben. Sowohl in Nah 1,6 als auch in Hab 3,12 wird der Zorn Jhwhs (זעם) erwähnt. Und schließlich findet sich in Nah 1,7 wie in Hab 3,16 ein Verweis auf den „Tag der Bedrängnis" (יום צרה).

Beachtenswert ist dabei nach Kessler, dass die in Nah 1,7 belegte Rede von einer möglichen Rettung an diesem „Tag der Bedrängnis" im folgenden Nahumbuch nicht mehr weiter aufgenommen wird. Denn nach Kessler ist das eigene Volk in diesem Buch nicht von Bedeutung und das Gericht an Ninive wird hier doch als bereits beschlossen dargestellt. Dagegen wird im Habakukbuch das Vorgehen der Babylonier gegen das eigene Volk und die Abwehr dieser Notlage durch Jhwh thematisiert. So kommt Kessler zu dem Schluss, dass mit der in Nah 1,7 dargestellten Rettung am „Tag der Bedrängnis" das Thema des Habakukbuches bereits vorweggenommen wird und dass somit der in Nah 1,2-8 belegte Psalm – unter Aufnahme der genannten Motive aus Hab 3,1-19 – bereits mit Blick auf ein die Bücher Nahum und Habakuk umfassendes Zweiprophetenbuch vor das bestehende Nahumbuch gestellt wurde.[6]

Gegen die von Kessler vorgestellte Annahme eines Nahum-Habakuk-Korpus sind nun aber einige Bedenken angebracht. So ist zunächst zu den von ihm aufgeführten Gemeinsamkeiten zwischen den in Nah 1,2-8 und Hab 3,1-19 belegten Theophaniepsalmen zu sagen, dass es sich hierbei zumeist um traditionelle Motive handelt, wie sie sich auch bei anderen Theophanieschilderungen im AT aufzeigen lassen.[7] Dem in Nah 1,4 und Hab 3,8 beschriebenen Vorgehen Jhwhs gegen das Meer und gegen die Ströme entspricht etwa das in Ps 77,17-20 belegte Erschrecken der Wasser beim Kommen Jhwhs. Konkrete Landschaften werden auch in Ri 5,4 (Seir; Gefilde Edoms); Ps 68,9 (Sinai); 68,15 (Zalmon); 68,16 (Baschan); 68,18 (Sinai); 68,23 (Baschan); 97,8 (Zion) erwähnt. Die Darstellung der Aus-

---

5 Vgl. hierzu die Tabelle bei Kessler, Nahum-Habakuk, 152, sowie die Ausführungen a.a.O., 152f.
6 Vgl. hierzu Kessler, Nahum-Habakuk, 153.
7 Grundlage der folgenden Überlegungen ist dabei ein Vergleich mit den in Ri 5,4-5; Mi 1,3-4; Ps 18,2-7; 50,1-6; 68,8-9; 77,17-20; 97,2a.3-5; 144,5-7 belegten Theophanieschilderungen; vgl. hierzu Jeremias, Theophanie, 3-5.

wirkungen dieses Geschehens auf die Berge und Hügel oder auf die Erde ist
sogar einer der häufigsten Topoi in den Theophanieschilderungen (Ri 5,4.5;
Ps 18,8; 68,9; 77,19; 97,4.5; 144,5; Mi 1,3.4). Der Zorn Jhwhs wird im Rahmen der Theophanieschilderungen zwar nur in Nah 1,6; Hab 3,12 mit זעם
bezeichnet. Doch finden sich an anderen Stellen vergleichbare Termini zur
Beschreibung des göttlichen Zorns (חרה, Ps 18,8; אף, Ps 18,16; 77,10). Und
selbst die Rede vom „Tag der Bedrängnis" ist neben Nah 1,7; Hab 3,16 auch
noch in Ps 77,3 belegt. Die thematischen und terminologischen Gemeinsamkeiten zwischen Nah 1,2-8 und Hab 3,1-19 reichen also zur Begründung
der These, dass der in Nah 1,2-8 belegte Theophaniepsalm von Hab 3,1-19
abhängig ist und für den buchübergreifenden Zusammenhang eines Nahum-
Habakuk-Korpus geschaffen wurde, kaum aus.

    Zudem ist der für Kessler so bedeutende Vers Nah 1,7, in dem die
Rettung am kommenden „Tag der Bedrängnis" in Aussicht gestellt wird,
durchaus auch im Kontext des Nahumbuches verständlich. Denn entgegen
der von Kessler vertretenen Annahme, dass das eigene Volk im Nahumbuch
nicht von Bedeutung ist, lassen sich nach den oben vorgestellten Darlegungen auf der Ebene des vorliegenden Buches doch zumindest die Verse 1,9-
2,1 nur auf das eigene Volk beziehen.[8] Ja, nach der hier vertretenen redaktionsgeschichtlichen Analyse war die Grundschicht des Nahumbuches sogar
insgesamt als Gerichtsankündigung gegen das eigene Volk gestaltet.[9] Dass in
Nah 1,2-8 nicht nur das richtende, sondern auch das rettende Eingreifen
Jhwhs thematisiert wird, ergibt also entgegen der Annahme von Kessler
guten Sinn, und zwar sowohl auf der Ebene der Grundschicht als auch auf
der Ebene des vorliegenden Nahumbuches. Da zudem, wie bereits erwähnt,
die Rede vom Tag der Bedrängnis neben Nah 1,7 und Hab 3,16 auch in Ps
77,3 im Rahmen einer Theophanieschilderung belegt ist, spricht somit auch
dieser Vers nicht dafür, dass Nah 1,2-8 unter Aufnahme von Hab 3,1-19 für
den Kontext eines Nahum-Habakuk-Korpus gestaltet wurde.

    Ein weiterer Punkt, der nun deutlich gegen diese Annahme spricht, ist
die Gestaltung von Nah 1,2-8 als Akrostichon.[10] Wenn der hier belegte
Theophaniepsalm tatsächlich als kompositionelles Gegenstück zu Hab 3,1-
19 geschaffen worden wäre, so wäre doch kaum zu erklären, warum in Nah
1,2-8 im Gegensatz zu Hab 3,1-19 ein Akrostichon vorliegt.

---

8   Kessler geht in seinen Darlegungen nicht weiter auf die Verse Nah 1,9-14 ein, sondern
    beschränkt seine Darlegungen zu den im Nahumbuch belegten Gerichtsworten auf den
    Textbereich Nah 2-3.

9   Siehe hierzu oben 60-63.

10   Kessler, Nahum-Habakuk, 154 Anm. 11, meint hierzu allerdings: „Ob dieser Psalm ein halbes
    Akrostichon ist, wie immer wieder angenommen und durch das Druckbild der BHS sugge-
    riert wird, lasse ich offen; die Zahl der Abweichungen wäre jedenfalls beträchtlich." Doch
    zeigte sich bei den oben 55-57 vorgestellten Darlegungen, dass Nah 1,2-8* tatsächlich mit
    guten Gründen als Akrostichon anzusehen ist.

Zudem spricht die hier vorgestellte redaktionsgeschichtliche Analyse des Nahumbuches dagegen, dass der Psalm Nah 1,2-8 im Rahmen der redaktionellen Verbindung der Bücher Nahum und Habakuk zu einem Zweiprophetenbuch vor das Nahumbuch gestellt wurde. Es ließ sich ja zeigen, dass dieser Psalm im Umfang 1,2a.3b.4-8 bereits auf der Ebene der noch gegen das eigene Volk gerichteten Grundschicht zum Nahumbuch gehörte, als einleitende Reflexion über das strafende Einschreiten Jhwhs gegen seine Feinde.[11] Der Psalm wurde also nicht erst als sekundäre Brücke zum folgenden Habakukbuch ergänzt.

Entgegen der Darlegungen von Kessler lässt sich damit die Annahme eines Nahum-Habakuk-Korpus über den in Nah 1,2-8 belegten Theophaniepsalm nicht begründen. Die noch verbleibenden Argumente – die vergleichbaren Überschriften in Nah 1,1 und Hab 1,1 sowie die Stellung des Habakukbuches im vorliegenden Zwölfprophetenbuch – reichen dann aber für die These eines Nahum-Habakuk-Korpus kaum aus. Denn wie an anderer Stelle bereits ausführlich dargestellt, lässt sich nicht ohne weiteres entscheiden, ob die Gemeinsamkeiten zwischen den hier belegten Buchüberschriften das Produkt ein und derselben Redaktion sind, ob diese auf eine einseitige Angleichung der einen an die andere Stelle zurückgehen oder ob diese Gemeinsamkeiten angesichts der ja durchaus auch vorhandenen Unterschiede schlicht mit der unabhängig voneinander erfolgten Orientierung an formalen Konventionen zu erklären sind.[12] Dass das Habakukbuch im Zwölfprophetenbuch vor dem Zefanjabuch steht, obwohl das Zefanjabuch noch wie das Nahumbuch die Bedrohung durch die Assyrer voraussetzt, kann schließlich auch darauf zurückgehen, dass hier inhaltliche und formale Aspekte gegenüber chronologischen Aspekten den Vorrang erhielten,[13] und muss somit ebenfalls nicht dafür sprechen, dass es einmal ein die Bücher Nahum und Habakuk umfassendes Zweiprophetenbuch gab.

Da die Argumente, die für die These eines Nahum-Habakuk-Korpus vorgebracht wurden, also kaum ausreichend sind, soll nun auf Grundlage der hier vorgestellten redaktionsgeschichtlichen Analyse der Einzelbücher nochmals von Neuem nach der Integration des Habakukbuches in das werdende Zwölfprophetenbuch gefragt werden.

---

11 S.o. 58f.
12 Siehe hierzu im einzelnen Wöhrle, Sammlungen, 40-42.
13 S.u. 332f.

3.2 Weitere Überlegungen zur Integration des Habakukbuches

Nach der oben ausgeführten redaktionsgeschichtlichen Analyse des Habakukbuches wurde bei diesem Buch eine als Fromme-Frevler-Schicht bezeichnete Grundschicht, die an innergesellschaftlichen Missständen orientiert ist, durch die als Babylonier-Schicht bezeichnete Bearbeitung zu einer
gegen die Babylonier gerichteten Schrift umgearbeitet.[14] Zudem zeigten sich
im Habakukbuch noch einige kleinere, vereinzelte Nachträge.

Es spricht nun zunächst nichts dafür, dass das Habakukbuch schon auf
der Ebene der Grundschicht in das werdende Zwölfprophetenbuch integriert und somit von vornherein für den Kontext des werdenden Zwölfprophetenbuches geschaffen wurde. Denn die hier behandelte Fromme-
Frevler-Thematik ist im Zwölfprophetenbuch lediglich in Mal 3,16-18.20-21
nochmals von Bedeutung, wobei sich keine bedeutenden buchübergreifenden Zusammenhänge zwischen der Habakuk-Grundschicht und dem betref-
fenden Textbereich im Maleachibuch aufzeigen lassen.[15] Somit wurde das
Habakukbuch auf der Ebene der Grundschicht noch als eigenständiges
Buch überliefert.

Die Babylonier-Schicht könnte dagegen auf den ersten Blick mit den der
Fremdvölkerschicht I zugewiesenen Bearbeitungen in Verbindung gebracht
werden. Dafür könnte nicht nur ganz allgemein die völkerfeindliche Ten-
denz der Babylonier-Schicht sprechen, sondern auch die Tatsache, dass
durch diese Bearbeitung eine ursprünglich gegen das eigene Volk gerichtete
Schrift zu einer gegen ein Fremdvolk gerichteten Schrift umgestaltet wurde.
Denn vergleichbare redaktionelle Vorgänge zeigten sich bei den der Fremdvölkerschicht I zugewiesenen Überarbeitungen ja gleich an mehreren Stellen.
So wurden im Rahmen der Fremdvölkerschicht I ursprünglich dem eigenen
Volk geltende Einzelworte in den Büchern Micha, Zefanja und Deuterosacharja gegen die Völker umgelenkt,[16] und vor allem wurde das Nahumbuch,
das in seinem Grundbestand ebenfalls nur am eigenen Volk orientiert war,
zu einer umfassenden Gerichtsankündigung gegen Ninive umgearbeitet.[17]
Da nun auch das Habakukbuch im Rahmen der Babylonier-Schicht sekundär auf einen äußeren Feind hin umgelenkt wurde, könnte doch also
zunächst die Annahme durchaus naheliegen, dass auch die Babylonier-

---

14   Siehe hierzu oben 317-322.
15   So hat die Fromme-Frevler-Bearbeitung des Maleachibuches die eschatologische Scheidung
     zwischen Frommen und Frevlern am Tag Jhwhs zum Gegenstand, was so in der Fromme-
     Frevler-Schicht des Habakukbuches nicht von Bedeutung ist. Hier wird eher ein Eingreifen
     Jhwhs in die jetzige Situation des Volkes erwartet. Zudem finden sich zwischen der Fromme-
     Frevler-Bearbeitung des Maleachibuches und der Fromme-Frevler-Schicht des Habakuk-
     buches auch keine signifikanten terminologischen Verbindungen.
16   S.o. 150f.
17   S.o. 64-66.

Schicht des Habakukbuches auf die für die Fremdvölkerschicht I verantwortlichen Redaktoren zurückgeht und dass das Habakukbuch somit im
Rahmen der Fremdvölkerschicht I in das werdende Zwölfprophetenbuch
integriert wurde.

Gegen diese Annahme sprechen aber gleich mehrere Überlegungen. So
zeigt sich zunächst auf inhaltlicher Ebene ein markanter Unterschied zwischen der Babylonier-Schicht und den der Fremdvölkerschicht I zugewiesenen Textbereichen. Die Fremdvölkerschicht I zeichnet sich ja gerade dadurch aus, dass die gesamte Völkerwelt als dem eigenen Volk feindlich
gegenüberstehend vorgestellt wird und deshalb auch der gesamten Völkerwelt das Gericht angesagt wird.[18] Ja, selbst die Stellen, an denen im Rahmen
der Fremdvölkerschicht I doch Gerichtsworte gegen konkrete Einzelvölker
eingetragen wurden – im Nahumbuch gegen Ninive und in Zef 2,7.9b-
10.13-15 gegen die Philister, Ammon und Moab sowie erneut gegen Ninive
–, sind im Zusammenhang dieser Schicht doch als Exemplifizierung des
allen Völkern geltenden Gerichtshandelns Jhwhs zu verstehen.[19] Jedenfalls
findet sich unter den der Fremdvölkerschicht I zugewiesenen Worten an
keiner Stelle die Vorstellung, dass ein Teil der Völker nicht dem Gericht
Jhwhs verfallen sei.

Anders sieht es hingegen bei der Babylonier-Schicht des Habakukbuches
aus. In dieser Schicht wird weder ein die gesamte Völkerwelt treffendes
Gerichtshandeln Jhwhs erwartet noch kann das hier angesagte Gericht an
den Babyloniern als beispielhaft für ein solch universales Gerichtshandeln
verstanden werden. Denn die Babylonier-Schicht zeichnet sich ja gerade
dadurch aus, dass die Babylonier für das angeklagt werden, was sie den
übrigen Völkern antun.[20] Den Babyloniern werden hier also nicht nur ihre
Verschuldungen am eigenen Volk, sondern ihre Verschuldungen an den
Völkern überhaupt vorgehalten. Das Gros der Völker ist nach der
Babylonier-Schicht also nicht dem Gericht verfallen, sondern wie das eigene
Volk Opfer der Babylonier. Zwar haben auch die hier belegten Anklagen
angesichts der doch recht allgemeinen Aussagen über die Babylonier Beispielcharakter. Aber wie oben begründet, stehen die Babylonier hier eben
beispielhaft für eine den Völkern feindlich gesinnte Großmacht und nicht
beispielhaft für die gesamte, dem eigenen Volk feindlich gesinnte Völkerwelt.[21] Die Babylonier-Schicht ist also nicht von derselben universalen
Gerichtsvorstellung geprägt wie die Fremdvölkerschicht I, was doch deutlich dagegen spricht, dass diese Schicht derselben Hand zuzuweisen ist wie
die Fremdvölkerschicht I.

18 S.o. 141.
19 S.o. 142f.
20 S.o. 320.
21 S.o. 322.

Dagegen spricht nun auch, dass das Fremdvölker-Korpus I von einer buchübergreifenden Komposition geprägt ist, bei der der zu Beginn im Joelbuch vorgegebene Weg vom Gericht zum Heil in den folgenden Büchern Amos bis Deuterosacharja durch zahlreiche thematische und terminologische Wiederaufnahmen aus dem Joelbuch noch einmal nachgezeichnet wird.[22] In diese Komposition ist das Habakukbuch, in dem sich weder thematische noch terminologische Rückbezüge zum Joelbuch erkennen lassen, nicht eingebunden. Da sich schließlich auch sonst zwischen den der Babylonier-Schicht zugewiesenen Textbereichen und den der Fremdvölkerschicht I in den einzelnen Büchern zugewiesenen Textbereichen keinerlei markante Verbindungen aufzeigen lassen, spricht also nichts dafür, dass die Babylonier-Schicht des Habakukbuches auf die für die Fremdvölkerschicht I verantwortlichen Redaktoren zurückgeht und auf dieser literarischen Ebene in das werdende Zwölfprophetenbuch eingebunden wurde.

Die Babylonier-Schicht des Habakukbuches weist nun aber nicht nur zur Fremdvölkerschicht I, sondern auch zu den übrigen buchübergreifenden Redaktionen des Zwölfprophetenbuches keinerlei bedeutende Verbindungen auf. So ist die Babylonier-Schicht des Habakukbuches, auf die die vorliegende Gestalt des Buches im wesentlichen zurückgeht, noch unabhängig vom werdenden Zwölfprophetenbuch entstanden. Das heißt dann aber, dass das Habakukbuch überhaupt von buchübergreifenden Redaktionsprozessen im Zwölfprophetenbuch unberührt blieb und lediglich als Ganzes in die Sammlung aufgenommen wurde.[23]

---

22   S.o. 151-160.

23   In der bisherigen Forschung konnten denn auch nur recht wenige Verbindungen zwischen dem Habakukbuch und den übrigen Büchern des Zwölfprophetenbuches aufgezeigt werden. Nogalski, Processes, 146-150.173-179, verweist etwa auf thematische Verbindungen an den Buchrändern zwischen dem Habakukbuch und dem vorangehenden Nahumbuch sowie dem folgenden Zefanjabuch. Doch bei den von ihm zwischen Hab 1 und Nah 3 aufgezeigten Parallelen handelt es sich um rein assoziative Verbindungen. So meint Nogalski, a.a.O., 147f, etwa, dass die in Nah 3,14 belegte Aufforderung, die Festungen zu verstärken, die Nutzlosigkeit der Verteidigung von Ninives Festungen zum Ausdruck bringt, und bezieht darauf den Vers Hab 1,10, nach dem die Babylonier über jede Festung lachen. Zwar ist an beiden Stellen das Wort מבצר belegt. Doch liegen die Gemeinsamkeiten zwischen diesen beiden Versen auf so allgemeiner Ebene, dass dies kaum zur Annahme einer buchübergreifenden Redaktion ausreichen dürfte. Vergleichbares gilt sodann auch für die von Nogalski, a.a.O., 176, genannte Verbindung zwischen Hab 3,16 und Zef 1,15 über die Wendung יום צרה. Denn in Hab 3 ist hiermit doch ein gegen ein fremdes Volk gerichteter „Tag der Bedrängnis", in Zef 1 dagegen ein gegen das eigene Volk gerichteter Tag im Blick.
Auch die von Bosshard-Nepustil, Rezeptionen, 308f, im Habakukbuch aufgezeigten buchübergreifenden Verbindungen überzeugen nicht wirklich. So begründet Bosshard-Nepustil die von ihm angenommene Verbindung zwischen Joel 1,1-2,11* und Hab 1,1-2,16* etwa darüber, dass in beiden Textbereichen ein von Jhwh beauftragtes Gerichtsheer angesagt wird oder dass die in Joel 2,11 belegte Frage, wer den Tag Jhwhs überstehen kann, in Hab 2,4 mit der Aussage, dass der Fromme durch seine Treue leben wird, beantwortet würde. Doch auch

Dabei stellt sich die Frage, zu welchem Zeitpunkt die Aufnahme des Habakukbuches anzusetzen ist. Aufgrund der bisherigen Darlegungen steht zunächst fest, dass dies sicherlich nach der Ebene des Fremdvölker-Korpus I geschah. Denn wie soeben erwähnt, ist das Habakukbuch nicht in die geschlossene buchübergreifende Komposition dieses Korpus eingebunden.

Schwieriger zu bestimmen ist der terminus ad quem der Integration des Habakukbuches. Es lässt sich hier allenfalls vermuten, dass das Habakukbuch noch vor der Ebene des Heil-für-die-Völker-Korpus in das werdende Zwölfprophetenbuch aufgenommen wurde. Darauf weist zunächst die unter den buchübergreifenden Bearbeitungen des Zwölfprophetenbuches erkennbare theologiegeschichtliche Entwicklung. Während nämlich die aufeinander folgenden Bearbeitungen der Fremdvölkerschicht I, der Davidsverheißungen und der Fremdvölkerschicht II jeweils von einer völkerfeindlichen Tendenz geprägt sind,[24] ist die daran anschließende Heil-für-die-Völker-Schicht gerade völkerfreundlich ausgerichtet. Wie im einzelnen noch näher ausgeführt wird, scheint sich also mit der Heil-für-die-Völker-Schicht die Beurteilung des Verhältnisses zu den Völkern in den für das Zwölfprophetenbuch verantwortlichen Kreisen verändert zu haben.[25] Das heißt dann aber, dass das Habakukbuch, das ja zumindest mit Blick auf die hier angeklagte Großmacht von einer völkerfeindlichen Tendenz geprägt ist und bei dem gegenüber der Heil-für-die-Völker-Schicht – mit Ausnahme des im folgenden noch näher zu besprechenden Nachtrags in Hab 2,14 – noch nicht die Frage nach einer möglichen heilvollen Zuwendung Jhwhs zu den Völkern im Raume steht, doch wohl noch vor der Heil-für-die-Völker-Schicht in das werdende Zwölfprophetenbuch integriert wurde.

---

hierbei handelt es sich um eher assoziative Verbindungen, die letztlich kaum zur Begründung der von Bosshard-Nepustil vorgelegten redaktionsgeschichtlichen Überlegungen ausreichen dürften.

Dies gilt sodann auch für Schart, Entstehung, 242-247, dessen Annahme, dass die Bücher Nahum und Habakuk gemeinsam in das werdende Zwölfprophetenbuch eingebaut wurden, vergleichbar mit den von Kessler vorgestellten Darlegungen, vor allem auf den Gemeinsamkeiten zwischen den in Nah 1,2-8 und Hab 3,1-19 belegten Psalmen beruhen, wobei Schart dies im Gegensatz zu Kessler noch mit der Einfügung der Doxologien des Amosbuches in Am 4,12-13; 5,8-9; 8,8; 9,5-6 in Verbindung bringt und den Zusammenhang zwischen den Büchern Nahum und Habakuk so von vornherein im Kontext des werdenden Zwölfprophetenbuches und nicht im Kontext eines zunächst unabhängig überlieferten Zweiprophetenbuches sieht. Die redaktionsgeschichtliche Auswertung der Gemeinsamkeiten zwischen Nah 1 und Hab 3 wurde dabei schon oben 325-327 abgelehnt. Dass diese Psalmen mit den Amos-Doxologien in Verbindung stehen sollten, scheitert sodann schon daran, dass diese Doxologien dem Amosbuch wohl schon vor der Aufnahme dieses Buches in das werdende Zwölfprophetenbuch zugefügt worden sein dürften (vgl. Wöhrle, Sammlungen, 119 mit Anm. 240), und zudem auch daran, dass es sich hierbei um Schöpfungshymnen und nicht wie in Nah 1; Hab 3 um Theophaniepsalmen handelt.

24 S.o. 164-170.185-188.281-286.
25 S.u. 354-358.

Dafür könnte auch noch eine zweite Überlegung sprechen. Unter den im Habakukbuch erkannten vereinzelten Nachträgen wurde in 2,14 die Verheißung eingefügt, dass einst die gesamte Erde von der Herrlichkeit Jhwhs erfüllt sein wird.[26] Dabei wird sich im folgenden noch zeigen, dass im Zwölfprophetenbuch neben den der Heil-für-die-Völker-Schicht zugewiesenen Textbereichen in Zef 2,11; Sach 9,7; Mal 1,11a noch einige weitere, vereinzelte Nachträge eingebracht wurden, die wie Hab 2,14 von einer völkerfreundlichen Tendenz geprägt sind und die wohl in etwa zur selben Zeit anzusetzen sind wie die Heil-für-die-Völker-Schicht.[27] Diese Nachträge gehen zwar kaum auf eine gemeinsame buchübergreifende Redaktion zurück. Sie sind jedoch ein Beleg dafür, dass die mit der literarischen Fortschreibung des Zwölfprophetenbuches betrauten Kreise auch über die Heil-für-die-Völker-Schicht hinaus noch Worte eingebracht haben, in denen den Völkern die heilvolle Zuwendung Jhwhs verheißen wird.

Es ist daher durchaus denkbar, dass das Habakukbuch zu dem Zeitpunkt, als Hab 2,14 nachgetragen wurde, bereits Teil des Zwölfprophetenbuches war. Da es sich bei Hab 2,14 wie auch bei Zef 2,11; Sach 9,7; Mal 1,11a um vereinzelte Nachträge handelt, lässt sich zwar letztlich auch nicht ausschließen, dass dieser Vers dem noch unabhängig überlieferten Habakukbuch zugefügt wurde. Doch die Tatsache, dass gerade im Zwölfprophetenbuch sowohl im Rahmen der Heil-für-die-Völker-Schicht als auch bei drei weiteren Stellen solch völkerfreundliche Nachträge angebracht wurden, so dass gerade bei den für das werdende Zwölfprophetenbuch verantwortlichen Redaktoren ab einem bestimmten Zeitpunkt die Frage nach der positiven Zuwendung Jhwhs zu den Völkern von besonderer Bedeutung war, könnte zumindest darauf hindeuten, dass das Habakukbuch bei der Zufügung von Hab 2,14 bereits zu dieser Sammlung gehörte.

So ergibt sich, dass das Habakukbuch zwischen der Fremdvölkerschicht I, die in das 4.Jh. datiert werden konnte,[28] und der Heil-für-die-Völker-Schicht sowie den vereinzelten völkerfreundlichen Nachträgen in Zef 2,11; Sach 9,7; Mal 1,11a, die wohl allesamt in der ersten Hälfte des 3.Jh. anzusetzen sind,[29] in das werdende Zwölfprophetenbuch integriert wurde.

Dabei dürfte das Habakukbuch wohl aufgrund seiner formalen und inhaltlichen Nähe zum Nahumbuch an der vorliegenden Stelle eingebunden worden sein. Denn wie in der bisherigen Forschung ja zurecht häufig hervorgehoben wurde, sind beide Bücher dadurch verbunden, dass sie — wenn auch mit einer unterschiedlichen Intention — von der Gerichtsankündigung

---

26   S.o. 307f.

27   Siehe hierzu und zur Begründung, dass diese Worte nicht zur Heil-für-die-Völker-Schicht selbst zu rechnen sind, im einzelnen unten 358-360.

28   S.o. 161-164.

29   S.u. 351-354 und 360 Anm. 72.

gegen eine feindliche Großmacht bestimmt sind, dass sie mit einer vergleichbaren Überschrift beginnen und dass am Beginn des Nahumbuches und am Ende des Habakukbuches ein Psalm steht.[30] Diese Gemeinsamkeiten sind aber entgegen der in der bisherigen Forschung immer wieder vorgetragenen Vermutung nicht das Produkt einer buchübergreifenden Redaktion. Vielmehr wurde das Habakukbuch lediglich wegen dieser bereits bestehenden Gemeinsamkeiten im Anschluss an das Nahumbuch in das werdende Zwölfprophetenbuch aufgenommen.

Grund dieser Aufnahme dürfte wohl schlicht die Tatsache gewesen sein, dass mit dem Habakukbuch eine weitere prophetische Schrift bereitstand, die sowohl inhaltlich und formal als auch von ihrem Umfang her zu den übrigen Schriften passte. Es dürfte also gewissermaßen ein Sammlungsinteresse zur Aufnahme des Habakukbuches geführt haben. Denn die buchübergreifende Gesamtaussage des Zwölfprophetenbuches bleibt durch die Aufnahme des Habakukbuches ja im wesentlichen unverändert.

Auf Grundlage der hier vorgetragenen redaktionsgeschichtlichen Analyse der Einzelbücher ergibt sich also, dass das Habakukbuch nicht im Rahmen einer buchübergreifenden Redaktion in das werdende Zwölfprophetenbuch integriert und fortgeschrieben wurde. Das Buch wurde vielmehr am Ende des 4. oder am Beginn des 3.Jh. in einer nahezu dem vorliegenden Umfang entsprechenden Gestalt in die Sammlung aufgenommen und dabei aufgrund der bereits vorhandenen Gemeinsamkeiten mit dem Nahumbuch an seinen jetzigen Ort gestellt. Lediglich der von einer völkerfreundlichen Tendenz geprägte Vers Hab 2,14 wurde wohl erst im Kontext des Zwölfprophetenbuches ergänzt.

3.3 Fazit

Im Gegensatz zu den meisten anderen Büchern des Zwölfprophetenbuches verlief die Entstehung des Habakukbuches im wesentlichen unabhängig von dieser Sammlung. Denn weder die an der Fromme-Frevler-Thematik orientierte Grundschicht des Buches noch die am Gericht an den Babyloniern orientierte Bearbeitung, auf die die vorliegende Gestalt des Buches zurückgeht, ist mit den im Zwölfprophetenbuch erkannten buchübergreifenden Bearbeitungen verbunden. Dies führt aber zu dem Schluss, dass das Habakukbuch zunächst noch für sich überliefert und erst recht spät und in etwa im vorliegenden Umfang in das Zwölfprophetenbuch integriert wurde.

Dabei ließ sich zeigen, dass die Aufnahme des Habakukbuches sicherlich nach der im 4.Jh. zu datierenden Fremdvölkerschicht I und vermutlich

---

30 Vgl. hierzu v.a. Schart, Entstehung, 247f; Kessler, Nahum-Habakuk, 150-155.

noch vor der in der ersten Hälfte des 3.Jh. entstandenen Heil-für-die-Völker-Schicht anzusetzen ist. An seiner vorliegenden Stelle zwischen dem Nahum- und dem Zefanjabuch wurde es wohl aufgrund der inhaltlichen und formalen Gemeinsamkeiten mit dem Nahumbuch eingebracht.

Die buchübergreifende Gesamtaussage des Zwölfprophetenbuches hat sich durch die Integration des Habakukbuches kaum verändert. Es handelt sich auch auf dieser literarischen Ebene um ein gegen die Anfeindungen der Völker gerichtetes Korpus prophetischer Schriften, in dem die Ursachen der durch die Völker aufgekommenen Not reflektiert werden und die Überwindung dieser Not durch Jhwh zugesagt wird. In dieses Bild fügt sich das an den feindlichen Übergriffen einer Großmacht orientierte Habakukbuch, und so wird auch das Habakukbuch durch die Aufnahme in das werdende Zwölfprophetenbuch zu einem Teil eines über das einzelne Buch hinausgehenden Ganzen.

VI. Das Heil-für-die-Völker-Korpus (Joel; Am; Obd; Mi; Nah; Hab; Zef; Hag; Sach; DtSach; Mal)

1. Ausgangspunkt

Die redaktionsgeschichtliche Analyse der Einzelbücher ergab, dass das werdende Zwölfprophetenbuch nach der Fremdvölkerschicht II einer weiteren Redaktion unterzogen wurde, bei der den Völkern nun gerade die Möglichkeit einer Rettung aus dem kommenden Gericht angesagt wird.[1] Dieser Heil-für-die-Völker-Schicht wurden die folgenden Textbereiche zugeordnet:

Joel	3,1-4.5*(ohne ובשׂרידים ... קרא)
Amos	-
Obadja	17a
Micha	4,1-4 5,6 7,17aβb
Nahum	-
Habakuk	-
Zefanja	3,9.10*(ohne עתרי בת־פוצי)
Haggai	-
Sacharja	2,15-16 8,20-23
Deuterosacharja	14,16-19
Maleachi	-

---

1   Zur Begründung, dass die Heil-für-die-Völker-Schicht nach der Fremdvölkerschicht II anzusetzen ist, s.u. 351 mit Anm. 44.

Dabei wird in Joel 3,1-5* verheißen, dass der Geist Jhwhs über alles Fleisch, also über die gesamte Menschheit,[2] ausgegossen wird, so dass die Angesprochenen prophetisch reden werden, die Alten Träume und die Jungen Gesichte haben werden. Und nach der Ankündigung kosmischer Ereignisse als Vorzeichen des kommenden Tages Jhwhs wird hier zugesagt, dass auf dem Zion für jeden, der den Namen Jhwhs anruft, Rettung sein wird. In Obd 17a wird den Völkern ebenfalls eine Rettungsmöglichkeit auf dem Zion verheißen. In Mi 4,1-4 findet sich die Ankündigung einer Völkerwallfahrt zum Zion, nach der die Völker dort von Jhwh Weisung suchen werden und Jhwh Frieden unter den Völkern schaffen wird. Nach Mi 5,6 wird der Rest Jakobs unter den Völkern wie Tau von Jhwh sein. Nach Mi 7,17* werden die Völker einst zitternd zu Jhwh hervorkommen und sich vor ihm fürchten.

In Zef 3,9-10* wird sodann angesagt, dass Jhwh den Völkern reine Lippen schaffen wird, so dass sie den Namen Jhwhs anrufen werden.[3] Zudem findet sich hier die Erwartung, dass die Völker Jhwh Geschenke darbringen werden. Nach Sach 2,15-16 werden sich die Völker einst Jhwh anschließen. Dann wird Jhwh auf dem Zion wohnen, Juda in Besitz nehmen und Jerusalem wieder erwählen. In Sach 8,20-23 ist die Erwartung belegt, dass die Völker zum Zion kommen, Jhwh dort anbeten und sich dem eigenen Volk anschließen werden. Und schließlich wird in Sach 14,16-19 angesagt, dass die Völker jährlich nach Jerusalem hinaufziehen werden, um sich vor Jhwh niederzuwerfen und das Laubhüttenfest zu feiern. Dabei werden diejenigen Völker, die dies nicht tun werden, von Jhwh bestraft.

Unter den bislang zur Entstehung des Zwölfprophetenbuches vorgelegten Ansätzen hat einzig Bosshard-Nepustil die Vermutung geäußert, dass die beiden Worte Mi 4,1-4 und Sach 8,20-23 im Rahmen ein und derselben buchübergreifenden Redaktion – der von ihm als Völker-Ergänzungen[XII] bezeichneten Bearbeitung – in das Korpus eingebracht worden sein könnten.[4] Allerdings hat Bosshard-Nepustil diese Überlegung noch nicht umfassend begründet, und er ist auch noch nicht weiter der Frage nachgegangen, ob noch andere der im Zwölfprophetenbuch belegten Worte, bei denen den Völkern eine Rettungsmöglichkeit verheißen wird, zu den Völker-Ergänzungen[XII] hinzuzurechnen sind. Zudem hat er dieser Bearbei-

---

2   Zur Begründung, dass Joel 3,1-5* aufgrund der in 3,1 belegten Formulierung „über alles Fleisch" (על־כל־בשׂר) und der in 3,5* belegten Aussage, dass jeder (כל), der den Namen Jhwhs anruft, gerettet wird, entgegen der gängigen Annahme als universales, auch die Völker umschließendes Heilswort zu verstehen ist, vgl. im einzelnen Wöhrle, Sammlungen, 425-427.

3   Zur Ablehnung der immer wieder vorgetragenen Versuche, Zef 3,9-10 durch textkritische Eingriffe so an den vorliegenden Kontext anzupassen, dass auch diese beiden Verse nicht als ein an die Völker, sondern als ein an das eigene Volk gerichtetes Heilswort zu verstehen sind, vgl. Wöhrle, Sammlungen, 212 Anm. 58.

4   Vgl. Bosshard-Nepustil, Rezeptionen, 416-418.

tung neben Mi 4,1-4 und Sach 8,20-23 auch den gerade völkerfeindlich ausgerichteten Textbereich Obd 1-14.15a zugeordnet,[5] so dass die von ihm vorgestellten Völker-Ergänzungen[XII] doch ein eher disparates Bild abgeben.

Auf Grundlage der hier vorgestellten redaktionsgeschichtlichen Analyse der Einzelbücher, nach der es sich bei all den genannten völkerfreundlichen Worten um recht späte Nachträge zu den jeweiligen Büchern handelt, kann nun aber ganz neu und auf methodisch gesichertem Fundament danach gefragt werden, ob diese Nachträge auf dieselbe Hand zurückgehen und für den buchübergreifenden Zusammenhang des werdenden Zwölfprophetenbuches eingebracht wurden.

2. Der buchübergreifende Zusammenhang der Heil-für-die-Völker-Bearbeitungen

2.1 Der literarische Zusammenhang der Heil-für-die-Völker-Bearbeitungen

Die der Heil-für-die-Völker-Schicht zugewiesenen Passagen zeichnen sich zunächst auf noch ganz allgemeiner Ebene durch ihre universalistische Heilsperspektive aus. Bei all diesen Worten wird der gesamten Völkerwelt eine Rettungsmöglichkeit verheißen. So wird bei Joel 3,1-5* zum einen in 3,1 die Ausgießung des Geistes über alles Fleisch (כל־בשר) angesagt, und in Joel 3,5* heißt es ohne weitere Einschränkung, dass jeder, der den Namen Jhwhs auf dem Berg Zion anruft (כל אשר־יקרא בשם יהוה), gerettet wird.[6] Wie in Joel 3,5* wird sodann auch in Obd 17a angekündigt, dass auf dem Berg Zion Rettung sein wird, wobei auch diese Verheißung im Anschluss an den vorangehenden Vers 16 „allen Völkern" (כל־הגוים) gilt.[7] In Mi 4,1-4 wird angesagt, dass Völker (עמים) bzw. viele Völker (גוים רבים) zum Zion kommen werden. Nach Mi 5,6 wird dem Rest Jakobs unter „vielen Völkern" (עמים רבים) eine segensreiche Funktion zukommen. Und nach Mi 7,17aβb werden sich einst die zuvor in 7,16 genannten Völker (גוים) insgesamt Gott zuwenden. Die in Zef 3,9.10* belegte Verheißung, dass Jhwh den Völkern (עמים) reine Lippen geben wird, wird ebenfalls ohne Einschränkung vor-

---

5   Vgl. Bosshard-Nepustil, Rezeptionen, 418-420. Dabei meint Bosshard-Nepustil, a.a.O., 419, dass dem Obadjabuch im Rahmen der Völker-Ergänzungen[XII] die „Funktion des Ausschlusses von Edom aus dem Völkerheil" zukommt. Doch ist ein solcher Zusammenhang zwischen den völkerfreundlichen Passagen Mi 4,1-4; Sach 8,20-23 und dem gegen Edom gerichteten Textbereich Obd 1-14.15b an keiner Stelle klar formuliert und somit doch eher von außen an die Texte herangetragen.

6   Zur universalen Deutung von Joel 3 s.o. 336 Anm. 2.

7   S.o. 207-209.

gebracht. In Sach 2,15 wird angesagt, dass sich viele Völker (גוים רבים)
Jhwh anschließen werden. Nach Sach 8,20-23 werden Völker (עמים) und die
Bewohner vieler Städte (ישבי ערים רבות) nach Jerusalem kommen. Und
schließlich wird in Sach 14,16-19 angekündigt, dass jeder, der unter den
Völkern übriggeblieben ist (כל־הנותר מכל־הגוים), einst nach Jerusalem
hinaufziehen wird.

Eine über diese allgemeine Übereinstimmung hinausgehende Gemeinsamkeit unter den der Heil-für-die-Völker-Schicht zugewiesenen Worten
besteht nun darin, dass die den Völkern zugesagte Rettungsmöglichkeit bei
all diesen Worten mit dem Kommen der Völker zum Zion verbunden ist.
Besonders deutlich ist dies natürlich bei den Worten, in denen direkt angesagt wird, dass die Völker einst zum Zion hinaufsteigen werden, also bei Mi
4,1-4; Sach 8,20-23; 14,16-19. Aber auch die in Joel 3,5* und Obd 17a belegte Verheißung, dass auf dem Berg Zion Rettung sein wird, setzt doch die
Erwartung voraus, dass sich die Völker eben zum Zion begeben werden.[8]

Dies gilt auch für die übrigen Worte der Heil-für-die-Völker-Schicht: So
wird in Mi 7,17aβb angesagt, dass die Völker zitternd aus ihren Gefängnissen
zu Jhwh kommen werden. Es wird also auch hier eine Bewegung der Völker
zu Jhwh beschrieben, was sich doch eigentlich nur als Bewegung auf den
Zion hin verstehen lässt.[9] Die in Zef 3,10* belegte Ankündigung, dass die
Völker von jenseits der Ströme Kuschs Geschenke bringen werden, ist
sodann wohl sicherlich so zu deuten, dass die Völker nach Jerusalem kommen, um dort Opfer darzubringen.[10] Und auch die Erwartung in Sach 2,15,
dass sich die Völker Jhwh anschließen werden (לוה), dürfte angesichts der
im weiteren Verlauf dieses Verses vorgebrachten Verheißung, dass Jhwh auf
dem Zion wohnen wird, doch voraussetzen, dass die Völker nach Jerusalem
kommen.[11]

So wird lediglich bei der in Mi 5,6 belegten Verheißung, dass der Rest
Jakobs inmitten der Völker wie Tau sein wird, nicht direkt vorausgesetzt,

---

8 Dass Joel 3,5* angesichts der hier belegten uneingeschränkten Verheißung, dass auf dem
Zion Rettung sein wird, letztlich auf die Erwartung einer Völkerwallfahrt zum Zion hinaus-
läuft, wurde bei den bislang vorgelegten Ansätzen, die entgegen der gängigen Meinung davon
ausgehen, dass Joel 3 als universales Heilswort zu verstehen ist (s.o. 336 Anm. 2), noch nicht
klar genug gesehen; vgl. Barton, Joel, 97f; Dahmen, NSK.AT 23,2, 84f; Roth, Israel, 69-71.
Bei Obd 17a wurde bislang überhaupt noch nicht erkannt, dass es sich hierbei um ein auch
die Völker mit einschließendes Heilswort handelt; siehe hierzu oben 207-209.

9 So vergleicht auch Kessler, Micha, 309, das in Mi 7,17aβb belegte Hervorkommen der Völker
zu Jhwh mit Mi 4,1-4; vgl. hierzu auch Zapff, Studien, 198; Jeremias, ATD 24,3, 229.

10 Vgl. nur Rudolph, KAT 13,3, 296; Striek, Zephanjabuch, 200f; Nogalski, Zephaniah 3, 212;
Irsigler, Zefanja, 377; Sweeney, Zephaniah, 186; Perlitt, ATD 25,1, 140.

11 Dass bei Sach 2,15 die Vorstellung einer Völkerwallfahrt zum Zion impliziert ist, meinten
etwa auch schon Mason, Haggai, 44; Beuken, Haggai-Sacharja, 325f; Reventlow, ATD 25,2,
50; Hanhart, BK 14,7.1, 152-154.

dass die Völker einst zum Zion kommen werden. Dies ist aber zum einen damit zu erklären, dass die für die Heil-für-die-Völker-Schicht verantwortlichen Redaktoren den Vers 5,6 in Anlehnung an und als Gegensatz zu Mi 5,7 gestaltet haben, wo es heißt, dass der Rest Jakobs unter den Völkern wie ein reißender Löwe sein wird.[12] Mi 5,6 ist also aufgrund der in Mi 5,7 vorgegebenen Aussage an der Zuwendung der Völker zum eigenen Volk und nicht wie die übrigen der Heil-für-die-Völker-Schicht zugewiesenen Worte an der Zuwendung der Völker zum Zion orientiert. Zum anderen ist bei Mi 5,6 mit dem Rest Jakobs, der „inmitten vieler Völker" von positiver Bedeutung sein wird, doch sicherlich das im Land ansässige Volk gemeint.[13] Im Anschluss an die zuvor in 4,1-4 belegte Verheißung, dass die Völker nach Jerusalem kommen werden, um dort Weisung zu erhalten (vgl. Sach 8,23), kann Mi 5,6 daher gut so verstanden werden, dass die Funktion des Volkes unter den Völkern eben darin besteht, dass von diesem Volk und somit letztlich auch von Jerusalem her Weisung für die Völker ausgeht. Somit wird zumindest indirekt auch bei Mi 5,6 vorausgesetzt, dass die Rettung der Völker mit deren Kommen nach Jerusalem verbunden ist.[14]

Die der Heil-für-die-Völker-Schicht zugewiesenen Worte zeichnen sich aber nicht nur durch die gemeinsame Vorstellung aus, dass die Völker einst zum Zion kommen werden. Es wird bei diesen Worten auch vorausgesetzt, dass die Völker dort Jhwh ihre Verehrung entgegenbringen werden. So wird nach Joel 3,5* derjenige gerettet, der auf dem Zion den Namen Jhwhs anruft. Auch nach Zef 3,9 werden die Völker den Namen Jhwhs anrufen – wobei hier dieselbe Wendung קרא בשם יהוה wie in Joel 3,5* verwandt wird –, und nach Zef 3,10* werden sie Jhwh Geschenke darbringen. In Mi 7,17aßb findet sich sodann die Erwartung, dass sich die Völker vor Jhwh erschrecken (פחד) und sich vor ihm fürchten werden (ירא). Nach Sach 2,15 werden sich die Völker Jhwh anschließen (לוה), und in Sach 8,21.22 heißt es, dass die Völker nach Jerusalem kommen, um das Angesicht Jhwhs zu

12 Vgl. hierzu im einzelnen Wöhrle, Sammlungen, 164f.
13 So auch Mays, Micah, 122; Wolff, BK 14,4, 128; Hillers, Micah, 70f; Jeremias, ATD 24,3, 189. Demgegenüber meinen aber Sellin, KAT 12, 291; Weiser, ATD 24, 275; Rudolph, KAT 13,3, 101, dass mit dem Rest Jakobs in Mi 5,6 die Angehörigen des Volkes in der Diaspora gemeint seien. Eine Mittelposition nimmt sodann Kessler, Micha, 241, ein, der davon ausgeht, dass in Mi 5,6 sowohl die Angehörigen des Volkes im eigenen Land als auch die in der Diaspora gemeint seien. Da Mi 5,6 aber selbst nicht explizit auf die Diaspora bezogen ist und da auch im vorliegenden Kontext von Mi 5,6 an keiner Stelle die Angehörigen der Diaspora von Bedeutung sind, sondern bei der direkt vorausgehenden Herrschaftsverheißung Mi 5,1ff sogar ganz im Gegenteil die Situation des Volkes im eigenen Land im Blick ist, dürfte die Annahme, dass mit dem in Mi 5,6 genannten Rest Jakobs das im Land ansässige Volk gemeint ist, doch die wahrscheinlichste sein.
14 So bringen auch Hillers, Micah, 70f; Jeremias, ATD 24,3, 189f, die Aussage von Mi 5,6 mit der in Mi 4,1-4 belegten Erwartung einer Völkerwallfahrt zum Zion in Verbindung.

besänftigen (חלה את־פני יהוה) und ihn zu suchen (בקשׁ). Nach Sach 14,16-19 werden die Völker nach Jerusalem ziehen, um sich dort vor Jhwh niederzuwerfen (חוה hišt.) und das Laubhüttenfest zu feiern (חגג את־חג הסכות). Und schließlich kann im weiteren Sinne auch die in Mi 4,2 belegte Aussage, dass Jhwh die Völker seine Wege lehren wird und sie auf seinen Pfaden wandeln werden (הלך בארחתיו), so verstanden werden, dass hier die Verehrung Jhwhs durch die Völker erwartet wird.[15]

Die der Heil-für-die-Völker-Schicht zugewiesenen Worte zeichnen sich also allesamt dadurch aus, dass hier der gesamten Völkerwelt eine Heilsmöglichkeit verheißen wird und diese an das Kommen der Völker zum Zion und an die dort zu vollziehende Verehrung Jhwhs gebunden ist. Neben diesen inhaltlichen Gemeinsamkeiten ist auch die Einbindung der einzelnen Worte in ihren jeweiligen Kontext interessant. Es fällt nämlich auf, dass all diese Worte gerade an solchen Stellen zugefügt wurden, an denen den fremden Völkern ohne weitere Einschränkung das Gericht angesagt wird. Dabei wurden die im Rahmen der Heil-für-die-Völker-Schicht eingebrachten Worte aber nicht einfach nur neben diese völkerfeindlichen Worte gestellt. Vielmehr wird jeweils über das dort angesagte Gericht an den Völkern hinausgeblickt auf eine Zeit, da neues Heil für die Völker möglich sein wird.

Dies zeigt sich schon bei Joel 3.[16] Dieses Heilswort wurde vor der in Joel 4 belegten Ankündigung eines umfassenden Gerichts an den Völkern am Tag Jhwhs eingefügt. Dabei wird die in Joel 3,1 verheißene Ausgießung des Geistes „über alles Fleisch" und die in 3,5* zugesagte Rettungsmöglichkeit auf dem Zion zum einen über die in 3,1 belegte Zeitformel אחרי־כן einer noch fernen Zukunft zugeschrieben. Zum anderen heißt es in Joel 3,4, dass sich die Sonne verfinstern und der Mond zu Blut verfärben wird (השׁמשׁ יהפך לחשׁך והירח לדם), bevor der Tag Jhwhs kommt (לפני בוא יום יהוה). Dies kann als direkte Aufnahme aus Joel 4,15 verstanden werden, wo im Zusammenhang des dort geschilderten Völkergerichts, das sich nach Joel 4,14 am Tag Jhwhs ereignen soll, angesagt wird, dass sich bei diesen Geschehnissen Sonne und Mond verfinstern werden (שׁמשׁ וירח קדרו). Indem

---

15 Jeremias, ATD 24,3, 173, grenzt demgegenüber die in Mi 4,1-4 belegte Vorstellung, dass die Völker nach Jerusalem kommen, um Weisung zu empfangen, gerade von Texten wie Sach 8,20-23 oder Jes 60 ab, nach denen die Völker kommen, um Jhwh anzubeten oder Gaben darzubringen. Denn nach Jeremias liegt bei Mi 4,1-4 die Betonung auf dem, was die Völker erhalten, und nicht auf dem, was sie geben. Dies dürfte aber eine etwas künstliche Unterscheidung sein. Nach Mi 4,2 wollen die Völker nämlich nicht nur die Wege Jhwhs gelehrt bekommen, sondern auch aktiv auf den Pfaden Jhwhs wandeln. Dies dürfte doch aber im weiteren Sinne auch das Gottesverhältnis und somit auch die Gottesverehrung mit umschließen.

16 Zu den folgenden Ausführungen siehe auch Wöhrle, Sammlungen, 426.

nun in Joel 3,4 das Verfinstern von Sonne und Mond gegenüber 4,15 in die
Zeit vor (לפני) dem Tag Jhwhs verlegt wird, wird doch aber das in Joel 4
angekündigte Völkergericht gewissermaßen vom letzten zum vorletzten
Ereignis. Und so wird mit der in Joel 3,5* verheißenen Rettungsmöglichkeit
auf dem Berg Zion bereits über das in Joel 4 angesagte Völkergericht hinausgeblickt auf die Zeit nach diesem Gericht, zu der sich Jhwh den Völkern
wieder heilvoll zuwenden wird.[17] Die in Joel 3,1-5* vorgebrachte Heilszusage
ist demnach nicht als Alternative zu dem in Joel 4 angesagten Gericht an
den Völkern zu verstehen. Es wird hier vielmehr eine Rettungsmöglichkeit
durch dieses Gericht hindurch verheißen.

Vergleichbares zeigt sich nun auch bei den übrigen der Heil-für-die-
Völker-Schicht zugewiesenen Passagen. So wurde im Obadjabuch im Anschluss an die generelle Gerichtsankündigung, dass alle Völker trinken
werden und sein werden, als wären sie nie gewesen, in Obd 17a die adversativ angeschlossene Zusage eingebracht, dass aber auf dem Berg Zion
Rettung sein wird.[18] Auch hier ist die an die Völker gerichtete Heilsverhei-
ßung also unmittelbar auf das zuvor angesagte Gericht an den Völkern
bezogen und es wird Rettung aus diesem Gericht heraus angesagt.

Im Michabuch wurde sodann die in Mi 4,1-4 belegte Ankündigung einer
Völkerwallfahrt zum Zion, vergleichbar mit der in Joel 3 belegten Verheißung, vor den Textbereich Mi 4,6-5,14 gestellt, der von der Ankündigung
des Gerichts an den Völkern bestimmt ist. Dabei wird in Mi 4,9-14 geschildert, dass das Volk „jetzt" (עתה; 4,9.11.14) in Not ist, dass viele Völker
(גוים רבים; 4,11) gegen Jerusalem versammelt werden und dass das Volk
zum Kampf gegen die Völker zugerüstet wird und diese schlagen wird. In
Mi 4,1-4 wird daher aufgrund der in Mi 4,1 belegten Zeitformel „am Ende
der Tage" (באחרית הימים)[19] über die nach 4,9-14 die Jetzt-Zeit bestimmen-

---

17   Dass mit Joel 3 bereits über Joel 4 hinausgeblickt wird auf eine mögliche Rettung aus den
     dort angesagten Ereignissen am Tag Jhwhs, meinten auch schon, mit Unterschieden im
     Detail, Marti, KHC 13, 137; Rudolph, KAT 13,2, 74; Jeremias, Berg Zion, 35.39; ders., ATD
     24,3, 41. Allerdings wird bei diesen Ansätzen – im Gegensatz zu der hier vertretenen Deu-
     tung – stets davon ausgegangen, dass Joel 3 nur auf das eigene Volk zu beziehen ist und
     diesem im Zusammenhang von Joel 3-4 gerade im Gegensatz zu den Völkern eine Rettungs-
     möglichkeit aufgezeigt wird; siehe hierzu oben 336 Anm. 2.
18   Siehe hierzu oben 207-209.
19   Die Deutung der Formel באחרית הימים in Mi 4,1 ist umstritten; vgl. hierzu die Überblicke
     bei Jenni, Art. אחר, 116-118; Seebaß, Art. אחרית, 227f. Während nämlich Schwienhorst-
     Schönberger, Zion, 115f; Hillers, Micah, 50, davon ausgehen, dass diese Formel auf eine
     nicht näher bestimmte Zukunft zu beziehen sei, meinen Marti, KHC 13, 281; Weiser, ATD
     24, 262; Rudolph, KAT 13,3, 79; Mays, Micah, 96; Wolff, BK 14,4, 90; Kessler, Micha, 183;
     Jeremias, ATD 24,3, 171f, dass hiermit die wie auch immer geartete Endzeit im Blick sei.
     Dabei wird angesichts der Tatsache, dass in Mi 4,1-4 ja tatsächlich Geschehnisse angekündigt
     werden, die der hier beschriebenen Zukunft eine gegenüber der Gegenwart völlig neue
     Qualität verleihen werden und die zu endgültigen Verhältnissen führen werden, eher der

de Auseinandersetzung mit den Völkern hinausgeblickt, und es wird hier angesagt, dass so, wie nach 4,9-14 derzeit viele Völker feindlich gegen Jerusalem ziehen, um gegen das eigene Volk vorzugehen, einst viele Völker (גוים רבים; 4,2) nach Jerusalem kommen werden, um sich dort Jhwh zuzuwenden und Weisung von ihm zu suchen.[20]

Die in Mi 5,6 eingebrachte Ankündigung, dass das eigene Volk unter vielen Völkern wie Tau sein wird, wurde vor dem völkerfeindlichen Wort 5,7 eingebracht, nach dem das eigene Volk unter den Völkern wie ein reißender Löwe sein wird. Auch dieses der Heil-für-die-Völker-Schicht zugewiesene Wort ist also direkt auf den vorgegebenen Kontext bezogen und setzt dem dort angesagten Gericht an den Völkern die Aussicht auf erneutes Heil entgegen.[21] Dies gilt schließlich auch für den Nachtrag in Mi 7,17aßb. Hier wird die in Mi 7,16.17aα vorgebrachte Ansage, dass die Völker zuschanden werden, mit der darüber hinausgehenden Erwartung fortgeführt, dass sie dann zitternd aus ihren Gefängnissen zu Jhwh hervorkommen und ihn fürchten werden. So wird auch bei Mi 7,17aßb über den der Heil-für-die-Völker-Schicht vorgegebenen völkerfeindlichen Kontext hinausgeblickt.[22]

Auch der Nachtrag in Zef 3,9.10* wurde in einen gegen die gesamte Völkerwelt gerichteten Zusammenhang gestellt. In Zef 3,8 heißt es, dass Jhwh das Recht hat, Völker zu versammeln und über ihnen seinen Zorn auszuschütten, und dass die gesamte Erde im Feuer seines Eifers gefressen wird. In Zef 3,9.10* wird nun, eingeleitet mit der Zeitformel כי־אז („doch dann"), angekündigt, dass Jhwh den Völkern reine Lippen geben wird, so dass sie seinen Namen anrufen und ihm einmütig dienen werden. Wie schon bei den im Rahmen der Heil-für-die-Völker-Bearbeitung eingebrachten Nachträgen zu den Büchern Joel, Obadja und Micha wird also auch hier das Gericht an den Völkern vorausgesetzt und durch dieses Gericht hindurch die heilvolle Zuwendung Jhwhs zu den Völkern verheißen.[23]

---

zweiten Deutung zuzustimmen sein. Allerdings meint Kessler, ebd., zurecht, dass in Mi 4,1-4 nicht von einem Ende im Sinne „von einem Abbruch der Geschichte, einem Jenseits der Geschichte" gesprochen werden dürfe, sondern vielmehr „von einer Endzeit, die von der Gegenwart qualitativ unterschieden ist".

20   Dass mit Mi 4,1-4 bereits über die Zeit der den folgenden Verlauf des Kapitels bestimmenden Auseinandersetzung mit den Völkern hinausgeblickt wird, meinten auch schon Rudolph, KAT 13,3, 83; Jeremias, Micha 4-5, 99.

21   Zur Ablehnung der immer wieder vorgetragenen Harmonisierungsversuche, bei denen die Verse Mi 5,6 und 5,7 etwa auf zwei verschiedene Aspekte desselben heilvollen Wirkens Jhwhs am eigenen Volk gedeutet oder aber auf zwei verschiedene Gruppen verteilt werden, vgl. im einzelnen Wöhrle, Sammlungen, 164f mit Anm. 99.

22   So auch Mays, Micah, 166; Wolff, BK 14,4, 204; Jeremias, ATD 24,3, 229.

23   Vgl. etwa Marti, KHC 13, 374f; Steck, Zef 3,9-10, 93; Nogalski, Zephaniah 3, 212; Irsigler, Zefanja, 382f; Perlitt, ATD 25,1, 139f.

Das in Sach 2,15-16 belegte Wort, bei dem angesagt wird, dass sich die Völker einst Jhwh anschließen werden, wurde ebenfalls gerade in einem gegen die Völker gerichteten Kontext ergänzt. Denn in den vorangehenden Versen Sach 2,12-14 wird ja angesagt, dass Jhwh gegen die Völker, die sein Volk geplündert haben, vorgehen wird und dass diese Völker nun selbst zur Beute werden sollen. Mit Sach 2,15-16 wurde also wiederum im unmittelbaren Anschluss an ein universal ausgerichtetes völkerfeindliches Wort ein ebenso universal ausgerichtetes völkerfreundliches Wort nachgetragen, in dem über das Gericht an den Völkern hinausgegangen und eine Rettungsmöglichkeit für die Völker durch das Gericht hindurch verheißen wird.[24]

Bei Sach 8,20-23 findet sich sodann zwar im unmittelbaren Nahkontext der hier angekündigten Völkerwallfahrt zum Zion keine Gerichtsankündigung gegen die Völker. Zu beachten ist aber, dass das Protosacharjabuch als Ganzes, vor allem bei der Sammlung der Nachtgesichte, von einer völkerfeindlichen Tendenz geprägt ist. So wird bei den beiden Nachtgesichten in 1,8-17 und 6,1-8, die diese Sammlung rahmen, ein die gesamte Welt betreffendes, die gegenwärtigen Verhältnisse umstürzendes Eingreifen Jhwhs erwartet.[25] Wohl eben deshalb wurde beim Protosacharjabuch zusätzlich zu dem Nachtrag in 2,15-16, der direkt auf das völkerfeindliche Wort in 2,12-14 bezogen ist, in 8,20-23 ein weiterer Nachtrag angebracht, mit dem nun am Ende des Buches über die zuvor bestimmende Erwartung eines Gerichts an den Völkern hinausgehend eine Rettungsmöglichkeit für die Völker verheißen wird.

Vergleichbares zeigt sich schließlich auch bei dem am Ende des Deuterosacharjabuches in Sach 14,16-19 eingefügten Nachtrag. Während das Deuterosacharjabuch ansonsten nahezu durchgängig an der Ankündigung des Gerichts an der gesamten Völkerwelt orientiert ist,[26] wird nun auch hier am Ende des Buches das Kommen der Völker zum Zion und deren Zuwendung zu Jhwh verheißen. Dabei ist zu beachten, dass nach Sach 14,16 alle, die unter den Völkern übriggeblieben sind (כל־הנותר מכל־הגוים), einst nach Jerusalem hinaufziehen werden. Auch hier wird somit das zuvor angesagte Gericht an den Völkern vorausgesetzt und durch dieses Gericht hindurch Heil für die Völker angesagt.

Es zeigen sich also zwischen den der Heil-für-die-Völker-Schicht zugewiesenen Worten nicht nur hinsichtlich der konkreten inhaltlichen Gestaltung, sondern auch hinsichtlich der Einbindung dieser Nachträge in den

---

24   So auch schon Elliger, ATD 25, 119.
25   Vgl. hierzu Wöhrle, Sammlungen, 357.
26   Zu der der Heil-für-die-Völker-Schicht vorgegebenen Gestalt des Deuterosacharjabuches, die im wesentlichen auf die Bearbeitungen der Fremdvölkerschicht I und der Fremdvölkerschicht II zurückgeht, s.o. 133-136.

jeweiligen Kontext des vorgegebenen Buches deutliche buchübergreifende
Gemeinsamkeiten. All diese Worte wurden gerade in einen Kontext eingebracht, in dem der gesamten Völkerwelt das Gericht angesagt wird, und es
wird damit über dieses Gericht hinausgehend eine Rettungsmöglichkeit für
die Völker verheißen. Dies spricht doch aber schon deutlich dafür, dass es
sich bei den der Heil-für-die-Völker-Schicht zugewiesenen Passagen um das
Produkt ein und derselben buchübergreifenden Redaktion handelt.

Neben den soeben beschriebenen Gemeinsamkeiten, die sämtliche der
Heil-für-die-Völker-Schicht zugeschriebenen Worte bestimmen, lässt sich
nun noch auf buchübergreifende Gemeinsamkeiten verweisen, die jeweils
nur einige dieser Worte untereinander verbinden. So wird etwa sowohl in
Joel 3 als auch in Zef 3,9.10* vorausgesetzt, dass Jhwh die Völker für deren
Hinwendung zu ihm zurüstet. Denn in Joel 3,1 wird verheißen, dass Jhwh
über alles Fleisch seinen Geist ausgießt, und in Zef 3,9 heißt es, dass er den
Völkern reine Lippen geben wird.

Sodann wird sowohl bei Mi 5,6 als auch bei Sach 8,20-23 dem eigenen
Volk eine positive Funktion für die Völker zugeschrieben. Dabei wird das
eigene Volk in Mi 5,6 inmitten der vielen Völker mit Tau von Jhwh verglichen, und nach Sach 8,23 werden sich die Völker an die Judäer halten, da sie
wissen, dass Jhwh mit ihnen ist. Bei beiden Worten wird die Gottesbeziehung der Völker also über das eigene Volk vermittelt.

Beachtenswert sind aber auch die in Sach 2,15-16 und Sach 14,16-19
belegten Worte, bei denen an das eigene Volk gerichtete Heilsverheißungen
mit der Zuwendung der Völker zu Jhwh in Verbindung gebracht werden.[27]
So werden die bereits in den der Heil-für-die-Völker-Bearbeitung vorgegebenen Versen Sach 2,13-14 belegten Zusagen, dass Jhwh inmitten des
Volkes wohnen wird und dass das Volk dann erkennen wird, dass der
Prophet Sacharja von Jhwh gesandt wurde, in 2,15 wieder aufgenommen.
Zudem wird in 2,16 die bereits in 1,17 vorgebrachte Verheißung, dass Jhwh
Jerusalem wieder erwählen wird, wiederholt. In Sach 2,15-16 werden also
zuvor noch ohne weitere Voraussetzungen vorgebrachte Heilszusagen an
das Kommen der Völker nach Jerusalem gebunden.[28] Vergleichbar ist
hiermit das Wort Sach 14,16-19, das vor der in 14,20-21 belegten Verheißung eingebracht wurde, nach der Jerusalem einst wieder eine besondere
Heiligkeit zukommen wird und dann kein Fremder mehr hindurchziehen
wird.[29] Auch bei Sach 14,16-19 wird also eine dem eigenen Volk geltende

---

27 Vgl. zum folgenden Wöhrle, Sammlungen, 331, sowie oben 123.137.
28 Dass in Sach 2,15-16 an das eigene Volk gerichtete Verheißungen aus dem Kontext aufge-
    nommen und mit der Zuwendung der Völker zu Jhwh in Verbindung gebracht werden,
    erkannte schon Elliger, ATD 25, 119.
29 Zur Deutung des in Sach 14,21 belegten כנעני als „Fremder" siehe oben 122f.

Heilszusage unter die Bedingung der Zuwendung der Völker zu Jhwh gestellt.

Zuletzt ist noch auf einige, teils recht markante terminologische Verbindungen zwischen den der Heil-für-die-Völker-Schicht zugewiesenen Worten zu verweisen. So findet sich die in Joel 3,5* belegte Wendung בהר־ציון (ובירושלם) תהיה פליטה auch in Obd 17a, ansonsten aber an keiner weiteren Stelle im AT.[30] Zudem ist Joel 3,5* über die Formulierung קרא בשם־יהוה mit Zef 3,9 verbunden.

Gleich mehrere terminologische Entsprechungen zeigen sich sodann zwischen Mi 4,1-4 und Sach 8,20-23.[31] Sowohl in Mi 4,2 als auch in Sach 8,21.22 findet sich in einem Zitat der Völker die Selbstaufforderung נלכה, wobei beachtenswert ist, dass ein solcher Kohortativ der 1.pl. von הלך im gesamten Zwölfprophetenbuch nur an eben diesen drei Stellen und auch in den sonstigen prophetischen Schriften des AT nur noch bei der Parallelüberlieferung zu Mi 4,1-4 in Jes 2,3.5 belegt ist. Zudem sind die beiden Worte über die Wendungen עמים רבים und גוים עצומים verbunden, die sich in derselben Abfolge in Mi 4,3 und Sach 8,22 finden. Dabei sind die Worte עם, רב, גוי und עצום überhaupt nur an diesen beiden Stellen im AT zusammen belegt.

Insgesamt sind die der Heil-für-die-Völker-Schicht zugewiesenen Bearbeitungen somit durch zahlreiche buchübergreifende Gemeinsamkeiten verbunden. Sie zeichnen sich allesamt durch ein vergleichbares Aussageprofil, durch ihre Stellung in einem stets gegen die Völker gerichteten Kontext sowie durch einige markante Stichwortverbindungen als zusammengehörig aus.

Allerdings bilden diese Bearbeitungen keine buchübergreifende Komposition. Wie schon bei den Davidsverheißungen lässt sich deshalb auch bei

---

30 Die Verbindung zwischen Joel 3,5* und Obd 17 über die an beiden Stellen belegte Wendung בהר־ציון תהיה פליטה wurde stets gesehen. Allerdings wurde häufig angenommen, dass es sich bei Joel 3,5* angesichts der hierauf folgenden Formulierung כאשר אמר יהוה um ein Zitat aus Obd 17 handelt; vgl. etwa Wolff, BK 14,2, 81; Dahmen, NSK.AT 23,2, 85; Jeremias, ATD 24,3, 41. Doch dürfte כאשר אמר יהוה in Joel 3,5* wohl eher so zu verstehen sein, dass hier allgemein auf die von Jhwh zugesagte Bereitschaft zur Rettung auf dem Zion verwiesen wird, und nicht so, dass hier ganz wörtlich eine an anderer Stelle belegte Verheißung zitiert wird; vgl. hierzu auch Barton, Joel, 98.

31 Dass sich Mi 4,1-4 und Sach 8,20-23 inhaltlich nahestehen, wurde stets gesehen; vgl. nur Marti, KHC 13, 426; Sellin, KAT 12, 483; Petitjean, Oracles, 432; Rudolph, KAT 13,4, 152; Petersen, Haggai, 317; Nogalski, Precursors, 271; Reventlow, ATD 25,2, 84, u.a. Allerdings hat erst Rudman, Zechariah 8:20-22, 50-54, wirklich erkannt, dass sich zwischen diesen beiden Passagen auch deutliche terminologische Verbindungen finden. Nach Rudman spricht dies dafür, dass Sach 8,20-23 direkt von Mi 4,1-4 abhängig ist. Vgl. hierzu auch Bosshard-Nepustil, Rezeptionen, 416-418, der Mi 4,1-4; Sach 8,20-23 bereits derselben Bearbeitung des Zwölfprophetenbuches zugewiesen hat; siehe dabei zur Kritik an dem von Bosshard-Nepustil vorgestellten Ansatz oben 336f mit Anm. 5.

der Heil-für-die-Völker-Schicht nicht mit letzter Sicherheit nachweisen, dass diese Worte auch tatsächlich auf dieselbe Hand zurückgehen.[32] Es lassen sich allerdings über die genannten inhaltlichen und formalen buchübergreifenden Verbindungen hinaus noch zwei Beobachtungen nennen, die zumindest mit einiger Gewissheit dafür sprechen, dass die Heil-für-die-Völker-Bearbeitungen tatsächlich im Rahmen ein und derselben Redaktion in das werdende Zwölfprophetenbuch eingebracht wurden.

Dabei ist zunächst auf das viel diskutierte Problem einzugehen, dass zu der in Mi 4,1-4 belegten Ankündigung einer Völkerwallfahrt zum Zion für die Verse 4,1-3 eine direkte Parallele in Jes 2,2-4 vorliegt:

Jesaja 2,2-4	Micha 4,1-3
2 והיה באחרית הימים נכון יהיה הר בית-יהוה בראש ההרים ונשא מגבעות ונהרו אליו כל-הגוים: 3 והלכו עמים רבים ואמרו לכו ונעלה אל-הר-יהוה אל-בית אלהי יעקב וירנו מדרכיו ונלכה בארחתיו כי מציון תצא תורה ודבר-יהוה מירושלם: 4 ושפט בין הגוים והוכיח לעמים רבים וכתתו חרבותם לאתים וחניתותיהם למזמרות לא-ישא גוי אל-גוי חרב ולא-ילמדו עוד מלחמה:	1 והיה באחרית הימים יהיה הר בית-יהוה נכון בראש ההרים ונשא הוא מגבעות ונהרו עליו עמים: 2 והלכו גוים רבים ואמרו לכו ונעלה אל-הר-יהוה ואל-בית אלהי יעקב וירנו מדרכיו ונלכה בארחתיו כי מציון תצא תורה ודבר-יהוה מירושלם: 3 ושפט בין עמים רבים והוכיח לגוים עצמים עד-רחוק וכתתו חרבתיהם לאתים וחניתיהם למזמרות לא-ישאו גוי אל-גוי חרב ולא-ילמדון עוד מלחמה:

In der bisherigen Forschung herrscht große Unsicherheit, in welchem literarischen Verhältnis diese beiden nahezu identisch formulierten Worte zueinander stehen, ob also Mi 4,1-3 von Jes 2,2-4 abhängig ist, ob gerade umgekehrt die Jesaja-Stelle von der Micha-Stelle abhängt oder ob beide Versionen unabhängig voneinander aus einer gemeinsamen Quelle übernommen wurden.[33] Zwei kleine, aber doch signifikante Abweichungen

---

32   Zur methodischen Forderung, dass die in den Einzelbüchern erkennbaren Bearbeitungen erst dann mit ausreichender Sicherheit als Teil einer bewussten buchübergreifenden Redaktion verstanden werden können, wenn sie eine gemeinsame Komposition bilden, s.o. 20-22. Und zur Begründung, dass die Davidsverheißungen, obgleich diese Worte eben keine buchübergreifende Komposition bilden, doch zumindest wahrscheinlich als Produkt ein und derselben Redaktion verstanden werden können, s.o. 181f.

33   So meinen etwa Wildberger, BK 10,1, 78-80; Zapff, Studien, 64-74; Wagenaar, Judgement, 263.272f, dass Mi 4,1-3 von Jes 2,2-4 abhängig ist. Demgegenüber gehen Willi-Plein, Vorformen, 82f; Schwienhorst-Schönberger, Zion, 110-113; Metzner, Kompositionsgeschichte,

zwischen der Jesaja- und der Micha-Version sprechen aber dafür, dass dieser Text in Jes 2 seinen ursprünglichen Ort hatte und von den Redaktoren der Heil-für-die-Völker-Schicht in das Michabuch übernommen wurde.[34]

So fällt bei Jes 2,2-3 // Mi 4,1-2 auf, dass die nach Jerusalem kommenden Völker in Jes 2,2 mit כל־הגוים und im folgenden Vers 2,3 mit עמים רבים bezeichnet werden, bei der Parallele im Michabuch jedoch zunächst in 4,1 mit עמים und in 4,2 mit גוים רבים. Die Begriffe גוי und עם werden in den beiden Versionen also in unterschiedlicher Reihenfolge gebraucht.

Es ist nun beachtenswert, dass in Micha 4-5 sowohl die Wendung גוים רבים (4,11) als auch die Wendung עמים רבים (4,13; 5,6.7) belegt ist. Dabei wird gerade in dem mit גוים רבים formulierten Vers Mi 4,11 angesagt, dass viele Völker gegen Jerusalem versammelt werden und dass diese gegen die Stadt vorgehen werden. Die beschriebene Abweichung zwischen Jes 2,2-4 und Mi 4,1-3 könnte dann aber doch gut so erklärt werden, dass die Reihenfolge von עם und גוי bei der Übernahme der Verheißung aus Jes 2 in das Michabuch in Mi 4,1.2 umgekehrt wurde, um diese Verheißung über die damit entstandene Wendung גוים רבים auf die in Mi 4,11 belegte Gerichtsankündigung gegen das eigene Volk zu beziehen. Denn der vorliegende Zusammenhang von Mi 4 liest sich nun so, dass die vielen Völker, die dem eigenen Volk nach Mi 4,11 derzeit noch feindlich gegenüberstehen, nach Mi 4,2 einst in friedlicher Absicht nach Jerusalem kommen und dort Weisung suchen werden. Da sich demgegenüber kaum erklären lässt, warum bei der Übernahme von Mi 4,1-3 in Jes 2,2-4 die Reihenfolge von גוי und עם in Jes 2,2-3 gegenüber Mi 4,1-2 umgekehrt worden sein sollte – kommt doch weder die in Jes 2,2 belegte Wendung כל־הגוים noch die in Jes 2,3 belegte Wendung עמים רבים im näheren Kontext von Jes 2,2-4 noch einmal

---

139f; Kessler, Micha, 179f, u.a. gerade von der Priorität der Micha-Stelle aus. Nach Kapelrud, Eschatology, 395; Vermeylen, Isaïe, 592f; Wolff, BK 14,4, 85; Jeremias, ATD 24,3, 171, u.a. wurde für beide Texte auf eine vergleichbare Vorlage zurückgegriffen.

Dabei wird bei den Ansätzen, die von einer einseitigen Abhängigkeit der einen Version von der anderen ausgehen, häufig über die Einbindung dieser Versionen in den Kontext des jeweiligen Buches argumentiert. Doch tragen diese Überlegungen kaum zu einer überzeugenden Lösung bei, wie die Tatsache, dass sich in dieser Frage keinerlei Konsens abzeichnet, doch deutlich zeigt. Vgl. zur Kritik an den bisherigen Ansätzen auch Wöhrle, Sammlungen, 156f mit Anm. 79f.

34   Schon Zapff, Studien, 70-72, hat über einen synoptischen Vergleich der beiden Versionen die Priorität der Micha-Stelle nachzuweisen versucht. Allerdings ist dabei für Zapff vor allem von Bedeutung, dass sich in Mi 4,1-3 stets die gegenüber Jes 2,2-4 glattere und somit sekundäre Variante findet. Anders als bei den im folgenden vorgestellten Überlegungen hat Zapff dagegen noch nicht im ausreichenden Maße danach gefragt, ob die zwischen Jes 2,2-4 und Mi 4,1-3 erkennbaren Differenzen nicht nur als formale Glättung, sondern auch als bewusste Änderung für einen neuen Kontext verstanden werden können.

vor –,[35] sprechen die soeben vorgestellten Überlegungen deutlich dafür, dass in Jes 2 die ursprüngliche Version vorliegt, die dann sekundär in das Micha-buch übernommen wurde.[36]

Diese erste Beobachtung zeigt allerdings nur, dass die in Mi 4,1-4 beleg-te Verheißung in Jes 2,2-4 ihren ursprünglichen Ort hat und dass dieses Wort bei der Übernahme aus dem Jesajabuch an den Kontext des vorliegen-den Michabuches angepasst wurde. Eine weitere Abweichung zwischen Jes 2,2-4 und Mi 4,1-4 spricht aber dafür, dass dieses Wort im Rahmen einer am gesamten Zwölfprophetenbuch orientierten Bearbeitung in das Michabuch eingetragen wurde. So fallen bei Jes 2,4 // Mi 4,3 im Zusammenhang der Ankündigung, dass Jhwh zwischen den fremden Völkern richten wird, wiederum die für die Völker verwandten Bezeichnungen auf. In Jes 2,4 sind nacheinander die Bezeichnungen גוים und עמים רבים belegt, in Mi 4,3 עמים רבים und גוים עצמים. Auch hier werden also die Begriffe גוי und עם in unterschiedlicher Reihenfolge verwandt. Zudem findet sich in Mi 4,3 über Jes 2,4 hinaus das Adjektiv עצום.

Interessant ist dabei, dass, wie bereits erwähnt,[37] auch bei der Ankündi-gung einer Völkerwallfahrt zum Zion Sach 8,20-23 in 8,22 nebeneinander und in derselben Abfolge wie in Mi 4,3 die Wendungen עמים רבים und גוים עצומים belegt sind, was so überhaupt nur an diesen beiden Stellen im AT vorkommt. Dies spricht doch aber schon deutlich dafür, dass dieselbe Hand, die Mi 4,1-4 unter Aufnahme von Jes 2,2-3 gestaltet hat, auch für Sach 8,20-23 verantwortlich ist.

Zudem dürfte die Tatsache, dass in Mi 4,3 und Sach 8,22 im Gegensatz zu Jes 2,4 die Wendungen עמים רבים und גוים עצומים verwandt wurden, vom Kontext des Zwölfprophetenbuches her zu erklären sein. Beachtens-

---

35   So ist die Wendung כל־הגוים neben Jes 2,2 noch in Jes 14,26; 25,7; 29,7.8; 34,2; 40,17; 43,9; 52,10; 61,11; 66,18.20 belegt, die Wendung עמים רבים in 17,12.

36   Schon Wagenaar, Judgement, 263.272f, hat im Anschluss an Wildberger, Völkerwallfahrt, 73f, die Beobachtung vorgebracht, dass die Bezeichnungen גוי und עם bei Jes 2,2-3 und Mi 4,1-2 – wie auch bei den im folgenden noch näher zu betrachtenden Versen Jes 2,4 und Mi 4,3 – in unterschiedlicher Reihenfolge belegt sind. Und auch für Wagenaar spricht dies für die Priorität der Jesaja-Stelle. Dabei ist für ihn aber allein von Bedeutung, dass die Bezeichnun-gen גוי und עם im Jesajabuch auch noch an anderen Stellen in dieser Reihenfolge belegt sind (1,4; 10,6; 18,2; 30,28). Doch reicht die von Wagenaar vorgetragene Argumentation so noch nicht aus, um wirklich begründen zu können, dass Jes 2,2-4 die ursprüngliche Version bietet und Mi 4,1-3 hiervon abhängig ist. Denn zum einen sind die beiden für die Völker verwand-ten Bezeichnungen im Jesajabuch auch in der umgekehrten Abfolge עם – גוי belegt (13,4; 14,6; 18,7; 33,3). Zum anderen und vor allem konnte Wagenaar noch nicht erklären, warum die Reihenfolge dieser Bezeichnungen bei der Übernahme von Jes 2,2-4 in das Michabuch verändert wurde. Dies erklärt sich, wie soeben dargelegt, eben erst aus dem Kontext des vorliegenden Michabuches aufgrund des in Mi 4,11 dargestellten Vorgehens vieler Völker (גוים רבים) gegen das eigene Volk.

37   S.o. 345.

wert ist nämlich, dass die Worte עַם‎, רַב‎ und עָצוּם‎ neben Mi 4,3; Sach 8,22 nur noch in Ex 1,9 und Joel 2,2 zusammen belegt sind, wobei nur in Joel 2,2 ein fremdes Volk im Blick ist. Nach den hier vorgestellten Erkenntnissen zur Entstehung des Zwölfprophetenbuches stand das Joelbuch doch aber seit dem als Joel-Korpus bezeichneten Mehrprophetenbuch und auch noch auf der Ebene des von der Heil-für-die-Völker-Bearbeitung aufgenommenen Fremdvölker-Korpus II am Beginn der Sammlung.[38] So wird mit dem in Joel 1-2 angesagten feindlichen Volk, das in Joel 2,2 als großes und mächtiges Volk (עַם רַב וְעָצוּם‎) beschrieben wird, zum ersten Mal in dem der Heil-für-die-Völker-Schicht zugrundeliegenden Korpus der Angriff eines äußeren Feindes angekündigt. Es ist dann doch aber wahrscheinlich, dass die in Mi 4,3 und Sach 8,22 belegten, von Jes 2,4 abweichenden Wendungen von Joel 2,2 her beeinflusst sind und dass hier durch die Aufnahme aus Joel 2,2 zum Ausdruck kommen soll, dass so, wie nach dem Joelbuch ein großes und mächtiges Volk in feindlicher Absicht gegen das eigene Volk herankommt, nach Mi 4,3; Sach 8,22 einst große und mächtige Völker friedlich nach Jerusalem ziehen werden.

Sollten diese Überlegungen richtig sein, dann ergibt sich also zumindest für die der Heil-für-die-Völker-Schicht zugewiesenen Worte in Mi 4,1-4 und Sach 8,20-23, dass diese auf ein und dieselbe Redaktion des Zwölfprophetenbuches zurückgeführt werden können.[39] Auch wenn die der Heil-für-die-Völker-Schicht zugewiesenen Bearbeitungen keine buchübergreifende Komposition bilden, so sprechen die terminologischen Übereinstimmungen zwischen diesen beiden Worten, mit denen sie sich gerade von der Jesaja-Parallele unterscheiden und die nur aus dem Kontext des Zwölfprophetenbuches heraus zu erklären sind, doch deutlich für diese Annahme.

Dass die der Heil-für-die-Völker-Schicht zugeschriebenen Nachträge das Produkt derselben buchübergreifenden Redaktion sind, lässt sich aber auch noch an einer zweiten Überlegung wahrscheinlich machen. Wie oben ausführlich dargestellt, wurden diese Nachträge stets in einem Kontext eingebracht, in dem der gesamten Völkerwelt das Gericht angesagt wird.[40] Dabei ist bemerkenswert, dass in sämtlichen Büchern, in denen sich ein der gesamten Völkerwelt geltendes Gerichtswort findet, auch eine Heil-für-die-Völker-Bearbeitung nachweisbar ist. Es ist aber in keinem der übrigen Bücher, in denen allenfalls einzelnen fremden Völkern das Gericht angesagt wird, ein der Heil-für-die-Völker-Schicht zuzuweisender Nachtrag zu erken-

---

38 Siehe hierzu Wöhrle, Sammlungen, 450-453, sowie oben 278.
39 Dies wurde bislang nur von Bosshard-Nepustil, Rezeptionen, 416-418, vermutet; vgl. hierzu aber oben 336f mit Anm. 5.
40 S.o. 340-344.

nen.[41] Das bedeutet doch aber, dass es sich bei der Heil-für-die-Völker-Schicht um eine planmäßige redaktionelle Fortschreibung des gesamten Zwölfprophetenbuches handelt. Wenn nämlich die Heil-für-die-Völker-Bearbeitungen erst nach und nach in die einzelnen Bücher eingetragen worden wären, so wäre kaum zu erklären, warum sich am Ende eines solchen Redaktionsprozesses in sämtlichen Büchern, in denen den Völkern insgesamt das Gericht angesagt wird, aber in keinem anderen Buch universale Heilsworte finden lassen.

Die durchaus auch vorhandenen Unterschiede unter den der Heil-für-die-Völker-Schicht zugewiesenen Worten – etwa die Tatsache, dass nur in Joel 3,1-5* eine Geistausgießung erwartet wird oder dass nur in Mi 4,1-4 die Unterweisung der Völker von Bedeutung ist – oder die doch eher geringe Zahl an terminologischen Verbindungen zwischen diesen Worten, sind dann wohl zum einen durch die Aufnahme vorgegebenen Guts zu erklären, was sich bei dem aus Jes 2,2-4 aufgenommenen Textbereich Mi 4,1-3 ja sogar direkt nachweisen lässt.[42] Zum anderen sind die einzelnen Worte ja vor allem auf den Kontext des jeweiligen Buches bezogen,[43] so dass sich auch von hier aus gewisse Unterschiede zwischen den einzelnen Worten erklären lassen.

Dass die einzelnen der Heil-für-die-Völker-Schicht zugewiesenen Passagen auf dieselbe Bearbeitung zurückgehen, führt dann aber noch zu einer bedeutenden Konsequenz: Das Deuterosacharjabuch wurde im werdenden Zwölfprophetenbuch auf dieser redaktionellen Ebene noch als eigenständiges Buch überliefert. Denn die Tatsache, dass von den Redaktoren des Heil-für-die-Völker-Korpus sowohl in Sach 8,20-23 als auch in Sach 14,16-19 ein universales Heilswort nachgetragen wurde, erklärt sich doch am ehesten so, dass ersteres als Abschluss des (Proto-)Sacharjabuches, letzteres als Abschluss des Deuterosacharjabuches eingebracht wurde.

Insgesamt spricht also einiges dafür, dass die der Heil-für-die-Völker-Schicht zugewiesenen Bearbeitungen auf dieselbe Hand zurückgehen und dass es sich hierbei um das Produkt einer buchübergreifenden Redaktion des werdenden Zwölfprophetenbuches handelt. Zwar bilden diese Worte keine buchübergreifende Komposition. Doch die inhaltlichen, formalen und

---

41 Im Amosbuch sind lediglich die an bestimmte Einzelvölker adressierten Gerichtsworte in Am 1-2 belegt. Die Bücher Nahum und Habakuk sind zwar insgesamt als Fremdvolkprophetie gestaltet, aber wie schon Am 1-2 nur gegen bestimmte Einzelvölker und an keiner Stelle gegen die Völker insgesamt gerichtet. Im Haggaibuch wird schließlich angesagt, dass Jhwh die Völkerwelt erschüttern wird (Hag 2,7.22). Es wird aber auch hier nicht wirklich ein umfassendes Gerichtshandeln Jhwhs an den Völkern beschrieben und schon gar nicht das Ende der Angehörigen der fremden Völker angekündigt.

42 S.o. 346-348.

43 Siehe hierzu im einzelnen oben 340-344.

terminologischen Gemeinsamkeiten, die Überlegungen zu der Verheißung Mi 4,1-4, bei der es sich um eine für den Kontext des Zwölfprophetenbuches aktualisierte Fassung der in Jes 2,2-4 belegten Parallele handelt, und die Tatsache, dass die Heil-für-die-Völker-Bearbeitungen gerade in den Büchern eingetragen wurden, in denen sich universale Gerichtsworte gegen die Völker finden, legen die Annahme nahe, dass diese Bearbeitungen im Rahmen ein und derselben Redaktion eingebracht wurden. Durch diese Redaktion wurde eine Sammlung von Prophetenbüchern mit einer gegenüber den vorangehenden Vorstufen des werdenden Zwölfprophetenbuches neuen buchübergreifenden Gesamtaussage geschaffen – das Heil-für-die-Völker-Korpus.

2.2 Der historische Ort des Heil-für-die-Völker-Korpus

Eine Datierung der Heil-für-die-Völker-Bearbeitungen ist schwierig, da sich in diesen Worten kaum konkrete Anhaltspunkte, die für eine historische Einordnung herangezogen werden könnten, finden lassen. Dennoch legt sich aus mehreren Gründen eine Datierung in die frühe hellenistische Zeit, also etwa in die erste Hälfte des 3. Jahrhunderts, nahe.

Dafür spricht zunächst die relative Chronologie der buchübergreifenden Bearbeitungen des Zwölfprophetenbuches. Denn wie der Nachtrag in Obd 17a zeigt, setzt die Heil-für-die-Völker-Schicht bereits die zu Beginn der hellenistischen Zeit anzusetzende Fremdvölkerschicht II, der der Grundbestand des Obadjabuches in Obd 1-16.17b.18-21 zugewiesen werden konnte, voraus. Die Heil-für-die-Völker-Schicht ist demnach frühestens am Beginn des 3. Jahrhunderts anzusetzen.[44]

Im Anschluss an die Heil-für-die-Völker-Schicht wurde das werdende Zwölfprophetenbuch noch einer als Gnadenschicht bezeichneten Redaktion unterzogen, die in die zweite Hälfte des 3. Jahrhunderts zu verorten sein wird.[45] Somit ergibt sich aufgrund der relativen Chronologie der im Zwölf-

---

44   Siehe dabei zur Entstehung des Obadjabuches oben 209-218, und zur Datierung der Fremdvölkerschicht II oben 279-281.
     Neben Obd 17a konnte bei den der Heil-für-die-Völker-Schicht zugewiesenen Nachträgen in Joel 3,1-5*; Mi 4,1-4; 7,17aβb; Zef 3,9.10*; Sach 14,16-19 zumindest nachgewiesen werden, dass diese Nachträge später als die Fremdvölkerschicht I anzusetzen sind; siehe hierzu im einzelnen Wöhrle, Sammlungen, 156-171.212f.423 427, sowie oben 137. Dies spricht also dafür, dass die Heil-für-die-Völker-Schicht zumindest nicht vor dem 4.Jh. angesetzt werden kann. Doch werden die folgenden Überlegungen zeigen, dass diese Schicht wohl kaum noch in das 4.Jh., sondern doch viel eher in das beginnende 3.Jh. zu datieren ist.
45   S.u. 411f.

prophetenbuch erkennbaren Bearbeitungen eine Ansetzung der Heil-für-die-Völker-Schicht in die erste Hälfte des 3. Jahrhunderts.

Für eine solche Datierung lassen sich nun auch noch weitere Argumente nennen. So lässt sich zunächst vor dem Hintergrund der frühen hellenistischen Zeit recht gut die völkerfreundliche Tendenz dieser Bearbeitung erklären. Denn nachdem die Diadochenkriege (321-301) vorüber waren, die Ptolemäer die Vorherrschaft in Juda übernommen und den Judäern vermutlich einen teilautonomen Status mit gewissen Selbstverwaltungsrechten zugestanden hatten, war der Beginn des 3.Jh. eine Zeit relativer Ruhe, von der zumindest die Oberschicht auch wirtschaftlich profitierte.[46] So erklärt sich schon von hier aus, dass das Zwölfprophetenbuch nach zwei auf die zuvor bestimmenden Auseinandersetzungen in und mit der Völkerwelt zurückgehenden völkerfeindlichen Bearbeitungen – der in das 4.Jh. zu datierenden Fremdvölkerschicht I und der an der Wende vom 4. zum 3.Jh. anzusetzenden Fremdvölkerschicht II – nun einer weiteren Bearbeitung unterzogen wurde, bei der gerade Heil für die Völker verheißen wird.

Aber mehr noch: Die erste Hälfte des 3.Jh. war nicht nur eine Zeit relativer äußerer Ruhe. Für diese Zeit ist in der judäischen Gesellschaft – zumindest in Ansätzen – auch schon eine gewisse Öffnung zur Kultur des Hellenismus erkennbar.[47] So wurde in Teilen der judäischen Oberschicht bereits die griechische Sprache erlernt, den Kindern wurden griechische Namen gegeben,[48] eigene überkommene Bräuche traten in ihrer Bedeutung teils schon etwas zurück,[49] und es ist auch bereits eine gewisse Offenheit gegenüber der griechischen Götterwelt erkennbar.[50]

---

46 Vgl. hierzu etwa Hengel, Judentum, 8-11.76-92; Gunneweg, Geschichte, 155; Albertz, Religionsgeschichte 2, 592-595.

47 Es ist umstritten, eine wie weitgehende Hellenisierung im 3.Jh. für Juda anzunehmen ist. Der von Hengel, Judentum, 92-107.191-195, vorgelegten Darstellung, nach der bereits zu dieser Zeit von einer tiefgreifenden Hellenisierung auszugehen sei, wurde etwa von Feldman, Hellenism, 83-111, zurecht entgegengehalten, dass die Quellenlage hierfür kaum ausreichend ist. Dennoch zeigt sich vor allem an dem aus den Zenon-Papyri (Tcherikover / Fuks, Corpus 1, 115-130) und aus dem bei Josephus überlieferten Tobiadenroman (Jos. Ant. XII, 160-236) bekannten Großgrundbesitzer Tobias und dessen Sohn Joseph, dass zumindest in gewissen Teilen der judäischen Oberschicht bereits im 3.Jh. eine Hinwendung zur hellenistischen Kultur erkennbar ist; siehe hierzu auch Gunneweg, Geschichte, 156-158; Albertz, Religionsgeschichte 2, 596f; Haag, Zeitalter, 104-107. Dass es sich hierbei um eine Ausnahme handeln sollte, wie Feldman, a.a.O., 93 Anm. 31, meint, ist wohl ebenso vereinseitigend wie die von Hengel vertretene maximalistische Position.

48 Vgl. hierzu Hengel, Judentum, 108-120; Barr, Hebrew, 102f; Haag, Zeitalter, 104f.

49 So weisen Hengel, Judentum, 491, und Gunneweg, Geschichte, 157, darauf hin, dass die Reinheits- und Speisevorschriften im Tobiadenroman, anders als etwa im Esther- oder im Danielbuch, keine Rolle spielen; vgl. hierzu etwa Jos. Ant. XII, 186-188.

50 Vgl. hierzu die in einem Brief des Tobias belegte Formel πολλὴ χάρις τοῖς θεοῖς „den Göttern sei vielmals Dank" (Tcherikover / Fuks, Corpus 1, Nr. 4); siehe hierzu auch Albertz, Religionsgeschichte 2, 596 Anm. 23.

Vor diesem Hintergrund kann die Heil-für-die-Völker-Schicht dann gut als konservative Reaktion auf die beschriebene Öffnung zur hellenistischen Kultur verstanden werden. Wie im folgenden noch genauer auszuführen sein wird, wird hier zwar der in hellenistischer Zeit aufkommenden Hinwendung zu den Völkern gefolgt. Es wird dabei aber an der eigenen Kultur und den eigenen religiösen Traditionen festgehalten, ja sogar deren Vorrangstellung propagiert.[51]

Diese Überlegung lässt sich nun noch an zwei Beobachtungen untermauern. So wird zum einen in Zef 3,9 angesagt, dass Jhwh den Völkern reine Lippen (שפה ברורה) geben wird. Dies könnte, wenn auch nur mit einiger Zurückhaltung, doch gut auf die zu Beginn der hellenistischen Zeit unter den Völkern wie auch in Juda einsetzende Tendenz, die griechische Sprache zu erlernen, bezogen werden. In Zef 3,9 wäre dann die Erwartung belegt, dass sich die Völker einst nicht mehr der griechischen Sprache und Kultur zuwenden werden, sondern der Sprache und Kultur des eigenen Volkes.[52]

Zum anderen ist bei der in Sach 14,16-19 belegten Ankündigung einer Völkerwallfahrt zum Zion zu beachten, dass hier den Völkern, die nicht nach Jerusalem ziehen, eine Dürrenot als Strafe angekündigt wird und dass dabei in 14,18 eigens erwähnt wird, dass auch Ägypten bestraft werden wird, wenn es nicht nach Jerusalem kommen wird.[53] Auch dies lässt sich doch aber gerade vor dem Hintergrund der ersten Hälfte des 3. Jahrhunderts verstehen, als Juda unter der Herrschaft der Ptolemäer stand, unter deren Einfluss ja die Hinwendung zur hellenistischen Kultur im eigenen Volk aufkam. So wird in Sach 14,16-19 angekündigt, dass sich einst nicht mehr

---

51 Eine vergleichbare Tendenz ist bei der griechischen Erzählsammlung Dan 4-6* LXX erkennbar, bei der ebenfalls eine Öffnung gegenüber den Völkern unter der Voraussetzung, dass sich die Völker gerade ihrerseits der eigenen Religion und Kultur zuwenden, vertreten wird; vgl. hierzu Albertz, Gott, 159-170, der diese Sammlung aufgrund ihrer völkerfreundlichen Tendenz beachtenswerterweise gerade in die erste Hälfte des 3.Jh. datiert.

52 Zumeist wird die in Zef 3,9 belegte Verheißung, dass Jhwh reine Lippen schaffen wird, so verstanden, dass fortan keine Götzennamen mehr angerufen werden; vgl. etwa Marti, KHC 13, 375; Sellin, KAT 12, 390; Rudolph, KAT 13,3, 296; Perlitt, ATD 25,1, 139. Doch ist zum einen zu beachten, dass in Zef 3,9 von Götzen nicht die Rede ist. Zum anderen ist bemerkenswert, dass hier שפה im Singular steht, was häufig im Sinne von Sprache belegt ist (Gen 11,1.6.7.9; Jes 19,18; 28,11; 33,19; Ez 3,5.6; Ps 81,6; vgl. hierzu Kedar-Kopfstein, Art. שפה, 844). So wurde ja auch schon häufiger angenommen, dass Zef 3,9 auf die in Gen 11 dargestellte Sprachverwirrung zu beziehen sein könnte; vgl. Sweeney, Zephaniah, 183; Irsigler, Zefanja, 376. Dies lässt sich zwar kaum sicher nachweisen. Vor dem Hintergrund der hier belegten Überlegungen zum historischen Ort der Heil-für-die-Völker-Bearbeitungen ist es aber zumindest gut möglich, dass mit den in Zef 3,9 verheißenen reinen Lippen die Abwendung von der in hellenistischer Zeit unter den Völkern vermehrt gesprochenen griechischen Sprache und die Hinwendung zur hebräischen Sprache des eigenen Volkes im Blick ist.

53 Zum Text von Sach 14,18 siehe dabei oben 113 Anm. 151.

das eigene Volk nach Ägypten – also zu den Ptolemäern – hin orientieren wird, sondern dass sich gerade im Gegenteil Ägypten nach Jerusalem hin orientieren wird.[54]

Es lässt sich also mit guten Gründen zeigen, dass die Heil-für-die-Völker-Schicht in der ersten Hälfte des 3. Jahrhunderts anzusetzen ist. Dafür spricht die relative Chronologie der im werdenden Zwölfprophetenbuch erkennbaren Bearbeitungen, dafür spricht aber auch die völkerfreundliche Tendenz dieser Schicht, bei der eine Öffnung gegenüber den Völkern unter Beibehaltung und Hervorhebung der eigenen Traditionen propagiert wird, was sich gut als Reaktion auf die im 3.Jh. beginnende Rezeption der hellenistischen Kultur in Juda verstehen lässt.

Als Trägerkreis wird auch bei der Heil-für-die-Völker-Schicht wohl am ehesten an das Milieu des zweiten Tempels zu denken sein, wofür doch deutlich die durchgängige Orientierung am Zion und dem dortigen Kult spricht.

2.3 Die Intention des Heil-für-die-Völker-Korpus

Während das werdende Zwölfprophetenbuch auf der Ebene des Fremdvölker-Korpus I wie auch des Fremdvölker-Korpus II eine in ihrer Gesamtaussage gegen die Völker gerichtete Sammlung prophetischer Schriften war,[55] werden in der frühen hellenistischen Zeit Worte eingebracht, in denen das Verhältnis zu den Völkern nochmals einer theologischen Neubestimmung unterzogen wird. Es wird hier auf differenzierte Weise eine Öffnung gegenüber den Völkern vollzogen, bei der den Völkern die Teilhabe an dem bislang nur den Angehörigen des eigenen Volkes zugesagten Heilshandeln Jhwhs verheißen wird, bei der dies aber unter die Voraussetzung gestellt wird, dass sich die Völker auch ihrerseits Jhwh und seinem Volk zuwenden werden.

---

54 Meist wird die Tatsache, dass in Sach 14,18 Ägypten eigens erwähnt wird, damit erklärt, dass hier für Ägypten eine eigene Strafe genannt wird, da der ausbleibende Regen wegen des Nils nicht derart bedrohlich gewesen wäre; vgl. etwa Marti, KHC 13, 454f; Elliger, ATD 25, 185; Rudolph, KAT 13,4, 239; Reventlow, ATD 25,2, 128. Doch wurde oben 113 Anm. 151 bereits dargestellt, dass eine solche Deutung nur unter hoch spekulativen textkritischen Eingriffen oder unter der Annahme eines nicht mehr zu rekonstruierenden Textausfalls zu halten ist. Aber selbst wenn die übliche Deutung entgegen der hier vertretenen Lösung doch die richtige sein sollte, so wäre ja immer noch zu erklären, warum hier überhaupt die besondere Situation in Ägypten hervorgehoben wird. Und so wäre auch dies am ehesten vor dem Hintergrund der ptolemäischen Herrschaft in Juda zu verstehen.
55 Siehe hierzu oben 164–170 und 281–286.

Dies zeigt sich zunächst an der die Heil-für-die-Völker-Bearbeitungen prägenden universalistischen Zionstheologie.[56] Während der Zion in der klassischen Ausformung der Zionstheologie der Ort war, an dem sich Jhwh dem eigenen Volk heilvoll zuwendet und seinem Volk dabei insbesondere auch im Kampf gegen die feindlichen Völker Schutz bietet,[57] wird bei den im Rahmen der Heil-für-die-Völker-Schicht eingebrachten Worten verheißen, dass Jhwh auf dem Zion nicht nur dem eigenen Volk, sondern auch den Völkern eine Rettungsmöglichkeit schaffen wird. Jeder, der sich dort an Jhwh wenden wird, soll Rettung erfahren (Joel 3,5*; Obd 17a).

Der Zion wird so im Rahmen des Heil-für-die-Völker-Korpus als universales Heilszentrum präsentiert. Ja, der Zion wird hier geradezu als Mittelpunkt der Welt dargestellt, was sich an dem von den Redaktoren des Heil-für-die-Völker-Korpus aus Jes 2,2-4 aufgenommenen Wort Mi 4,1-4 sogar an der äußeren Gestalt des Zion zeigen wird. Er wird nach Mi 4,1 einst alle Berge überragen. Kein anderer Ort wird also in seiner Bedeutung für die Völkerwelt dem Zion gleichkommen.[58]

Diese an den Zion gebundene Heilserwartung setzt dann aber auch voraus, dass die Völker zum Zion hinaufgehen und sich dort Jhwh zuwenden werden.[59] Nur wenn sie herankommen, von Jhwh Weisung suchen (Mi 4,2), ihn anbeten und verehren (Joel 3,5*; Mi 7,17aβb; Zef 3,9; Sach 2,15; 8,21.22; 14,16-19) und ihm sogar Opfer darbringen (Zef 3,10*), werden sie an dem vom Zion ausgehenden Heil teilhaben können. Denn ansonsten, so das letzte im Rahmen der Heil-für-die-Völker-Bearbeitung eingebrachte Wort Sach 14,16-19, wird sie das Gericht Jhwhs ereilen.

Im Heil-für-die-Völker-Korpus wird somit durch die Aufnahme einer solch universalisierten Form der Zionstheologie der im 3.Jh. im Zuge der Zuwendung von Teilen der Bevölkerung zur Kultur des Hellenismus aufkommenden Offenheit gegenüber den Völkern gefolgt. Auch hier werden die Völker nicht mehr per se als feindlich vorgestellt, und es wird sogar eine das eigene Volk und die Völker umfassende Gemeinschaft für möglich gehalten. Doch entgegen der sich in diesen Kreisen vollziehenden Anpassung an die Kultur und Religion der Völker wird im Heil-für-die-Völker-Korpus erwartet, dass sich die Völker der eigenen Kultur und Religion

---

56 Zur Orientierung der Heil-für-die-Völker-Bearbeitungen am Zion als dem Ort, an dem sich Jhwh den Völkern heilvoll zuwenden wird, siehe im einzelnen oben 338f.

57 Vgl. hierzu Ps 46,7; 48,5-7; 76,4-6, sowie für einen ersten Überblick etwa Albertz, Religionsgeschichte 1, 207-210.

58 Vgl. etwa Schottroff, Friedensfeier, 220: „... der an Höhe relativ bescheidene Zionshügel, auf dem sich der Tempel Jahwes befindet ... hebe sich dann wie der mythische Götterberg über Hügel und Berge empor, um sie als der weithin sichtbare Mittelpunkt der Welt zu überragen." Siehe hierzu auch Wolff, BK 14,4, 91; Jeremias, Micha 4-5, 99; ders., ATD 24,3, 172.

59 S.o. 339f.

anpassen. Nicht der Hellenismus, sondern gerade die eigene Kultur und Religion werden hier als universale, auch die Völker umschließende Leitkultur und Leitreligion präsentiert.[60]

Das Heil-für-die-Völker-Korpus lässt aber nicht nur über die hier vertretene Zionstheologie eine differenzierte theologische Bestimmung des Verhältnisses zu den Völkern erkennen, sondern auch über die kompositionelle Einbindung der von den Redaktoren dieses Korpus eingebrachten Heilsworte in das werdende Zwölfprophetenbuch. Wie oben ausgeführt, wurden diese Worte ja gerade im Kontext von gegen die gesamte Völkerwelt gerichteten Worten angebracht, so dass hier über die dort angesagte Zeit des Gerichts hinausgehend eine Rettungsmöglichkeit verheißen wird.[61]

Das heißt dann aber auch, dass im Heil-für-die-Völker-Korpus das Gericht an den Völkern nicht einfach abgetan wird. Auch auf dieser literarischen Ebene ist das werdende Zwölfprophetenbuch noch von umfassenden Gerichtsworten gegen die Völker geprägt. Zudem finden sich in diesem Korpus noch zahlreiche Gerichtsworte gegen konkrete Einzelvölker, die von den Redaktoren der Heil-für-die-Völker-Schicht nicht um einen heilvollen Ausblick ergänzt wurden.[62] So wird im Heil-für-die-Völker-Korpus als Ganzem klargestellt, dass diejenigen Völker, die sich am eigenen Volk verschuldet haben, das Gericht Jhwhs erfahren werden. Zudem wird betont, dass auch die Völker insgesamt, solange sie sich Jhwh nicht zuwenden, dem Gericht verfallen sind. Aber es wird den Völkern über dieses Gericht hinaus eben auch eine Heilsmöglichkeit eröffnet.

Indem also das Heil für die Völker als Heil durch das Gericht hindurch vorgestellt wird, wird wiederum einer undifferenzierten Öffnung gegenüber der Völkerwelt entgegengetreten. Es wird so die unter den Völkern anzutreffende feindliche Gesinnung gegenüber dem eigenen Volk festgehalten, und es wird daher weiterhin das Eingreifen Jhwhs gegen die Völker erwartet. Aber es wird darüber hinaus noch die Hoffnung vorgebracht, dass sich die Völker einst zu Jhwh bekehren und so gerettet werden.

Vom Kontext des Zwölfprophetenbuches her ist aber auch zu beachten, dass im Heil-für-die-Völker-Korpus nicht nur mit Blick auf die Völker, sondern auch mit Blick auf das eigene Volk eine differenzierte theologische Bestimmung des Verhältnisses zu den Völkern vorgelegt wird. Denn das Heil-für-die-Völker-Korpus wurde ja durch die aktualisierende Aufnahme des Fremdvölker-Korpus II geschaffen. Das Fremdvölker-Korpus II ist

---

60 So gilt also für das Heil-für-die-Völker-Korpus insgesamt, was Reventlow, ATD 25,2, 85, zu Sach 8,20-23 schreibt: „Nationales und universales Denken sind in dem Wort eng miteinander verknüpft."

61 S.o. 340-344.

62 S.o. 350 Anm. 41.

aber nicht nur durch die Ankündigung des Gerichts an den Völkern bestimmt, sondern auch durch die hier belegten Gerichtsworte gegen das eigene Volk.[63] In dieser Sammlung wird also betont, dass die Situation des Volkes unter den Völkern als das gerechte Gericht Jhwhs aufgrund der Verschuldungen des Volkes zu verstehen ist. Es wird aber verheißen, dass Jhwh gegen die dem Volk feindlich gesinnten Völker vorgehen und neues Heil schaffen wird.

Diese Aussage des Fremdvölker-Korpus II ist in dem darauf basierenden Heil-für-die-Völker-Korpus noch immer präsent. Auch das Heil-für-die-Völker-Korpus ist noch bestimmt von den Gerichtsworten gegen die Vergehen des eigenen Volkes, die erst zur Situation des Volkes unter den Völkern geführt haben. Und auch hier wird das Eingreifen Jhwhs gegen die Völker als die erneute heilvolle Zuwendung Jhwhs durch das verdiente Gericht am eigenen Volk hindurch dargestellt. Das Heil-für-die-Völker-Korpus ist also nicht nur am Verhältnis zu den Völkern orientiert, sondern es gibt wie das Fremdvölker-Korpus II auch Einblick in die Verschuldungen des Volkes, das damit hervorgerufene Gericht Jhwhs am eigenen Volk und die deshalb notwendige Rettung des Volkes aus diesem Gericht.

Indem nun im Heil-für-die-Völker-Korpus noch darüber hinausgehend die Verheißung eingebracht wird, dass auch die Völker einst an der heilvollen Zuwendung Jhwhs teilhaben können, werden hier das Geschick des Volkes und das Geschick der Völker geradezu parallelisiert. Es wird für das eigene Volk wie für die Völker gleichermaßen festgehalten, dass sie sich verschuldet haben und dass sie der Rettung durch Jhwh bedürfen.

Aber mehr noch: Das Heil für das eigene Volk wird durch die der Heil-für-die-Völker-Schicht zugewiesenen Passagen teils sogar direkt mit der den Völkern zugesagten Rettung verbunden.[64] So werden ja in Sach 2,15-16 die zuvor in 1,17; 2,14 bereits ohne weitere Voraussetzungen vorgebrachten Verheißungen, dass Jhwh inmitten des Volkes wohnen wird und dass Jhwh Jerusalem wieder erwählen wird, unter die Bedingung gestellt, dass sich die Völker Jhwh zuwenden. Zudem wird das in Sach 14,20-21 belegte Heilswort, dass Jerusalem einst eine besondere Heiligkeit zukommen und kein Fremder mehr hindurchziehen wird, durch die Voranstellung von 14,16-19 ebenfalls erst auf die Zeit nach der Bekehrung der Völker verlegt. Nach diesen beiden Worten ist die Zuwendung der Völker zu Jhwh also nicht einfach nur eine Möglichkeit, die den Völkern zusätzlich zum eigenen Volk eröffnet wird, sondern das Heil des eigenen Volkes hängt direkt von der Zuwendung der Völker zu Jhwh ab.

---

63   Siehe hierzu im einzelnen oben 284f.
64   S.o. 344f.

Im Heil-für-die-Völker-Korpus wird also auf mehrfache Weise eine differenzierte theologische Neubestimmung des Verhältnisses zu den Völkern vorgenommen. In Reaktion auf die von Teilen des Volkes betriebene Hinwendung zur Kultur des Hellenismus wird auch hier im Vergleich mit der vorangehenden Gestalt des werdenden Zwölfprophetenbuches – dem Fremdvölker-Korpus II – eine gewisse Öffnung gegenüber den Völkern vollzogen. Es wird aber der Anpassung des eigenen Volkes an die Kultur und Religion der Völker entgegengetreten und das Heil für die Völker gerade von deren Anpassung an die eigene Kultur und Religion abhängig dargestellt. Dabei wird daran festgehalten, dass die Völker an sich aufgrund ihrer Verfehlungen dem Gericht verfallen sind. Doch durch dieses Gericht hindurch wird ihnen Rettung angesagt, wenn sie sich denn Jhwh zuwenden. Und diese Zuwendung wird sogar für das eigene Volk als notwendig erachtet, da sich erst dann, wenn sich die Völker Jhwh angeschlossen haben, auch das dem eigenen Volk verheißene Heil verwirklichen wird.

2.4 Weitere völkerfreundliche Nachträge

Nur kurz sei noch auf vier weitere kleine Nachträge in Hab 2,14; Zef 2,11; Sach 9,7; Mal 1,11a eingegangen, die sich ebenfalls durch ihre völkerfreundliche Tendenz auszeichnen.[65] So wird in Hab 2,14 angesagt, dass einst die gesamte Erde von der Herrlichkeit Jhwhs erfüllt sein wird, wie Wasser die Erde bedeckt.[66] Nach Zef 2,11 wird Jhwh alle Götter der Erde vernichten und alle Inseln der Erde werden sich vor ihm niederwerfen, ein jeder von seinem Ort. In Sach 9,7 findet sich sodann die Verheißung, dass Jhwh Blut und Greuel aus dem Mund der Philister nehmen wird und dass die Philisterstädte wie Juda und wie Jerusalem zu Jhwh gehören werden. Und in Mal 1,11a heißt es schließlich, dass der Name Jhwhs groß ist unter den Völkern und seinem Namen an allen Orten der Erde reine Opfer dargebracht werden.[67]

Diesen Worten ist nun mit den der Heil-für-die-Völker-Schicht zugewiesenen Passagen gemeinsam, dass sie eine positive Gottesbeziehung der Völker zu Jhwh für möglich halten. Doch unterscheiden sie sich von der Heil-für-die-Völker-Schicht in zwei wesentlichen Punkten. So wird in Hab 2,14; Zef 2,11; Sach 9,7; Mal 1,11a nicht erwartet, dass die Völker einst nach

---

65   Zum sekundären Charakter dieser Worte vgl. Wöhrle, Sammlungen, 218, sowie oben 72f.232.307f.

66   Zur Annahme, dass der vereinzelte Nachtrag in Hab 2,14 bereits im Rahmen des Zwölfprophetenbuches in das Habakukbuch eingefügt wurde, s.o. 332.

67   Zur damit vorausgesetzten präsentischen Auslegung von Mal 1,11 s.o. 232 Anm. 48.

Jerusalem kommen und Jhwh dort ihre Verehrung entgegenbringen werden. Stattdessen gehen diese vier Worte davon aus, dass sich die Völker Jhwh gerade an ihren angestammten Orten zuwenden werden.[68] Zudem sind diese Worte anders als die der Heil-für-die-Völker-Schicht zugewiesenen Passagen nicht in einen Kontext eingebunden, der an dem Gericht an der gesamten Völkerwelt orientiert ist. Denn Hab 2,14 wurde im Kontext der gegen die Babylonier gerichteten Weherufe in Hab 2,6-19 eingebracht, in deren Zusammenhang immer wieder die Ausbeutung der Völker durch die Babylonier angeprangert wird. Zef 2,11 findet sich im Zusammenhang der Gerichtsworte gegen konkrete Einzelvölker in Zef 2,4-15. Die in Sach 9,7 belegte Verheißung an die Philister wurde gerade in das gegen die Philister und Phönikier gerichtete Wort 9,2-8 eingefügt. Mal 1,11a wurde schließlich der in 1,6-14 belegten Anklage gegen die Vernachlässigung des Opferkults durch das eigene Volk, bzw. durch die Priester des Volkes,[69] zugefügt. Angesichts der unterschiedlichen inhaltlichen Ausrichtung und der unterschiedlichen kompositionellen Einbindung ist es also trotz der völkerfreundlichen Tendenz ausgesprochen unwahrscheinlich, dass die Worte Hab 2,14; Zef 2,11; Sach 9,7; Mal 1,11a derselben Hand wie die der Heil-für-die-Völker-Schicht zugewiesenen Bearbeitungen zuzuweisen sind.

Es besteht zudem kaum ein ausreichender Grund zu der Annahme, dass diese vier Worte ihrerseits nochmals auf eine gemeinsame Redaktion zurückgehen. Zwar sind all diese Worte im weitesten Sinne durch die Vorstellung eines über die Grenzen des Volkes hinausgehenden Gottesverhältnisses verbunden. Doch wird in Hab 2,14 lediglich betont, dass die Herrlichkeit Jhwhs die gesamte Erde erfüllen wird. Dass Jhwh auch weltweite Verehrung erfahren wird, ist an dieser Stelle dagegen nicht explizit ausgesprochen. Sach 9,7 ist im Gegensatz zu den anderen drei Worten lediglich am künftigen Geschick der Philister orientiert. Die völkerfreundlichen Worte in Zef 2,11 und Mal 1,11a stehen sich zwar am nächsten, da beide Worte die weltweite Zuwendung zu Jhwh zum Gegenstand haben.[70] Allerdings spielt nur in Mal 1,11a der Opferdienst der Völker eine Rolle, und nur hier wird den Völkern bereits für die Gegenwart ein positives Verhältnis zu Jhwh zugesprochen.[71] Demgegenüber ist in Zef 2,11 lediglich vom Niederwerfen,

---

68 So wurde insbesondere mit Blick auf Zef 2,11 schon häufiger betont, dass sich dieses Wort gerade dadurch von den in Mi 4,1-4, Sach 8,20-23 oder Sach 14,16-19 belegten Verheißungen unterscheidet, dass hier die Verehrung Jhwhs an den Orten der Völker erwartet wird; vgl. etwa Roberts, Nahum, 202; Seybold, ZBK.AT 24,2, 107; Vlaardingerbroek, Zephaniah, 150; Perlitt, ATD 25,1, 128.

69 Siehe hierzu oben 222-232.

70 So meinen denn auch Marti, KHC 13, 370; Seybold, ZBK.AT 24,2, 107; Vlaardingerbroek, Zephaniah, 150, dass diese beiden Worten von einer vergleichbaren Vorstellung geprägt sind.

71 Siehe hierzu oben 232 mit Anm. 48.

also der Anbetung der Völker die Rede, und dies wird auch erst für die Zukunft erwartet. Da sich zudem zwischen diesen Worten keine bedeutenden Stichwortverbindungen aufzeigen lassen, spricht also nichts dafür, dass sie auf dieselbe Bearbeitung zurückgehen. Es handelt sich somit bei Hab 2,14; Zef 2,11; Sach 9,7; Mal 1,11a jeweils um vereinzelte Nachträge.

Interessant sind diese Nachträge aber nun deshalb, weil sie vermutlich ebenfalls in die frühe hellenistische Zeit gehören.[72] Sie können somit als weiterer Beleg dafür gelten, dass sich in den Kreisen, die mit der literarischen Fortschreibung des werdenden Zwölfprophetenbuches betraut waren, zu dieser Zeit eine gewisse Öffnung hin zu den Völkern vollzogen hat. Zudem sind sie ein Beleg dafür, dass dabei unterschiedliche Auffassungen bestanden, wie eine solche Öffnung konkret aussehen soll. Während die für die Heil-für-die-Völker-Schicht verantwortlichen Redaktoren eher eine auf den Zion zentrierte Position vertraten, zeigt sich bei Hab 2,14; Zef 2,11; Sach 9,7; Mal 1,11a eben die Vorstellung, dass der Beziehung der Völker zu Jhwh keine Grenzen gesetzt sind, sondern dass die Verehrung Jhwhs an allen Orten der Erde möglich sein wird oder gar schon ist.

Die in Hab 2,14; Zef 2,11; Sach 9,7; Mal 1,11a belegten Nachträge sind demnach Teil derselben theologiegeschichtlichen Entwicklung wie die Heil-für-die-Völker-Bearbeitungen. Sie sind von derselben völkerfreundlichen Tendenz geprägt, die zur Erwartung einer über die Grenzen des eigenen Volkes hinausgehenden Zuwendung zu Jhwh führte. Doch wird diese Zuwendung hier über die Heil-für-die-Völker-Bearbeitungen hinaus nicht mehr an den Zion gebunden, sondern an jedem Ort der Erde für möglich gehalten.

---

72 Aufgrund der relativen Chronologie der in den einzelnen Büchern aufgezeigten Schichten ist Hab 2,14 wohl kaum vor der zur fortgeschrittenen persischen Zeit anzusetzenden Babylonier-Schicht, durch die die Völkerthematik allererst in das Habakukbuch eingetragen wurde, zu verorten. Sach 9,7 wurde sodann in den Kontext des Wortes 9,2-6.8 eingetragen, das im Rahmen der in die beginnende hellenistische Zeit zu datierenden Fremdvölkerschicht II eingebracht wurde. Und schließlich setzt Mal 1,11a zumindest die Grundschicht des Maleachibuches voraus, die im 5.Jh. anzusetzen ist. Lediglich bei Zef 2,11 lässt sich nicht mehr sagen, als dass dieses Wort die Grundschicht der Fremdvölkerworte in 2,4-9* voraussetzt, die der in die Exilszeit anzusetzenden Vierprophetenbuchredaktion zuzuweisen ist; siehe hierzu Wöhrle, Sammlungen, 224-226.
So lässt sich für Sach 9,7 eine Datierung in der frühen hellenistischen Zeit wahrscheinlich machen. Für die in Hab 2,14; Mal 1,11a belegten Nachträge lässt sich zumindest zeigen, dass diese kaum vor der späten persischen Zeit angesetzt werden können. Aufgrund der völkerfreundlichen Tendenz dürfte aber davon auszugehen sein, dass auch diese beiden Worte – und wohl auch Zef 2,11 – erst in der frühen hellenistischen Zeit, also im Laufe des 3.Jh., nachgetragen wurden.

2.5 Fazit

Die redaktionsgeschichtliche Analyse der Einzelbücher ergab, dass das werdende Zwölfprophetenbuch zu Beginn der hellenistischen Zeit um einige Nachträge ergänzt wurde, bei denen den Völkern eine Rettungsmöglichkeit verheißen wurde. Diese Nachträge ließen sich nun aufgrund von inhaltlichen, kompositorischen und terminologischen Erwägungen als Teil einer gemeinsamen Redaktion erweisen. Bei all diesen Worten wird den Völkern die heilvolle Zuwendung Jhwhs zugesagt, wenn sie denn zum Zion kommen und sich dort an ihn wenden. Dabei wurden die einzelnen Nachträge stets im Kontext von der gesamten Völkerwelt geltenden Gerichtsaussagen eingefügt. Es wird so über das dort angesagte Gericht an den Völkern hinausgeblickt und Rettung durch dieses Gericht hindurch angesagt.

Durch diese Nachträge erhält das werdende Zwölfprophetenbuch eine neue inhaltliche Gesamtausrichtung. Während die Sammlung zuvor – bestimmt durch die beiden buchübergreifenden Überarbeitungen der Fremdvölkerschicht I und der Fremdvölkerschicht II – insgesamt am Gericht an den Völkern orientiert war, wird nun eine differenzierte Neubestimmung des Verhältnisses zu den Völkern vorgenommen. Vor dem Hintergrund der frühen hellenistischen Zeit und der zu dieser Zeit in Teilen des Volkes beginnenden Zuwendung zur Kultur des Hellenismus sowie der damit verbundenen Öffnung gegenüber den Völkern wird auch im Zwölfprophetenbuch auf der Ebene des Heil-für-die-Völker-Korpus eine gewisse Öffnung gegenüber den Völkern vollzogen. Es wird aber festgehalten, dass eine solche Öffnung nur unter der Voraussetzung geschehen kann, dass sich die Völker an die eigene Kultur und Religion anpassen und sich nicht umgekehrt das eigene Volk an die Völker anpasst. Nur so ist für die Völker, die an sich aufgrund ihrer Verfehlungen dem Gericht verfallen sind, wie für das eigene Volk eine Rettung aus dem Gericht möglich.

Im Heil-für-die-Völker-Korpus verbinden sich somit in der Auseinandersetzung mit den überlieferten Prophetenschriften auf der Ebene der Fremdvölkerschicht II einerseits und in der Auseinandersetzung mit der beginnenden Hinwendung zur hellenistischen Kultur in der ersten Hälfte des 3. Jahrhunderts andererseits nationale und universale Vorstellungen zu einer differenzierten theologischen Deutung des Verhältnisses zu den Völkern. So zeigt sich auch beim Heil-für-die-Völker-Korpus, wie zur theologischen Bewältigung einer neuen Situation auf die überlieferten Prophetenschriften zurückgegriffen wird und diese einer neuen, aber das Bisherige doch integrierenden Aussage zugeführt werden.

VII. Das Gnaden-Korpus
(Joel; Am; Obd; Jona; Mi; Nah; Hab; Zef; Hag; Sach; DtSach; Mal)

1. Ausgangspunkt

Aufgrund der redaktionsgeschichtlichen Analyse der Einzelbücher konnte gezeigt werden, dass im Anschluss an das Heil-für-die-Völker-Korpus in den Büchern Joel, Micha, Nahum und Maleachi noch weitere kurze Nachträge eingebracht wurden, die einer bereits vorläufig als Gnadenschicht bezeichneten Bearbeitung zugewiesen wurden.[1] Diese Nachträge in Joel 2,12-14; Mi 7,18-20; Nah 1,2b.3a; Mal 1,9a zeichnen sich allesamt dadurch aus, dass hier die Vergebungsbereitschaft Jhwhs thematisiert wird. Zudem sind diese Nachträge, wie noch im einzelnen zu zeigen sein wird, allesamt durch Aufnahmen der gerne als Gnadenformel bezeichneten Beschreibung des göttlichen Wesens aus Ex 34,6 bestimmt.[2]

In der bisherigen Forschung ist nun schon häufiger aufgefallen, dass gleich mehrere Stellen im Zwölfprophetenbuch Bezüge zu der in Ex 34,6 belegten Gnadenformel aufweisen.[3] Erstaunlicherweise wurde bei den bislang vorgelegten Ansätzen zur buchübergreifenden Entstehung des Zwölfprophetenbuches aber nur selten erwogen, dass diese Worte auf dieselbe buchübergreifende Redaktion des Zwölfprophetenbuches zurückgehen könnten.[4]

Einen umfassenderen Ansatz zu den redaktionsgeschichtlichen Zusammenhängen der von der Gnadenformel geprägten Worte in das Zwölfprophetenbuch hat allerdings van Leeuwen vorgestellt.[5] Nach van Leeuwen wurden Joel 2,12-14; Mi 7,18-20 und Nah 1,2b.3a von derselben buchübergreifenden Bearbeitung eingebracht. Dieser Bearbeitung weist er noch einige

---

1   Zur Begründung, dass die Gnadenschicht später als das Heil-für-die-Völker-Korpus anzusetzen ist, s.u. 411.
2   S.u. 401-405.
3   Siehe hierzu im einzelnen unten 402-404 Anm. 6.12.13.14.
4   So wird ein möglicher redaktionsgeschichtlicher Zusammenhang der genannten Stellen vor allem bei den großen Gesamtentwürfen von Nogalski, Precursors; ders. Processes; Bosshard-Nepustil, Rezeptionen; Schart, Entstehung, nicht weiter erwogen.
5   Vgl. zum folgenden van Leeuwen, Wisdom, 31-49.

weitere Nachträge, etwa Hos 14,10; Joel 4,21; Mi 4,1-5, zu. Zudem wurde seiner Meinung nach im Rahmen dieser Bearbeitung auch das Jonabuch, bei dem in Jona 4,2 ebenfalls die aus Ex 34,6 bekannte Gnadenformel belegt ist, in das werdende Zwölfprophetenbuch integriert. Ziel dieser Redaktion ist es nach van Leeuwen, mit Blick auf die im Zwölfprophetenbuch niedergelegten Gerichtsworte das Verhältnis von strafendem und vergebendem Gott zu bestimmen.

Neben van Leeuwen hat sodann Zapff die These vorgestellt, dass die von ihm als „Fortschreibungsschicht Micha" bezeichnete Bearbeitung, auf die seiner Meinung nach die vorliegende Gestalt des Michabuches im wesentlichen zurückgeht und der er das von der Gnadenformel beeinflusste Wort Mi 7,18-20 zuweist, auch für die Einfügung von Nah 1,2b.3a und für die Einfügung des Jonapsalms in Jona 2,3-10 verantwortlich ist.[6] Scoralick hält sodann nach ihren am Endtext orientierten Darlegungen zur Aufnahme der Gnadenformel im Zwölfprophetenbuch eine gemeinsame Herkunft etwa der Worte Mi 7,18-20 und Nah 1,2b.3a zumindest für möglich.[7] Und schließlich meint auch Vanoni, dass einige der von der Gnadenformel beeinflussten Worte im Zwölfprophetenbuch auf dieselbe Hand zurückgehen könnten.[8]

Die genannten Ansätze geben somit allesamt wichtige Hinweise zu den buchübergreifenden Zusammenhängen der von der Gnadenformel geprägten Worte im Zwölfprophetenbuch. Allerdings wurden diese Zusammenhänge bislang noch nie wirklich aus der Entstehung der einzelnen Bücher heraus begründet, und es wurde auch noch nie nach dem kompositorischen Zusammenhang und von hier aus nach der buchübergreifenden Funktion dieser Worte gefragt.

Auf Grundlage der hier vorgestellten redaktionsgeschichtlichen Analyse der Einzelbücher soll daher nochmals von Neuem nach dem buchübergreifenden Zusammenhang der der Gnadenschicht zugewiesenen Passagen gefragt werden. Zuvor ist allerdings noch zu klären, ob sich diese Bearbeitung auch noch in weiteren Büchern niedergeschlagen hat. So wird im folgenden eine redaktionsgeschichtliche Analyse des Jonabuches vorgestellt.

---

6   Vgl. Zapff, Studien, 241-279.
7   Vgl. Scoralick, Güte, 212f.
8   Vgl. Vanoni, Spuren, 123-127.

2. Zur Redaktionsgeschichte der Einzelbücher

2.1 Das Jonabuch

Das Jonabuch bietet eine in vier Szenen verlaufende Prophetenerzählung. Jona 1 schildert zunächst die vergebliche Flucht des Jona vor dem Auftrag Jhwhs, in Ninive zu verkündigen, die damit endet, dass Jona von dem Schiff, mit dem er flieht, geworfen wird. In Jona 2 wird sodann die Rettung des Propheten in einem Fisch und das Gebet des Jona im Bauch des Fisches beschrieben. In Jona 3 wird die Verkündigung des Jona in Ninive und die Umkehr des dortigen Volkes dargestellt, bevor das Buch in Jona 4 mit einer Auseinandersetzung zwischen Jhwh und Jona über die Bereitschaft Jhwhs, den Niniviten zu vergeben, endet.

2.1.1 Die Flucht des Jona in Jona 1

Das erste Kapitel des Jonabuches handelt von der vergeblichen Flucht des Propheten vor Jhwh. Dabei wird zunächst in den Versen 1,1-3 dargestellt, dass Jhwh den Propheten dazu beauftragt, nach Ninive zu gehen, um dort zu verkündigen, dass der Prophet sich diesem Auftrag jedoch widersetzt und versucht, mit einem Schiff nach Tarsis zu fliehen. Nach 1,4-6 lässt Jhwh einen großen Sturm auf das Meer kommen, woraufhin die Seeleute auf dem Schiff ihre Götter anrufen, während Jona unter Deck geht und schläft. In den folgenden Versen 1,7-12 wird sodann geschildert, wie die Seeleute Jona per Los als den für die gegenwärtige Not Verantwortlichen ausmachen und er sie dazu auffordert, ihn über Bord zu werfen. Nach 1,13-16 unternehmen die Seeleute noch einen letzten Rettungsversuch, werfen Jona dann aber doch über Bord. Der Sturm hört nun auf, und die Seeleute fürchten sich vor Jhwh und bringen ihm Opfer dar.

Die in Jona 1 belegte Einleitung des Buches lässt zunächst einen klaren Handlungsablauf erkennen: Jona flieht vor Jhwh, er nimmt ein Schiff, das Schiff gerät in einen Sturm, Jona wird als Grund der Not erkannt, über Bord geworfen, und der Sturm steht still. Doch zeigen sich bei diesem Kapitel auch einige bemerkenswerte Unstimmigkeiten. Diese wurden zwar schon häufig erkannt. Es ist allerdings umstritten, ob es sich hierbei um bewusste darstellerische Eigenheiten oder um die Folge eines redaktionellen Wachstums handelt.[1]

---

1   So gehen etwa Marti, KHC 13, 248-251; Sellin, KAT 12, 243-246; Weiser, ATD 24, 215; Rudolph, KAT 13,2, 326-328; Schmidt, De Deo, 49-66; Wolff, BK 14,3, 84-86; Vanoni, Jona, 3-25; Witzenrath, Jona, 7-9; Golka, Jona, 47-62; Lescow, Jona, 31-34; Lux, Jona, 93-126;

So fällt zunächst der Textbereich 1,5b.6 auf.[2] Nachdem in 1,4.5a dargestellt worden ist, dass Jhwh einen Sturm auf das Meer kommen lässt, die Matrosen ihre Götter anrufen und Ballast über Bord werfen, wird in 1,5b.6 ausgeführt, dass Jona mittlerweile unter Deck gegangen ist und schläft, woraufhin der Kapitän zu ihm kommt und ihn dazu auffordert, auch seinen Gott anzurufen. Bemerkenswert ist die in 1,5b.6 belegte Szene nun schon deshalb, weil die hier belegte Aufforderung, dass auch Jona seinen Gott anrufen soll, im vorliegenden Kontext doch eigentlich zu spät kommt. Denn in dem vorangehenden Teilvers 1,5a wurde nach dem dort in 1,5aα erwähnten Gebet der Seeleute in 1,5aβ bereits geschildert, wie sie die Fracht über Bord werfen. Die Seeleute sind also bereits von der Anrufung ihrer Götter zu konkreten Rettungsmaßnahmen übergegangen. Die in 1,5b.6 dargestellten Ereignisse unter Deck würden sich daher im direkten Anschluss an das Gebet der Seeleute in 1,5aα wesentlich besser in ihren Kontext fügen.

Die vorliegende Stellung des Textbereichs 1,5b.6 wird nun allerdings häufig damit erklärt, dass es sich hierbei um eine bewusste Nachholung handelt, die deshalb erst so spät eingeführt wird, da die Erzählung zunächst ganz auf das Verhalten der Seeleute ausgerichtet ist.[3] Doch fällt Jona 1,5b.6 nicht nur dadurch auf, dass die hier belegten Ereignisse eigentlich zu spät vorgebracht werden, sondern auch dadurch, dass diese Szene auch sonst im vorliegenden Kontext recht isoliert steht. So ist schon beachtenswert, dass der Kapitän des Schiffes im gesamten Kapitel nur hier in Jona 1,6 erwähnt wird. Bei den weiteren Geschehnissen auf dem Schiff ist er nicht mehr von Bedeutung.[4] Zudem wird an keiner Stelle ausgeführt, ob Jona tatsächlich auf den Kapitän hörte und sich dem Gebet der Seeleute anschloss oder nicht.[5]

Roth, Israel, 164-167; Gerhards, Studien, 11-55; Jeremias, ATD 24,3, 81-89, davon aus, dass es sich bei Jona 1 im wesentlichen um einen einheitlichen Textbereich handelt. Nach Böhme, Composition, 225-233; Schmidt, Komposition, 288-296; Weimar, Kritik, 217-235; Krüger, Wachstum, 45-47; Levin, Jona 1, 283-299, u.a. hat dieser Textbereich eine oder gar mehrere umfassendere Bearbeitungen erfahren; siehe hierzu auch unten 368 Anm. 10. Zur Redaktionsgeschichte des Jonabuches vgl. zudem auch die Forschungsüberblicke bei Schmidt, a.a.O., 12f; Lux, a.a.O., 34-42; Roth, a.a.O., 157-164.

2   Vgl. hierzu Böhme, Composition, 226f; Schmidt, Komposition, 290-296; Weimar, Kritik, 227; Krüger, Wachstum, 45f; Levin, Jona 1, 295f, die Jona 1,5b.6 als Nachtrag auffassen.

3   Vgl. etwa Rudolph, KAT 13,2, 341; Wolff, BK 14,3, 85; Golka, Jona, 53; Lux, Jona, 103.

4   So fragte schon Böhme, Composition, 227, zurecht: „... weshalb hat der Erzähler sich dieser so geeigneten Person in der Folge nicht mehr bedient, z. B. bei dem Vorschlag zu loosen, bei der Erkundigung nach Jonas Herkunft, Vorhaben ...“ Wenn demgegenüber etwa Gerhards, Studien, 50, meint, das „Verschwinden des Kapitäns“ sei als „Illustration der durch die Seenot bedingten Verwirrung“ zu erklären, so ist dies doch eher eine Verlegenheitsauskunft ohne direkten Anhalt am vorliegenden Text. Denn der Kapitän verschwindet ja eigentlich gar nicht, sondern wird schlicht nicht mehr erwähnt.

5   Nicht umsonst wurde schon immer darüber spekuliert, ob Jona der Aufforderung des Kapitäns Folge geleistet hat. So meinen etwa Marti, KHC 13, 250; Rudolph, KAT 13,2, 342,

Aber mehr noch: Bei dem in 1,7ff dargestellten Losentscheid und dem anschließenden Verhör des Jona wird ja vorausgesetzt, dass Jona bei diesem Verfahren anwesend ist. Nachdem in 1,5b noch eigens erwähnt wurde, dass Jona unter Deck gegangen ist und sich dort schlafen gelegt hat, wird aber nicht mehr erwähnt, dass er auch wieder nach oben zu den Seeleuten zurückgekehrt ist.

Neben diesen inhaltlichen Beobachtungen fällt der Textbereich 1,5b.6 auch durch markante terminologische Differenzen aus dem vorliegenden Kontext heraus. So wird das Schiff in Jona 1,3.5a mit אניה bezeichnet, in 1,5b dagegen mit ספינה.[6] Dass mit ספינה im Gegensatz zu אניה das gedeckte Schiff, das somit auch über ein Unterdeck verfügt, bezeichnet wird, wie immer wieder zur Erklärung dieser Differenz vorgebracht wird, ist zwar durchaus denkbar.[7] Doch bliebe dann immer noch zu erklären, warum in den Versen 1,3-5 nicht schon immer dieser Begriff verwandt wird, sondern sich gerade in dem Teilvers 1,5b, der ja auch durch inhaltliche Unstimmigkeiten auffällt, ein abweichender Begriff findet.

Zudem zeigt sich bei Jona 1,5b.6 noch eine weitere terminologische Differenz, die bislang nur selten gesehen wurde: So wird das Anrufen der Götter in Jona 1,5a mit זעק אל־אלהים beschrieben, in 1,6 hingegen mit קרא אל־אלהים.[8] Dabei ist bedeutend, dass das Verb קרא auch schon in Jona 1,2 belegt ist, dort aber nicht für die Anrufung einer Gottheit, sondern für die Verkündigung des Propheten verwandt wird. Da sich nun im folgenden noch mehrfach zeigen wird, dass in der Grundschicht des Jonabuches die Verkündigung des Propheten sowie andere öffentliche Verlautbarungen mit קרא umschrieben wird, während an den Stellen, die auch aus anderen

---

dass sich der Prophet dem Gebet der Seeleute angeschlossen hat, während Schmidt, De Deo, 50f; Wolff, BK 14,3, 90; Jeremias, ATD 24,3, 87, davon ausgehen, dass er sich einer solchen Beteiligung verweigert hat. Aus dem vorliegenden Text lässt sich aber weder das eine noch das andere nachweisen.

6   Vgl. Böhme, Composition, 226; Schmidt, Komposition, 294f; Weimar, Kritik, 227; Krüger, Wachstum, 45.

7   Vgl. etwa Rudolph, KAT 13,2, 339; Vanoni, Jona, 21 mit Anm. 101; Lux, Jona, 40, u.a., die ספינה von dem Verb ספן mit der Grundbedeutung „decken, täfeln" ableiten; siehe hierzu 1 Kön 6,9.15; 7,3.7; Jer 22,14; Hag 1,4 sowie KBL[3], 722. Unwahrscheinlich ist dagegen der Vorschlag von Wolff, BK 14,3, 89, dass ספינה den überdeckten Teil des Schiffes selbst bezeichnet, und unwahrscheinlich ist auch die im Anschluss an Mulzer, ספינה, 83-90, von Gerhards, Studien, 51, vorgetragene These, dass hiermit sogar direkt der Laderaum gemeint sei. Denn gegen diese Überlegungen spricht, dass bei der in Jona 1,5 belegten Formulierung אל־ירכתי הספינה dann ירכה „das Innerste" eine unnötige Dopplung zu ספינה darstellen würde, da damit ja schon selbst das Innere des Schiffes bezeichnet wäre.

8   Diese Differenz wurde bislang lediglich von Krüger, Wachstum, 45f Anm. 19, gesehen, der dies jedoch nur beiläufig erwähnt und der auch noch nicht erkannt hat, dass diese terminologische Differenz im Jonabuch noch an mehreren Stellen und nicht nur mit Blick auf den Textbereich 1,5b.6 von Bedeutung ist.

Gründen als sekundär auffallen, קרא für das Anrufen einer Gottheit verwandt wird,[9] spricht doch auch diese Differenz dafür, dass es sich bei Jona 1,5b.6 um einen Nachtrag handelt.

Im weiteren Verlauf von Jona 1 fällt unter den in 1,8 belegten Fragen, die die Seeleute an Jona richten, nachdem das Los auf ihn gefallen war, die erste Frage, um wessentwillen das gegenwärtige Unheil über sie gekommen ist (באשר למי־הרעה הזאת לנו), in 1,8aβ auf.[10] Denn nach dem vorangehenden Vers 1,7 sollte doch schon das Losverfahren dazu dienen, den Verantwortlichen für das derzeitige Übel zu ermitteln. Nachdem das Los auf Jona gefallen war, wissen die Seeleute also eigentlich bereits, wer die Schuld hierfür trägt. An Jona gerichtet kann die erneute Frage nach dem Verantwortlichen dann doch aber nur so verstanden werden, dass hier nicht mehr nach dem Schuldigen, sondern nach dem direkten Verursacher der gegenwärtigen Not gefragt wird.[11]

---

9 Vgl. hierzu die Übersicht unten 379.

10 Beachtenswerterweise wird die in Jona 1,8aβ belegte Frage neben Böhme, Composition, 228, auch von Marti, KHC 13, 250; Sellin, KAT 12, 245; Rudolph, KAT 13,2, 340; Schmidt, De Deo, 59; Wolff, BK 14,3, 83; Gerhards, Studien, 51; Jeremias, ATD 24,3, 82, die ja an sich von der Einheitlichkeit von Jona 1 ausgehen, für sekundär gehalten.
Unter den redaktionsgeschichtlich orientierten Ansätzen zum Jonabuch geht dagegen Weimar, Kritik, 227-229, davon aus, dass bei der auf das Losverfahren folgenden Auseinandersetzung zwischen Jona und den Seeleuten in 1,8-14 überhaupt nur 1,11a.12 zum Grundbestand gehören, und der verbleibende Textbereich in den beiden Stufen 1,8a.10.11b.13.14a und 1,8b.9.14b hinzugekommen ist. Nach Krüger, Wachstum, 46, ist 1,8-14 sogar insgesamt sekundär, wobei nach Krüger zunächst der Textbereich 1,10aββα.11-14 und sodann 1,8-9.10aαbβ ergänzt wurde. Doch spricht gegen die Annahme, dass 1,8-14, bzw. der überwiegende Teil dieser Verse, erst sekundär hinzugefügt wurde, dass sich hierfür weder ausreichende formale noch terminologische Gründe nennen lassen. So meint etwa Krüger, ebd., dass die Frage nach der Identität des Jona in 1,8 im Anschluss an den Losentscheid „recht künstlich" wirkt, was aber doch ein ausgesprochen subjektives Urteil ist. Und an terminologischen Differenzen kann Krüger lediglich darauf verweisen, dass die Seeleute in 1,8-14 als האנשים und nicht wie zuvor in 1,5 als המלחים bezeichnet werden. Angesichts fehlender inhaltlicher Unstimmigkeiten wird diese Differenz doch aber eher als erzählerische Variation zu erklären sein. Gegen die von Weimar und Krüger vorgeschlagene Aufteilung dieses Textbereichs auf zwei Bearbeitungsschichten spricht schließlich, dass diesen Schichten kein je eigenes Profil zugeschrieben werden kann; siehe hierzu auch unten 371 Anm. 19.

11 Dies wurde so noch nicht gesehen. Denn zumeist wird Jona 1,8aβ schlicht als eher zufällig an die vorliegende Stelle geratene Dublette zu der vergleichbaren Frage in 1,7 verstanden; vgl. etwa Marti, KHC 13, 250; Böhme, Composition, 228; Rudolph, KAT 13,2, 340; Schmidt, De Deo, 59; Wolff, BK 14,3, 83; Gerhards, Studien, 51. Demgegenüber meint Golka, Jona, 56, dass Jona hier eine Chance gegeben werden soll, sich auch selbst als den Schuldigen zu präsentieren, und deutet dies sogar als Zeichen der Fairness der Seeleute; siehe hierzu auch die in etwa vergleichbaren Überlegungen von Lux, Jona, 106-108. Nimmt man aber ernst, dass das Losverfahren, bei dem Jona ja anwesend war, als zuverlässiges Mittel der Ursachenforschung verstanden wurde (vgl. nur Preß, Art. Los, 1103), so dürfte doch die wahrscheinlichere Lösung die sein, dass mit der Frage in 1,8aβ eben nach dem gefragt wird, der wegen des als schuldig erkannten Jona die gegenwärtige Not aufkommen ließ.

Dass diese Frage jedoch nicht in den ursprünglichen Zusammenhang der in 1,8 belegten Fragen der Seeleute gehört, zeigt sich schon daran, dass darauf in der Antwort des Jona in 1,9 nicht eingegangen wird. Zudem ist auf terminologischer Ebene beachtenswert, dass die Frage, um wessentwillen die gegenwärtige Not aufgekommen ist, in 1,8aβ mit der Wendung באשר למי, im Zusammenhang des Losentscheids in 1,7 dagegen mit der Wendung בשלמי (vgl. 1,12) formuliert wird.[12] So handelt es sich bei Jona 1,8aβ um einen weiteren Nachtrag, durch den noch hinter den per Losverfahren ermittelten Schuldigen für die gegenwärtige Not, also Jona, nach dem direkten Verursacher dieser Not, also Jhwh, zurückgefragt wird.

Ein weiterer Nachtrag zeigt sich sodann in Jona 1,10abα.[13] Nach diesem Teilvers fürchten sich die Seeleute und fragen Jona, was er getan hat, da sie wissen, dass er sich auf der Flucht vor Jhwh befindet. Bei der zuvor in 1,9 belegten Aussage des Jona, auf die sich die Frage der Seeleute ja bezieht, war aber noch gar nicht davon die Rede, dass sich Jona auf der Flucht vor Jhwh befindet. Dies wird zwar in 1,10bβ dadurch ausgeglichen, dass hier nachträglich erwähnt wird, dass Jona es ihnen gesagt hatte. Doch dürfte es sich bei dieser deutlich nachklappenden Bemerkung sicherlich um einen gegenüber 1,10abα nochmals später anzusetzenden Nachtrag handeln, mit dem auf das soeben beschriebene Problem, dass die Flucht des Jona in 1,9 eben noch nicht erwähnt war, reagiert wurde.[14] Dieser ausgleichende Nachtrag in 1,10bβ zeigt dann gerade, dass 1,10abα aus dem vorliegenden Zusammenhang herausfällt.

Dass Jona 1,10abα erst sekundär eingebracht wurde, lässt sich aber auch noch an einer formalen Beobachtung zeigen. So folgt in 1,11 eine erneute

---

12 Dies ist sogar der Hauptgrund, der bei den oben 368 Anm. 10 genannten Ansätzen dafür genannt wird, dass es sich bei Jona 1,8aβ um einen Nachtrag handelt. Dagegen meint allerdings Vanoni, Jona, 6, dass dies auf bewusste Gestaltung zurückgeht, da die Seeleute unter sich das im nordwest-semitischen Raum gebräuchliche Relativpronomen שׁ, im gegenüber zu Jona aber das im Hebräischen üblichere אשׁר verwandten. Diese Überlegung scheitert aber nicht nur daran, dass neben dieser terminologischen Differenz zwischen Jona 1,7 und 1,8aβ auch inhaltliche Überlegungen dafür sprechen, dass die in 1,8aβ belegte Frage erst sekundär in den vorliegenden Kontext eingebracht wurde, sondern schon daran, dass in Jona 1,12 das Relativpronomen שׁ auch im Munde des Jona belegt ist.
13 Dass Jona 1,10, oder zumindest 1,10aβb, sekundär ist, wurde schon häufiger gesehen; vgl. hierzu, mit Unterschieden im Detail, Böhme, Composition, 231; Weimar, Kritik, 228; Krüger, Wachstum, 46.
14 Wie schon Jona 1,8aβ wird auch 1,10bβ sogar von zahlreichen Vertretern, die an sich von der Einheitlichkeit des Kapitels Jona 1 ausgehen, als Nachtrag verstanden; vgl. etwa Marti, KHC 13, 251; Sellin, KAT 12, 245; Weiser, ATD 24, 216; Schmidt, De Deo, 60-62; Golka, Jona, 57. Wenn demgegenüber etwa Rudolph, KAT 13,2, 343; Wolff, BK 14,3, 84; Vanoni, Jona, 18f; Lux, Jona, 113, davon ausgehen, dass es sich bei 1,10bβ um eine bewusste Nachholung handelt, so wird dies der Tatsache, dass diese Nachholung doch ausgesprochen umständlich formuliert ist, wohl kaum gerecht.

Aussage der Seeleute, die auch nochmals mit einer eigenen Redeeinleitung eingeführt wird. In dem ansonsten eher dialogisch gestalteten Jonabuch finden sich aber an keiner weiteren Stelle zwei aufeinander folgende Redeeinsätze desselben Sprechers.

Wenn aber Jona 1,10abα sekundär ist, so gilt dies auch für den Vers 1,14.[15] Im Anschluss an den in 1,13 dargestellten Versuch der Seeleute, sich doch noch aus eigener Kraft zu retten, wird in diesem Vers dargestellt, wie die Seeleute zu Jhwh beten und ihn darum bitten, dass er kein unschuldiges Blut vergießen möge, woraufhin sie den Propheten dann nach dem folgenden Vers 1,15 über Bord werfen. Das Verhältnis der Seeleute zu Jhwh ist aber zuvor nur in 1,10a von Bedeutung, wo es ja heißt, dass sich die Seeleute nach dem in 1,9 belegten Bekenntnis des Jona zu Jhwh fürchten. Ansonsten war das Verhältnis der Seeleute zu Jhwh an keiner Stelle von Bedeutung. Im Gegenteil: Nach 1,5a rief noch jeder seinen eigenen Gott an, als der Sturm aufkam. So kommt das an Jhwh gerichtete Gebet in 1,14 ohne die Erwähnung der Furcht der Seeleute in 1,10, was als ein gewisser Umschwung in deren religiösem Verhalten gedeutet werden kann, doch eher unvermittelt.

Zudem lässt sich der sekundäre Charakter von Jona 1,14 auch noch an terminologischen Beobachtungen belegen: So wird das Beten der Seeleute in 1,14 wie schon in dem als sekundär erkannten Vers 1,6, aber im Gegensatz zu dem der Grundschicht zugeordneten Teilvers 1,5a mit קְרָא אֶל bezeichnet.[16] Und der hier belegte Bittruf der Seeleute אָל־נָא נאבדה erinnert doch deutlich an die wiederum in dem sekundären Vers 1,6 belegte Aussage des Kapitäns וְלֹא נאבד. Es sprechen also auch bei Jona 1,14 sowohl inhaltliche als auch formale Überlegungen dafür, dass dieser Vers erst sekundär eingebracht wurde.

Zuletzt handelt es sich noch bei dem das erste Kapitel abschließenden Vers Jona 1,16 um einen Nachtrag.[17] Denn mit der hier belegten Aussage, dass die Seeleute Jhwh fürchten, ihm opfern und Gelübde vorbringen, ist doch auch dieser Vers, wie schon die als sekundär erkannten Verse 1,10*.14, am Verhältnis der Seeleute zu Jhwh orientiert. Zudem findet sich hier eine wörtliche Parallele zu 1,10* über die Wendung וייראו האנשים יראה גדולה.

15 Dass Jona 1,14 sekundär ist, wurde schon häufiger vermutet; vgl. Schmidt, Komposition, 289; Weimar, Kritik, 229; Krüger, Wachstum, 46. Doch wird dieser Teilvers bei all diesen Ansätzen zumindest noch mit 1,13 (so, mit Unterschieden im Detail, Schmidt und Weimar) oder gar mit 1,10aßbα.12-13 (so Krüger) zusammengenommen. Da allerdings – im Gegensatz zu 1,14 – nichts dafür spricht, dass der in 1,13 geschilderte letzte Rettungsversuch der Seeleute sekundär in den vorliegenden Kontext eingetragen wurde, dürfte wohl nur 1,14 als Nachtrag anzusehen sein.
16 Zu Jona 1,6 s.o. 367f.
17 So auch Böhme, Composition, 232; Weimar, Kritik, 229; Krüger, Wachstum, 47.

So dürfte auch dieser Vers zu den in Jona 1 erkannten Nachträgen zu rechnen sein.

Insgesamt ergibt sich somit bei Jona 1 eine Grundschicht, die die Verse 1,1-5a.7.8aαb.9.11-13.15 umfasst. Dieser Textbereich ist als in sich geschlossener Zusammenhang zu verstehen, der beschreibt, wie der Versuch des Propheten, vor Jhwh und dessen Verkündigungsauftrag zu fliehen, scheitert.[18]

Die Verse 1,5b.6.8aβ.10abα.14.16 wurden demgegenüber im Rahmen einer Überarbeitung eingebracht. Dabei erweisen sich diese Nachträge neben einigen wiederkehrenden Formulierungen dadurch als zusammengehörig, dass sie allesamt am Verhältnis der Seeleute zu Jhwh orientiert sind. So fordert in 1,5b.6 der Kapitän den Propheten dazu auf, zu seinem Gott zu beten. Nach 1,8aβ fragen die Seeleute nach dem Verursacher des von Jona verschuldeten Geschehens. Nach 1,10abα fürchten sich die Seeleute auf das Bekenntnis des Jona zu Jhwh hin. Und in 1,14.16 wird schließlich dargestellt, wie sie zu Jhwh beten und ihm sogar opfern und Gelübde vorbringen. Während also den Seeleuten in der Grundschicht des Buches lediglich die Funktion zukommt, die Flucht des Jona zu verhindern, werden sie dem Propheten in der Überarbeitungsschicht geradezu als positives Gegenbild gegenübergestellt. Anders als Jona sind sie gottergeben, fordern ihn zu einem ebensolchen Verhalten auf und fürchten und verehren schließlich Jhwh, vor dem der Prophet flieht.[19]

Ein vereinzelter Nachtrag, durch den die mit dem sekundären Teilvers 1,10abα aufgekommene Unstimmigkeit, dass die Seeleute von der hier erwähnten Flucht des Jona eigentlich noch gar nichts wissen können, ausgeglichen wird, zeigte sich schließlich in 1,10bβ.

---

18 Zur inhaltlichen Ausrichtung der Grundschicht des Jonabuches siehe auch unten 393-396.

19 Im Gegensatz zu den von Weimar, Kritik, 218-230, und Krüger, Wachstum, 45-47, vorgestellten Überlegungen zur Entstehung von Jona 1 hat das hier ausgeführte Modell also den Vorteil, dass sich eine Grundschicht und eine Überarbeitungsschicht mit einem jeweils klar erkennbaren Aussageprofil voneinander abheben lassen. Wenn nämlich Weimar davon ausgeht, dass in zwei Schritten zunächst 1,4aα.5a*.5b.6.8a.10.11b.13-14a.16 und sodann 1,8b-9.12b.14b ergänzt wurden, oder wenn Krüger die beiden Bearbeitungen 1,5b.6.10aβbα.12-14 und 1,8-9.10aαbβ.16 unterscheidet, so ist etwa kaum nachzuvollziehen, warum dabei das Gebet der Seeleute in Jona 1,14b jeweils einer anderen Schicht zugewiesen wird als der abschließende Vers 1,16, in dem von Opfern und Gelübden der Seeleute berichtet wird. Zur Kritik an Weimar und Krüger siehe auch oben 368 Anm. 10.

2.1.2 Der Prophet im Fisch in Jona 2

In Jona 2 wird zunächst in 2,1 geschildert, wie der Prophet, nachdem er von Bord des Schiffes geworfen worden ist, von einem Fisch für drei Tage und drei Nächte verschlungen wird. In 2,2-10 folgt sodann das Gebet des Jona im Bauch des Fisches, in dem er Jhwh für die erfahrene Rettung dankt. Nach dem abschließenden Vers 2,11 speit der Fisch den Propheten auf den Befehl Jhwhs hin wieder aus.

Bei der in Jona 2 dargestellten Szene im Bauch des Fisches wurde schon häufig angenommen, dass das in Jona 2,3-10 belegte Gebet des Propheten, evtl. zusammen mit dem einleitenden Vers 2,2, erst sekundär in den vorliegenden Zusammenhang eingebracht wurde.[20] Dabei wird vor allem darauf verwiesen, dass es sich bei diesem Gebet um ein Danklied handelt, während angesichts der Notlage, in der sich der Prophet befindet, doch eher eine Klage zu erwarten gewesen wäre. Zudem wird für diese These geltend gemacht, dass die in dem Gebet vorausgesetzte Situation nicht so recht zu der von Jona 1 her vorausgesetzten Situation passt, heißt es doch etwa in Jona 2,5, dass Jhwh den Beter verstoßen hat, während sich Jona ja eigentlich auf der Flucht vor Jhwh befindet.[21] Und schließlich wird der sekundäre Charakter des Psalms in Jona 2,3-10 auch damit begründet, dass die in diesem Psalm zur Beschreibung der Not des Beters verwandten Bilder – etwa die Wasser, die ihn umgeben – in den Psalmen ansonsten eher metaphorisch gebraucht werden.[22]

Gerade in neuerer Zeit wird aber auch immer wieder vertreten, dass das Gebet des Jona zum Grundbestand von Jona 2 gehört.[23] Dabei wird die

---

20 Das Gebet des Jona in 2,3-10 wurde bereits 1869 bei de Wette / Schrader, Lehrbuch, 464, als Nachtrag angesehen. Diese These wurde sodann etwa von Böhme, Composition, 233f; Marti, KHC 13, 252; Schmidt, Komposition, 285-287; Sellin, KAT 12, 246f; Weiser, ATD 24, 220; Loretz, Gotteswort, 26; Rudolph, KAT 13,2, 347f; Wolff, Studien, 60-62; ders., BK 14,3, 103-105; Schmidt, De Deo, 55; Vanoni, Jona, 3-25; Witzenrath, Jona, 9; Weimar, Jon 2,1-11, 46-50; Miles, Laughing, 208; Seidel, Jona, 100; Struppe, NSK.AT 24,1, 70-72; Krüger, Wachstum, 47; Levin, Jona 1, 284; Jeremias, ATD 24,3, 90f, übernommen. Dabei gehen unter den genannten Ansätzen Böhme, ebd.; Marti, a.a.O., 253; Sellin, a.a.O., 247; Weiser, ebd.; Rudolph, a.a.O., 349; Schmidt, De Deo, 55f; Wolff, BK 14,3, 105; Weimar, a.a.O., 48f; Krüger, ebd.; Levin, ebd., zudem noch davon aus, dass nicht nur das eigentliche Gebet in Jona 2,3-10, sondern auch schon die einleitende Bemerkung, dass Jona im Bauch des Fisches betete, in Jona 2,2 sekundär ist, während Schmidt, Komposition, 286; Wolff, Studien, 61f; Vanoni, ebd.; Witzenrath, ebd.; Jeremias, a.a.O., 92, diesen Vers noch zum Grundbestand des Kapitels rechnen.
21 Vgl. hierzu insbesondere Weimar, Jon 2,1-11, 47.
22 Vgl. etwa Ps 42,8; 69,16; 88,18; 124,4.
23 So Landes, Kerygma, 3-31; Cohn, Jona, 92f; Magonet, Form, 39-44; Kaiser, Wirklichkeit, 47f; Gese, Jona, 137; Deissler, NEB.AT 8, 159; Stuart, WBC 31, 469-474; Craig, Jonah, 103-111;

Tatsache, dass in Jona 2,3-10 ein Danklied belegt ist, bisweilen damit erklärt, dass Jona hier für die bereits erfahrene Rettung dankt, wurde er doch durch den Fisch vor dem Ertrinken bewahrt.[24] Oder es wird angenommen, dass das Gebet gewissermaßen in der Vorausschau auf einen künftigen Dankgottesdienst formuliert ist.[25] Zudem wird darauf verwiesen, dass die Szene im Fisch ohne 2,3-10 eine ausgesprochen kurze Szene wäre und dass ohne diesen Textbereich im Gesamtaufbau des Buches ein entscheidender Bestandteil fehlen würde, da der erste Teil des Buches in Jona 1-2 dann nicht mehr aus etwa gleich langen Szenen wie der zweite Teil in Jona 3-4 bestehen würde.[26] Dass die in Jona 2 vorausgesetzte Situation auch dann, wenn der hier belegte Dank als Dank für die bereits erfahrene Rettung verstanden wird, nicht so recht zur Situation des Propheten passt, da der Prophet etwa entgegen der Darstellung in 2,5 nicht von Jhwh verstoßen wurde, wird schließlich darauf zurückgeführt, dass für dieses Gebet auf vorgegebenes Gut zurückgegriffen wurde – entweder auf einen bereits bestehenden Psalm oder auf verschiedene traditionelle Motive, die für den vorliegenden Kontext zusammengestellt wurden.[27]

Nun ist an diesen Überlegungen sicherlich richtig, dass die Gestaltung des in Jona 2,3-10 belegten Gebets als Danklied wohl am ehesten so zu verstehen sein wird, dass hier der Dank für die zumindest teilweise bereits geschehene Rettung des Propheten im Blick ist.[28] Und richtig ist sicherlich auch, dass für diesen Psalm auf vorgegebenes Gut zurückgegriffen wurde. Denn für die meisten der hier belegten Aussagen finden sich Parallelen in den Gebeten des Psalters,[29] so dass es sich bei Jona 2,3-10 wohl am ehesten

---

Golka, Jona, 65-68; Lescow, Jona, 29-31; Lux, Jona, 163-186; Opgen-Rhein, Jonapsalm, 129-132; Willi-Plein, Jona, 221; Roth, Israel, 164f; Gerhards, Studien, 15-26.

24 Vgl. etwa Landes, Kerygma, 13; Deissler, NEB.AT 8, 160; Stuart, WBC 31, 472; Gerhards, Studien, 20.

25 Vgl. Lux, Jona, 180.

26 So meinen etwa Gese, Jona, 137; Opgen-Rhein, Jonapsalm, 129 Anm. 5; Willi-Plein, Jona, 221, dass die in Jona 2 dargestellte Szene ohne das Gebet des Propheten in 2,(2).3-10 allzu kurz sei; nach Gese, ebd.; Willi-Plein, ebd.; Gerhards, Studien, 24, ist diese Szene zudem fest in die aus zwei parallel gebauten Teilen (1-2 // 3-4) bestehende Komposition des Buches integriert.

27 Vgl. etwa Magonet, Form, 44-49; Kaiser, Wirklichkeit, 47; Gese, Jona, 137; Golka, Jona, 66f; Opgen-Rhein, Jonapsalm, 130-132.

28 So meinte auch schon Rudolph, KAT 13,2, 347f, der ja davon ausging, dass es sich bei Jona 2,3-10 um einen Nachtrag handelt: „Auch daraus darf man nicht vorschnelle Schlüsse ziehen, daß der Psalm ein Danklied nach erfolgter Rettung ist, während die Situation die Bitte um Rettung verlangte. Denn schon der Erzähler konnte der Meinung sein, die sicher des des Interpolators war, daß Jona eben schon das Aufgenommenwerden durch den Fisch als Rettung empfand." Zum Nachweis des sekundären Charakters von Jona 2,3-10 sind daher nach Rudolph – zurecht – weitergehende Argumente von Nöten.

29 Vgl. hierzu die Übersichten über die zu beinahe jedem Motiv aus Jona 2,3-10 belegten Parallelen im Psalter bei Magonet, Form, 50; Golka, Jona, 67.

um eine Kompilation vorgegebener Psalmstücke handeln dürfte, die im weitesten Sinne von der Motivik der Seenot bestimmt sind.[30]

Dass das Gebet des Jona in 2,3-10 aufgrund seiner inhaltlichen Gestaltung und aufgrund der hier vorausgesetzten Situation somit durchaus auf der Ebene der Grundschicht erklärbar wäre, heißt dann aber dennoch nicht, dass dieses Gebet tatsächlich auch schon auf dieser Ebene eingebracht wurde. Fragt man nämlich nicht nur nach der inhaltlichen Ausrichtung, sondern auch nach der konkreten Einbindung des Gebets in den vorliegenden Kontext, so lässt sich doch auf einige Beobachtungen verweisen, die dafür sprechen, dass Jona 2,3-10 – wie auch die Einleitung des Gebets in 2,2 – erst sekundär eingebracht wurde.

Beachtenswert ist dabei zunächst der Beginn der in Jona 2 belegten Szene in 2,1-2. Hier ist schon auffällig, dass der Prophet nach Jona 2,1 drei Tage und drei Nächte im Bauch des Fisches war. Es wird also von vornherein ein festes Ende der Zeit im Fisch angegeben. Dies widerspricht doch aber der folgenden Darstellung, dass Jona erst nach – und wohl auch aufgrund – seiner Zuwendung zu Jhwh mit dem in 2,2-10 belegten Gebet wieder aus dem Fisch ausgespuckt wurde.[31]

Bei Jona 2,1-2 ist zudem noch bemerkenswert, dass der Fisch in Jona 2,1, wie dann auch in 2,11, mit dem maskulinen Nomen דג, in dem darauf folgenden Vers 2,2 dagegen mit der femininen Form דגה bezeichnet wird.[32]

---

30 Dass das in Jona 2,3-10 belegte Gebet aus vorgegebenem Gut aufgenommen bzw. aus einzelnen vorgegebenen Motiven zusammengestellt wurde, wird nicht nur bei den oben 372f Anm. 23 genannten Ansätzen, die von der Einheitlichkeit des Kapitels Jona 2 ausgehen, sondern zumeist auch bei den Ansätzen, die das Gebet als Nachtrag ansehen, vertreten; vgl. etwa de Wette / Schrader, Einleitung, 464; Marti, KHC 13, 252; Schmidt, Komposition, 285; Rudolph, KAT 13,2, 348; Schmidt, De Deo, 55; Wolff, BK 14,3, 106f; Jeremias, ATD 24,3, 91.

31 Dass das Gebet im vorliegenden Kontext die Funktion erfüllt, die Rettung des Propheten aus dem Bauch des Fisches als Folge von dessen erneuter Zuwendung zu Jhwh erscheinen zu lassen, haben auch schon Böhme, Composition, 234, oder Weiser, ATD 24, 220, gesehen. Zudem erkannten schon Rudolph, KAT 13,2, 348, und Weimar, Jon 2,1-11, 49, dass sich dies nur schlecht mit der von vornherein festgelegten Zeitangabe von drei Tagen in Jona 2,1 verträgt.

32 Auf diese terminologische Differenz zwischen Jona 2,1 und 2,2 haben auch schon Böhme, Composition, 233f; Schmidt, De Deo, 56; Wolff, BK 14,3, 105; Weimar, Jon 2,1-11, 48; Krüger, Wachstum, 47, aufmerksam gemacht und dies als Argument dafür herangezogen, dass es sich bei Jona 2,2-10 um einen Nachtrag handelt. Dagegen meint nun aber neuerdings Gerhards, Studien, 52, dass es sich bei dem in Jona 2,2 belegten דגה nicht um eine fem. Nominalform handelt, sondern um die auch in Jona 2,1 verwandte mask. Form דג mit he locale. So gibt Gerhards die Wendung ממעי הדגה mit „aus den Eingeweiden in dem Fisch" wieder. Da ein Nomen mit he locale in einer constructus-Verbindung aber ausgesprochen selten belegt ist (vgl. כרמי תמנתה in Ri 14,5 und die feste Wendung פאת + Himmelsrichtung mit he locale in Ex 26,18; 27,13; 38,13; Jos 18,15.20; Ez 45,7; 47,18; 48,2-34) und da sich ein determiniertes Nomen mit he locale sogar an keiner weiteren Stelle im AT findet, ist

Es liegt hier also eine zwar kleine, aber angesichts der Tatsache, dass es sich um zwei direkt aufeinander folgende Verse handelt, doch signifikante terminologische Abweichung vor, die dafür spricht, dass der Vers Jona 2,2 sekundär ist. Da das hierauf folgende Gebet 2,3-10 diesen Einleitungsvers aber voraussetzt, spricht auch dies dafür, dass das Gebet nicht schon immer zum Jonabuch gehörte, sondern dass der gesamte Textbereich 2,2-10 erst sekundär in den vorliegenden Kontext integriert wurde.

Für diese Annahme spricht schließlich auch, dass Jona 2,3-10 über zwei markante terminologische Parallelen gerade mit den in Jona 1 erkannten sekundären Passagen verbunden ist. So wird die Anrufung Jhwhs in Jona 2,3 wieder mit der Formulierung קרא אל bezeichnet, die ja auch in den bereits als sekundär erkannten Versen 1,6.14 belegt ist, während in dem der Grundschicht zugewiesenen Vers 1,5 für die Anrufung einer Gottheit das Verb זעק verwandt wird.[33] Zudem verspricht Jona nach 2,10, Jhwh zu opfern (זבח) und die versprochenen Gelübde (נדר) zu erfüllen, was doch deutlich an die in dem sekundären Vers 1,16 belegte Darstellung erinnert, dass die Seeleute Jhwh, nachdem sie den Propheten über Bord geworfen haben, Opfer (זבח) und Gelübde (נדר) darbringen.[34]

Es spricht also nicht nur, wie zumeist angenommen, die bei dem Gebet des Jona in 2,3-10 vorausgesetzte Situation des Beters, sondern auch die Einbindung dieses Gebets in seinen vorliegenden Kontext dafür, dass es sich bei diesem Textbereich um einen Nachtrag handelt, der über den ebenfalls sekundären Einleitungsvers 2,2 in das Jonabuch eingefügt wurde. Dabei dürfte Jona 2,2-10 aufgrund der genannten terminologischen Verbindungen derselben Bearbeitung zuzuweisen sein, auf die die sekundären Passagen in Jona 1 zurückgehen.[35]

So zeigt sich in Jona 2 ein Grundbestand, der die Verse 2,1.11 umfasst. Es verbleibt hier also tatsächlich eine recht kurze Szene, bei der lediglich geschildert wird, wie der Prophet, nachdem er vom Schiff geworfen worden ist, von einem Fisch verschluckt und nach drei Tagen von diesem Fisch an das Festland ausgespuckt wird. Die Szene im Fisch dient im Rahmen der Grundschicht des Jonabuches dann vor allem dazu, den Propheten wieder an den Ausgangspunkt seiner Flucht zurückzubringen, woraufhin der Pro-

---

diese Überlegung jedoch ausgesprochen unwahrscheinlich und sichtlich von dem Bemühen getragen, an der Einheitlichkeit von Jona 2 festhalten zu können.

33 Siehe hierzu oben 367f.370.

34 Dass das Gebet des Jona über die in 2,10 genannten Opfer und Gelübde mit 1,16 verbunden ist, wurde schon häufiger gesehen; vgl. Marti, KHC 13, 254; Wolff, BK 14,3, 113; Jeremias, ATD 24,3, 96. Doch wurde daraus nur selten die Konsequenz gezogen, dass es sich hierbei um einen bewussten Bezug handelt, der dafür sprechen könnte, dass Jona 1,16 und das in 2,3-10 belegte Gebet auf dieselbe Hand zurückgehen; vgl. aber Krüger, Wachstum, 48.

35 Siehe hierzu oben Anm. 34.

phet dann nach Jona 3,1-2 – unter direkter Wiederaufnahme von 1,1-2 – erneut von Jhwh dazu beauftragt wird, nach Ninive zu gehen und dort zu verkündigen.[36]

Das Gebet des Propheten im Bauch des Fisches in Jona 2,2-10 wurde dann im Rahmen derselben Bearbeitung zugefügt, der bereits Jona 1,5b.6.8aβ.10abα.14.16 zugewiesen wurde. Es handelt sich bei diesem Gebet um eine Kompilation aus vorgegebenen Psalmmotiven, die für den vorliegenden Kontext zusammengestellt wurden.[37] Wie schon bei den Bearbeitungen in Jona 1 wird durch Jona 2,2-10 nun auch bei der Szene im Bauch des Fisches die Zuwendung der Menschen zu Jhwh in den Blick gerückt. Nachdem durch die sekundären Passagen in Jona 1 dargestellt wurde, wie sich die Seeleute gerade im Gegensatz zu dem Propheten an Jhwh wenden, ihn fürchten, anrufen und um Verschonung bitten, wird durch das in Jona 2,2-10 eingefügte Gebet herausgestellt, wie sich schließlich auch Jona selbst wieder an Jhwh wendet.

2.1.3 Die Umkehr Ninives in Jona 3

In Jona 3 wird zunächst in 3,1-4 dargestellt, wie der Prophet dem erneuten Auftrag Jhwhs, nach Ninive zu gehen und dort zu verkündigen, nun Folge leistet. Nach 3,5 glauben die Niniviten auf die Botschaft des Propheten hin

---

36 Gegen die oben 373 mit Anm. 26 genannten Ansätze, die das Gebet des Jona in 2,2-10 nicht zuletzt auch deshalb als ursprünglichen Bestandteil des Buches ansehen, da die Szene im Bauch des Fisches ohne dieses Gebet recht kurz wäre und da sich das Jonabuch dann nicht mehr als Komposition mit den vergleichbar aufgebauten Teilen 1-2 und 3-4 verstehen ließe, ist einzuwenden, dass dies keine redaktionsgeschichtlichen Kriterien sind. Da die verbleibenden Verse 2,1.11 nämlich einen durchaus verständlichen Zusammenhang ergeben, spricht nichts dagegen, dass die hier belegte Szene ursprünglich tatsächlich nur die Funktion erfüllt, Jona wieder an den Ausgangspunkt seiner Flucht zu bekommen. Dass der Fisch, wie Gese, Jona, 137, polemisch gegen die gängige redaktionsgeschichtliche These einwendet, dann schlicht zu einem „Unterwassertransportmittel" wird, trifft die Sache doch trotz aller Polemik recht genau und taugt somit nicht als Argument gegen diese These. Und dass das Jonabuch ohne das Gebet des Propheten in 2,2-10 nicht mehr als eine aus zwei Teilen mit etwa gleich langen Szenen bestehende Komposition verstanden werden kann, führt letztlich auch nur zu der Konsequenz, dass diese Komposition eben erst auf der Ebene der Überarbeitungsschicht anzusetzen ist. Mit den genannten Argumenten lässt sich also die auf inhaltlichen und formalen Beobachtungen basierende Annahme, dass es sich bei Jona 2,2-10 um einen Nachtrag handelt, nicht entkräften.

37 S.o. 373f. Dass es sich bei Jona 2,3-10 um eine Zusammenstellung von einzelnen Psalmmotiven handelt, spricht dann auch dagegen, mit Weimar, Jon 2,1-11, 57-61, oder Krüger, Wachstum, 47f, bei diesem Textbereich nochmals zwei verschiedene literarische Schichten zu unterscheiden. Da das Gebet insgesamt aus traditionellem Gut besteht, dürfte das Nebeneinander verschiedener Motive doch viel eher überlieferungsgeschichtlich als redaktionsgeschichtlich zu erklären sein.

an Gott und rufen ein Fasten aus. Nach den folgenden Versen 3,6-9 erreicht die Botschaft auch den König, der den Befehl erlässt, dass das ganze Volk, und sogar die Tiere, fasten sollen und dass sie von ihrem bösen Tun umkehren sollen. Als Gott dies sieht, so die abschließende Notiz in 3,10, lässt er sich des Unheils, das er den Niniviten antun wollte, gereuen.

Die in Jona 3 geschilderten Ereignisse schließen zunächst direkt an die in der Grundschicht der Kapitel 1-2 dargestellten Begebenheiten an. Nach der erfolglosen Flucht des Propheten, die darin ihren Höhepunkt findet, dass er von den Seeleuten über Bord geworfen wird, und der darauf folgenden Rettung des Propheten durch den Fisch wird nun in Jona 3 die erneute Beauftragung des Propheten und sein Wirken in Ninive geschildert. Die bisweilen vorgetragene Überlegung, dass es sich bei Jona 3-4, bzw. bei dem Grundbestand dieser Kapitel, um eine ursprünglich unabhängig überlieferte Erzählung handelt, da die Geschehnisse aus Jona 1-2 hier lediglich in den Versen 3,1-2 vorausgesetzt werden,[38] lässt sich also angesichts der Tatsache, dass Jona 3 durchaus als schlüssige Fortsetzung der vorangehenden beiden Kapitel zu verstehen ist, nicht zwingend begründen.[39]

Innerhalb von Jona 3 fällt nun aber auf, dass die Rede des Königs in 3,6-9 nach der in 3,5 belegten Darstellung, dass die Bewohner Ninives an Gott glauben und Buße tun, zu spät kommt. Denn der König befiehlt dem Volk ja unter anderem, dass es fasten und sich in Sack kleiden soll. Gerade dies tun die Niniviten doch aber nach dem vorangehenden Vers 3,5 bereits. Nicht umsonst wurde daher schon häufiger vorgeschlagen, dass es sich bei Jona 3,6-9 um einen Nachtrag handelt.[40]

Gegen diese Annahme wurde allerdings vorgebracht, dass Jona 3,6-9 als Nachholung zu verstehen sei, die gewissermaßen hinter die in 3,5 belegte Umkehr des Volkes zurückblickt und die Hintergründe für das zuvor dargestellte Tun des Volkes angibt.[41] Doch krankt diese Überlegung schon daran, dass Jona 3,6-9 im vorliegenden Verlauf des Kapitels nicht deutlich

---

38 Vgl. hierzu, mit Unterschieden im Detail, Kuhl, Wiederaufnahme, 10; Schmidt, De Deo, 26f; Nielsen, Message, 175f; Opgen-Rhein, Jonapsalm, 135f; Levin, Jona 1, 285f.

39 Allenfalls könnte mit Weiser, ATD 24, 215; Wolff, BK 14,3, 106; Roth, Israel, 165, angenommen werden, dass für die beiden Teile des Buches – die in Jona 1-2 belegte Darstellung der erfolglosen Flucht des Propheten und die in 3-4 belegte Schilderung der Verkündigung in Ninive und der sich daran anschließenden Ereignisse – auf verschiedene vorgegebene Überlieferungen zurückgegriffen wurde. Der Zusammenhang der beiden Teile des Jonabuches wäre dann also überlieferungsgeschichtlich und nicht redaktionsgeschichtlich zu erklären.

40 So Böhme, Composition, 239f; Sellin, KAT 12, 250; Schmidt, Komposition, 287; Weimar, Jon 4,5, 95f; Krüger, Wachstum, 48; Levin, Jona 1, 284f.

41 Vgl. etwa Marti, KHC 13, 255; Rudolph, KAT 13,2, 359; Schmidt, De Deo, 25; Wolff, BK 14,3, 120; Vanoni, Jona, 20; Deissler, NEB.AT 8, 160; Lux, Jona, 134 mit Anm. 176; Jeremias, ATD 24,3, 100.

als Nachholung markiert ist. Denn der gesamte Textbereich 3,1-10 ist durchgängig mit Narrativen formuliert, und somit sind die hier dargestellten Ereignisse doch eigentlich als in der vorliegenden Abfolge geschehene Ereignisse zu verstehen.[42] Zudem ist beachtenswert, dass bei dem Befehl des Königs in 3,7.8 vorgebracht wird, dass auch die Tiere in die Bußhandlungen des Volkes einbezogen werden sollen. Dass die Tiere ebenfalls Buße tun, wird bei der kurzen Notiz über die Umkehr des Volkes in 3,5 aber nicht erwähnt. Wenn es sich bei 3,6-9 tatsächlich um eine bewusste Nachholung zu den in 3,5 geschilderten Ereignissen handeln sollte, wäre dies doch aber kaum zu erklären.

Beachtenswert ist nun aber vor allem, dass sich der Textbereich 3,6-9 auch dadurch als Nachtrag erweist, dass sich hier gegenüber dem vorliegenden Kontext einige markante terminologische Differenzen aufzeigen lassen. So wird das Anziehen des Sacks bei den in 3,5 beschriebenen Bußhandlungen des Volkes mit dem Verb לבש, in der Rede des Königs in 3,6.8 aber mit כסה bezeichnet.[43] Zudem wird für das Fasten des Volkes in 3,5 der Begriff צום, in 3,7 hingegen die Formulierung טעם מאומה verwandt. Und schließlich kann als unterstützendes Argument noch darauf verwiesen werden, dass גדול in 3,5 als Bezeichnung für den älteren Teil des Volkes, in 3,7 hingegen als Bezeichnung für die Amtsträger des Königs belegt ist.

Es fällt aber auch noch eine weitere terminologische Differenz auf: So wird das Verb קרא in Jona 3,1-5 zur Beschreibung einer öffentlichen Verlautbarung verwandt, sei es die Verkündigung des Propheten in 3,2.4 oder das Ausrufen des Fastens in 3,5. Im Textbereich 3,6-9 ist das Verb קרא hingegen in 3,8 als Bezeichnung für das Anrufen Gottes belegt. Für eine öffentliche Verlautbarung wird hier in 3,7 das Verb זעק verwandt.[44] Dieser Befund passt doch aber genau zu der bereits für Jona 1-2 aufgezeigten Verwendung der Verben קרא und זעק.[45] Denn dort wurde ja im Rahmen der Grundschicht das Verb זעק für das Anrufen einer Gottheit (1,5) und das Verb קרא für eine öffentliche Verlautbarung verwandt (1,2), während bei den der Überarbeitung zugewiesenen Passagen das Verb קרא für das Anru-

---

42 Vgl. hierzu auch die unten 383f mit Anm. 61f vorgebrachten Darlegungen zu dem Vers Jona 4,5, an dem die These, dass die im Jonabuch erkennbaren Unstimmigkeiten in der zeitlichen Abfolge mit der Annahme von Nachholungen zu erklären sind, entwickelt wurde.

43 Diese terminologische Differenz wurde bereits von Böhme, Composition, 240, und Schmidt, Komposition, 287, erkannt und zur Begründung des sekundären Charakters von Jona 3,6-9 herangezogen.

44 Dass in Jona 3,5 und 3,6 unterschiedliche Verben zur Beschreibung einer öffentlichen Verlautbarung belegt sind, hat auch schon Schmidt, Komposition, 287, gesehen. Allerdings erkannte Schmidt noch nicht, dass diese Differenz, wie im folgenden dargestellt, die Grundschicht und die Überarbeitungsschicht des Jonabuches insgesamt, und nicht nur in Jona 3, bestimmt.

45 S.o. 367f.370.375.

fen einer Gottheit verwandt wurde (1,6.14; 2,3). Die der Grundschicht und die der Überarbeitungsschicht zugewiesenen Textbereiche zeichnen sich also insgesamt durch einen entgegengesetzten Gebrauch dieser beiden Verben aus:

	öffentliche Verlautbarung	Anrufen einer Gottheit
Grundschicht	קרא (1,2; 3,2.4.5)	זעק (1,5)
Überarbeitung	זעק (3,7)	קרא (1,6.14; 2,3; 3,8)

Die unterschiedliche Verwendung der Verben זעק und קרא spricht dann aber nicht nur dafür, dass der Textbereich 3,6-9 erst sekundär eingebracht wurde, sondern auch dafür, dass dieser Textbereich auf dieselbe Hand zurückgeht, der bereits die sekundären Passagen in Jona 1-2 zugewiesen wurden. Dafür spricht auch, dass Jona 3,6-9 über die in 3,9 belegte Formulierung ולא נאבד deutlich mit den beiden der Überarbeitungsschicht zugewiesenen Versen 1,6 (ולא נאבד) und 1,14 (אל־נא נאבדה) verbunden ist.[46]

Es verbleibt schließlich noch die Frage nach der redaktionsgeschichtlichen Zuordnung des Verses Jona 3,10, mit dem am Ende der Ausführungen über die Verkündigung des Propheten in Ninive und über deren Wirkung unter den Bewohnern der Stadt dargestellt wird, dass sich Gott des Unheils, das er zu tun plante, gereuen lässt. Bei den bislang vorgestellten Ansätzen, die die Rede des Königs in 3,6-9 als Nachtrag verstehen, wird zumeist angenommen, dass Jona 3,10 wieder zum ursprünglichen Bestand des Jonabuches zu rechnen ist.[47] Demnach würde hier im direkten Anschluss an die in 3,5 geschilderte Umkehr der Niniviten die göttliche Reaktion auf diese Umkehr mitgeteilt.

Zu beachten ist jedoch, dass Jona 3,10 auf terminologischer Ebene nicht mit 3,5, wohl aber mit 3,6-9 verbunden ist. Denn in 3,10 heißt es ja, dass Gott sah, dass sie von ihren bösen Wegen umkehrten (כי־שבו מדרכם הרעה), was genau dem in 3,8 belegten Aufruf des Königs zur Umkehr

---

46 Siehe hierzu auch oben 370. Dass Jona 3,9 und 1,6 über die Wendung ולא נאבד verbunden sind und somit derselben Überarbeitungsschicht zuzuweisen sind, erkannte auch schon Krüger, Wachstum, 49 Anm. 27.

47 Vgl. Böhme, Composition, 239f; Sellin, KAT 12, 250f; Schmidt, Komposition, 287. Demgegenüber meint aber Krüger, Wachstum, 48, dass Jona 3,10 noch zu der in 3,6-9 erkannten Bearbeitung gehört, und Weimar, Jon 4,5, 107f, weist zumindest den Teilvers 3,10a der Überarbeitungsschicht zu, während er 3,10b – allerdings ohne weitere Begründung – wieder der Grundschicht des Buches zuordnet. Zur Kritik an Weimar s.u. 380 Anm. 49.

(וישבו איש מדרכו הרעה) entspricht.[48] Zudem schließt die Mitteilung der Reue Gottes in 3,10 auch über das hier verwandte Verb נחם direkt an den vorangehenden Vers 3,9 und die dort belegte Aussage, dass Gott es sich vielleicht gereuen lässt, an.[49] Da sich schließlich auch bei den folgenden Überlegungen zu Jona 4 bestätigen wird, dass der gesamte Textbereich 3,6-10 erst auf der Ebene der Überarbeitungsschicht des Buches anzusetzen sein dürfte,[50] spricht also alles dafür, dass es sich bei diesem Vers nicht um die ursprüngliche Fortsetzung der Grundschicht in Jona 3,5 handelt, sondern dass dieser Vers zusammen mit 3,6-9 erst sekundär eingebracht wurde.

In Jona 3 sind somit die Verse 3,1-5 der Grundschicht des Buches zuzuweisen. Im Anschluss an die in Jona 1-2* belegten Ausführungen über die erfolglose Flucht des Propheten und dessen Rettung im Meer wird nun in 3,1-5 dargestellt, wie der Prophet dem erneuten Auftrag Jhwhs folgt und in Ninive verkündet und wie die Niniviten auf die Botschaft des Propheten hören, an Gott glauben und ein Fasten ausrufen.

Die Verse 3,6-10 wurden demgegenüber im Rahmen derselben Über-arbeitung eingebracht, die bereits für die in Jona 1-2 belegten Nachträge verantwortlich ist. Durch die hier belegte Rede des Königs werden die Niniviten auf umfassende Weise zur Umkehr aufgerufen, und es wird am Ende dieser Rede in 3,9 darauf verwiesen, dass Gott dann vielleicht zur Vergebung bereit sein wird. In 3,10 wird sodann mitgeteilt, dass Jhwh tatsächlich von seinem Vorhaben, Unheil über die Bewohner Ninives kom-men zu lassen, Abstand nimmt. Gegenüber der Grundschicht wird durch den in Jona 3,6-10 zugefügten Nachtrag also erneut das Verhalten der Menschen gegenüber Jhwh und die göttliche Reaktion auf dieses Verhalten verstärkt in den Blick genommen.[51]

---

48 Dass Jona 3,10 die in 3,8 belegte Aufforderung zur Umkehr voraussetzt, erkannte schon Schmidt, De Deo, 25. Allerdings führte dies bei Schmidt zu der Annahme, dass Jona 3,6-9 entgegen den anderslautenden Vorschlägen doch zum Grundbestand des Buches zu rechnen ist. Da dies aufgrund der dargestellten inhaltlichen und formalen Differenzen zwischen 3,6-9 und den zuvor der Grundschicht des Buches zugewiesenen Passagen allerdings kaum wahrscheinlich sein dürfte, führt die genannte Verbindung zwischen 3,8 und 3,10 doch viel eher zu der Annahme, dass 3,10 zusammen mit 3,6-9 erst sekundär eingebracht wurde.

49 Da also Jona 3,10 sowohl über die in 3,10a belegte Formulierung כי־שבו מדרכם הרעה als auch über das in 3,10b belegte Verb נחם mit dem vorangehenden Textbereich 3,6-9 verbun-den ist, legt es sich nicht nahe, mit Weimar, Jon 4,5, 107f, die beiden Teilverse 3,10a und 3,10b auf zwei verschiedene Schichten aufzuteilen und nur den ersteren der Überarbeitungs-schicht, den letzteren aber der Grundschicht des Buches zuzuweisen.

50 S.u. 385.

51 Zur inhaltlichen Ausrichtung der Überarbeitungsschicht siehe im einzelnen unten 396-399.

2.1.4 Die Auseinandersetzung zwischen Jona und Jhwh in Jona 4

Das Jonabuch endet in Jona 4 mit einer Auseinandersetzung zwischen dem Propheten und Jhwh über dessen Bereitschaft, den Bewohnern von Ninive zu vergeben. Dabei wird zunächst in 4,1-4 geschildert, wie der Prophet böse wird und Jhwh vorhält, dass er gerade deswegen vor seinem Auftrag floh, da er doch wusste, dass Jhwh zur Vergebung bereit sein wird. Nach 4,5 begibt sich der Prophet sodann vor die Stadt, baut sich dort eine Laubhütte und wartet ab, was in der Stadt geschehen wird. In den folgenden Versen 4,6-9 wird dargestellt, wie Jhwh nun einen Rizinus wachsen lässt,[52] um dem Propheten Schatten zu spenden und ihn zu erfreuen. Doch lässt Jhwh die Pflanze am nächsten Morgen wieder eingehen und einen sengenden Ostwind aufkommen. Als Jona die Sonne auf den Kopf sticht, wird er böse und wünscht sich zu sterben. Daraufhin stellt Jhwh dem Propheten nach 4,10-11 die Frage, ob er angesichts der Tatsache, dass sich Jona eines Rizinus erbarmt, den er nicht geschaffen hat, sich nicht auch selbst der Stadt Ninive erbarmen sollte.[53]

Wie schon bei den Kapiteln Jona 1-3 wurde auch bei dem das Buch abschließenden Kapitel Jona 4 schon häufiger vermutet, dass es sich hierbei um einen gewachsenen Textbereich handelt.[54] Es konnte bislang allerdings noch kein wirklich überzeugendes Modell vorgestellt werden, das sämtliche

---

52 Zur Deutung des in Jona 4,6.7.9.10 genannten קיקיון als Rizinus vgl. Mulzer, Plädoyer, 103-120.

53 Gegen die auch hier vertretene gängige Deutung von Jona 4,11 als eine an den Propheten gerichtete rhetorische Frage vonseiten Jhwhs hat sich allerdings Guillaume, Caution, 11-16; ders., End, 243-250, ausgesprochen. Seiner Meinung nach gebe es angesichts fehlender syntaktischer Hinweise keinen Grund, hier von einer Frage auszugehen, so dass Jona 4,11 vielmehr adversativ an 4,10 anzuschließen und damit so zu verstehen sei, dass Jhwh – anders als Jona mit dem Rizinus – gerade kein Mitleid mit Ninive habe. Dies ist vom vorliegenden Zusammenhang des Jonabuches her aber doch ausgesprochen unwahrscheinlich. Da Jhwh nach Jona 3,10 bereits beschlossen hat, von dem gegen Ninive geplanten Gericht abzusehen, kann das gesamte Kapitel Jona 4 doch nur als Auseinandersetzung zwischen dem Propheten und Jhwh über eben diesen Beschluss verstanden werden. Warum Jhwh am Ende dieses Kapitels dann plötzlich – und gerade gegen das Erleben des Propheten in der Rizinus-Episode – nun doch kein Mitleid mit Ninive haben sollte, wäre in diesem Kontext völlig unverständlich. Wenn Guillaume, a.a.O., 16, zur Untermauerung seiner These noch darauf verweist, dass Ninive doch auch tatsächlich untergegangen ist, was bei der gängigen Deutung von Jona 4,11 als Frage im Jonabuch nicht thematisiert wird, so ist dagegen zum einen zu sagen, dass die Deutung dieses Verses kaum von dieser historischen Überlegung her beeinflusst werden sollte, und zum anderen, dass sich das von Guillaume angesprochene Problem, dass Ninive – anders als es am Ende des Jonabuches scheint – doch untergegangen ist, vom Kontext des Zwölfprophetenbuches her erklären wird; siehe hierzu unten 415-417.

54 Vgl. insbesondere Böhme, Composition, 242-256; Schmidt, De Deo, 27-32; Weimar, Jon 4,5, 86-109; Krüger, Wachstum, 49f; Opgen-Rhein, Jonapsalm, 132-135.

der mit diesem Kapitel verbundenen literarischen und inhaltlichen Schwierigkeiten zu erklären vermag.[55]

Nach den obigen Überlegungen dürfte zunächst eindeutig sein, dass die Verse 4,1-4 der Überarbeitungsschicht zuzuweisen sind.[56] Dafür spricht, dass diese Verse die der Überarbeitungsschicht zugewiesene Rede des Königs in 3,6-9 und die daran anschließende, ebenfalls erst sekundär eingebrachte Mitteilung der göttlichen Reue in 3,10 voraussetzen. Denn der in 4,1-4 geschilderte Zorn des Propheten lässt sich doch nur darauf beziehen, dass Jhwh nach Jona 3,10 von seinem Vorhaben, das geplante Gericht an Ninive zu vollstrecken, Abstand genommen hat. Zudem nimmt die in 4,2 belegte Aussage des Propheten, dass er wusste (כי ידעתי), dass Jhwh ein gnädiger Gott ist, der sich des Unheils gereuen lässt (נחם), die vorangehende Rede des Königs wieder auf, der nach Jona 3,9 fragt: „Wer weiß (מי־יודע), vielleicht kehrt der Gott um und lässt es sich gereuen (נחם)?"

Der Textbereich Jona 4,1-4 ist aber nicht nur mit dem vorangehenden Textbereich 3,6-10, sondern überhaupt mit den der Überarbeitungsschicht des Buches zugewiesenen Passagen verbunden. So erinnert die Gebetseinleitung in 4,2 (ויתפלל אל־יהוה ויאמר) doch deutlich an die Gebetseinleitung in 2,2-3 (ויתפלל יונה אל־יהוה ... ויאמר), und für die ersten Worte des Gebets in 4,2 (אנה יהוה) findet sich eine wörtliche Parallele in 1,14. Schließlich zeigt sich noch eine formale Parallele zu der in 4,1 belegten, als figura etymologica konstruierten Formulierung וירע אל־יונה רעה גדולה bei der in 1,10.16 belegten Formulierung וייראו האנשים יראה גדולה.[57] Es spricht also alles dafür, dass Jona 4,1-4 der Überarbeitungsschicht des Buches zuzuweisen ist.

Eines der am häufigsten diskutierten Probleme des gesamten Jonabuches gibt sodann der folgende Vers 4,5 auf.[58] In diesem Vers wird geschildert, wie der Prophet vor die Stadt geht, sich dort eine Laubhütte baut und sich in den Schatten der Laubhütte setzt, um zu sehen, was nun in der Stadt geschieht. Dabei wurde schon häufig angemerkt, dass dies im vorliegenden Zusammenhang zu spät kommt. Nachdem in Jona 3,10 mitgeteilt

---

55   Vgl. hierzu v.a. die unten 386-389 näher ausgeführten Probleme, die sich bei den bislang vorgelegten Modellen mit Blick auf die redaktionsgeschichtliche Einordnung von Jona 4,6-9 und 4,10-11 ergeben.

56   Dass es sich bei dem Textbereich Jona 4,1-4 insgesamt um einen Nachtrag handelt, meinten auch schon Weimar, Jon 4,5, 91; Krüger, Wachstum, 49. Demgegenüber gehen unter den redaktionsgeschichtlich orientierten Ansätzen zum Jonabuch Böhme, Composition, 242-246; Schmidt, De Deo, 27-29; Opgen-Rhein, Jonapsalm, 132-135, davon aus, dass zumindest ein Grundbestand dieser Verse bereits im Rahmen der Grundschicht des Buches eingebracht wurde.

57   Zur figura etymologica im Jonabuch vgl. die umfassenden Darlegungen bei Golka, Jona, 35-46.

58   Vgl. hierzu den kurzen Forschungsüberblick bei Gerhards, Studien, 33-35.

worden ist, dass Jhwh das geplante Unheil für die Stadt zurückgenommen hat, gibt es – so die gängige Argumentation – doch keinen Grund, weshalb der Prophet noch auf weitere Vorkommnisse warten sollte.

In der bisherigen Forschung wurde dieses Problem im wesentlichen auf zweierlei Weise erklärt. In älteren Ansätzen wurde häufig angenommen, dass der Vers Jona 4,5 ursprünglich im Anschluss an Jona 3,4 und somit noch vor der in 3,5-9 geschilderten Reaktion des Volkes auf die Predigt des Jona gestanden hat und dann eher zufällig an seinen jetzigen Ort geraten ist.[59] Doch handelt es sich hierbei um eine ausgesprochen spekulative Annahme, da die Stellung dieses Verses im vorliegenden Kontext so nur als Folge eines Versehens erklärt werden kann. In neuerer Zeit wird diese Annahme daher auch zurecht nicht mehr weiter vertreten.[60]

In den neueren Ansätzen zum Jonabuch hat sich stattdessen die These etabliert, dass es sich bei Jona 4,5 um eine bewusste Nachholung handelt.[61] Demnach wird in Jona 4,5 hinter die zuvor in 3,5-4,4 geschilderten Ereignisse zurückgeblickt und mitgeteilt, dass der Prophet zwischenzeitlich vor die Stadt gegangen ist und sich dort niedergelassen hat. Dabei wird der Gang des Propheten vor die Stadt deshalb erst an der vorliegenden Stelle erwähnt, da dies erst jetzt mit Blick auf die folgenden Ereignisse um den Rizinus von Bedeutung ist. Als Konsequenz aus diesen Überlegungen ergibt sich dann, dass die in 4,5 belegten Narrative plusquamperfektisch zu verstehen sind.

Doch gerade an dieser Konsequenz dürfte die These, dass Jona 4,5 als Nachholung zu deuten ist, scheitern. Denn bislang konnte noch kein einziger Beleg dafür beigebracht werden, bei dem ein Narrativ eindeutig vorzeitig zu verstehen wäre.[62] Im Gegenteil: Es ist bemerkenswert, dass zur

---

59 Diese These wurde im Anschluss an Winckler, Jona, 264, etwa von Marti, KHC 13, 256; Sellin, KAT 12, 252; Nowack, HK 3,4, 193; Weiser, ATD 24, 223; Robinson, HAT 14, 122, vertreten.

60 Zur Kritik an der These, dass Jona 4,5 seinen ursprünglichen Ort im Anschluss an 3,4 hatte, vgl. etwa Lohfink, Jona, 185-192; Rudolph, KAT 13,3, 362; Wolff, BK 14,3, 136; Deissler, NEB.AT 8, 162; Golka, Jona, 92.

61 Diese These wurde erstmals von Lohfink, Jona, 190-193, vertreten und etwa von Wolff, Studien, 44-48; ders., BK 14,3, 136f; Rudolph, KAT 13,2, 362f; Vanoni, Jona, 20f; Deissler, NEB.AT 8, 162; Golka, Jona, 92; Lux, Jona, 146f; Gerhards, Studien, 33-40; Schüle, Zorn, 685; Jeremias, ATD 24,3, 108, aufgenommen.

62 So meint Lohfink, Jona, 192, lediglich: „Die Möglichkeit, daß trotz *wayyiqtol* mitten im Satz die Zeitstufe wechselt, ist denkbar." Er nennt für diese These allerdings keinerlei Belege. Bei den hierauf folgenden Arbeiten wird die plusquamperfektische Deutung der in Jona 4,5 belegten Narrative dann entweder überhaupt nicht weiter begründet, oder es wird schlicht darauf verwiesen, dass ein Narrativ nach Lohfink vorzeitig aufgefasst werden kann.
Ein besonders misslicher Fehler findet sich in diesem Zusammenhang bei Gerhards, Studien, 38 Anm. 81. Er verweist in seiner neuen Studie zum Jonabuch für die Annahme, dass die in Jona 4,5 belegten Narrative vorzeitig zu deuten sind, auf Ges-K, §106f, wo sich angeblich Parallelen zu einem solchen Gebrauch des Narrativ finden sollen. Doch Ges-K, §106f,

Untermauerung der These, dass es sich bei Jona 4,5 um eine Nachholung handelt, bisweilen auf Jona 1,5b-6 verwiesen wird, wo ja dargestellt wird, dass sich der Prophet, als die Seeleute angesichts des Sturms ihre Götter anbeten und Ballast über Bord werfen, mittlerweile unter Deck begeben hat.[63] Dieser Textbereich ist zwar tatsächlich als Nachholung zu verstehen. Interessant ist aber, dass dies in Jona 1,5b mittels der hier belegten Perfekt-Form auch klar markiert ist. Sollte es sich bei Jona 4,5 also ebenfalls um eine mit 1,5b-6 vergleichbare Nachholung handeln, so wäre doch kaum verständlich, warum dies nicht auch hier durch die Verwendung von Perfekt-Formen klar gekennzeichnet wird. Dies spricht doch aber deutlich gegen die verbreitete Annahme, dass Jona 4,5 als Nachholung zu verstehen ist.

Das heißt dann aber, dass Jona 4,5 im vorliegenden Kontext nur so zu verstehen sein kann, dass der Prophet erst dann vor die Stadt zieht, als die Niniviten bereits umgekehrt sind (3,6-9), Jhwh bereits die Verschonung der Stadt beschlossen hat (3,10) und der Prophet selbst seinen Unwillen hierüber geäußert hat (4,1-4).[64] Im vorliegenden Jonabuch lässt sich der Prophet also nicht deshalb vor der Stadt nieder, um zu sehen, ob die Niniviten überhaupt auf seine Botschaft hören und umkehren, sondern um zu sehen, wie es nach der bereits erfolgten Umkehr in der Stadt weitergehen wird. Dabei wird sich diese Interpretation von Jona 4,5 bei der weiteren Betrachtung des Jonabuches im Kontext des Zwölfprophetenbuches noch als bedeutsam erweisen.[65]

Mit Blick auf die redaktionsgeschichtliche Einordnung von Jona 4,5 spricht nun einiges dafür, dass dieser Vers bereits auf der Ebene der Grundschicht des Buches anzusetzen ist.[66] Denn in dem auf Jona 4,5 folgenden

---

behandelt überhaupt nicht den vorzeitigen Gebrauch des Narrativ, sondern ganz allgemein den Gebrauch des Perfekt und des Imperfekt. Belege eines plusquamperfektisch zu deutenden Narrativ sucht man hier vergeblich. So suggeriert Gerhards mit seinem Verweis auf Gesenius völlig zu unrecht, dass die plusquamperfektische Deutung eines Narrativ den in dieser Standard-Grammatik niedergelegten Erkenntnissen entspricht.

63 Vgl. etwa Wolff, Studien, 41f; Gerhards, Studien, 35.
64 Auch Schmidt, De Deo, 28f; Limburg, Jonah, 95; Simon, Jona, 127-129; Struppe, NSK.AT 24,1, 135, wenden sich gegen die gängige These, dass Jona 4,5 als Nachholung zu verstehen ist, und gehen davon aus, dass der Prophet nach dem vorliegenden Zusammenhang gerade in Reaktion auf die göttliche Entscheidung, die geplante Strafe an Ninive nicht zu vollstrecken, vor die Stadt zieht, um zu sehen, was nun in der Stadt geschieht.
65 S.u. 416f.
66 So auch Böhme, Composition, 257; Schmidt, De Deo, 28f; Weimar, Jon 4,5, 91f; Krüger, Wachstum, 49f; Opgen-Rhein, Jonapsalm, 132-135. Dabei wird allerdings stets davon ausgegangen, dass innerhalb von Jona 4,5 der Teilvers 4,5bα, nach dem sich der Prophet eine Laubhütte macht und sich darunter in den Schatten setzt, oder sogar der gesamte Teilvers 4,5b erst sekundär in den vorliegenden Zusammenhang eingebracht wurde. Diese Annahme, die neben den genannten redaktionsgeschichtlichen Ansätzen, mit Unterschieden im Detail, auch schon von Wellhausen, Propheten, 222; Marti, KHC 13, 256; Sellin, KAT 12, 252, u.a.

Textbereich Jona 4,6-11, der in einem noch näher zu bestimmenden Umfang der Grundschicht des Buches zuzuweisen sein wird, ist doch vorausgesetzt, dass der Prophet die Stadt verlassen hat. Zudem passt Jona 4,5
recht gut als direkte Fortsetzung des zuletzt der Grundschicht zugewiesenen
Verses 3,5, nach dem die Bewohner Ninives zu Jhwh umkehren. Dass Jona
im Anschluss daran vor die Stadt geht, wäre in diesem Zusammenhang –
anders als im Kontext des vorliegenden Jonabuches – nämlich tatsächlich so
zu verstehen, dass er nun beobachten will, wie Jhwh auf die Umkehr der
Niniviten reagieren wird.[67] Auch dies spricht also dafür, dass Jona 4,5 bereits
der Grundschicht des Buches zugehört.

Die folgende Rizinus-Episode in 4,6-9 ist, zumindest in einem noch
genauer zu bestimmenden Grundbestand, dann sicherlich ebenfalls der
Grundschicht des Buches zuzuweisen.[68] Dafür spricht zunächst, dass der
vorangehende Vers 4,5, der soeben der Grundschicht zugeordnet wurde,
doch kaum ein ursprüngliches Buchenende gewesen sein kann. Denn der
hier beschriebene Gang des Propheten vor die Stadt setzt doch voraus, dass
von dort auch noch ein weiteres Geschehnis berichtet wird. Dass Jona 4,6-9
bereits auf der Ebene der Grundschicht des Buches eingebracht wurde, zeigt
sich sodann aber auch daran, dass das Verb מנה, mit dem in Jona 4,6.7.8
beschrieben wird, wie Jhwh den Rizinus, den Wurm und schließlich den
Wind ordert, auch schon in dem der Grundschicht zugehörigen Vers 2,1
belegt ist, nach dem Jhwh zur Rettung des Jona einen Fisch ordert.

Beachtenswert ist zudem noch der viel diskutierte Umstand, dass in dem
Textbereich Jona 4,6-9 zunächst in 4,6 die Gottesbezeichnung יהוה־אלהים,

---

vertreten wurde, geht darauf zurück, dass nach der folgenden Rizinus-Episode 4,6-9 doch der
Rizinus als Schattenspender dient. Zudem wird die in 4,5bα genannte Laubhütte in 4,6-9 mit
keinem Wort mehr erwähnt, sondern es wird in 4,8 schlicht vorausgesetzt, dass dem Propheten, nachdem der Rizinus eingegangen ist, die Sonne auf sein Haupt sticht. Nun ist durchaus
denkbar, dass es sich aus den genannten Gründen bei Jona 4,5bα um einen Nachtrag handelt.
Das Problem an dieser These ist allerdings, dass nicht wirklich erklärt werden kann, weshalb
dieser Teilvers hinzugefügt wurde. Zudem ist auch die häufig vorgetragene Erklärung, dass
die Laubhütte nur einen unzureichenden Schutz vor der prallen Sonne bot und deshalb in der
folgenden Rizinus-Episode nicht mehr von Bedeutung war, nicht gänzlich von der Hand zu
weisen; vgl. hierzu etwa Wolff, Studien, 64; Rudolph, KAT 13,2, 365f; Vanoni, Jona, 16f;
Lux, Jona, 149; Gerhards, Studien, 44f; Jeremias, ATD 24,3, 109f. Da es schließlich keinen
Grund gibt, den Teilvers 4,5bα derselben Hand wie die übrigen im Jonabuch erkannten
Überarbeitungen zuzuweisen, so dass dieser Teilvers allenfalls als vereinzelter Nachtrag
angesehen werden könnte, kann die Frage, ob es sich hierbei nun um einen Nachtrag handelt
oder nicht, somit außer Acht gelassen werden.

67 So auch schon Krüger, Wachstum, 49, der ebenfalls davon ausgeht, dass Jona 4,5 im Rahmen
    der Grundschicht direkt auf die in 3,5 geschilderte Umkehr der Bewohner Ninives folgte und
    dass der Gang des Propheten vor die Stadt daher in diesem Zusammenhang so zu verstehen
    ist, dass der Prophet dort abwartet, was mit der Stadt geschehen wird.

68 Vgl. Böhme, Composition, 257; Schmidt, De Deo, 29f; Weimar, Jon 4,5, 106-108; Krüger,
    Wachstum, 49f; Opgen-Rhein, Jonapsalm, 132-135.

dann aber schlicht אלהים belegt ist.[69] Denn in den vorangehenden Versen
4,1-4, die eindeutig der Überarbeitungsschicht des Buches zuzuweisen
waren, wird durchgängig יהוה als Gottesbezeichnung verwendet. Dabei
könnte die in 4,6 belegte Bezeichnung יהוה-אלהים so zu erklären sein, dass
an dieser Stelle יהוה erst sekundär als ausgleichender Nachtrag eingebracht
wurde.[70] Jedenfalls spricht die Tatsache, dass in den Versen 4,1-4 die Bezeichnung יהוה, in 4,6-9 jedoch die Bezeichnung אלהים bestimmend ist,
dafür, dass diese beiden Textbereiche nicht auf dieselbe Hand zurückgehen
und dass somit der Textbereich 4,6-9 der Grundschicht des Buches zuzuweisen ist.

Neben der soeben erwähnten Einfügung des Gottesnamens יהוה in 4,6a
zeigt sich bei Jona 4,6-9 aber noch ein weiterer Nachtrag. Es ist schon
häufig aufgefallen, dass in Jona 4,6a gleich zwei Begründungen dafür angegeben werden, dass Jhwh einen Rizinus wachsen lässt. So heißt es hier zum
einen, dass dieses Gewächs dem Propheten Schatten spenden soll (להיות
צל), zum anderen, dass es den Propheten von seiner Bosheit befreien soll
(להציל לו מרעתו). Interessant ist dabei, dass die zweite Begründung den
der Überarbeitungsschicht zugewiesenen Vers 4,1 voraussetzt. Denn nur
dort war bislang davon die Rede, dass Jona böse geworden ist (וירע אל-יונה
רעה גדולה). Demnach ist die Formulierung להציל לו מרעתו in Jona 4,6a
der Überarbeitungsschicht des Buches zuzuweisen.[71]

Von hier aus ist dann auch Jona 4,6b sekundär. Denn die in diesem
Teilvers belegte Aussage, dass sich der Prophet über den Rizinus freut,
bezieht sich doch wie schon der in 4,6a ergänzte Nachtrag auf die emo-
tionale Befindlichkeit des Propheten. Zudem handelt es sich bei der hier
belegten Wendung וישמח יונה על-הקיקיון שמחה גדולה erneut um eine
mit figura etymologica konstruierte Formulierung, wie sie sich auch schon
in den sekundären Versen Jona 1,10.16; 4,1 fand.[72] So ist Jona 4,6*(ohne
יהוה und ohne להציל bis גדולה) der Grundschicht des Buches zuzuweisen,
Jona 4,6*(יהוה und להציל bis גדולה) hingegen der Überarbeitungsschicht.

Ein schwerwiegendes Problem, an dem die bisherigen redaktionsgeschichtlichen Versuche zum Jonabuch scheiterten, ergibt sich nun bei der
redaktionsgeschichtlichen Einordnung der abschließenden beiden Verse
4,10-11. Denn diese Verse sind einerseits für den vorliegenden Verlauf der
Erzählung unentbehrlich, da der in 4,9 geschilderte Todeswunsch des

---

69 Zum Problem der im Jonabuch belegten Gottesbezeichnungen siehe auch die Ausführungen
    unten 389-392.
70 So auch Schmidt, De Deo, 29; Weimar, Jon 4,5, 108.
71 Vgl. Böhme, Composition, 249; Wellhausen, Propheten, 222; Marti, KHC 13, 256; Sellin,
    KAT 12, 252; Nowack, HK 3,4, 194; Schmidt, De Deo, 29; Weimar, Jon 4,5, 90; Krüger,
    Wachstum, 49.
72 S.o. 382.

Propheten wiederum nur schlecht als ursprünglicher Abschluss des Buches betrachtet werden kann.[73] Andererseits lässt sich aber zeigen, dass Jona 4,10-11 erst im Rahmen der Überarbeitungsschicht des Jonabuches ergänzt wurde.[74]

So ist zunächst zu beachten, dass in Jona 4,10-11 wie in dem der Überarbeitung zugewiesenen Textbereich 4,1-4, aber gerade im Gegensatz zu 4,6*.7-9 der Gottesname יהוה belegt ist. Es wurden zwar schon zahlreiche Versuche unternommen, diesen Widerspruch zu glätten. Es wurde etwa angenommen, dass bei 4,6*.7-9 erst nachträglich ein ursprüngliches יהוה in אלהים geändert wurde,[75] oder es wurde angenommen, dass hier der Gottesname יהוה bewusst vermieden wird.[76] Dabei werden beide Annahmen zumeist damit begründet, dass sich in Jona 4,6*.7-9 eher die dunkle Seite Gottes, der deus absconditus, zeige. Da Jhwh doch aber auch in Jona 1,4 als strafender Gott dargestellt und in diesem Zusammenhang mit dem Gottesnamen bezeichnet wird, sind diese Erklärungsversuche letztlich kaum überzeugend.[77] So sprechen die in Jona 4,6*.7-9 und 4,10-11 belegten unterschiedlichen Gottesbezeichnungen viel eher dafür, dass diese beiden Textbereiche nicht auf dieselbe Hand zurückgehen.

Dafür spricht auch, dass Jona 4,10-11 nicht nur über den Gottesnamen, sondern auch über die hier thematisierte Frage, ob Jhwh etwa kein Mitleid mit Ninive haben sollte, mit dem der Überarbeitungsschicht zugewiesenen Textbereich 4,1-4 verbunden ist. Denn auch Jona 4,1-4 ist doch von einer Auseinandersetzung um die Vergebungsbereitschaft Jhwhs bestimmt. Zudem lässt sich noch auf eine terminologische Parallele verweisen: So werden

---

73 Gegen Opgen-Rhein, Jonapsalm, 135. Ohne die Verse 4,10-11 fehlt der Rizinus-Episode eine explizite Deutung, mit der die hier geschilderten Ereignisse, die doch zunächst nur den Propheten betreffen, auf die Geschehnisse in Ninive und das Verhalten Jhwhs gegenüber diesen Geschehnissen bezogen werden.

74 Diese noch im einzelnen zu begründende Erkenntnis spricht dann gegen die redaktionsgeschichtlichen Modelle von Böhme, Composition, 257; Schmidt, De Deo, 30f; Weimar, Jon 4,5, 106-108; Krüger, Wachstum, 49, die allesamt davon ausgehen, dass Jona 4,10-11 – oder zumindest ein Grundbestand dieser beiden Verse – zur Grundschicht des Buches gehört.

75 So Rudolph, KAT 13,2, 367.

76 Vgl. etwa Cohn, Jona, 71f; Rudolph, KAT 13,2, 367; Magonet, Form, 35; Deissler, NEB.AT 8, 162; Gese, Jona, 133; Lux, Jona, 148; Jeremias, Jonabuch, 111f; ders., ATD 24,3, 104f; Gerhards, Studien, 30f.

77 Ebensowenig überzeugt nebenbei auch der von Schmidt, De Deo, 31, vorgebrachte Vorschlag. Schmidt geht – gerade im Gegensatz zu dem oben Anm. 75 genannten Ansatz von Rudolph, nach dem bei 4,6-9 ein ursprüngliches יהוה zu אלהים geändert wurde – davon aus, dass in 4,10 ein ursprüngliches אלהים zu יהוה geändert wurde. Anders als bei der von Rudolph vorgelegten These lässt sich für den Vorschlag, dass in 4,10, nicht aber in 4,6-9 in den Text eingegriffen und die hier belegte Gottesbezeichnung geändert worden sein sollte, aber überhaupt kein Grund nennen.

im Jonabuch neben 4,11 auch schon in den als sekundär erkannten Versen 3,7.8 Menschen (אדם) und Vieh (בהמה) nebeneinander genannt.

Zu beachten ist schließlich, dass zwischen Jona 4,6*.7-9 und Jona 4,10-11 eine markante inhaltliche Verschiebung zu erkennen ist. Die in Jona 4,6*.7-9 belegten Ereignisse finden ja in 4,8 darin ihren Höhepunkt, dass der Prophet von der Sonne gestochen wird, ohnmächtig wird und sterben will. Die darauf in 4,9 folgende Frage Jhwhs, ob Jona zurecht zornig ist, kann dann doch eigentlich nur so verstanden werden, dass hier der Zorn des Propheten angesichts seines eigenen, zuvor geschilderten Ergehens gemeint ist. Er ist zornig „wegen des Rizinus" (על־הקיקיון), also wegen der Tatsache, dass dieser Strauch eingegangen ist und er selbst deshalb leiden muss.

In den das Buch abschließenden Versen Jona 4,10-11 wird das zuvor geschilderte Geschehen allerdings auf eine andere Weise aufgenommen. Nach 4,10 hat der Prophet Mitleid mit dem Rizinus (חוס על־הקיקיון). Es ist hier also nicht mehr das Ergehen des Propheten selbst im Blick, sondern das Ergehen dieses Gewächses.

So zeigt sich zwischen den Versen 4,8-9 und 4,10-11 eine beachtenswerte Verschiebung hinsichtlich der Bedeutung des mit dem Eingehen des Rizinus verbundenen Geschehens. In 4,8-9 steht das körperliche Leiden des Propheten im Mittelpunkt des Interesses, das in 4,10-11 keine Rolle mehr spielt. In 4,10-11 wird hingegen das Mit-Leiden des Propheten mit dem Rizinus thematisiert, das in den vorangehenden Versen 4,8-9 noch nicht von Bedeutung war.[78]

---

78 Diese inhaltliche Verschiebung wurde bislang noch nicht wirklich erkannt. So meinte Cohn, Jona, 88, zwar zutreffend, dass sich der Prophet eigentlich gar nicht der Staude, sondern seiner selbst erbarmt. Dass die in 4,10-11 belegte Frage Jhwhs aber allein auf das Erbarmen des Propheten gegenüber der Staude bezogen ist, wird bei Cohn noch nicht weiter problematisiert. Auch Deissler, NEB.AT 8, 64, hat zwar erkannt, dass der Prophet nicht nur Mitleid mit dem Rizinusstrauch, sondern auch Selbstmitleid empfindet. Aber auch Deissler geht nicht weiter darauf ein, dass das in 4,8-9 bestimmende Selbstmitleid des Propheten in 4,10-11 keine Rolle mehr spielt. Jeremias, ATD 24,3, 109, meint sodann aufgrund traditionsgeschichtlicher Überlegungen, dass sowohl das in 4,8 belegte Abwenden des Schattens von dem Propheten als auch der gleichzeitig aufkommende Ostwind als Zeichen des göttlichen Gerichts zu verstehen sind (siehe hierzu auch unten 389 Anm. 79). Aber auch bei Jeremias wird noch nicht weiter thematisiert, warum das hier dargestellte Gerichtshandeln Jhwhs, mit dem der Prophet konfrontiert wird, in 4,10-11 gänzlich aus dem Blick ist und dort nur noch das Ergehen des Rizinus von Bedeutung ist. Und schließlich spricht Gerhards, Studien, 201f, zwar deutlich aus, dass zwischen der Rizinus-Episode und der abschließenden Einheit in 4,10-11 ein Bruch besteht, da in 4,6-9 das Ergehen des Propheten, in 4,10-11 aber sein Mitleid mit dem Gewächs im Blick ist. Doch zieht er aus dieser Erkenntnis keine weiteren Schlüsse, sondern meint lediglich, dass in 4,6-11 zwei Gerichtsakte einander gegenübergestellt werden – das Gericht an Jona und das Gericht an Ninive. Doch ebnet er damit die Diskrepanz zwischen 4,6-9 und 4,10-11 wieder ein, da ja in 4,10-11 eben nicht das Ergehen des Propheten, sondern sein Mitleid mit der Pflanze auf das Schicksal Ninives bezogen wird.

Von hier aus ergibt sich auch eine bedeutende Verschiebung der Funktion dieser das Buch abschließenden Geschehnisse im Kontext des gesamten
Jonabuches. In 4,6*.7-9 erfährt der Prophet mit seinem eigenen körperli-
chen Leiden die Folgen des unheilvollen Eingreifens Jhwhs, der ihn hier
durch die Vernichtung des Rizinus schutzlos der Sonne und dem Wind
aussetzt. Der Prophet steht hier also gewissermaßen auf der Seite Ninives
und bekommt die Konsequenzen des göttlichen Gerichts zu spüren.[79] In
4,10-11 leidet der Prophet dagegen nicht an seinem eigenen Ergehen, sondern am Ergehen einer ihm gegenüberstehenden Größe – also des Rizinus
–, an der Jhwh unheilvoll gehandelt hat. So steht der Prophet hier geradezu
auf der Seite Jhwhs. Er empfindet Mitleid mit einer Pflanze wie Jhwh mit
Ninive.

Dies alles spricht dann aber dafür, dass Jona 4,10-11 erst im Rahmen der
Überarbeitung eingebracht wurde. Mit diesen beiden Versen wurde die in
der Grundschicht der Rizinus-Episode angelegte Pointe, dass der Prophet
am eigenen Leib das Gericht Jhwhs erfährt, so umgearbeitet, dass nun das
Mitleiden des Propheten mit dem Rizinus und von hier aus die Frage der
Vergebungsbereitschaft Jhwhs der eigentliche Gegenstand dieser das Buch
abschließenden Auseinandersetzung zwischen dem Propheten und Jhwh ist.

Wenn aber die oben bereits erwähnte Annahme, dass Jona 4,9 nicht als
Buchende verstanden werden kann, richtig ist,[80] so ergibt sich hieraus die in
der bisherigen Forschung noch nicht erwogene Konsequenz, dass das Ende
der Grundschicht von den für die Überarbeitungsschicht verantwortlichen
Redaktoren ausgelassen bzw. durch das neu geschaffene Ende in 4,10-11
ersetzt wurde. Die Grundschicht des Jonabuches ist demnach nicht vollständig erhalten.

Auf Grundlage der soeben vorgestellten Annahme, dass 4,10-11 der
Überarbeitungsschicht des Buches zuzuweisen ist und das ursprüngliche
Ende des Buches somit nicht mehr erhalten ist, lässt sich dann erstmals
recht einfach die im Jonabuch belegte Verteilung der Gottesbezeichnungen
יהוה und אלהים erklären. Denn bei den bisherigen Ansätzen – bei denen
Jona 4,10-11 ja meist noch zur Grundschicht gerechnet wurde, da ansonsten
ein verständlicher Abschluss dieser Schicht gefehlt hätte – kam stets das
Problem auf, dass sich vor allem das in Jona 4 belegte Nebeneinander der
mit יהוה formulierten Textbereiche 4,1-4.10-11 und des mit אלהים formu-

---

79   Vgl. hierzu auch Gerhards, Studien, 198, sowie die 388 Anm. 78 bereits erwähnten Darlegun-
     gen bei Jeremias, ATD 24,3, 109, der das in Jona 4,8 belegte Abwenden des Schattens im
     Anschluss an Num 14,9 und das hier belegte Aufkommen eines Ostwinds im Anschluss an
     Jes 27,8; Jer 18,17; Ez 17,10; 19,12; 27,26; Hos 13,15; Ps 48,8 als Zeichen des göttlichen
     Gerichts deutet.
80   S.o. 386f mit Anm. 73.

lierten Textbereichs 4,6*.7-9 kaum erklären ließ.[81] Nach der hier vorgestellten redaktionsgeschichtlichen Analyse des Jonabuches ergibt sich aber sowohl für die Grundschicht des Buches als auch für die Überarbeitungsschicht jeweils ein kohärentes Bild für die auf der jeweiligen Stufe belegte Verwendung der Gottesbezeichnungen.

So wird auf der Ebene der Grundschicht im ersten Teil des Buches in Jona 1,1-5a.7.8aαb.9.11-13.15; 2,1.11 der Gott des Propheten stets als יהוה bezeichnet (1,1.3.4.9; 2,1.11). Lediglich an einer Stelle, in 1,5a, findet sich die Bezeichnung אלהים, die hier aber nicht auf Jhwh, sondern auf die Götter

---

81   Es ist schon häufig aufgefallen, dass sich im Jonabuch kein durchgängiges Schema für die hier belegten Gottesbezeichnungen erkennen lässt. So ist insbesondere bemerkenswert, dass in Jona 1-3 im Gegenüber zu Jona stets der Gottesname יהוה verwandt wird, während in Jona 4, wie oben 387 ausgeführt, nur in 4,1-4.(6).10-11 der Gottesname, in 4,6-9 hingegen die Bezeichnung אלהים verwandt wird. Bei den ausländischen Akteuren sind dagegen gleichermaßen die Bezeichnungen יהוה und אלהים belegt, wobei dies meist so erklärt wird, dass der Gottesname יהוה an den Stellen verwandt wird, an denen explizit der Gott Israels im Blick ist, und die Gottesbezeichnung אלהים an den Stellen, an denen entweder nur ganz allgemein von einer Gottheit die Rede ist oder an denen der Name des israelitischen Gottes noch nicht bekannt ist. All dies führte nun häufig zu der Annahme, dass die Verwendung der Gottesbezeichnungen in Jona 1-3 und Jona 4 voneinander zu unterscheiden ist; vgl. hierzu vor allem Magonet, Form, 33-38; Limburg, Jonah, 45f; Jeremias, Jonabuch, 111f; ders., ATD 24,3, 104f; Gerhards, Studien, 26-32. Demnach wäre Jona 1-3 eher von der Unterscheidung zwischen dem Gott Israels und der Rede von einer Gottheit im allgemeinen Sinne bestimmt, während bei Jona 4, wie oben 387 mit Anm. 76 bereits dargestellt, danach unterschieden wird, ob hier die gnadenhafte Zuwendung des Gottes Israels im Blick ist, wofür die Bezeichnung יהוה gebraucht wird (4,1-4.10-11), oder ob hier die verborgene Seite dieses Gottes im Blick ist, wofür dann die Bezeichnung אלהים gebraucht wird. Bei diesem Modell konnte aber letztlich nie wirklich erklärt werden, aus welchem Grund die Gottesbezeichnungen in den Textbereichen 1-3 und 4 unterschiedlich gebraucht werden. Zudem erscheint die für Jona 4 vorgestellte Unterscheidung zwischen einem offenbaren gnädigen und einem verborgenen strafenden Gott doch etwas gesucht.

Entgegen dieser verbreiteten Lösung hat Schmidt, De Deo, 18-130, einen Ansatz vorgelegt, der die Verwendung der verschiedenen Gottesbezeichnungen auf literarkritischem Wege zu erklären versucht. Nach Schmidt umfasst die Grundschicht des Jonabuches den Textbereich 1,2; 3,3-4,1*; 4,5-11*, die dann sekundär um die Erzählung von der Flucht und der Errettung des Propheten in 1,1-2,11* erweitert und in den Kapiteln 3-4 noch um 3,1-2.3*; 4,2-4.5*.6* ergänzt wurde. Dabei ist die Grundschicht des Buches nach Schmidt noch ganz von der Gottesbezeichnung אלהים geprägt, in der Überarbeitungsschicht wird dagegen situativ zwischen dem Gottesnamen zur Bezeichnung des Gottes Israels und der Bezeichnung אלהים als Gattungsbegriff unterschieden. Das Problem an diesem Ansatz ist aber, dass Schmidt, a.a.O., 26f.31, den Vers 1,1 nur aufgrund des hier belegten Gottesnamens der Überarbeitung zuweisen muss und der von ihm herausgearbeiteten Grundschicht des Buches somit eine Einleitung fehlt. Problematisch ist zudem, dass er bei den zur Grundschicht gerechneten Vers 3,3 ohne weitergehende literarkritische Argumente die Wendung כדבר יהוה als Nachtrag verstehen muss und dass er schließlich bei 4,10 annehmen muss, dass hier ein ursprüngliches אלהים sekundär durch יהוה ersetzt wurde; vgl. hierzu auch oben 387 Anm. 77 und zur weiteren Kritik an dem von Schmidt vorgelegten Ansatz unten 394 Anm. 85.

der Seeleute zu beziehen ist. Im zweiten Teil der Grundschicht Jona 3,1-5; 4,5.6*.7-9 wechselt sodann die Gottesbezeichnung, und zwar erstaunlicherweise innerhalb des Verses 3,3. So heißt es in 3,1 noch, dass das Wort Jhwhs an Jona ergeht und nach 3,3a geht Jona nach Ninive „nach dem Wort Jhwhs" (כדבר יהוה). In 3,3b findet sich aber die Aussage, dass Ninive eine große Stadt war „für Gott" (לאלהים). Ab hier wird dann im Rahmen der Grundschicht nur noch die Bezeichnung אלהים verwandt (3,5; 4,6*.7.8.9). Das bedeutet doch aber, dass für die Autoren der Grundschicht des Buches geographische Überlegungen leitend waren. An der Stelle, an der die Erzählung gewissermaßen in Ninive angekommen ist, wechselt die Gottesbezeichnung. Und von hier aus wird dann auch verständlich, warum nicht nur im Zusammenhang der in 3,5 dargestellten Bußhandlungen der Niniviten, sondern auch im Zusammenhang der Rizinus-Episode die Bezeichnung אלהים belegt ist.

Die der Überarbeitung zugewiesenen Passagen in Jona 1,5b.6.8aβ.10abα. 14.16; 2,2-10; 3,6-10; 4,1-4.6*.10-11 sind dagegen weniger von einer geographischen als vielmehr von einer situativen Unterscheidung geprägt. Hier wird die Bezeichnung יהוה nur dann verwandt, wenn die handelnden Personen Jhwh auch als solchen kennen. Ansonsten ist die Bezeichnung אלהים belegt. So wird im Gegenüber zu Jona stets der Gottesname יהוה verwandt (2,2.3.7.8.10; 4,2.3.4.6*.10). Dass sich im Munde des Kapitäns bei der in Jona 1,6 belegten Aufforderung, dass der Prophet seinen Gott anrufen soll, die Bezeichnung אלהים findet, ist dann insofern naheliegend, als es sich hier ja um eine ganz allgemein gehaltene Aufforderung handelt, bei der אלהים schlicht als Gattungsbezeichnung zu verstehen ist. Bei den Seeleuten wird im Rahmen der Überarbeitungsschicht dagegen stets der Gottsname יהוה verwandt (1,10.14.16), da deren Verhalten und das in 1,14 belegte Gebet ja auf das in Jona 1,9 vorgebrachte Bekenntnis des Jona zu Jhwh hin erfolgt.[82] Die Seeleute haben Jhwh also bereits als Gott des Jona kennen und fürchten gelernt. Anders sieht es hingegen bei der Rede des Königs von Ninive in 3,8.9 und der folgenden Mitteilung, dass Gott von dem geplanten Unheil Abstand nimmt, in 3,10 aus: Hier wird die Bezeichnung אלהים verwandt, da im vorangehenden, bereits im Rahmen der Grundschicht des Buches geschaffenen Kontext 3,1-5 Jhwh nicht erwähnt wird. So verweist der Prophet nach Jona 3,4 bei seiner kurzen Gerichtsandrohung mit keinem Wort auf Jhwh, und bei der folgenden Darstellung der Umkehr des Volkes in 3,5 heißt es nur ganz allgemein, dass sie an Gott (באלהים) glauben. Bei der darauf folgenden Rede des Königs in 3,6-9 wird der Gottesname also anders als bei den Seeleuten in Jona 1 deshalb nicht verwandt, da der König den Gottesnamen nach dem vorliegenden Verlauf des Textes nicht kennt.

---

82 So auch schon Schmidt, De Deo, 18.

Die Verteilung der Gottesbezeichnungen אלהים und יהוה erklärt sich demnach vor dem Hintergrund der hier vorgestellten redaktionsgeschichtlichen Analyse recht gut. Es stehen sich hier eine eher geographische Unterscheidung in der Grundschicht und eine eher situative Unterscheidung in der Überarbeitungsschicht gegenüber.

Insgesamt sind bei Jona 4 also die Verse 4,5.6*(ohne יהוה und ohne להציל bis גדולה).7-9 der Grundschicht des Buches zuzuweisen. Es wird hier zunächst in Jona 4,5 dargestellt, wie der Prophet, als das Volk nach dem in der Grundschicht unmittelbar vorangehenden Vers 3,5 damit begonnen hat, an Gott zu glauben und Bußhandlungen zu vollziehen, vor die Stadt geht, um von dort zu beobachten, was weiter geschieht. Bei der in 4,6*.7-9 folgenden Rizinus-Episode besteht die Pointe sodann auf der Ebene der Grundschicht des Buches darin, dass der Prophet hier am eigenen Leibe zu spüren bekommt, was es bedeutet, wenn Jhwh unheilvoll handelt. Der ursprüngliche Abschluss des Buches, bei dem das in der Rizinus-Episode dargestellte Geschehen vermutlich nochmals einer expliziten Deutung zugeführt wurde, ist allerdings nicht mehr erhalten, da die Überarbeitungsschicht mit 4,10-11 ein neues Buchende geschaffen hat.

Der Überarbeitungsschicht des Buches können schließlich die Textbereiche 4,1-4.6*(יהוה und להציל bis גדולה).10-11 zugewiesen werden. Dabei wird zunächst in 4,1-4 geschildert, wie der Prophet angesichts der zuvor erwähnten Bereitschaft Jhwhs, das für Ninive geplante Unheil doch nicht eintreten zu lassen, zornig wird. Dass Jona nun nach dem von der Grundschicht des Buches vorgegebenen Vers 4,5 vor die Stadt geht, lässt sich dann im Zusammenhang der Überarbeitungsschicht nur so verstehen, dass der Prophet von dort aus beobachten will, wie es in der Stadt weitergeht, nachdem Jhwh sein Vernichtungsurteil zurückgenommen hat.[83] In 4,6* wurde daraufhin in die Rizinus-Episode eingetragen, dass dieses Gewächs nicht nur als Schattenspender, sondern auch zur Freude des Propheten dienen soll. Und auf dieser Grundlage wurde die Rizinus-Episode schließlich in 4,10-11 einer neuen Deutung zugeführt, nach der nun nicht mehr das persönliche Leiden des Propheten im Mittelpunkt steht, sondern sein Mitleiden mit der eingegangenen Pflanze. In Reaktion auf die in 4,1-4 dargestellte Auseinandersetzung um die göttliche Vergebungsbereitschaft wird hier vorgeführt, dass so, wie der Prophet für diese Pflanze Mitleid empfindet, auch Jhwh für die Bewohner Ninives Mitleid empfindet.

---

83   Zur Deutung von Jona 4,5 auf der Ebene der Grundschicht und auf der Ebene der Überarbeitungsschicht des Buches siehe im einzelnen oben 384f.

2.1.5 Zusammenfassung der Redaktionsgeschichte des Jonabuches

2.1.5.1 Die Grundschicht

Die redaktionsgeschichtliche Betrachtung des Jonabuches ergab eine Grundschicht, die den Textbereich 1,1-5a.7.8aαb.9.11-13.15; 2,1.11; 3,1-5; 4,5. 6*(ohne יהוה und ohne להציל bis גדולה).7-9 umfasst. Dabei wird zunächst in Jona 1* geschildert, wie der Prophet vor dem Auftrag Jhwhs, in Ninive zu verkündigen, mit einem Schiff zu entfliehen versucht, wie Jhwh dieses Schiff in einen Sturm geraten lässt und wie die Besatzung des Schiffes den Propheten schließlich über Bord wirft. Nach Jona 2* wird der Prophet von einem Fisch zurück an Land gebracht. Nach Jona 3* folgt der Prophet nun dem Auftrag Jhwhs und kündigt den Bewohnern Ninives das Gericht an, woraufhin diese Buße tun. Nach Jona 4* geht der Prophet sodann vor die Stadt und beobachtet, was in der Stadt weiter geschieht. Dort lässt Jhwh vor dem Propheten einen Rizinus wachsen und am folgenden Tag wieder eingehen, so dass der Prophet der Sonne und dem Wind ausgesetzt ist und sterben will. Das ursprüngliche Ende des Buches, bei dem die Rizinus-Episode vermutlich noch einer auf die vorangehenden Geschehnisse in Ninive bezogenen Deutung zugeführt wurde, ist nicht mehr erhalten.[84]

Die Grundschicht des Jonabuches ist also von einem klaren zweiteiligen Aufbau, der sich insgesamt in vier Szenen gliedert, gekennzeichnet:

I 1-2*	Die Flucht des Propheten	
	a 1,1-15*	Die gescheiterte Flucht des Propheten
	b 2,1.11	Die Rückkehr an Land im Fisch
II 3-4*	Der Prophet in Ninive	
	a 3,1-5	Die Verkündigung des Propheten und die Buße Ninives
	b 4,5-9*	Der Rizinus und das göttliche Gericht

Anders als das Jonabuch in seiner vorliegenden Gestalt ist die Grundschicht des Buches insgesamt davon bestimmt, dass hier der universale, über die Grenzen Israels hinausgehende Heilswille Jhwhs herausgestellt werden soll.[85]

---

84   Siehe hierzu im einzelnen oben 386-389.

85   Es wurde schon häufig angenommen, dass die Intention des vorliegenden Jonabuches darin besteht, am Beispiel Ninives den universalen Heilswillen Jhwhs herauszustellen; vgl. etwa, mit Unterschieden im Detail, Wellhausen, Propheten, 222; Marti, KHC 13, 245; Nowack, HK 3,4, 184; Sellin, KAT 12, 240; Weiser, ATD 24, 214; Loretz, Herkunft, 27; Robinson, HAT

Es wird hier gezeigt, wie sich Jhwh gegen den Widerstand des Propheten, in der dem eigenen Volk feindlich gesinnten assyrischen Hauptstadt Ninive zu verkündigen und den Bewohnern dieser Stadt damit eine Chance auf Umkehr zu ermöglichen, durchsetzt, und es wird um die Einsicht gerungen, dass die Bewohner Ninives diese Chance auf Umkehr verdient haben.

So ist der erste Teil des Buches in Jona 1-2* auf der Ebene der Grundschicht noch einzig und allein daran orientiert, dass der Prophet seinem Auftrag gegen seinen Willen Folge zu leisten hat. Die Geschehnisse auf dem

---

14, 118; Rudolph, KAT 13,2, 325; Wolff, BK 14,3, 64f; Kaiser, Wirklichkeit, 52; Gese, Jona, 134; Franz, Gott, 259; Gerhards, Studien, 131. Entgegen dieser verbreiteten Annahme wurde aber auch immer wieder auf andere Themen verwiesen, die im Jonabuch leitend sein sollen. So wurde insbesondere vorgetragen, dass das Jonabuch ganz allgemein, und nicht nur mit Blick auf die fremden Völker, von der theologischen Frage nach der Vergebungsbereitschaft Jhwhs bestimmt sei; vgl. hierzu etwa Stuart, WBC 31, 434f; Golka, Jona, 21; Struppe, NSK.AT 24,1, 80-82; Jeremias, ATD 24,3, 79f. Zudem wurde bisweilen angenommen, dass das Jonabuch gewissermaßen als Reflexion über die Gültigkeit des prophetischen Wortes angesichts der Vergebungsbereitschaft Jhwhs und von hier aus als Reflexion über die Bedeutung der (Unheils-)Prophetie zu lesen sei; vgl. Schmidt, Absicht, 192; Blenkinsopp, Geschichte, 244; Willi-Plein, Jona, 228; Ben Zvi, Signs, 102-106.

Auf Grundlage der hier vorgestellten redaktionsgeschichtlichen Analyse ergibt sich nun, dass die Grundschicht von der Darstellung des über die Grenzen Israels hinausgehenden Heilswillens Jhwhs geprägt ist, während die allgemein-theologische Frage nach der Vergebungsbereitschaft Jhwhs erst in der Überarbeitungsschicht bestimmend ist (s.u. 396-399). Die Bedeutung der Unheilsprophetie ist dagegen nicht als leitendes Thema des Buches zu betrachten, da dies an keiner Stelle direkt thematisiert wird. Es kann allenfalls, und dann auf beiden literarischen Ebenen, als ein implizit im Jonabuch verhandeltes Thema verstanden werden.

Dabei dürfte die hier vertretene Differenzierung, nach der die Grundschicht des Buches an dem universalen Heilswillen Jhwhs und die Überarbeitung an einer hierauf basierenden theologischen Grundlegung der göttlichen Vergebungsbereitschaft orientiert ist, ein stimmigeres Bild ergeben als die bisherigen redaktionsgeschichtlichen Entwürfe. So meint etwa Schmidt, De Deo, 32-123, dass die von ihm herausgearbeitete Grundschicht des Buches (Jona 1,2; 3,3*.4-10; 4,1.5-11*) die Vergebungsbereitschaft Jhwhs erklären wolle und die Überarbeitungsschicht (Jona 1,1.3-16*; 2,1.11; 3,3*; 4,2-4.5b.6αβ) gleichermaßen an der Macht und Größe Jhwhs (Jona 1-2) wie auch an der Gnade Jhwhs (Jona 3-4) orientiert sei und durch die Einarbeitung des Psalms 2,2-10 schließlich noch die Umkehr des Jona in den Blick gerückt wird. Nach Krüger, Wachstum, 50-61, behandelt die Grundschicht des Buches (Jona 1,1-5a.7.15; 2,1.11; 3,1-5; 4,5-8a*.10-11) die Bedeutung des prophetischen Wortes als Jhwh-Wort, die 1. Überarbeitungsschicht (Jona 1,5b-6.10*.11-14; 2,2-4.6-7; 3,6-10; 4,1-4*.6αβ.8b-9) nimmt eine spezifische Umkehr-Theologie in das Buch auf, und die 2. Überarbeitungsschicht (Jona 1,8-9.10aαbβ.16; 2,5.8-10; 4,2*.3*.5*) verbindet die Darstellung mit Bekenntnisaussagen. Weimar, Kritik; ders., Jonapsalm; ders., Jon 4,5, weist schließlich lediglich darauf hin, dass die von ihm in Jona 1 erkannte Grundschicht (1,1-3.4aβb.5a*.7.11a.12.15) noch eher untheologisch ist und durch zwei voneinander zu unterscheidende Bearbeitungen (Jona 1,4aα.5a*.5b.6. 8a.10.11b.13.14a.16 und Jona 1,8b.9.14b) nachträglich theologisiert wird; vgl. hierzu Kritik, 230. Ansonsten hält sich Weimar mit einer inhaltlichen Deutung der von ihm herausgearbeiteten Schichten eher zurück; vgl. v.a. die Zusammenfassung Jon 4,5, 108f. Bei all diesen Modellen wird das im vorliegenden Jonabuch bestimmende Nebeneinander der Themen „Heil für die Völker" und „Begründung der Vergebungsbereitschaft Jhwhs" somit nicht wirklich erklärt.

Schiff, mit dem der Prophet zu fliehen versucht, sind hier darauf beschränkt, dass der Prophet von den Seeleuten als der Verursacher der Seenot ausfindig gemacht und schließlich über Bord geworfen wird. Das religiöse Bekenntnis der Seeleute spielt dagegen im Rahmen der Grundschicht noch keine weitere Rolle. Ihnen kommt hier lediglich die Funktion zu, den Propheten an seiner Flucht zu hindern, so dass dieser, nachdem er von einem Fisch verschluckt und mit diesem Fisch wieder an Land zurückgebracht worden ist, nicht anders kann, als nun doch nach Ninive zu gehen und dort zu verkündigen.

Im zweiten Teil des Buches wird daraufhin in 3,1-5 geschildert, wie der Prophet nach Ninive geht und die Bewohner Ninives auf seine kurze Verkündigung hin an Gott glauben und Buße tun. Dabei wird an dieser Stelle im Rahmen der Grundschicht des Buches noch nicht erwähnt, wie Jhwh auf die Umkehr der Niniviten reagiert. Stattdessen wird in 4,5 dargestellt, dass der Prophet vor die Stadt geht, um die weiteren Geschehnisse in der Stadt zu beobachten, was doch im Kontext der Grundschicht nur heißen kann, dass er die Reaktion Jhwhs auf die Umkehr der Niniviten abwartet.[86]

Die darauf folgende Rizinus-Episode in 4,6*.7-9 ist dann – auch wenn das ursprüngliche Ende dieser Episode nicht mehr erhalten ist – auf der Ebene der Grundschicht des Buches wohl so zu verstehen, dass dem Propheten hier eine Lehre über die Bedeutung des göttlichen Gerichtshandelns erteilt wird. Indem Jhwh den Propheten der Sonne und dem Wind aussetzt, lässt er ihn am eigenen Leibe erfahren, was es heißt, Gegenstand des Gerichts zu sein.[87] Dem Propheten wird hier also vorgeführt, welche Konsequenzen das Gericht für die Bewohner Ninives hätte und dass er sich somit zu Unrecht dagegen stellt, auch die Angehörigen eines fremden Volkes an der heilvollen Zuwendung Jhwhs teilhaben zu lassen.

Beachtenswert ist auch die die Grundschicht des Buches prägende geographische Unterscheidung der hier verwandten Gottesbezeichnungen.[88] Indem ab Jona 3,3b, also ab dem Zeitpunkt, da die Erzählung in Ninive angekommen ist, durchgängig die allgemeine Bezeichnung אלהים verwandt wird, wird hier klargestellt, dass die Menschen auch dort, wo Jhwh nicht mit Namen bekannt ist, auf seine Zuwendung angewiesen sind, dass die Verehrung Jhwhs auch dort möglich ist und dass Jhwh auf eben diese allgemeine Verehrung der Menschen zu reagieren bereit ist.

Bei der Grundschicht des Jonabuches handelt es sich also geradezu um ein erzählerisches Plädoyer für eine heilsuniversalistische Theologie. Es wird hier dargestellt, dass sich Jhwh von den Widerständen im eigenen Volk nicht

---

86 Siehe hierzu im einzelnen oben 382-384.
87 S.o. 388f.
88 S.o. 390f.

abhalten lässt, seinen Heilswillen auch über die Grenzen des Volkes hinaus durchzusetzen. Es wird hier gezeigt, dass die Gottesverehrung auch außerhalb des eigenen Volkes, wo Jhwh nicht bekannt ist, möglich ist. Und schließlich wird mit der abschließenden Rizinus-Episode vorgeführt, welche Konsequenzen es hätte, dem Gericht Jhwhs preisgegeben zu werden, und es wird so um die Einsicht gerungen, dass den Angehörigen fremder Völker die heilvolle Zuwendung Jhwhs nicht versagt bleiben darf.

Angesichts der universalistischen Tendenz wird die Grundschicht des Jonabuches dabei kaum vor der hellenistischen Zeit zu datieren sein.[89] Denn vergleichbar mit der Heil-für-die-Völker-Schicht des Zwölfprophetenbuches kann auch die hier vertretene völkerfreundliche Position gut als Folge der Auseinandersetzung mit der in dieser Zeit aufkommenden Hinwendung von Teilen des Volkes zur Religion und Kultur des Hellenismus verstanden werden.[90] So ist auch die Grundschicht des Jonabuches in der ersten Hälfte des 3.Jh. anzusetzen.

2.1.5.2 Die Gnadenschicht

Im Rahmen einer Überarbeitung des Jonabuches, die im Vorgriff auf die im folgenden dargelegten Erkenntnisse zur Entstehung des Zwölfprophetenbuches schon jetzt als Gnadenschicht bezeichnet werden soll,[91] wurden die Textbereiche Jona 1,5b.6.8aβ.10abα.14.16; 2,2-10; 3,6-10; 4,1-4.6*(יהוה und להציל bis גדולה).10-11 ergänzt. Dabei wird mit den in Jona 1 eingebrachten Nachträgen über die Grundschicht hinaus das positive Verhalten der Seeleute gegenüber Jhwh dargestellt. Sie fordern den Propheten auf, zu seinem Gott zu beten (1,5b.6), fragen nach dem Verursacher der Not

---

89 Dass das Jonabuch kaum vor der nachexilischen Zeit angesetzt werden kann, wurde schon häufig gesehen. Denn hierfür spricht ja allein schon, dass sich im Jonabuch keinerlei konkrete Angaben über die Stadt Ninive finden, so dass Ninive hier beispielhaft für eine dem eigenen Volk feindlich gesinnte Hauptstadt einer fremden Großmacht steht. Zudem spricht für eine solche Datierung die Sprachgestalt des Jonabuches, das von zahlreichen sonst nur recht spät belegten Worten und von Aramaismen geprägt ist; vgl. hierzu v.a. Wolff, BK 14,3, 54; Gerhards, Studien, 55-61. Häufig wurde das Jonabuch allerdings nur ganz allgemein in die nachexilische Zeit datiert; vgl. hierzu Nowack, HK 3,4, 183; Weiser, ATD 24, 215; Loretz, Herkunft, 28; Rudolph, KAT 13,2, 329f. Demgegenüber gehen etwa Sellin, KAT 12, 241; Robinson, HAT 14, 119; Deissler, NEB.AT 8, 150; Golka, Jona, 44; Lux, Jona, 210f; Gerstenberger, Israel, 153-155, von einer Datierung in die persische und Marti, KHC 13, 247; Wolff, a.a.O., 56; Gerhards, a.a.O., 63f; Jeremias, ATD 24,3, 80, von einer Datierung in die hellenistische Zeit aus. Vor dem Hintergrund der oben vorgestellten Überlegungen zu den theologiegeschichtlichen Entwicklungen am Beginn des 3.Jh., dürfte nun eine Ansetzung des Jonabuches in eben dieser Zeit am ehesten naheliegen.

90 Zur Datierung der Heil-für-die-Völker-Schicht s.o. 351-354.

91 S.u. 400-419.

(1,8aβ), fürchten sich vor Jhwh (1,10abα) und wenden sich mit Gebet, Opfer und Gelübden an Jhwh (1,14.16). Bei der in Jona 2 belegten Szene im Fisch wird sodann mit dem Gebet des Jona in 2,2-10 dargestellt, wie sich der Prophet nun auch selbst an Jhwh wendet und daraufhin gerettet wird.[92] In Jona 3 wurde in 3,6-9 eine Rede des Königs von Ninive ergänzt, in der er sein Volk zu Bußhandlungen aufruft, und es wurde in 3,10 die Mitteilung eingebracht, dass sich Jhwh daraufhin des geplanten Unheils gereuen ließ. In Jona 4 wurde zunächst in 4,1-4 eine Auseinandersetzung zwischen dem Propheten und Jhwh nachgetragen, bei der der Prophet darüber zornig wird, dass Jhwh von dem geplanten Gericht an Ninive Abstand genommen hat. Und schließlich wurde die Rizinus-Episode mit den im Rahmen der Gnadenschicht eingebrachten Versen 4,10-11 einer neuen Deutung unterzogen. So steht nun am Ende des Buches die Frage, ob Jhwh angesichts der Tatsache, dass Jona mit dem Rizinus, den dieser nicht geschaffen hat, Mitleid empfindet, nicht auch selbst mit Ninive Mitleid empfinden sollte.

Durch die der Gnadenschicht zugeschriebenen Passagen wurde das Jonabuch somit in seinem Aufbau gegenüber der Grundschicht nicht verändert. Es wurden aber an zahlreichen Stellen Nachträge eingebracht, mit denen zum einen noch über die Grundschicht hinaus die Zuwendung der Menschen zu Jhwh als Voraussetzung für die Zuwendung Jhwhs zu den Menschen in den Blick gerückt wird und mit denen zum anderen die damit beschriebene Vergebungsbereitschaft Jhwhs einer theologischen Begründung zugeführt wird.

So sind die ersten drei Kapitel des Jonabuches aufgrund der Bearbeitungen der Gnadenschicht von einer dreifachen Abfolge von menschlicher Zuwendung zu Jhwh und göttlicher Bewahrung geprägt. Nach Jona 1 werden die Seeleute, die sich im Gegensatz zu dem Propheten vor Jhwh fürchten (1,10*) und sich im Gebet und mit Opfern und Gelübden an ihn wenden (1,14.16), vor den Folgen des Sturms bewahrt. In Jona 2 wird sodann dargestellt, wie auch der Prophet selbst, als er im Bauch des Fisches zu Jhwh betet und ihm Opfer und Gelübde verspricht (2,2-10), gerettet wird. Und schließlich wird in Jona 3 ausgeführt, wie Jhwh aufgrund der in 3,5-9 geschilderten Umkehr der Bewohner Ninives, die sich ihm mit Gebet und Bußhandlungen zuwenden, von dem geplanten Unheil Abstand nimmt (3,10). Durch die Bearbeitungen der Gnadenschicht werden somit die – hier vor allem rituell beschriebenen – Voraussetzungen, unter denen Jhwh zur Vergebung bereit ist, genannt, und es wird betont, dass Jhwh unter diesen Voraussetzungen seine Vergebung nicht verweigert.[93]

---

92 Zur Funktion des Jonapsalms im vorliegenden Kontext siehe auch oben 376.
93 Schon Ewald, Propheten, 557f, erkannte, dass es die leitende Intention des Jonabuches sei, die Voraussetzungen der göttlichen Vergebungsbereitschaft zu benennen. So soll nach Ewald

Neben dieser ganz praktischen Seite wird im Jonabuch durch die im Rahmen der Gnadenschicht eingebrachten Nachträge aber auch Einblick in die theologischen Hintergründe der göttlichen Vergebungsbereitschaft gegeben.[94] So findet sich bei der in 4,1-4 belegten Auseinandersetzung zwischen Jona und Jhwh in 4,2 die Aussage, dass er nicht nach Ninive gehen wollte, da er ja wusste, dass Jhwh ein gnädiger und barmherziger Gott ist. Die Vergebungsbereitschaft Jhwhs wird hier also geradezu als ein das Wesen Jhwhs im Innersten kennzeichnendes Merkmal beschrieben. Da Jhwh ein gnädiger und barmherziger Gott ist, findet die Zuwendung der Menschen zu ihm Gehör, wie dies in Jona 1-3 ja gleich drei Mal beschrieben wurde.

Doch geht die Gnadenschicht des Jonabuches noch über diese in Jona 4,2 gegebene Begründung der Vergebungsbereitschaft Jhwhs hinaus. Am Ende des Buches wurde die Rizinus-Episode in 4,10-11 einer neuen Deutung unterzogen, bei der nicht mehr, wie in der Grundschicht des Buches, das eigene Leiden des Propheten und somit die Folgen des göttlichen Gerichtshandelns, sondern das Mit-Leiden des Propheten mit dem Rizinus in den Blick genommen wird.[95] Wie der Prophet mit dem Rizinus, den er nicht geschaffen hat, Mitleid empfindet, so empfindet auch Jhwh mit den Bewohnern Ninives Mitleid. Dass Jhwh nach Jona 4,2 wesensmäßig von seiner Vergebungsbereitschaft bestimmt ist, wird hier also einer schöpfungstheologischen Begründung zugeführt. Weil Jhwh die Menschen geschaffen hat, kann er nicht anders, als mit ihnen Mitleid zu empfinden.

So wird die bereits in der Grundschicht des Buches angelegte Frage nach der Vergebungsbereitschaft Jhwhs bei den im Rahmen der Gnadenschicht des Buches eingebrachten Nachträgen nach zwei Seiten hin – nach einer praktischen und nach einer theologischen Seite – weiter entfaltet. Es wird hier die Zuwendung des Menschen zu Jhwh, die sich vor allem im Gebet und in rituellen Handlungen äußert, eingefordert und betont, dass Jhwh hierauf reagieren wird. Und es wird hier aus seinem Schöpfer-Sein begründet, dass er – wie in Jona 1-3 gleich dreifach geschildert – wesensmäßig ein gnädiger und zur Vergebung bereiter Gott ist.

Das Jonabuch wurde also durch die Bearbeitung der Gnadenschicht von einem Plädoyer für eine heilsuniversalistische Theologie gewissermaßen zu einer praktisch-theologischen Abhandlung über die göttliche Vergebungsbereitschaft umgestaltet. Dabei ist die Möglichkeit der heilvollen Zuwen-

---

im Jonabuch die Einsicht vermittelt werden, „dass nur die wahre Furcht und Reue Heil von Jahve bringt" (a.a.O., 557). Siehe hierzu auch Cohn, Jona, 85.

94   Vgl. hierzu die oben 394 Anm. 85 bereits genannten Ansätze, die ebenfalls davon ausgehen, dass das vorliegende Jonabuch im wesentlichen als theologische Reflexion über die Vergebungsbereitschaft Jhwhs zu verstehen sei.

95   Zu dieser markanten Differenz zwischen Jona 4,6-9 und der daran anschließenden Deutung in 4,10-11 siehe im einzelnen oben 388f.

dung Jhwhs zu den Völkern noch immer als Thema präsent, da das Jonabuch ja auch auf dieser Ebene noch von dem geplanten Gericht an Ninive
und der Abwendung dieses Gerichts durch die Umkehr der Niniviten
handelt. Da nun aber in Jona 2 auch an der Person des Jona die Bedeutung
der Umkehr des Menschen vorgeführt wird und da bei der in 4,1-4 belegten
Auseinandersetzung zwischen dem Propheten und Jhwh ganz allgemein die
Bereitschaft Jhwhs, geplantes Unheil zurückzunehmen, behandelt wird, ist
dies nicht mehr das bestimmende Thema.[96] Ninive ist hier vielmehr ein
Exempel, an dem die Voraussetzungen und die Hintergründe der Vergebungsbereitschaft Jhwhs vorgeführt werden.[97]

Da die Grundschicht des Jonabuches wohl zur beginnenden hellenistischen Zeit, also vermutlich in der ersten Hälfte des 3.Jh. entstanden
ist,[98] bietet sich für die Gnadenschicht am ehesten eine Datierung in der
Mitte oder der zweiten Hälfte des 3.Jh. an.[99]

2.1.5.3 Vereinzelte Nachträge

Ein vereinzelter Nachtrag, ohne größere Bedeutung für die Entstehung des
Jonabuches oder gar die buchübergreifende Entstehung des Zwölfprophetenbuches, zeigte sich sodann noch in Jona 1,10bβ.

2.1.5.4 Überblick über die Redaktionsgeschichte des Jonabuches

Grundschicht	1,1-5a.7.8aαb.9.11-13.15 2,1.11 3,1-5 4,5.6*(ohne יהוה und ohne להציל bis גדולה).7-9
Gnadenschicht	1,5b.6.8aβ.10abα.14.16 2,2-10 3,6-10 4,1-4.6*(גדולה bis להציל und יהוה).10-11
Vereinzelte Nachträge	1,10bβ

---

96 Siehe hierzu auch den Überblick über die bisherigen Forschungspositionen zur Intention des
     Jonabuches oben 393f Anm. 85.
97 S.u. 413-417 mit Anm. 44.
98 S.o. 396 mit Anm. 89.
99 Siehe hierzu auch unten 411f.

3. Der buchübergreifende Zusammenhang der Gnadenschicht

3.1 Der literarische Zusammenhang der Bearbeitungen der Gnadenschicht

Die redaktionsgeschichtliche Analyse der Einzelbücher ergab, dass die Bücher Joel, Jona, Micha, Nahum und Maleachi nach der Heil-für-die-Völker-Schicht einer weiteren Bearbeitung unterzogen wurden, die vorläufig bereits als Gnadenschicht bezeichnet wurde.[1] Dieser Bearbeitung konnten die folgenden Textbereiche zugewiesen werden:

Joel	2,12-14
Amos	-
Obadja	-
Jona	1,5b.6.8aβ.10abα.14.16 2,2-10 3,6-10 4,1-4.6*(הוהי und להציל bis גדולה).10-11
Micha	7,18-20
Nahum	1,2b.3a
Habakuk	-
Zefanja	-
Haggai	-
Sacharja	-
Deuterosacharja	-
Maleachi	1,9a

Dabei wird in Joel 2,12-14 angesichts der zuvor geschilderten agrarischen Notsituation zu Bußhandlungen, zu Fasten, Weinen und Klagen, aufgerufen, und es wird die mögliche Rettung aus dieser Not mit dem gnädigen und barmherzigen Wesen Jhwhs begründet. Das Jonabuch wurde im Rahmen der Gnadenschicht einer umfassenden Bearbeitung unterzogen, durch die in Jona 1-3 gleich drei Mal – bei den Seeleuten in Jona 1, bei dem Propheten

---

1   Siehe hierzu Wöhrle, Sammlungen, 196.434, und oben 66.262.396-399.

selbst in Jona 2 und schließlich bei den Bewohnern Ninives in Jona 3 – gezeigt wird, wie sich die Menschen in einer Notsituation mit Gebet und rituellen Handlungen an Jhwh wenden und wie Jhwh auf diese Zuwendung reagiert und die Menschen bewahrt.[2] In Jona 4 wird schließlich bei der hier belegten Auseinandersetzung zwischen dem Propheten und Jhwh die zuvor beschriebene Vergebungsbereitschaft Jhwhs aus seinem gnädigen Wesen und aus seinem Schöpfer-Sein heraus begründet. Bei dem am Ende des Michabuches in Mi 7,18-20 eingebrachten Nachtrag heißt es sodann, dass Jhwh seinem Volk aufgrund seiner Güte die Sünden vergibt und damit an der Treue, die er den Vätern zugeschworen hat, festhält. In Nah 1,2b.3a wird ausgesagt, dass Jhwh langsam zum Zorn ist, aber seine Feinde garantiert nicht ungestraft lässt. Und in Mal 1,9a findet sich schließlich die Aufforderung, das Antlitz Jhwhs zu besänftigen, so dass Jhwh gnädig sein wird.[3]

Schon dieser erste Überblick über die der Gnadenschicht zugeschriebenen Textbereiche zeigt, dass all diese Worte an der Vergebungsbereitschaft Jhwhs orientiert sind. Dabei werden immer wieder die Voraussetzungen der göttlichen Vergebung dargestellt – vor allem Gebet (Joel 2,12; Jona 1,14; 2,2-10; 3,8; Mal 1,9a) und rituelle Handlungen (Joel 2,12; Jona 1,16; 2,10; 3,7-8). Es wird betont, dass Jhwh ein gnädiger Gott ist und sich deshalb der Zuwendung der Menschen nicht verweigert (Joel 2,13; Jona 3,10; 4,2; Mi 7,18-20; Mal 1,9a). Es wird aber auch dargestellt, dass die göttliche Vergebungsbereitschaft Grenzen hat, da Jhwh, obgleich langsam zum Zorn, gegenüber seinen Feinden doch auch ein zürnender und rächender Gott ist (Nah 1,2b.3a).[4]

Neben dieser doch recht allgemeinen Beobachtung, dass die der Gnadenschicht zugewiesenen Nachträge die Vergebungsbereitschaft Jhwhs zum Gegenstand haben, ist nun aber entscheidend, dass diese Nachträge allesamt Bezüge zu der gerne als Gnadenformel bezeichneten Beschreibung des göttlichen Wesens aus Ex 34,6 erkennen lassen:[5]

Ex 34,6   ... Jhwh ist ein barmherziger (רחום) und gnädiger (חנון) Gott (אל), langsam zum Zorn (ארך אפים) und von großer Güte (חסד) und Treue (אמת).

---

2   Siehe hierzu im einzelnen oben 396-399.

3   Zur Ablehnung der immer wieder vorgetragenen Annahme, dass es sich bei Mal 1,9a um eine nur ironisch zu verstehende Aufforderung handele, s.o. 231 mit Anm. 47.

4   Siehe hierzu auch unten 415-417.

5   Der Begriff Gnadenformel geht auf Spieckermann, Barmherzig, 3, zurück; zu Ex 34,6 und den zahlreichen Parallelen zu dieser Formel vgl. etwa Scharbert, Formgeschichte, 130-150; Dentan, Affinities, 34-51; Scoralick, Güte, 10-203; Franz, Gott, 111-153.

Ein nahezu wörtliches Zitat der Gnadenformel zeigt sich schon bei dem der Gnadenschicht zugewiesenen Nachtrag in Joel 2,12-14:

Joel 2,12   Aber auch jetzt (וגם עתה), Spruch Jhwhs: Kehrt um zu mir mit ganzem Herzen, mit Fasten, mit Weinen und mit Klagen.
      13   Und zerreißt eure Herzen und nicht eure Kleider, und kehrt um zu Jhwh, eurem Gott.
Denn gnädig (חנון) und barmherzig (רחום) ist er, langsam zum Zorn (ארך אפים) und von großer Güte (חסד), und einer, der sich des Unheils gereuen lässt (נחם על־הרעה).
      14   Wer weiß, vielleicht kehrt er um und lässt es sich gereuen (מי יודע ישוב ונחם) und lässt danach Segen übrig, Speise- und Trankopfer für Jhwh, euren Gott.

Der in Joel 2,12-14 belegte Aufruf, angesichts der herrschenden Notlage zu fasten, zu weinen und zu klagen, wird also in 2,13b unter Aufnahme der Gnadenformel aus Ex 34,6 mit dem gnädigen, zur Vergebung bereiten Wesen Jhwhs begründet.[6] Dabei fällt aber auf, dass bei Joel 2,13b die Prädikate חנון und רחום gegenüber Ex 34,6 in umgekehrter Reihenfolge stehen und dass die in Joel 2,13b belegte Formulierung nicht wie Ex 34,6 mit einem Verweis auf die Treue Jhwhs (אמת) endet, sondern – vermutlich unter Aufnahme von Jer 18,8 –[7] mit der Aussage, dass Jhwh einer ist, der sich des Unheils gereuen lässt (נחם על־הרעה).[8]

Interessant ist diese Abweichung von Ex 34,6 nun deshalb, weil bei den der Gnadenschicht des Jonabuches zugewiesenen Textbereichen in Jona 4,2 erneut eine nahezu wörtliche Aufnahme der Gnadenformel aus Ex 34,6 belegt ist, die exakt der in Joel 2,13 belegten Fassung entspricht.[9] Anders als

---

6   Dass in Joel 2,13b die Gnadenformel aus Ex 34,6 aufgenommen wird, wurde stets gesehen; vgl. nur Marti, KHC 13, 129; Sellin, KAT 12, 126; Weiser, ATD 24, 115; Scharbert, Formgeschichte, 133; Dentan, Affinities, 39; Wolff, BK 14,2, 58; Rudolph, KAT 13,2, 58; Deissler, NEB.AT 4, 76; Spieckermann, Barmherzig, 12f; Nogalski, Processes, 106 Anm. 44; Barton, Joel, 81; Franz, Gott, 257; Jeremias, ATD 24,3, 30f.
7   Vgl. hierzu etwa Wolff, BK 14,2, 58; Jeremias, ATD 24,3, 31.
8   Auch die genannten Abweichungen zwischen Ex 34,6 und Joel 2,13b wurden schon häufig gesehen; vgl. etwa Marti, KHC 13, 129; Scharbert, Formgeschichte, 133; Dentan, Affinities, 39; Wolff, BK 14,2, 58; Rudolph, KAT 13,2, 58; Deissler, NEB.AT 4, 76; Spieckermann, Barmherzig, 12; Barton, Joel, 81; Scoralick, Güte, 142; Franz, Gott, 257; Jeremias, ATD 24,3, 30f.
9   Dass in Jona 4,2 die aus Ex 34,6 bekannte Gnadenformel aufgenommen wird und dass sich hier dieselben Abweichungen von Ex 34,6 wie bei der in Joel 2,13 belegten Fassung finden, wurde ebenfalls schon häufig erkannt; vgl. nur Sellin, KAT 12, 252; Scharbert, Formgeschichte, 133; Dentan, Affinities, 39; Rudolph, KAT 13,2, 58; Schmidt, De Deo, 89f; Wolff, BK 14,3, 140f; Witzenrath, Jona, 86; Spieckermann, Barmherzig, 15f; Golka, Jona, 90; Nogalski, Processes, 106 Anm. 44; Lux, Jona, 190; Scoralick, Güte, 142; Franz, Gott, 257; Jeremias, ATD 24,3, 106.

in Ex 34,6, aber wie in Joel 2,13 wir auch hier die Gnade Jhwhs vor seiner Barmherzigkeit erwähnt, und auch hier wird auf die Bereitschaft Jhwhs zur Reue, nicht aber auf seine Treue verwiesen. So begründet der Prophet Jona seine anfängliche Weigerung, nach Ninive zu gehen und dort zu verkündigen, nach Jona 4,2 mit den folgenden Worten:

Jona 4,2 Denn ich wusste, dass du ein gnädiger (חנון) und barmherziger (רחום) Gott (אל) bist, langsam zum Zorn (ארך אפים) und von großer Güte (חסד), und einer, der sich des Unheils gereuen lässt (נחם על־הרעה).

Da sich im gesamten Alten Testament keine weitere Zusammenstellung der Prädikate חנון, רחום, ארך אפים, חסד und נחם על־הרעה in ein und demselben Kontext findet, spricht diese Übereinstimmung zwischen Joel 2,13b und Jona 4,2 doch schon deutlich dafür, dass diese beiden Textbereiche kaum unabhängig voneinander entstanden sein dürften.[10]

Aber mehr noch: Bei der in Jona 3,10 belegten Mitteilung, dass Jhwh von seinem Vorhaben, das Gericht an den Niniviten zu vollstrecken, Abstand nimmt, findet sich wiederum die Formulierung, dass Jhwh sich des Unheils gereuen lässt (נחם על־הרעה), die ja in Joel 2,13 // Jona 4,2 über die aus Ex 34,6 bekannte Version der Gnadenformel hinaus belegt ist.

Das nächste der Gnadenschicht des Zwölfprophetenbuches zugewiesene Wort steht am Ende des Michabuches in Mi 7,18-20:

Mi 7,18 Wer ist ein Gott (אל) wie du, der die Schuld wegnimmt
und an der Sünde vorübergeht für den Rest seines Erbbesitzes?
Er hält nicht für immer fest an seinem Zorn.
Denn er hat Gefallen an der Güte (חסד).
19 Er wird sich unserer wieder erbarmen (ירחמנו), unsere Schuld zertreten,
und 'er wird' all 'unsere'[11] Verfehlungen in die Tiefen des Meeres werfen.
20 Du erweist Jakob Treue, Abraham Güte (חסד),
die du unseren Vätern seit den Tagen der Vorzeit zugeschworen hast.

---

10 Dabei wurde in der bisherigen Forschung insbesondere angenommen, dass Jona 4,2 von Joel 2,13b abhängig ist; vgl. etwa Rudolph, KAT 13,2, 363; Golka, Jona, 90; Nogalski, Processes, 273 Anm. 79; Bosshard-Nepustil, Rezeptionen, 424; Schart, Entstehung, 288; Franz, Gott, 259 Anm. 191; Schüle, Zorn, 680; Jeremias, ATD 24,3, 107. Bisweilen wurde aber auch vermutet, dass gerade umgekehrt Joel 2,13b von Jona 4,2 abhängig ist, so Magonet, Form, 77-79; Bergler, Joel, 230-233; Spieckermann, Barmherzig, 15f mit Anm. 41; Opgen-Rhein, Jonapsalm, 214f, oder dass für diese beiden Verse auf eine gemeinsame, evtl. mündlich überlieferte Vorlage zurückgegriffen wurde, so Sellin, KAT 12, 126; Wolff, BK 14,2, 58.
11 Mit LXX (ἀπορριφήσονται ... τὰς ἁμαρτίας ἡμῶν) ist bei Mi 7,19b ותשליך zu והשליך und חטאותם zu חטאותנו zu ändern, so dass die in sich zusammenhängende Aussage von Mi 7,19 insgesamt als Rede des Volkes über Jhwh gestaltet ist und so dass erst mit dem thematischen Neueinsatz in 7,20 zur direkten Anrede an Jhwh übergegangen wird; vgl. etwa Weiser, ATD 24, 287; Rudolph, KAT 13,3, 130; Jeremias, ATD 24,3, 220.

Bei diesem Wort zeigen sich gleich mehrere Anklänge an die Gnadenformel aus Ex 34,6. So ist in Mi 7,18.20 von der Güte Jhwhs (חסד) die Rede und in 7,19 von seinem Erbarmen (רחם; vgl. רחום in Ex 34,6). Zudem ist in Mi 7,18 wie in Ex 34,6 – und in Jona 4,2 – die Gottesbezeichnung אל belegt.[12]

Vergleichbares zeigt sich auch bei dem der Gnadenschicht zugeschriebenen Nachtrag in Nah 1,2b.3a:

> Nah 1,2b Rächend ist Jhwh gegenüber seinen Gegnern,
> und zürnend ist er gegenüber seinen Feinden.
> 3a Jhwh ist langsam zum Zorn (ארך אפים) und von großer Kraft,
> und er lässt garantiert nicht ungestraft.

In Nah 1,3a wird mit der Wendung ארך אפים erneut eine Formulierung der Gnadenformel aus Ex 34,6 aufgenommen. Zudem handelt es sich bei der in Nah 1,3a belegten Aussage, dass Jhwh garantiert nicht ungestraft lässt (נקה לא ינקה), um ein wörtliches Zitat aus dem auf Ex 34,6 folgenden Vers 34,7.[13] Aufgrund der Bezüge zur Gnadenformel aus Ex 34,6(.7) // Joel 2,13; Jona 4,2 ist somit auch Nah 1,2b.3a mit den der Gnadenschicht zugewiesenen Passagen in den Büchern Joel, Jona und Micha verbunden.

Dies gilt schließlich auch für den der Gnadenschicht zugeschriebenen Nachtrag in Mal 1,9a:

> Mal 1,9a Aber jetzt (ועתה), besänftigt doch das Antlitz Gottes (אל),
> und er wird uns gnädig sein (חנן).

Auch bei diesem Wort finden sich wieder zwei terminologische Verbindungen zur Gnadenformel aus Ex 34,6. So wird hier zum einen, wie schon bei Jona 4,2; Mi 7,18, die Gottesbezeichnung אל verwandt. Zum anderen ist die in Mal 1,9a belegte Zusage, dass Jhwh gnädig sein wird, aufgrund des hier verwandten Verbs חנן mit der in Ex 34,6 belegten Aussage, dass Jhwh ein gnädiger Gott (אל חנון) ist, verbunden.[14]

---

12 So meinten auch Marti, KHC 13, 302; Spieckermann, Barmherzig, 1 Anm. 4; Kessler, Micha, 309; Scoralick, Güte, 143; Vanoni, Spuren, 125; Franz, Gott, 262f; Zapff, Perspective, 305; Baumann, Gewalt, 94-96; Jeremias, ATD 24,3, 230, u.a., dass Mi 7,18-20 durch Aufnahmen aus der in Ex 34,6 belegten Gnadenformel geprägt ist.

13 Die Verbindungen zwischen Nah 1,2b.3a und Ex 34,6-7 wurden auch schon von Scharbert, Formgeschichte, 133; Dentan, Affinities, 39; Deissler, NEB.AT 8, 206; Spieckermann, Barmherzig, 1 Anm. 4; Seybold, ZBK.AT 24,2, 20; Nogalski, Processes, 106f Anm. 44; Spronk, Nahum, 36; Vanoni, Spuren, 125; Scoralick, Güte, 143; Franz, Gott, 261; Zapff, Perspective, 300; Perlitt, ATD 25,1, 9; Baumann, Gewalt, 82-94, u.a. gesehen.

14 Mal 1,9a wurde bislang nur selten mit Ex 34,6 in Verbindung gebracht; vgl. aber neuerdings Meinhold, BK 14,8, 120: „Das Zusammenstellen von אל mit der Wurzel ḥnn läßt an die große Gottesprädikation von Ex 34,6f. denken, wonach JHWH ‚ein barmherziger und gnädiger Gott ist, langmütig und reich an zuverlässiger Güte ...'"

Die der Gnadenschicht zugewiesenen Textbereiche sind also allesamt durch Aufnahmen aus der in Ex 34,6 belegten Gnadenformel bestimmt, was schon deutlich dafür spricht, dass diese Worte kaum unabhängig voneinander entstanden sein dürften. Dafür spricht nun auch, dass die Nachträge der Gnadenschicht noch über die genannten Aufnahmen der Gnadenformel hinaus durch einige markante terminologische Parallelen verbunden sind.

So zeigen sich zunächst zwischen Joel 2,12-14 und den Bearbeitungen der Gnadenschicht im Jonabuch neben der in Joel 2,13 und Jona 4,2 belegten, nahezu wörtlichen Aufnahme der Gnadenformel noch weitere buchübergreifende Gemeinsamkeiten. Bei der in Jona 3,6-9 belegten Rede des Königs von Ninive werden die Niniviten, vergleichbar mit Joel 2,12.13a, zu Bußhandlungen aufgefordert. Das Volk soll nach Jona 3,7-8 fasten, sich in Sack hüllen und Gott anrufen, was doch sehr an den in Joel 2,12 belegten Aufruf zum Fasten, Weinen und Klagen erinnert. Beachtenswert ist aber vor allem, dass der in Jona 3,7-8 belegte Aufruf zu Bußhandlungen in Jona 3,9 wie folgt begründet wird:

Jona 3,9　Wer weiß, vielleicht kehrt der Gott um und lässt es sich gereuen

... (מי־יודע ישוב ונחם האלהים)

Der Aufruf des Königs von Ninive, dass das Volk Buße tun soll, wird also mit exakt denselben Worten begründet, mit denen in Joel 2,14 der zuvor in Joel 2,12-13 belegte Aufruf zu Bußhandlungen begründet wird.[15] So ist die in Jona 3,6-9 belegte Rede des Königs nicht nur ganz allgemein dadurch mit Joel 2,12-14 verbunden, dass hier wie dort zu rituellen Handlungen und dabei insbesondere zum Fasten aufgerufen wird, sondern eben auch dadurch, dass dies an beiden Stellen mit einer wörtlich gleichlautenden Formulierung begründet ist.

Bei den der Gnadenschicht des Jonabuches zugewiesenen Textbereichen lässt sich schließlich neben den genannten Bezügen zu dem ebenfalls der Gnadenschicht zugewiesenen Wort Joel 2,12-14 auch noch auf eine Verbindung zu dem der Gnadenschicht bereits vorgegebenen Bestand des Joelbuches verweisen. So wird bei der Rede des Königs in Jona 3,6-9 angeordnet, dass die Tiere in die Bußhandlungen des Volkes mit einbezogen werden sollen. Nach Jona 3,7 sollen auch das Vieh (בהמה), die Rinder (בקר) und die Schafe (צאן) weder essen noch trinken, und nach Jona 3,8 soll auch das Vieh (בהמה) Gott anrufen. Beachtenswert ist dabei, dass die in 3,7 belegten

---

15　Diese Parallele zwischen Joel 2,14 und Jona 3,9 wurde ebenfalls schon häufig erkannt; vgl. etwa Marti, KHC 13, 129; Sellin, KAT 12, 126; Wolff, BK 14,2, 58; Rudolph, KAT 13,2, 360; Magonet, Form, 77; Deissler, NEB.AT 4, 76; Golka, Jona, 82; Lux, Jona, 139; Bosshard-Nepustil, Rezeptionen, 424; Schart, Entstehung, 287; Barton, Joel, 81; Zapff, Perspective, 299.

Bezeichnungen בהמה, בקר und צאן im Alten Testament neben den Versen Lev 1,2; Num 31,30; Neh 10,37, die am Opfer dieser Tiere orientiert sind, nur noch in Joel 1,18 zusammen belegt sind. Dort wird erwähnt, dass angesichts der herrschenden Dürre das Vieh (בהמה) stöhnt, die Rinder (בקר) umherirren und die Schafe (צאן) büßen. Zudem heißt es in Joel 1,20, dass auch das Vieh (בהמה) zu Jhwh schreit. In Joel 1,18.20 wird also dargestellt, wie auch die Tiere von der als Gericht Jhwhs beschriebenen Notlage betroffen sind und wie daher sogar die Tiere Jhwh anrufen. Es ist daher gut denkbar, dass die in Jona 3,7.8 belegte Aufforderung, dass die Tiere an den Bußhandlungen des Volkes beteiligt werden sollen, dass sie fasten und Gott anrufen sollen, von Joel 1,18.20 her beeinflusst ist.[16] Und so kann dies als weiterer Hinweis darauf gelten, dass die Gnadenschicht des Jonabuches für den Kontext des Zwölfprophetenbuches und dabei insbesondere mit Blick auf das Joelbuch geschaffen wurde.

Eine weitere buchübergreifende Verbindung zeigt sich sodann zwischen Mi 7,18-20 und dem im Rahmen der Gnadenschicht eingebrachten Gebet des Jona in Jona 2,2-10. So erinnert die in Mi 7,19 belegte Aussage, dass Jhwh die Sünden des Volkes ins Meer wirft (ותשליך במצלות ים[17]), doch deutlich an die in Jona 2,4 belegte Aussage, dass Jhwh den Propheten in die Tiefen, ins Herz der Meere warf (ותשליכני מצולה בלבב ימים).[18] Dabei sind die Worte שלך, מצולה und ים neben Jona 2,4; Mi 7,19 nur noch in Neh 9,11 zusammen belegt.

Bei Mal 1,9a zeigt sich schließlich noch eine Parallele zu dem der Gnadenschicht zugewiesenen Wort in Joel 2,12-14. Denn der in Mal 1,9a belegte Aufruf, das Antlitz Jhwhs anzurufen, wird mit ועתה eingeleitet, der in Joel 2,12-14 belegte Aufruf zu Bußhandlungen mit וגם עתה.

Es zeigen sich also unter den der Gnadenschicht zugewiesenen Textbereichen deutliche Übereinstimmungen. Diese Textbereiche sind stets an der Vergebungsbereitschaft Jhwhs orientiert, sie lassen allesamt Aufnahmen der sogenannten Gnadenformel aus Ex 34,6 erkennen, und sie sind untereinander durch einige, teils recht markante terminologische Übereinstimmungen verbunden.

Dies alles könnte nun dafür sprechen, dass diese Textbereiche auf dieselbe Hand zurückgehen und somit im Rahmen einer buchübergreifenden Redaktion für den Kontext des Zwölfprophetenbuches geschaffen wurden. Doch gilt auch hier, dass sich dies allein aufgrund der soeben dargelegten inhaltlichen und terminologischen Verbindungen noch nicht

---

16   So auch schon Schart, Entstehung, 288.
17   S.o. 403 Anm. 11.
18   So auch schon Zapff, Studien, 202.260; Vanoni, Spuren, 125; Scoralick, Güte, 184.

sicher entscheiden lässt.[19] Denn es wäre ja ebenso gut denkbar, dass diese
Worte erst nach und nach eingebracht wurden und die buchübergreifenden
Verbindungen dann darauf zurückgehen, dass die späteren Nachträge von
den jeweils vorgegebenen Worten beeinflusst sind. So wird etwa bei den
stets gesehenen Verbindungen zwischen dem Jonabuch und Joel 2,12-14 ja
zumeist angenommen, dass die für das Jonabuch verantwortlichen Kreise
hier einseitig auf Joel 2,12-14 zurückgegriffen haben.[20]

Weiterführend ist also auch an dieser Stelle nur die Frage, ob die der
Gnadenschicht zugewiesenen Textbereiche neben den inhaltlichen und
terminologischen Gemeinsamkeiten auch dadurch verbunden sind, dass sie
eine gemeinsame buchübergreifende Komposition bilden. Erst durch diesen
Nachweis lässt sich mit großer Gewissheit zeigen, dass diese Textbereiche
allesamt auf dieselbe Bearbeitung zurückgehen und für den buchübergreifenden Kontext des Zwölfprophetenbuches geschaffen wurden.

3.2 Die Komposition des Gnaden-Korpus

Die der Gnadenschicht zugewiesenen Bearbeitungen zeichnen sich nicht nur
dadurch aus, dass sie allesamt Bezüge zur sogenannten Gnadenformel aus
Ex 34,6 erkennen lassen und dass sie untereinander durch inhaltliche und
terminologische Gemeinsamkeiten verbunden sind. Beachtenswert ist
darüber hinaus auch die Verteilung dieser Bearbeitungen über das Zwölfprophetenbuch. So haben sich die Bearbeitungen der Gnadenschicht in den
Büchern Joel, Jona, Micha, Nahum und Maleachi niedergeschlagen. Sie
wurden also am Beginn, in drei aufeinander folgenden Büchern in der Mitte
und am Ende des Zwölfprophetenbuches eingebracht, gewissermaßen als
Rahmen und als Zentrum der Sammlung:

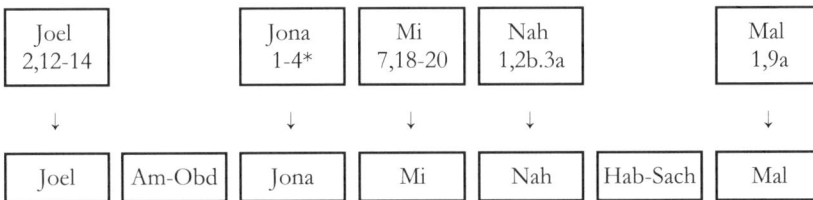

Joel 2,12-14		Jona 1-4*	Mi 7,18-20	Nah 1,2b.3a		Mal 1,9a
↓		↓	↓	↓		↓
Joel	Am-Obd	Jona	Mi	Nah	Hab-Sach	Mal

Der buchübergreifende Zusammenhang zwischen den der Gnadenschicht
zugewiesenen Bearbeitungen geht aber noch über diese doch recht allgemeine Beobachtung hinaus. So ist zum einen bedeutend, dass nur bei den

---

19 Siehe hierzu im einzelnen oben 20-22.
20 S.o. 403 Anm. 10.

Nachträgen zu den Büchern Joel und Maleachi, also gerade bei den an den Rändern der Sammlung angebrachten Nachträgen, ein direkt an die Adressaten des Buches gerichteter Imperativ belegt ist (Joel 2,12.13; Mal 1,9a).[21] Die in diesen beiden Worten bestimmende Aufforderung, sich Jhwh zuzuwenden, rahmt somit das gesamte Korpus. Zum anderen ist die Verteilung der einzelnen Bezugnahmen auf die in Ex 34,6 belegte Gnadenformel bemerkenswert. Wie soeben dargestellt, wird – mit einer leichten Abwandlung – die gesamte Gnadenformel in Joel 2,13 und in Jona 4,2 zitiert, und bei den übrigen Nachträgen werden dann jeweils einzelne Begriffe der Gnadenformel aufgenommen.[22] Erstaunlich ist dabei, dass jeder Begriff der Gnadenformel in der Fassung von Joel 2,13 // Jona 4,2 in den Büchern Jona, Micha, Nahum und Maleachi noch exakt ein weiteres Mal aufgenommen wird. So ist נחם על־הרעה in Jona 3,10 belegt, חסד und רחם in Mi 7,18-20, ארך אפים in Nah 1,3a und schließlich חנן in Mal 1,9a. Mit den in den Büchern Jona, Micha, Nahum und Maleachi eingetragenen Bearbeitungen wird die in Joel 2,13 // Jona 4,2 zitierte Gnadenformel also geradezu einmal in ihren Bestandteilen durchdekliniert:

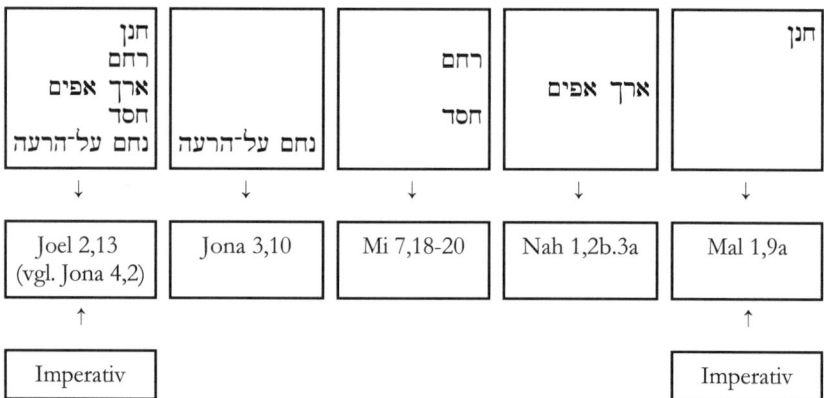

חנן / רחם / ארך אפים / חסד / נחם על־הרעה	נחם על־הרעה	רחם / חסד	ארך אפים	חנן
↓	↓	↓	↓	↓
Joel 2,13 (vgl. Jona 4,2)	Jona 3,10	Mi 7,18-20	Nah 1,2b.3a	Mal 1,9a
↑				↑
Imperativ				Imperativ

Die der Gnadenschicht zugewiesenen Bearbeitungen bilden somit eine durchdacht gestaltete buchübergreifende Komposition. Dies kann dann aber

---

21 Neben den in Joel 2,12.13; Mal 1,9a belegten Imperativen findet sich unter den im Rahmen der Gnadenschicht eingebrachten Passagen noch in Jona 1,6 die imperativisch formulierte Aufforderung des Schiffskapitäns an Jona, dass auch er seinen Gott anrufen soll, und bei der in Jona 3,6-9 belegten Aufforderung des Königs von Ninive zu Bußhandlungen finden sich mehrere Vetitive und Jussive (3,7.8). Diesen in Jona 1,6; 3,6-9 belegten Aufrufen kommt aber nicht dieselbe Funktion zu wie den in Joel 2,12.13; Mal 1,9a belegten Imperativen. Es handelt sich hier jeweils um eine erzählerische Darlegung, wie auf eine Notlage zu reagieren ist, und nicht um eine direkt an die Adressaten des Buches gerichtete Aufforderung.

22 S.o. 401-405.

als sicherer Beleg dafür gelten, dass diese Bearbeitungen im Rahmen ein und derselben Redaktion eingebracht wurden.[23] Durch die Bearbeitungen der Gnadenschicht wurde somit ein neues Mehrprophetenbuch mit einer neuen buchübergreifenden Gesamtaussage geschaffen – das Gnaden-Korpus.

Diese Erkenntnis führt zu mehreren Konsequenzen: Zunächst kann aufgrund der soeben vorgestellten Überlegungen nun auch für das Jonabuch gezeigt werden, auf welcher redaktionellen Ebene dieses Buch in das werdende Zwölfprophetenbuch integriert wurde. Da das Jonabuch seine vorliegende Gestalt erst durch die Bearbeitung der Gnadenschicht erhalten hat und da sich bei dem der Gnadenschicht vorausgehenden Bestand des Jonabuches keinerlei Verbindungen zum sonstigen Zwölfprophetenbuch erkennen lassen, wurde dieses Buch von den für die Gnadenschicht verantwortlichen Redaktoren in das werdende Zwölfprophetenbuch eingebracht.[24]

Das heißt dann aber, dass durch die Redaktoren des Gnaden-Korpus erstmals eine zwölf Bücher umfassende Sammlung prophetischer Schriften, also ein Zwölfprophetenbuch, geschaffen wurde. Denn das Deuterosacharjabuch bestand auf der Ebene des dem Gnaden-Korpus zugrundeliegenden Heil-für-die-Völker-Korpus ja sicherlich noch als eigenständige Schrift,[25] so dass mit dem Jonabuch nun erstmals die Zwölfzahl erreicht wurde. Mit dem Gnaden-Korpus wurde also schon von hier aus, aufgrund seines Umfangs mit der die Vollständigkeit symbolisierenden Anzahl von zwölf prophetischen Büchern,[26] eine zumindest vorläufige Endgestalt des werdenden Zwölfprophetenbuches erreicht. Und wie sich noch zeigen wird, gilt auch auf inhaltlicher Ebene, dass das vorliegende Zwölfprophetenbuch und die dieses Korpus prägende buchübergreifende Gesamtaussage ganz wesentlich durch die für das Gnaden-Korpus verantwortliche Redaktion bestimmt sind.

Die beschriebene buchübergreifende Komposition des Gnaden-Korpus führt aber auch noch zu weiteren Konsequenzen: Es klärt sich nun auch die viel diskutierte Frage, welche der verschiedenen Texttraditionen den ur-

---

23 Dass das Zwölfprophetenbuch einer buchübergreifenden Bearbeitung unterzogen wurde, die von der in Ex 34,6 belegten Gnadenformel her beeinflusst ist, wurde bislang vor allem von van Leeuwen, Wisdom, 31-49, und mit Abstrichen auch von Zapff, Studien, 241-279; Scoralick, Güte, 212f; Vanoni, Spuren, 123-127, vertreten. Siehe hierzu im einzelnen oben 363f.

24 Dass das Jonabuch erst recht spät in das werdende Zwölfprophetenbuch integriert wurde, wurde schon häufiger angenommen; vgl. hierzu etwa Nogalski, Processes, 278f; Bosshard-Nepustil, Rezeptionen, 423-426; Schart, Entstehung, 283-291; Beck, Tag, 308.322. Dabei konnte allerdings bislang noch nicht im einzelnen geklärt werden, ob im Rahmen der Einfügung des Jonabuches auch noch an anderer Stelle im Zwölfprophetenbuch literarische Nachträge angebracht wurden, und damit zusammenhängend konnte die Intention, die zur Einfügung des Jonabuches führte, noch nicht wirklich bestimmt werden.

25 Siehe hierzu oben 350.

26 Vgl. nur Correns, Art. Zwölf, 2251.

sprünglichen Ort des Jonabuches im Zwölfprophetenbuch bewahrt hat. So
bietet MT ja für die erste Hälfte des Zwölfprophetenbuches die Abfolge
Hosea, Joel, Amos, Obadja, Jona, Micha. In LXX ist dagegen die Abfolge
Hosea, Amos, Micha, Joel, Obadja, Jona belegt. Zudem steht das Jonabuch
bei der Qumran-Handschrift 4QXII[a] sogar erst am Ende des Zwölfprophetenbuches, im Anschluss an das Maleachibuch.[27]

Die Komposition des Gnaden-Korpus spricht nun deutlich dafür, dass
MT die ursprüngliche Position des Jonabuches bewahrt hat.[28] Denn weder
bei der in LXX belegten Abfolge noch bei der in 4QXII[a] belegten Abfolge
ergibt die Verteilung der der Gnadenschicht zugewiesenen Nachträge einen
vergleichbar guten Sinn wie bei der MT-Abfolge. So steht bei LXX das
Joelbuch, bei dem in Joel 2,13 ein vollständiges Zitat der Gnadenformel
belegt ist, nicht am Beginn der Sammlung, und die im Rahmen der Gnadenschicht bearbeiteten Bücher Jona, Micha, Nahum stehen hier nicht wie bei
MT als Zentrum der Sammlung nebeneinander. Bei 4QXII[a] steht nicht wie
bei MT am Beginn und am Ende des Korpus jeweils genau ein im Rahmen
der Gnadenschicht bearbeitetes Buch, da hier ja am Ende des Korpus
sowohl das Maleachi- als auch das Jonabuch steht. Zudem bilden die von
einem Imperativ geprägten Nachträge in Joel 2,12-14 und Mal 1,9a bei der
in 4QXII[a] belegten Abfolge nicht mehr einen äußeren Rahmen um die
Sammlung, da hier das Jonabuch eben noch auf das Maleachibuch folgt.
Dies alles spricht doch aber für die Ursprünglichkeit der MT-Abfolge.[29]

Die in LXX und 4QXII[a] belegte Abfolge der einzelnen Bücher ist dann
als Folge einer sekundären Umstellung der in MT belegten Abfolge zu
verstehen. Dabei dürfte die LXX-Abfolge darauf zurückgehen, dass die mit
einer Datierung versehenen und auch thematisch verwandten Bücher Hosea,
Amos und Micha zusammengenommen und an den Beginn der Sammlung
gestellt wurden. Die in 4QXII[a] belegte Position des Jonabuches am Ende
des Zwölfprophetenbuches dürfte wohl so zu erklären sein, dass das Jonabuch aufgrund seiner Gestaltung als Prophetenerzählung, die dieses Buch
von allen anderen Büchern des Zwölfprophetenbuches unterscheidet, an das

---

27 Vgl. hierzu Fuller, Twelve, 222, sowie Steck, Abfolge, 249.
28 Dass MT die ursprüngliche Position des Jonabuches bewahrt hat, meinen auch Schneider, Unity, 224f; Nogalski, Precursors, 2f; Steck, Abfolge, 249-253; Bosshard-Nepustil, Rezeptionen, 3-5; Zapff, Perspective, 294f, u.a. Demgegenüber gehen aber Sweeney, Sequence, 49-64; ders., Twelve Prophets 1, xxvii-xxxv; ders., Place, 135; Jeremias, ATD 24,3, 76.81, davon aus, dass das Jonabuch seinen ursprünglichen Ort, wie in LXX überliefert, zwischen den Büchern Obadja und Nahum hatte. Nach Jones, Formation, 167-169, und Schart, Entstehung, 290 mit Anm. 28, stand das Jonabuch, wie in 4QXII[a] belegt, ursprünglich am Ende des Zwölf-prophetenbuches.
29 Zur Begründung, dass auch die Bücher Joel und Obadja ihren ursprünglichen Ort im Zwölfprophetenbuch an der bei MT belegten Stelle hatten, vgl. Wöhrle, Sammlungen, 448f, sowie oben 278f.

Ende der Sammlung gestellt wurde. Es wurden bei dieser Texttradition also zunächst die „klassischen", vom prophetischen Wort geprägten Prophetenbücher zusammengestellt, während die im Jonabuch belegte Prophetenerzählung dann erst am Ende – gewissermaßen als Anhang zu diesen Büchern – untergebracht wurde.

Die buchübergreifende Komposition des Gnaden-Korpus führt aber auch noch zu einer weiteren Konsequenz: Auch auf der Ebene des Gnaden-Korpus war das Hoseabuch noch nicht wieder in das werdende Zwölfprophetenbuch aufgenommen worden. Denn wie schon das Joel-Korpus, das Fremdvölker-Korpus I und das Fremdvölker-Korpus II zeichnet sich nun auch das Gnaden-Korpus durch eine buchübergreifende Komposition aus, bei der das Joelbuch am Beginn der Sammlung vorausgesetzt wird.[30]

3.3 Der historische Ort des Gnaden-Korpus

Eine Datierung des Gnaden-Korpus ist mit dem Problem verbunden, dass bei den von den Redaktoren dieses Korpus eingebrachten Textbereichen keinerlei Bezugnahmen auf konkrete historische Ereignisse oder auch nur auf eine bestimmte historische Situation zu erkennen sind. Dennoch legt sich eine historische Verortung in der Mitte oder in der zweiten Hälfte des 3. Jahrhunderts nahe.

Für eine solche Datierung spricht, dass das Gnaden-Korpus sicherlich erst nach dem Heil-für-die-Völker-Korpus anzusetzen ist. Dies zeigt sich an der buchinternen Chronologie im Jonabuch.[31] Von den Redaktoren des Gnaden-Korpus wurde ja eine Vorstufe des Jonabuches aufgenommen und für dieses Korpus überarbeitet, die vergleichbar mit den der Heil-für-die-Völker-Schicht zugewiesenen Passagen an der Frage nach einer Heilsmöglichkeit für die Völker orientiert ist. Da diese Vorstufe des Jonabuches aufgrund ihrer völkerfreundlichen Tendenz wohl wie die Heil-für-die-Völker-Schicht in der ersten Hälfte des 3.Jh. anzusetzen ist, ist das Gnaden-Korpus später und somit frühestens zur Mitte des 3.Jh. anzusetzen.

Der terminus ad quem für die Datierung des Gnaden-Korpus ergibt sich sodann aufgrund der bei Jesus Sirach belegten Erwähnung der „zwölf Propheten" (δώδεκα προφῆται; Sir 49,10). Demnach muss das Zwölfprophe-

---

30 Zur Begründung, dass das Hoseabuch, das zusammen mit den Büchern Amos, Micha und Zefanja zum exilischen Vierprophetenbuch gehörte, dann aber auf der Ebene des als Joel-Korpus bezeichneten Mehrprophetenbuches von dieser Sammlung abgetrennt wurde, vgl. Wöhrle, Sammlungen, 450-453. Zur Komposition des Fremdvölker-Korpus I und des Fremdvölker-Korpus II, in die das Hoseabuch jeweils noch nicht wieder integriert war, s.o. 151-160.276-279.

31 Siehe hierzu oben 396.399.

tenbuch um 180 v.Chr. als fertige Größe vorgelegen haben.[32] Da nach der
Gnadenschicht noch der Textbereich Mal 3,22.23-24 zugefügt wurde und
zudem noch das Hoseabuch wieder in die Sammlung integriert wurde,[33] ist
das Gnaden-Korpus spätestens in der zweiten Hälfte des 3.Jh. entstanden.

Als Trägerkreis wird auch beim Gnaden-Korpus am ehesten an das
Milieu des zweiten Tempels zu denken sein. Dafür spricht vor allem, dass
sich die Zuwendung des Menschen zu Jhwh nach den von den Redaktoren
dieses Korpus eingebrachten Nachträgen im Gebet und in rituellen Handlungen äußert (Joel 2,12; Jona 1,14.16; 2,2-10; 3,7-8; Mal 1,9a). Zudem
spricht für diese Annahme, dass bei dem der Gnadenschicht zugewiesenen
Gebet des Jona im Bauch des Fisches gleich zwei Mal der Tempel erwähnt
wird (Jona 2,5.8).

3.4 Die Intention des Gnaden-Korpus

Wohl in der Mitte oder in der zweiten Hälfte des 3. Jahrhunderts wurde das
werdende Zwölfprophetenbuch einer weiteren Bearbeitung unterzogen.
Durch diese Bearbeitung wurde eine Sammlung prophetischer Bücher mit
einer neuen buchübergreifenden Gesamtaussage geschaffen – das Gnaden-
Korpus. Über den vorangehenden Bestand des werdenden Zwölfprophoten-
buches hinaus wird bei diesem Korpus die Frage nach der Vergebungsbereitschaft Jhwhs thematisiert. Es werden die Bedingungen, die Grenzen
und die theologischen Hintergründe der göttlichen Vergebungsbereitschaft
benannt.

So wurde durch die Nachträge in Joel 2,12-14 und Mal 1,9a ein großer
Rahmen um das gesamte Korpus gelegt, der von der imperativisch formulierten Forderung, sich Jhwh zuzuwenden, bestimmt ist.[34] In Joel 2,12 wird
zu Bußhandlungen, zum Fasten, Weinen und Klagen, aufgerufen. In Mal
1,9a wird etwas allgemeiner dazu aufgerufen, das Antlitz Jhwhs zu besänftigen. Von diesen Rändern her liest sich das Gnaden-Korpus somit als groß
angelegte Aufforderung, sich Jhwh zuzuwenden, was sich, wie Joel 2,12
zeigt, vor allem im Gebet und in rituellen Handlungen äußern soll.

Durch die Bearbeitungen des Gnaden-Korpus wird nun aber nicht nur
dazu aufgerufen, sich Jhwh zuzuwenden. Es wird hier auch begründet, dass
Jhwh auf diese Zuwendung des Menschen reagieren wird. Dabei basiert die

---

32 Dass das Zwölfprophetenbuch aufgrund von Sir 49,10 – wie nebenbei auch die Bücher
    Jesaja, Jeremia und Ezechiel (Sir 48,22; 49,7.8) – um 180 v.Chr. bereits als feste Größe vorlag,
    wird allgemein angenommen; vgl. nur Steck, Abschluß, 136-139; Bosshard-Nepustil, Rezep-
    tionen, 3f; Schart, Entstehung, 3f; Zenger, Einleitung, 517.

33 S.u. 421-427.429-437.

34 S.o. 407f.

im Gnaden-Korpus gegebene Begründung der göttlichen Vergebungsbereitschaft vor allem auf der in Ex 34,6 belegten Gnadenformel, die in Joel 2,13 und Jona 4,2 in leichter Abwandlung zitiert wird und von der in den Büchern Jona, Micha, Nahum und Maleachi jeweils einzelne Bestandteile nochmals aufgenommen werden.[35] Von Ex 34,6 her wird Jhwh als gnädiger und barmherziger Gott beschrieben, der langsam zum Zorn und von großer Güte ist und der sich des Unheils gereuen lässt. In dieser Beschreibung des Wesens Jhwhs liegt nach dem Gnaden-Korpus gewissermaßen der theologische Schlüssel zum Verständnis seiner Vergebungsbereitschaft. Weil Jhwh wesensmäßig gnädig und barmherzig ist, wendet er sich dem Menschen zu, rettet ihn aus seiner Not oder lässt geplantes Unheil doch nicht eintreten.

So wird gleich bei dem ersten von den Redaktoren des Gnaden-Korpus eingebrachten Nachtrag Joel 2,12-14 der in 2,12.13a vorgebrachte Aufruf zu Bußhandlungen in 2,13b mit einem vollständigen Zitat der Gnadenformel begründet. Schon hier wird also dargestellt, dass Jhwh wesensmäßig ein zur Vergebung bereiter Gott ist und dass deshalb Hoffnung besteht, dass er das Volk aus der zuvor geschilderten agrarischen Notlage heraus retten wird. Und da in dem hierauf folgenden Textbereich Joel 2,18-27 bereits die Zusage Jhwhs vorgebracht wird, dass er die Not des Volkes abwenden wird, ist das am Beginn des Gnaden-Korpus stehende Joelbuch ein erster Beleg dafür, dass Jhwh auf die Umkehr seines Volkes reagiert und sich seinem Volk heilvoll zuwendet. Am Beginn des Gnaden-Korpus liest sich das Joelbuch somit als exemplarische Darstellung, wie das Volk angesichts einer konkreten Notlage zu Jhwh umkehrt und wie Jhwh nach dieser Umkehr des Volkes aufgrund seines gnädigen Wesens die herrschende Not abwendet.[36]

In dem von den Redaktoren des Gnaden-Korpus überarbeiteten Mittelteil der Sammlung wird daraufhin im Jonabuch zunächst eine weitere groß angelegte Darstellung der göttlichen Vergebungsbereitschaft gegeben.[37] So wird in Jona 1-3 gleich drei Mal geschildert, wie Jhwh auf die Zuwendung der Menschen – der Seeleute in Jona 1, des Propheten in Jona 2 und der Bewohner Ninives in Jona 3 – reagiert. Bei der in Jona 4 folgenden Auseinandersetzung zwischen dem Propheten und Jhwh über dessen Bereitschaft, den Bewohnern von Ninive zu vergeben, wird die zuvor dargestellte

---

35 S.o. 401-405.

36 Ein vergleichbares Verständnis von Joel 1-2, allerdings ohne die hier vorgestellten Perspektiven zur Bedeutung dieser Kapitel im Kontext des Zwölfprophetenbuches, hat auch Jeremias, ATD 24,3, 6, in seinem neuen Kommentar zum Joelbuch vorgestellt: „... weil Israel zu Joels Zeiten dem Ruf des Propheten gefolgt ist, eine Wende der Heuschreckennot erlebt hat und daher vor dem ‚Tag Jahwes' bewahrt worden ist (2, 18ff), darf es gewiss sein, dass Gott es auch zukünftig vor dem Erleiden von Schmach unter den Völkern wie im Exil bewahren wird (2, 19. 26f)."

37 Siehe hierzu im einzelnen oben 396-399.

Vergebungsbereitschaft Jhwhs sodann durch die erneute Aufnahme der Gnadenformel in Jona 4,2 aus seinem barmherzigen und gnädigen Wesen und durch die in 4,10-11 belegte Deutung der Rizinus-Episode aus seinem Schöpfer-Sein heraus begründet. Mit der im Jonabuch belegten dreifachen Schilderung der auf die menschliche Zuwendung zu Jhwh hin erfolgenden göttlichen Bewahrung in Jona 1-3 und der daran anschließenden umfassenden Begründung der Vergebungsbereitschaft Jhwhs in Jona 4 ist das Jonabuch somit geradezu das inhaltliche Zentrum des Gnaden-Korpus.

Dabei wird im Jonabuch eine Eigenschaft des göttlichen Wesens aus der in Joel 2,13 // Jona 4,2 belegten Fassung der Gnadenformel besonders hervorgehoben: Jhwh ist einer, der sich des Unheils gereuen lässt (נחם על־הרעה; Jona 3,10). Am Beispiel Ninives wird hier beschrieben, dass Jhwh bereit ist, einmal beschlossenes Unheil wieder zurückzunehmen.[38] Der göttliche Heilswille geht nach diesem Buch also über seinen Willen, die Bosheit Ninives (1,2) zu ahnden, hinaus. Deshalb reagiert Jhwh auf die Umkehr der Bewohner Ninives und nimmt sein Vernichtungsurteil zurück.

Die von den Büchern Joel und Jona her grundgelegte Darstellung der Vergebungsbereitschaft Jhwhs, die im Jonabuch auf seine Bereitschaft zur Reue hin zugespitzt wird, wird nun bei den Nachträgen zu den Büchern Micha und Nahum weiter entfaltet. Dabei werden in dem am Ende des Michabuches in Mi 7,18-20 eingebrachten Nachtrag erneut zwei Begriffe der in Joel 2,13 // Jona 4,2 zitierten Gnadenformel, die Barmherzigkeit (רחם) und die Güte (חסד) Jhwhs, hervorgehoben. Weil Jhwh wesensmäßig ein barmherziger und gütiger Gott ist, hält er an dem fest, was er den Vätern zugeschworen hat und vergibt seinem Volk die Sünden.[39]

Mit diesem das Michabuch abschließenden Wort wird der im vorangehenden Buch gleich zweifach geschilderte Weg vom Gericht zum Heil (Mi 1-3 / 4-5 und Mi 6,1-7,7 / 7,8-17) einer theologischen Begründung zugeführt. Nach Mi 7,18-20 liegt es in dem gütigen und barmherzigen Wesen Jhwhs begründet, dass die in Mi 1-3; 6,1-7,7 niedergelegten Gerichtsankün-

---

38   Zur Bedeutung des zumeist mit „Reue" wiedergegebenen Begriffs נחם ni., mit dem gerade in späteren Texten zum Ausdruck gebracht wird, dass Jhwh von einem bereits beschlossenen Gerichtshandeln Abstand nimmt und dies doch nicht eintreten lässt, vgl. v.a. Ex 32,12.14; Jer 18,8; siehe hierzu Jeremias, Reue, 109-113; ders., ATD 24,3, 31; Stoebe, Art. נחם, 64-66; Simian-Yofre, Art. נחם, 374f.

39   Beachtenswert sind dabei die Ausführungen von Wolff, BK 14,4, 204f, zu der in Mi 7,18 belegten Vorstellung, dass die Einzigartigkeit Jhwhs gerade in seiner Vergebungsbereitschaft liegt: „... nirgendwo wird wie hier – vor allem nie in der Umwelt, soweit ich sehe – seine Unvergleichlichkeit in der Vergebung der Sünden besungen. In höchst solenner Weise wird in sieben Sätzen mit je neuen Wendungen und mit den drei wichtigsten alttestamentlichen Worten für Sünde Jahwes Vergebung als die einzigartige unter seinen unausdenkbaren Taten gepriesen." Die Vergebungsbereitschaft Jhwhs ist nach Mi 7,18 also nicht nur ein Wesensmerkmal unter vielen, sondern das bestimmende Wesensmerkmal dieses Gottes überhaupt.

digungen nicht sein letztes Wort sind, sondern dass Jhwh, wie die in Mi 4-5; 7,8-17 jeweils folgenden Heilsworte zeigen, zur Vergebung bereit ist.

Beachtenswert ist nun die von den Redaktoren des Gnaden-Korpus am Beginn des Nahumbuches eingebrachte Bearbeitung. Bei diesem Buch, in dem der Untergang Ninives angesagt wird, wird mit dem in Nah 1,2b.3a belegten Nachtrag gerade das Prädikat „langsam zum Zorn" (אפים ארך) aus der Gnadenformel aufgenommen. Zudem wird die in 1,2a bereits vorgegebene Aussage, dass Jhwh ein rächender Gott ist, in 1,2b wiederholt und dabei auf die Feinde Jhwhs bezogen.

Im Nahumbuch wird von den Redaktoren des Gnaden-Korpus demnach festgehalten, dass die Vergebungsbereitschaft Jhwhs auch Grenzen hat. Denn die aus der Gnadenformel aufgenommene Aussage, dass Jhwh langsam zum Zorn ist, kann im Zusammenhang des Nahumbuches doch nur so verstanden werden, dass Jhwh zwar langsam zum Zorn ist – weshalb zunächst die Chance auf Umkehr besteht –, dass Jhwh letztlich aber durchaus auch bereit ist, seinem Zorn nachzugehen und strafend zu handeln.[40] Gegenüber denen, die sich gegen ihn stellen, tritt er nämlich als rächender und zürnender Gott auf.

Von hier aus ergibt sich dann für das Gnaden-Korpus, bei dem sowohl das Jona- als auch das Nahumbuch an der assyrischen Hauptstadt Ninive orientiert ist, eine interessante buchübergreifende Gesamtaussage: Denn im Jonabuch wird ja geschildert, dass Jhwh das über Ninive beschlossene Vernichtungsurteil aufgrund der Umkehr der Niniviten zurückgenommen hat, was in Jona 3,10 – auf Grundlage der in Joel 2,13 // Jona 4,2 belegten Gnadenformel – mit seiner Bereitschaft zur Reue erklärt wird. Im Nahumbuch wird nun dargestellt, dass Ninive doch das Gericht Jhwhs erfahren wird, was hier – wiederum auf Grundlage der Gnadenformel – damit erklärt wird, dass Jhwh zwar langsam zum Zorn, aber damit eben durchaus auch ein zum zornigen Handeln bereiter Gott ist.

Im buchübergreifenden Zusammenhang der Bücher Jona und Nahum wird also an Ninive vorgeführt, dass selbst die dem eigenen Volk feindlich gesinnte Stadt Ninive eine Chance hatte, aufgrund der Bereitschaft Jhwhs zur Reue das einmal beschlossene Unheil doch noch abzuwenden. Es wird aber auch klargestellt, dass die göttliche Vergebungsbereitschaft Grenzen hat, wenn ein Volk Jhwh dann doch wieder feindlich gegenübersteht.[41]

---

40 Zu dem in Nah 1,2b.3a bestimmenden Nebeneinander von göttlicher Geduld und göttlicher Bereitschaft zum strafenden Handeln vgl. etwa die Ausführungen bei Spronk, Nahum, 36f; Zapff, Studien, 271; Scoralick, Güte, 195f; Franz, Gott, 261f; Baumann, Gewalt, 82-94; Roth, Israel, 247f.

41 Dass der Zusammenhang der Bücher Jona und Nahum so zu verstehen ist, dass die Bewohner Ninives letztlich doch wieder von der im Jonabuch geschilderten Umkehr abgefallen sind und deshalb das im Nahumbuch dargestellte Gericht erfahren haben, wurde bereits

Denn Jhwh ist zwar langsam zum Zorn. Dies heißt aber nicht, dass er seinem Zorn letztlich nicht doch auch nachgibt.

Vor diesem Hintergrund klärt sich nun auch die viel diskutierte Frage, wie das vorliegende Ende des Jonabuches zu verstehen ist. Es wurde ja schon häufig angemerkt, dass es im Kontext des Jonabuches kaum zu verstehen ist, warum der Prophet, wie in Jona 4,5 beschrieben, erst nach der Mitteilung der göttlichen Reue in 3,10 und nach einer ersten Auseinandersetzung um die Vergebungsbereitschaft Jhwhs in 4,1-4 vor die Stadt geht und von dort aus beobachtet, was nun in der Stadt geschehen wird. So wurde immer wieder vorgeschlagen, dass Jona 4,5 entweder hinter Jona 3,4 umzustellen ist oder dass dieser Vers als bewusste Nachholung zu verstehen ist.[42] Beide Lösungen gehen also davon aus, dass die Geschehnisse vor der Stadt zeitlich noch vor die Umkehr des Volkes und vor die Mitteilung der göttlichen Reue gehören.

Im Kontext des Zwölfprophetenbuches ergibt die vorliegende Stellung des Verses Jona 4,5 aber auch ohne derartige Hilfskonstruktionen guten Sinn. Denn in diesem Kontext ist der Gang des Propheten vor die Stadt nicht so zu verstehen, dass der Prophet allererst auf die Umkehr der Bewohner Ninives und die göttliche Reaktion hierauf wartet, sondern dass der Prophet beobachtet, was auf diese Ereignisse hin geschieht.[43] Wie sich nämlich anhand des Nahumbuches zeigt – und wie zur Zeit des Gnaden-Korpus, als Ninive ja längst untergegangen war, ohnehin bekannt war – war die im Jonabuch dargestellte Verschonung Ninives nicht das endgültige Urteil Jhwhs. Und dies kann vom Gnaden-Korpus her doch nur so verstanden werden, dass die Umkehr der Niniviten nicht anhielt.

Man könnte zur Funktion von Jona 4,5 im Kontext des Gnaden-Korpus also geradezu sagen: Bei der im Nahumbuch dargestellen Zerstörung Ninives sitzt Jona noch immer vor der Stadt. Denn dort wartet er, ob die Um-

---

unter den Rabbinen vertreten; vgl. hierzu etwa Schart, Entstehung, 27f, der auf Pirke de Rabbi Eliezer, Kapitel 43, verweist. Demnach war Jhwh im Anschluss an die Umkehrpredigt des Jona noch 40 Jahre langsam zum Zorn. Als die Bewohner Ninives dann aber wieder ihrem ursprünglichen Verhalten folgten, ließ Jhwh sie dem Gericht anheimfallen; vgl. zur rabbinischen Auslegung auch Ego, Repentance, 155-164. In neuerer Zeit wird der buchübergreifende Zusammenhang der Bücher Jona und Nahum von Scoralick, Güte, 184f, in dieser Weise verstanden. Allerdings wurde diese These bislang noch nicht aus der Entstehung des Zwölfprophetenbuches heraus begründet.

42   Siehe hierzu oben 382-384 mit Anm. 59.61.

43   So meinten auch schon Schmidt, De Deo, 28f; Limburg, Jonah, 95; Simon, Jona, 127-129; Struppe, NSK.AT 24,1, 135, dass der Gang des Propheten vor die Stadt nur so verstanden werden könne, dass der Prophet von hier aus beobachtet, ob die Umkehr der Bewohner Ninives von Dauer ist. Allerdings lesen sie das Jonabuch noch nicht im Kontext des Zwölfprophetenbuches und können so den Umstand, dass im Jonabuch selbst ja noch kein Hinweis auf das weitere Verhalten der Niniviten gegeben wird, nicht erklären.

kehr der Niniviten von Dauer sein wird. Umkehr ist nach dem buchübergreifenden Zusammenhang somit kein einmaliger Akt, sondern die an-
haltende oder zumindest stets aufs Neue notwendige Hinwendung zu Jhwh.

Im Mittelteil des Gnaden-Korpus wird die Vergebungsbereitschaft
Jhwhs also vom Jonabuch herkommend in den folgenden Büchern Micha
und Nahum nach zwei Seiten hin entfaltet. Nachdem im Jonabuch gleich
mehrfach dargestellt wurde, dass Jhwh ein zur Vergebung bereiter Gott ist,
was hier mit seinem gnädigen und barmherzigen Wesen und mit seinem
Schöpfer-Sein erklärt wird, wird zunächst am Ende des Michabuches ausgeführt, dass der in diesem Buch beschriebene Weg vom Gericht zum Heil
eben in dem barmherzigen Wesen Jhwhs seinen Grund hat. Im darauf
folgenden Nahumbuch wird dann aber Ninive als das warnende Beispiel
dafür vorgebracht, dass Jhwh trotz seiner Bereitschaft zur Reue und trotz
der Tatsache, dass er langsam zum Zorn ist, eben doch auch zum Zorn und
zum Gericht bereit ist.[44]

Nach diesen den Mittelteil des Gnaden-Korpus bestimmenden Darlegungen über die Möglichkeiten, die Grenzen und die theologischen Hintergründe der Vergebungsbereitschaft Jhwhs wird schließlich am Ende des
Korpus in Mal 1,9a nochmals zur Zuwendung zu Jhwh aufgerufen. Das
Volk soll das Antlitz Jhwhs besänftigen. Dabei wird – unter Aufnahme des
noch fehlenden Begriffs חנן aus der in Joel 2,13 // Jona 4,2 belegten Gna-
denformel – festgehalten, dass Jhwh sich daraufhin als gnädig erweisen wird.
So wird hier abschließend und als Rahmen zu dem in Joel 2,12-14 belegten
Aufruf zu Bußhandlungen nochmals die Notwendigkeit der Zuwendung zu
Jhwh wie auch die Bereitschaft Jhwhs zur Vergebung betont.

Mit den von den Redaktoren des Gnaden-Korpus zugefügten Textbereichen erhält das werdende Zwölfprophetenbuch somit einen theologischen
Überbau. Die dem Gnaden-Korpus vorgegebene Sammlung – das Heil-für-

---

44 Dabei ist aber zu beachten, dass im Kontext des Gnaden-Korpus am Geschick Ninives
tatsächlich nur exemplarisch gezeigt wird, dass die Vergebungsbereitschaft Jhwhs Grenzen
hat. Ninive ist hier nicht auf die Völker schlechthin zu beziehen. Denn wie im folgenden
noch genauer ausgeführt, basiert das Gnaden-Korpus ja auf dem von den Redaktoren dieser
Sammlung aufgenommenen Heil-für-die-Völker-Korpus, bei dem den Völkern insgesamt
eine Heilsmöglichkeit durch das Gericht hindurch angesagt wird. Die Verheißung einer
solchen Heilsmöglichkeit für die Völker bleibt nun auf der Ebene des Gnaden-Korpus trotz
des für dieses Korpus bedeutenden Gerichts an der Stadt Ninive bestehen. Denn zum einen
wird im Gnaden-Korpus nur das Gericht an eben dieser einen Stadt nochmals verstärkt in
den Blick gerückt. Zum anderen sind im Ablauf des Gnaden-Korpus ja auch noch in den auf
das Nahumbuch folgenden Büchern universale Heilsworte belegt (Zef 3,9.10*; Sach 2,15-16;
8,20-23; Sach 14,16-19). Das in den Büchern Jona und Nahum dargestellte Geschick Ninives
ist demnach nur als drohendes Beispiel, dass die heilvolle Zuwendung Jhwhs von der stets
aufs Neue notwendigen Zuwendung der Menschen zu Jhwh abhängt, nicht aber als Beispiel
für die Verworfenheit der Völker schlechthin zu verstehen.

die-Völker-Korpus – war ja davon bestimmt, dass hier für das eigene Volk
wie auch für die Völker ein Weg vom Gericht zum Heil beschrieben wird.[45]
Durch die Aufnahme des Heil-für-die-Völker-Korpus ist daher auch das
Gnaden-Korpus von Gerichtsworten gegen das Volk und gegen die Völker,
aber auch von der Verheißung neuen Heils durch dieses Gericht hindurch
geprägt. Über das Heil-für-die-Völker-Korpus hinaus wird nun aber im
Rahmen des Gnaden-Korpus auch erklärt, weshalb das Volk und die Völker
auf die heilvolle Zuwendung Jhwhs hoffen dürfen. Dies liegt eben, wie die
zahlreichen Aufnahmen der Gnadenformel aus Ex 34,6 zeigen, in dem
gnädigen und barmherzigen Wesen Jhwhs begründet. Weil Jhwh gnädig und
barmherzig ist, bewahrt er die Menschen und ist sogar dazu bereit, einmal
beschlossenes Unheil wieder zurückzunehmen.

Im Gnaden-Korpus wird also auf Grundlage der bereits vorgegebenen
prophetischen Schriften und des diese Schriften bestimmenden Nebeneinanders von Gericht und Heil eine differenzierte theologische Bestimmung der Vergebungsbereitschaft Jhwhs gegeben. Es werden die Bedingungen der Zuwendung Jhwhs zu den Menschen vorgebracht, es werden die
Grenzen der göttlichen Vergebungsbereitschaft genannt, und es wird aus
dem Wesen Jhwhs heraus eine Begründung dieser Vergebungsbereitschaft
vorgestellt.

3.5 Fazit

Auf Grundlage der redaktionsgeschichtlichen Analyse der Einzelbücher
konnte gezeigt werden, dass das werdende Zwölfprophetenbuch in der
Mitte oder der zweiten Hälfte des 3. Jahrhunderts einer weiteren, als Gnadenschicht zu bezeichnenden Bearbeitung unterzogen wurde. Durch diese
Bearbeitung wurden in Joel 2,12-14; Mi 7,18-20; Nah 1,2b.3a; Mal 1,9a kurze
Nachträge eingebracht. Zudem wurde das Jonabuch im Rahmen der Gnadenschicht in das Zwölfprophetenbuch aufgenommen und dabei einer
umfassenden Überarbeitung unterzogen. Mit dem so entstandenen Gnaden-
Korpus wurde erstmals eine Sammlung von zwölf prophetischen Büchern,
ein Zwölfprophetenbuch, geschaffen, das der vorliegenden Gestalt dieses
Korpus schon recht nahe kommt.[46]

Die der Gnadenschicht zugewiesenen Textbereiche zeichnen sich durch
zahlreiche inhaltliche und terminologische Gemeinsamkeiten als zusammengehörig aus. Sie sind allesamt an der Vergebungsbereitschaft Jhwhs orientiert, sie weisen Bezüge zu der als Gnadenformel bezeichneten Beschreibung

---

45   Siehe hierzu oben 354-358.
46   Siehe hierzu oben 409 sowie unten 436f.

des göttlichen Wesens aus Ex 34,6 auf, und sie sind untereinander durch einige markante Formulierungen verbunden. Darüber hinaus bilden die der Gnadenschicht zugewiesenen Textbereiche auch eine gemeinsame buchübergreifende Komposition. So sind diese Textbereiche an den Rändern und in der Mitte des Gnaden-Korpus angebracht, wobei gerade an den Rändern ein imperativisch formulierter Aufruf zur Zuwendung zu Jhwh steht. Zudem werden die einzelnen Prädikate der Gnadenformel nach dem nahezu wörtlichen Zitat dieser Formel in Joel 2,13 // Jona 4,2 in den Büchern Jona, Micha, Nahum und Maleachi exakt ein weiteres Mal aufgenommen.

Gegenstand des so entstandenen Gnaden-Korpus sind die Voraussetzungen, die Grenzen und die theologischen Hintergründe der Vergebungsbereitschaft Jhwhs. Es wird hier die Zuwendung der Menschen zu Jhwh gefordert, die sich vor allem im Gebet und in rituellen Handlungen äußert. Und es wird auf Grundlage der aus Ex 34,6 übernommenen Beschreibung des göttlichen Wesens begründet, dass Jhwh auf die Zuwendung des Menschen reagiert, weil er ein gnädiger und barmherziger Gott ist. Am Beispiel des in den Büchern Jona und Nahum dargestellten Geschicks der Stadt Ninive wird aber auch festgehalten, dass die Vergebungsbereitschaft Jhwhs da ihre Grenzen hat, wo die Zuwendung der Menschen nicht von Dauer ist. Denn obgleich Jhwh langsam zum Zorn ist, ist er eben doch auch ein zorniger und zum strafenden Handeln bereiter Gott.

Mit dem Gnaden-Korpus wird also der bereits auf der Ebene des Heil-für-die-Völker-Korpus für das eigene Volk wie auch für die Völker beschriebene Weg vom Gericht zum Heil einer theologischen Begründung zugeführt. Es wird hier aus dem Wesen Jhwhs heraus erklärt, dass Jhwh aufgrund seiner Gnade und Barmherzigkeit zur Vergebung bereit ist und dass er deshalb auf die Zuwendung der Menschen reagiert, sie vor dem Gericht bewahrt und sich ihnen heilvoll zuwendet.

Das Gnaden-Korpus kann somit als Produkt der theologischen Auseinandersetzung mit der im vorgegebenen Bestand des werdenden Zwölfprophetenbuches belegten Botschaft verstanden werden. Auf Grundlage und in Weiterführung der in den überlieferten Prophetenschriften belegten Gerichts- und Heilsworte wird hier Einblick in die Voraussetzungen und in die theologischen Hintergründe der göttlichen Vergebungsbereitschaft gegeben.

VIII. Die kanonübergreifende Einbindung des Zwölfprophetenbuches in Mal 3,22.23-24

Am Ende des Maleachibuches zeigten sich zwei kleinere, wohl unabhängig voneinander eingebrachte Nachträge in Mal 3,22 und 3,23-24.[1] Wie schon häufig gesehen wurde, zeichnen sich diese beiden Nachträge dadurch aus, dass sie nicht nur wie die bislang behandelten Bearbeitungen für den buchübergreifenden Zusammenhang des Zwölfprophetenbuches, sondern sogar für einen noch über dieses Korpus hinausgehenden kanonübergreifenden Zusammenhang geschaffen wurden.[2]

Dabei ist zunächst auf den in Mal 3,23-24 zugefügten Nachtrag einzugehen:[3]

> Mal 3,23 Siehe, ich sende euch den Propheten Elia,
>   bevor der große und furchtbare Tag Jhwhs kommt
>   (לפני בוא יום יהוה הגדול והנורא),
>   24 damit er das Herz der Väter zu den Söhnen
>   und das Herz der Söhne zu den Vätern umkehrt,
>   so dass ich nicht komme und das Land mit dem Bann schlage.

In Mal 3,23-24 wird also – in Anknüpfung an die in 3,1 belegte Erwartung eines von Jhwh gesandten Boten – die Wiederkunft des Elia verheißen, der angesichts des kommenden Tages Jhwhs gegen nicht näher beschriebene familieninterne Auseinandersetzungen vorgehen soll. Dabei ist durchaus denkbar, dass mit den hier genannten Auseinandersetzungen grundlegende Konflikte zwischen den Generationen im Blick sind, die die gesamte Gesellschaft belasten.[4] Alle weiteren Überlegungen zu der in Mal 3,23-24 vorausgesetzten Problemlage – etwa die bisweilen vorgetragene These, dass hier ein Konflikt zwischen der dem Hellenismus nahestehenden jüngeren Generation und der

---

1   Siehe hierzu oben 251-253.
2   Vgl. hierzu etwa Budde, Geschichte, 175f; Rudolph, KAT 13,4, 291; Steck, Abschluß, 134-136; Petersen, Zechariah 9-14, 227-233; Crüsemann, Elia, 149-160; Schart, Entstehung, 302f; Albertz, Elia, 164-168; Hieke, Kult, 81; Schwesig, Rolle, 269-280; Zenger, Einleitung, 24.
3   Zu der letztlich kaum zu beantwortenden Frage, in welcher Reihenfolge die beiden Nachträge in Mal 3,22 und 3,23-24 eingebracht wurden, s.o. 253 Anm. 102.
4   Vgl. etwa Marti, KHC 13, 479; Reventlow, ATD 25,2, 161; Petersen, Zechariah 9-14, 231; Albertz, Elia, 165; Schwesig, Rolle, 277-279.

konservativen älteren Generation vorausgesetzt ist – sind allerdings ohne Anhalt am vorliegenden Text und somit allzu spekulativ.[5]

Bedeutend ist an diesem Wort nun aber vor allem, dass sich hier gleich zwei buchübergreifende Verbindungen zeigen. So ist Mal 3,23-24 zunächst mit dem Joelbuch verbunden.[6] Denn wie in Mal 3,23 wird der Tag Jhwhs auch in Joel 2,11 als groß und furchtbar (נורא; גדול) beschrieben, und in Joel 3,4 findet sich sogar eine wörtliche Parallele zu der gesamten, in Mal 3,23 belegten Formulierung לפני בוא יום יהוה הגדול והנורא. Da der Tag Jhwhs neben Joel 2,11; 3,4; Mal 3,23 im Alten Testament an keiner weiteren Stelle als groß und furchtbar beschrieben wird und da die Wendung לפני בוא יום יהוה nur in Joel 3,4; Mal 3,23 belegt ist, handelt es sich bei Mal 3,23 also eindeutig um einen bewussten Rückbezug auf Joel 2,11; 3,4.

Dass in Mal 3,23 am Ende des Zwölfprophetenbuches auf die im Joelbuch belegte Beschreibung des Tages Jhwhs zurückgegriffen wird, führt dann aber zu einer interessanten Konsequenz:[7] Zu dem Zeitpunkt, als dieser Nachtrag an das Maleachibuch angefügt wurde, war das Hoseabuch vermutlich noch nicht wieder in das werdende Zwölfprophetenbuch integriert. Denn ohne das Hoseabuch kann die Verbindung von Mal 3,23 zu Joel 2,11; 3,4 als Rahmen um ein von Joel bis Maleachi reichendes Korpus erklärt werden. Wenn das Hoseabuch dagegen bei der Zufügung von Mal 3,23-24 bereits wieder am Beginn des Zwölfprophetenbuches gestanden hätte, wäre nur schwer zu erklären, warum am Ende dieser Sammlung gerade auf das

---

5   Dass in Mal 3,23-24 eine Auseinandersetzung zwischen der jungen Generation, die der hellenistischen Kultur zugewandt ist, und der älteren Generation, die an den überkommenen Traditionen festhält, vorausgesetzt wird, meinen Sellin, KAT 12, 567; Elliger, ATD 25, 216; Rudolph, KAT 13,4, 292; Deissler, NEB.AT 21, 338, u.a. Dagegen geht Crüsemann, Elia, 154, im Anschluss an Jub 23,16-19 davon aus, dass bei Mal 3,23-24 gerade umgekehrt ein Konflikt zwischen der jungen Generation und der dem Hellenismus nahestehenden älteren Generation vorausgesetzt sein könnte. Zu beachten ist aber, dass in Mal 3,24 gleichermaßen davon die Rede ist, dass Elia die Herzen der Söhne zu den Vätern und dass er die Herzen der Väter zu den Söhnen umkehren wird. Aufgrund dieser von beiden Seiten her beschriebenen Zuwendung zwischen den Generationen sind sämtliche Überlegungen, bei denen die hier vorausgesetzten Verfehlungen nur auf Seiten einer der beiden Generationen gesehen werden, doch ausgesprochen unwahrscheinlich. So wenden sich denn auch Petersen, Zechariah 9-14, 231 Anm. 122; Mathys, Anmerkungen, 37; Albertz, Elia, 165; Meinhold, BK 14,8, 426f, zurecht gegen weitere Spekulationen über die bei Mal 3,23-24 vorausgesetzten Konflikte.

6   Vgl. Rudolph, KAT 13,4, 291; Deissler, NEB.AT 21, 338; Steck, Abschluß, 129; Nogalski, Processes, 204; Petersen, Zechariah 9-14, 231; Schart, Entstehung, 301; Mathys, Anmerkungen, 33; Albertz, Elia, 165; Beck, Tag, 306; Meinhold, BK 14,8, 421; Zenger, Einleitung, 24. Zur Ablehnung der von Bergler, Joel, 171, vertretenen Annahme, dass nicht, wie zumeist angenommen, Mal 3,23 von Joel 3,4, sondern gerade umgekehrt Joel 3,4 von Mal 3,23 abhängig sei, vgl. Wöhrle, Sammlungen, 451 Anm. 45. Dabei spricht die hier vorgestellte kanonübergreifende Funktion von Mal 3,22.23-24 noch über die dort genannten Argumente hinaus gegen die These von Bergler und für die gängige Sicht, dass Mal 3,23 auf Joel 3,4 zurückgreift.

7   Vgl. zum folgenden auch schon Wöhrle, Sammlungen, 451f.

Joelbuch und nicht auf eine andere der im Zwölfprophetenbuch belegten Erwähnungen des Tages Jhwhs (v.a. Am 5,18-20; Obd 15; Zef 1,2-2,3) zurückgegriffen wurde.

Mal 3,23-24 ist aber nicht nur mit Joel 2,11; 3,4 verbunden. Aufgrund der hier belegten Erwähnung des Propheten Elia ist dieser Nachtrag natürlich auch mit den Elia-Erzählungen in 1 Kön 17-2 Kön 2 verbunden. Dabei ist Mal 3,23-24 insbesondere auf die in 2 Kön 2 erwähnte Entrückung des Elia bezogen, ist dies doch die entscheidende Voraussetzung für die erstmals in Mal 3,23 belegte Vorstellung seiner Wiederkunft.[8] Aufgrund der in Mal 3,23-24 belegten Erwartung, dass Elia die in der Gesellschaft aufgekommenen Konflikte schlichten wird, dürfte dieses Wort aber auch an das in 1 Kön 18 – bei der Auseinandersetzung mit den Baalspriestern auf dem Karmel – belegte Eintreten des Elia gegen kultische Verfehlungen sowie an das in 1 Kön 20 – im Zusammenhang der Ereignisse um Nabots Weinberg – belegte Eintreten des Propheten gegen soziale Verfehlungen anknüpfen.[9] Von 1 Kön 17-2 Kön 2 her wird in Mal 3,23-24 demnach erhofft, dass der entrückte Elia bei seiner Wiederkunft erneut gegen innergesellschaftliche Auseinandersetzungen vorgehen wird.

Mal 3,23-24 ist also nicht nur auf das Joelbuch und somit auf den Beginn des werdenden Zwölfprophetenbuches bezogen, sondern auch auf die Königsbücher und somit auf das Ende der Sammlung der vorderen Propheten. Indem hier am Ende des Zwölfprophetenbuches die von 2 Kön 2 her erwartete Wiederkunft des Elia mit dem in Joel 2,11; 3,4 angesagten Tag Jhwhs in Verbindung gebracht wird, wird ein über das Zwölfprophetenbuch hinausgehender, kanonübergreifender Zusammenhang zwischen den vorderen Propheten und dem Zwölfprophetenbuch geschaffen, der diese beiden Teile als zusammengehörige Einheit verstehen lässt.

Vergleichbares zeigt sich nun auch bei dem weiteren am Ende des Maleachibuches eingebrachten Nachtrag in Mal 3,22:

Mal 3,22   Gedenkt (זכר) der Tora meines Knechtes Mose (תורת משה עבדי), dem ich am Horeb über ganz Israel Satzungen und Rechtssätze geboten habe (צוה).

Mit dem in Mal 3,22 belegten Aufruf, der Tora des Mose zu gedenken, wird wiederum ein kanonübergreifender Bezug eingebracht, der nun sogar noch

---

8   Vgl. Rudolph, KAT 13,4, 292; Reventlow, ATD 25,2, 161; Albertz, Elia, 166; Meinhold, BK 14,8, 420; Schwesig, Rolle, 277; Zenger, Einleitung, 24.

9   Vgl. hierzu etwa Marti, KHC 13, 479; Sellin, KAT 12, 567; Rudolph, KAT 13,4, 292; Childs, Introduction, 495f; Steck, Abschluß, 168; Petersen, Zechariah 9-14, 230; Albertz, Elia, 165; Schwesig, Rolle, 279, die Mal 3,23-24 ebenfalls schon mit dem in 1 Kön 18 belegten Eintreten des Elia gegen die kultischen Verfehlungen des Volkes in Verbindung brachten.

weiter nach vorne reicht als Mal 3,23-24. Denn mit der Tora des Mose ist doch letztlich nichts anderes im Blick als der Pentateuch. Am Ende des Zwölfprophetenbuches und somit am Ende des gesamten Prophetenkanons wird hier also auf die Tora als die bleibend gültige Offenbarung des Gotteswillens verwiesen. Die Lektüre des Prophetenkanons und der dort belegten Mahnungen und Verheißungen führt nach diesem Wort zur Lektüre der Tora.[10]

Aber mehr noch: Wie schon häufig gesehen wurde, ist Mal 3,22 gerade über den hier belegten Rückverweis auf die Tora auch mit dem Beginn des Prophetenkanons in Jos 1 verbunden.[11] Bei der dort belegten Beauftragung des Josua, das Volk als Nachfolger des Mose in das Land zu führen, wird ebenfalls auf die durch Mose gegebene Tora zurückverwiesen und zum Halten der in der Tora niedergelegten Gebote ermahnt. Dabei zeigen sich zwischen Mal 3,22 und Jos 1 einige markante Stichwortverbindungen. So wird Mose auch in Jos 1,1.2.7.13.15 als Knecht Jhwhs bezeichnet. Zudem wird in Jos 1,7.8 auf die Tora (תורה) verwiesen, wobei in Jos 1,7 zudem noch das Verb צוה belegt ist. Und schließlich wird auch in Jos 1,13 zum Gedenken aufgerufen (זכר). Beachtenswert ist also vor allem, dass in Jos 1,7 wie in Mal 3,22 die Worte משה, עבד, תורה und צוה zusammen belegt sind. So handelt es sich bei Mal 3,22 doch sicherlich um einen bewussten Rückbezug auf Jos 1.[12]

---

10   So auch Deissler, NEB.AT 21, 337; Steck, Abschluß, 135; Petersen, Zechariah 9-14, 232f; Crüsemann, Elia, 150f; Schart, Entstehung, 302f; Mathys, Anmerkungen, 39f; Albertz, Elia, 167; Zenger, Einleitung, 24.

11   Vgl. hierzu etwa Rudolph, KAT 13,4, 291; Deissler, NEB.AT 21, 337; Steck, Abschluß, 135; Nogalski, Processes, 185.204; Reventlow, ATD 25,2, 160f; Crüsemann, Elia, 151; Schart, Entstehung, 302f; Albertz, Elia, 167; Beck, Tag, 302; Meinhold, BK 14,8, 410f; Zenger, Einleitung, 25.

12   Gegen die verbreitete Annahme, dass Mal 3,22 aufgrund der genannten Verbindungen zu Jos 1, und dabei insbesondere zu Jos 1,7, als bewusst gesetzte Klammer zum Beginn des Prophetenkanons verstanden werden kann, wendet nun aber Beck, Tag, 304, ein, dass nach Jos 1,7 Mose dem Volk die Tora befohlen hat, während die Tora nach Mal 3,22 von Jhwh an Mose befohlen wurde. Angesichts der deutlichen Stichwortverbindungen zwischen Mal 3,22 und Jos 1,7 reicht die von Beck dargelegte Beobachtung aber kaum aus, um die gängige These in Frage zu stellen. Die von Beck aufgezeigte Differenz zeigt lediglich, dass Jos 1 und Mal 3,22 auf unterschiedliche Kreise zurückgehen, die die Rolle des Mose bei der Übermittlung der Tora verschieden gewichten. Sie spricht aber nicht gegen die Annahme, dass es sich bei Mal 3,22 um einen bewussten Rückbezug zu Jos 1 handelt.
Die deutlichen Stichwortverbindungen zwischen Mal 3,22 und Jos 1,7 – wie auch die oben aufgezeigten Verbindungen zwischen Mal 3,23-24 und Joel 2,11; 3,4; 2 Kön 2 – sprechen sodann auch gegen die etwa von Glazier-McDonald, Malachi, 243-270; Oesch, Bedeutung, 193; Chapman, Approach, 139, vertretene Annahme, dass Mal 3,22.23-24 nur für den Kontext des Maleachibuches und nicht für einen über dieses Buch und sogar über das Zwölfprophetenbuch hinausgehenden Kontext geschaffen wurde.

Mit dem in Mal 3,22 eingebrachten Nachtrag wird somit ein großer Rahmen um den gesamten Prophetenkanon gelegt. Aufgrund der in Jos 1 und Mal 3,22 mit identischen Formulierungen vorgebrachten Rückverweise auf die Tora steht der gesamte Prophetenkanon unter der Forderung, der Tora des Mose zu gedenken. Der Prophetenkanon ist nach diesem Rahmen also Auslegung der Tora und führt zurück zur Tora.

Interessant ist nun, dass sich vergleichbare kanonübergreifende Bezüge nicht nur an den Rändern des Prophetenkanons, sondern auch am Ende der Tora und am Beginn der Schriften aufzeigen lassen.[13] So heißt es in den letzten Versen der Tora, in Dtn 34,10-12, dass kein Prophet wie Mose mehr aufstand, den Jhwh von Angesicht zu Angesicht erkannt hätte. Auch am Ende der Tora steht somit eine Aussage, durch die ein kanonübergreifender Zusammenhang zwischen der Tora und den Propheten hergestellt wird und durch den diese beiden Teile in ihrem Verhältnis zueinander bestimmt werden. Dabei wird mit Dtn 34,10-12 alle auf Mose folgende Prophetie als dem Wirken des Mose und somit der Tora nachgeordnete Offenbarung vorgestellt. Der Prophetenkanon ist also auch nach diesem Wort letztlich Auslegung der Tora, die zur Tora als dem durch den prototypischen Propheten Mose gegebenen Gotteswort zurückführt.

Am Beginn der Schriften steht sodann mit Psalm 1 gerade ein Gesetzespsalm, bei dem in Ps 1,2 – mit einer Formulierung, die deutlich mit Jos 1,8 verbunden ist –[14] die stetige Beschäftigung mit der Tora eingefordert wird.[15] Wie an den Rändern des Prophetenkanon in Jos 1 und Mal 3 steht also auch am Beginn der Schriften ein Rückverweis auf die Tora, und nach Ps 1,2 führt damit auch die Lektüre der Schriften zur Lektüre der Tora.

Von Mal 3,22.23-24 herkommend zeigen sich also an zentralen Stellen des alttestamentlichen Kanon markante buchübergreifende Bezüge. So wird über den in Mal 3,23-24 belegten Rückbezug auf Joel 2,11; 3,4 und 2 Kön 2 der Kanonteil der Propheten als zusammengehörige Einheit dargestellt. Zudem wird der Prophetenkanon über den Rahmen in Jos 1 und Mal 3,22

---

13   Vgl. hierzu v.a. Steck, Abschluß, 161f; Rendtorff, Theologie, 4f; Crüsemann, Elia, 151; Zenger, Einleitung, 25f.
   Dabei ist mit den folgenden Darlegungen zu kanonübergreifenden Verbindungen an den Rändern der Tora, der Propheten und der Schriften nicht vorausgesetzt, dass all diese Stellen auf dieselbe Redaktion zurückgehen. Es kann sich hierbei auch um die Folge von sukzessiven Bearbeitungen handeln, die sowohl früher als auch später als die hier behandelten Nachträge in Mal 3,22.23-24 angesetzt werden könnten. Bedeutend ist vielmehr, dass das AT in seiner vorliegenden Gestalt an den Rändern der einzelnen Kanonteile von kanonübergreifenden Verbindungen geprägt ist, zu denen eben auch die Nachträge in Mal 3,22.23-24 gehören.

14   So sind Jos 1,8 und Ps 1,2 über die Stichworte תורה, הגה und יומם ולילה verbunden, die überhaupt nur an diesen beiden Stellen im AT in einem Vers zusammen belegt sind.

15   Zu dem in diesem Zusammenhang gebrauchten Verb הגה, das am ehesten ein sinnierendes Vor-sich-hin-Murmeln bezeichnet, vgl. nur KBL³, 228, sowie Negoità, Art. הגה, 343-345.

auf die Tora bezogen. Und in diese kanonübergreifende Verbindung fügt sich schließlich auch der Verweis auf die Prophetie in Dtn 34,10-12 und der weitere Rückbezug auf die Tora am Beginn der Schriften in Ps 1,2. Der alttestamentliche Kanon ist somit durch ein feines Netz von kanonübergreifenden Bezügen verbunden, die dieses Korpus als zusammengehörige Einheit, die von der Tora her zu lesen ist, erscheinen lassen:

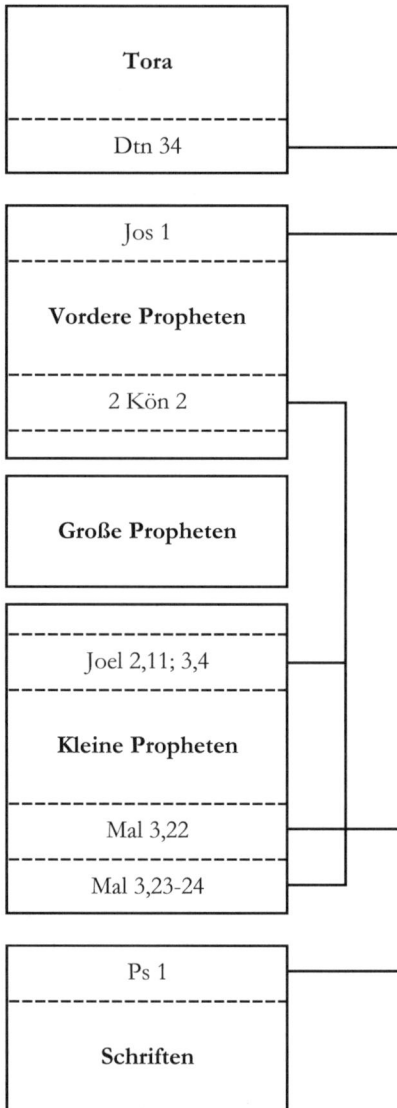

Die in Mal 3,22 und 3,23-24 belegten Nachträge sind also Teil eines auch an anderer Stelle erkennbaren Prozesses, mit dem die alttestamentlichen Schriften und Schriftensammlungen zu einem übergreifenden Ganzen verbunden wurden. Es handelt sich bei diesen Nachträgen somit um frühe Belege der Formierung eines alttestamentlichen Kanons. Durch die in Mal 3,22 und 3,23-24 angebrachten Rückverweise auf die vorderen Propheten und auf die Tora wurde das Zwölfprophetenbuch – vermutlich am Ende des 3. Jahrhunderts –[16] mit anderen Schriften, die sich als normative Offenbarung des Gotteswillens etabliert hatten, in Beziehung gesetzt und so auch selbst in den Rang einer normativen Sammlung von Schriften erhoben.

---

16 Dass die in Mal 3,22.23-24 belegten Nachträge am Ende des 3.Jh. zu datieren sind, meinen etwa auch Steck, Abschluß, 149f; Crüsemann, Elia, 152; Beck, Tag, 301f; Meinhold, BK 14,8, 408. Dafür spricht vor allem, dass diese Nachträge für einen kanonübergreifenden Zusammenhang geschaffen wurden, so dass sie zeitlich recht nahe an den Abschluss des Prophetenkanons heranreichen dürften, der gemeinhin – im Anschluss an die Erwähnung der drei großen wie auch der zwölf kleinen Propheten bei Sir 48,22; 49,7.8.10 um 180 v.Chr. – an der Wende vom 3. zum 2. Jahrhundert angesetzt wird; siehe hierzu auch oben 411f.

IX. Die erneute Integration des Hoseabuches

Die an anderer Stelle vorgestellten Erkenntnisse zu den frühen Sammlungen des Zwölfprophetenbuches führten zu der Annahme, dass das Hoseabuch zwar Teil des die Bücher Hosea, Amos, Micha und Zefanja umfassenden exilischen Vierprophetenbuches war, dass das Hoseabuch aber im Rahmen des in die Mitte des 5. Jahrhunderts zu datierenden Joel-Korpus von dieser Sammlung abgetrennt und durch das Joelbuch ersetzt wurde.[1] Dafür sprach vor allem die geschlossene buchübergreifende Komposition des Joel-Korpus.[2] Denn bei diesem die Bücher Joel, Amos, Micha und Zefanja umfassenden Werk wird der thematische Aufbau der eigens für diese Sammlung geschaffenen Grundschicht des Joelbuches bei den am Ende der Bücher Amos, Micha und Zefanja eingebrachten Nachträgen nochmals in derselben Abfolge nachvollzogen (Am 9,13aα.14-15; Mi 7,8-10a; Zef 3,14-17). Zudem sprach für die zwischenzeitliche Abtrennung des Hoseabuches, dass die das Joel-Korpus bestimmende Gefährdung des Volkes durch die Völker im Hoseabuch keine Rolle spielt.

Die These, dass das Hoseabuch nach dem exilischen Vierprophetenbuch von dieser Sammlung abgetrennt wurde, stand allerdings unter dem Vorbehalt, dass sich diese These bei den weiteren Analysen zu den buchübergreifenden Redaktionsprozessen in den späten Sammlungen des Zwölfprophetenbuches zu bestätigen hat und dass die erneute Integration des Hoseabuches in das werdende Zwölfprophetenbuch noch schlüssig zu begründen ist. Auf Grundlage der in dieser Arbeit vorgestellten Erkenntnisse lässt sich nun zeigen, dass sich die Annahme einer zwischenzeitlichen Abtrennung des Hoseabuches tatsächlich auch bei den auf das Joel-Korpus folgenden Entstehungsstufen bewährt und dass das Hoseabuch dann erst am Ende der Entstehung des Zwölfprophetenbuches wieder aufgenommen wurde.

Dass das Hoseabuch auch bei den auf das Joel-Korpus folgenden Entstehungsstufen nicht in das werdende Zwölfprophetenbuch integriert war, lässt sich vor allem aufgrund kompositionsgeschichtlicher Erwägungen begründen. Es zeigte sich nämlich auf der Ebene des Fremdvölker-Korpus I, des Fremdvölker-Korpus II und des Gnaden-Korpus, dass diese

---

1   Vgl. Wöhrle, Sammlungen, 450-453.
2   Zur Komposition des Joel-Korpus vgl. im einzelnen Wöhrle, Sammlungen, 447-449.

Korpora eine in sich geschlossene buchübergreifende Komposition bilden, in die das Hoseabuch nicht eingebunden ist. So wird beim Fremdvölker-Korpus I – vergleichbar mit dem Joel-Korpus – der Aufbau des für diese Sammlung breit überarbeiteten Joelbuches in den darauf folgenden Büchern Amos, Micha, Nahum, Zefanja, Haggai, Sacharja und Deuterosacharja nochmals in derselben Abfolge nachvollzogen.[3] Beim Fremdvölker-Korpus II sind sodann in den Büchern Joel, Amos und Obadja sowie in den Büchern Deuterosacharja und Maleachi – also am Beginn und am Ende dieses von Joel bis Maleachi reichenden Mehrprophetenbuches – Nachträge angebracht, die in vergleichbarer Abfolge an den Vergehen einzelner Nachbarvölker und an der Umwandlung der Natur orientiert sind.[4] Und schließlich wird beim Gnaden-Korpus die aus Ex 34,6 bekannte Gnadenformel in den Büchern Joel, Jona, Micha, Nahum und Maleachi – also am Beginn, in drei aufeinander folgenden Büchern in der Mitte und am Ende dieses Korpus – aufgenommen. Dabei wird die Formel in Joel 2,13 wie dann auch in Jona 4,2 nahezu wörtlich zitiert, und in Jona 3,10; Mi 7,18-19; Nah 1,3a; Mal 1,9a werden die einzelnen Begriffe der Gnadenformel dann noch exakt ein weiteres Mal aufgenommen.[5]

Vom Fremdvölker-Korpus I als der ersten auf das Joel-Korpus folgenden Entstehungsstufe über das Fremdvölker-Korpus II bis hin zum Gnaden-Korpus als der letzten Stufe lässt sich also zeigen, dass das Hoseabuch nicht in die buchübergreifende Komposition dieser Korpora integriert war. Aber mehr noch: Auf allen drei Entstehungsstufen dient gerade das Joelbuch als Einleitung des jeweiligen Korpus. Im Joelbuch wird auf der Ebene des Fremdvölker-Korpus I für das Ergehen des Volkes in der Völkerwelt ein Weg vom Gericht zum Heil vorgezeichnet, der in den folgenden Büchern Amos bis Deuterosacharja wiederholt wird.[6] Im Joelbuch werden auf der Ebene des Fremdvölker-Korpus II in Joel 4,4-8; 4,18-21 bereits die bestimmenden Themen – die Anfeindungen einzelner Völker, das Gericht an Edom und die Umwandlung der Natur – erwähnt, die in den Büchern Amos, Obadja, Deuterosacharja und Maleachi noch mehrfach aufgenommen werden.[7] Und schließlich wird im Joelbuch auf der Ebene des Gnaden-Korpus die für dieses Korpus so bedeutende Gnadenformel in Joel 2,13 vollständig zitiert, von der dann in den Büchern Jona, Micha, Nahum und Maleachi nochmals einzelne Begriffe wieder aufgenommen werden.[8] Das Joelbuch ist also tatsächlich, wie Nogalski – allerdings noch ohne weitere

3   S.o. 151-160.
4   S.o. 276-279.
5   S.o. 407-411.
6   S.o. 154.
7   S.o. 278.
8   S.o. 408.

Differenzierung der hier belegten Themen – meinte, der „literary anchor" des Zwölfprophetenbuches.[9] Dies spricht dann doch aber auch deutlich dafür, dass dieses Buch – und nicht das Hoseabuch – auf den entscheidenden Entstehungsstufen am Beginn der Sammlung stand.[10]

Dafür spricht schließlich auch, dass das Hoseabuch nicht nur kompositorisch, sondern auch thematisch keine bedeutenden Verbindungen zu den auf das Joel-Korpus folgenden buchübergreifenden Redaktionsprozessen im Zwölfprophetenbuch erkennen lässt.[11] So sind zunächst die im Rahmen des Fremdvölker-Korpus I eingebrachten Nachträge insgesamt davon bestimmt, dass hier der gesamten Völkerwelt das Gericht angesagt wird. Im Hoseabuch findet sich aber nicht ein einziges gegen die Völker gerichtetes Wort.[12]

Zu den im Anschluss an das Fremdvölker-Korpus I eingebrachten Davidsverheißungen zeigt sich im Hoseabuch zwar eine entfernte Parallele bei dem in Hos 3,5*(ואת דוד מלכם) erkennbaren Nachtrag, nach dem das Volk einst den König David suchen wird.[13] Doch anders als bei den in Am 9,11.12b; Mi 4,8; 5,1.3*.4a; Sach 9,9-10 eingetragenen Worten wird in Hos 3,5* nicht explizit verheißen, dass Jhwh das davidische Königtum wieder aufrichten wird, und es finden sich hier auch keine terminologischen Verbindungen zu den in Am 9,11.12b; Mi 4,8; 5,1.3*.4a; Sach 9,9-10 belegten Worten. Der kurze Nachtrag in Hos 3,5* dürfte demnach wohl kaum ausreichen, um die Annahme zu begründen, dass das Hoseabuch auf der Ebene der Davidsverheißungen Teil des werdenden Zwölfprophetenbuches war.

Wie schon beim Fremdvölker-Korpus I lassen sich sodann auch zu den im Rahmen des Fremdvölker-Korpus II eingebrachten Nachträgen keinerlei thematische Parallelen im Hoseabuch erkennen. So sind die in Joel 4,4-8.19; Am 9,12*; Obd 1-21*; Sach 9,2-13*; Mal 1,4-5 belegten Gerichtsworte gegen die Philister, Phönikier, Edomiter und Griechen wie auch die in Joel 4,18; Am 9,13*; Sach 14,4-11* belegten Verheißungen einer Umwandlung der Natur im Hoseabuch ohne Entsprechung.[14]

---

9 Vgl. Nogalski, Joel, 91.
10 Vgl. hierzu auch schon Wöhrle, Sammlungen, 450f.
11 Dass das Hoseabuch kaum bedeutende Parallelen zu den in den übrigen Büchern des Zwölfprophetenbuches erkennbaren thematischen Gemeinsamkeiten erkennen lässt, meinte auch schon Rudnig-Zelt, Genese, 359 mit Anm. 25; vgl. hierzu Wöhrle, Sammlungen, 451.
12 So werden Völker im Plural (גוים/עמים) im gesamten Hoseabuch nur in Hos 7,8; 8,8.10; 9,1.17; 10,10.14 erwähnt. An all diesen Stellen ist aber das Verhalten oder das Ergehen des eigenen Volkes unter den Völkern im Blick. Das Ergehen der Völker wird an keiner dieser Stellen thematisiert.
13 Zu Hos 3,5* siehe auch oben 182 Anm. 31. Und zur Begründung, dass es sich bei diesem Teilvers um einen Nachtrag zu dem von den Redaktoren des exilischen Vierprophetenbuches eingebrachten Wort 3,1-4.5* handelt, vgl. Wöhrle, Sammlungen, 233 mit Anm. 26.
14 So werden die genannten Nachbarvölker im Hoseabuch an keiner Stelle erwähnt (zur textkritischen Problematik des in Hos 9,13 belegten צור vgl. etwa Wolff, BK 14,1, 208;

Dasselbe gilt schließlich auch für die von den Redaktoren des Heil-für-die-Völker-Korpus in Joel 3,1-5*; Obd 17a; Mi 4,1-4; 5,6; 7,17*; Zef 3,9-10*; Sach 2,15-16; 8,20-23; 14,16-19 eingebrachten Bearbeitungen. Bei all diesen Worten wird den Völkern eine Heilsmöglichkeit durch das Gericht hindurch verheißen. Solch universale Heilsworte sind im Hoseabuch nicht belegt.[15]

Eine bedeutende thematische Parallele zeigt sich beim Hoseabuch nun allerdings zu den im Rahmen des Gnaden-Korpus eingebrachten Bearbeitungen. Denn das dieses Korpus bestimmende Thema, die Vergebungsbereitschaft Jhwhs, ist ja gerade auch eines der zentralen Themen des Hoseabuches.[16] Da sich aber keine wirklich konkreten terminologischen Verbindungen zwischen den der Gnadenschicht in den einzelnen Büchern zugewiesenen Passagen und dem Hoseabuch aufzeigen lassen,[17] wird diese thematische Gemeinsamkeit doch kaum für den Nachweis ausreichen, dass das Hoseabuch auf der Ebene des Gnaden-Korpus in das werdende Zwölfprophetenbuch integriert war, zumal das Hoseabuch ja nicht in die Komposition des Gnaden-Korpus eingebunden ist. Wie im folgenden noch näher darzustellen sein wird, könnte sich aber von dieser thematischen Gemeinsamkeit her erklären, warum das Hoseabuch nach der Ebene des Gnaden-Korpus wieder in das werdende Zwölfprophetenbuch aufgenommen wurde.[18]

Die zunächst nur an den Beobachtungen zum Joel-Korpus aufgestellte These einer zwischenzeitlichen Abtrennung des Hoseabuches bestätigt sich also auf Grundlage der hier vorgestellten Erkenntnisse zu den auf das Joel-Korpus folgenden buchübergreifenden Redaktionsprozessen. Denn das Hoseabuch ist nicht in die buchübergreifende Komposition des Fremdvölker-Korpus I, des Fremdvölker-Korpus II und des Gnaden-Korpus eingebunden, und es zeigen sich – mit Ausnahme des Gnaden-Korpus – keine thematischen Verbindungen zwischen dem Hoseabuch und den auf das Joel-Korpus folgenden buchübergreifenden Bearbeitungen.

Rudolph, KAT 13,1, 182f). In Hos 2,17.23-24; 14,8 sind zwar Worte belegt, nach denen die Nahrungsgrundlage des Volkes gesichert sein wird. Doch wird an keiner dieser Stellen wie im Fremdvölker-Korpus II eine Umwandlung der Natur, die zu Ernteerfolgen in geradezu utopischem Ausmaß führen wird, verheißen.

15 Zu den im Hoseabuch belegten Erwähnungen der Völker s.o. 431 Anm. 12.
16 Siehe hierzu im einzelnen unten 434f.
17 Bisweilen wird der in Joel 2,12 belegte Umkehrruf mit dem Umkehrruf in Hos 14,2 in Verbindung gebracht, da an beiden Stellen die Wendung עד שׁוב und nicht die üblichere Wendung שׁוב אל verwandt wird; vgl. Jeremias, ATD 24,3, 29; Schart, First Section, 142. Doch angesichts der Tatsache, dass die Wendung עד שׁוב auch noch an einigen weiteren Stellen belegt ist (Dtn 4,30; 30,2; Jes 9,12; 19,22; Am 4,6.8.9.10.11; Hi 22,23; Klgl 3,40), reicht diese Beobachtung kaum aus, um deshalb von einer bewussten buchübergreifenden Verbindung zwischen Joel 2,12 und Hos 14,2 auszugehen.
18 S.u. 433-436.

Dies und die Tatsache, dass das Hoseabuch auch zum Zeitpunkt der kanonübergreifenden Bearbeitungen in Mal 3,22.23-24 noch nicht wieder am Beginn des werdenden Zwölfprophetenbuches gestanden zu sein scheint,[19] bedeutet dann aber, dass das Hoseabuch erst am Ende der redaktionsgeschichtlichen Entwicklung – und somit wohl erst am Ende des 3. Jahrhunderts – wieder an den Beginn des Zwölfprophetenbuches gestellt wurde.[20] Die erneute Integration des Hoseabuches war also der letzte redaktionelle Vorgang, der zum Zwölfprophetenbuch in seiner vorliegenden Gestalt führte.

Es bleibt nun aber die Frage, aus welchem Anlass heraus das Hoseabuch wieder in das werdende Zwölfprophetenbuch integriert wurde. Dabei dürften im wesentlichen zwei Faktoren eine Rolle gespielt haben. So wird zunächst, vergleichbar mit der Aufnahme des Habakukbuches, ein gewisses Sammlungsinteresse zur erneuten Aufnahme dieses Buches geführt haben.[21] Wie die Nachträge in Mal 3,22.23-24 zeigen, sind am Ende des 3. Jahrhunderts deutliche Tendenzen der Formierung eines Prophetenkanons zu erkennen.[22] Es ist also denkbar, dass das Hoseabuch in diesem Zusammenhang in das werdende Zwölfprophetenbuch aufgenommen und so ebenfalls in den Rang einer verbindlichen prophetischen Schrift erhoben wurde. Dabei dürfte das Hoseabuch wohl deshalb nicht wie die Bücher Jesaja, Jeremia und Ezechiel als eigenständige Schrift in den Kanon aufgenommen worden sein, da es deutlich kürzer ist als diese großen Propheten und da das gesamte Zwölfprophetenbuch mit dem Hoseabuch in etwa dieselbe Länge wie die einzelnen großen Propheten erhielt. Dass das Hoseabuch an den Beginn der Sammlung gestellt wurde, lag dann schon von der in Hos 1,1 belegten Datierung her nahe, die dieses Buch als das älteste der im Zwölfprophetenbuch mit einer Datierung versehenen Bücher erscheinen lässt.[23]

Neben diesen formalen Überlegungen dürften aber auch inhaltliche Gesichtspunkte dazu geführt haben, dass das Hoseabuch wieder vor das werdende Zwölfprophetenbuch gestellt wurde. So wurde das werdende Zwölfprophetenbuch im Rahmen der letzten erkennbaren buchübergreifenden Redaktion, der Gnadenschicht, ja zu einer Sammlung prophetischer

---

19 S.o. 422f.
20 Eine Datierung am Ende des 3.Jh. ergibt sich zum einen dadurch, dass das Hoseabuch nach den hier vorgelegten Erkenntnissen eben erst nach der Bearbeitung der Gnadenschicht (s.o. 411f) und erst nach der Anfügung von Mal 3,22.23-24 (s.o. 427 mit Anm. 16) wieder in das Zwölfprophetenbuch integriert wurde, und zum anderen dadurch, dass das Zwölfprophetenbuch angesichts der Erwähnung der „zwölf Propheten" in Sir 49,10 um 180 v.Chr. als feste Größe vorgelegen haben muss (s.o. 411f).
21 Zur Integration des Habakukbuches s.o. 328-333.
22 S.o. 421-427.
23 Siehe hierzu auch Wöhrle, Sammlungen, 453.

Bücher umgestaltet, die insgesamt an der Vergebungsbereitschaft Jhwhs orientiert ist.[24] Und wie bereits erwähnt ist die Vergebungsbereitschaft Jhwhs auch eines der bestimmenden Themen des Hoseabuches. Beachtenswert ist dabei schon die am Beginn des Hoseabuches in Hos 1-2 belegte Darstellung der Ehe des Propheten mit einer hurerischen Frau, die auf das Verhältnis Jhwhs zu seinem Volk bezogen wird.[25] Aus dieser Ehe geht unter anderem ein Kind hervor, das den Namen לֹא רֻחָמָה „Kein-Erbarmen" erhält, da Jhwh sich des Hauses Israels nicht mehr erbarmen wird (1,6). Im weiteren Verlauf der Darstellung heißt es dann aber, dass Jhwh die Frau – also sein Volk – einst in die Wüste locken wird, sich ihr dort erneut zuwenden wird und dass er sich dann der Tochter „Kein-Erbarmen" wieder erbarmen wird (2,16-25). In Hos 1-2 wird also beschrieben, dass die von Jhwh geplante Preisgabe seines Volkes nicht sein letztes Wort ist und er sich seines Volkes letztlich doch wieder annehmen wird.

Dieser in Hos 1-2 dargestellte Weg vom Gericht zum Heil wird, nach dem in Hos 3 belegten Fremdbericht über die Ehe des Propheten, in Hos 4-14 noch zwei Mal durchlaufen.[26] So folgt auf den von Gerichtsworten geprägten Textbereich Hos 4-10 in Hos 11 die Ankündigung, dass Jhwh trotz der anhaltenden Abkehr des Volkes wieder heilvoll an seinem Volk handeln wird. Nach Hos 11 wird Jhwh sein Volk, das nach Ägypten und nach Assur muss und dessen Städte zerstört werden sollen (11,5-6), nicht endgültig preisgeben. Er wird von dem geplanten Unheil Abstand nehmen und seinen glühenden Zorn nicht vollstrecken, so dass das Volk wieder aus Ägypten und aus Assur heimkehren wird (11,8-11).

Auch der letzte Abschnitt des Buches Hos 12-14 ist schließlich von dieser Bewegung vom Gericht zum Heil geprägt. So wird nach den in 12,1-14,1 belegten Gerichtsworten in 14,2-10 erneut verheißen, dass sich Jhwh seinem Volk einst wieder heilvoll zuwenden wird. Auf die Umkehr des Volkes hin will sich Jhwh ihrer wieder annehmen und sie wieder lieben (14,2-5).

Bedeutend ist nun aber nicht nur, dass im Hoseabuch gleich mehrfach ein Weg vom Gericht zum Heil, von der geplanten Preisgabe des Volkes hin

---

24 S.o. 400-419.

25 Zur inhaltlichen Anlage von Hos 1-2 vgl. v.a. Jeremias, ATD 24,1, 24-52. Dabei kann für die hier vorgestellten Darlegungen zu Hos 1-2, wie überhaupt für die hier vorgestellten Darlegungen zum Hoseabuch, die Entstehung dieses Textbereichs außer Acht gelassen werden; zu den verschiedenen redaktionsgeschichtlichen Modellen zum Hoseabuch vgl. v.a. die Forschungsberichte von Rudnig-Zelt, Genese, 351-386; dies., Hoseastudien, 15-43. Denn zum Zeitpunkt der hier behandelten Einfügung des Hoseabuches in das werdende Zwölfprophetenbuch, die am Ende des 3.Jh. anzusetzen ist, dürfte das Buch bereits in seinem jetzigen Bestand vorgelegen haben.

26 Zur Komposition des Hoseabuches vgl. etwa Wolff, BK 14,1, xxiii-xxvii; Jeremias, ATD 24,1, 18-20; Zenger, Einleitung, 522-524.

zur erneuten Zuwendung Jhwhs, dargestellt wird. Bedeutend ist auch, dass die damit beschriebene Vergebungsbereitschaft Jhwhs in Hos 11 aus seinem Wesen heraus begründet wird.[27] So heißt es in Hos 11,8-9, dass Jhwh das geplante Unheil nicht vollstrecken kann. Denn, so die Spitzenaussage in 11,9, er ist Gott und nicht Mensch. Die Tatsache, dass das Volk nicht preisgegeben wird, wird also aus dem Gott-Sein Jhwhs heraus begründet. Da er nicht nach menschlichen, sondern nach göttlichen Kriterien handelt, besteht für sein Volk sogar dann, wenn das Gericht bereits beschlossen ist, die Chance auf erneute Vergebung.[28]

Bei der soeben skizzierten thematischen Anlage des Hoseabuches zeigen sich also tatsächlich bemerkenswerte Parallelen zu der inhaltlichen Ausrichtung des Gnaden-Korpus.[29] Denn auch dort wird ja betont, dass Jhwh immer wieder aufs Neue zur Vergebung bereit ist. Auch dort wird in diesem Zusammenhang zur Umkehr aufgerufen (Joel 2,12-14; Mal 1,9a).[30] Und auch dort wird die Vergebungsbereitschaft Jhwhs aus seinem Wesen heraus begründet.

Beachtenswert ist aber zudem noch, dass in den genannten Passagen des Hoseabuches die Vergebungsbereitschaft Jhwhs teils mit denselben Begriffen beschrieben wird, die auch bei der in Joel 2,13 // Jona 4,2 im Rahmen des Gnaden-Korpus eingebrachten Gnadenformel und von dort her bei den weiteren im Rahmen des Gnaden-Korpus zugefügten Passagen zur Beschreibung der Vergebungsbereitschaft Jhwhs belegt sind. Wie in Joel 2,13; Jona 4,2; Mi 7,19 sind auch in Hos 1-2 – ausgehend von der als לא רחמה bezeichneten Tochter des Propheten (1,6.8) – gleich an mehreren Stellen Worte belegt, die auf die Wurzel רחם ("barmherzig") zurückgehen (1,6.7; 2,3.6.21.25). Zudem findet sich dieser Begriff auch am Ende des Buches in Hos 14,4. An die in Joel 2,13; Jona 4,2; Nah 1,3a belegte Wendung ארך אפים ("langsam zum Zorn") erinnert sodann die Aussage in Hos 11,9, dass Jhwh seinen glühenden Zorn nicht vollstrecken will (לא אעשה חרון אפי). Der Begriff חסד ("Güte"), der unter den der Gnadenschicht zugewiesenen Passagen in Joel 2,13; Jona 4,2; Mi 7,18.20 belegt ist, wird im Hoseabuch auch in Hos 2,21 mit Blick auf Jhwh verwandt. Und wie in Joel 2,13.14; Jona 3,9.10; 4,2 wird schließlich auch in Hos 11,8 mit einem auf die Wurzel נחם zurückgehenden Begriff die Bereitschaft Jhwhs zur Reue beschrieben. Von

---

27 Nicht umsonst bezeichnet Scoralick, Güte, 148, Hos 11 als „theologisches Zentralkapitel" des Buches.

28 Vgl. hierzu etwa Jeremias, ATD 24,1, 146: „Der eigentliche Abstand Gottes zum Menschen besteht für Hosea nicht in unnahbarer Erhabenheit, sondern im Sieg über seinen gerechten Zorn, in seinem Willen, die des Todes Schuldigen vor dem Untergang zu bewahren."

29 Zur inhaltlichen Ausrichtung des Gnaden-Korpus siehe im einzelnen oben 412-418.

30 Siehe hierzu auch oben 432 Anm. 17.

den im Rahmen der Gnadenformel in Joel 2,13 // Jona 4,2 verwandten Begriffen ist im Hoseabuch somit lediglich der Begriff חנן nicht belegt.

Es zeigen sich also zahlreiche thematische und terminologische Verbindungen zwischen dem Hoseabuch und den im Rahmen des Gnaden-Korpus eingebrachten Textbereichen. Da das Hoseabuch allerdings nicht in die Komposition des Gnaden-Korpus eingebunden ist und da sich zwischen dem Hoseabuch und dem Gnaden-Korpus keine wirklich konkreten, sondern nur recht allgemeine terminologische Verbindungen über die jeweils verwandten Begriffe zur Beschreibung der göttlichen Vergebungsbereitschaft erkennen lassen,[31] so dass das Hoseabuch wohl kaum in das Gnaden-Korpus integriert war,[32] legt sich dann von hier aus die Annahme nahe, dass das Hoseabuch eben aufgrund der beschriebenen inhaltlichen Nähe vor das bereits bestehende Gnaden-Korpus gestellt wurde. Denn auf der Ebene des Gnaden-Korpus ergaben sich nach der im Rahmen des Joel-Korpus vollzogenen Abtrennung des Hoseabuches nun erstmals wieder inhaltliche Entsprechungen zwischen dem werdenden Zwölfprophetenbuch und der thematischen Anlage des Hoseabuches. Zuvor war das werdende Zwölfprophetenbuch von der literarischen Ebene des Joel-Korpus bis zur literarischen Ebene des Heil-für-die-Völker-Korpus ja vor allem am Verhältnis des Volkes zu den Völkern orientiert, wozu sich im Hoseabuch keine Parallelen finden. Erst mit den im Rahmen des Gnaden-Korpus eingebrachten Textbereichen, durch die das werdende Zwölfprophetenbuch zu einem an der Frage nach der Vergebungsbereitschaft Jhwhs orientierten Korpus umgestaltet wurde, ergab sich ein Anknüpfungspunkt für die erneute Integration des Hoseabuches.

Dabei blieb die vom Gnaden-Korpus her angelegte buchübergreifende Gesamtaussage des Zwölfprophetenbuches mit der Einfügung des Hoseabuches erhalten. Da das Hoseabuch ja aufgrund der bereits vorhandenen inhaltlichen Nähe zum Gnaden-Korpus vor das werdende Zwölfprophetenbuch gestellt wurde, ist das Zwölfprophetenbuch auch nach der Integration dieses Buches noch ein Werk, das in seinem buchübergreifenden Zusammenhang an der Frage nach der Vergebungsbereitschaft Jhwhs orientiert ist. Die inhaltliche Gestalt des vorliegenden Zwölfprophetenbuches wurde also tatsächlich, wie oben bereits erwähnt, ganz wesentlich von der für das Gnaden-Korpus verantwortlichen Redaktion bestimmt.[33]

---

31   Vgl. hierzu auch Scoralick, Güte, 45, die meint, dass es im Hoseabuch – im Gegensatz zu den hier der Gnadenschicht des Zwölfprophetenbuches zugewiesenen Passagen (s.o. 401-405) – keinen „direkten und expliziten Rückbezug auf die Gottesprädikationen in Ex 34,6f gibt".

32   Siehe hierzu oben 411.

33   S.o. 409.

Die erneute Integration des Hoseabuches führte nun aber noch zu einer weiteren redaktionellen Entwicklung im Zwölfprophetenbuch: Vermutlich wurde in diesem Zusammenhang das Deuterosacharjabuch direkt an das Protosacharjabuch angeschlossen, so dass aus diesen beiden ursprünglich als zwei getrennte Werke überlieferten Büchern nun ein zusammenhängendes Buch wurde.[34] Denn mit dem Hoseabuch wurde ja ein dreizehntes Buch in die Sammlung aufgenommen, so dass es nahelag, durch die Zusammenfügung des Protosacharjabuches und des anonym überlieferten Deuterosacharjabuches die Zahl von zwölf prophetischen Büchern in diesem Korpus beizubehalten.

Mit dem Hoseabuch erhielt das Zwölfprophetenbuch also am Ende seiner Entstehung eine neue Einleitung. In diesem Buch wird in mehreren Durchläufen dargestellt, wie Jhwh von der geplanten Preisgabe des Volkes Abstand nimmt und sich seines Volkes doch wieder erbarmt. Und auf dieser Grundlage wird dann in den Büchern Joel bis Maleachi die Frage nach der Vergebungsbereitschaft Jhwhs – nach deren Voraussetzungen, nach deren Grenzen und nach deren theologischer Begründung – von der in Joel 2,13 // Jona 4,2 belegten Gnadenformel her weiter entfaltet. Dem Hoseabuch kommt so im vorliegenden Zwölfprophetenbuch die Funktion des Prologs zu einer insgesamt an der Vergebungsbereitschaft Jhwhs orientierten Sammlung prophetischer Schriften zu.

---

34 Zur Begründung, dass das Deuterosacharjabuch zumindest auf der Ebene des Heil-für-die-Völker-Korpus noch als eigenständige Schrift überliefert wurde, s.o. 350.

X. Fazit
Ein neues Modell zur Entstehung
des Zwölfprophetenbuches

Auf Grundlage der an anderer Stelle ausgeführten Erkenntnisse zu den frühen Sammlungen des Zwölfprophetenbuches und der in dieser Arbeit dargelegten Erkenntnisse zu den späten Redaktionsprozessen in diesem Korpus kann nun ein neues Gesamtmodell zur Entstehung des Zwölfprophetenbuches vorgestellt werden, das über die bisherige Forschung hinaus erstmals auf einer redaktionsgeschichtlichen Analyse der Einzelbücher basiert. Dabei geben die im folgenden dargestellten Ergebnisse nicht nur wichtige Einblicke in die redaktionsgeschichtlichen Vorgänge im Zwölfprophetenbuch. Von der redaktionsgeschichtlichen Erforschung des Zwölfprophetenbuches her ergeben sich auch wichtige und neue Erkenntnisse zur Rekonstruktion der historischen Vorgänge in der exilischen, persischen und hellenistischen Zeit und zur Rekonstruktion der in dieser Zeit bestimmenden gesellschaftlichen Auseinandersetzungen und theologischen Diskussionen. So erhalten etwa die in der bisherigen Forschung erreichten Erkenntnisse zur Diskussion um die Zukunft des Volkes in der Exilszeit, zu den Anfeindungen des Volkes vonseiten der Völker in der fortgeschrittenen persischen und der frühen hellenistischen Zeit oder zu der im 3. Jahrhundert beginnenden Auseinandersetzung um die Hinwendung von Teilen des Volkes zur Religion und Kultur des Hellenismus aufgrund der hier vorgestellten Ergebnisse ein noch schärferes Profil.

Am Beginn der buchübergreifenden Entstehung des Zwölfprophetenbuches steht die als *exilisches Vierprophetenbuch* bezeichnete Sammlung, zu der die Bücher Hosea, Amos, Micha und Zefanja am Ende der Exilszeit zusammengefasst wurden. Dabei wurden in den einzelnen Büchern zahlreiche Nachträge eingebracht, mit denen dieses Vierprophetenbuch als bewusstes prophetisches Gegenkonzept zum DtrG gestaltet wurde (Hos 1,1; 3,1-4.5*; 4,1*.10.15; 8,1b.4b-6.14; 13,2-3; 14,1; Am 1,1*; 2,4-5.9-12; 3,1b.7; 4,13*; 5,11.25-26; 7,10-17; 8,5.6b.11-12; 9,7-10; Mi 1,1.5b-7.9.12b; 5,9-13; 6,2-4a.9aα.10-15; Zef 1,1.4-6.13b; 2,1-2.3*.4-6.8-9a; 3,1-4.6-8a.11-13). Es wird hier eine Geschichte der Prophetie präsentiert, mit der die Geschichte des Volkes von Jerobeam II. bis Josia als Geschichte stetiger kultischer und sozialer Verfehlungen von Seiten der Oberschicht dargestellt wird, die so direkt auf den Untergang des Nordreichs und dann auch des Südreichs zulief.

Das exilische Vierprophetenbuch gibt dabei die Position der im Lande verbliebenen Bevölkerung in der spätexilischen Diskussion um die Zukunft des Volkes wieder, als angesichts der Schwächung des neubabylonischen Reiches eine Rückkehr der Exulanten möglich erschien. Es wird hier aus der Geschichte heraus begründet, dass nur die arme Landbevölkerung der legitime Rest des Volkes ist (Zef 3,11-13), und es wird so der Rückkehr der Exulanten und der Restauration der vorexilischen Verhältnisse eine klare Absage erteilt.

In der ersten Hälfte des 5.Jh. wurden sodann die Bücher Haggai und Sacharja zu einem Zweiprophetenbuch, dem *Haggai-Sacharja-Korpus*, verbunden. In diesem Zusammenhang wurde das Sacharjabuch einer Bearbeitung unterzogen (1,1-7.14-17*; 2,10-14; 4,9b; 6,15; 7,1.7.9-14; 8,1-5.7-8.14-17.19b), durch die zunächst mit der in Sach 1,1-6 eingefügten Umkehrpredigt klargestellt wird, dass die in Hag 2,10-19* erwähnte Gründung des zweiten Tempels wie auch die in Sach 1,7ff belegten Verheißungen der Nachtgesichte des Sacharjabuches erst auf die Umkehr des Volkes hin möglich wurden. Zudem wird mit den in Sach 7,1-8,19* eingebrachten Nachträgen betont, dass auch alle weitere Zuwendung Jhwhs und daher auch die Realisierung der bislang noch unerfüllten prophetischen Verheißungen aus der Zeit des Tempelbaus von der anhaltenden Umkehr des Volkes abhängt.

Das Haggai-Sacharja-Korpus kann somit als Reaktion auf die enttäuschenden Erfahrungen des Volkes zur frühnachexilischen Zeit verstanden werden, als sich die Verheißungen der Heilsprophetie aus der Zeit des Tempelbaus eben noch nicht im vollen Umfang bewahrheitet hatten. Deshalb wird hier betont, dass schon der Bau des zweiten Tempels nur aufgrund der Umkehr des Volkes möglich wurde und dass nun auch die weitere Zuwendung Jhwhs von der anhaltenden Umkehr des Volkes abhängt. So wird im Haggai-Sacharja-Korpus gegenüber den unbedingt ergangenen Verheißungen aus der Zeit des Tempelbaus das Verhältnis von göttlicher Zuwendung und menschlicher Mitwirkung neu bestimmt, um das Ausbleiben dieser Verheißungen erklären und gleichzeitig an der Hoffnung auf die doch noch eintretende Erfüllung dieser Verheißungen festhalten zu können.

Ebenfalls in der ersten Hälfte des 5.Jh. wurde das exilische Vierprophetenbuch zu dem als *Joel-Korpus* bezeichneten Mehrprophetenbuch umgearbeitet. Dabei wurde das Hoseabuch von der bestehenden Sammlung abgetrennt und durch die eigens für diesen Zusammenhang geschaffene Grundschicht des Joelbuches (Joel 1,1-3.5.8-20; 2,1.2*.3.6.10.11b.15-17.21-24.26a) ersetzt. Zudem wurden am Ende der folgenden Bücher Amos,

Micha und Zefanja drei kurze Heilsworte ergänzt, die in ihrer Abfolge dem Aufbau der Joel-Grundschicht entsprechen (Am 9,13aα.14-15; Mi 7,8-10a; Zef 3,14-17).

Bei dem so entstandenen Joel-Korpus wird zunächst im Rahmen der Grundschicht des Joelbuches dargestellt, wie eine Dürrenot, die hier als Vorzeichen des in den folgenden Prophetenbüchern angesagten Tages Jhwhs gedeutet wird, die Existenz des Volkes bedroht (Joel 1,1-2,11*). Dabei besteht angesichts der herrschenden Dürre die Gefahr, dass Völker über das eigene Volk herrschen (Joel 2,17), was wohl vor dem Hintergrund der persischen Steuerpolitik zu verstehen ist, als eine schwere Missernte die Souveränität des Volkes gefährdete. Auf die Umkehr des Volkes hin wird im weiteren Verlauf der Joel-Grundschicht aber mitgeteilt, dass Jhwh dem Volk neuen Regen geschenkt und so die herrschende Not abgewendet hat (Joel 2,15-26*). Dieser in der Joel-Grundschicht beschriebene Weg vom Gericht zum Heil wird sodann in den folgenden Büchern Amos, Micha und Zefanja durch die am Ende dieser Bücher eingebrachten Nachträge immer wieder aufs Neue durchlaufen. Das gesamte Joel-Korpus liest sich von hier aus als ein Werk, das Einblick in die Ursachen der gegenwärtigen Not des Volkes gibt, das aber auch über diese Not auf die erneute Zuwendung Jhwhs hinausblickt.

Wie schon das Haggai-Sacharja-Korpus kann somit auch das Joel-Korpus vor dem Hintergrund der enttäuschenden Erfahrungen des Volkes zur frühnachexilischen Zeit verstanden werden. Es wird hier dargestellt, dass die gegenwärtige Situation als das in den überlieferten Prophetenbüchern aufgrund der Verschuldungen des Volkes angesagte Gericht zu verstehen ist. Aber es wird in der Umkehr des Volkes auch ein Weg aus diesem Gericht heraus aufgezeigt.

An der Wende vom 5. zum 4. Jahrhundert wurden das Joel-Korpus und das Haggai-Sacharja-Korpus, zusammen mit den bislang für sich überlieferten Büchern Nahum und Deuterosacharja, zu einer neuen, als *Fremdvölker-Korpus I* bezeichneten Sammlung prophetischer Schriften zusammengefasst. Dabei wurden von der für dieses Korpus verantwortlichen Redaktion an zahlreichen Stellen Worte eingebracht, in denen der gesamten Völkerwelt – bzw. Assur als hier exemplarisch genanntem Feind – das Gericht angesagt wird (Joel 1,4.6-7; 2,2*.4-5.7-9.11a.18-20.25.26b.27; 4,1-3.9-17; Mi 1,2; 4,6-7.10*.12-13; 5,7-8.14; 6,1; 7,10b-13.16-17aα; Nah 1,1a.9b.10.12-13; 2,1*.4-11; 3,2-3.7.8*.15aγ-19; Zef 2,7.9b-10.13-15; 3,8b.18-19; Hag 2,6-8.21b.22; Sach 9,1aβb.14-16; 10,3b-5.11; 12,3aβ.4bβ.6aβb.9; 14,3.11*.12.14b.15.20-21).

Am Beginn des Fremdvölker-Korpus I steht wiederum das Joelbuch, bei dem nun über die Grundschicht hinaus eine von Jhwh gesandte Heuschreckenplage geschildert wird, die zunehmend transparent wird für den Angriff

eines feindlichen Heeres auf eine Stadt (Joel 1,1-2,11). Auf die Buße des
Volkes (Joel 2,15-17) wird sodann die Vernichtung des feindlichen Heeres
und die Erstattung des von diesem Heer angerichteten Schadens verheißen
(Joel 2,18-27), und es wird schließlich ein umfassendes Gericht Jhwhs an der
gesamten Völkerwelt angekündigt (Joel 4,1-17*). In den folgenden Büchern
Amos bis Deuterosacharja wird daraufhin – vergleichbar mit dem Joel-
Korpus – der im Joelbuch vorgegebene Weg durch zahlreiche Rückverweise
nochmals nachgezeichnet, von der Darstellung der durch die Verfehlungen
des Volkes heraufbeschworenen Not (Amos), über den Beginn des Angriffs
(Micha), den Angriff auf eine Stadt (Nahum), die Vernichtung des Nördlichen (Zefanja), die Erstattung des Schadens (Haggai) bis hin zu einem
umfassenden Völkergericht (Protosacharja, Deuterosacharja). So wird im
Fremdvölker-Korpus I daran festgehalten, dass die Situation des Volkes in
der Völkerwelt das verdiente Gericht Jhwhs ist. Es wird aber auch verheißen, dass Jhwh gegen die Völker vorgehen und diese vernichtend schlagen
wird, da sie eigenmächtig über ihren Auftrag als Gerichtswerkzeug Jhwhs
hinausgegangen sind.

Wie im Joel-Korpus wird also auch im Fremdvölker-Korpus I die Situation des Volkes vor dem Hintergrund der überlieferten Prophetenbücher
als das gerechte Gericht Jhwhs verstanden. Doch anders als im Joel-Korpus
wird die Überwindung dieser Situation nicht mehr so sehr von der Umkehr
des Volkes abhängig gemacht, sondern es wird hier aus den Verschuldungen
der Völker heraus begründet, dass diese – wie das eigene Volk – das Gericht
verdient haben und dass Jhwh deshalb gegen sie vorgehen wird. Das Fremdvölker-Korpus I kann somit als Produkt der zunehmenden Anfeindungen
des Volkes vonseiten der Völker zur fortgeschrittenen persischen Zeit
verstanden werden, als nur noch von einem gegen die gesamte Völkerwelt
gerichteten Eingreifen Jhwhs eine Veränderung der gegenwärtigen Situation
erhofft werden konnte.

Im 4.Jh. wurden in Am 9,11.12b; Mi 4,8; 5,1.3*.4a; Sach 9,9-10 *Davidsverheißungen* in das werdende Zwölfprophetenbuch eingebracht. Bei diesen
Worten wird über das im jeweiligen Kontext angesagte Gericht am Königtum oder an der politischen Führung hinausgeblickt und die erneute Aufrichtung der Davidsherrschaft angesagt, die aber als bewusstes Gegenbild
zum untergegangenen Königtum beschrieben wird. So wird erwartet, dass
Jhwh mit dem neu auftretenden König wie einst zu Davids Zeiten die
Situation des Volkes unter den Völkern wenden und Frieden schaffen wird
(Mi 5,4a*; Sach 9,10). Doch anders als unter David soll dieser Friede nicht
mit militärischer Macht, sondern durch das Wort des neuen Königs aufgerichtet werden (Sach 9,10).

Auch die Integration der Davidsverheißungen reagiert somit auf die
Situation des Volkes in der Völkerwelt zur fortgeschrittenen persischen Zeit.

Dabei wird die bereits das Fremdvölker-Korpus I bestimmende Verheißung, dass sich Jhwh seines Volkes in dieser Not annehmen wird, durch die Erwartung eines neuen Königs konkretisiert. Es wird hier also nicht nur angekündigt, dass Jhwh die Situation des Volkes wenden wird, sondern es wird auch dargestellt, wie er dies tun wird. Wie einst mit David wird Jhwh durch die Einsetzung eines neuen Herrschers für sein Volk eintreten und so die von den Völkern ausgehende Bedrohung seines Volkes beenden. Im Gegensatz zur Fremdvölker-Schicht I wird bei den Davidsverheißungen aber nicht mehr die Vernichtung der Völker erwartet, sondern es wird verheißen, dass durch den von Jhwh eingesetzten Herrscher ein weltweiter Friede aufgerichtet wird.

An der Wende vom 4. zum 3. Jahrhundert wurde das werdende Zwölfprophetenbuch zu der als *Fremdvölker-Korpus II* bezeichneten Sammlung umgearbeitet. In diesem Zusammenhang wurden die eigens für dieses Korpus geschaffene Grundschicht des Obadjabuches (Obd 1-16.17b.18-21) und das bereits vorgegebene Maleachibuch in die Sammlung aufgenommen. Zudem wurden in den Büchern Joel, Amos, Deuterosacharja und Maleachi einige Nachträge angebracht (Joel 4,4-8.18-21; Am 1,9-12; 9,12a.13aßb; Sach 9,2-6.8.11-13; 10,6-10.12; 14,4.6-10.11*; Mal 1,1.4-5).

Das Fremdvölker-Korpus II reagiert auf die in der frühen hellenistischen Zeit geschehenen Übergriffe vonseiten der Phönikier, Philister, Edomiter, Ptolemäer und der Griechen, die sich mit der Belagerung und Einnahme Jerusalems, der Plünderung der Stadt und dem Verkauf von Angehörigen des Volkes in die Sklaverei verschuldet hatten. Dabei werden diese Geschehnisse als das verdiente Gericht Jhwhs am eigenen Volk dargestellt. Es wird aber auch verheißen, dass Jhwh bei dem erwarteten Gericht an der gesamten Völkerwelt auch und gerade gegen diese Völker vorgehen wird und dass er das eigene Volk dann aus seiner Not befreien und zu neuem Wohlstand führen wird.

So kann das Fremdvölker-Korpus II als eine konkretisierende Neuauflage der von dem Fremdvölker-Korpus I her angelegten Gestalt des werdenden Zwölfprophetenbuches verstanden werden. Denn die zuvor noch recht allgemein vorgebrachte Erwartung, dass Jhwhs einst sein Gericht an den Völkern vollstrecken wird, wird nun im Fremdvölker-Korpus II auf eine ganz bestimmte historische Situation bezogen.

Wohl ebenfalls an der Wende vom 4. zum 3. Jahrhundert wurde das *Habakukbuch* in das werdende Zwölfprophetenbuch integriert. Dieses Buch wurde in einer nahezu dem vorliegenden Bestand entsprechenden Gestalt in die Sammlung aufgenommen und aufgrund der bereits bestehenden inhaltlichen und formalen Gemeinsamkeiten mit dem Nahumbuch an seinen jetzigen Ort gestellt. Der Grund für die Aufnahme des Habakukbuches dürfte dabei gewesen sein, dass mit diesem Buch eine weitere Schrift bereitstand, die sowohl inhaltlich als auch von ihrer Länge her den übrigen Schriften dieses Korpus entsprach. Es wird also ein gewisses Sammlungsinteresse zur Integration des Habakukbuches in das werdende Zwölfprophetenbuch geführt haben.

Während das werdende Zwölfprophetenbuch bislang vor allem durch die Erwartung des Gerichts an den Völkern bestimmt war, wurden in der ersten Hälfte des 3. Jahrhunderts in Joel 3,1-4.5*; Obd 17a; Mi 4,1-4; 5,6; 7,17aβb; Zef 3,9.10*; Sach 2,15-16; 8,20-23; Sach 14,16-19 völkerfreundliche Worte ergänzt. In dem so entstandenen *Heil-für-die-Völker-Korpus* wird nun über das Gericht an den Völkern hinausgeblickt und den Völkern eine Heilsmöglichkeit durch dieses Gericht hindurch verheißen. Diese Heilsmöglichkeit wird aber an die Voraussetzung gebunden, dass die Völker zum Zion kommen und sich dort Jhwh zuwenden.

Das Heil-für-die-Völker-Korpus kann dabei als Reaktion auf die in der frühen hellenistischen Zeit in Teilen der Bevölkerung erkennbare Zuwendung zur Kultur und Religion des Hellenismus und die damit verbundene Öffnung gegenüber der Völkerwelt verstanden werden. So wird auch im Heil-für-die-Völker-Korpus eine gewisse Öffnung gegenüber der Völkerwelt vollzogen. Es wird aber daran festgehalten, dass dies nur unter der Voraussetzung geschehen kann, dass sich die Völker an die eigene Kultur und Religion anpassen und dass sich nicht umgekehrt das eigene Volk an die Kultur und Religion der Völker anpasst. Im Heil-für-die-Völker-Korpus verbinden sich demnach von den überlieferten Prophetenschriften her angelegte nationale und von der Auseinandersetzung mit dem Hellenismus her angelegte universale Vorstellungen zu einer differenzierten Neubestimmung des Verhältnisses zu den Völkern.

In der Mitte oder der zweiten Hälfte des 3. Jahrhunderts wurde das werdende Zwölfprophetenbuch einer letzten großen Bearbeitung unterzogen und so zu der als *Gnaden-Korpus* bezeichneten Sammlung umgestaltet. Durch diese Bearbeitung wurden in Joel 2,12-14; Mi 7,18-20; Nah 1,2b.3a; Mal 1,9a kurze Nachträge eingebracht. Zudem wurde das von den Redaktoren dieses Korpus in Jona 1,5b.6.8aβ.10abα.14.16; 2,2-10; 3,6-10; 4,1-4.6*.10-11 umfassend überarbeitete Jonabuch in das werdende Zwölfprophetenbuch aufgenommen.

Gegenstand des Gnaden-Korpus sind die Voraussetzungen, die theologischen Hintergründe und die Grenzen der göttlichen Vergebungsbereitschaft. So wird hier die Zuwendung des Menschen zu Jhwh gefordert, die sich vor allem im Gebet und in rituellen Handlungen ausdrückt. Und auf Grundlage der in Ex 34,6 belegten, gerne als Gnadenformel bezeichneten Beschreibung des göttlichen Wesens wird hier erklärt, dass Jhwh auf diese Zuwendung des Menschen reagiert, weil er ein gnädiger und zur Vergebung bereiter Gott ist. Am Beispiel des in den Büchern Jona und Nahum dargestellten Geschicks der Stadt Ninive wird aber auch vorgeführt, dass die göttliche Vergebungsbereitschaft Grenzen hat, wenn die Zuwendung des Menschen nicht von Dauer ist. Denn nach der aus Ex 34,6 übernommenen Gnadenformel ist Jhwh zwar langsam zum Zorn, was aber nicht heißt, dass er seinem Zorn letztlich nicht doch auch nachkommt und strafend handelt.

Mit dem Gnaden-Korpus wird der von den vorangehenden Bearbeitungen her sowohl für das eigene Volk als auch für die Völker beschriebene Weg vom Gericht zum Heil also einer theologischen Begründung zugeführt. Es wird hier aus dem gnädigen und barmherzigen Wesen Jhwhs heraus erklärt, dass Jhwh auf die Zuwendung des Menschen reagiert, die Menschen vor dem Gericht bewahrt und neues Heil schafft. Aber es wird auch dargestellt, dass diese heilvolle Zuwendung Jhwhs Grenzen hat.

Nach dem Gnaden-Korpus wurden am Ende des 3. Jahrhunderts in Mal 3,22 und 3,23-24 noch zwei kurze Nachträge zur *kanonübergreifenden Einbindung des Zwölfprophetenbuches* eingebracht. So wird zum einen mit der in Mal 3,23-24 verheißenen Wiederkunft des Elia, bevor der große und furchtbare Tag Jhwhs kommt, auf die Ankündigung des Tages Jhwhs in Joel 2,11; 3,4 wie auch auf die Elia-Erzählungen in 1 Kön 17-2 Kön 2 zurückverwiesen. Mit diesem Wort wird also ein großer Rahmen um das Zwölfprophetenbuch gelegt und zugleich eine Verbindung zu den vorderen Propheten geschaffen. Zum anderen wurde in Mal 3,22 die Aufforderung eingebracht, der Tora des Mose zu gedenken. Dieser Nachtrag verweist auf vergleichbare Ermahnungen an die Tora in Jos 1, so dass nun der gesamte Prophetenkanon von seinen Rändern her mit der Tora verbunden ist. Durch die kanonübergreifenden Rückverweise in Mal 3,22.23-24 wurde das Zwölfprophetenbuch also mit anderen Schriften, die sich als normative Offenbarung des Gotteswillens etabliert hatten, in Verbindung gebracht, und so auch selbst in den Rang einer normativen – kanonischen – Sammlung von Schriften erhoben.

Am Ende der redaktionsgeschichtlichen Entwicklung des Zwölfprophetenbuches wurde schließlich das *Hoseabuch*, das nach den hier vorgestellten Erkenntnissen nach der Ebene des exilischen Vierprophetenbuches von dieser Sammlung abgetrennt und durch das Joelbuch als neue Einleitung ersetzt worden war, wieder in das Zwölfprophetenbuch aufgenommen. Dabei wurde das Hoseabuch wohl deshalb erst so spät wieder in das Zwölfprophetenbuch integriert, da sich erst durch die im Rahmen des Gnaden-Korpus eingebrachten Bearbeitungen ein Anknüpfungspunkt für die erneute Aufnahme dieses Buches ergab. Nachdem das werdende Zwölfprophetenbuch nämlich zuvor vor allem am Verhältnis des Volkes zu den Völkern orientiert war, wozu sich im Hoseabuch keine Parallelen finden, wurde auf der Ebene des Gnaden-Korpus die Frage nach der Vergebungsbereitschaft Jhwhs bestimmend, die auch im Hoseabuch von großer Bedeutung ist (v.a. Hos 2,16-25; 11,1-11; 14,2-10). Denn auch im Hoseabuch wird immer wieder aufs Neue ein Weg vom Gericht zum Heil beschrieben und aus dem gnädigen Wesen Jhwhs heraus begründet. Und so konnte das Hoseabuch nach der Ebene des Gnaden-Korpus als neue Einleitung vor das nun insgesamt von der Frage nach der Vergebungsbereitschaft Jhwhs bestimmte Zwölfprophetenbuch gestellt werden.

Das vorliegende Zwölfprophetenbuch ist also tatsächlich mehr als eine Sammlung von zwölf je für sich zu lesenden Prophetenbüchern. Das Zwölfprophetenbuch ist ein durch zahlreiche buchübergreifende Bearbeitungen geschaffenes Ganzes. Es ist das Produkt der fortwährenden theologischen Auseinandersetzung mit der überlieferten prophetischen Botschaft angesichts der Herausforderungen neuer geschichtlicher Gegebenheiten und Fragestellungen. Die mögliche Rückkehr der Exulanten nach dem Auftreten der Perser, das Ausbleiben der Heilserwartungen der frühnachexilischen Zeit, die Bedrohung des Volkes durch die Völker, die Hinwendung von Teilen der Bevölkerung zur Kultur und Religion des Hellenismus und die Frage nach den theologischen Hintergründen der göttlichen Vergebungsbereitschaft – all dies führte jeweils zu einer aktualisierenden Neuinterpretation der überlieferten Prophetenbücher. Am Ende dieser stetigen Neuinterpretation wird nun im Zwölfprophetenbuch ein facettenreicher Weg vom Gericht zum Heil für das eigene Volk wie auch für die Völker beschrieben und es werden die Voraussetzungen, die theologischen Hintergründe und die Grenzen der damit verheißenen Zuwendung Jhwhs zu den Menschen genannt. So bewahrt das Zwölfprophetenbuch eine über Jahrhunderte gewachsene buchübergreifende Gesamtaussage, die aus der theologischen Bewältigung drängender Nöte und Problemstellungen heraus entstanden ist.

Anhang

Abkürzungsverzeichnis

Die Abkürzungen folgen Schwertner, S.M., Internationales Abkürzungsverzeichnis für Theologie und Grenzgebiete, Berlin / New York [2]1992. Darüber hinaus wurden die folgenden Abkürzungen verwandt:

ABG	Arbeiten zur Bibel und ihrer Geschichte
Arist.	Aristeasbrief (siehe Wendland, Aristeae ad Philocratem epistula)
Appian Syr.	Appian, Syrica (siehe Appian, The Syrian Wars)
BE	Biblische Enzyklopädie
CAD	The Assyrian Dictionary of the Oriental Institute of the University of Chicago
Diod.	Diodorus Siculus
dtjes	deuterojesajanisch
DtJes	Deuterojesaja
dtr.	deuteronomistisch
DtrG	deuteronomistisches Geschichtswerk
DtSach	Deuterosacharja
Ges-K	Gesenius / Kautzsch, Hebräische Grammatik
HBS	Herders Biblische Studien
HCOT	Historical Commentary on the Old Testament
HThKAT	Herders Theologischer Kommentar zum Alten Testament
J-M	Joüon / Muraoka, A Grammar of Biblical Hebrew
Jos. Ant.	Josephus, Antiquitates (siehe Josephus, Jewish Antiquities)
Jos. c.Ap.	Josephus, Contra Apionem (siehe Josephus, The Life. Against Apion)
KBL[3]	Köhler / Baumgartner, Hebräisches und aramäisches Lexikon zum Alten Testament
NSK.AT	Neuer Stuttgarter Kommentar. Altes Testament
WBC	Word Biblical Commentary

Literaturverzeichnis

Achtemeier, E., Nahum-Maleachi, Interpretation, Atlanta 1986.
Ackroyd, P.R., The Book of Haggai and Zechariah I-VIII. In: JJS 3 (1952), 151-156.
Aharoni, Y., Arad Inscriptions, Jerusalem 1981.
Albertz, R., Elia. Ein feuriger Kämpfer für Gott, Biblische Gestalten 13, Leipzig 2006.

–, Exile as Purification. Reconstructing the „Book of the Four". In: Redditt, P.L. / Schart, A. (Hg.), Thematic Threads in the Book of the Twelve, BZAW 325, Berlin / New York 2003, 232-251.

–, Die Exilszeit. 6. Jahrhundert v. Chr., BE 7, Stuttgart u.a. 2001.

–, Der Gott des Daniel. Untersuchungen zu Dan 4-6 in der Septuagintafassung sowie zu Komposition und Theologie des aramäischen Danielbuches, SBS 131, Stuttgart 1988.

–, Exilische Heilsversicherung im Habakukbuch. In: Kiesow, K. / Meurer, T. (Hg.), Textarbeit. Studien zu Texten und ihrer Rezeption aus dem Alten Testament, FS P. Weimar, AOAT 294, Münster 2003, 1-20.

–, Ethnische und kultische Konzepte in der Politik Nehemias. In: Hossfeld, F.-L. / Schwienhorst-Schönberger, L. (Hg.), Das Manna fällt auch heute noch. Beiträge zur Geschichte und Theologie des Alten, Ersten Testaments, FS E. Zenger, HBS 44, Freiburg u.a. 2004, 12-32.

–, Religionsgeschichte Israels in alttestamentlicher Zeit, 2 Bd., GAT 8,1-2, Göttingen ²1996-1997.

–, Die verhinderte Restauration. In: ders., Geschichte und Theologie. Studien zur Exegese des Alten Testaments und zur Religionsgeschichte Israels, hg. von I. Kottsieper / J. Wöhrle, BZAW 326, Berlin / New York 2003, 321-333 (= Blum, E. (Hg.), Mincha, FS R. Rendtorff, Neukirchen-Vluyn 2000, 1-12).

Allegro, J.M., Uses of the Semitic Demonstrative Element Z in Hebrew. In: VT 5 (1955), 309-312.

Andersen, F.I. / Freedman, D.N., Micah. A New Translation with Introduction and Commentary, AncB 24E, New York u.a. 2000.

Andiñach, P.R., The Locusts in the Message of Joel. In: VT 42 (1992), 433-441.

André, G., Art. טמא, ThWAT 3 (1982), 352-366.

Appian, The Syrian Wars. In: Appian's Roman History, Bd. 2, hg. von H. White, London / Cambridge 1962, 103-237.

Arnold, W.R., The Composition of Nahum 1-2:3. In: ZAW 21 (1901), 225-265.

Barr, J., Hebrew, Aramaic and Greek in the Hellenistic Age. In: Davies, W.D. / Finkelstein, L. (Hg.), The Cambridge History of Judaism, Bd. 2: The Hellenistic Age, Cambridge u.a. 1989, 79-114.

Bartlett, J.R., Edom and the Edomites, JSOT.S 77, Sheffield 1989.

–, Edomites and Idumaeans. In: PEQ 131 (1999), 102-114.

–, From Edomites to Nabataeans: A Study in Continuity. In: PEQ 111 (1979), 53-66.

Barton, J., Joel and Obadiah. A Commentary, OTL, Louisville 2001.

Bauer, L., Zeit des Zweiten Tempels – Zeit der Gerechtigkeit. Zur sozio-ökonomischen Konzeption im Haggai-Sacharja-Maleachi-Korpus, BEAT 31, Frankfurt a.M. u.a. 1992.

Baumann, G., Gottes Gewalt im Wandel. Traditionsgeschichtliche und intertextuelle Studien zu Nahum 1,2-8, WMANT 108, Neukirchen-Vluyn 2005.

–, Gott als vergewaltigender Soldat im Alten Testament? Ein Vergleich von Jes 47,2f und Nah 3,4-7. In: Heininger, B. u.a. (Hg.), Machtbeziehungen, Geschlechterdifferenz und Religion, Geschlecht – Symbol – Religion 2, Münster 2004, 55-67.

Beck, M., Der „Tag YHWHs" im Dodekapropheton. Studien im Spannungsfeld von Traditions- und Redaktionsgeschichte, BZAW 356, Berlin / New York 2005.

Becking, B., Is het boek Nahum een literaire eenheid? In: NedThT 32 (1978), 107-124.

–, Passion, Power and Protection. Interpreting the God of Nahum. In: ders. / Dijkstra, M. (Hg.), On Reading Prophetic Texts. Gender-Specific and Related Studies in Memory of Fokkelien van Dijk Hemmes, Biblical Interpretation Series 18, Leiden u.a. 1996, 1-20.

–, Divine Wrath and the Conceptual Coherence of the Book of Nahum. In: SJOT 9 (1995), 277-296.

Beit-Arieh, I., New Data on the Relationship between Judah and Edom toward the End of the Iron Age. In: Gitin, S. / Dever, W.G. (Hg.), Recent Excavations in Israel: Studies in Iron Age Archaeology, AASOR 49, Winona Lake 1989, 125-131.

–, The Edomites in Cisjordan. In: Edelman, D.V. (Hg.), You Shall Not Abhor an Edomite for He is Your Brother. Edom and Seir in History and Tradition, ABSt 3, Atlanta 1995, 33-40.

Ben Zvi, E., Micah, FOTL 21B, Grand Rapids 2000.

–, Signs of Jonah. Reading and Rereading in Ancient Yehud, JSOT.S 367, London / New York 2003.

–, A Historical-Critical Study of the Book of Obadiah, BZAW 242, Berlin / New York 1996.

–, A Historical-Critical Study of the Book of Zephaniah, BZAW 198, Berlin / New York 1991.

Benoit, P. u.a., Les grottes de Murabbaʿât, DJD 2, Oxford 1961.

Bergler, S., Joel als Schriftinterpret, BEAT 16, Frankfurt a.M. u.a. 1988.

Berlejung, A., Erinnerungen an Assyrien in Nahum 2,4-3,19. In: Lux, R. / Waschke, E.-J. (Hg.), Die unwiderstehliche Wahrheit. Studien zur alttestamentlichen Prophetie, FS A. Meinhold, ABG 23, Leipzig 2006, 323-356.

Berquist, J.L., The Social Setting of Malachi. In: BTB 19 (1989), 121-126.

Beuken, W.A.M., Haggai-Sacharja 1-8. Studien zur Überlieferungsgeschichte der frühnachexilischen Prophetie, SSN 10, Assen 1967.

Beyse, K.-M., Art. עבט, ThWAT 5 (1986), 1013-1015.

Bič, M., Das Buch Joel, Berlin 1960.

–, Zur Problematik des Buches Obadjah. In: Congress Volume. Copenhagen 1953, VT.S 1, Leiden 1953, 11-25.

Bickell, G., Die hebräische Metrik. In: ZDMG 34 (1880), 557-563.

Blenkinsopp, J., Geschichte der Prophetie in Israel. Von den Anfängen bis zum hellenistischen Zeitalter, Stuttgart u.a. 1998 (= A History of Prophecy in Israel, Louisville ²1996).

Blum, E., Die Komposition der Vätergeschichte, WMANT 57, Neukirchen-Vluyn 1984.

Boda, M.J., Reading Between the Lines: Zechariah 11.4-16 in its Literary Contexts. In: ders. / Floyd, M.H. (Hg.), Bringing out the Treasure. Inner Biblical Allusion in Zechariah 9-14, JSOT.S 370, Sheffield 2003, 277-291.

Boecker, H.J., Bemerkungen zur formgeschichtlichen Terminologie des Buches Maleachi. In: ZAW 78 (1966), 78-80.

Böhme, W., Die Composition des Buches Jona. In: ZAW 7 (1887), 224-284.

Bosshard, E., Beobachtungen zum Zwölfprophetenbuch. In: BN 40 (1987), 30-62.

– / Kratz, R.G., Maleachi im Zwölfprophetenbuch. In: BN 52 (1990), 27-46.

Bosshard-Nepustil, E., Rezeptionen von Jesaia 1-39 im Zwölfprophetenbuch. Untersuchungen zur literarischen Verbindung von Prophetenbüchern in babylonischer und persischer Zeit, OBO 154, Freiburg, Schweiz / Göttingen 1997.

Botterweck, G.J., Art. אור, ThWAT 1 (1973), 404-418.
–, Ideal und Wirklichkeit der Jerusalemer Priester. Auslegung von Mal 1, 6-10; 2, 1-9. In: BiLe 1 (1960), 100-109.
–, Jakob habe ich lieb – Esau hasse ich. Auslegung von Malachias 1, 2-5. In: BiLe 1 (1960), 28-38.
–, Schelt- und Mahnrede gegen Mischehen und Ehescheidung. Auslegung von Mal 2, 10-16. In: BiLe 1 (1960), 179-185.
Briant, P., From Cyrus to Alexander. A History of the Persian Empire, Winona Lake 2002.
Brouwer, C., Wachter en herder. Een exegetische studie over de herder-figuur in het Oude Testament, inzonderheid in de pericopen Zachariah 11 en 13:7-9, Wageningen 1949.
Budde, K., Geschichte der althebräischen Literatur, Die Litteraturen des Ostens in Einzeldarstellungen 7, Leipzig 1906.
–, Habakuk. In: ZDMG 9 (1930), 139-147.
Burrows, M. (Hg.), The Dead Sea Scrolls of St. Mark's Monastery, Bd. 1: The Isaiah Manuscript and the Habakkuk Commentary, New Haven 1950.

Cannon, W.W., The Integrity of Habakkuk cc. 1. 2. In: ZAW 43 (1925), 62-90.
Cathcart, K.J., Nahum in the Light of Northwest Semitic, BibOr 26, Rom 1973.
Cazelles, H., La mission d'Esdras. In: VT 4 (1954), 113-140.
Chapman, S.B., A Canonical Approach to Old Testament Theology? Deuteronomy 34:10-12 and Malachi 3:22-24 as Programmatic Conclusions. In: HBT 25 (2003), 121-145.
Childs, B.S., Introduction to the Old Testament as Scripture, London 1979.
Christensen, D.L., The Acrostic of Nahum Once Again. A Prosodic Analysis of Nahum 1,1-10. In: ZAW 99 (1987), 409-415.
–, The Acrostic of Nahum Reconsidered. In: ZAW 87 (1975), 17-30.
–, The Book of Nahum: The Question of Authorship within the Canonical Process. In: JETS 31 (1988), 51-58.
Cleaver-Bartholomew, D., An Alternative Approach to Hab 1,2-2,20. In: SJOT 17 (2003), 206-225.
Coggins, R.J., Haggai, Zechariah, Malachi, OTGu, Sheffield 1987.
Cohn, G.H., Das Buch Jona im Lichte der biblischen Erzählkunst, Assen 1969.
Cook, S.L., The Metamorphosis of a Shepherd: The Tradition History of Zechariah 11:17 + 13:7-9. In: CBQ 55 (1993), 453-466.
Cornill, C.H., Einleitung in die kanonischen Bücher des Alten Testaments, Tübingen ⁵1905.
Correns, D., Art. Zwölf, BHH 3 (1966), 2251f.
Cowley, A., Aramaic Papyri of the Fifth Century B.C., Oxford 1923.
Craig, K.M., Jonah and the Reading Process. In: JSOT 47 (1990), 103-114.
Crenshaw, J.L., Joel. A New Translation with Introduction and Commentary, AncB 24C, New York u.a. 1995.
Cresson, B.C., The Condemnation of Edom in Postexilic Judaism. In: Efird, J.M. (Hg.), The Use of the Old Testament in the New and Other Essays, FS W.F. Stinespring, Durham 1972, 125-148.

Cross, F.M., The Priestly Tabernacle in the Light of Recent Research. In: Biran, A. (Hg.), Temples and High Places in Biblical Times, Jerusalem 1981, 169-180.

Crüsemann, F., Elia – die Entdeckung der Einheit Gottes. Eine Lektüre der Erzählungen über Elia und seine Zeit (1Kön 17 – 2Kön 2), KT 154, Gütersloh 1997.

Dahmen, U. / Fleischer, G., Das Buch Joel. Das Buch Amos, NSK.AT 23,2, Stuttgart 2001.

Deissler, A., Zwölf Propheten. Hosea, Joël, Amos, NEB.AT 4, Würzburg 1981.

–, Zwölf Propheten II. Obadja, Jona, Micha, Nahum, Habakuk, NEB.AT 8, Würzburg 1984.

–, Zwölf Propheten III. Zefanja, Haggai, Sacharja, Maleachi, NEB.AT 21, Würzburg 1988.

Delcor, M., Les allusions à Alexandre le grand dans Zach IX 1-8. In: VT 1 (1951), 110-124.

Delitzsch, F., Biblischer Commentar über die Psalmen, BC 4,1, Leipzig [4]1883.

Dentan, R.C., The Literary Affinities of Exodus xxxiv 6f. In: VT 13 (1963), 34-51.

Dick, M.B., A Syntactic Study of the Book of Obadiah. In: Semitics 9 (1984), 1-29.

Dietrich, W., Art. Nahum / Nahumbuch, TRE 23 (1994), 737-742.

–, Art. Obadja / Obadjabuch, TRE 24 (1994), 715-720.

–, Der eine Gott als Symbol politischen Widerstands. Religion und Politik im Juda des 7. Jahrhunderts. In: ders. / Klopfenstein, M.A. (Hg.), Ein Gott allein? JHWH-Verehrung und biblischer Monotheismus im Kontext der israelitischen und altorientalischen Religionsgeschichte, OBO 139, Freiburg, Schweiz / Göttingen 1994, 463-490.

–, Habakuk – ein Jesajaschüler. In: Niemann, H.M. u.a. (Hg.), Nachdenken über Israel, Bibel und Theologie, FS K.-D. Schunck, BEAT 37, Frankfurt a.M. u.a. 1994, 197-215.

Diodorus Siculus, The Library of History, hg. von C.H. Oldfather u.a., London / Cambridge 1933ff.

Donner, H., Geschichte des Volkes Israel und seiner Nachbarn in Grundzügen, 2 Bd., GAT 4,1-2, Göttingen [2]1995.

–, Ein Vorschlag zum Verständnis von Maleachi 2,10-16. In: Vieweger, D. / Waschke, E.-J. (Hg.), Von Gott reden. Beiträge zur Theologie und Exegese des Alten Testaments, FS S. Wagner, Neukirchen-Vluyn 1995, 97-103.

Driver, G.R., Old Problems Re-examined. In: ZAW 80 (1968), 174-183.

–, Studies in the Vocabulary of the Old Testament VIII. In: JThS 36 (1935), 293-301.

Driver, S.R., Einleitung in die Litteratur des alten Testaments, Berlin 1896.

–, Professor Nowack's ‚Die Kleinen Propheten'. In: ET 9 (1897/98), 118-121.

Duhm, B., Anmerkungen zu den Zwölf Propheten. In: ZAW 31 (1911), 1-43.81-110.161-204.

–, Das Buch Habakuk. Text, Übersetzung und Erklärung, Tübingen 1906.

Dušek, J., Les manuscrits araméens du Wadi Daliyeh et la Samarie vers 450-332 av. J.-C., Culture and History of the Ancient Near East 30, Leiden / Boston 2007.

Edelman, D.V., Edom: A Historical Geography. In: dies. (Hg.), You Shall Not Abhor an Edomite for He is Your Brother. Edom and Seir in History and Tradition, ABSt 3, Atlanta 1995, 1-11.

Ego, B., The Repentance of Niniveh in the Story of Jonah and Nahum's Prophecy of the City's Destruction – A Coherent Reading of the Book of the Twelve as Reflected in the Aggada. In: Redditt, P.L. / Schart, A. (Hg.), Thematic Threads in the Book of the Twelve, BZAW 325, Berlin / New York 2003, 155-164.

Eißfeldt, O., Einleitung in das Alte Testament. Unter Einschluß der Apokryphen und Pseudepigraphen sowie der apokryphen und pseudepigraphenartigen Qumrān-Schriften, Tübingen ³1964.

Elliger, K., Das Buch der zwölf kleinen Propheten, Bd. 2: Die Propheten Nahum, Habakuk, Zephanja, Haggai, Sacharja, Maleachi, ATD 25, Göttingen ³1956.

–, Ein Zeugnis aus der jüdischen Gemeinde im Alexanderjahr 332 v. Chr. Eine territorialgeschichtliche Studie zu Sach 9 1-8. In: ZAW 62 (1950), 63-115.

Erlandsson, S., Art. בגד, ThWAT 1 (1973), 507-511.

–, Art. זנה, ThWAT 2 (1977), 612-619.

Eshel, H. / Strugnell, J., Alphabetical Acrostics in Pre-Tannaitic Hebrew. In: CBQ 62 (2000), 441-458.

Ewald, H., Die Propheten des Alten Bundes, 3 Bd., Göttingen 1867-1868.

Fabry, H.-J., Art. צור, ThWAT 6 (1989), 973-983.

– / Scholtissek, K., Der Messias. Perspektiven des Alten und Neuen Testaments, NEB Themen 5, Würzburg 2002.

–, Nahum, HThKAT, Freiburg u.a. 2006.

Feldman, L.H., How Much Hellenism in Jewish Palestine? In: HUCA 57 (1986), 83-111.

Finley, T.J., The Sheep Merchants of Zechariah 11. In: GTJ 3 (1982), 51-65.

Fischer, G., Jeremia 26-52, HThKAT, Freiburg u.a. 2005.

Fleischer, G. / Dahmen, U., Das Buch Joel. Das Buch Amos, NSK.AT 23,2, Stuttgart 2001.

Floyd, M.H., The Chimerical Acrostic of Nahum 1:2-10. In: JBL 113 (1994), 421-437.

–, Prophetic Complaints about the Fulfillment of Oracles in Habakkuk 1:2-17 and Jeremiah 15:10-18. In: JBL 110 (1991), 397-418.

–, Minor Prophets. Part 2, FOTL 22, Grand Rapids 2000.

–, Prophecy and Writing in Habakkuk 2,1-5. In: ZAW 105 (1993), 462-481.

Fohrer, G., Einleitung in das Alte Testament, Heidelberg 1965.

–, Das „Gebet des Propheten Habakuk" (Hab 3,1-16). In: ders., Studien zum Alten Testament (1966-1988), BZAW 196, Berlin / New York 1991, 70-79 (= Caquot, A. u.a. (Hg.), Mélanges bibliques et orienteaux en l'honneur de M. Mathias Delcor, AOAT 215, Kevelaer / Neukirchen-Vluyn 1985, 159-167).

–, Die symbolischen Handlungen der Propheten, AThANT 54, Zürich / Stuttgart 1953.

–, Die Sprüche Obadjas. In: ders., Studien zu alttestamentlichen Texten und Themen (1966-1972), BZAW 155, Berlin / New York 1981, 69-80 (= Studia Biblica et Semitica, FS T.C. Vriezen, Wageningen 1966, 81-93).

Franz, M., Der barmherzige und gnädige Gott. Die Gnadenrede vom Sinai (Exodus 34, 6-7) und ihre Parallelen im Alten Testament und seiner Umwelt, BWANT 160, Stuttgart 2003.

Fritz, V., Die Stadt im alten Israel, Beck's Archäologische Bibliothek, München 1990.

–, Das zweite Buch der Könige, ZBK.AT 10,2, Zürich 1998.

Fuller, R.E., The Twelve. In: Ulrich, E. u.a., Qumran Cave 4, Bd. 10: The Prophets, DJD 15, Oxford 1997.

Galling, K., Bagoas und Esra. In: ders., Studien zur Geschichte Israels im persischen Zeitalter, Tübingen 1994, 149-184.

Gärtner, J., Jesaja 66 und Sacharja 14 als Summe der Prophetie. Eine traditions- und redaktionsgeschichtliche Untersuchung zum Abschluss des Jesaja- und des Zwölfprophetenbuches, WMANT 114, Neukirchen-Vluyn 2006.

Geiger, A., Urschrift und Übersetzungen der Bibel in ihrer Abhängigkeit von der innern Entwicklung des Judentums, Frankfurt a.M. [2]1928.

Gerhards, M., Studien zum Jonabuch, BThSt 78, Neukirchen-Vluyn 2006.

Gerstenberger, E.S., Israel in der Perserzeit. 5. und 4. Jahrhundert v. Chr., BE 8, Stuttgart 2005.

Gese, H., Anfang und Ende der Apokalyptik, dargestellt am Sacharjabuch. In: ZThK 70 (1973), 20-49.

–, Jona ben Amittai und das Jonabuch. In: ders., Alttestamentliche Studien, Tübingen 1991, 122-138 (= ThBeitr 16 (1985), 256-272).

–, Nachtrag: Die Deutung der Hirtenallegorie Sach 11,4ff. In: ders., Vom Sinai zum Zion. Alttestamentliche Beiträge zur biblischen Theologie, BEvTh 64 (1974), 231-238.

Gesenius, W. / Kautzsch, E., Hebräische Grammatik, Hildesheim u.a. ([28]1909) 1962.

Geus, C.H.J. de, Idumaea. In: JEOL 26 (1979-80), 53-74.

Glazier-McDonald, B., Edom in the Prophetical Corpus. In: Edelman, D.V. (Hg.), You Shall Not Abhor an Edomite for He is Your Brother. Edom and Seir in History and Tradition, ABSt 3, Atlanta 1995, 23-32.

–, Intermarriage, Divorce, and the bat-'ēl nēkār: Insights into Mal 2:10-16. In: JBL 106 (1987), 603-611.

–, Malachi. The Divine Messenger, SBL.DS 98, Atlanta 1987.

Golka, F., Jona, Calwer Bibelkommentare, Stuttgart 1991.

Gordon, C.H., Hos 2 4-5 in the Light of New Semitic Inscriptions. In: ZAW 54 (1936), 277-280.

Görg, M., Art. בזה, ThWAT 1 (1973), 580-585.

–, Art. Theben, NBL 3 (2001), 827f.

Grabbe, L., Who was the Bagoses of Josephus (Ant. 11.7.1, §§ 297-301)? In: Transeuphratène 5 (1992), 49-55.

–, A History of the Jews and Judaism in the Second Temple Period, Bd. 1: Yehud: A History of the Persian Province of Judah, Library of Second Temple Studies 47, London / New York 2004.

–, Judaism from Cyrus to Hadrian, London 1994.

Graham, W.C., The Interpretation of Nahum 1:9-2:3. In: AJSL 44 (1927/28), 37-48.

Gray, G.B., The Alphabetic Poem in Nahum. In: ders., The Forms of Hebrew Poetry. Considered with Special Reference to the Criticism and Interpretation of the Old Testament, London / New York 1915, 243-263.

Gray, J., I & II Kings. A Commentary, OTL, London [3]1977.

Greenberg, M., Ezechiel 1-20, HThKAT, Freiburg u.a. 2001.

Guillaume, P., Caution: Rhetorical Questions! In: BN 103 (2000), 11-16.

–, The End of Jonah is the Beginning of Wisdom. In: Bib. 87 (2006), 243-250.

Gunkel, H., Nahum 1. In: ZAW 13 (1893), 223-244.

Gunneweg, A.H.J., Geschichte Israels. Von den Anfängen bis Bar Kochba und von Theodor Herzl bis zur Gegenwart, Stuttgart u.a. [6]1989.

–, Habakuk und das Problem des leidenden צדיק. In: ZAW 98 (1986), 400-415.

–, Über den Sitz im Leben der sog. Stammessprüche. Gen 49 Dtn 33 Jdc 5. In: ders., Sola scriptura. Beiträge zu Exegese und Hermeneutik des Alten Testaments, hg. von P. Höffken, Göttingen 1983, 25-35 (= ZAW 76 (1964), 245-255).

Haag, E., Das hellenistische Zeitalter. Israel und die Bibel im 4. bis 1. Jahrhundert v. Chr., BE 9, Stuttgart 2003.

Haak, R.D., Habakkuk, VT.S 44, Leiden u.a. 1992.

Haldar, A., Studies in the Book of Nahum, UUÅ 1946:7, Uppsala / Leipzig 1946.

Haller, M., Edom im Urteil der Propheten. In: Budde, K. (Hg.), Vom Alten Testament, FS K. Marti, BZAW 41, Gießen 1925, 109-117.

Hanhart, R., Dodekapropheton 7.1. Sacharja 1-8, BK 14,7.1, Neukirchen-Vluyn 1998.

Hanson, P.D., The Dawn of Apocalyptic. The Historical and Sociological Roots of Jewish Apocalyptic Eschatology, Philadelphia [2]1979.

–, Zechariah 9 and the Recapitulation of an Ancient Ritual Pattern. In: JBL 92 (1973), 37-59.

Hasel, G.F., Art. כרת, ThWAT 4 (1984), 355-367.

Haupt, P., Eine alttestamentliche Festliturgie für den Nikanortag. In: ZDMG 61 (1907), 275-297.

–, The Book of Nahum. In: JBL 26 (1907), 1-53.

Hegermann, H., The Diaspora in the Hellenistic Age. In: Davies, W.D. / Finkelstein, L. (Hg.), The Cambridge History of Judaism, Bd. 2: The Hellenistic Age, Cambridge u.a. 1989, 115-166.

Hengel, M., The Political and Social History of Palestine from Alexander to Antiochus III (333-187 B.C.E.). In: Davies, W.D. / Finkelstein, L. (Hg.), The Cambridge History of Judaism, Bd. 2: The Hellenistic Age, Cambridge u.a. 1989, 35-78.

–, Judentum und Hellenismus. Studien zu ihrer Begegnung unter besonderer Berücksichtigung Palästinas bis zur Mitte des 2.Jh.s v.Chr., WUNT 10, Tübingen [2]1973.

Herrmann, S., Die prophetischen Heilserwartungen im Alten Testament. Ursprung und Gestaltwandel, BWANT 85, Stuttgart 1965.

Herrmann, W., Das unerledigte Problem des Buches Habakuk. In: VT 51 (2001), 481-496.

Hieke, T., Der Anfang des Buches Nahum I: Die Frage des Textverlaufs in der jetzigen Gestalt. Ein antithetisches Prinzip... In: BN 68 (1993), 13-17.

–, Der Anfang des Buches Nahum II: Wie begann die Prophetie Nahums ursprünglich? Ein Rekonstruktionsversuch... In: BN 69 (1993), 15-20.

–, Kult und Ethos. Die Verschmelzung von rechtem Gottesdienst und gerechtem Handeln im Lesevorgang der Maleachischrift, SBS 208, Stuttgart 2006.

Hieronymus, Commentarii in Prophetas Minores, CChr.SL 76 A, Turnhout 1970.

Hill, A.E., Dating the Book of Malachi: A Linguistic Reexamination. In: Meyers, C.L. / O'Connor, M. (Hg.), The Word of the Lord Shall Go Forth, FS D.N. Freedman, Winona Lake 1983, 77-89.

–, Malachi. A New Translation with Introduction and Commentary, AncB 25D, New York u.a. 1998.

Hillers, D.R., Micah, Hermeneia, Philadelphia 1984.

Hitzig, F., Die zwölf kleinen Propheten, KEH 1, Leipzig 1838.

Holladay, W.L., Jeremiah, Bd. 1: A Commentary on the Book of the Prophet Jeremiah Chapters 1-25, Hermeneia, Philadelphia 1986.

Homerski, J., „Tag Jahwes" bei dem Propheten Maleachi. In: CoTh 64 (1994), 5-17.

Hoonacker, A. van, Les douze petits prophètes. Traduits et commentés, EtB, Paris 1908.

Hoop, R. de, Genesis 49 in its Literary and Historical Context, OTS 39, Leiden u.a. 1999.

Horst, F. / Robinson, T., Die zwölf kleinen Propheten, HAT 14, Tübingen ³1964.

Hübner, U., Spiele und Spielzeug im antiken Palästina, OBO 121, Freiburg, Schweiz / Göttingen 1992.

Humbert, P., Essai d'analyse de Nahoum 1 ₂-2 ₃. In: ZAW 44 (1926), 266-280.

Huwyler, B., Habakuk und seine Psalmen. In: ders. u.a. (Hg.), Prophetie und Psalmen, FS K. Seybold, AOAT 280, Münster 2001, 231-259.

Hvidberg, F.F., Weeping and Laughter in the Old Testament. A Study of Canaanite-Israelite Religion, Leiden / Kopenhagen 1962.

In der Smitten, W.Th., Art. חמור, ThWAT 2 (1977), 1036-1042.

Irsigler, H., Zefanja, HThKAT, Freiburg u.a. 2002.

Isaksson, A., Marriage and Ministry in the New Temple. A Study with Special Reference to Mt. 19.3-12 and 1. Cor 11.3-16, Lund 1965.

Jenni, E., Art. אחר, THAT 1 (1971), 110-118.

–, Die hebräischen Präpositionen, Bd. 2: Die Präposition Kaph, Stuttgart u.a. 1994.

Jeremias, J., Der Prophet Hosea, ATD 24,1, Göttingen 1983.

–, Der Prophet Amos, ATD 24,2, Göttingen 1995.

–, Die Propheten Joel, Obadja, Jona, Micha, ATD 24,3, Göttingen 2007.

–, „Denn auf dem Berg Zion und in Jerusalem wird Rettung sein" (Joel 3,5). Zur Heils-erwartung des Joelbuches. In: Hahn, F. u.a. (Hg.), Zion – Ort der Begegnung, FS L. Klein, BBB 90, Bodenheim 1993, 35-45.

–, Gelehrte Prophetie. Beobachtungen zu Joel und Deuterosacharja. In: Bultmann, C. (Hg.), Vergegenwärtigung des Alten Testaments. Beiträge zur biblischen Herme-neutik, FS R. Smend, Göttingen 2002, 97-111.

–, Das Jonabuch in der Forschung seit Hans Walter Wolff. In: Wolff, H.W., Studien zum Jonabuch. Mit einem Anhang von Jörg Jeremias, Neukirchen-Vluyn ³2003, 93-128.

–, Kultprophetie und Gerichtsverkündigung in der späten Königszeit Israels, WMANT 35, Neukirchen-Vluyn 1970.

–, Micha 4-5 und die nachexilische Prophetie. In: Köckert, M. / Nissinen, M. (Hg.), Propheten in Mari, Assyrien und Israel, FRLANT 201, Göttingen 2003, 90-115.

–, Die Reue Gottes. Aspekte alttestamentlicher Gottesvorstellung, BThSt 31, Neukirchen-Vluyn ²1997.

–, Theophanie. Die Geschichte einer alttestamentlichen Gattung, WMANT 10, Neukirchen-Vluyn 1965.

Jidejian, N., Sidon through the Ages, Beirut 1971.

–, Tyre through the Ages, Beirut 1969.

– / Lipiński, E., Art. Sidon. In: Lipiński, E. (Hg.), Dictionnaire de la civilisation phéni-cienne et punique, Turnhout 1992, 413-416.

– / Lipiński, E., Art. Tyr. In: Lipiński, E. (Hg.), Dictionnaire de la civilisation phénicien-ne et punique, Turnhout 1992, 477-480.

Jöcken, P., Das Buch Habakuk. Darstellung der Geschichte seiner kritischen Erforschung mit einer eigenen Beurteilung, BBB 48, Köln / Bonn 1977.

Johnson, M.D., The Paralysis of Torah in Habakkuk I 4. In: VT 35 (1985), 257-266.

Jones, B.A., The Formation of the Book of the Twelve. A Study in Text and Canon, SBL.DS 149, Atlanta 1995.

Jones, D.R., A Fresh Interpretation of Zechariah IX-XI. In: VT 12 (1962), 241-259.

Josephus, Jewish Antiquities, hg. von R. Marcus, London / Cambridge 1930ff.

–, The Life. Against Apion, hg. von H.S.J. Thackeray, London / Cambridge 1961.

Joüon, P. / Muraoka, T., A Grammar of Biblical Hebrew, 2 Bd., SubBi 14, Rom 1991.

Kaiser, O., Das Buch des Propheten Jesaja. Kapitel 1-12, ATD 17, Göttingen ⁵1981.

–, Grundriß der Einleitung in die kanonischen und deuterokanonischen Schriften des Alten Testaments. Mit einem Beitrag von Karl-Friedrich Pohlmann, 3 Bd., Gütersloh 1992-1994.

–, Wirklichkeit, Möglichkeit und Vorurteil. Ein Beitrag zum Verständnis des Buches Jona. In: ders., Der Mensch unter dem Schicksal. Studien zu Geschichte, Theologie und Gegenwartsbedeutung der Weisheit, BZAW 161, Berlin 1985, 41-53 (= EvTh 33 (1973), 91-103).

Kapelrud, A.S., Art. נשׁק, ThWAT 5 (1986), 665-669.

–, Eschatology in the Book of Micah. In: VT 11 (1961), 392-405.

Kedar-Kopfstein, B., Art. שׁפה, ThWAT 7 (1993), 840-849.

Keller, C.A., Religionswissenschaftliche Betrachtungen zu Maleachis Kritik an der Opferpraxis seiner Zeit. In: Schenker, A. (Hg.), Studien zu Opfer und Kult im Alten Testament, FAT 3, Tübingen 1992, 79-91.

–, Die theologische Bewältigung der geschichtlichen Wirklichkeit in der Prophetie Nahums. In: VT 22 (1972), 399-419.

–, Die Eigenart der Prophetie Habakuks. In: ZAW 85 (1973), 156-167.

Kessler, R., Micha, HThKAT, Freiburg u.a. 1999.

–, Nahum-Habakuk als Zweiprophetenschrift. Eine Skizze. In: Zenger, E. (Hg.), „Wort JHWHs, das geschah ...“ (Hos 1,1). Studien zum Zwölfprophetenbuch, HBS 35, Freiburg u.a. 2002, 149-158.

–, Staat und Gesellschaft im vorexilischen Juda. Vom 8. Jahrhundert bis zum Exil, VT.S 47, Leiden u.a. 1992.

–, Die Theologie der Gabe bei Maleachi. In: Hossfeld, F.-L. / Schwienhorst-Schönberger, L. (Hg.), Das Manna fällt auch heute noch. Beiträge zur Geschichte und Theologie des Alten, Ersten Testaments, FS E. Zenger, HBS 44, Freiburg u.a. 2004, 392-407.

Kittel, H.-J., Die Stammessprüche Israels. Genesis 49 und Deuteronomium 33 traditionsgeschichtlich untersucht, Diss. Berlin 1959.

Klopfenstein, M.A., Art. בגד, THAT 1 (1971), 261-264.

Klostermann, A., Geschichte des Volkes Israel. Bis zur Restauration unter Esra und Nehemia, München 1896.

–, Rez. C.J. Bredenkamp, Der Prophet Sacharja erklärt. In: ThLZ 4 (1879), 561-567.

Knauf, E.A., Art. Idumäa, NBL 2 (1995), 213f.

–, Art. Qôs. In: Toorn, K. van der u.a. (Hg.), Dictionary of Deities and Demons in the Bible, Leiden u.a. ²1999, 674-677.

–, Supplementa Ismaelitica. In: BN 45 (1988), 62-81.

Koch, K., Profetenbuchüberschriften. Ihre Bedeutung für das hebräische Verständnis von Profetie. In: Graupner, A. u.a. (Hg.), Verbindungslinien, FS W.H. Schmidt, Neukirchen-Vluyn 2000, 165-186.

Köckert, M., Art. Nahum / Nahumbuch, RGG⁴ 6 (2003), 28-31.

–, Art. Obadja / Obadjabuch, RGG⁴ 6 (2003), 442-444.

Koenen, K., Heil den Gerechten – Unheil den Sündern! Ein Beitrag zur Theologie der Prophetenbücher, BZAW 229, Berlin / New York 1994.

Köhler, L. / Baumgartner, W., Hebräisches und aramäisches Lexikon zum Alten Testament, neu bearbeitet von W. Baumgartner und J.J. Stamm, Leiden / New York ³1991.

König, E., Die messianischen Weissagungen des Alten Testaments, vergleichend, geschichtlich und exegetisch behandelt, Stuttgart 1923.

Kornfeld, W., Die jüdische Diaspora in Ab., 20. In: Mélanges Bibliques, FS A. Robert, TICP 4, Paris 1957, 180-186.

Krieg, M., Mutmaßungen über Maleachi. Eine Monographie, AThANT 80, Zürich 1993.

–, Todesbilder im Alten Testament. Oder: „Wie die Alten den Tod gebildet", AThANT 73, Zürich 1988.

Krüger, T., Literarisches Wachstum und theologische Diskussion im Jona-Buch. In: ders., Kritische Weisheit. Studien zur weisheitlichen Traditionskritik im Alten Testament, Zürich 1997, 41-65.

Kuhl, C., Neue Dokumente zum Verständnis von Hosea 2 4-15. In: ZAW 52 (1934), 102-109.

–, Die „Wiederaufnahme" – ein literarkritisches Prinzip? In: ZAW 64 (1952), 1-11.

Kühlewein, J., Art. זנה, THAT 1 (1971), 518-520.

Kunz, A., Ablehnung des Krieges. Untersuchungen zu Sacharja 9 und 10, HBS 17, Freiburg u.a. 1998.

–, Zions Weg zum Frieden. Jüdische Vorstellungen vom endzeitlichen Krieg und Frieden in hellenistischer Zeit am Beispiel von Sacharja 9-14, Beiträge zur Friedensethik 33, Stuttgart u.a. 2001.

Laato, A., Josiah and David Redivivus. The Historical Josiah and the Messianic Expectations of Exilic and Postexilic Times, CB.OT 33, Stockholm 1992.

Landes, G.M., The Kerygma of the Book of Jonah. The Contextual Interpretation of the Jonah Psalm. In: Interp. 21 (1967), 3-31.

Leeuwen, C. van, Obadja, De Prediking van het Oude Testament, Nijkerk 1993.

Leeuwen, R.C. van, Scribal Wisdom and Theodicy in the Book of the Twelve. In: Perdue, L.G. u.a. (Hg.), In Search of Wisdom, FS J.G. Gammie, Louisville 1993, 31-49.

Lescow, T., Die Komposition des Buches Jona. In: BN 65 (1992), 29-34.

–, Die Komposition der Bücher Nahum und Habakuk. In: BN 77 (1995), 59-85.

–, Die Komposition des Buches Obadja. In: ZAW 111 (1999), 380-398.

–, Das Buch Maleachi. Texttheorie – Auslegung – Kanontheorie. Mit einem Exkurs über Jeremia 8,8-9, AzTh 75, Stuttgart 1993.

–, Dialogische Strukturen in den Streitreden des Buches Maleachi. In: ZAW 102 (1990), 194-212.

Leuenberger, M., Herrschaftsverheißungen im Zwölfprophetenbuch. Ein Beitrag zu seiner thematischen Kohärenz und Anlage. In: Schmid, K. (Hg.), Prophetische Heils- und Herrschererwartungen, SBS 194, Stuttgart 2005, 75-111.

Levin, C., Jona 1: Bekehrung zum Judentum und ihre Folgen. In: Lux, R. / Waschke, E.-J. (Hg.), Die unwiderstehliche Wahrheit. Studien zur alttestamentlichen Prophetie, FS A. Meinhold, ABG 23, Leipzig 2006, 283-299.

Limburg, J., Jonah. A Commentary, OTL, Louisville 1993.

Lipiński, E., Art. נגש, ThWAT 5 (1986), 230-232.

–, Marriage and Divorce in the Judaism of the Persian Period. In: Transeuphratène 4 (1991), 63-71.

–, Obadiah 20. In: VT 23 (1973), 368-370.

Liverani, E., Art. Sidon, ISBE 4 (1988), 500-502.

–, Art. Tyre, ISBE 4 (1988), 932-934.

Locher, C., Altes und Neues zu Maleachi 2,10-16. In: Casetti, P. u.a. (Hg.), Mélanges Dominique Barthélemy. Études bibliques offertes à l'occasion de son 60e anniversaire, OBO 38, Freiburg, Schweiz / Göttingen 1981, 241-271.

Lohfink, N., Jona ging zur Stadt hinaus (Jon 4,5). In: BZ 5 (1961), 185-203.

Löhr, M., Alphabetische und alphabetisierende Lieder im Alten Testament. In: ZAW 25 (1905), 173-198.

Loretz, O., Gotteswort und menschliche Erfahrung. Eine Auslegung der Bücher Jona, Rut, Hoheslied und Qohelet, Freiburg u.a. 1963.

–, Herkunft und Sinn der Jona-Erzählung. In: BZ 5 (1961), 18-29.

Lutz, H.-M., Jahwe, Jerusalem und die Völker. Zur Vorgeschichte von Sach 12, 1-8 und 14, 1-5, WMANT 27, Neukirchen-Vluyn 1968.

Lux, R., Jona. Prophet zwischen ,Verweigerung' und ,Gehorsam'. Eine erzählanalytische Studie, FRLANT 162, Göttingen 1992.

–, Das Zweiprophetenbuch. Beobachtungen zu Aufbau und Struktur von Haggai und Sacharja 1-8. In: Zenger, E. (Hg.), „Wort JHWHs, das geschah ...“ (Hos 1,1). Studien zum Zwölfprophetenbuch, HBS 35, Freiburg u.a. 2002, 191-217.

Macchi, J.-D., Abdias. In: Römer, T. u.a. (Hg.), Introduction à l'Ancien Testament, Le monde de la bible 49, Genève 2004, 415-419.

–, Les douze petits prophètes. In: Römer, T. u.a. (Hg.), Introduction à l'Ancien Testament, Le monde de la bible 49, Genève 2004, 379-382.

Magonet, J., Form and Meaning. Studies in Literary Techniques in the Book of Jonah, BET 2, Frankfurt a.M. / Bern 1976.

Malamat, A., The Last Kings of Judah and the Fall of Jerusalem. An Historical-Chronological Study. In: IEJ 18 (1968), 137-156.

Malchow, B., The Messenger of the Covenant in Mal 3:1. In: JBL 103 (1984), 252-255.

Maier, J., Das Judentum. Von der biblischen Zeit bis zur Moderne, Kindlers Kulturgeschichte, München 1973.

Maier, W.A., The Book of Nahum. A Commentary, Saint Louis 1959.

Marti, K., Das Dodekapropheton, KHC 13, Tübingen 1904.

Mason, R., The Books of Haggai, Zechariah and Malachi, CNEB, Cambridge 1977.

–, Preaching the Tradition. Homily and Hermeneutics after the Exile. Based on the ,Addresses' in Chronicles, the ,Speeches' in the Books of Ezra and Nehemiah and the Post-Exilic Prophetic Books, Cambridge u.a. 1990.

–, The Use of Earlier Biblical Material in Zechariah 9-14: A Study in Inner Biblical Exegesis. In: Boda, M.J. / Floyd, M.H. (Hg.), Bringing out the Treasure. Inner Biblical Allusion in Zechariah 9-14, JSOT.S 370, Sheffield 2003, 1-208 (= Diss. London 1973).

Mathys, H.-P., Anmerkungen zu Mal 3,22-24. In: ders., Vom Anfang und vom Ende. Fünf alttestamentliche Studien, BEAT 47, Frankfurt a.M. u.a. 2000, 30-41.

Mays, J.L., Amos. A Commentary, OTL, London 1969.

–, Hosea. A Commentary, OTL, London 1969.

–, Micah. A Commentary, OTL, London 1976.

McKenzie, S.L. / Wallace, H.N., Covenant Themes in Malachi. In: CBQ 45 (1983), 549-563.

Meinhold, A., Art. Maleachi / Maleachibuch, TRE 22 (1992), 6-11.

–, Gottesungewissheit. Zum Verhältnis von Form und Inhalt in Mal 1,2-5. In: CV 39 (1997), 128-154.

–, Maleachi, BK 14,8, Neukirchen-Vluyn 2006.

–, Weisheitliches in Obadja. In: Janowski, B. (Hg.), Weisheit außerhalb der kanonischen Weisheitsschriften, Veröffentlichungen der Wissenschaftlichen Gesellschaft für Theologie 10, Gütersloh 1996, 70-86.

Metzner, G., Kompositionsgeschichte des Michabuches, EHS.T 635, Frankfurt a.M. u.a. 1998.

Meyer, L.V., An Allegory Concerning the Monarchy: Zech 11:4-17; 13:7-9. In: Merrill, A.L. / Overholt, T.W. (Hg.), Scripture in History & Theology, FS J.C. Rylaarsdam, PThMS 17, Pittsburgh 1977, 225-240.

Meyers, C.L., Art. סף, ThWAT 5 (1986), 898-901.

– / Meyers, E.M., Haggai, Zechariah 1-8. A New Translation with Introduction and Commentary, AncB 25B, New York u.a. 1987.

– / Meyers, E.M., Zechariah 9-14. A New Translation with Introduction and Commentary, AncB 25C, New York u.a. 1993.

Miles, J.R., Laughing at the Bible: Jonah as Parody. In: Radday, Y.T. / Brenner, A. (Hg.), On Humour and the Comic in the Hebrew Bible, JSOT.S 92, Sheffield 1990, 203-215.

Mitchell, H.G., A Critical and Exegetical Commentary on Haggai and Zechariah, ICC, Edinburgh 1912.

Moor, J.C. de, Micah 7:1-13. The Lament of a Disillusioned Prophet. In: Korpel, M.C.A. / Oesch, J.M. (Hg.), Delimitation Criticism. A New Tool in Biblical Scholarship, Pericope 1, Assen 2000, 149-196.

Müller, H.-P., Art. משא, ThWAT 5 (1986), 20-25.

Mulzer, M., Ein Plädoyer für den ‚Rizinus' im Jonabuch. In: Kleine Untersuchungen zur Sprache des Alten Testaments und seiner Umwelt 5 (2004), 103-128.

–, ספינה (Jona 1,5) „(gedeckter) Laderaum". In: BN 104 (2000), 83-94.

Myers, J.M., Edom and Judah in the Sixth-Fifth Centuries B.C. In: Goedicke, H. (Hg.), Near Eastern Studies, FS W.F. Albright, Baltimore / London 1971, 377-392.

Negoiță, A., Art. הגה, ThWAT 2 (1977), 343-347.

Nelson, R.D., Deuteronomy. A Commentary, OTL, Louisville / London 2002.

Nielsen, E., Le message primitif du livre de Jonas. In: ders., Law, History and Tradition. Selected Essays, Kopenhagen 1983, 169-179 (= RHPhR 59 (1979), 499-507).

Nissinen, M., Das kritische Potential in der altorientalischen Prophetie. In: Köckert, M. / ders. (Hg.), Propheten in Mari, Assyrien und Israel, FRLANT 201, Göttingen 2003, 1-32.

Nogalski, J., Joel as „Literary Anchor" for the Book of the Twelve. In: ders. / Sweeney, M.A. (Hg.), Reading and Hearing the Book of the Twelve, SBL Symposium Series 15, Atlanta 2000, 91-109.

–, Literary Precursors to the Book of the Twelve, BZAW 217, Berlin / New York 1993.

–, Redactional Processes in the Book of the Twelve, BZAW 218, Berlin / New York 1993.

–, The Redactional Shaping of Nahum 1 for the Book of the Twelve. In: Davies, P.R. / Clines, D.J.A. (Hg.), Among the Prophets. Language, Image and Structure in the Prophetic Writings, JSOT.S 144, Sheffield 1993, 193-202.

–, Zechariah 13.7-9 as a Transitional Text: An Appreciation and Re-Evaluation of the Work of Rex Mason. In: Boda, M.J. / Floyd, M.H. (Hg.), Bringing out the Treasure. Inner Biblical Allusion in Zechariah 9-14, JSOT.S 370, Sheffield 2003, 292-304.

–, Zephaniah 3: A Redactional Text for a Developing Corpus. In: Kratz, R.G. u.a. (Hg.), Schriftauslegung in der Schrift, FS O.H. Steck, BZAW 300, Berlin / New York 2000, 207-218.

Nowack, W., Die kleinen Propheten, HK 3,4, Göttingen ³1922.

O'Brien, J.M., Priest and Levite in Malachi, SBL.DS 121, Atlanta 1990.

Oberforcher, R., Das Buch Micha, NSK.AT 24,2, Stuttgart 1995.

Oesch, J.M., Die Bedeutung der Tora für Israel nach dem Buch Maleachi. In: Zenger, E. (Hg.), Die Tora als Kanon für Juden und Christen, HBS 10, Freiburg u.a. 1996, 169-211.

Olyan, S.M., Biblical Mourning. Ritual and Social Dimensions, Oxford / New York 2004.

–, Rites and Rank. Hierarchy in Biblical Representations of Cult, Princeton 2000.

Opgen-Rhein, H.J., Jonapsalm und Jonabuch. Sprachgestalt, Entstehungsgeschichte und Kontextbedeutung von Jona 2, SBB 38, Stuttgart 1997.

Otto, E., Art. Habakuk, RGG⁴ 3 (2000), 1360-1362.

–, Art. Habakuk, TRE 14 (1985), 300-306.

–, Die Stellung der Wehe-Worte in der Verkündigung des Propheten Habakuk. In: ZAW 89 (1977), 73-107.

–, Die Theologie des Buches Habakuk. In: VT 35 (1985), 274-295.

Otzen, B., Studien über Deuterosacharja, AThD 6, Copenhagen 1964.

Paul, S.M., Amos, Hermeneia, Minneapolis 1991.

Perlitt, L., Die Propheten Nahum, Habakuk, Zephanja, ATD 25,1, Göttingen 2004.

Petersen, D.L., Haggai and Zechariah 1-8. A Commentary, OTL, London 1985.

–, Zechariah 9-14 and Malachi. A Commentary, OTL, Louisville 1995.

Petitjean, A., Les oracles du Proto-Zacharie. Un programme de restauration pour la communauté juive après l'exil, EtB, Paris / Louvain 1969.

Pfeiffer, E., Die Disputationsworte im Buche Maleachi. Ein Beitrag zur formgeschichtlichen Struktur. In: EvTh 19 (1959), 546-568.

Pfeiffer, H., Jahwes Kommen von Süden. Jdc 5; Hab 3; Dtn 33 und Ps 68 in ihrem literatur- und theologiegeschichtlichen Umfeld, FRLANT 211, Göttingen 2005.

Pietsch, M., „Dieser ist der Sproß Davids ...". Studien zur Rezeptionsgeschichte der Nathanverheißung im alttestamentlichen, zwischentestamentlichen und neutestamentlichen Schrifttum, WMANT 100, Neukirchen-Vluyn 2003.

Plöger, O., Theokratie und Eschatologie, Neukirchen ²1962.

Pohlmann, K.-F., Das Buch des Propheten Hesekiel (Ezechiel). Kapitel 1-19, ATD 22,1, Göttingen 1996.

Pola, T., Das Priestertum bei Sacharja. Historische und traditionsgeschichtliche Untersuchungen zur frühnachexilischen Herrschererwartung, FAT 35, Tübingen 2003.

Portnoy, S.L. / Petersen, D.L., Biblical Texts and Statistical Analysis: Zechariah and Beyond. In: JBL 103 (1984), 11-21.

Preß, R., Art. Los, BHH 2 (1964), 1103.

Preuß, H.D., Art. תועבה, ThWAT 8 (1995), 580-592.

Prinsloo, G.T.M., Reading Habakkuk as a Literary Unit: Exploring the Possibilities. In: OTE 12 (1999), 515-535.

–, Life for the Righteous, Doom for the Wicked: Reading Habakkuk from a Wisdom Perspective. In: Skrif en Kerk 31 (2000), 621-640.

–, Yahweh the Warrior: An Intertextual Reading of Habakkuk 3. In: OTE 14 (2001), 475-493.

Raabe, P.R., Obadiah. A New Translation with Introduction and Commentary, AncB 24D, New York u.a. 1996.

Radday, Y.T. / Wickmann, D., The Unity of Zechariah Examined in the Light of Statistical Linguistics. In: ZAW 87 (1975), 30-55.

Read, J.E., Art. Ninive (Niniveh), RLA 9 (2001), 388-433.

Redditt, P.L., Haggai, Zechariah, Malachi, NCBC, Grand Rapids 1995.

–, Israel's Shepherds: Hope and Pessimism in Zechariah 9-14. In: CBQ 51 (1989), 631-642.

–, Nehemiah's First Mission and the Date of Zechariah 9-14. In: CBQ 56 (1994), 664-678.

–, The Two Shepherds in Zechariah 11:4-17. In: CBQ 55 (1993), 676-686.

–, Zechariah 9-14: The Capstone of the Book of the Twelve. In: Boda, M.J. / Floyd, M.H. (Hg.), Bringing out the Treasure. Inner Biblical Allusion in Zechariah 9-14, JSOT.S 370, Sheffield 2003, 305-332.

Rehm, M., Der Friedensfürst in Zach 9,9-10. In: BiLe 9 (1968), 164-176.

–, Die Hirtenallegorie Zach 11, 4-14. In: BZ 4 (1960), 186-208.

Reicke, B., Art. Spiel, BHH 3 (1966), 1832-1835.

Renaud, B., La composition du livre de Nahum. Une proposition. In: ZAW 99 (1987), 198-219.

Rendtorff, R., Studien zur Geschichte des Opfers im Alten Israel, WMANT 24, Neukirchen-Vluyn 1967.

–, Theologie des Alten Testaments. Ein kanonischer Entwurf, Bd. 1: Kanonische Grundlegung, Neukirchen-Vluyn 1999.

Renkema, J., Obadiah, HCOT, Leuven 2003.

Renker, A., Die Tora bei Maleachi. Ein Beitrag zur Bedeutungsgeschichte von tôrā im Alten Testament, FThSt 112, Freiburg u.a. 1979.

Reuss, E., Die Geschichte der heiligen Schriften des Alten Testaments, Braunschweig ²1890.

Reventlow, H. Graf, Die Propheten Haggai, Sacharja und Maleachi, ATD 25,2, Göttingen 1993.

Rhea, R., Attack on Prophecy. Zechariah 13,1-6. In: ZAW 107 (1995), 288-293.

Roberts, J.J.M., Nahum, Habakkuk, Zephaniah. A Commentary, OTL, Louisville 1991.

Robinson, T. / Horst, F., Die zwölf kleinen Propheten, HAT 14, Tübingen ³1964.

Roth, C., The Cleansing of the Temple and Zechariah. In: NT 4 (1960), 174-181.

Roth, M., Israel und die Völker im Zwölfprophetenbuch. Eine Untersuchung zu den Büchern Joel, Jona, Micha und Nahum, FRLANT 210, Göttingen 2005.

Rothstein, J.W., Über Habakkuk Kap. 1 u. 2. In: ThStKr 67 (1894), 51-85.

Rottzoll, D.U., Studien zur Redaktion und Komposition des Amosbuchs, BZAW 243, Berlin / New York 1996.

Rubinkam, N.I., The Second Part of the Book of Zechariah with Special Reference to the Time of its Origin, Basel 1892.

Rudman, D., Zechariah 8:20-22 & Isaiah 2:2-4//Micah 4:2-3: A Study in Intertextuality. In: BN 107/108 (2001), 50-54.

Rudnig-Zelt, S., Die Genese des Hoseabuches. Ein Forschungsbericht. In: Kiesow, K. / Meurer, T. (Hg.), Textarbeit. Studien zu Texten und ihrer Rezeption aus dem Alten Testament und der Umwelt Israels, FS P. Weimar, AOAT 294, Münster 2003, 351-386.

–, Hoseastudien. Redaktionskritische Untersuchungen zur Genese des Hoseabuches, FRLANT 213, Göttingen 2006.

Rudolph, W., Hosea, KAT 13,1, Gütersloh 1969.

–, Joel – Amos – Obadja – Jona, KAT 13,2, Gütersloh 1971.

–, Micha – Nahum – Habakuk – Zephanja, KAT 13,3, Gütersloh 1975.

–, Haggai – Sacharja 1-8 – Sacharja 9-14 – Maleachi, KAT 13,4, Gütersloh 1976.

–, Zu Mal 2 10-16. In: ZAW 93 (1981), 85-90.

–, Obadja. In: ZAW 49 (1931), 222-231.

Rüthy, A.E., Art. Laststein, BHH 2 (1964), 1052.

Ryou, D.H., Zephaniah's Oracles against the Nations. A Synchronic and Diachronic Study of Zephaniah 2:1-3:8, Biblical Interpretation Series 13, Leiden u.a. 1995.

Sæbø, M., Sacharja 9-14. Untersuchungen zu Text und Form, WMANT 34, Neukirchen-Vluyn 1969.

Schaefer, K.R., The Ending of the Book of Zechariah; a Commentary. In: RB 100 (1993), 165-238.

Scharbert, J., Formgeschichte und Exegese von Ex 34,6f und seiner Parallelen. In: Bib. 38 (1957), 130-150.

Schart, A., Die Entstehung des Zwölfprophetenbuches. Neubearbeitungen von Amos im Rahmen schriftenübergreifender Redaktionsprozesse, BZAW 260, Berlin / New York 1998.

–, The First Section of the Book of the Twelve Prophets: Hosea–Joel–Amos. In: Interp. 61 (2007), 138-152.

Scherer, A., Lyrik im Dienst der Prophetie. Beobachtungen zur Eigenart des Nahumbuches. In: Lux, R. / Waschke, E.-J. (Hg.), Die unwiderstehliche Wahrheit. Studien zur alttestamentlichen Prophetie, FS A. Meinhold, ABG 23, Leipzig 2006, 301-321.

Schmid, K., Hintere Propheten (Nebiim). In: Gertz, J.C. (Hg.), Grundinformation Altes Testament. Eine Einführung in Literatur, Religion und Geschichte des Alten Testaments, UTB 2745, Göttingen ²2007, 303-401.

Schmidt, H., Absicht und Entstehungszeit des Buches Jona. In: ThStKr 79 (1906), 180-199.

–, Die Komposition des Buches Jona. In: ZAW 25 (1905), 285-310.

–, Ein Psalm im Buche Habakuk. In: ZAW 62 (1950), 52-63.

Schmidt, L., „De Deo". Studien zur Literarkritik und Theologie des Buches Jona, des Gesprächs zwischen Abraham und Jahwe in Gen 18₂₂ff. und von Hi 1, BZAW 143, Berlin / New York 1976.

–, Micha 5,1-5. Ein Beispiel für die historische Auslegung alttestamentlicher Texte. In: Wischmeyer, O. / Becker, E.-M. (Hg.), Was ist ein Text?, Neutestamentliche Entwürfe zur Theologie 1, Tübingen / Basel 2001, 15-27.

Schmidt, W.H., Hoffnung auf einen armen König. Sach 9,9f. als letzte messianische Weissagung des Alten Testaments. In: Landmesser, C. u.a. (Hg.), Jesus Christus als Mitte der Schrift. Studien zur Hermeneutik des Evangeliums, BZNW 86, Berlin / New York 1997, 689-709.

–, Die Ohnmacht des Messias. Zur Überlieferungsgeschichte der messianischen Weissagungen im Alten Testament. In: ders., Vielfalt und Einheit alttestamentlichen Glaubens, Bd. 1: Studien zu Hermeneutik und Methodik, Pentateuch und Prophetie, hg. von A. Graupner u.a., Neukirchen-Vluyn 1995, 154-170 (= KuD 15 (1969), 18-34).

Schmitt, H.-C., Arbeitsbuch zum Alten Testament. Grundzüge der Geschichte Israels und der alttestamentlichen Schriften, UTB 2146, Göttingen 2005.

–, Eschatologische Stammesgeschichte im Pentateuch. Zum Judaspruch von Gen 49,8-12. In: ders., Theologie in Prophetie und Pentateuch. Gesammelte Schriften, hg. von U. Schorn / M. Büttner, BZAW 310, Berlin / New York 2001, 189-199 (= Kollmann, B. u.a. (Hg.), Antikes Judentum und Frühes Christentum, FS H. Stegemann, BZNW 97, Berlin / New York 1999, 1-11).

Schmitt, R., Magie im Alten Testament, AOAT 313, Münster 2004.

Schneider, D.A., The Unity of the Book of the Twelve, Diss. Yale 1979.

Schneider, T., Nahum und Theben. Zum topographisch-historischen Hintergrund von Nah 3,8f. In: BN 44 (1988), 63-73.

Schottroff, W., Die Friedensfeier. Das Prophetenwort von der Umwandlung von Schwertern zu Pflugscharen (Jes 2,2-5/Mi 4,1-5). In: ders., Gerechtigkeit lernen. Beiträge zur biblischen Sozialgeschichte, hg. von F. Crüsemann / R. Kessler, TB 94, Gütersloh 1999, 205-224 (= Schottroff, L. / ders. (Hg.), Die Parteilichkeit Gottes. Biblische Orientierungen auf der Suche nach Frieden und Gerechtigkeit, KT 80, München 1984, 78-102.109-111).

Schreiner, S., Erwägungen zum Text von Hab 2 ₄₋₅. In: ZAW 86 (1974), 538-542.

–, Mischehen – Ehebruch – Ehescheidung. Betrachtungen zu Mal 2 ₁₀₋₁₆. In: ZAW 91 (1979), 207-228.

Schüle, A., „Meinst Du, dass dir Zorn zusteht?". Der theologische Diskurs des Jonaschlusses (Jona 3,6-4,11). In: ThLZ 131 (2006), 675-688.

Schulz, H., Das Buch Nahum. Eine redaktionskritische Untersuchung, BZAW 129, Berlin / New York 1973.

Schwesig, P.-G., Die Rolle der Tag-JHWHs-Dichtungen im Dodekapropheton, BZAW 366, Berlin / New York 2006.

–, Sieben Stimmen und ein Chor. Die Tag-*Jhwhs*-Dichtungen im Zwölfprophetenbuch.
In: Lux, R. / Waschke, E.-J. (Hg.), Die unwiderstehliche Wahrheit. Studien zur
alttestamentlichen Prophetie, FS A. Meinhold, ABG 23, Leipzig 2006, 229-240.

Schwienhorst-Schönberger, L., Zion – Ort der Tora. Überlegungen zu Mi 4,1-3. In:
Hahn, F. u.a. (Hg.), Zion. Ort der Begegnung, FS L. Klein, BBB 90, Bodenheim
1993, 107-125.

Scoralick, R., „Auch jetzt noch" (Joel 2,12a). Zur Eigenart der Joelschrift und ihrer
Funktion im Kontext des Zwölfprophetenbuches. In: Zenger, E. (Hg.), „Wort
JHWHs, das geschah ..." (Hos 1,1). Studien zum Zwölfprophetenbuch, HBS 35,
Freiburg u.a. 2002, 47-69.

–, Gottes Güte und Gottes Zorn. Die Gottesprädikationen in Exodus 34,6f und ihre
intertextuellen Beziehungen zum Zwölfprophetenbuch, HBS 33, Freiburg u.a. 2002.

Seebaß, H., Art. אחרית, ThWAT 1 (1973), 224-228.

–, Herrscherverheißungen im Alten Testament, BThSt 19, Neukirchen-Vluyn 1992.

Seidel, H., Jona. In: Wallis, G., (Hg.), Erfüllung und Erwartung. Studien zur Prophetie
auf dem Weg vom Alten zum Neuen Testament, Berlin 1990, 91-111.

Sellin, E., Das Zwölfprophetenbuch, KAT 12, Leipzig / Erlangen 1922.

–, Das Zwölfprophetenbuch, 2 Bd., KAT 12,1-2, Leipzig ²⁻³1929-1930.

Seybold, K., Habakuk 2,4b und sein Kontext. In: ders., Studien zur Psalmenauslegung,
Stuttgart u.a. 1998, 189-198 (= Kreuzer, S. / Lüthi, K (Hg.), Zur Aktualität des Alten
Testaments, FS G. Sauer, Frankfurt u.a. 1992, 99-107).

–, Der Judaspruch Gen. 49,8-12. In: ders., Die Sprache der Propheten. Studien zur
Literaturgeschichte der Prophetie, Zürich 1999, 18-34 (= Das davidische Königtum
im Zeugnis der Propheten, Diss. Kiel 1967, 17-40).

–, Das davidische Königtum im Zeugnis der Propheten, FRLANT 107, Göttingen 1972.

–, Profane Prophetie. Studien zum Buch Nahum, SBS 135, Stuttgart 1989.

–, Vormasoretische Randnotizen in Nahum 1. In: ZAW 101 (1989), 71-85.

–, Nahum, Habakuk, Zephanja, ZBK.AT 24,2, Zürich 1991.

Shields, M.A., Syncretism and Divorce in Malachi 2,10-16. In: ZAW 111 (1999), 68-86.

Simian-Yofre, H., Art. נחם, ThWAT 5 (1986), 366-384.

Simon, U., Jona. Ein jüdischer Kommentar, SBS 157, Stuttgart 1994.

Smith, J.M.P., The Structure of Obadiah. In: AJSL 22 (1906), 131-138.

Smith, R.L., Micah-Malachi, WBC 32, Nashville 1984.

Snyman, S.D., Antitheses in Malachi 1, 2-5. In: ZAW 98 (1986), 436-438.

–, Cohesion in the Book of Obadiah. In: ZAW 101 (1989), 59-71.

Spieckermann, H., „Barmherzig und gnädig ist der Herr ...". In: ZAW 102 (1990), 1-18.

Spronk, K., Acrostics in the Book of Nahum. In: ZAW 110 (1998), 209-222.

–, Synchronic and Diachronic Approaches to the Book of Nahum. In: Moor, J.C. de
(Hg.), Synchronic or Diachronic? A Debate on Method in Old Testament Exegesis,
OTS 34, Leiden u.a. 1995, 159-186.

–, Nahum, HCOT, Kampen 1997.

Stade, B., Deuterozacharja. Eine kritische Studie, Teil I-III. In: ZAW 1 (1881), 1-96;
ZAW 2 (1882), 151-172.275-309.

Staerk, W., Das assyrische Weltreich im Urteil der Propheten, Göttingen 1908.

Steck, O.H., Zur Abfolge Maleachi – Jona in 4Q76 (4QXIIa). In: ZAW 108 (1996), 249-
253.

–, Der Abschluß der Prophetie im Alten Testament. Ein Versuch zur Frage der Vorgeschichte des Kanons, BThSt 17, Neukirchen-Vluyn 1991.

–, Zu Zef 3,9-10. In: BZ 34 (1990), 90-95.

Stern, E., The Persian Empire and the Social and Political History of Palestine in the Persian Period. In: Davies, W.D. / Finkelstein, L. (Hg.), The Cambridge History of Judaism, Bd. 1: Introduction; The Persian Period, Cambridge u.a. 1984, 70-87.

Steuernagel, C., Lehrbuch der Einleitung in das Alte Testament. Mit einem Anhang über die Apokryphen und Pseudepigraphen, Tübingen 1912.

Stiglmair, A., Der Durchbohrte – ein Versuch zu Sach 12. In: ZKTh 116 (1994), 451-456.

Stoebe, H.J., Art. נחם, THAT 2 (1976), 59-66.

Strauß, H., Messianisch ohne Messias. Zur Überlieferungsgeschichte und Interpretation der sogenannten messianischen Texte im Alten Testament, EHS.T 232, Frankfurt a.M. u.a. 1984.

Striek, M., Das vordeuteronomistische Zephanjabuch, BET 29, Frankfurt a.M. u.a. 1999.

Struppe, U., Die Bücher Obadja, Jona, NSK.AT 24,1, Stuttgart 1996.

Stuart, D., Hosea–Jonah, WBC 31, Nashville 1987.

Sweeney, M.A., Structure, Genre, and Intent in the Book of Habakkuk. In: VT 41 (1991), 63-83.

–, Concerning the Structure and Generic Character of the Book of Nahum. In: ZAW 104 (1992), 364-377.

–, The Place and Function of Joel in the Book of the Twelve. In: Redditt, P.L. / Schart, A. (Hg.), Thematic Threads in the Book of the Twelve, BZAW 325, Berlin / New York 2003, 133-154.

–, Sequence and Interpretation in the Book of the Twelve. In: Nogalski, J.D. / ders. (Hg.), Reading and Hearing the Book of the Twelve, SBL Symposium Series 15, Atlanta 2000, 49-64.

–, The Twelve Prophets, 2 Bd., Berit Olam, Collegeville 2000.

–, Zephaniah. A Commentary, Hermeneia, Minneapolis 2003.

Tanghe, V., Die Trinker in Obadja 16. In: RB 104 (1997), 522-527.

Tate, M.E., Questions for Priests and People in Malachi 1:2-2:16. In: RExp 84 (1987), 391-407.

Tcherikover, V.A. / Fuks, A. (Hg.), Corpus Papyrorum Judaicarum, Bd. 1, Cambridge 1957.

The Assyrian Dictionary of the Oriental Institute of the University of Chicago, Chicago / Glückstadt 1956ff.

Thiel, W., Art. צור, ThWAT 6 (1989), 968-973.

–, Die deuteronomistische Redaktion von Jeremia 1-25, WMANT 41, Neukirchen-Vluyn 1973.

Tigchelaar, E.J.C., Prophets of Old and the Day of the End. Zechariah, the Book of Watchers and Apocalyptic, OTS 35, Leiden u.a. 1996.

Tollington, J.E., Tradition and Innovation in Haggai and Zechariah 1-8, JSOT.S 150, Sheffield 1993.

Torrey, C.C., The Prophecy of ‚Malachi‘. In: JBL 17 (1898), 1-15.

Treves, M., The Date of Joel. In: VT 7 (1957), 149-156.

Utzschneider, H., Art. Maleachi / Maleachibuch, RGG[4] 5 (2002), 711-713.

–, Künder oder Schreiber? Eine These zum Problem der „Schriftprophetie" auf Grund von Maleachi 1,6-2,9, BEAT 19, Frankfurt a.M. u.a. 1989.

–, Die Schriftprophetie und die Frage nach dem Ende der Prophetie. Überlegungen anhand von Mal 1,6-2,16. In: ZAW 104 (1992), 377-394.

Vanoni, G., Das Buch Jona. Literar- und formkritische Untersuchung, ATSAT 7, St. Ottilien 1978.

–, Spuren übergreifender Redaktionsarbeit im Jonabuch? In: Zenger, E. (Hg.), „Wort JHWHs, das geschah ..." (Hos 1,1). Studien zum Zwölfprophetenbuch, HBS 35, Freiburg u.a. 2002, 123-137.

Veenhof, K.R., Geschichte des Alten Orients bis zur Zeit Alexanders des Großen, GAT 11, Göttingen 2001.

Veijola, T., Verheißung in der Krise. Studien zur Literatur und Theologie der Exilszeit anhand des 89. Psalms, AASF B 220, Helsinki 1982.

Verhoef, P.A., The Books of Haggai and Malachi, NIC, Grand Rapids 1987.

Vermeylen, J., Du prophète Isaïe à l'apocalyptique. Isaïe, I-XXXV, miroir d'un demi-millénaire d'expérience religieuse en Israël, 2 Bd., Paris 1977-1978.

Viberg, Å., Wakening a Sleeping Metaphor: A New Interpretation of Malachi 1:11. In: TynB 45 (1994), 297-319.

Vlaardingerbroek, J., Zephaniah, HCOT, Leuven 1999.

Vries, S.J. de, The Acrostic of Nahum in the Jerusalem Liturgy. In: VT 16 (1966), 476-481.

Wacker, M.-T., Das Buch Maleachi. Zur Ehre Gottes, des Vaters? In: Schottroff, L. / dies. (Hg.), Kompendium Feministische Bibelauslegung, Gütersloh 1998, 376-383.

Wagenaar, J.A., Judgement and Salvation. The Composition and Redaction of Micah 2-5, VT.S 85, Leiden u.a. 2001.

Wagner, S., Überlegungen zur Frage nach den Beziehungen des Propheten Amos zum Südreich. In: ThLZ 96 (1971), 653-670.

Wallis, G., Art. רעה, ThWAT 7 (1993), 566-576.

–, Pastor Bonus. Eine Betrachtung zu den Hirtenstücken des Deutero- und Tritosacharja-Buches. In: ders., Mein Freund hatte einen Weinberg. Aufsätze und Vorträge zum Alten Testament, BEAT 23, Frankfurt a.M. u.a. 1994, 127-144 (= Kairos 12 (1970), 220-234).

–, Wesen und Struktur der Botschaft Maleachis. In: Maass, F. (Hg.), Das ferne und das nahe Wort, FS L. Rost, BZAW 105, Berlin 1967, 229-237.

Wanke, G., Jeremia, 2 Bd., ZBK.AT 20,1-2, Zürich 1995-2003.

Watts, J.D.W., Obadiah. A Critical Exegetical Commentary, Grand Rapids 1969.

–, Superscriptions and Incipits in the Book of the Twelve. In: Nogalski, J.D. / Sweeney, M.A. (Hg.), Reading and Hearing the Book of the Twelve, SBL Symposium Series 15, Atlanta 2000, 110-124.

Watts, J.W., Psalmody in Prophecy: Habakkuk 3 in Context. In: ders. / House, P.R. (Hg.), Forming Prophetic Literature, FS J.D.W. Watts, JSOT.S 235, Sheffield 1996, 125-156.

Wehrle, J., Prophetie und Textanalyse. Die Komposition Obadja 1-21 interpretiert auf der Basis textlinguistischer und semiotischer Konzeptionen, ATSAT 28, St. Ottilien 1987.

Weimar, P., Jon 2,1-11. Jonapsalm und Jonaerzählung. In: BZ 28 (1984), 43-68.

–, Jon 4,5. Beobachtungen zur Entstehung der Jonaerzählung. In: BN 18 (1982), 86-109.

–, Literarische Kritik und Literarkritik. Unzeitgemäße Beobachtungen zu Jon 1,4-16. In: Ruppert, L. u.a. (Hg.), Künder des Wortes. Beiträge zur Theologie der Propheten, FS J. Schreiner, Würzburg 1982, 217-235.

–, Obadja. Eine redaktionskritische Analyse. In: BN 27 (1985), 35-99.

Weippert, M., Art. Edom und Israel, TRE 9 (1982), 291-299.

Weiser, A., Das Buch der zwölf kleinen Propheten, Bd. 1: Die Propheten Hosea, Joel, Amos, Obadja, Jona, Micha, ATD 24, Göttingen [2]1956.

Wellhausen, J., Die kleinen Propheten, Berlin [4]1963.

Wendland, E.R., What's the ‚Good News‘ – Check out ‚the feet‘! Prophetic rhetoric and the salvific centre of Nahum's ‚vision‘. In: OTE 11 (1998), 154-181.

Wendland, P. (Hg.), Aristeae ad Philocratem epistula, cum ceteris de origine versionis LXX interpretum testimoniis, Leipzig 1900.

Westermann, C., Genesis, Bd. 3: Genesis 37-50, BK 1,3, Neukirchen-Vluyn 1982.

–, Prophetische Heilsworte im Alten Testament, FRLANT 145, Göttingen 1987.

Wette, W.M.L. de / Schrader, E., Lehrbuch der historisch-kritischen Einleitung in die kanonischen und apokryphischen Bücher des Alten Testaments, sowie in die Bibelsammlung überhaupt, Berlin [8]1869.

Wildberger, H., Jesaja, Bd. 1: Jesaja 1-12, BK 10,1, Neukirchen-Vluyn 1972.

–, Die Völkerwallfahrt zum Zion Jes. II 1-5. In: VT 7 (1957), 62-81.

Willi, T., Chronik, BK 24, Neukirchen-Vluyn 1991ff.

Willi-Plein, I., Art. Sacharja / Sacharjabuch, TRE 29 (1998), 539-547.

–, Jona als Beispiel narrativer Diskussionskultur. In: Huwyler, B. u.a. (Hg.), Prophetie und Psalmen, FS K. Seybold, AOAT 280, Münster 2001, 217-229.

–, Prophetie am Ende. Untersuchungen zu Sacharja 9-14, BBB 42, Köln 1974.

–, Vorformen der Schriftexegese innerhalb des Alten Testaments. Untersuchungen zum literarischen Werden der auf Amos, Hosea und Micha zurückgehenden Bücher im hebräischen Zwölfprophetenbuch, BZAW 123, Berlin / New York 1971.

–, Haggai, Sacharja, Maleachi, ZBK.AT 24,4, Zürich 2007.

Williamson, H.G.M., The Historical Value of Josephus' Jewish Antiquities xi. 297-301. In: ders., Studies in Persian Period History and Historiography, FAT 38, Tübingen 2004, 74-89 (= JThS 28 (1977), 49-66).

Willis, J.T., Micah IV 14-V 5 – A Unit. In: VT 18 (1968), 529-547.

–, ממך לי יצא in Micah 5.1. In: JQR 58 (1967/68), 317-322.

Winckler, H., Zum Buche Jona. In: Altorientalische Forschungen 2,2 (1900), 260-265.

Witzenrath, H., Das Buch Jona. Eine literaturwissenschaftliche Untersuchung, ATSAT 6, St. Ottilien 1978.

Wöhrle, J., The Formation and Intention of the Haggai-Zechariah Corpus. In: Journal of Hebrew Scriptures 6,10 (2006), 1-14.

–, „No Future for the Proud Exultant Ones". The Exilic Book of the Four Prophets (Hos.; Am.; Mic.; Zeph.) as a Concept Opposed to the Deuteronomistic History (erscheint bei: VT).

–, Die frühen Sammlungen des Zwölfprophetenbuches. Entstehung und Komposition, BZAW 360, Berlin / New York 2006.

Wolfe, R.E., The Editing of the Book of the Twelve. A Study of Secondary Material in the Minor Prophets, Diss. Harvard 1933.

–, The Editing of the Book of the Twelve. In: ZAW 53 (1935), 90-129.

Wolff, H.W., Dodekapropheton 1. Hosea, BK 14,1, Neukirchen-Vluyn ²1965.

–, Dodekapropheton 2. Joel und Amos, BK 14,2, Neukirchen-Vluyn ²1975.

–, Dodekapropheton 3. Obadja und Jona, BK 14,3, Neukirchen-Vluyn 1977.

–, Dodekapropheton 4. Micha, BK 14,4, Neukirchen-Vluyn 1982.

–, Studien zum Jonabuch. Mit einem Anhang von Jörg Jeremias: Das Jonabuch in der Forschung seit Hans Walter Wolff, Neukirchen-Vluyn ³2003.

Woude, A.S. van der, Art. צור, THAT 2 (1976), 538-543.

–, Bemerkungen zu einigen umstrittenen Stellen im Zwölfprophetenbuch. In: Caquot, A. / Delcor, M. (Hg.), Mélanges bibliques et orienteaux en l'honneur de M. Henri Cazelles, AOAT 212, Neukirchen-Vluyn 1981, 483-499.

–, Der Engel des Bundes. Bemerkungen zu Maleachi 3,1c und seinem Kontext. In: Jeremias, J. / Perlitt, L. (Hg.), Die Botschaft und die Boten, FS H.W. Wolff, Neukirchen-Vluyn 1981, 289-300.

–, Die Hirtenallegorie von Sacharja XI. In: JNWSL 12 (1984), 139-149.

–, The Book of Nahum: A Letter Written in Exile. In: Brongers, H.A. u.a. (Hg.), Instruction and Interpretation. Studies in Hebrew Language, Palestinian Archaeology and Biblical Exegesis, OTS 20, Leiden 1977, 108-126.

–, Zacharia, De Prediking van het Oude Testament, Nijkerk 1984.

Würthwein, E., Die Bücher der Könige, Bd. 2: 1. Kön. 17 - 2. Kön. 25, ATD 11,2, Göttingen 1984.

–, Der Text des Alten Testaments. Eine Einführung in die Biblia Hebraica, Stuttgart ⁵1988.

Yu, K.-S., Die Entstehungsgeschichte des ‚Dodekapropheton' und sein Kanonisierungsprozeß, Diss. München 2000.

Zapff, B.M., The Perspective on the Nations in the Book of Micah as a „Systematization" of the Nations' Role in Joel, Jonah, Nahum? Reflections on a Context-Oriented Exegesis in the Book of the Twelve. In: Redditt, P.L. / Schart, A. (Hg.), Thematic Threads in the Book of the Twelve, BZAW 325, Berlin / New York 2003, 292-312.

–, Redaktionsgeschichtliche Studien zum Michabuch im Kontext des Dodekapropheton, BZAW 256, Berlin / New York 1997.

Zehnder, M., A Fresh Look at Malachi II 13-16. In: VT 53 (2003), 224-259.

Zenger, E. u.a., Einleitung in das Alte Testament, Stuttgart u.a. ⁶2006.

Register der Bibelstellen (in Auswahl)

Genesis
49	43f A67
49,9	43
49,10-11	176 A15

Exodus
1,9	349
18,8	228
30,20	227 A29
32,12.14	414 A38
34,6-7	19, 59, 66, 285 A53, 363, 401-408, 413, 418f, 430

Leviticus
2,8	227 A29
6,7	227 A29
6,13-14	227 A29
7,8-9	227 A29
7,18	227 A30
14,12	227 A29
16,9-11	227 A29
19,7	227 A30
20,19-20	316 A92
21,6-22	224
22,7-25	224
22,23	227 A30
22,25	227

Numeri
3,18	104 A123
5,25	227
14,9	389 A79
20,14	228
23,24	43 A65
24,8-9	43 A65
28,2.24	224

Deuteronomium
26,4	227
33,20.22	43 A65
33,29	177 A17
34,10-12	425f

Josua
1	424f

Richter
5	70 A14
5,4-5	325f
5,4	147 A23

1 Samuel
16,4	175
17,12.15	175

2 Samuel
2-12	186
5,14	104 A123
8	187 A46
15,1	176 A15
22,8	147 A23
22,43	147

1 Könige
1,5	176 A15
12,19	174
13,2	174
14,8	174
18	423
20	423

2 Könige
2	423, 425
3,19.25	316 A92
9,22	48 A83
9,25	298 A21
14,9	85
17,21	174
19,21	178
24,2	213 A67

Jesaja
1	257 A112
1,21	47 A78
2,2-4	346-351, 355
2,12	115 A155
5,11.22	308 A60
5,29	43 A63
6,4	98
10,5-16	144 A16
13-23	141

13	9
13,13	147 A23
16,5	174
21	9
22	9
22,1	298 A21
22,22	174
23,17	47 A79.81
27,8	389 A79
30,29	295 A11
34,8	115 A155
37,22	178
42,7	269 A15
51,17	98, 206
51,22	37 A46, 98, 206
52,1-2	37 A46
52,7	37
53,7	37 A46
60	340 A15
63,6	206

Jeremia

2,14-15	43 A63
2,20	47 A78, 63 A135
3	233 A51
3,1-10	47 A78, 63 A135
7	257 A112
12,8	43 A65
13,1-11	83 A59
13,20-22	47 A78, 63 A135
13,26	48 A84
13,27	47 A78, 63 A135
17,25	176 A15
18,8	402, 414 A38
18,17	389 A79
21,1-23,4	181 A30
21,12	174
22,4	176 A15
22,6-7	85
22,20-23	85
23,5-6	181
25,15-28	206
25,15	98
25,17	98
25,28	98
27	63 A135
27,1-3	83 A59

35,11	213 A67
40,11	217 A85
43,8-13	83 A59
44,1	217 A85
46-51	141
48,26	206
49,2	208
49,7-22	195, 200, 206, 210, 274
49,7	200 A26, 201
49,9	199f, 274 A26
49,12	200, 206
49,14-16	196
49,14	197f, 200, 202, 205
49,16	196f, 199f, 274 A26
49,20	25 A3
50,17	43 A63
50,45	25 A3
51,7	206

Ezechiel

4-5	83 A59
4,3	99f A112
6,9	47 A78, 63 A135
8	63 A135, 257 A112
12,1-11	83 A59
12,10	298 A21
12,17-20	83 A59
16	47 A78, 63 A135, 233 A51
16,37-40	48 A84
17	63 A135
17,3-24	84
17,10	389 A79
19	63 A135
19,2-9	43f, 63 A135
19,12	389 A79
20,30	47 A78, 63 A135
21,23-29	83 A59
22,25	43 A65
23	47 A78, 63 A135, 233 A51
23,29	48 A84
23,31-33	98, 206
25-32	141
25,3	212 A65
25,12-14	212
27,26	389 A79
30,3	115 A155
35,1-15	212

37,15-28	83 A59		14,2-10	434
47,1-12	117 A162		14,2	432 A17
			14,4	435
Hosea			14,8	432 A14
1-3	233 A51		14,10	364
1-2	434f			
1,1	433, 439		*Joel*	
1,2	47 A78		1-2	140, 145f, 155, 165f, 171, 284f
1,6	434		1,1-2,17	152
2	6		1,1-2,11	9, 165, 289, 330 A23
2,2	273		1,1-20	17f, 154, 440
2,4-7	47 A78		1,4-7	19, 143, 154-156, 441
2,12	48 A84		1,4	146, 154f
2,16-25	434		1,6	148, 155
2,17	432 A14		1,7	147, 155
2,20	91 A85		1,18	406
2,23-24	432 A14		1,20	406
3,1-5	15, 431 A13, 439		2,1-17	17f
3,5	181, 182 A31, 431		2,1-11	144, 148f, 155f, 440
4-14	434		2,2-11	19, 441
4,1	15, 439		2,2	169, 349
4,10	15, 439		2,10	147 A23
4,12-18	47 A78		2,11	143, 167, 169, 330 A23, 422, 425
4,15	15, 439		2,12-27	139 A2
5,3-4	47 A78		2,12-14	19, 363, 400-408, 410, 412-415, 417-419, 430, 435-437, 444
6	257 A112			
6,10	47 A78		2,12	432 A17
7,8	431 A12		2,15-17	17f, 165, 440
7,15	25 A3		2,17	167
8,1	15, 439		2,18-27	152, 156, 165, 167, 169 A84, 413
8,4-6	15, 439		2,18-20	19, 441
8,6	29 A24		2,19	141, 145, 167
8,8	431 A12		2,20	145, 147, 156, 167
8,10	431 A12		2,21-26	17f, 440
8,13	227 A30		2,21	167
8,14	15, 439		2,25-27	19, 441
9,1	47 A78, 431 A12		2,25	143, 146, 149, 155f
9,13	431 A14		2,27	169 A83
9,17	431 A12		3,1-5	19, 336-341, 344f, 350, 351 A44, 432, 444
10,10	431 A12			
10,14	431 A12		3,4	422, 425
11	434		3,5	355
11,8-9	435		4	140, 340f
12-14	434			
13,2-3	15, 439			
13,15	389 A79			
14,1	15, 439			

4,1-17	145, 152, 157, 165, 167		5,22	227 A30
4,1-3	19, 441		5,25-26	15, 439
4,2-3	162 A63		6,6	308 A60
4,2	141, 145, 149		7,1-6	154f, 165
4,4-8	19, 191, 264-270, 273,		7,10-17	15, 439
	276f, 281-284, 430f, 443		8,5-6	15, 439
4,9-17	19, 148, 441		8,8	331 A23
4,9	141, 157, 284 A50		8,11-12	15, 439
4,10	146, 157, 169, 284 A50		9,1-4	274 A26
4,11	141, 145, 157		9,1	98
4,12	141		9,5-6	331 A23
4,13	146, 284 A50		9,7-10	15, 175 A8, 179, 439
4,14	115 A155, 282, 340		9,11-15	10, 174
4,15	340f		9,11-12	19, 173-189, 431, 442
4,16-17	150, 157, 163		9,12-13	11, 19, 191, 265, 276f, 443
4,16	146		9,12	7, 152 A38, 215 A78, 270f,
4,17	164, 169 A83			273, 283f, 431
4,18-21	19, 191, 265, 276f, 282,		9,13-15	17f, 152, 429, 441
	430f, 443		9,13	271-273, 283f, 431
4,18	271-273, 283f			
4,19	214, 215 A78, 217 A85,		*Obadja*	
	262, 266f, 273, 280f		1-21	209-211, 265, 351, 431,
4,20	270, 283			443
4,21	285, 364		1-15	139 A2, 192-195, 203-205,
				207, 274 A25, 337
Amos			1-7	194, 200
1-2	141, 152 A38, 265, 350		1-4	196, 199
	A41		1	197f, 200, 202, 204-206,
1,1	165, 439			284 A50
1,2ff	70 A14		2-3	192f A3, 215
1,6-8	266-268, 277		3-4	196f
1,9-12	19, 191, 265-269, 276f,		4-7	192f A3
	281f, 443		4-5	199f, 274 A26
2,4-5	15, 439		7	273
2,9-12	15, 439		8-15	194f, 201
3,1	15, 439		8-9	201
3,7	15, 439		8	202
4,6-11	154f		10-14	201
4,7-9	165		10	266f
4,9	154f		11-14	202, 212f
4,12-13	331 A23		12-14	215 A80
4,13	15, 439		12	266, 273
5,6	272		14	267, 281
5,8-9	331 A23		15-21	198, 201f, 282
5,11	15, 439		15	115 A155, 192 A1, 201f,
5,18-20	112 A150, 423			204f, 273, 283, 423
5,21-27	257 A112		16-21	192 A1, 203-209, 274 A25

16	206, 337
17	207-209, 218, 270f, 279, 283f, 336-338, 341, 345, 351, 355, 432, 444
18-20	217
18	272f
19-20	203f A39, 283f
19	270-272
20	268-271
21	272

Jona
1-2	377-379, 394
1,1-16	365, 371, 390, 393, 400, 413
1,1-2	376
1,2	367, 378, 414
1,3	367
1,4	366
1,5-6	366-368, 370, 375f, 378f, 384, 391, 396, 444
1,7	368f
1,8-14	368 A10
1,8	368f, 376, 391, 396f, 444
1,9	369f
1,10	369f, 376, 382, 386, 391, 396f, 444
1,11	369
1,14	370, 375f, 379, 382, 391, 396f, 401, 412, 444
1,15	370
1,16	370, 375f, 382, 386, 391, 396f, 401, 412, 444
2,1-11	372, 375f, 401, 413
2,1	374, 385, 390, 393
2,2-10	364, 372-375, 391, 396f, 401, 406, 412, 444
2,2-3	382
2,3	379
2,11	374, 390, 393
3-4	377
3,1-10	376f, 380, 401, 413
3,1-5	378, 391, 393, 395
3,1-2	376f
3,3	395
3,4	383, 416
3,5-4,4	383

3,5	377-380, 385
3,6-9	377-380, 382, 384, 391, 396f, 405, 444
3,7-8	388, 401, 405f, 412
3,9	435
3,10	379f, 382, 384, 391, 396f, 401, 403, 408, 414-416, 430, 435, 444
4,1-11	381, 392, 401
4,1-4	382, 384, 386f, 391, 396-399, 416, 444
4,2	401-405, 408, 413-415, 417, 419, 430, 435-437
4,5	382-385, 391, 393, 395, 416
4,6-11	385
4,6-9	385-391, 393, 395
4,6	396, 444
4,10-11	386-389, 391, 396-398, 414, 444

Micha
1-5	167
1-3	140, 152, 414
1,1	439
1,2-7	6
1,2	19, 141, 167, 441
1,3ff	70 A14
1,3-4	325f
1,5-7	15, 439
1,7	47 A78
1,9	15, 439
1,12	15, 439
3,10	306
4-5	140, 152, 155, 414f
4,1-5	364
4,1-4	9f, 19, 139 A2, 336-341, 345-351, 355, 359 A68, 432, 444
4,6-5,14	341
4,6-7	19, 145, 149, 162 A63, 169, 441
4,7	148, 155
4,8	19, 173-189, 431, 442
4,9-14	139 A2, 143-146, 148, 179, 183, 341f
4,10-13	19, 441

4,11	347
4,12-13	169 A85
4,13	141, 149, 156 A48, 169, 284 A50, 347
4,14-5,5	174
5,1-4	19, 173-189, 431, 442
5,2	139 A2
5,6	19, 336-339, 342, 344, 347, 432, 444
5,7	19, 43 A65, 141, 146, 148, 155, 162 A63, 183, 339, 342, 347, 441
5,8	19, 150, 441
5,9-13	15, 150, 167, 439
5,14	19, 141, 150, 167, 441
6,1-7,7	140, 152, 414
6	6
6,1	19, 441
6,2-4	16, 439
6,9-15	16, 439
7,7-10	139 A2
7,8-17	140, 152, 414f
7,8-10	17f, 429, 441
7,10-17	145
7,10-13	19, 441
7,10	147
7,12	141
7,13	141, 147
7,16-17	19, 342, 441
7,16	141, 146, 337
7,17	19, 336-339, 342, 351 A44, 355, 432, 444
7,18-20	19, 363f, 401, 403f, 406, 408, 414, 418, 430, 435, 444

Nahum

1,1	53f, 60, 64, 139 A2, 324, 327, 441
1,2-8	54-62, 70 A14, 139 A2, 152, 324-327, 331 A23
1,2-3	57, 66, 363f, 401, 404, 408, 415, 418, 430, 435, 444
1,9-2,3	24-27, 30, 33f, 38f, 44, 60-62
1,9-2,1	30-33, 50, 64
1,9-14	141, 144, 152, 441
1,9-10	35, 139 A2
1,9	58f
1,10	146
1,11-14	35
1,11	27, 63 A135
1,12-13	37, 139 A2
1,12	141 A7, 169
1,14	28, 63 A135
2-3	148, 153, 168
2,1-3	36-38
2,1	139 A2, 441
2,2	27, 32f, 40f, 44, 50-52, 63
2,3	29f, 40-42, 44
2,4-14	39f, 44
2,4-11	40-42, 44, 46, 49f, 52, 64, 148f, 156, 441
2,4	98 A108
2,9	52f
2,10	149, 156 A48, 284 A50
2,12-13	42-44, 46, 60-63
2,14	41-43, 46, 60-63
3,1-19	44f, 52
3,1-7	45, 49
3,1-6	63
3,1	45f, 49, 60-62
3,2-3	45f, 49f, 64, 148f, 156, 441
3,4	45-49, 60-62
3,5-6	48f, 60-62
3,7	48-50, 52, 64, 441
3,8-12	49-51, 60-63
3,8	49f, 64, 441
3,10	50, 52
3,13-19	50-52
3,13-15	60-63
3,14	8, 330 A23
3,15-19	64f, 441
3,15	146
3,17	146
3,18	45 A 70
3,19	146

Habakuk

1-2	314, 317 A96
1,1-2,16	289, 330 A23
1,1-2,5	9, 291f, 303, 309-311
1,1	298, 316-320, 324, 327

1,2-14	312f	*Zefanja*	
1,2-4	291f A2, 293f, 296-300,	1,1-3,8	9, 289
	303, 317-320	1,1-2,3	153, 423
1,4	314 A81	1,1	439
1,5-11	291 A2, 293-296, 298-300,	1,4-6	16, 439
	302f, 319f	1,8	180 A28
1,7-11	301	1,13	439
1,10	8, 330 A23	1,14	115 A155
1,12-17	294	1,15	330 A23
1,12-14	297-300, 302f, 317-320	2,1-9	16, 439
1,12-13	294-296	2,4-3,19	153
1,12	139 A2	2,4-15	141-143, 359
1,13	314 A81	2,7-10	19, 149, 156 A48, 329, 441
1,14-17	299	2,8	167
1,14	296	2,9	148, 150
1,15-17	295f, 298, 300-303, 319f	2,10	145, 167
2,1-5	296-298, 300, 302, 312f,	2,11	332, 358-360
	317-320	2,13-15	19, 139 A2, 146f, 168, 169
2,4	330 A23		A84, 324, 329, 441
2,5-17	139 A2	2,13	156
2,5	297, 302-304	2,15	167, 169
2,6-20	304, 309-311, 317-320	3,1-8	16, 150, 168, 439
2,6-19	359	3,3	43 A65
2,6-8	305	3,8	19, 141f, 145, 169 A84,
2,6	297 A19, 304f		342, 441
2,9-11	306	3,9-10	19, 336-339, 342, 344f,
2,12-14	306f		351 A44, 355, 417 A44,
2,14	331-333, 358-360		432, 444
2,15-17	308	3,9	353
2,16	98	3,11-13	16, 439
2,17	316	3,14-17	17f, 429, 441
2,18-19	308f	3,14	178
2,20	309	3,18-19	19, 141, 145, 149, 162
3,1-19	70 A14, 309, 311-320,		A63, 441
	324-326, 331 A23	3,18	167
3,1	316f, 322	3,19	169
3,2	312-315		
3,2-19	139 A2	*Haggai*	
3,3	316f, 322	1-2	131 A203
3,9	316f, 322	1	153
3,13-14	313f, 318	1,1	165
3,13	316f, 322	2	141, 153, 156
3,16	315f, 319f, 330 A23	2,6-8	19, 156, 169 A84, 441
3,17	315f, 319f	2,6	146
3,18-19	315	2,7-8	149
3,19	316f, 322	2,7	141, 145, 350 A41

2,21-23	131 A203
2,21-22	19, 169 A84, 441
2,21	146
2,22	141, 146, 350 A41

Sacharja

1-6	153
1,1-6	16f, 246 A86, 440
1,1	16, 67, 125
1,3	246 A86
1,7	16, 67, 125, 440
1,8-17	153, 343
1,14-17	16, 440
1,17	344, 357
2,10-14	16, 139 A2, 440
2,12-14	343f
2,14	357
2,15-16	19, 336, 338f, 343f, 357, 417 A44, 432, 444
2,15	355
4	67, 131
4,9	16, 440
6,1-8	153, 343
6,9-15	131
6,15	16, 440
7,1	16f, 67, 125, 440
7,7-14	16f, 440
7,9-10	171
8,1-8	16f, 440
8,1-6	139 A2
8,14-19	16, 440
8,16-19	171
8,20-23	19, 336-340, 343-345, 348-350, 356 A60, 359 A68, 417 A44, 432, 444
8,20-22	9f, 139 A2
8,21.22	355
9-13	168
9,1	67f, 71, 124-130, 133, 183, 253f, 275, 441
9,2-10,12	69f, 82f
9,2-17	75f
9,2-13	71, 276f, 431
9,2-8	71-76, 80-82, 136, 183, 191, 265-271, 281-283, 359, 443
9,3	147
9,7	332, 358-360
9,8	71
9,9-10	67, 73-76, 135, 173-189, 431, 442
9,10	272
9,11-13	70f, 74-76, 80-82, 136, 183, 191, 265f, 268-270, 281-283, 443
9,13	67, 272
9,14-17	70f, 75
9,14-16	80-82, 106, 127, 133, 141 A7, 145, 183, 441
9,15	145
9,16	76f, 80f, 146
9,17	76
10,1-3	76-82, 85f, 107 A132, 108-111, 126, 128-130, 133
10,3-12	77-82
10,3-5	106, 127, 133f, 141 A7, 142, 145, 441
10,3	146, 157
10,4	157
10,5	147f, 157, 169
10,6-12	136, 191, 265, 270f, 276f, 283, 443
10,6	272, 285
10,7	72, 272
10,11	106, 127, 133f, 141f, 145, 167, 169, 441
10,12	72
11,1-17	83f, 108f, 111, 126, 128-131
11,1-3	84-86, 107 A132, 134
11,4-17	84-94, 107 A132, 118 A166, 134, 180
11,13	67
11,15-17	107-109
11,17	133
12,1	67f, 124-130, 253f, 275
12,2-13,1	95, 105f, 108, 115
12,2-9	102f, 116f, 120
12,2-6	123, 126 A189, 132-134
12,2	98-101, 120
12,3-9	144
12,3-4	95-97, 99-101, 441
12,4	119, 147
12,5	100, 102, 105

12,6	101, 119, 141, 148, 441	1,6-7	223-225
12,7-8	101f, 105	1,6	230
12,9	102, 133, 141, 441	1,7	230
12,10-13,1	103-105, 180 A26, 186 A41	1,8-14	224
13,2-9	106, 111, 126, 128-130, 132, 134	1,8	226f, 231
		1,9	227, 231, 252 A99, 262, 363, 401, 404, 406, 408, 410, 412, 417f, 430, 435, 444
13,2-6	109-111		
13,7-9	85, 107-109, 111		
14,1-21	112-114, 123		
14,1-15	120	1,10	227f, 230
14,1-14	134, 144f	1,11	232, 332, 358-360
14,1-3	114-120	1,12	230
14,1-2	126 A189, 132f	1,13	227-229, 258
14,3	133, 169 A84, 441	1,14	229, 258
14,4-11	117-119, 136, 191, 265, 272, 276f, 283f, 431, 443	2,1-9	232, 243f, 259
		2,4	260, 261 A120
		2,6-9	251 A97
14,6	112f A150	2,8	260, 261 A120
14,11-21	157, 163, 166	2,10-16	163, 233-240, 255f, 258
14,11	133, 150, 270, 441	2,10-12	252 A99
14,12-15	117, 119-122	2,11-13	243f, 259
14,12	133, 141, 169 A84, 441	2,11-12	233f A51, 235-239, 261
14,13-14	115, 126 A189, 132f	2,11	221, 239, 255
14,14	100, 133, 141, 149, 156 A48, 441	2,13	237-239
		2,14-16	233f A51
14,15	133, 147, 441	2,16	221, 234 A53, 239, 255
14,16-19	121-123, 336, 338, 340, 343f, 350, 351 A44, 353-355, 357, 359 A68, 417 A44, 432, 444	2,17-3,5	240, 244, 255f, 258
		2,17	242
		3,1-2	240f
		3,1	251, 254, 421
		3,2	242, 251
14,17-18	113f A151	3,3-4	242f, 259, 261 A120
14,20-21	67, 121-123, 133f, 150, 164, 344, 357, 441	3,3	260
		3,4	239
		3,5	242f, 259
Maleachi		3,6-12	244, 246, 255-257, 259
1,1	221, 253-255, 262, 265, 275f, 443	3,7-8	223, 245f
		3,9-12	245f, 258
1,2-5	214f, 219-222	3,13-21	247, 250f
1,2-3	255f, 258f, 275	3,13-19	255f, 258
1,4-5	252 A99, 255, 262, 265f, 273, 275-277, 280-282, 285, 431, 443	3,13-15	247-250, 261
		3,16-18	261, 328
		3,16	247-250
1,6-3,21	285	3,17-18	248-250
1,6-2,9	222f, 232f, 261 A120	3,17	252 A98
1,6-14	227, 229f, 232, 243f, 255-257, 359	3,19	242 A75, 248-250, 252, 261
1,6-12	259		

3,20-21	249f, 261, 328	137,7	212
3,21	252 A98	144,5-7	325f
3,22-24	251-253, 263, 412, 421-		
	427, 433, 445	*Hiob*	
3,22	221, 255	31,39	228 A34
3,23	115 A155		

		Klagelieder	
Psalmen		2,13	178
1	425f	3,5	228
2,8	187 A44	3,34	269 A15
2,9	187 A46, 188 A50	4,21	98, 206, 212
18,2-16	325f		
18,43	147	*Daniel*	
21,9-13	188 A50	4-6	353 A51
33,16	177 A17		
45,4	187 A46	*Esra*	
45,6	187 A46, 188 A50	4,6-22	184 A39
46,7	355 A57	8,2	186 A41
48,5-7	355 A57	9-10	163, 261
48,8	389 A79		
68,8-23	325f	*Nehemia*	
68,9	147 A23	3-4	184 A39
72,8	179, 187 A44	5	259
72,9	188 A50	6	184 A39
75,9	206	9,32	228
76,4-6	355 A57	10,33-34	259
77,3-20	325f	13,23-27	163, 261
79,11	269 A15	13,28	184 A39
83,7	215 A78	13,30-31	259
85,5	29 A24		
97,2-8	325f	*1 Chronik*	
105,34	146	3,1-24	186 A41
110,3.6	187 A46	3,5	104 A123
110,5-6	188 A50	6,27-28	104 A123